VAN HAVERE 1965

ŒUVRES COMPLÈTES

DE

H. DE BALZAC

LA

COMÉDIE HUMAINE

DEUXIÈME VOLUME

PREMIÈRE PARTIE

ÉTUDES DE MOEURS

PREMIER LIVRE

PARIS. — IMPRIMERIE DE E. MARTINET, RUE MIGNON, 2

SCÈNES
DE
LA VIE PRIVÉE

TOME II

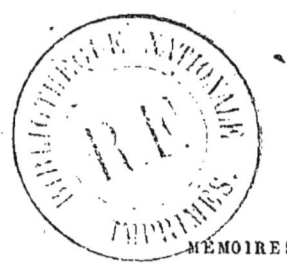

MÉMOIRES DE DEUX JEUNES MARIÉES
UNE FILLE D'ÈVE — LA FEMME ABANDONNÉE — LA GRENADIÈRE
LE MESSAGE — GOBSECK — AUTRE ÉTUDE DE FEMME

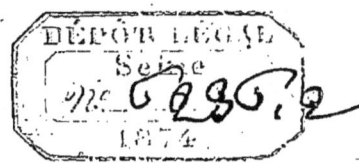

PARIS
Ve A^{dre} HOUSSIAUX, ÉDITEUR
HÉBERT ET Cie, SUCCESSEURS
7, RUE PERRONET, 7

1874

RENÉE.

Ces deux petits font alors de mon lit le théâtre de leurs jeux.

(MÉMOIRES DE DEUX JEUNES MARIÉES.)

PREMIER LIVRE,

SCÈNES DE LA VIE PRIVÉE.

MÉMOIRES DE DEUX JEUNES MARIÉES.

A GEORGES SAND.

Ceci, cher Georges, ne saurait rien ajouter à l'éclat de votre nom, qui jettera son magique reflet sur ce livre; mais il n'y a là de ma part ni calcul, ni modestie. Je désire attester ainsi l'amitié vraie qui s'est continuée entre nous à travers nos voyages et nos absences, malgré nos travaux et les méchancetés du monde. Ce sentiment ne s'altérera sans doute jamais. Le cortége de noms amis qui accompagnera mes compositions mêle un plaisir aux peines que me cause leur nombre, car elles ne vont point sans douleur, à ne parler que des reproches encourus par ma menaçante fécondité, comme si le monde qui pose devant moi n'était pas plus fécond encore. Ne sera-ce pas beau, Georges, si quelque jour l'antiquaire des littératures détruites ne retrouve dans ce cortége que de grands noms, de nobles cœurs, de saintes et pures amitiés, et les gloires de ce siècle? Ne puis-je me montrer plus fier de ce bonheur certain que de succès toujours contestables? Pour qui vous connaît bien, n'est-ce pas un bonheur que de pouvoir se dire, comme je le fais ici,

Votre ami,

DE BALZAC.

Paris, juin 1840.

I.

A MADEMOISELLE RENEE DE MAUCOMBE.

Paris, septembre.

Ma chère biche, je suis dehors aussi, moi ! Et si tu ne m'as pas écrit à Blois, je suis aussi la première à notre joli rendez-vous de la correspondance. Relève tes beaux yeux noirs attachés sur ma première phrase, et garde ton exclamation pour la lettre où je te confierai mon premier amour. On parle toujours du premier amour ; il y en a donc un second ? Tais-toi ! me diras-tu ; dis-moi plutôt, me demanderas-tu, comment tu es sortie de ce couvent où tu devais faire ta profession ? Ma chère, quoi qu'il arrive aux Carmélites, le miracle de ma délivrance est la chose la plus naturelle. Les cris d'une conscience épouvantée ont fini par l'emporter sur les ordres d'une politique inflexible, voilà tout. Ma tante, qui ne voulait pas me voir mourir de consomption, a vaincu ma mère, qui prescrivait toujours le noviciat comme seul remède à ma maladie. La noire mélancolie où je suis tombée après ton départ a précipité cet heureux dénoûment. Et je suis dans Paris, mon ange, et je te dois ainsi le bonheur d'y être. Ma Renée, si tu m'avais pu voir, le jour où je me suis trouvée sans toi, tu aurais été fière d'avoir inspiré des sentiments si profonds à un cœur si jeune. Nous avons tant rêvé de compagnie, tant de fois déployé nos ailes et tant vécu en commun, que je crois nos âmes soudées l'une à l'autre, comme étaient ces deux filles hongroises dont la mort nous a été racontée par monsieur Beauvisage, qui n'était certes pas l'homme de son nom : jamais médecin de couvent ne fut mieux choisi. N'as-tu pas été malade en même temps que ta mignonne ? Dans le morne abattement où j'étais, je ne pouvais que reconnaître un à un les liens qui nous unissent ; je les ai crus rompus par l'éloignement, j'ai été prise de dégoût pour l'existence comme une tourterelle dépareillée, j'ai trouvé de la douceur à mourir, et je mourais tout doucettement. Être seule aux Carmélites, à Blois, en proie à la crainte d'y faire ma profession sans la préface de mademoiselle de la Vallière et sans ma Renée! mais c'était une maladie, une maladie mortelle. Cette vie monotone où chaque heure amène un devoir, une prière, un travail si exactement les mêmes, qu'en tous lieux on peut dire ce que fait une carmélite à telle ou telle heure du jour ou de la nuit; cette horrible existence où il est indifférent que les choses qui nous entourent soient ou ne soient pas, était devenue pour nous la plus variée : l'essor de notre esprit ne connaissait point de bornes, la fantaisie nous avait donné la clef de ses royaumes, nous étions tour à tour l'une pour l'autre un charmant hippogriffe, la plus alerte réveillait la plus endormie, et nos âmes folâtraient à l'envi en s'emparant de ce monde qui nous était interdit. Il n'y avait pas jusqu'à la Vie des Saints qui ne nous aidât à comprendre les choses les plus cachées ! Le jour où ta douce compagnie m'était enlevée, je devenais ce qu'est une carmélite à nos yeux, une Danaïde moderne qui, au lieu de chercher à remplir un tonneau sans fond, tire tous les jours, de je ne sais quel puits, un seau vide, espérant l'amener plein. Ma tante ignorait notre vie intérieure. Elle n'expliquait point mon dégoût de l'existence, elle qui s'est fait un monde céleste dans les deux arpents de son couvent. Pour être embrassée à nos âges, la vie religieuse veut une excessive simplicité que nous n'avons pas, ma chère biche, ou l'ardeur du dévouement qui rend ma tante une sublime créature. Ma tante s'est sacrifiée à un frère adoré; mais qui peut se sacrifier à des inconnus ou à des idées.

Depuis bientôt quinze jours, j'ai tant de folles paroles rentrées, tant de méditations enterrées au cœur, tant d'observations à communiquer et de récits à faire qui ne peuvent être faits qu'à toi, que sans le pis-aller des confidences écrites substituées à nos chères causeries, j'étoufferais. Combien la vie du cœur nous est nécessaire ! Je commence mon journal ce matin en imaginant que le tien est commencé, que dans peu de jours je vivrai au fond de ta belle vallée de Gemenos dont je ne sais que ce que tu m'en as dit, comme tu vas vivre dans Paris dont tu ne connais que ce que nous en rêvions.

Or donc, ma belle enfant, par une matinée qui demeurera marquée d'un sinet rose dans le livre de ma vie, il est arrivé de Paris une demoiselle de compagnie et Philippe, le dernier valet de chambre de ma grand'mère, envoyés pour m'emmener. Quand, après m'avoir fait venir dans sa chambre, ma tante m'a eu dit cette nouvelle, la joie m'a coupé la parole, je la regardais d'un air hébété.

« Mon enfant, m'a-t-elle dit de sa voix gutturale, tu me quittes sans regret, je le vois ; mais cet adieu n'est pas le dernier, nous nous reverrons : Dieu t'a marquée au front du signe des élus, tu as l'orgueil qui mène également au ciel et à l'enfer, mais tu as trop de noblesse pour descendre ! je te connais mieux que tu ne te connais toi-même : la passion ne sera pas chez toi ce qu'elle est chez les femmes ordinaires. » Elle m'a doucement attirée sur elle et baisée au front en m'y mettant ce feu qui la dévore, qui a noirci l'azur de ses yeux, attendri ses paupières, ridé ses tempes dorées et jauni son beau visage. Elle m'a donné la peau de poule. Avant de répondre, je lui ai baisé les mains. — « Chère tante, ai-je dit, si vos adorables bontés ne m'ont pas fait trouver votre Paraclet salubre au corps et doux au cœur, je dois verser tant de larmes pour y revenir, que vous ne sauriez souhaiter mon retour. Je ne veux retourner ici que trahie par mon Louis XIV, et si j'en attrape un, il n'y a que la mort pour me l'arracher ! Je ne craindrai point les Montespan. — Allez, folle, dit-elle en souriant, ne laissez point ces idées vaines ici, emportez-les ; et sachez que vous êtes plus Montespan que La Vallière. » Je l'ai embrassée. La pauvre femme n'a pu s'empêcher de me conduire à la voiture, où ses yeux se sont tour à tour fixés sur les armoiries paternelles et sur moi.

La nuit m'a surprise à Beaugency, plongée dans un engourdissement moral qu'avait provoqué ce singulier adieu. Que dois-je donc trouver dans ce monde si fort désiré ? D'abord, je n'ai trouvé personne pour me recevoir, les apprêts de mon cœur ont été perdus : ma mère était au bois de Boulogne, mon père était au conseil ; mon frère, le duc de Rhétoré, ne rentre jamais, m'a-t-on dit, que pour s'habiller, avant le dîner. Mademoiselle Griffith (elle a des griffes) et Philippe m'ont conduite à mon appartement.

Cet appartement est celui de cette grand'mère tant aimée, la princesse de Vaurémont à qui je dois une fortune quelconque, de laquelle personne ne m'a rien dit. A ce passage, tu partageras la tristesse qui m'a saisie en entrant dans ce lieu consacré par mes souvenirs. L'appartement était comme elle l'avait laissé ! J'allais coucher dans le lit où elle est morte. Assise sur le bord de sa chaise longue, je pleurai sans voir que je n'étais pas seule, je pensai que je m'y étais souvent mise à ses genoux pour mieux l'écouter. De là j'avais vu son visage perdu dans ses dentelles rousses, et maigri par l'âge autant que par les douleurs de l'agonie. Cette chambre me semblait encore chaude de la chaleur qu'elle y entretenait. Comment se fait-il que mademoiselle Armande-Louise-Marie de Chaulieu soit obligée, comme une paysanne, de se coucher dans le lit de sa mère, presque le jour de sa mort? car il me semblait que la princesse, morte en 1817, avait expiré la veille. Cette chambre m'offrait des choses qui ne devaient pas s'y trouver, et qui prouvaient combien les gens occupés des affaires du royaume sont insouciants des leurs, et combien, une fois morte, on a peu pensé à cette noble femme, qui sera l'une des grandes figures féminines du dix-huitième siècle. Philippe a quasiment compris d'où venaient mes larmes. Il m'a dit que par son testament la princesse m'avait légué ses meubles. Mon père laissait d'ailleurs les grands appartements dans l'état où les avait mis la Révolution. Je me suis levée alors, Philippe m'a ouvert la porte du petit salon qui donne sur l'appartement de réception; et je l'ai retrouvé dans le délabrement que je connaissais : les dessus de portes qui contenaient des tableaux précieux montrent leurs trumeaux vides, les marbres sont cassés, les glaces ont été enlevées. Autrefois, j'avais peur de monter le grand escalier et de traverser la vaste solitude de ces hautes salles, j'allais chez la princesse par un petit escalier qui descend sous la voûte du grand et qui mène à la porte dérobée de son cabinet de toilette.

L'appartement, composé d'un salon, d'une chambre à coucher, et de ce joli cabinet en vermillon et or dont je t'ai parlé, occupe le pavillon du côté des Invalides. L'hôtel n'est séparé du boulevard que par un mur couvert de plantes grimpantes, et par une magnifique allée d'arbres qui mêlent leurs touffes à celles des ormeaux de la contre-allée du boulevard. Sans le dôme or et bleu, sans les masses grises des Invalides, on se croirait dans une forêt. Le style de ces trois pièces et leur place annoncent l'ancien appartement de parade des duchesses de Chaulieu, celui des ducs doit se trouver dans le pavillon opposé; tous deux sont décemment séparés par les deux corps de logis et par le pavillon de la façade où sont ces grandes salles obscures et sonores que Philippe me montrait encore dépouillées de leur splendeur, et telles que je les avais vues dans mon enfance. Philippe prit un air confidentiel en voyant l'étonnement peint sur ma figure. Ma chère, dans cette maison diplomatique, tous les gens sont discrets et mystérieux. Il me dit alors qu'on attendait une loi par laquelle on rendrait aux émigrés la valeur de leurs biens. Mon père recule la restauration de son hôtel jusqu'au moment de cette restitution. L'architecte du roi avait évalué la dépense à trois cent mille livres. Cette confidence eut pour effet de me rejeter sur le sofa de mon salon. Eh ! quoi, mon père, au lieu d'employer cette somme à me marier, me laissait mourir au couvent? Voilà la réflexion que j'ai trouvée sur le seuil de cette porte. Ah ! Renée, comme je me suis appuyé la tête sur ton épaule, et comme je me suis reportée aux jours où ma grand'mère animait ces deux chambres ! Elle qui n'existe que dans mon cœur, toi qui es à Maucombe, à deux cents lieues de moi, voilà les seuls êtres qui m'aiment ou m'ont aimée. Cette chère vieille au regard si jeune voulait s'éveiller à ma voix. Comme nous nous entendions ! Le souvenir a changé tout à coup les dispositions où j'étais d'abord. J'ai trouvé je ne sais quoi de saint à ce qui venait de me paraître une profanation. Il m'a semblé doux de respirer la vague odeur de poudre à la maréchale qui subsistait là, doux de dormir sous la protection de ces rideaux en damas jaune à dessins blancs où ses regards et son souffle ont dû laisser quelque chose de son âme. J'ai dit à Philippe de rendre leur lustre aux mêmes objets, de donner à mon appartement la vie propre à l'habitation. J'ai moi-même indiqué comment je voulais y être, en assignant à chaque meuble une place. J'ai passé la revue en prenant possession de tout, en disant comment se pouvaient rajeunir ces antiquités que j'aime. La chambre est d'un blanc un peu terni par le temps, comme aussi l'or des folâtres arabesques montre en quelques endroits des teintes rouges ; mais ces effets sont en harmonie avec les couleurs passées du tapis de la Savonnerie qui fut donné par Louis XV à ma grand'mère, ainsi que son portrait. La pendule est un présent du maréchal de Saxe. Les porcelaines de la cheminée viennent du maréchal de Richelieu. Le portrait de ma grand'mère, prise à vingt-cinq ans, est dans un cadre ovale, en face de celui du roi. Le prince n'y est point. J'aime cet oubli franc, sans hypocrisie, qui peint d'un trait ce délicieux caractère. Dans une grande maladie que fit ma tante, son confesseur insistait pour que le prince, qui attendait dans le salon, entrât. — Avec le médecin et ses ordonnances, a-t-elle dit. Le lit est à baldaquin, à dossiers rembourrés ; les rideaux sont retroussés par des plis d'une belle ampleur ; les meubles sont en bois doré, couverts de ce damas jaune à fleurs blanches, également drapé aux fenêtres, et qui est doublé d'une étoffe de soie blanche qui ressemble à de la moire. Les dessus de porte sont peints je ne sais par qui, mais ils représentent un lever du soleil et un clair de lune. La cheminée est traitée fort curieusement. On voit que dans le siècle dernier on vivait beaucoup au coin du feu. Là se passaient de grands événements : le foyer de cuivre doré est une merveille de sculpture, le chambranle est d'un fini précieux, la pelle et les pincettes sont délicieusement travaillées, le soufflet est un bijou. La tapisserie de l'écran vient des Gobelins, et sa monture est exquise ; les folles figures qui courent le long, sur les pieds, sur la barre d'appui, sur les branches, sont ravissantes ; tout en est ouvragé comme un éventail. Qui lui avait donné ce joli meuble qu'elle aimait beaucoup ? Je voudrais le savoir. Combien de fois je l'ai vue, le pied sur la barre, enfoncée dans sa bergère, sa robe à demi relevée sur le genou par son attitude, prenant, remettant et reprenant sa tabatière sur la tablette entre sa boîte à pastilles et ses mitaines de soie ! Etait-elle coquette ? Jusqu'au jour de sa mort elle a eu soin d'elle comme si elle se trouvait au lendemain de ce beau portrait, comme si elle attendait la fleur de la cour qui se pressait autour d'elle. Cette bergère m'a rappelé l'inimitable mouvement qu'elle donnait à ses jupes en s'y plongeant. Ces femmes du temps passé emportent avec elles certains secrets qui peignent leur époque. La princesse avait des airs de tête, une manière de jeter ses mots et ses regards, un langage particulier que je ne retrouvais point chez ma mère : il s'y trouvait de la finesse et de la bonhomie, du dessein sans apprêt. Sa conversation était à la fois prolixe et laconique. Elle contait bien et peignait en trois mots. Elle avait surtout cette excessive liberté de jugement qui certes a influé sur la tournure de mon esprit. De sept à dix ans, j'ai vécu dans ses poches ; elle aimait autant à m'attirer chez elle que j'aimais à y aller. Cette prédilection a été cause de plus d'une querelle entre elle et ma mère. Or, rien n'attise un sentiment autant que le vent glacé de la persécution. Avec quelle grâce me disait-elle : « Vous voilà, petite masque ! » quand la couleuvre de la curiosité m'avait prêté ses mouvements pour me glisser entre les portes jusqu'à elle. Elle se sentait aimée, elle aimait mon naïf amour qui mettait un rayon de soleil dans son hiver. Je ne sais pas ce qui se passait chez elle le soir, mais elle avait beaucoup de monde ; lorsque je venais le matin, sur la pointe du pied, savoir s'il faisait jour chez elle, je voyais les meubles de son salon dérangés, les tables de jeu dressées, beaucoup de tabac par places. Ce salon est dans le même style que la chambre, les meubles sont singulièrement contournés, les bois sont à moulures creuses, à pieds de biche. Des guirlandes de fleurs richement sculptées et d'un beau caractère serpentent à travers les glaces et descendent le long en festons. Il y a sur les consoles de beaux cornets de la Chine. Le fond de l'ameublement est ponceau et blanc. Ma grand'mère était une brune fière et piquante, son teint se devine au choix de ses couleurs. J'ai retrouvé dans ce salon une table à écrire dont les figures avaient beaucoup occupé mes yeux autrefois ; elle est plaquée en argent ciselé ; elle lui a été donnée par un Lomellini de Gênes. Chaque côté de cette table représente les occupations de chaque saison ; les personnages sont en relief, il y en a des centaines dans chaque tableau. Je suis restée deux heures toute seule, reprenant mes souvenirs un à un, dans le sanctuaire où a expiré une des femmes de la cour de Louis XV les plus célèbres et par son esprit et par sa beauté. Tu sais comme on m'a brusquement séparée d'elle, du jour au lendemain, en 1816. — Allez dire adieu à votre grand'mère, me dit ma mère. J'ai trouvé la princesse, non pas surprise de mon départ, mais insensible en apparence. Elle m'a reçue comme à l'ordinaire. — « Tu vas au couvent, mon bijou, me dit-elle, tu y verras ta tante, une excellente femme. J'aurai soin que tu ne sois point sacrifiée, tu seras indépendante et à même de marier qui tu voudras. » Elle est morte six mois après ; elle avait remis son testament au plus assidu de ses vieux amis, au prince de Talleyrand, qui, en faisant une visite à mademoiselle de Chargebœuf, a trouvé le moyen de me faire savoir par elle que ma grand'mère me défendait de prononcer des vœux. J'espère bien que tôt ou tard je rencontrerai le prince ; et sans doute, il m'en dira davantage. Ainsi, ma belle biche, si je n'ai trouvé personne pour me recevoir, je me suis consolée avec l'ombre de la chère princesse, et je me suis mise en mesure de remplir une de nos conventions, qui est, souviens-t'en, de nous initier aux plus petits détails de notre case et de notre vie. Il est si doux de savoir où et comment vit l'être qui nous est cher ! Dépeins-moi bien les moindres choses qui t'entourent, tout enfin, même les effets du couchant dans les grands arbres.

10 octobre.

J'étais arrivée à trois heures après midi. Vers cinq heures et demie, Rose est venue me dire que ma mère était rentrée, et je suis descendue pour lui rendre mes respects. Ma mère occupe au rez-de-chaussée un appartement disposé, comme le mien, dans le même pavillon. Je suis au-dessus d'elle, et nous avons le même escalier dérobé. Mon père est dans le pavillon opposé ; mais, comme du côté de la cour il a de plus l'espace que prend dans le nôtre le grand escalier, son appartement est beaucoup plus vaste que les nôtres. Malgré les devoirs de la position que le retour des Bourbons leur a rendue, mon père et ma mère continuent d'habiter le rez-de-chaussée et peuvent y recevoir, tant sont grandes les maisons de nos pères. J'ai trouvé ma mère dans son salon, où il n'y a rien de changé. Elle était habillée. De marche en marche je m'étais demandé comment serait pour moi cette femme, qui a été si peu mère que je n'ai reçu d'elle en huit ans que les deux lettres que tu connais. En pensant qu'il était indigne de moi de jouer une tendresse impossible, je m'étais composée en religieuse idiote, et suis entrée assez embarrassée intérieurement. Cet embarras s'est bientôt dissipé. Ma mère a été d'une grâce parfaite ; elle ne m'a pas témoigné de fausse tendresse, elle n'a pas été froide, elle ne m'a pas traitée en étrangère, elle ne m'a pas mise dans son sein comme une fille aimée ; elle m'a reçue comme si elle m'eût vue la veille, elle a été la plus douce, la plus sincère amie ; elle m'a parlé comme à une femme faite, et m'a d'abord embrassée au front. — « Ma chère petite, si vous devez mourir au couvent, m'a-t-elle dit, il vaut mieux vivre au milieu de nous. Vous trompez les desseins de votre père et les miens, mais nous ne sommes plus au temps où les parents étaient aveuglément obéis. L'intention de monsieur de Chaulieu, qui s'est trouvée d'accord avec la mienne, est de ne rien négliger pour vous rendre la vie agréable et de vous laisser voir le monde. A votre âge, j'eusse pensé comme vous ; ainsi je ne vous en veux point : vous ne pouvez comprendre ce que nous vous demandions. Vous ne me trouverez point d'une sévérité ridicule. Si vous avez soupçonné mon cœur, vous reconnaîtrez bientôt que vous vous trompiez. Quoique je veuille vous laisser parfaitement libre, je crois que pour les premiers moments vous ferez sagement d'écouter les avis d'une mère qui se conduira comme une sœur avec vous. » La duchesse parlait d'une voix douce, et remettait en ordre ma pèlerine de pensionnaire. Elle m'a séduite. A trente-huit ans, elle est belle comme un ange ; elle a des yeux d'un noir bleu, des cils comme des soies, un front sans plis, un teint blanc et rose à faire croire qu'elle se farde, des épaules et une poitrine étonnantes, une taille cambrée et mince comme la tienne, une main d'une beauté rare, c'est une blancheur de lait; des ongles où séjourne la lumière, tant ils sont polis ; le petit doigt légèrement écarté, le pouce d'un fini d'ivoire. Enfin elle a le pied de sa main, le pied espagnol de mademoiselle de Vandenesse. Si elle est ainsi à quarante, elle sera belle encore à soixante ans.

J'ai répondu, ma biche, en fille soumise. J'ai été pour elle ce qu'elle a été pour moi, j'ai même été mieux : sa beauté m'a vaincue, je lui ai pardonné son abandon, j'ai compris qu'une femme comme elle avait été entraînée par son rôle de reine. Je le lui ai dit naïvement comme si j'eusse causé avec toi. Peut-être ne s'attendait-elle pas à trouver un langage d'amour dans la bouche de sa fille ? Les sincères hommages de mon admiration l'ont infiniment touchée : ses manières ont changé, sont devenues plus gracieuses encore ; elle a quitté le vous. — « Tu es une bonne fille, et j'espère que nous resterons amies. » Ce mot m'a paru d'une adorable naïveté. Je n'ai pas voulu lui faire voir comment je le prenais, car j'ai compris aussitôt que je dois lui laisser croire qu'elle est beaucoup plus fine et plus spirituelle que sa fille. J'ai donc fait la niaise, elle a été enchantée de moi. Je lui ai baisé les mains à plusieurs reprises en lui disant que j'étais bien heureuse qu'elle agît ainsi avec moi, que je me sentais à l'aise, et je lui ai même confié ma terreur. Elle a souri, m'a prise par le cou pour m'attirer à elle et me baiser au front par un geste plein de tendresse. — « Chère enfant, a-t-elle dit, nous avons du monde à dîner aujourd'hui, vous penserez peut-être comme moi qu'il vaut mieux attendre que la couturière vous ait habillée pour faire votre entrée dans le monde ; ainsi, après avoir vu votre père et votre frère, vous remonterez chez vous. » Ce à quoi j'ai de grand cœur acquiescé. La ravissante toilette de ma mère était la première révélation de ce monde entrevu dans nos rêves ; mais je ne me suis pas senti le moindre mouvement de jalousie. Mon père est entré. — « Monsieur, voilà votre fille, » lui a dit la duchesse.

Mon père a pris soudain pour moi les manières les plus tendres ; il a si parfaitement joué son rôle de père que je lui en ai cru le cœur. — « Vous voilà donc, fille rebelle ! » m'a-t-il dit en me prenant les deux mains dans les siennes et me les baisant avec plus de galanterie que de paternité. Et il m'a attirée sur lui, m'a prise par la taille, m'a serrée pour m'embrasser sur les joues et au front. — « Vous réparerez le chagrin que nous cause votre changement de vocation par les plaisirs que nous donneront vos succès dans le monde. — Savez-vous, madame, qu'elle sera fort jolie et que vous pourrez être fière d'elle un jour? — Voici votre frère Rhétoré. — Alphonse, dit-il à un beau jeune homme qui est entré, voilà votre sœur la religieuse qui veut jeter le froc aux orties. »

Mon frère est venu sans trop se presser, m'a pris la main et me l'a serrée. — « Embrassez-la donc, » lui a dit le duc. Et il m'a baisée sur chaque joue. — « Je suis enchanté de vous voir, ma sœur, m'a-t-il dit, et je suis de votre parti contre mon père. » Je l'ai remercié; mais il me semble qu'il aurait bien pu venir à Blois, quand il allait à Orléans voir notre frère le marquis à sa garnison. Je me suis retirée en craignant qu'il n'arrivât des étrangers. J'ai fait quelques rangements chez moi, j'ai mis sur le velours ponceau de la belle table tout ce qu'il me fallait pour t'écrire en songeant à ma nouvelle position.

Voilà, ma belle biche blanche, ni plus ni moins, comment les choses se sont passées au retour d'une jeune fille de dix-huit ans, après une absence de neuf années, dans une des plus illustres familles du royaume. Le voyage m'avait fatiguée, et aussi les émotions de ce retour en famille : je me suis donc couchée comme au couvent, à huit heures, après avoir soupé. L'on a conservé jusqu'à un petit couvert de porcelaine de Saxe que cette chère princesse gardait pour manger seule chez elle, quand elle en avait la fantaisie.

II

LA MÊME A LA MÊME.

25 novembre.

Le lendemain j'ai trouvé mon appartement mis en ordre et fait par le vieux Philippe, qui avait mis des fleurs dans les cornets. Enfin je me suis installée. Seulement personne n'avait songé qu'une pensionnaire des Carmélites a faim de bonne heure, et Rose a eu mille peines à me faire déjeuner. — « Mademoiselle s'est couchée à l'heure où l'on a servi le dîner et se lève au moment où monseigneur vient de rentrer, » m'a-t-elle dit. Je me suis mise à écrire. Vers une heure mon père a frappé à la porte de mon petit salon et m'a demandé si je pouvais le recevoir ; je lui ai ouvert la porte, il est entré et m'a trouvée t'écrivant.— « Ma chère, vous avez à vous habiller, à vous arranger ici ; vous trouverez douze mille francs dans cette bourse. C'est une année du revenu que je vous accorde pour votre entretien. Vous vous entendrez avec votre mère pour prendre une gouvernante qui vous convienne, si miss Griffith ne vous plaît pas ; car madame de Chaulieu n'aura pas le temps de vous accompagner le matin. Vous aurez une voiture à vos ordres et un domestique. » — « Laissez-moi Philippe, » lui dis-je. — « Soit, répondit-il. Mais n'ayez nul souci : votre fortune est assez considérable pour que vous ne soyez à charge ni à votre mère ni à moi. » — « Serais-je indiscrète en vous demandant quelle est ma fortune ? » — « Nullement, mon enfant, a-t-il dit : votre grand'mère vous a laissé cinq cent mille francs qui étaient ses économies, car elle n'a point voulu frustrer sa famille d'un seul morceau de terre. Cette somme a été placée sur le grand-livre. L'accumulation des intérêts a produit aujourd'hui environ quarante mille francs de rente. Je voulais employer cette somme à constituer la fortune de votre second frère ; aussi dérangez-vous beaucoup mes projets ; mais dans quelque temps peut-être y concourrez-vous : j'attendrai tout de vous-même. Vous me paraissez plus raisonnable que je ne le croyais. Je n'ai pas besoin de vous dire comment se conduit une demoiselle de Chaulieu ; la fierté peinte dans vos traits est mon sûr garant. Dans notre maison, les précautions que prennent les petites gens pour leurs filles sont injurieuses. Une médisance sur votre compte peut coûter la vie à celui qui se la permettrait ou à l'un de vos frères si le ciel était injuste. Je ne vous en dirai pas davantage sur ce chapitre. Adieu, chère petite. » Il m'a baisée au front et s'est en allé. Après une persévérance de neuf années, je ne m'explique pas l'abandon de ce plan. Mon père a été d'une clarté que j'aime. Il n'y a dans sa parole aucune ambiguïté. Ma fortune doit être à son fils le marquis. Qui donc a eu des entrailles ? est-ce ma mère, est-ce mon père, serait-ce mon frère ?

Je suis restée assise sur le sofa de ma grand'mère, les yeux sur la bourse que mon père avait laissée sur la cheminée, à la fois satisfaite et mécontente de cette attention qui maintenait ma pensée sur l'argent. Il est vrai que je n'ai plus à y songer : mes doutes sont éclaircis, et il y a quelque chose de digne à m'éviter toute souffrance l'orgueil à ce sujet. Philippe a couru toute la journée chez les différents marchands et ouvriers qui vont être chargés d'opérer ma métamorphose.

Une célèbre couturière, une certaine Victorine, est venue, ainsi qu'une lingère et un cordonnier. Je suis impatiente, comme un enfant de savoir comment je serai lorsque j'aurai quitté le sac où nous enveloppait le costume conventuel ; mais tous ces ouvriers veulent beaucoup de temps : le tailleur de corsets demande huit jours si je ne veux pas gâter ma taille. Ceci devient grave, j'ai donc une taille? Janssen, le cordonnier de l'Opéra, m'a positivement assuré que j'avais le pied de ma mère. J'ai passé toute la matinée à ces occupations sérieuses. Il est venu jusqu'à un gantier qui a pris mesure de ma main. La lingère a eu mes ordres. A l'heure de mon dîner, qui s'est trouvée celle du déjeuner, ma mère m'a dit que nous irions ensemble chez les modistes pour les chapeaux, afin de me former le goût et me mettre à même de commander les miens. Je suis étourdie de ce commencement d'indépendance comme un aveugle qui recouvrerait la vue. Je puis juger de ce qu'est une carmélite à une fille du monde : la différence est si grande que nous n'aurions jamais pu la concevoir. Pendant ce déjeuner mon père fut distrait, et nous le laissâmes à ses idées ; il est fort avant dans les secrets du roi. J'étais parfaitement oubliée, il se souviendra de moi quand je lui serai nécessaire, j'ai vu cela. Mon père est un homme charmant, malgré ses cinquante ans : il a une taille jeune, il est bien fait, il est blond, il a une tournure et des grâces exquises ; il a la figure à la fois parlante et muette des diplomates ; son nez est mince et long, ses yeux sont bruns. Quel joli couple! Combien de pensées singulières m'ont assaillie en voyant clairement que ces deux êtres, également nobles, riches, supérieurs, ne vivent point ensemble, n'ont rien de commun que le nom, et se maintiennent unis aux yeux du monde. L'élite de la cour et de la diplomatie était hier là. Dans quelques jours je vais à un bal chez la duchesse de Maufrigneuse, et je serai présentée à ce monde que je voudrais tant connaître. Il va venir tous les matins un maître de danse : je dois savoir danser dans un mois, sous peine de ne pas aller au bal. Ma mère, avant le dîner, est venue me voir relativement à ma gouvernante. J'ai gardé miss

Griffith, qui lui a été donnée par l'ambassadeur d'Angleterre. Cette miss est la fille d'un ministre : elle est parfaitement élevée; sa mère était noble, elle a trente-six ans. elle m'apprendra l'anglais. Ma Griffith est assez belle pour avoir des prétentions ; elle est pauvre et fière; elle est Écossaise, elle sera mon chaperon, elle couchera dans a chambre de Rose. Rose sera aux ordres de miss Griffith. J'ai vu sur-le-champ que je gouvernerais ma gouvernante. Depuis six jours que nous sommes ensemble, elle a parfaitement compris que moi seule puis m'intéresser à elle; moi, malgré sa contenance de statue, j'ai compris parfaitement qu'elle sera très-complaisante pour moi. Elle me semble une bonne créature, mais discrète. Je n'ai rien pu savoir de ce qui s'est dit entre elle et ma mère.

Autre nouvelle qui me paraît peu de chose!

Ce matin mon père a refusé le ministère qui lui a été proposé. De là sa préoccupation de la veille. Il préfère une ambasade, a-t-il dit, aux ennuis des discussions publiques. L'Espagne lui sourit. J'ai su ces nouvelles au déjeuner, seul moment de la journée où mon père, ma mère, mon frère se voient dans une sorte d'intimité. Les domestiques ne viennent alors que quand on les sonne. Le reste du temps, mon frère est absent aussi bien que mon père. Ma mère s'habille, elle n'est jamais visible de deux heures à quatre : à quatre heures, elle sort pour une promenade d'une heure; elle reçoit de six à sept quand elle ne dîne pas en ville ; puis la soirée est employée par les plaisirs, le spectacle, le bal, les concerts, les visites. Enfin sa vie est si remplie que je ne crois pas qu'elle ait un quart d'heure à elle. Elle doit passer un temps assez considérable à sa toilette du matin, car elle est divine au déjeuner, qui a lieu entre onze heures et midi. Je commence à m'expliquer les bruits qui se font chez elle : elle prend d'abord un bain presque froid, et une tasse de café à la crème et froid, puis elle s'habille; elle n'est jamais éveillée avant neuf heures, excepté les cas extraordinaires ; l'été il y a des promenades matinales à cheval. A deux heures, elle reçoit un jeune homme que je n'ai pu voir encore. Voilà notre vie de famille. Nous nous rencontrons à déjeuner et à dîner ; mais je suis souvent seule avec ma mère à ce repas. Je devine que plus souvent encore je dînerai seule chez moi avec miss Griffith, comme faisait ma grand'mère. Ma mère dîne souvent en ville. Je ne m'étonne plus du peu de souci de ma famille pour moi. Ma chère, à Paris, il y a de l'héroïsme à aimer les gens qui sont auprès de nous, car nous ne sommes pas souvent avec nous-mêmes. Comme on oublie les absents dans cette ville ! Et cependant je n'ai pas encore mis le pied dehors, je ne connais rien ; j'attends que je sois déniaisée, que ma mise et mon air soient en harmonie avec ce monde dont le mouvement m'étonne, quoique je n'en entende le bruit que de loin. Je ne suis encore sortie que dans le jardin. Les Italiens commencent à chanter dans quelques jours. Ma mère y a une loge. Je suis comme folle du désir d'entendre la musique italienne et de voir un opéra français. Je commence à rompre les habitudes du couvent pour prendre celles de la vie du monde. Je t'écris le soir jusqu'au moment où je me couche, qui maintenant est reculé jusqu'à dix heures, l'heure à laquelle ma mère sort quand elle ne va pas à quelque théâtre. Il y a douze théâtres à Paris. Je suis d'une ignorance crasse, et je lis beaucoup, mais je lis indistinctement. Un livre me conduit à un autre. Je trouve les titres de plusieurs ouvrages sur la couverture de celui que j'ai ; mais personne ne peut me guider, en sorte que j'en rencontre de fort ennuyeux. Ce que j'ai lu de la littérature moderne roule sur l'amour, le sujet qui nous occupait tant, puisque toute notre destinée est faite par l'homme et pour l'homme ; mais combien ces auteurs sont au-dessous de deux petites filles nommées la biche blanche et la mignonne, Renée et Louise ! Ah ! chère ange, quels pauvres événements, quelle bizarrerie, et combien l'expression de ce sentiment est mesquine ! Deux livres cependant m'ont étrangement plu, l'un est Corinne et l'autre Adolphe. A propos de ceci, j'ai demandé à mon père si je pourrais voir madame de Staël. Ma mère, mon père et Alphonse se sont mis à rire. Alphonse a dit : — « D'où vient-elle donc ? » Mon père a répondu : — « Nous sommes bien niais, elle vient des Carmélites. » — « Ma fille, madame de Staël est morte, » m'a dit la duchesse avec douceur.

— « Comment une femme peut-elle être trompée ? » ai-je dit à miss Griffith en terminant Adolphe. — « Mais quand elle aime, » m'a dit miss Griffith. Dis donc, Renée, est-ce qu'un homme pourra nous tromper ?... Miss Griffith a fini par entrevoir que je ne suis sotte qu'à demi, que j'ai une éducation inconnue, celle que nous nous sommes donnée l'une à l'autre en raisonnant à perte de vue. Elle a compris que mon ignorance porte seulement sur les choses extérieures. La pauvre créature m'a ouvert son cœur. Cette réponse laconique, mise en balance contre tous les malheurs imaginables, m'a causé un léger frisson. La Griffith me répéta de ne me laisser éblouir par rien dans le monde et de me défier de tout, principalement de ce qui me plaira le plus. Elle ne sait et ne peut rien me dire de plus. Ce discours est trop monotone. Elle se rapproche en ceci de la nature de l'oiseau qui n'a qu'un cri.

III

DE LA MÊME A LA MÊME.

Décembre.

Ma chérie, me voici prête à entrer dans le monde ; aussi ai-je tâché d'être bien folle avant de me composer pour lui. Ce matin, après beaucoup d'essais, je me suis vue bien et dûment corsetée, chaussée, serrée, coiffée, habillée, parée. J'ai fait comme les duellistes avant le combat : je me suis exercée à huis-clos. J'ai voulu me voir sous les armes, je me suis de très-bonne grâce trouvé un petit air vainqueur et triomphant auquel il faudra se rendre. Je me suis examinée et jugée. J'ai passé la revue de mes forces en mettant en pratique cette belle maxime de l'antiquité : Connais-toi toi-même ! J'ai eu des plaisirs infinis en faisant ma connaissance. Griffith a été seule dans le secret de ma jouerie à la poupée. J'étais à la fois la poupée et l'enfant. Tu crois me connaître ? point !

Voici, Renée, le portrait de ta sœur autrefois déguisée en carmélite et ressuscitée en fille légère et mondaine. La Provence exceptée, je suis une des plus belles personnes de France. Ceci me paraît le vrai sommaire de cet agréable chapitre. J'ai des défauts ; mais, si j'étais homme, je les aimerais. Ces défauts viennent des espérances que je donne. Quand on a, quinze jours durant, admiré l'exquise rondeur des bras de sa mère, et que cette mère est la duchesse de Chaulieu, ma chère, on se trouve malheureuse en se voyant des bras maigres ; mais on s'est consolée en trouvant le poignet fin, une certaine suavité de linéaments dans ces creux qu'un jour une chair satinée viendra poteler, arrondir et modeler. Le dessin un peu sec du bras se retrouve dans les épaules. A la vérité, je n'ai pas d'épaules, mais de dures omoplates qui forment deux plans heurtés. Ma taille est également sans souplesse, les flancs sont roides. Ouf! j'ai tout dit. Mais ces profils sont fins et fermes, la santé mord de sa flamme vive et pure ces lignes nerveuses, la vie et le sang bleu courent à flots sous une peau transparente. Mais la plus blonde fille d'Ève la blonde est une négresse à côté de moi! Mais j'ai un pied de gazelle! Mais toutes les entournures sont délicates, et je possède les traits corrects d'un dessin grec. Les tons de chair ne sont pas fondus, c'est vrai, mademoiselle; mais ils sont vivaces : je suis un très-joli fruit vert, et j'en ai la grâce verte. Enfin je ressemble à la figure qui, dans le vieux missel de ma tante, s'élève d'un lis violâtre. Mes yeux bleus ne sont pas bêtes, il sont fiers, entourés de deux marges de nacre vive nuancée par de jolies fibrilles et sur lequelles mes cils longs et pressés ressemblent à des franges de soie. Mon front étincelle, mes cheveux ont les racines délicieusement plantées, ils offrent de petites vagues d'or pâle, bruni dans les milieux et d'où s'échappent quelques cheveux mutins qui disent assez que je ne suis pas une blonde fade et à évanouissements, mais une blonde méridionale et pleine de sang, une blonde qui frappe au lieu de se laisser atteindre. Le coiffeur ne voulait-il pas me les lisser en deux bandeaux et me mettre sur le front une perle retenue par une chaîne d'or, en me disant que j'aurais l'air moyen-âge. — « Apprenez que je n'ai pas assez d'âge pour en être au moyen et pour mettre un ornement qui rajeunisse! » Mon nez est mince, les narines sont bien coupées et séparées par une charmante cloison rose ; il est impérieux, moqueur, et son extrémité est trop nerveuse pour jamais ni grossir ni rougir. Ma chère biche, si ce n'est pas à faire prendre une fille sans dot, je ne m'y connais pas. Mes oreilles ont des enroulements coquets, une perle à chaque bout y paraîtra jaune. Mon col est long, il a ce mouvement serpentin qui donne tant de majesté. Dans l'ombre, sa blancheur se dore. Ah! j'ai peut-être la bouche un peu grande, mais elle est si expressive, les lèvres sont d'une si belle couleur, les dents rient de si bonne grâce! Et puis, ma chère, tout est en harmonie : on a une démarche, on a une voix! L'on se souvient des mouvements de jupe de son aïeule, qui n'y touchait jamais ; enfin je suis belle et gracieuse. Suivant ma fantaisie, je puis rire comme nous avons ri souvent, et je serai respectée : il y aura je ne sais quoi d'imposant dans les fossettes que de ses doigts légers la Plaisanterie fera dans mes joues blanches. Je puis baisser les yeux et me donner un cœur de glace sous mon front de neige. Je puis offrir le cou mélancolique du cygne en me posant en madone, et les vierges dessinées par les peintres seront à cent piques au-dessous de moi ; je serai plus haut qu'elles dans le ciel. Un homme sera forcé, pour me parler, de musiquer sa voix.

Je suis donc armée de toutes pièces, et puis parcourir le clavier de la coquetterie depuis les notes les plus graves jusqu'au jeu le plus flûté. C'est un immense avantage que de ne pas être uniforme. Ma mère n'est ni folâtre, ni virginale ; elle est exclusivement digne, imposante ; elle ne peut sortir de là que pour devenir léonine ; quand elle blesse, elle guérit difficilement ; moi, je saurai blesser et guérir. Je suis tout autre encore que ma mère. Aussi n'y a-t-il pas de rivalité possible entre nous, à moins que nous ne nous disputions sur le plus ou le moins de perfection de nos extrémités qui sont semblables. Je tiens de mon père, il est fin et délié. J'ai les manières de ma grand'mère et son charmant ton de voix, une voix de tête quand elle est forcée, une mélodieuse voix de poitrine dans le médium du tête-à-tête. Il me semble que c'est seulement aujourd'hui que j'ai quitté le couvent. Je n'existe pas encore pour le monde, je lui suis inconnue. Quel délicieux moment ! Je m'appartiens encore, comme une fleur qui n'a pas été vue et qui vient d'éclore. Eh ! bien, mon ange, quand je me suis promenée dans mon salon en me regardant, quand j'ai vu l'ingénue défroque de la pensionnaire, j'ai eu je ne sais quoi dans le cœur : regrets du passé, inquiétudes sur l'avenir, craintes du monde, adieux à nos pâles marguerites innocemment cueillies, effeuillées insouciamment ; il y avait de tout cela ; mais il y avait aussi de ces idées fantasques que je renvoie dans les profondeurs de mon âme, où je n'ose descendre et d'où elles viennent.

Ma Renée, j'ai un trousseau de mariée ! Le tout est bien rangé, parfumé dans les tiroirs de cèdre et à devant de laque du délicieux cabinet de toilette. J'ai rubans, chaussures, gants, tout en profusion. Mon père m'a donné gracieusement les bijoux de la jeune fille : un nécessaire, une toilette, une cassolette, un éventail, une ombrelle, un livre de prières, une chaîne d'or, un cachemire ; il m'a promis de me faire apprendre à monter à cheval. Enfin, je sais danser ! Demain, oui, demain soir, je suis présentée. Ma toilette est une robe de mousseline blanche. J'ai pour coiffure une guirlande de roses blanches à la grecque. Je prendrai mon air de madonc : je veux être bien niaise et avoir les femmes pour moi. Ma mère est à mille lieues de ce que je t'écris, elle me croit incapable de réflexion. Si elle lisait ma lettre, elle serait stupide d'étonnement. Mon frère m'honore d'un profond mépris, et me continue les bontés de son indifférence. C'est un beau jeune homme, mais quinteux et mélancolique. J'ai son secret : ni le duc ni la duchesse ne l'ont deviné. Quoique duc et jeune, il est jaloux de son père, il n'est rien dans l'État, il n'a point de charge à la cour, il n'a point à dire : Je vais à la Chambre. Il n'y a que moi dans la maison qui ai seize heures pour réfléchir : mon père est dans les affaires publiques et dans ses plaisirs, ma mère est occupée aussi; personne ne réagit sur soi dans la maison, on est toujours dehors, il n'y a pas assez de temps pour la vie. Je suis curieuse à l'excès de savoir quel attrait invincible a le monde pour vous garder tous les soirs de neuf heures à deux ou trois heures du matin, pour vous faire faire tant de frais et supporter tant de fatigues. En désirant y venir, je n'imaginais pas de pareilles distances, de semblables enivrements; mais, à la vérité, j'oublie qu'il s'agit de Paris. Ainsi donc, on peut vivre les uns auprès des autres, en famille, et ne pas se connaître. Une quasi-religieuse arrive, en quinze jours elle aperçoit ce qu'un homme d'État ne voit pas dans sa maison. Peut-être le voit-il, et y a-t-il de la paternité dans son aveuglement volontaire. Je sonderai ce coin obscur.

IV

DE LA MÊME A LA MÊME.

15 décembre.

Hier, à deux heures, je suis allée me promener aux Champs-Élysées et au bois de Boulogne par une de ces journées d'automne comme nous en avons tant admiré sur les bords de la Loire. J'ai donc enfin vu Paris! L'aspect de la place Louis XV est vraiment beau, mais de ce beau que créent les hommes. J'étais bien mise, mélancolique quoique bien disposée à rire, la figure calme sous un charmant chapeau, les bras croisés. Je n'ai pas recueilli le moindre sourire, je n'ai pas fait rester un seul pauvre petit jeune homme hébété sur ses jambes, personne ne s'est retourné pour me voir, et cependant la voiture allait avec une lenteur en harmonie avec ma pose. Je me trompe, un duc charmant qui passait a brusquement retourné son cheval. Cet homme qui, pour le public, a sauvé mes vanités, était mon père dont l'orgueil, me dit-il, venait d'être agréablement flatté. J'ai rencontré ma mère qui m'a, du bout du doigt, envoyé un petit salut qui ressemblait à un baiser. Ma Griffith, qui ne se défiait de personne, regardait à tort et à travers. Selon mon idée, une jeune personne doit toujours savoir où elle pose son regard. J'étais furieuse. Un homme a très-sérieusement examiné ma voiture sans faire attention à moi. Ce flatteur était probablement un carrossier. Je me suis trompée dans l'évaluation de mes forces : la beauté, ce rare privilége que Dieu seul donne, est donc plus commune à Paris que je ne le pensais. Des minaudières ont été gracieusement saluées. A des visages empourprés, les hommes se sont dit : « La voilà ! » Ma mère a été prodigieusement admirée. Cette énigme a un mot, et je le chercherai. Les hommes, ma chère, m'ont paru généralement très-laids. Ceux qui sont beaux nous ressemblent en mal. Je ne sais quel fatal génie a inventé leur costume : il est surprenant de gaucherie quand on le compare à celui des siècles précédents ; il est sans éclat, sans couleur ni poésie ; il ne s'adresse ni aux sens, ni à l'esprit, ni à l'œil, et il doit être incommode ; il est sans ampleur, écourté. Le chapeau surtout m'a frappé : c'est un tronçon de colonne, il ne prend point la forme de la tête ; mais il est, m'a-t-on dit, plus facile de faire une révolution que de rendre les chapeaux gracieux. La bravoure, en France, recule devant un feutre rond, et faute de courage pendant une journée on y reste ridiculement coiffé pendant toute la vie. Et l'on dit les Français légers ! Les hommes sont d'ailleurs parfaitement horribles de quelque façon qu'ils se coiffent. Je n'ai vu que des visages fatigués et durs, où il n'y a ni calme ni tranquillité ; les lignes sont heurtées et les rides annoncent des ambitions trompées, des vanités malheureuses. Un beau front est rare. — « Ah ! voilà les Parisiens, » disais-je à miss Griffith. « Des hommes bien aimables et bien spirituels, » m'a-t-elle répondu. Je me suis tue. Une fille de trente-six ans a bien de l'indulgence au fond du cœur.

Le soir, je suis allée au bal, et m'y suis tenue aux côtés de ma mère, qui m'a donné le bras avec un dévouement bien récompensé. Les honneurs étaient pour elle, j'ai été le prétexte des plus agréables flatteries. Elle a eu le talent de me faire danser avec des imbéciles qui m'ont tous parlé de la chaleur comme si j'eusse été gelée, et de la beauté du bal comme si j'étais aveugle. Aucun n'a manqué de s'extasier sur une chose étrange, inouïe, extraordinaire, singulière, bizarre, c'est de m'y voir pour la première fois. Ma toilette, qui me ravissait dans mon salon blanc et or où je paradais toute seule, était à peine remarquable au milieu des parures merveilleuses de la plupart des femmes. Chacune d'elles avait ses fidèles, elles s'observaient toutes du coin de l'œil, plusieurs brillaient d'une beauté triomphante, comme était ma mère. Au bal, une jeune personne ne compte pas, elle y est une machine à danser. Les hommes, à de rares exceptions près, ne sont pas mieux là qu'aux Champs-Élysées. Ils sont usés, leurs traits sont sans caractère, ou plutôt ils ont tous le même caractère. Ces mines fières et vigoureuses que nos ancêtres ont dans leurs portraits, eux qui joignaient à la force physique la force morale, n'existent plus. Cependant il s'est trouvé dans cette assemblée un homme d'un grand talent qui tranchait sur la masse par la beauté de sa figure, mais il ne m'a pas causé la sensation vive qu'il devait communiquer. Je ne connais pas ses œuvres, et il n'est pas gentilhomme. Quels que soient le génie et les qualités d'un bourgeois ou d'un homme anobli, je n'ai pas dans le sang une seule goutte pour eux. D'ailleurs, je l'ai trouvé si fort occupé de lui, si peu des autres, qu'il m'a fait penser que nous devons être des choses et non des êtres pour ces grands chasseurs d'idées. Quand les hommes de talent aiment, ils ne doivent plus écrire, ou ils n'aiment pas. Il y a quelque chose dans leur cervelle qui passe avant leur maîtresse. Il m'a semblé voir tout cela dans la tournure de cet homme, qui est, dit-on, professeur, parleur, auteur, et que l'ambition rend serviteur de toute grandeur. J'ai pris mon parti sur-le-champ : j'ai trouvé très indigne de moi d'en vouloir au monde de mon peu de succès, et je me suis mise à danser sans aucun souci. J'ai d'ailleurs trouvé du plaisir à la danse. J'ai entendu force commérages sans piquant sur des gens inconnus ; mais peut-être est-il nécessaire de savoir beaucoup de choses que j'ignore pour les comprendre, car j'ai vu la plupart des femmes et des hommes prenant un très-vif plaisir à dire ou entendre certaines phrases. Le monde offre énormément d'énigmes dont le mot paraît difficile à trouver. Il y a des intrigues multipliées. J'ai des yeux assez perçants et l'ouïe fine; quant à l'entendement, vous le connaissez, mademoiselle de Maucombe!

Je suis revenue lasse et heureuse de cette lassitude. J'ai très-naïvement exprimé l'état où je me trouvais à ma mère, en compagnie de qui j'étais, et qui m'a dit de ne confier ces sortes de choses qu'à elle. — « Ma chère petite, a-t-elle ajouté, le bon goût est autant dans la connaissance de choses qu'on doit taire que dans celle des choses qu'on peut dire. »

Cette recommandation m'a fait comprendre les sensations sur lesquelles nous devons garder le silence avec tout le monde, même peut-être avec notre mère. J'ai mesuré d'un coup d'œil le vaste champ des dissimulations femelles. Je puis t'assurer, ma chère biche, que nous ferions, avec l'effronterie de notre innocence, deux petites commères passablement éveillées. Combien d'instructions dans un doigt posé sur les lèvres, dans un mot, dans un regard! Je suis devenue excessivement timide en un moment. Eh! quoi? ne pouvoir exprimer le bonheur si naturel causé par le mouvement de la danse! Mais, fis-je en moi-même, que sera-ce donc de nos sentiments? Je me suis couchée triste. Je sens encore vivement l'atteinte de ce premier choc de ma nature franche et gaie avec les dures lois du monde. Voilà déjà de ma laine blanche laissée aux buissons de la route. Adieu, mon ange!

V.

RENÉE DE MAUCOMBE A LOUISE DE CHAULIEU.

Octobre.

Combien ta lettre m'a émue! émue surtout par la comparaison de nos destinées. Dans quel monde brillant tu vas vivre! dans quelle paisible retraite achèverai-je mon obscure carrière! Quinze jours après mon arrivée au château de Maucombe, duquel je t'ai trop parlé pour t'en parler encore, et où j'ai retrouvé ma chambre à peu près dans l'état où je l'avais laissée, mais d'où j'ai pu comprendre le sublime paysage de la vallée de Gémenos, qu'enfant je regardais sans y rien voir, mon père et ma mère, accompagnés de mes deux frères, m'ont menée dîner chez un de mes voisins, un vieux monsieur de l'Estorade, gentilhomme devenu très-riche comme on devient riche en province par les soins de l'avarice. Ce vieillard n'avait pu soustraire son fils unique à la rapacité de Buonaparte ; après l'avoir sauvé de la conscription, il avait été forcé de l'envoyer à l'armée, en 1813, en qualité de garde d'honneur : depuis Leipsick, le vieux baron de l'Estorade n'en avait plus eu de nouvelles. Monsieur de Montriveau, que monsieur de l'Estorade alla voir en 1814, lui affirma l'avoir vu prendre par les Russes. Madame de l'Estorade mourut de chagrin en faisant faire d'inutiles recherches en Russie. Le baron, vieillard très-chrétien, pratiquait cette belle vertu théologale que nous cultivions à Blois : l'Espérance ! Elle lui faisait voir son fils en rêve, et il accumulait ses revenus pour ce fils ; il prenait soin des parts de ce fils dans les successions qui lui venaient de la famille de feu madame de l'Estorade. Personne n'avait le courage de plaisanter ce vieillard. J'ai fini par deviner que le retour inespéré de ce fils était la cause du mien. Qui nous eût dit que pendant les courses vagabondes de notre pensée, mon futur cheminait lentement à pied à travers la Russie, la Pologne et l'Allemagne ? Sa mauvaise destinée n'a cessé qu'à Berlin, où le ministre français lui a facilité son retour en France. Monsieur de l'Estorade le père, petit gentilhomme de Provence, riche d'environ dix mille livres de rentes, n'a pas un nom assez européen pour qu'on s'intéressât au chevalier de l'Estorade, dont le nom sentait singulièrement son aventurier.

Douze mille livres, produit annuel des biens de madame de l'Estorade, accumulées avec les économies paternelles, font au pauvre garde d'honneur une fortune considérable en Provence, quelque chose comme deux cent cinquante mille livres, outre ses biens au soleil. Le bonhomme l'Estorade avait acheté, la veille du jour où il devait revoir le chevalier, un beau domaine mal administré, où il se propose de planter dix mille mûriers qu'il élevait exprès dans sa pépinière, en prévoyant cette acquisition. Le baron, en retrouvant son fils, n'a plus eu qu'une pensée, celle de le marier, et de le marier à une jeune fille noble. Mon père et ma mère ont partagé pour mon compte la pensée de leur voisin dès que le vieillard leur eut annoncé son intention de prendre Renée de Maucombe sans dot, et de lui reconnaître au contrat toute la somme qui doit revenir à ladite Renée dans leurs successions. Dès sa majorité, mon frère cadet, Jean de Maucombe, a reconnu avoir reçu de ses parents un avancement d'hoirie équivalant au tiers de l'héritage. Voilà comment les familles nobles de la Provence éludent l'infâme Code civil du sieur de Buonaparte, qui fera mettre au couvent autant de filles nobles qu'il en a fait marier. La noblesse française est, d'après le peu que j'ai entendu dire à ce sujet, très-divisée sur ces graves matières.

Ce dîner, ma chère mignonne, était une entrevue entre ta biche et l'exilé. Procédons par ordre. Les gens du comte de Maucombe se sont revêtus de leurs vieilles livrées galonnées, de leurs chapeaux bordés : le cocher a pris ses grandes bottes à chaudron, nous avons tenu cinq dans le vieux carrosse, et nous sommes arrivés en toute majesté vers deux heures, pour dîner à trois, à la bastide où demeure le baron de l'Estorade. Le beau-père n'a point de château, mais une simple maison de campagne, située au pied d'une de nos collines, au débouché de notre belle vallée dont l'orgueil est certes le vieux castel de Maucombe. Cette bastide est une bastide : quatre murailles de cailloux revêtues d'un ciment jaunâtre, couvertes de tuiles creuses d'un beau rouge. Les toits plient sous le poids de cette briqueterie. Les fenêtres percées au travers sans aucune symétrie ont des volets énormes peints en jaune. Le jardin qui entoure cette habitation est un jardin de Provence, entouré de petits murs bâtis en gros cailloux ronds mis par couches, et où le génie du maçon éclate dans la manière dont il les dispose alternativement inclinés ou debout sur leur hauteur : la couche de boue qui les recouvre tombe par places. La tournure domaniale de cette bastide vient d'une grille, à l'entrée, sur le chemin. On a longtemps pleuré pour avoir cette grille ; elle est si maigre qu'elle m'a rappelé la sœur Angélique. La maison a un perron en pierre, la porte est décorée d'un auvent que ne voudrait pas un paysan de la Loire pour son élégante maison en pierre blanche à toiture bleue, où rit le soleil. Le jardin, les alentours sont horriblement poudreux, les arbres sont brûlés. On voit que, depuis longtemps, la vie du baron consiste à se lever, se coucher et se relever le lendemain sans nul souci que celui d'entasser sou sur sou. Il mange ce que mangent ses deux domestiques, qui sont un garçon provençal et la vieille femme de chambre de sa femme. Les pièces ont peu de mobilier. Cependant la maison de l'Estorade s'était mise en frais. Elle avait vidé ses armoires, convoqué le ban et l'arrière-ban de ses serfs pour ce dîner, qui nous a été servi dans une vieille argenterie noire et bosselée. L'exilé, ma chère mignonne, est comme la grille, bien maigre! Il est pâle, il a souffert, il est taciturne. A trente-sept ans, il a l'air d'en avoir cinquante. L'ébène de ses ex-beaux cheveux de jeune homme est mélangé de blanc comme l'aile d'une alouette. Ses beaux yeux bleus sont caves; il est un peu sourd, ce qui le fait ressembler au chevalier de la Triste Figure; néanmoins j'ai consenti gracieusement à devenir madame de l'Estorade, à me laisser doter de deux cent cinquante mille livres, mais à la condition expresse d'être maîtresse d'arranger la bastide et d'y faire un parc. J'ai formellement exigé de mon père de me concéder une petite partie d'eau qui peut venir de Maucombe ici. Dans un mois je serai madame de l'Estorade, car j'ai plu, ma chère. Après les neiges de la Sibérie, un homme est très disposé à trouver du mérite à ces yeux noirs qui, disais-tu, faisaient mûrir les fruits que je regardais. Louis de l'Estorade paraît excessivement heureux d'épouser *la belle Renée de Maucombe*, tel est le glorieux surnom de ton amie. Pendant que tu t'apprêtes à moissonner les joies de la plus vaste existence, celle d'une demoiselle de Chaulieu dans Paris où tu règneras, ta pauvre biche, Renée, cette fille du désert est tombée de l'Empyrée où nous nous élevions, dans les réalités vulgaires d'une destinée simple comme celle d'une pâquerette. Oui, je me suis juré à moi-même de consoler ce jeune homme sans jeunesse, qui a passé du giron maternel à celui de la guerre, et des joies de sa bastide aux glaces et aux travaux de la Sibérie. L'uniformité de mes jours à venir sera variée par les humbles plaisirs de la campagne. Je continuerai l'oasis de la vallée de Gémenos autour de ma maison, qui sera majestueusement ombragée de beaux arbres. J'aurai des gazons toujours verts en Provence, je ferai monter mon parc jusque sur la colline, je placerai sur le point le plus élevé quelque joli kiosque d'où mes yeux pourront voir peut-être la brillante Méditerranée. L'oranger, le citronnier, les plus riches productions de la botanique embelliront ma retraite, et j'y serai mère de famille. Une poésie naturelle, indestructible, nous environnera. En restant fidèle à mes devoirs, aucun malheur n'est à redouter. Mes sentiments chrétiens sont partagés par mon beau-père et par le chevalier de l'Estorade. Ah! mignonne, j'aperçois la vie comme un de ces grands chemins de France, unis et doux, ombragés d'arbres éternels. Il n'y aura pas deux Buonaparte en ce siècle : je pourrai garder mes enfants si j'en ai, les élever, en faire des hommes, je jouirai de la vie par eux. Si tu ne manques pas à ta destinée, toi qui seras la femme de quelque puissant de la terre, les enfants de ta Renée auront une active protection. Adieu donc, pour moi du moins, les romans et les situations bizarres dont nous nous faisions les héroïnes. Je sais déjà par avance l'histoire de ma vie : ma vie sera traversée par les grands événements de la dentition de messieurs de l'Estorade, par leur nourriture, par les dégâts qu'ils feront dans mes massifs et dans ma personne : leur broder des bonnets, être aimée et admirée par un pauvre homme souffreteux, à l'entrée de la vallée de Gémenos, voilà mes plaisirs. Peut-être un jour la campagnarde ira-t-elle habiter Marseille pendant l'hiver ; mais alors elle n'apparaîtrait encore que sur le théâtre étroit de la province dont les coulisses ne sont point périlleuses. Je n'aurai rien à redouter, pas même une de ces admirations qui peuvent nous rendre fières. Nous nous intéresserons beaucoup aux vers à soie pour lesquels nous aurons des feuilles de mûrier à vendre. Nous connaîtrons les étranges vicissitudes de la vie provençale et les tempêtes d'un ménage sans querelle possible : monsieur de l'Estorade annonce l'intention formelle de se laisser conduire par sa femme. Or, comme je ne ferai rien pour l'entretenir dans cette sagesse, il est probable qu'il y persistera. Tu seras, ma chère Louise, la partie romanesque de mon existence. Aussi raconte-moi bien tes aventures, peins-moi les bals, les fêtes, dis-moi bien comment tu t'habilles, quelles fleurs couronnent tes beaux cheveux blonds, et les paroles des hommes et leurs façons. Tu seras deux à écouter, à danser, à sentir le bout de tes doigts pressé. Je voudrais bien m'amuser à Paris, pendant que tu seras mère de famille à La Crampade, tel est le nom de notre bastide. Pauvre homme qui croit épouser une seule femme ! S'apercevra-t-il qu'elles sont deux ? Je commence à dire des folies. Comme je ne puis plus en faire que par procureur, je m'arrête. Donc, un baiser sur chacune de tes joues, mes lèvres sont encore celles de la jeune fille (il n'a osé prendre que ma main). Oh ! nous sommes d'un respectueux et d'une convenance assez inquiétants. Eh ! bien, je recommence. Adieu ! chère.

    P.-S. J'ouvre ta troisième lettre. Ma chère, je puis disposer d'environ mille livres : emploie-les moi donc en jolies choses qui ne se trouveront point dans les environs, ni même à Marseille. En courant pour toi-même, pense à ta recluse de La Crampade. Songe que, ni d'un côté ni de l'autre, les grands-parents n'ont à Paris des gens de goût pour leurs acquisitions. Je répondrai plus tard à cette lettre.

VI

DON FELIPE HÉNAREZ A DON FERNAND.

Paris, septembre.

La date de cette lettre vous dira, mon frère, que le chef de votre maison ne court aucun danger. Si le massacre de nos ancêtres dans la cour des Lions nous a faits malgré nous Espagnols et chrétiens, il nous a légué la prudence des Arabes; et peut-être ai-je dû mon salut au sang d'Abencerrage qui coule encore dans mes veines. La peur rendait Ferdinand si bon comédien que Valdez croyait à ses protestations. Sans moi, ce pauvre amiral était perdu. Jamais les libéraux ne sauront ce qu'est un roi. Mais le caractère de ce Bourbon m'est connu depuis longtemps : plus Sa Majesté nous assurait de sa protection, plus elle éveillait ma défiance. Un véritable Espagnol n'a nul besoin de répéter ses promesses. Qui parle trop veut tromper. Valdez a passé sur un bâtiment anglais. Quant à moi, dès que les destinées de ma chère Espagne furent perdues en Andalousie, j'écrivis à l'intendant de mes biens en Sardaigne de pourvoir à ma sûreté. D'habiles pêcheurs de corail m'attendaient avec une barque sur un point de la côte. Lorsque Ferdinand recommandait aux Français de s'assurer de ma personne, j'étais dans ma baronnie de Macumer, au milieu de bandits qui défient toutes les lois et toutes les vengeances. La dernière maison hispano-maure de Grenade a retrouvé les déserts d'Afrique, et jusqu'au cheval sarrasin, dans un domaine qui lui vient des Sarrasins. Les yeux de ces bandits ont brillé d'une joie et d'un orgueil sauvages en apprenant qu'ils protégeaient contre la vendetta du roi d'Espagne le duc de Soria leur maître, un Hénarez enfin, le premier qui soit venu les visiter depuis le temps où l'île appartenait aux Maures, eux qui la veille craignaient ma justice ! Vingt-deux carabines se sont offertes à viser Ferdinand de Bourbon, ce fils d'une race encore inconnue au jour où les Abencerrages arrivaient en vainqueurs aux bords de la Loire. Je croyais pouvoir vivre des revenus de ces immenses domaines, auxquels nous avons malheureusement si peu songé ; mais mon séjour m'a démontré mon erreur et la véracité des rapports de Queverdo. Le pauvre homme avait vingt-deux vies d'homme à mon service, et pas un réal ; des savanes de vingt mille arpents, et pas une maison ; des forêts vierges ; et pas un meuble. Un million de piastres et la présence du maître pendant un demi-siècle seraient nécessaires pour mettre en valeur ces terres magnifiques : j'y songerai. Les vaincus méditent pendant leur fuite et sur eux-mêmes et sur la partie perdue. En voyant ce beau cadavre rongé par les moines, mes yeux se sont baignés de larmes : j'y reconnaissais le triste avenir de l'Espagne. J'ai appris à Marseille la fin de Riégo. J'ai pensé douloureusement que ma vie aussi va se terminer par un martyre, mais obscur et long. Sera-ce donc exister que de ne pouvoir ni se consacrer à un pays, ni vivre pour une femme ! Aimer, conquérir, cette double face de la même idée était la loi gravée sur nos sabres, écrite en lettres d'or aux voûtes de nos palais, incessamment redite par les jets d'eau qui montaient en gerbes dans nos bassins de marbre. Mais cette loi fanatise inutilement mon cœur : le sabre est brisé, le palais est en cendres, la source vive est bue par des sables stériles.

Voici donc mon testament.

Don Fernand, vous allez comprendre pourquoi je bridais votre ardeur en vous ordonnant de rester fidèle au *rey netto*. Comme ton frère et ton ami, je te supplie d'obéir ; comme votre maître, je vous le commande. Vous irez au roi, vous lui demanderez mes grandesses et mes biens, ma charge et mes titres ; il hésitera peut-être, il fera quelques grimaces royales ; mais vous lui direz que vous êtes aimé de Marie Hérédia, et que Marie ne peut épouser que le duc de Soria. Vous le verrez alors tressaillant de joie : l'immense fortune des Hérédia l'empêchait de consommer ma ruine ; elle lui paraîtra complète ainsi, vous aurez aussitôt ma dépouille. Vous épouserez Marie : j'avais surpris le secret de votre mutuel amour combattu. Aussi ai-je préparé le vieux comte à cette substitution. Marie et moi nous obéissions aux convenances et aux vœux de nos pères. Vous êtes beau comme un enfant de l'amour, je suis laid comme un grand d'Espagne ; vous êtes aimé, je suis l'objet d'une répugnance inavouée ; vous aurez bientôt vaincu le peu de résistance que mon malheur inspirera peut-être à cette noble Espagnole. Duc de Soria, votre prédécesseur ne veut ni vous coûter un regret ni vous priver d'un maravédi. Comme les joyaux de Marie peuvent réparer le vide que les diamants de ma mère feront dans votre maison, vous m'enverrez ces diamants, qui suffiront pour assurer l'indépendance de ma vie, par ma nourrice, la vieille Urraca, la seule personne que je veuille conserver des gens de ma maison : elle seule sait bien préparer mon chocolat.

Durant notre courte révolution, mes constants travaux avaient réduit ma vie au nécessaire, et les appointements de ma place y pourvoyaient. Vous trouverez les revenus de ces deux dernières années entre les mains de votre intendant. Cette somme est à moi : le mariage d'un duc de Soria occasionne de grandes dépenses, nous la partagerons donc. Vous ne refuserez pas le présent de noces de votre frère le bandit. D'ailleurs, telle est ma volonté. La baronnie de Macumer n'étant pas sous la main du roi d'Espagne, elle me reste et me laisse la faculté d'avoir une patrie et un nom, si, par hasard, je voulais devenir quelque chose.

Dieu soit loué, voici les affaires finies, la maison de Soria est sauvée !

Au moment où je ne suis plus que baron de Macumer, les canons français annoncent l'entrée du duc d'Angoulême. Vous comprendrez, monsieur, pourquoi j'interromps ici ma lettre....

Octobre.

En arrivant ici, je n'avais pas dix quadruples. Un homme d'État n'est-il pas bien petit quand, au milieu des catastrophes qu'il n'a pas empêchées, il montre une prévoyance égoïste ? Aux Maures vaincus, un cheval et le désert ; aux chrétiens trompés dans leurs espérances, le couvent et quelques pièces d'or. Cependant ma résignation n'est encore que de la lassitude. Je ne suis point assez près du monastère pour ne pas songer à vivre. Ozalga m'avait, à tout hasard, donné des lettres de recommandation parmi lesquelles il s'en trouvait une pour un libraire qui est à nos compatriotes ce que Galignani est ici aux Anglais. Cet homme m'a procuré huit écoliers à trois francs par cachet. Je vais chez mes élèves de deux jours l'un, j'ai donc quatre séances par jour et gagne douze francs, somme bien supérieure à mes besoins. A l'arrivée d'Urraca, je ferai le bonheur de quelque Espagnol proscrit en lui cédant ma clientèle. Je suis logé rue Hillerin-Bertin chez une pauvre veuve qui prend des pensionnaires. Ma chambre est au midi et donne sur un petit jardin. Je n'entends aucun bruit, je vois de la verdure et ne dépense en tout qu'une piastre par jour; je suis tout étonné des plaisirs calmes et purs que je goûte dans cette vie de Denys à Corinthe. Depuis le lever du soleil jusqu'à dix heures, je fume et prends mon chocolat, assis à ma fenêtre, en regardant deux plantes espagnoles, un genêt qui s'élève entre les masses d'un jasmin : de l'or sur un fond blanc, une image qui fera toujours tressaillir un rejeton des Maures. A dix heures, je me mets en route jusqu'à quatre heures pour donner mes leçons. A cette heure, je reviens dîner, je fume et lis après jusqu'à mon coucher. Je puis mener longtemps cette vie, que mélangent le travail et la méditation, la solitude et le monde. Sois donc heureux, Fernand, mon abdication est accomplie sans arrière-pensée; elle n'est suivie d'aucun regret comme celle de Charles-Quint, d'aucune envie de renouer la partie comme celle de Napoléon. Cinq nuits et cinq jours ont passé sur mon testament, la pensée en a fait cinq siècles. Les grandesses, les titres, les biens sont pour moi comme s'ils n'eussent jamais été. Maintenant que la barrière du respect qui nous séparait est tombée, je puis, cher enfant, te laisser lire dans mon cœur. Ce cœur, que la gravité couvre d'une impénétrable armure, est plein de tendresses et de dévouements sans emploi; mais aucune femme ne l'a deviné, pas même celle qui, dès le berceau, me fut destinée. Là est le secret de mon ardente vie politique. A défaut de maîtresse, j'ai adoré l'Espagne. L'Espagne aussi m'a échappé! Maintenant que je ne suis plus rien, je puis contempler le *moi* détruit, me demander pourquoi la vie y est venue et quand elle s'en ira? pourquoi la race chevaleresque par excellence a jeté dans son dernier rejeton ses premières vertus, son amour africain, sa chaude poésie? si la graine doit conserver sa rugueuse enveloppe sans pousser de tige, sans effeuiller ses parfums orientaux du haut d'un radieux calice? Quel crime ai-je commis avant de naître pour n'avoir inspiré d'amour à personne? Dès ma naissance étais-je donc un vieux débris destiné à échouer sur une grève aride ? Je retrouve en mon âme les déserts paternels, éclairés par un soleil qui les brûle sans y rien laisser croître. Reste orgueilleux d'une race déchue, force inutile, amour perdu, vieux jeune homme, j'attendrai donc où je suis, mieux que partout ailleurs, la dernière faveur de la mort. Hélas ! sous ce ciel brumeux, aucune étincelle ne ranimera la flamme dans toutes ces cendres. Aussi pourrais-je dire pour dernier mot, comme Jésus-Christ : *Mon Dieu, tu m'as abandonné !* Terrible parole que personne n'a osé sonder.

Juge, Fernand, combien je suis heureux de revivre en toi et en Marie ! je vous contemplerai désormais avec l'orgueil d'un créateur fier de son œuvre. Aimez-vous bien et toujours, ne me donnez pas de chagrins : un orage entre vous me ferait plus de mal qu'à vous-mêmes.

Notre mère avait pressenti que les événements serviraient un jour ses espérances. Peut-être le désir d'une mère est-il un contrat passé entre elle et Dieu. N'était-elle pas d'ailleurs un de ces êtres mystérieux qui peuvent communiquer avec le ciel et qui en rapportent une vision de l'avenir ! Combien de fois n'ai-je pas lu dans les rides de son front qu'elle souhaitait à Fernand les honneurs et les biens de Felipe ! Je le lui disais, elle me répondait par deux larmes et me montrait les plaies d'un cœur qui nous était dû tout entier à l'un comme à l'autre, mais qu'un invincible amour donnait à toi seul. Aussi son ombre joyeuse planera-t-elle au-dessus de vos têtes quand vous les inclinerez à l'autel. Viendrez-vous caresser enfin votre Felipe, dona Clara ? vous le voyez : il cède à votre bien-aimé jusqu'à la jeune fille que vous poussiez à regret sur ses genoux.

Ce que je fais plaît aux femmes, aux morts, au roi, Dieu le voulait, n'y dérange donc rien, Fernand : obéis et tais-toi.

P. S. Recommande à Urraca de ne pas me nommer autrement que monsieur Hénarez. Ne dis pas un mot de moi à Marie. Tu dois être le seul être vivant qui sache les secrets du dernier Maure christianisé, dans les veines duquel mourra le sang de la grande famille née au désert, et qui va finir dans la solitude. Adieu.

VII

LOUISE DE CHAULIEU A RENÉE DE MAUCOMBE.

Janvier 1824.

Comment, bientôt mariée! mais prend-on les gens ainsi? Au bout d'un mois, tu te promets à un homme, sans le connaître, sans en rien savoir. Cet homme peut être sourd, on l'est de tant de manières! il peut être maladif, ennuyeux, insupportable. Ne vois-tu pas, Renée, ce qu'on veut faire de toi? tu leur es nécessaire pour continuer la glorieuse maison de l'Estorade, et voilà tout. Tu vas devenir une provinciale. Sont-ce là nos promesses mutuelles? A votre place, j'aimerais mieux aller me promener aux îles d'Hyères en caïque, jusqu'à ce qu'un corsaire algérien m'enlevât et me vendît au grand seigneur; je deviendrais sultane, puis quelque jour validé; je mettrais le sérail c'en dessus dessous, et tant que je serais jeune et quand je serais vieille. Tu sors d'un couvent pour entrer dans un autre! Je te connais, tu es lâche, tu vas entrer en ménage avec une soumission d'agneau. Je te donnerai des conseils, tu viendras à Paris, nous y ferons enrager les hommes et nous deviendrons des reines. Ton mari, ma belle biche, peut, dans trois ans d'ici, se faire nommer député. Je sais maintenant ce qu'est un député, je te l'expliquerai; tu joueras très-bien de cette machine, tu pourras demeurer à Paris et y devenir, comme dit ma mère, une femme à la mode. Oh! je ne te laisserai certes pas dans ta bastide.

Lundi.

Voilà quinze jours, ma chère, que je vis de la vie du monde: un soir aux Italiens, l'autre au grand Opéra, de là toujours au bal. Ah! le monde est une féerie. La musique des Italiens me ravit, et pendant que mon âme nage dans un plaisir divin, je suis lorgnée, admirée; mais, par un seul de mes regards, je fais baisser les yeux au plus hardi jeune homme. J'ai vu là des jeunes gens charmants; eh! bien, pas un ne me plaît; aucun ne m'a causé l'émotion que j'éprouve en entendant Garcia dans son magnifique duo avec Pellegrini dans *Otello*. Mon Dieu ! combien ce Rossini doit être jaloux, pour avoir si bien exprimé la jalousie ? Quel cri que : *Il mio cor si divide*. Je te parle grec, tu n'as pas entendu Garcia, mais tu sais combien je suis jalouse ! Quel triste dramaturge que Shakespeare ! Othello se prend de gloire, il remporte des victoires, il commande, il parade, il se promène en laissant Desdémone dans son coin, et Desdémone, qui le voit préférant à elle les stupidités de la vie publique, ne se fâche point ? cette brebis mérite la mort. Que celui que je daignerai aimer s'avise de faire autre chose que de m'aimer ! Moi, je suis pour les longues épreuves de l'ancienne chevalerie. Je regarde comme très-impertinent et très-sot ce paltoquet de jeune seigneur qui a trouvé mauvais que sa souveraine l'envoyât chercher son gant au milieu des lions : elle lui réservait sans doute quelque belle fleur d'amour, et il l'a perdue après l'avoir méritée, l'insolent ! Mais je babille comme si je n'avais pas de grandes nouvelles à t'apprendre ! Mon père va sans doute représenter le roi notre maître à Madrid : je dis notre maître, car je ferai partie de l'ambassade. Ma mère désire rester ici, mon père m'emmènera pour avoir une femme près de lui.

Ma chère, tu ne vois là rien que de simple, et néanmoins il y a là des choses monstrueuses : en quinze jours, j'ai découvert les secrets de la maison. Ma mère suivrait mon père à Madrid, s'il voulait prendre monsieur de Saint-Héreen en qualité de secrétaire d'ambassade ; mais le roi désigne les secrétaires, le duc n'ose pas contrarier le roi qui est fort absolu, ni fâcher ma mère ; et ce grand politique croit avoir tranché les difficultés en laissant ici la duchesse. Monsieur de Saint-Héreen est le jeune homme qui cultive la société de ma mère, et qui étudie sans doute avec elle la diplomatie de trois heures à cinq heures. La diplomatie doit être une belle chose, car il est assidu comme un joueur à la Bourse. Monsieur le duc de Rhétoré, notre aîné, solennel, froid et fantasque, serait écrasé par son père à Madrid, il reste à Paris. Miss Griffith sait d'ailleurs qu'Alphonse aime une danseuse de l'Opéra. Comment peut-on aimer des jambes et des pirouettes ? Nous avons remarqué que mon frère assiste aux représentations quand y danse Teullia, il applaudit les pas de cette créature et sort après. Je crois que deux filles dans une maison y font plus de ravages que n'en ferait la peste. Quant à mon second frère, il est à son régiment, je ne l'ai pas encore vu. Voilà comment je suis destinée à être l'Antigone d'un ambassadeur de Sa Majesté. Peut-être me marierai-je en Espagne, et peut-être la pensée de mon père est-elle de m'y marier sans dot, absolument comme on te marie à ce reste de vieux garde d'honneur. Mon père m'a proposé de le suivre et m'a offert son maître d'espagnol. — Vous voulez, lui ai-je dit, me faire faire des mariages en Espagne ? Il m'a, pour toute réponse, honorée d'un fin regard. Il aime depuis quelques jours à m'agacer au déjeuner, il m'étudie et je dissimule ; aussi l'ai-je, comme père et comme ambassadeur, *in petto*, cruellement mystifié. Ne me prenait-il pas pour une sotte ? Il me demandait ce que je pensais de tel jeune homme et de quelques demoiselles avec lesquels je me suis trouvée dans plusieurs maisons. Je lui ai répondu par la plus stupide discussion sur la couleur des cheveux, sur la différence des tailles, sur la physionomie des jeunes gens. Mon père parut désappointé de me trouver si niaise, il se blâma intérieurement de m'avoir interrogée. — Cependant, mon père, ajoutai-je, je ne dis pas ce que je pense réellement : ma mère m'a dernièrement fait peur d'être inconvenante en parlant de mes impressions. — En famille, vous pouvez vous expliquer sans crainte, répondit ma mère. — Eh bien ! repris-je, les jeunes gens m'ont jusqu'à présent paru être plus intéressés qu'intéressants, plus occupés d'eux que de nous ; mais ils sont, à la vérité, très-peu dissimulés : ils quittent à l'instant la physionomie qu'ils ont prise pour nous parler, et s'imaginent sans doute que nous ne savons point nous servir de nos yeux. L'homme qui nous parle est l'amant, l'homme qui ne nous parle plus est le mari. Quant aux jeunes personnes, elles sont si fausses qu'il est impossible de deviner leur caractère autrement que par celui de leur danse, il n'y a que leur taille et leurs mouvements qui ne mentent point. J'ai surtout été effrayée de la brutalité du beau monde. Quand il s'agit de souper, il se passe, toutes proportions gardées, des choses qui me donnent une image des émeutes populaires. La politesse cache très-imparfaitement l'égoïsme général. Je me figurais le monde autrement. Les femmes y sont comptées pour peu de chose, et peut-être est-ce un reste des doctrines de Bonaparte. — Armande fait d'étonnants progrès, a dit ma mère. — Ma mère, croyez-vous que je vous demanderai toujours si madame de Staël est morte ? Mon père sourit et se leva.

Samedi.

Ma chère, je n'ai pas tout dit. Voici ce que je te réserve. L'amour que nous imaginions doit être bien profondément caché, je n'en ai vu de trace nulle part. J'ai bien surpris quelques regards rapidement échangés dans les salons; mais quelle pâleur! Notre amour, ce monde de merveilles, de beaux songes, de réalités délicieuses, de plaisirs et de douleurs se répondant, ces sourires qui éclairent la nature, ces paroles qui ravissent, ce bonheur toujours donné, toujours reçu, ces tristesses causées par l'éloignement et ces joies que prodigue la présence de l'être aimé!... de tout cela, rien. Où toutes ces splendides fleurs de l'âme naissent-elles? Qui ment? nous ou le monde. J'ai déjà vu des jeunes gens, des hommes par centaines, et pas un ne m'a causé la moindre émotion; ils m'auraient témoigné admiration et dévouement, ils se seraient battus, j'aurais tout regardé d'un œil insensible. L'amour, ma chère, comporte un phénomène si rare, qu'on peut vivre toute sa vie sans rencontrer l'être à qui la nature a départi le pouvoir de nous rendre heureuses. Cette réflexion fait frémir, car si cet être se rencontre tard, hein?

Depuis quelques jours je commence à m'épouvanter de notre destinée, à comprendre pourquoi tant de femmes ont des visages attristés sous la couche de vermillon qu'y mettent les fausses joies d'une fête. On se marie au hasard, et tu te maries ainsi. Des ouragans de pensées ont passé dans mon âme. Être aimée tous les jours de la même manière et néanmoins diversement, être aimée autant après dix ans de bonheur que le premier jour! Un pareil amour veut des années : il faut s'être laissé désirer pendant bien du temps, avoir éveillé bien des curiosités et les satisfaire, avoir excité bien des sympathies et y répondre. Y a-t-il donc des lois pour les créations du cœur, comme pour les créations visibles de la nature? L'allégresse se soutient-elle? Dans quelle proportion l'amour doit-il mélanger ses larmes et ses plaisirs? Les froides combinaisons de la vie funèbre, égale, permanente du couvent m'ont alors semblé possibles; tandis que les richesses, les magnificences, les pleurs, les délices, les fêtes, les joies, les plaisirs de l'amour égal, partagé, permis, m'ont semblé l'impossible. Je ne vois point de place dans cette ville aux douceurs de l'amour, à ses saintes promenades sous des charmilles, au clair de la pleine lune, quand elle fait briller les eaux et qu'on résiste à des prières. Riche, jeune et belle, je n'ai qu'à aimer, l'amour peut devenir ma vie, ma seule occupation ; or, depuis trois mois que je vais, que je viens avec une impatiente curiosité, je n'ai rien rencontré parmi ces regards brillants, avides, éveillés. Aucune voix ne m'a émue, aucun regard ne m'a illuminé ce monde. La musique seule a rempli mon âme, elle seule a été pour moi ce qu'est notre amitié. Je suis restée quelquefois pendant une heure, la nuit, à ma fenêtre, regardant le jardin, appelant des événements, les demandant à la source inconnue d'où ils sortent. Je suis quelquefois partie en voiture allant me promener, mettant pied à terre dans les Champs-Élysées en imaginant qu'un homme, que celui qui réveillera mon âme engourdie, arrivera, me suivra, me regardera ; mais, ces jours-là, j'ai vu des saltimbanques, des marchands de pain d'épice et des faiseurs de tours, des passants pressés d'aller à leurs affaires, ou des amoureux qui fuyaient tous les regards, et j'étais tentée de les arrêter et de leur dire : Vous qui êtes heureux, dites-moi ce que c'est que l'amour ? Mais je rentrais ces folles pensées, je remontais en voiture, et je me promettais de demeurer vieille fille. L'amour est certainement une incarnation, et quelles conditions ne faut-il pas pour qu'elle ait lieu ! Nous ne sommes pas certaines d'être toujours bien d'accord avec nous-mêmes, que sera-ce à deux ? Dieu seul peut résoudre ce problème. Je commence à croire que je retournerai au couvent. Si je reste dans le monde, j'y ferai des choses qui ressembleront à des sottises, car il m'est impossible d'accepter ce que je vois. Tout blesse mes délicatesses, les mœurs de mon âme, ou mes secrètes pensées. Ah ! ma mère est la femme la plus heureuse du monde, elle est adorée par son petit Saint-Héreen. Mon ange, il me prend d'horribles fantaisies de savoir ce qui se passe entre ma mère et ce jeune homme. Griffith a, dit-elle, eu toutes ces idées ; elle a eu envie de sauter au visage des femmes qu'elle voyait heureuses ; elle les a dénigrées, déchirées. Selon elle, la vertu consiste à enterrer toutes ces sauvageries-là dans le fond de son cœur. Qu'est-ce donc que le fond du cœur ? un entrepôt de tout ce que nous avons de mauvais. Je suis très-humiliée de ne pas avoir rencontré d'adorateur. Je suis une fille à marier mais j'ai des frères, une famille, des parents chatouilleux. Ah ! si telle

« Si vous aviez à me reprendre en quoi que ce soit, je deviendrais votre obligée. »
Il a tressailli, le sang a coloré son teint olivâtre.

(MÉMOIRES DE DEUX JEUNES MARIÉES.)

était la raison de la retenue des hommes, ils seraient bien lâches. Le rôle de Chimène, dans le *Cid*, et celui du Cid me ravissent. Quelle admirable pièce de théâtre ! Allons, adieu.

VIII

LA MÊME A LA MÊME.

Janvier.

Nous avons pour maître un pauvre réfugié forcé de se cacher à cause de sa participation à la révolution que le duc d'Angoulême est allé vaincre ; succès auquel nous avons dû de belles fêtes. Quoique libéral et sans doute bourgeois, cet homme m'a intéressée : je me suis imaginée qu'il était condamné à mort. Je le fais causer pour savoir son secret, mais il est d'une taciturnité castillane, fier comme s'il était Gonzalve de Cordoue, et néanmoins d'une douceur et d'une patience angéliques ; sa fierté n'est pas montée comme celle de miss Griffith, elle est tout intérieure ; il se fait rendre ce qui lui est dû en nous rendant ses devoirs, et nous écarte de lui par le respect qu'il nous témoigne. Mon père prétend qu'il y a beaucoup du grand seigneur chez le sieur Henarez, qu'il nomme entre nous Don Henarez par plaisanterie. Quand je me suis permis de l'appeler ainsi, il y a quelques jours, cet homme a relevé sur moi ses yeux, qu'il tient ordinairement baissés, et m'a lancé deux éclairs qui m'ont interdite ; ma chère, il a, certes, les plus beaux yeux du monde. Je lui ai demandé si je l'avais fâché en quelque chose, et il m'a dit alors dans sa sublime et grandiose langue espagnole : — Mademoiselle, je ne viens ici que pour vous apprendre l'espagnol. Je me suis sentie humiliée, j'ai rougi ; j'allais lui répliquer par quelque bonne impertinence, quand je me suis souvenue de ce que nous disait notre chère mère en Dieu, et alors je lui ai répondu : — Si vous aviez à me reprendre en quoi que ce soit, je deviendrais votre obligée. Il a tressailli, le sang a coloré son teint olivâtre, il m'a répondu d'une voix doucement émue : — La religion a dû vous enseigner mieux que je ne saurais le faire à respecter les grandes infortunes. Si j'étais Don en Espagne, et que j'eusse tout perdu au triomphe de Ferdinand VII, votre plaisanterie serait une cruauté ; mais si je ne suis qu'un pauvre maître de langue, n'est-ce pas une atroce raillerie ? Ni l'une ni l'autre ne sont dignes d'une jeune fille noble. Je lui ai pris la main en lui disant : — J'invoquerai donc aussi la religion pour vous prier d'oublier mon tort. Il a baissé la tête, a ouvert mon Don Quichotte, et s'est assis. Ce petit incident m'a causé plus de trouble que tous les compliments, les regards et les phrases que j'ai recueillis pendant la soirée où j'ai été le plus courtisée. Durant la leçon, je regardais avec attention cet homme qui se laissait examiner sans le savoir : il ne lève jamais les yeux sur moi. J'ai découvert que notre maître, à qui nous donnions quarante ans, est jeune ; il ne doit pas avoir plus de vingt-six à vingt-huit ans. Ma gouvernante, à qui je l'avais abandonné, m'a fait remarquer la beauté de ses cheveux noirs et celle de ses dents, qui sont comme des perles. Quant à ses yeux, c'est à la fois du velours et du feu. Voilà tout, il est d'ailleurs petit et laid. On nous avait dépeint les Espagnols comme étant peu propres ; mais il est extrêmement soigné, ses mains sont plus blanches que son visage ; il a le dos un peu voûté ; sa tête est énorme et d'une forme bizarre ; sa laideur, assez spirituelle d'ailleurs, est aggravée par des marques de petite vérole qui lui ont couturé le visage ; son front est très-proéminent, ses sourcils se rejoignent et sont trop épais, ils lui donnent un air dur qui repousse les âmes. Il a la figure rechignée et maladive qui distingue les enfants destinés à mourir, et qui n'ont dû la vie qu'à des soins infinis, comme sœur Marthe. Enfin, comme le disait mon père, il a le masque amoindri du cardinal de Ximénès. Mon père ne l'aime point, il se sent gêné avec lui. Les manières de notre maître ont une dignité naturelle qui semble inquiéter le cher duc ; il ne peut souffrir la supériorité sous aucune forme auprès de lui. Dès que mon père saura l'espagnol, nous partirons pour Madrid. Deux jours après la leçon que j'avais reçue, quand Hénarez est revenu, je lui ai dit, pour lui marquer une sorte de reconnaissance : — Je ne doute pas que vous n'ayez quitté l'Espagne à cause des événements politiques ; si mon père y est envoyé, comme on le dit, nous serons à même de vous y rendre quelques services et d'obtenir votre grâce au cas où vous seriez frappé par une condamnation. — Il n'est au pouvoir de personne de m'obliger, m'a-t-il répondu. — Comment, monsieur, lui ai-je dit, est-ce parce que vous ne voulez accepter aucune protection, ou par impossibilité ? — L'un et l'autre, a-t-il dit en s'inclinant et avec un accent qui m'a imposé silence. Le sang de mon père a grondé dans mes veines. Cette hauteur m'a révoltée, et je l'ai laissé là. Cependant, ma chère, il y a quelque chose de beau à ne rien vouloir d'autrui. Il n'accepterait pas même notre amitié, pensais-je en conjuguant un verbe. Là, je me suis arrêtée, et je lui ai dit la pensée qui m'occupait, mais en espagnol. Le Hénarez m'a répondu fort courtoisement qu'il fallait dans les sentiments une égalité qui ne s'y trouverait point, et qu'alors cette question était inutile. — Entendez-vous l'égalité relativement à la réciprocité des sentiments ou à la différence des rangs ? ai-je demandé pour essayer de le faire sortir de sa gravité qui m'impatiente. Il a encore relevé ses redoutables yeux, et j'ai baissé les miens. Chère, cet homme est une énigme indéchiffrable. Il semblait me demander si mes paroles étaient une déclaration : il y avait dans son regard un bonheur, une fierté, une angoisse d'incertitude qui m'ont étreint le cœur. J'ai compris que ces coquetteries, qui sont en France estimées à leur valeur, prenaient une dangereuse signification avec un Espagnol, et je suis rentrée un peu sotte dans ma coquille. En finissant la leçon, il m'a saluée en me jetant un regard plein de prières humbles, et qui disait : Ne vous jouez pas d'un malheureux. Ce contraste subit avec ses façons graves et dignes m'a fait une vive impression. N'est-ce pas horrible à penser et à dire ? il me semble qu'il y a des trésors d'affection dans cet homme.

IX

MADAME DE L'ESTORADE A MADEMOISELLE DE CHAULIEU.

Décembre.

Tout est dit et tout est fait, ma chère enfant, c'est madame de l'Estorade qui t'écrit ; mais il n'y a rien de changé entre nous, il n'y a qu'une fille de moins. Sois tranquille, j'ai médité mon consentement, et ne l'ai pas donné follement. Ma vie est maintenant déterminée. La certitude d'aller dans un chemin tracé convient également à mon esprit et à mon caractère. Une grande force morale a corrigé pour toujours ce que nous nommons les hasards de la vie. Nous avons des terres à faire valoir, une demeure à orner, à embellir; j'ai un intérieur à conduire et à rendre aimable, un homme à réconcilier avec la vie. J'aurai sans doute une famille à soigner, des enfants à élever. Que veux-tu! la vie ordinaire ne saurait être quelque chose de grand ni d'excessif. Certes, les immenses désirs qui étendent et l'âme et la pensée n'entrent pas dans ces combinaisons, en apparence du moins. Qui m'empêche de laisser voguer sur la mer de l'infini les embarcations que nous y lancions? Néanmoins, ne crois pas que les choses humbles auxquelles je me dévoue soient exemptes de passion. La tâche de faire croire au bonheur un pauvre homme qui a été le jouet des tempêtes est une belle œuvre, et peut suffire à modifier la monotonie de mon existence. Je n'ai point vu que je laissasse prise à la douleur, et j'ai vu du bien à faire. Entre nous, je n'aime pas Louis de l'Estorade de cet amour qui fait que le cœur bat quand on entend un pas, qui nous émeut profondément aux moindres sons de la voix, ou quand un regard de feu nous enveloppe; mais il ne me déplaît point non plus. Que ferai-je, me diras-tu, de cet instinct des choses sublimes, de ces pensées fortes qui nous lient et qui sont en nous? oui, voilà ce qui m'a préoccupée; eh! bien, n'est-ce pas une grande chose que de les cacher, que de les employer, à l'insu de tous, au bonheur de la famille, d'en faire les moyens de la félicité des êtres qui nous sont confiés et auxquels nous nous devons? La saison où ces facultés brillent est bien restreinte chez les femmes, elle sera bientôt passée; et si ma vie n'aura pas été grande, elle aura été calme, unie et sans vicissitudes. Nous naissons avantagées, nous pouvons choisir entre l'amour et la maternité. Eh! bien, j'ai choisi : je ferai mes dieux de mes enfants et mon El-Dorado de ce coin de terre. Voilà tout ce que je puis te dire aujourd'hui. Je te remercie de toutes les choses que tu m'as envoyées. Donne ton coup d'œil à mes commandes, dont la liste est jointe à cette lettre. Je veux vivre dans une atmosphère de luxe et d'élégance, et n'avoir de la province que ce qu'elle offre de délicieux. En restant dans la solitude, une femme ne peut jamais être provinciale, elle reste elle-même. Je compte beaucoup sur ton dévouement pour me tenir au courant de toutes les modes. Dans son enthousiasme, mon beau-père ne me refuse rien et bouleverse sa maison. Nous faisons venir des ouvriers de Paris et nous modernisons tout.

X

MADEMOISELLE DE CHAULIEU A MADAME DE L'ESTORADE.

Janvier.

O Renée! tu m'as attristée pour plusieurs jours. Ainsi, ce corps délicieux, ce beau et fier visage, ces manières naturellement élégantes, cette âme pleine de dons précieux, ces yeux où l'âme se désaltère comme à une vive source d'amour, ce cœur rempli de délicatesses exquises, cet esprit étendu, toutes ces facultés si rares, ces efforts de la nature et de notre mutuelle éducation, ces trésors d'où devaient sortir pour la passion et pour le désir, des richesses uniques, des poèmes, des heures qui auraient valu des années, des plaisirs à rendre un homme esclave d'un seul mouvement gracieux, tout cela va se perdre dans les ennuis d'un mariage vulgaire et commun, s'effacer dans le vide d'une vie qui te deviendra fastidieuse! Je hais d'avance les enfants que tu auras; ils seront mal faits. Tout est prévu dans ta vie : tu n'as ni à espérer, ni à craindre, ni à souffrir. Et si tu rencontres, dans un jour de splendeur, un être qui te réveille du sommeil auquel tu vas te livrer?... Ah! j'ai eu froid dans le dos à cette pensée. Enfin, tu as une amie. Tu vas sans doute être l'esprit de cette vallée, tu t'initieras à ses beautés, tu vivras avec cette nature, tu te pénétreras de la grandeur des choses, de la lenteur avec laquelle procède la végétation, de la rapidité avec laquelle s'élance la pensée ; et quand tu regarderas tes riantes fleurs, tu feras des retours sur toi-même. Puis, lorsque tu marcheras entre ton mari en avant et tes enfants en arrière glapissant, murmurant, jouant, l'autre muet et satisfait, je sais d'avance ce que tu m'écriras. Ta vallée fumeuse et ses collines ou arides ou garnies de beaux arbres, ta prairie si curieuse en Provence, ses eaux claires partagées en filets, les différentes teintes de la lumière, tout cet infini, varié par Dieu et qui t'entoure, te rappellera le monotone infini de ton cœur. Mais enfin, je serai là, ma Renée, et tu trouveras une amie dont le cœur ne sera jamais atteint par la moindre petitesse sociale, un cœur tout à toi.

Lundi.

Ma chère, mon Espagnol est d'une admirable mélancolie : il y a chez lui je ne sais quoi de calme, d'austère, de digne, de profond qui m'intéresse au dernier point. Cette solennité constante et le silence qui couvre cet homme ont quelque chose de provoquant pour l'âme. Il est muet et superbe comme un roi déchu. Nous nous occupons de lui, Griffith et moi, comme d'une énigme. Quelle bizarrerie ! un maître de langues obtient sur mon attention le triomphe qu'aucun homme n'a remporté, moi qui maintenant ai passé en revue tous les fils de famille, tous les attachés d'ambassade et les ambassadeurs, les généraux et les sous-lieutenants, les pairs de France, leurs fils et leurs neveux, la cour et la ville. La froideur de cet homme est irritante. Le plus profond orgueil remplit le désert qu'il essaie de mettre et qu'il met entre nous ; enfin, il s'enveloppe d'obscurité. C'est lui qui a de la coquetterie, et c'est moi qui ai de la hardiesse. Cette étrangeté m'amuse d'autant plus que tout cela est sans conséquence. Qu'est-ce qu'un homme, un Espagnol et un maître de langues ? Je ne me sens pas le moindre respect pour quelque homme que ce soit, fût-ce un roi. Je trouve que nous valons mieux que tous les hommes, même les plus justement illustres. Oh ! comme j'aurais dominé Napoléon ! comme je lui aurais fait sentir, s'il m'eût aimée, qu'il était à ma discrétion !

Hier, j'ai lancé une épigramme qui a dû atteindre maître Hénarez au vif ; il n'a rien répondu, il avait fini sa leçon, il a pris son chapeau, et m'a saluée en me jetant un regard qui me fait croire qu'il ne reviendra plus. Cela me va très-fort : il y aurait quelque chose de sinistre à recommencer la Nouvelle-Héloïse de Jean-Jacques Rousseau, que je viens de lire, et qui m'a fait prendre l'amour en haine. L'amour discuteur et phraseur me paraît insupportable. Clarisse est aussi par trop contente quand elle a écrit sa longue petite lettre ; mais l'ouvrage de Richardson explique d'ailleurs, m'a dit mon père, admirablement les Anglaises. Celui de Rousseau me fait l'effet d'un sermon philosophique en lettres.

L'amour est, je crois, un poëme entièrement personnel. Il n'y a rien qui ne soit à la fois vrai et faux dans tout ce que les auteurs nous en écrivent. En vérité, ma chère belle, comme tu ne peux plus me parler que d'amour conjugal, je crois, dans l'intérêt bien entendu de notre double existence, qu'il est nécessaire que je reste fille, et que j'aie quelque belle passion, pour que nous connaissions bien la vie. Raconte-moi très exactement tout ce qui t'arrivera, surtout dans les premiers jours, avec cet animal que je nomme un mari. Je te promets la même exactitude, si jamais je suis aimée. Adieu, pauvre chérie engloutie.

XI

MADAME DE L'ESTORADE A MADEMOISELLE DE CHAULIEU.

A la Crampade.

Ton Espagnol et toi, vous me faites frémir, ma chère mignonne. Je t'écris ce peu de lignes pour te prier de le congédier. Tout ce que tu m'en dis se rapporte au caractère le plus dangereux de ceux de ces gens-là qui, n'ayant rien à perdre, risquent tout. Cet homme ne doit pas être ton amant et ne peut pas être ton mari. Je t'écrirai plus en détail sur les événements secrets de mon mariage, mais quand je n'aurai plus au cœur l'inquiétude que ta dernière lettre m'y a mise.

XII

MADEMOISELLE DE CHAULIEU A MADAME DE L'ESTORADE.

Février.

Ma belle biche, ce matin à neuf heures, mon père s'est fait annoncer chez moi, j'étais levée et habillée; je l'ai trouvé gravement assis au coin de mon feu dans mon salon, pensif au delà de son habitude; il m'a montré la bergère en face de lui, je l'ai compris, et m'y suis plongée avec une gravité qui le singeait si bien, qu'il s'est pris à sourire, mais d'un sourire empreint d'une grave tristesse : — Vous êtes au moins aussi spirituelle que votre grand'mère, m'a-t-il dit. — Allons, mon père, ne soyez pas courtisan ici, ai-je répondu, vous avez quelque chose à me demander! Il s'est levé dans une grande agitation, et m'a parlé pendant une demi-heure. Cette conversation, ma chère, mérite d'être conservée. Dès qu'il a été parti, je me suis mise à ma table en tâchant de rendre ses paroles. Voici la première fois que j'ai vu mon père déployant toute sa pensée. Il a commencé par me flatter, il ne s'y est point mal pris; je devais lui savoir bon gré de m'avoir devinée et appréciée.

— Armande, m'a-t-il dit, vous m'avez étrangement trompé et agréablement surpris. A votre arrivée du couvent, je vous ai prise pour une jeune fille comme toutes les autres filles, sans grande portée, ignorante, de qui l'on pouvait avoir bon marché avec des colifichets, une parure, et qui réfléchissent peu. — Merci, mon père, pour la jeunesse. — Oh! il n'y a plus de jeunesse, dit-il en laissant échapper un geste d'homme d'État. Vous avez un esprit d'une étendue incroyable, vous jugez toute chose pour ce qu'elle vaut, votre clairvoyance est extrême; vous êtes très malicieuse : on croit que vous n'avez rien vu là où vous avez déjà les yeux sur la cause des effets que les autres examinent. Vous êtes un ministre en jupon; il n'y a que vous qui puissiez m'entendre ici; il n'y a donc que vous-même à employer contre vous si l'on en veut obtenir quelque sacrifice. Aussi vais-je m'expliquer franchement sur les desseins que j'avais formés et dans lesquels je persiste. Pour vous les faire adopter, je dois vous démontrer qu'ils tiennent à des sentiments élevés. Je suis donc obligé d'entrer avec vous dans des considérations politiques du plus haut intérêt pour le royaume, et qui pourraient ennuyer toute autre personne que vous. Après m'avoir entendu, vous réfléchirez longtemps; je vous donnerai six mois s'il le faut. Vous êtes votre maîtresse absolue; et si vous vous refusez aux sacrifices que je vous demande, je subirai votre refus sans plus vous tourmenter.

A cet exorde, ma biche, je suis devenue réellement sérieuse, et je lui ai dit : — Parlez, mon père. Or, voici ce que l'homme d'État a prononcé : — Mon enfant, la France est dans une situation précaire qui n'est connue que du roi et de quelques esprits élevés; mais le roi est une tête sans bras; puis les grands esprits qui sont dans le secret du danger n'ont aucune autorité sur les hommes à employer pour arriver à un résultat heureux. Ces hommes, vomis par l'élection populaire, ne veulent pas être des instruments. Quelque remarquables qu'ils soient, ils continuent l'œuvre de la destruction sociale, au lieu de nous aider à raffermir l'édifice. En deux mots, il n'y a plus que deux partis : celui de Marius et celui de Sylla ; je suis pour Sylla contre Marius. Voilà notre affaire en gros. En détail, la Révolution continue, elle est implantée dans la loi, elle est écrite sur le sol, elle est toujours dans les esprits : elle est d'autant plus formidable qu'elle paraît vaincue à la plupart de ces conseillers du trône qui ne lui voient ni soldats ni trésors. Le roi est un grand esprit, il y voit clair ; mais de jour en jour gagné par les gens de son frère, qui veulent aller trop vite, il n'a pas deux ans à vivre, et ce moribond arrange ses draps pour mourir tranquille. Sais-tu, mon enfant, quels sont les effets les plus destructifs de la Révolution? tu ne t'en douterais jamais. En coupant la tête à Louis XVI, la Révolution a coupé la tête à tous les pères de famille. Il n'y a plus de famille aujourd'hui, il n'y a plus que des individus. En voulant devenir une nation, les Français ont renoncé à être un empire. En proclamant l'égalité des droits à la succession paternelle, ils ont tué l'esprit de famille, ils ont créé le fisc ! Mais ils ont préparé la faiblesse des supériorités et la force aveugle de la masse, l'extinction des arts, le règne de l'intérêt personnel et frayé les chemins à la Conquête. Nous sommes entre deux systèmes : ou constituer l'État par la Famille, ou le constituer par l'intérêt personnel : la démocratie ou l'aristocratie, la discussion ou l'obéissance, le catholicisme ou l'indifférence religieuse, voilà la question en peu de mots. J'appartiens au petit nombre de ceux qui veulent résister à ce qu'on nomme le peuple, dans son intérêt bien compris. Il ne s'agit plus ni de droits féodaux, comme on le dit aux niais, ni de gentilhommerie, il s'agit de l'État, il s'agit de la vie de la France. Tout pays qui ne prend pas sa base dans le pouvoir paternel est sans existence assurée. Là commence l'échelle des responsabilités, et la subordination, qui monte jusqu'au roi. Le roi, c'est nous tous ! Mourir pour le roi, c'est mourir pour soi-même, pour sa famille, qui ne meurt pas plus que ne meurt le royaume. Chaque animal a son instinct, celui de l'homme est l'esprit de famille. Un pays est fort quand il se compose de familles riches, dont tous les membres sont intéressés à la défense du trésor commun : trésor d'argent, de gloire, de priviléges, de jouissances; il est faible quand il se compose d'individus non solidaires, auxquels il importe peu d'obéir à sept hommes ou à un seul, à un Russe ou à un Corse, pourvu que chaque individu garde son champ; et ce malheureux égoïste ne voit pas qu'un jour on le lui ôtera. Nous allons à un état de choses horrible, en cas d'insuccès. Il n'y aura plus que des lois pénales ou fiscales, la bourse ou la vie. Le pays le plus généreux de la terre ne sera plus conduit par les sentiments. On y aura développé, soigné des plaies incurables. D'abord une jalousie universelle : les classes supérieures seront confondues, on prendra l'égalité des désirs pour l'égalité des forces ; les vraies supériorités reconnues, constatées, seront envahies par les flots de la bourgeoisie. On pouvait choisir un homme entre mille, on ne peut rien trouver entre trois millions d'ambitions pareilles, vêtues de la même livrée, celle de la médiocrité. Cette masse triomphante ne s'apercevra pas qu'elle aura contre elle une autre masse terrible, celle des paysans possesseurs : vingt millions d'arpents de terre vivant, marchant, raisonnant, n'entendant à rien, voulant toujours plus, barricadant tout, disposant de la force brutale....

— Mais, dis-je en interrompant mon père, que puis-je faire pour l'État? Je ne me sens aucune disposition à être la Jeanne d'Arc des Familles et à périr à petit feu sur le bûcher d'un couvent.
— Vous êtes une petite peste, me dit mon père. Si je vous parle raison, vous me répondez par des plaisanteries ; quand je plaisante, vous me parlez comme si vous étiez ambassadeur. — L'amour vit de contrastes, lui ai-je dit. Et il a ri aux larmes. — Vous penserez à ce que je viens de vous expliquer; vous remarquerez combien il y a de confiance et de grandeur à vous parler comme je viens de le faire, et peut-être les événements aideront-ils mes projets. Je sais que, quant à vous, ces projets sont blessants, iniques ; aussi demandé-je leur sanction moins à votre cœur et à votre imagination qu'à votre raison, je vous ai reconnu plus de raison et de sens que je n'en ai vu à qui que ce soit... — Vous vous flattez, lui ai-je dit en souriant, car je suis bien votre fille ! — Enfin, reprit-il, je ne saurais être inconséquent. Qui veut la fin veut les moyens, et nous devons l'exemple à tous. Donc, vous ne devez pas avoir de fortune tant que celle de votre frère cadet ne sera pas assurée, et je veux employer tous vos capitaux à lui constituer un majorat. — Mais, repris-je, vous ne me défendez pas de vivre à ma guise et d'être heureuse en vous laissant

ma fortune? — Ah! pourvu, répondit-il, que la vie comme vous l'entendrez ne nuise en rien à l'honneur, à la considération, et je puis ajouter à la gloire de votre famille. — Allons, m'écriai-je, vous me destituez bien promptement de ma raison supérieure. — Nous ne trouverons pas en France, dit-il avec amertume, d'homme qui veuille pour femme une jeune fille de la plus haute noblesse sans dot et qui lui en reconnaisse une. Si ce mari se rencontrait, il appartiendrait à la classe des bourgeois parvenus : je suis, sous ce rapport, du onzième siècle. — Et moi aussi, lui ai-je dit. Mais pourquoi me désespérer? n'y-a-t-il pas de vieux pairs de France? — Vous êtes bien avancée, Louise! s'est-il écrié. Puis il m'a quittée en souriant et me baisant la main.

J'avais reçu ta lettre le matin même, et elle m'avait fait songer précisément à l'abîme où tu prétends que je pourrais tomber. Il m'a semblé qu'une voix me criait en moi-même : tu y tomberas ! J'ai donc pris mes précautions. Hénarez ose me regarder, ma chère, et ses yeux me troublent, ils me produisent une sensation que je ne puis comparer qu'à celle d'une terreur profonde. On ne doit pas plus regarder cet homme qu'on ne regarde un crapaud, il est laid et fascinateur. Voici deux jours que je délibère avec moi-même si je dirai nettement à mon père que je ne veux plus apprendre l'espagnol, et faire congédier cet Hénarez ; mais après mes résolutions viriles, je me sens le besoin d'être remuée par l'horrible sensation que j'éprouve en voyant cet homme, et je dis : encore une fois, et après je parlerai. Ma chère, sa voix est d'une douceur pénétrante, il parle comme la Fodor chante. Ses manières sont simples et sans la moindre affectation. Et quelles belles dents! Tout à l'heure, en me quittant, il a cru remarquer combien il m'intéresse, et il a fait le geste, très-respectueux d'ailleurs, de me prendre la main pour me la baiser ; mais il l'a réprimé comme effrayé de sa hardiesse et de la distance qu'il allait franchir. Malgré le peu qu'il en a paru, je l'ai deviné ; j'ai souri, car rien n'est plus attendrissant que de voir l'élan d'une nature inférieure qui se replie ainsi sur elle-même. Il y a tant d'audace dans l'amour d'un bourgeois pour une fille noble! Mon sourire l'a enhardi, le pauvre homme a cherché son chapeau sans le voir, il ne voulait pas le trouver, et je le lui ai gravement apporté. Des larmes contenues humectaient ses yeux. Il y avait un monde de choses et de pensées dans ce moment si court. Nous nous comprenions si bien, qu'en ce moment je lui tendis ma main à baiser. Peut-être était-ce lui dire que l'amour pouvait combler l'espace qui nous sépare. Eh! bien, je ne sais ce qui m'a fait mouvoir : Griffith a tourné le dos, je lui ai tendu fièrement ma patte blanche, et j'ai senti le feu de ses lèvres tempéré par deux grosses larmes. Ah! mon ange, je suis restée sans force dans mon fauteuil, pensive, j'étais heureuse, et il m'est impossible d'expliquer comment ni pourquoi. Ce que j'ai senti, c'est la poésie. Mon abaissement, dont j'ai honte à cette heure, me semblait une grandeur : il m'avait fascinée, voilà mon excuse.

Vendredi.

Cet homme est vraiment très-beau. Ses paroles sont élégantes, son esprit est d'une supériorité remarquable. Ma chère, il est fort et logique comme Bossuet en m'expliquant le mécanisme non-seulement de la langue espagnole, mais encore de la pensée humaine et de toutes les langues. Le français semble être sa langue maternelle. Comme je lui en témoignais mon étonnement, il me répondit qu'il était venu en France très-jeune avec le roi d'Espagne, à Valençay. Que s'est-il passé dans cette âme? il n'est plus le même : il est venu vêtu simplement, mais absolument comme un grand seigneur sorti le matin à pied. Son esprit a brillé comme un phare durant cette leçon : il a déployé toute son éloquence. Comme un homme lassé qui retrouve ses forces, il m'a révélé toute une âme soigneusement cachée. Il m'a raconté l'histoire d'un pauvre diable de valet qui s'était fait tuer pour un seul regard d'une reine d'Espagne. — Il ne pouvait que mourir! lui ai-je dit. Cette réponse lui a mis la joie au cœur, et son regard m'a véritablement épouvantée.

Le soir, je suis allée au bal chez la duchesse de Lenoncourt, le prince de Talleyrand s'y trouvait. Je lui ai fait demander, par monsieur de Vandenesse, un charmant jeune homme, s'il y avait parmi ses hôtes en 1809, à sa terre, un Hénarez. — Hénarez est le nom maure de la famille de Soria, qui sont, disent-ils, des Abencerrages convertis au christianisme. Le vieux duc et ses deux fils accompagnèrent le roi. L'aîné, le duc de Soria d'aujourd'hui, vient d'être dépouillé de tous ses biens, honneur et grandesses par le roi Ferdinand, qui venge une vieille inimitié. Le duc a fait une faute immense en acceptant le ministère constitutionnel avec Valdez. Heureusement, il s'est sauvé de Cadix avant l'entrée de monseigneur le duc d'Angoulême, qui, malgré sa bonne volonté, ne l'aurait pas préservé de la colère du roi.

Cette réponse, que le vicomte de Vandenesse m'a rapportée textuellement, m'a donné beaucoup à penser. Je ne puis dire en quelles anxiétés j'ai passé le temps jusqu'à ma première leçon, qui a eu lieu ce matin. Pendant le premier quart d'heure de la leçon, je me suis demandé, en l'examinant, s'il était duc ou bourgeois, sans pouvoir y rien comprendre. Il semblait deviner mes pensées à mesure qu'elles naissaient et se plaire à les contrarier. Enfin je n'y tins plus, je quittai brusquement mon livre en interrompant la traduction que j'en faisais à haute voix, je lui dis en espagnol : — Vous nous trompez, monsieur. Vous n'êtes pas un pauvre bourgeois libéral, vous êtes le duc de Soria ? — Mademoiselle, répondit-il avec un mouvement de tristesse, malheureusement, je ne suis pas le duc de Soria. Je compris tout ce qu'il mit de désespoir dans le mot malheureusement. Ah ! ma chère, il sera, certes, impossible à aucun homme de mettre autant de passion et de choses dans un seul mot. Il avait baissé les yeux, et n'osait plus me regarder. — Monsieur de Talleyrand, lui dis-je, chez qui vous avez passé les années d'exil, ne laisse d'autre alternative à un Hénarez que celle d'être ou duc de Soria disgracié ou domestique. Il leva les yeux sur moi, et me montra deux brasiers noirs et brillants, deux yeux à la fois flamboyants et humiliés. Cet homme m'a paru être alors à la torture. — Mon père, dit-il, était en effet serviteur du roi d'Espagne. Griffith ne connaissait pas cette manière d'étudier. Nous faisions des silences inquiétants à chaque demande et à chaque réponse. — Enfin, lui dis-je, êtes-vous noble ou bourgeois ? — Vous savez, mademoiselle, qu'en Espagne tout le monde, même les mendiants, sont nobles. Cette réserve m'impatienta. J'avais préparé depuis la dernière leçon un de ces amusements qui sourient à l'imagination. J'avais tracé dans une lettre le portrait idéal de l'homme par qui je voudrais être aimée, en me proposant de le lui donner à traduire. Jusqu'à présent j'ai traduit de l'espagnol en français, et non du français en espagnol ; je lui en fis l'observation, et priai Griffith de me chercher la dernière lettre que j'avais reçue d'une de mes amies. Je verrai, pensai-je, à l'effet que lui fera mon programme, quel sang est dans ses veines. Je pris le papier des mains de Griffith en disant : — Voyons si j'ai bien copié ? car tout était de mon écriture. Je la lui tendis, et l'examinai pendant qu'il lisait ceci.

« L'homme qui me plaira, ma chère, devra être rude et or-
» gueilleux avec les hommes, mais doux avec les femmes. Son
» regard d'aigle saura réprimer instantanément tout ce qui peut
» ressembler au ridicule. Il aura un sourire de pitié pour ceux qui
» voudraient tourner en plaisanterie les choses sacrées, celles sur-
» tout qui constituent la poésie du cœur, et sans lesquelles la vie ne
» serait plus qu'une triste réalité. Je méprise profondément ceux
» qui voudraient nous ôter la source des idées religieuses, si fertiles
» en consolations. Aussi, ses croyances devront-elles avoir la sim-
» plicité de celles d'un enfant unie à la conviction inébranlable d'un
» homme d'esprit qui a approfondi ses raisons de croire. Son esprit,
» neuf, original, sera sans affectation ni parade : il ne peut rien
» dire qui soit de trop ou déplacé ; il lui serait aussi impossible
» d'ennuyer les autres que de s'ennuyer lui-même, car il aura dans
» son âme un fonds riche. Toutes ses pensées doivent être d'un
» genre noble, élevé, chevaleresque, sans aucun égoïsme. En toutes
» ses actions, on remarquera l'absence totale du calcul ou de
» l'intérêt. Ses défauts proviendront de l'étendue même de ses
» idées, qui seront au-dessus de son temps. En toute chose, je dois
» le trouver en avant de son époque. Plein d'attentions délicates
» dues aux êtres faibles, il sera bon pour toutes les femmes, mais
» bien difficilement épris d'aucune : il regardera cette question
» comme beaucoup trop sérieuse pour en faire un jeu. Il se pour-
» rait donc qu'il passât sa vie sans aimer véritablement, en mou-
» rant en lui toutes les qualités qui peuvent inspirer une passion
» profonde. Mais s'il trouve une fois son idéal de femme, celle
» entrevue dans ces songes qu'on fait les yeux ouverts ; s'il rencontre
» un être qui le comprenne, qui remplisse son âme et jette sur
» toute sa vie un rayon de bonheur, qui brille pour lui comme une
» étoile à travers les nuages de ce monde si sombre, si froid, si
» glacé ; qui donne un charme tout nouveau à son existence, et
» fasse vibrer en lui des cordes muettes jusque-là, crois inutile
» de dire qu'il saura reconnaître et apprécier son bonheur. Aussi la
» rendra-t-il parfaitement heureuse. Jamais, ni par un mot, ni par

» un regard, il ne froissera ce cœur aimant qui se sera remis en ses
» mains avec l'aveugle amour d'un enfant qui dort dans les bras de
» sa mère; car si elle se réveillait jamais de ce doux rêve, elle au-
» rait l'âme et le cœur à jamais déchirés : il lui serait impossible de
» s'embarquer sur cet océan sans y mettre tout son avenir.

» Cet homme aura nécessairement la physionomie, la tournure,
» la démarche, enfin la manière de faire les plus grandes comme les
» plus petites choses, des êtres supérieurs qui sont simples et sans
» apprêt. Il peut être laid ; mais ses mains seront belles ; il aura la
» lèvre supérieure légèrement relevée par un sourire ironique et
» dédaigneux pour les indifférents ; enfin il réservera pour ceux qu'il
» aime le rayon céleste et brillant de son regard plein d'âme. »

— Mademoiselle, me dit-il en espagnol et d'une voix profondément émue, veut-elle me permettre de garder ceci en mémoire
d'elle ? Voici la dernière leçon que j'aurai l'honneur de lui donner,
et celle que je reçois dans cet écrit peut devenir une règle éternelle
de conduite. J'ai quitté l'Espagne en fugitif et sans argent ; mais,
aujourd'hui, j'ai reçu de ma famille une somme qui suffit à mes
besoins. J'aurai l'honneur de vous envoyer quelque pauvre Espagnol pour me remplacer. Il semblait ainsi me dire : — Assez
joué comme cela. Il s'est levé par un mouvement d'une incroyable
dignité, et m'a laissée confondue de cette inouïe délicatesse chez
les hommes de sa classe. Il est descendu, et a fait demander à parler à mon père. Au dîner, mon père me dit en souriant : —
Louise, vous avez reçu des leçons d'espagnol d'un ex-ministre du
roi d'Espagne et d'un condamné à mort. — Le duc de Soria ? lui
dis-je. — Le duc ! me répondit mon père. Il ne l'est plus, il prend
maintenant le titre de baron de Macumer, d'un fief qui lui reste en
Sardaigne. Il me paraît assez original. — Ne flétrissez pas de ce mot
qui, chez vous, comporte toujours un peu de moquerie et de dédain,
un homme qui vous vaut, lui dis-je, et qui, je crois, a une belle
âme. — Baronne de Macumer ? s'écria mon père en me regardant
d'un air moqueur. J'ai baissé les yeux par un mouvement de fierté.
— Mais, dit ma mère, Hénarez a dû se rencontrer sur le perron
avec l'ambassadeur d'Espagne ? — Oui, a répondu mon père : l'ambassadeur m'a demandé si je conspirais contre le roi son maître ;
mais il a salué l'ex-grand d'Espagne avec beaucoup de déférence,
en se mettant à ses ordres.

Ceci, ma chère madame de l'Estorade, s'est passé depuis quinze jours, et voilà quinze jours que je n'ai vu cet homme qui m'aime, car cet homme m'aime. Que fait-il? Je voudrais être mouche, souris, moineau. Je voudrais pouvoir le voir, seul, chez lui, sans qu'il m'aperçût. Nous avons un homme à qui je puis dire : Allez mourir pour moi !... Et il est de caractère à y aller, je le crois du moins. Enfin, il y a dans Paris un homme à qui je pense, et dont le regard m'inonde intérieurement de lumière. Oh! c'est un ennemi que je dois fouler aux pieds. Comment, il y aurait un homme sans lequel je ne pourrais vivre, qui me serait nécessaire! Tu te maries et j'aime! Au bout de quatre mois, ces deux colombes qui s'élevaient si haut sont tombées dans les marais de la réalité.

Dimanche.

Hier, aux Italiens, je me suis sentie regardée, mes yeux ont été magiquement attirés par deux yeux de feu qui brillaient comme deux escarboucles dans un coin obscur de l'orchestre. Hénarez n'a pas détaché ses yeux de dessus moi. Le monstre a cherché la seule place d'où il pouvait me voir, et il y est. Je ne sais pas ce qu'il est en politique; mais il a le génie de l'amour.

Voilà, belle Renée, à quel point nous en sommes,

a dit le grand Corneille.

XIII

DE MADAME DE L'ESTORADE A MADEMOISELLE DE CHAULIEU.

A la Crampade, février

Ma chère Louise, avant de t'écrire, j'ai dû attendre; mais maintenant je sais bien des choses, ou, pour mieux dire, je les ai apprises, et je dois te les dire pour ton bonheur à venir. Il y a tant de différence entre une jeune fille et une femme mariée, que la jeune fille ne peut pas plus la concevoir que la femme mariée ne

Mes yeux ont été magiquement attirés par deux yeux de feu qui brillaient comme deux escarboucles dans un coin du parterre.

(MÉMOIRES DE DEUX JEUNES MARIÉES.)

peut redevenir jeune fille. J'ai mieux aimé être mariée à Louis de l'Estorade que de retourner au couvent. Voilà qui est clair. Après avoir deviné que si je n'épousais pas Louis je retournerais au couvent, j'ai dû, en termes de jeune fille, me résigner. Résignée, je me suis mise à examiner ma situation afin d'en tirer le meilleur parti possible.

D'abord la gravité des engagements m'a investie de terreur. Le mariage se propose la vie, tandis que l'amour ne se propose que le plaisir ; mais aussi le mariage subsiste quand les plaisirs ont disparu, et donne naissance à des intérêts bien plus chers que ceux de l'homme et de la femme qui s'unissent. Aussi peut-être ne faut-il, pour faire un mariage heureux, que cette amitié qui, en vue de ses douceurs, cède sur beaucoup d'imperfections humaines. Rien ne s'opposait à ce que j'eusse de l'amitié pour Louis de l'Estorade. Bien décidée à ne pas chercher dans le mariage les jouissances de l'amour auxquelles nous pensions si souvent et avec une si dangereuse exaltation, j'ai senti la plus douce tranquillité en moi-même. Si je n'ai pas l'amour, pourquoi ne pas chercher le bonheur ? me suis-je dit. D'ailleurs, je suis aimée, et je me laisserai aimer. Mon mariage ne sera pas une servitude, mais un commandement perpétuel. Quel inconvénient cet état de choses offrira-t-il à une femme qui veut rester maîtresse absolue d'elle-même ?

Ce point si grave d'avoir le mariage sans le mari fut réglé dans une conversation entre Louis et moi, dans laquelle il m'a découvert et l'excellence de son caractère et la douceur de son âme. Ma mignonne, je souhaitais beaucoup de rester dans cette belle saison d'espérance amoureuse qui, n'enfantant point de plaisir, laisse à l'âme sa virginité. Ne rien accorder au devoir, à la loi, ne dépendre que de soi-même, et garder son libre arbitre ?... quelle douce et noble chose ! Ce contrat, opposé à celui des lois et au sacrement lui-même, ne pouvait se passer qu'entre Louis et moi. Cette difficulté, la première aperçue, est la seule qui ait fait traîner la conclusion de mon mariage. Si, dès l'abord, j'étais résolue à tout pour ne pas retourner au couvent, il est dans notre nature de demander le plus après avoir obtenu le moins ; et nous sommes, chère ange, de celles qui veulent tout. J'examinais mon Louis du coin de l'œil, et je me disais : le malheur l'a-t-il rendu bon ou méchant ? A force d'étudier, j'ai fini par découvrir que son amour allait jusqu'à la passion. Une fois arrivée à l'état d'idole, en le voyant pâlir et trembler au moindre regard froid, j'ai compris que je pouvais tout oser. Je l'ai naturellement emmené loin des parents, dans des promenades où j'ai prudemment interrogé son cœur. Je l'ai fait parler, je lui ai demandé compte de ses idées, de ses plans, de notre avenir. Mes questions annonçaient tant de réflexions préconçues et attaquaient si précisément les endroits faibles de cette horrible vie à deux, que Louis m'a depuis avoué qu'il était épouvanté d'une si savante virginité. Moi, j'écoutais ses réponses ; il s'y entortillait comme ces gens à qui la peur ôte tous leurs moyens ; j'ai fini par voir que le hasard me donnait un adversaire qui m'était d'autant plus inférieur qu'il devinait ce que tu nommes si orgueilleusement ma grande âme. Brisé par les malheurs et par la misère, il se regardait comme à peu près détruit, et se perdait en trois horribles craintes. D'abord, il a trente-sept ans, et j'en ai dix-sept ; il ne mesurait donc pas sans effroi les vingt ans de différence qui sont entre nous. Puis, il est convenu que je suis très-belle ; et Louis, qui partage nos opinions à ce sujet, ne voyait pas sans une profonde douleur combien les souffrances lui avaient enlevé de jeunesse. Enfin, il me sentait de beaucoup supérieure comme femme à lui comme homme. Mis en défiance de lui-même par ces trois infériorités visibles, il craignait de ne pas faire mon bonheur, et se voyait pris comme un pis-aller. Sans la perspective du couvent, je ne l'épouserais point, me dit-il un soir timidement. — Ceci est vrai, lui répondis-je gravement. Ma chère amie, il me causa la première grande émotion de celles qui nous viennent des hommes. Je fus atteinte au cœur par les deux grosses larmes qui roulèrent dans ses yeux. — Louis, repris-je d'une voix consolante, il ne tient qu'à vous de faire de ce mariage de convenance un mariage auquel je puisse donner un consentement entier. Ce que je vais vous demander exige de votre part une abnégation beaucoup plus belle que le prétendu servage de votre amour quand il est sincère. Pouvez-vous vous élever jusqu'à l'amitié comme je la comprends ? On n'a qu'un ami dans la vie, et je veux être le vôtre. L'amitié est le lien de deux âmes pareilles, unies par leur force, et néanmoins indépendantes. Soyons amis et associés pour porter la vie ensemble. Laissez-moi mon entière indépendance. Je ne vous défends pas de m'inspirer pour vous l'amour que vous dites avoir pour moi ; mais je ne veux être votre femme que de mon gré. Donnez-moi le désir de vous abandonner mon libre arbitre, et je vous le sacrifie aussitôt. Ainsi, je ne vous défends pas de passionner cette amitié, de la troubler par la voix de l'amour : je tâcherai, moi, que notre affection soit parfaite. Surtout, évitez-moi les ennuis que la situation assez bizarre où nous serons alors me donnerait au dehors. Je ne veux paraître ni capricieuse, ni prude, parce que je ne le suis point, et vous crois assez honnête homme pour vous offrir de garder les apparences du mariage. Ma chère, je n'ai jamais vu d'homme heureux comme Louis l'a été de ma proposition ; ses yeux brillaient, le feu du bonheur y avait séché les larmes. — Songez, lui dis-je en terminant, qu'il n'y a rien de bizarre dans ce que je vous demande. Cette condition tient à mon immense désir d'avoir votre estime. Si vous ne me deviez qu'au mariage, me sauriez-vous beaucoup de gré un jour d'avoir vu votre amour couronné par les formalités légales ou religieuses et non par moi ? Si pendant que vous ne me plaisez point, mais en vous obéissant passivement, comme ma très-honorée mère vient de me le recommander, j'avais un enfant, croyez-vous que j'aimerais cet enfant autant que celui qui serait fils d'un même vouloir ? S'il n'est pas indispensable de se plaire l'un à l'autre autant que se plaisent des amants, convenez, monsieur, qu'il est nécessaire de ne pas se déplaire. Eh bien ! nous allons être placés dans une situation dangereuse : nous devons vivre à la campagne, ne faut-il pas songer à toute l'instabilité des passions ? Des gens sages ne peuvent-ils pas se prémunir contre les malheurs du changement ? Il fut étrangement surpris de me trouver et si raisonnable et si raisonneuse ; mais il me fit une promesse solennelle après laquelle je lui pris la main et la lui serrai affectueusement.

Nous fûmes mariés à la fin de la semaine. Sûre de garder ma liberté, je mis alors beaucoup de gaieté dans les insipides détails de toutes les cérémonies : j'ai pu être moi-même, et peut-être ai-je passé pour une commère très-délurée, pour employer les mots de Blois. On a pris pour une maîtresse femme, une jeune fille charmée de la situation neuve et pleine de ressources où j'avais su me placer. Chère, j'avais aperçu, comme par une vision, toutes les difficultés de ma vie, et je voulais sincèrement faire le bonheur de cet homme. Or, dans la solitude où nous vivons, si une femme ne commande pas, le mariage devient insupportable en peu de temps. Une femme doit alors avoir les charmes d'une maîtresse et les qualités d'une épouse. Mettre de l'incertitude dans les plaisirs, n'est-ce pas prolonger l'illusion et perpétuer les jouissances d'amour-propre auxquelles tiennent tant et avec tant de raison toutes les créatures? L'amour conjugal, comme je le conçois, revêt alors une femme d'espérance, la rend souveraine, et lui donne une force inépuisable, une chaleur de vie qui fait tout fleurir autour d'elle. Plus elle est maîtresse d'elle-même, plus sûre elle est de rendre l'amour et le bonheur viables. Mais j'ai surtout exigé que le plus profond mystère voilât nos arrangements intérieurs. L'homme subjugué par sa femme est justement couvert de ridicule. L'influence d'une femme doit être entièrement secrète : chez nous, en tout, la grâce, c'est le mystère. Si j'entreprends de relever ce caractère abattu, de restituer leur lustre à des qualités que j'ai entrevues, je veux que tout semble spontané chez Louis. Telle est la tâche assez belle que je me suis donnée et qui suffit à la gloire d'une femme. Je suis presque fière d'avoir un secret pour intéresser ma vie, un plan auquel je rapporterai mes efforts, et qui ne sera connu que de toi et de Dieu.

Maintenant je suis presque heureuse, et peut-être ne le serais-je pas entièrement si je ne pouvais le dire à une âme aimée, car le moyen de le lui dire à lui? Mon bonheur le froisserait, il a fallu le lui cacher. Il a, ma chère, une délicatesse de femme, comme tous les hommes qui ont beaucoup souffert. Pendant trois mois nous sommes restés comme nous étions avant le mariage. J'étudiai, comme bien tu penses, une foule de petites questions personnelles, auxquelles l'amour tient beaucoup plus qu'on ne le croit. Malgré ma froideur, cette âme enhardie s'est dépliée : j'ai vu ce visage changer d'expression et se rajeunir. L'élégance que j'introduisais dans la maison a jeté des reflets sur sa personne. Insensiblement je me suis habituée à lui, j'en ai fait un autre moi-même. A force de le voir, j'ai découvert la correspondance de son âme et de sa physionomie. La bête que nous nommons un mari, selon ton expression, a disparu. J'ai vu, par je ne sais quelle douce soirée, un amant dont les paroles m'allaient à l'âme, et sur le bras duquel je m'appuyais avec un plaisir indicible. Enfin, pour être vraie avec toi, comme je le serais avec Dieu, qu'on ne peut pas tromper, piquée peut-être par l'admirable religion avec laquelle il tenait son serment, la curiosité s'est levée dans mon cœur. Très-honteuse de moi-même, je me résistais. Hélas! quand on ne résiste plus que par dignité, l'esprit a bientôt trouvé des transactions. La fête a donc été secrète comme entre deux amants, et secrète elle doit rester entre nous. Lorsque tu te marieras, tu approuveras ma discrétion. Sache cependant que rien n'a manqué de ce que veut l'amour le plus délicat, ni de cet imprévu qui est, en quelque sorte, l'honneur de ce moment-là : les grâces mystérieuses que nos imaginations lui demandent, l'entraînement qui excuse, le consentement arraché, les voluptés idéales longtemps entrevues et qui nous subjuguent l'âme avant que nous nous laissions aller à la réalité, toutes les séductions y étaient avec leurs formes enchanteresses.

Je t'avoue que, malgré ces belles choses, j'ai de nouveau stipulé mon libre arbitre, et je ne veux pas t'en dire toutes les raisons. Tu seras certes la seule âme en qui je verserai cette demi-confidence. Même en appartenant à son mari, adorée ou non, je crois que nous perdrions beaucoup à ne pas cacher nos sentiments et le jugement que nous portons sur le mariage. La seule joie que j'aie eue, et qui a été céleste, vient de la certitude d'avoir rendu la vie à ce pauvre être avant de la donner à des enfants. Louis a repris sa jeunesse, sa force, sa gaieté. Ce n'est plus le même homme. J'ai, comme une fée, effacé jusqu'au souvenir des malheurs. J'ai métamorphosé Louis, il est devenu charmant. Sûr de me plaire, il déploie son esprit et révèle des qualités nouvelles. Être le principe constant du bonheur d'un homme quand cet homme le sait et mêle de la reconnaissance à l'amour, ah! chère, cette certitude développe dans l'âme une force qui dépasse celle de l'amour le plus entier. Cette force impétueuse et durable, une et variée, enfante enfin la famille, cette belle œuvre des femmes, et que je conçois maintenant dans toute sa beauté féconde. Le vieux père n'est plus avare, il donne aveuglément tout ce que je désire. Les domestiques sont joyeux; il semble que la félicité de Louis ait rayonné dans cet intérieur, où je règne par l'amour. Le vieillard s'est mis en harmonie avec toutes les améliorations, il n'a pas voulu faire tache dans mon luxe; il a pris, pour me plaire, le costume, et avec le costume les manières du temps présent. Nous avons des chevaux anglais, un coupé, une calèche et un tilbury. Nos domestiques ont une tenue simple, mais élégante. Aussi passons-nous pour des prodigues. J'emploie mon intelligence (je ne ris pas) à tenir ma maison avec économie, à y donner le plus de jouissances pour la moindre somme possible. J'ai déjà démontré à Louis la nécessité de faire des chemins, afin de conquérir la réputation d'un homme occupé du bien de son pays. Je l'oblige à compléter son instruction. J'espère le voir bientôt membre du Conseil-Général de son département par l'influence de ma famille et de celle de sa mère. Je lui ai déclaré tout net que j'étais ambitieuse, que je ne trouvais pas mauvais que son père continuât à soigner nos biens, à réaliser des économies, parce que je le voulais tout entier à la politique ; si nous avions des enfants, je les voulais voir tous heureux et bien placés dans l'État ; sous peine de perdre mon estime et mon affection, il devait devenir député du département aux prochaines élections ; ma famille aiderait sa candidature, et nous aurions alors le plaisir de passer tous les hivers à Paris. Ah ! mon ange, à l'ardeur avec laquelle il m'a obéi, j'ai vu combien j'étais aimée. Enfin, hier, il m'a écrit cette lettre de Marseille, où il est allé pour quelques heures.

« Quand tu m'as permis de t'aimer, ma douce Renée, j'ai cru au
» bonheur ; mais aujourd'hui je n'en vois plus la fin. Le passé n'est
» plus qu'un vague souvenir, une ombre nécessaire à faire ressortir
» l'éclat de ma félicité. Quand je suis près de toi, l'amour me trans-
» porte au point que je suis hors d'état de t'exprimer l'étendue de
» mon affection : je ne puis que t'admirer, t'adorer. La parole ne
» me revient que loin de toi. Tu es parfaitement belle, et d'une
» beauté si grave, si majestueuse, que le temps l'altérera difficilement ;
» et, quoique l'amour entre époux ne tienne pas tant à la beauté
» qu'aux sentiments, qui sont exquis en toi, laisse-moi te dire que
» cette certitude de te voir toujours belle me donne une joie qui
» s'accroît à chaque regard que je jette sur toi. L'harmonie et la di-
» gnité des lignes de ton visage, où ton âme sublime se révèle, a je
» ne sais quoi de pur sous la mâle couleur du teint. L'éclat de tes
» yeux noirs et la coupe hardie de ton front disent combien tes vertus
» sont élevées, combien ton commerce est solide et ton cœur fait
» aux orages de la vie s'il en survenait. La noblesse est ton carac-
» tère distinctif ; je n'ai pas la prétention de te l'apprendre ; mais je
» t'écris ce mot pour te faire bien connaître que je sais tout le prix
» du trésor que je possède. Le peu que tu m'accorderas sera tou-
» jours le bonheur pour moi, dans longtemps comme à présent ;
» car je sens tout ce qu'il y a eu de grandeur dans notre promesse
» de garder l'un et l'autre toute notre liberté. Nous ne devrons ja-
» mais aucun témoignage de tendresse qu'à notre vouloir. Nous se-
» rons libres malgré des chaînes étroites. Je serai d'autant plus fier

» de te reconquérir ainsi que je sais maintenant le prix que tu atta-
» ches à cette conquête. Tu ne pourras jamais parler ou respirer,
» agir, penser, sans que j'admire toujours davantage la grâce de
» ton corps et celle de ton âme. Il y a en toi je ne sais quoi de divin,
» de sensé, d'enchanteur, qui met d'accord la réflexion, l'honneur,
» le plaisir et l'espérance, qui donne enfin à l'amour une étendue
» plus spacieuse que celle de la vie. Oh! mon ange, puisse le génie
» de l'amour me rester fidèle et l'avenir être plein de cette volupté à
» l'aide de laquelle tu as embelli tout autour de moi ! Quand seras-
» tu mère, pour que je te voie applaudir à l'énergie de ta vie, pour
» que je t'entende, de cette voix si suave et avec ces idées si fines,
» si neuves et si curieusement bien rendues, bénir l'amour qui a
» rafraîchi mon âme, retrempé mes facultés, qui fait mon orgueil,
» et où j'ai puisé, comme dans une magique fontaine, une vie nou-
» velle ? Oui, je serai tout ce que tu veux que je sois : je de-
» viendrai l'un des hommes utiles de mon pays, et je ferai re-
» jaillir sur toi cette gloire dont le principe sera ta satisfac-
» tion. »

Ma chère, voilà comment je le forme. Ce style est de fraîche date, dans un an ce sera mieux. Louis en est aux premiers transports, je l'attends à cette égale et continue sensation de bonheur que doit donner un heureux mariage quand, sûrs l'un de l'autre et se connaissant bien, une femme et un homme ont trouvé le secret de varier l'infini, de mettre l'enchantement dans le fond même de la vie. Ce beau secret des véritables épouses, je l'entrevois et veux le posséder. Tu vois qu'il se croit aimé, le fat, comme s'il n'était pas mon mari. Je n'en suis cependant encore qu'à cet attachement matériel qui nous donne la force de supporter bien des choses. Cependant Louis est aimable, il est d'une grande égalité de caractère, il fait simplement les actions dont se vanteraient la plupart des hommes. Enfin, si je ne l'aime point, je me sens très-capable de le chérir.

Voilà donc mes cheveux noirs, mes yeux noirs dont les cils se déplient, selon toi, comme des jalousies, mon air impérial et ma personne élevée à l'état de pouvoir souverain. Nous verrons dans dix ans d'ici, ma chère, si nous ne sommes pas toutes deux bien rieuses, bien heureuses dans ce Paris, d'où je te ramènerai quelquefois dans ma belle oasis de Provence. O Louise, ne compromets pas notre bel avenir à toutes deux! Ne fais pas les folies dont tu me menaces. J'épouse un vieux jeune homme, épouse quelque jeune vieillard de la chambre des pairs. Tu es là dans le vrai.

XIV

LE DUC DE SORIA AU BARON DE MACUMER.

Madrid.

Mon cher frère, vous ne m'avez pas fait duc de Soria pour que je n'agisse pas en duc de Soria. Si je vous savais errant et sans les douceurs que la fortune donne partout, vous me rendriez mon bonheur insupportable. Ni Marie ni moi, nous ne nous marierons jusqu'à ce que nous ayons appris que vous avez accepté les sommes remises pour vous à Urraca. Ces deux millions proviennent de vos propres économies et de celles de Marie. Nous avons prié tous deux, agenouillés devant le même autel, et avec quelle ferveur! ah! Dieu le sait! pour ton bonheur. O mon frère! nos souhaits doivent être exaucés. L'amour que tu cherches, et qui serait la consolation de ton exil, il descendra du ciel. Marie a lu ta lettre en pleurant, et tu as toute son admiration. Quant à moi, j'ai accepté pour notre maison et non pour moi. Le roi a rempli ton attente. Ah! tu lui as si dédaigneusement jeté son plaisir, comme on jette leur proie aux tigres, que, pour te venger, je voudrais lui faire savoir combien tu l'as écrasé par ta grandeur. La seule chose que j'aie prise pour moi, cher frère aimé, c'est mon bonheur, c'est Marie. Aussi serai-je toujours devant toi ce qu'est une créature devant le Créateur. Il y aura dans ma vie et dans celle de Marie un jour aussi beau que celui de notre heureux mariage, ce sera celui où nous saurons que ton cœur est compris, qu'une femme t'aime comme tu dois et veux être aimé. N'oublie pas que, si tu vis par nous, nous vivons aussi par toi. Tu peux nous écrire en toute confiance sous le couvert du nonce, en envoyant tes lettres par Rome. L'ambassadeur de France à Rome se chargera sans doute de les remettre à la secrétairerie d'état, à monsignore Bemboni, que notre légat a dû prévenir. Toute autre voie serait mauvaise. Adieu, cher dépouillé, cher exilé. Sois fier au moins du bonheur que tu nous as fait, si tu ne peux en être heureux. Dieu sans doute écoutera nos prières pleines de toi.

FERNAND.

X

LOUISE DE CHAULIEU A MADAME DE L'ESTORADE.

Mars.

Ah! mon ange, le mariage rend philosophe?... Ta chère figure devait être jaune alors que tu m'écrivais ces terribles pensées sur la vie humaine et sur nos devoirs. Crois-tu donc que tu me convertiras au mariage par ce programme de travaux souterrains? Hélas! voilà donc où t'ont fait parvenir nos trop savantes rêveries? Nous sommes sorties de Blois parées de toute notre innocence et armées des pointes aiguës de la réflexion : les dards de cette expérience purement morale des choses se sont tournés contre toi! Si je ne te connaissais pas pour la plus pure et la plus angélique créature du monde, je te dirais que tes calculs sentent la dépravation. Comment, ma chère, dans l'intérêt de ta vie à la campagne, tu mets tes plaisirs en coupes réglées, tu traites l'amour comme tu traiteras tes bois! Oh! j'aime mieux périr dans la violence des tourbillons de mon cœur, que de vivre dans la sécheresse de ta sage arithmétique. Tu étais comme moi la jeune fille la plus instruite, parce que nous avions beaucoup réfléchi sur peu de choses ; mais, mon enfant, la philosophie sans l'amour, ou sous un faux amour, est la plus horrible des hypocrisies conjugales. Je ne sais pas si, de temps en temps, le plus grand imbécile de la terre n'apercevrait pas le hibou de la sagesse tapi dans ton tas de roses, découverte peu récréative qui peut faire enfuir la passion la mieux allumée. Tu te fais le destin, au lieu d'être son jouet. Nous tournons toutes les deux bien singulièrement : beaucoup de philosophie et peu d'amour, voilà ton régime ; beaucoup d'amour et peu de philosophie, voilà le mien. La Julie de Jean-Jacques, que je croyais un professeur, n'est qu'un étudiant auprès de toi. Vertu de femme! as-tu toisé la vie? Hélas! je me moque de toi, peut-être as-tu raison. Tu as immolé ta jeunesse en un jour, et tu t'es faite avare avant le temps. Ton Louis sera sans doute heureux. S'il t'aime, et je n'en doute pas, il ne s'apercevra jamais que tu te conduis dans l'intérêt de ta famille comme les courtisanes se conduisent dans l'intérêt de leur fortune ; et certes elles rendent les hommes heureux, à en croire les folles dissipations dont elles sont l'objet. Un mari clairvoyant resterait sans doute passionné pour toi ; mais ne finirait-il point par se dispenser de reconnaissance pour une femme qui fait de la fausseté une sorte de corset moral aussi nécessaire à sa vie que l'autre l'est au corps? Mais, chère, l'amour est à mes yeux le principe de toutes les vertus rapportées à une image de la divinité! L'amour, comme tous les principes, ne se calcule pas, il est l'infini de notre âme. N'as-tu pas voulu te justifier à toi-même l'affreuse position d'une fille mariée à un homme qu'elle ne peut qu'estimer? Le devoir, voilà ta règle et ta mesure ; mais agir par nécessité, n'est-ce pas la morale d'une société d'athées? Agir par amour et par sentiment, n'est-ce pas la loi secrète des femmes? Tu t'es faite homme, et ton Louis va se trouver la femme! O chère, ta lettre m'a plongée en des méditations infinies. J'ai vu que le couvent ne remplace jamais une mère pour des filles. Je t'en supplie, mon noble ange aux yeux noirs, si pure et si fière, si grave et si élégante, pense à ces premiers cris que ta lettre m'arrache! Je me suis consolée en songeant qu'au moment où je me lamentais, l'amour renversait sans doute les échafaudages de la raison. Je ferai peut-être pis sans raisonner, sans calculer : la passion est un élément qui doit avoir une logique aussi cruelle que la tienne.

Lundi.

Hier au soir, en me couchant, je me suis mise à ma fenêtre pour contempler le ciel, qui était d'une sublime pureté. Les étoiles ressemblaient à des clous d'argent qui retenaient un voile bleu. Par le silence de la nuit, j'ai pu entendre une respiration, et, par le demi-jour que jetaient les étoiles, j'ai vu mon Espagnol, perché comme un écureuil dans les branches d'un des arbres de la contre-allée des boulevards, admirant sans doute mes fenêtres. Cette découverte a eu pour premier effet de me faire rentrer dans ma chambre, les pieds, les mains comme brisés ; mais, au fond de cette sensation de peur, je sentais une joie délicieuse. J'étais abattue et heureuse. Pas un de ces spirituels Français qui veulent m'épouser n'a eu l'esprit de venir passer les nuits sur un orme, au risque d'être emmené par la garde. Mon Espagnol est là sans doute depuis quelque temps. Ah! il ne me donne plus de leçons, il veut en recevoir, il en aura. S'il savait tout ce que je me suis dit sur sa laideur apparente! Moi aussi, Renée, j'ai philosophé. J'ai pensé qu'il y avait quelque chose d'horrible à aimer un homme beau. N'est-ce pas avouer que les sens sont les trois quarts de l'amour, qui doit être divin? Remise de ma première peur, je tendais le cou derrière la vitre pour le revoir, et bien m'en a pris! Au moyen d'une canne creuse, il m'a soufflé par la fenêtre une lettre artistement roulée autour d'un gros grain de plomb. Mon Dieu! va-t-il croire que j'ai laissé ma fenêtre ouverte exprès? me suis-je dit; la fermer brusquement, ce serait me rendre sa complice. J'ai mieux fait, je suis revenue à ma fenêtre comme si je n'avais pas entendu le bruit de son billet, comme si je n'avais rien vu, et j'ai dit à haute voix : —Venez donc voir les étoiles, Griffith? Griffith dormait comme une vieille fille. En m'entendant, le Maure a dégringolé avec la vitesse d'une ombre. Il a dû mourir de peur aussi bien que moi, car je ne l'ai pas entendu s'en aller, il est resté sans doute au pied de l'orme. Après un bon quart d'heure, pendant lequel je me noyais dans le bleu du ciel et nageais dans l'océan de la curiosité, j'ai fermé ma fenêtre, et je me suis mise au lit pour dérouler le fin papier avec la sollicitude de ceux qui travaillent à Naples les volumes antiques. Mes doigts touchaient du feu. Quel horrible pouvoir cet homme exerce sur moi! me dis-je. Aussitôt j'ai présenté le papier à la lumière pour le brûler sans le lire... Une pensée a retenu ma main. Que m'écrit-il pour m'écrire en secret? Eh bien, ma chère, j'ai brûlé la lettre en songeant que, si toutes les filles de la terre l'eussent dévorée, moi, Armande-Louise-Marie de Chaulieu, je devais ne la point lire.

Le lendemain, aux Italiens, il était à son poste ; mais, tout premier ministre constitutionnel qu'il a été, je ne crois pas que mes attitudes lui aient révélé la moindre agitation de mon âme : je suis demeurée absolument comme si je n'avais rien vu ni reçu la veille. J'étais contente de moi, mais il était bien triste. Pauvre homme, il est si naturel en Espagne que l'amour entre par la fenêtre! Il est venu pendant l'entr'acte se promener dans les corridors. Le premier secrétaire de l'ambassade d'Espagne me l'a dit en m'apprenant de lui une action qui est sublime. Étant duc de Soria, il devait épouser une des plus riches héritières de l'Espagne, la jeune princesse Marie Hérédia, dont la fortune eût adouci pour lui les malheurs de l'exil; mais il paraît que, trompant les vœux de leurs pères qui les avaient fiancés dès leur enfance, Marie aimait le cadet de Soria, et mon Felipe a renoncé à la princesse Marie en se laissant dépouiller par le roi d'Espagne. — Il a dû faire cette grande chose très simplement, ai-je dit au jeune homme. — Vous le connaissez donc? m'a-t-il répondu naïvement. Ma mère a souri. — Que va-t-il devenir? car il est condamné à mort, ai-je dit. — S'il est mort en Espagne, il a le droit de vivre en Sardaigne. — Ah! il y a aussi des tombes en Espagne? dis-je pour avoir l'air de prendre cela en plaisanterie. — Il y a de tout en Espagne, même des Espagnols du vieux temps, m'a répondu ma mère. — Le roi de Sardaigne a, non sans peine, accordé au baron de Macumer un passe-port, a repris le jeune diplomate; mais enfin il est devenu sujet sarde, il possède des fiefs magnifiques en Sardaigne, avec droit de haute et basse justice. Il a un palais à Sassari. Si Ferdinand VII mourait, Macumer entrerait vraisemblablement dans la diplomatie, et la cour de Turin en ferait un ambassadeur. Quoique jeune, il... — Ah! il est jeune! — Oui, mademoiselle, quoique jeune il est un des hommes les plus distingués des l'Espagne! Je lorgnais la salle en écoutant le secrétaire, et semblais lui prêter une médiocre attention; mais, entre nous, j'étais au désespoir d'avoir brûlé la lettre. Comment s'exprime un pareil homme quand il aime? et il m'aime. Être aimée, adorée en secret, avoir dans cette salle où s'assemblent toutes les supériorités de Paris un homme à soi, sans que personne le sache! Oh! Renée, j'ai compris alors la vie parisienne, et ses bals et ses fêtes. Tout a pris sa couleur véritable à mes yeux. On a besoin des autres quand on aime, ne fût-ce que pour les sacrifier à celui qu'on aime. J'ai senti dans mon être un autre être heureux. Toutes mes vanités, mon amour-propre, mon orgueil étaient caressés. Dieu sait quel regard j'ai jeté sur le monde! — Ah! petite commère! m'a dit à l'oreille la duchesse en souriant. Oui, ma très-rusée mère a deviné quelque secrète joie dans mon attitude, et j'ai baissé pavillon devant cette savante femme. Ces trois mots m'ont plus appris la science du monde que je n'en avais surpris depuis un an, car nous sommes en mars. Hélas! nous n'avons plus d'Italiens dans un mois. Que devenir sans cette adorable musique, quand on a le cœur plein d'amour?

Ma chère, au retour, avec une résolution digne d'une Chaulieu, j'ai ouvert ma fenêtre pour admirer une averse. Oh! si les hommes connaissaient la puissance de séduction qu'exercent sur nous les actions héroïques, ils seraient bien grands; les plus lâches deviendraient des héros. Ce que j'avais appris de mon Espagnol me donnait la fièvre. J'étais sûre qu'il était là, prêt à me jeter une nouvelle lettre. Aussi n'ai-je rien brûlé : j'ai lu. Voici donc la première lettre d'amour que j'ai reçue, madame la raisonneuse : chacune la nôtre.

« Louise, je ne vous aime pas à cause de votre sublime beauté;
» je ne vous aime pas à cause de votre esprit si étendu, de la no-
» blesse de vos sentiments, de la grâce infinie que vous donnez à
» toutes choses, ni à cause de votre fierté, de votre royal dédain
» pour ce qui n'est pas de votre sphère, et qui chez vous n'exclut
» point la bonté, car vous avez la charité des anges; Louise, je
» vous aime parce que vous avez fait fléchir toutes ces grandeurs
» altières pour un pauvre exilé; parce que, par un geste, par un
» regard, vous avez consolé un homme d'être si fort au-dessous de
» vous, qu'il n'avait droit qu'à votre pitié; mais à une pitié géné-
» reuse. Vous êtes la seule femme au monde qui aura tempéré pour
» moi la rigueur de ses yeux; et comme vous avez laissé tomber
» sur moi ce bienfaisant regard, alors que j'étais un grain dans la
» poussière, ce que je n'avais jamais obtenu quand j'avais tout
» ce qu'un sujet peut avoir de puissance, je tiens à vous faire
» savoir, Louise, que vous m'êtes devenue chère, que je vous aime
» pour vous-même et sans aucune arrière-pensée, en dépassant de
» beaucoup les conditions mises par vous à un amour parfait. Ap-
» prenez donc, idole placée par moi au plus haut des cieux, qu'il
» est dans le monde un rejeton de la race sarrasine dont la vie
» vous appartient, à qui vous pouvez tout demander comme à un
» esclave, et qui s'honorera d'exécuter vos ordres. Je me suis
» donné à vous sans retour, et pour le seul plaisir de me donner,
» pour un seul de vos regards, pour cette main tendue un matin
» à votre maître d'espagnol. Vous avez un serviteur, Louise, et pas
» autre chose. Non, je n'ose penser que je puisse être jamais aimé;
» mais peut-être serai-je souffert, et seulement à cause de mon

» dévouement. Depuis cette matinée où vous m'avez souri en noble
» fille qui devinait la misère de mon cœur solitaire et trahi, je vous
» ai intronisée : vous êtes la souveraine absolue de ma vie, la reine
» de mes pensées, la divinité de mon cœur, la lumière qui brille
» chez moi, la fleur de mes fleurs, le baume de l'air que je respire,
» la richesse de mon sang, la lueur dans laquelle je sommeille.
» Une seule pensée troublait ce bonheur : vous ignoriez avoir à vous
» un dévouement sans bornes, un bras fidèle, un esclave aveugle,
» un agent muet, un trésor, car je ne suis plus que le dépositaire
» de tout ce que je possède ; enfin, vous ne vous saviez pas un
» cœur à qui vous pouvez tout confier, le cœur d'une vieille aïeule
» à qui vous pouvez tout demander, un père de qui vous pouvez
» réclamer toute protection, un ami, un frère ; tous ces senti-
» ments vous font défaut autour de vous, je le sais. J'ai surpris le
» secret de votre isolement ! Ma hardiesse est venue de mon désir
» de vous révéler l'étendue de vos possessions. Acceptez tout,
» Louise, vous m'aurez donné la seule vie qu'il y ait pour moi
» dans le monde, celle de me dévouer. En me passant le collier de
» la servitude, vous ne vous exposez à rien : je ne demanderai
» jamais autre chose que le plaisir de me savoir à vous. Ne me dites
» même pas que vous ne m'aimerez jamais : cela doit être, je le
» sais ; je dois aimer de loin, sans espoir et pour moi-même. Je vou-
» drais bien savoir si vous m'acceptez pour serviteur, et je me suis
» creusé la tête afin de trouver une preuve qui vous atteste qu'il n'y
» aura de votre part aucune atteinte à votre dignité en me l'appre-
» nant, car voici bien des jours que je suis à vous, à votre insu.
» Donc, vous me le diriez en ayant à la main un soir, aux Italiens,
» un bouquet composé d'un camélia blanc et d'un camélia rouge,
» l'image de tout le sang d'un homme aux ordres d'une candeur
» adorée. Tout sera dit alors : à toute heure, dans dix ans comme
» demain, quoi que vous vouliez qu'il soit possible à l'homme de
» faire, ce sera fait dès que vous le demanderez à votre heureux
» serviteur,
» Felipe Hénarès. »

P.-S. Ma chère, avoue que les grands seigneurs savent aimer ! Quel bond de lion africain ! quelle ardeur contenue ! quelle foi ! quelle sincérité ! quelle grandeur d'âme dans l'abaissement ! Je me suis sentie petite et me suis demandé tout abasourdie : Que faire ?...

Le propre d'un grand homme est de dérouter les calculs ordinaires. Il est sublime et attendrissant, naïf et gigantesque. Par une seule lettre, il est au delà des cent lettres de Lovelace et de Saint-Preux. Oh ! voilà l'amour vrai, sans chicanes : il est ou n'est pas ; mais quand il est, il doit se produire dans son immensité. Me voilà destituée de toutes les coquetteries. Refuser ou accepter ! je suis entre ces deux termes sans un prétexte pour abriter mon irrésolution. Toute discussion est supprimée. Ce n'est plus Paris, c'est l'Espagne ou l'Orient ; enfin, c'est l'Abencerrage qui parle, qui s'agenouille devant l'Ève catholique en lui apportant son cimeterre, son cheval et sa tête. Accepterai-je ce restant de Maure ? Relisez souvent cette lettre hispano-sarrasine, ma Renée, et vous y verrez que l'amour emporte toutes les stipulations judaïques de votre philosophie. Tiens, Renée, j'ai ta lettre sur le cœur, tu m'as embourgeoisé la vie. Ai-je besoin de finasser ? Ne suis-je pas éternellement maîtresse de ce lion qui change ses rugissements en soupirs humbles et religieux ? Oh ! combien n'a-t-il pas dû rugir dans sa tanière de la rue Hillerin-Bertin ! Je sais où il demeure, j'ai sa carte : F., baron de Macumer. Il m'a rendu toute réponse impossible, il n'y a qu'à lui jeter à la figure deux camélias. Quelle science infernale possède l'amour pur, vrai, naïf ! Voilà donc ce qu'il y a de plus grand pour le cœur d'une femme réduit à une action simple et facile. O l'Asie ! j'ai lu les Mille et Une Nuits, en voilà l'esprit : deux fleurs, et tout est dit. Nous franchissons les quatorze volumes de Clarisse Harlowe avec un bouquet. Je me tords devant cette lettre comme une corde au feu. Prends ou ne prends pas les deux camélias. Oui ou non, tue ou fais vivre ! Enfin, une voix me crie : Éprouve-le ! Aussi l'éprouverai-je !

XVI

DE LA MÊME A LA MÊME.

Mars.

Je suis habillée en blanc : j'ai des camélias blancs dans les cheveux et un camélia blanc à la main, ma mère en a de rouges ; je lui en prendrai un si je veux. Il y a en moi je ne sais quelle envie de *lui* vendre son camélia rouge par un peu d'hésitation, et de ne me décider que sur le terrain. Je suis bien belle! Griffith m'a priée de me laisser contempler un moment. La solennité de cette soirée et le drame de ce consentement secret m'ont donné des couleurs : j'ai à chaque joue un camélia rouge épanoui sur un camélia blanc !

Une heure.

Tous m'ont admirée, un seul savait m'adorer. Il a baissé la tête en me voyant un camélia blanc à la main, et je l'ai vu devenir blanc comme la fleur quand j'en ai eu pris un rouge à ma mère. Venir avec les deux fleurs pouvait être un effet du hasard; mais cette action était une réponse. J'ai donc étendu mon aveu ! On donnait *Roméo et Juliette*, et comme tu ne sais pas ce qu'est le duo des deux amants, tu ne peux comprendre le bonheur de deux néophytes d'amour écoutant cette divine expression de la tendresse. Je me suis couchée en entendant des pas sur le terrain sonore de la contre-allée. Oh ! maintenant, mon ange, j'ai le feu dans le cœur, dans la tête. Que fait-il ? que pense-t-il ? A-t-il une pensée, une seule qui me soit étrangère ? Est-il l'esclave toujours prêt qu'il m'a dit être ? Comment m'en assurer ? A-t-il dans l'âme le plus léger soupçon que mon acceptation emporte un blâme, un retour quelconque, un remerciement ? Je suis livrée à toutes les arguties minutieuses des femmes de Cyrus et de l'Astrée, aux subtilités des Cours d'amour. Sait-il qu'en amour les plus menues actions des femmes sont la terminaison d'un monde de réflexions, de combats intérieurs, de victoires perdues ! A quoi pense-t-il en ce moment ? Comment lui ordonner de m'écrire le soir le détail de sa journée ? Il est mon esclave, je dois l'occuper, et je vais l'écraser de travail.

Dimanche matin.

Je n'ai dormi que très peu, le matin. Il est midi. Je viens de faire écrire la lettre suivante par Griffith.

A monsieur le baron de Macumer.

Mademoiselle de Chaulieu me charge, monsieur le baron, de vous redemander la copie d'une lettre que lui a écrite une de ses amies, qui est de sa main et que vous avez emportée.

Agréez, etc.

GRIFFITH.

Ma chère, Griffith est sortie, elle est allée rue Hillerin-Bertin, elle a fait remettre ce poulet à mon esclave qui m'a rendu sous enveloppe mon programme mouillé de larmes. Il a obéi. Oh! ma chère, il devait y tenir! Un autre aurait refusé en écrivant une lettre pleine de flatteries; mais le Sarrasin a été ce qu'il avait promis d'être : il a obéi. Je suis touchée aux larmes.

XVII

DE LA MÊME A LA MÊME.

2 avril.

Hier, le temps était superbe, je me suis mise en fille aimée et qui veut plaire. A ma prière, mon père m'a donné le plus joli attelage qu'il soit possible de voir à Paris : deux chevaux gris pommelé et une calèche de la dernière élégance. J'essayais mon équipage. J'étais comme une fleur sous une ombrelle doublée de soie blanche. En montant l'avenue des Champs-Elysées, j'ai vu venir à moi mon Abencerrage sur un cheval de la plus admirable beauté : les hommes, qui maintenant sont presque tous de parfaits maquignons, s'arrêtaient pour le voir, pour l'examiner. Il m'a saluée, et je lui ai fait un signe amical d'encouragement; il a modéré le pas de son cheval, et j'ai pu lui dire : — Vous ne trouverez pas mauvais, monsieur le baron, que je vous aie redemandé ma lettre, elle vous était inutile... Vous avez déjà dépassé ce programme, ai-je ajouté à voix basse. Vous avez un cheval qui vous fait bien remarquer, lui ai-je dit. — Mon intendant de Sardaigne me l'a envoyé par orgueil, car ce cheval de race arabe est né dans mes macchis.

Ce matin, ma chère, Hénarez était sur un cheval anglais alezan, encore très beau, mais qui n'excitait plus l'attention : le peu de critique moqueuse de mes paroles avait suffi. Il m'a saluée, et je lui ai répondu par une légère inclinaison de tête. Le duc d'Angoulême a fait acheter le cheval de Macumer. Mon esclave a compris qu'il sortait de la simplicité voulue en attirant sur lui l'attention des badauds. Un homme doit être remarqué pour lui-même, et non pas pour son cheval ou pour des choses. Avoir un trop beau cheval me semble aussi ridicule que d'avoir un gros diamant à sa chemise. J'ai été ravie de le prendre en faute, et peut-être y avait-il dans son fait un peu d'amour-propre, permis à un pauvre proscrit. Cet enfantillage me plaît. O ma vieille raisonneuse ! Jouis-tu de mes amours autant que je me suis attristée de ta sombre philosophie ? Chère Philippe II en jupon, te promènes-tu bien dans ma calèche ? Vois-tu ce regard de velours, humble et plein, fier de son servage, que me lance en passant cet homme vraiment grand qui porte ma livrée, et qui a toujours à sa boutonnière un camélia rouge, tandis que j'en ai toujours un blanc à la main ? Quelle clarté jette l'amour ! Combien je comprends Paris ! Maintenant tout m'y semble spirituel. Oui, l'amour y est plus joli, plus grand, plus charmant que partout ailleurs. Décidément j'ai reconnu que jamais je ne pourrais tourmenter, inquiéter un sot, ni avoir le moindre empire sur lui. Il n'y a que les hommes supérieurs qui nous comprennent bien et sur lesquels nous puissions agir. Oh ! pauvre amie, pardon, j'oubliais notre l'Estorade ; mais ne m'as-tu pas dit que tu allais en faire un génie ? Oh ! je devine pourquoi : tu l'élèves à la brochette pour être comprise un jour. Adieu, je suis un peu folle et ne veux pas continuer.

XVIII

DE MADAME DE L'ESTORADE A LOUISE DE CHAULIEU.

Avril.

Chère ange, ou ne dois-je pas plutôt dire cher démon, tu m'as affligée sans le vouloir, et, si nous n'étions pas la même âme, je dirais blessée ; mais ne se blesse-t-on pas aussi soi-même ? Comme on voit bien que tu n'as pas encore arrêté ta pensée sur ce mot *indissoluble*, appliqué au contrat qui lie une femme à un homme ! Je ne veux pas contredire les philosophes ni les législateurs, ils sont bien de force à se contredire eux-mêmes ; mais, chère, en rendant le mariage irrévocable et lui imposant une formule égale pour tous et impitoyable, on a fait de chaque union une chose entièrement dissemblable, aussi dissemblable que le sont les individus entre eux; chacune d'elles a ses lois intérieures différentes ; celles d'un mariage à la campagne, où deux êtres seront sans cesse en présence, ne sont pas celles d'un ménage à la ville, où plus de distractions nuancent la vie; et celles d'un ménage à Paris, où la vie passe comme un torrent, ne seront pas celles d'un mariage en province, où la vie est moins agitée. Si les conditions varient selon les lieux, elles varient bien davantage selon les caractères. La femme d'un homme de génie n'a qu'à se laisser conduire, et la femme d'un sot doit, sous peine des plus grands malheurs, prendre les rênes de la machine si elle se sent plus intelligente que lui. Peut-être, après tout, la réflexion et la raison arrivent-elles à ce qu'on appelle dépravation. Pour nous la dépravation, n'est-ce pas le calcul dans les sentiments? Une passion qui raisonne est dépravée; elle n'est belle qu'involontaire et dans ces sublimes jets qui excluent tout égoïsme. Ah ! tôt ou tard tu te diras, ma chère : Oui ! la fausseté est aussi nécessaire à la femme que son corset, si par fausseté on entend le silence de celle qui a le courage de se taire, si par fausseté l'on entend le calcul nécessaire de l'avenir. Toute femme mariée apprend à ses dépens les lois sociales qui sont incompatibles en beaucoup de points avec celles de la nature. On peut avoir en mariage une douzaine d'enfants, en se mariant à l'âge où nous sommes; et, si nous les avions, nous commettrions douze crimes; nous ferions douze malheurs. Ne livrerions-nous pas à la misère et au désespoir de charmants êtres? tandis que deux enfants sont deux bonheurs, deux bienfaits, deux créations en harmonie avec les mœurs et les lois actuelles. La loi naturelle et le code sont ennemis, et nous sommes le terrain sur lequel ils luttent. Appelleras-tu dépravation la sagesse de l'épouse qui veille à ce que la famille ne se ruine pas par elle-même ? Un seul calcul ou mille, tout est perdu dans le cœur. Ce calcul atroce, vous le ferez un jour, belle baronne de Macumer, quand vous serez la femme heureuse et fière de l'homme qui vous adore; ou plutôt cet homme supérieur vous l'épargnera, car il le fera lui-même. Tu vois, chère folle, que nous avons étudié le code dans ses rapports avec l'amour conjugal. Tu sauras que nous ne devons compte qu'à nous-mêmes et à Dieu des moyens que nous employons pour perpétuer le bonheur au sein de nos maisons ; et mieux vaut le calcul qui y parvient que l'amour irréfléchi qui y met le deuil, les querelles ou la désunion. J'ai cruellement étudié le rôle de l'épouse et de la mère de famille. Oui, chère ange, nous avons de sublimes mensonges à faire pour être la noble créature que nous sommes en accomplissant nos devoirs. Tu me taxes de fausseté parce que je veux mesurer au jour le jour à Louis la connaissance de moi-même ; mais n'est-ce pas une trop intime connaissance qui cause les désunions ? Je veux l'occuper beaucoup pour beaucoup le distraire de moi, au nom de son propre bonheur ; et tel n'est pas le calcul de la passion. Si la tendresse est inépuisable, l'amour ne l'est point : aussi est-ce une véritable entreprise pour une honnête femme que de le sagement distribuer sur toute la vie. Au risque de te paraître exécrable, je te dirai que je persiste dans mes principes en me croyant très-grande est très-généreuse. La vertu, mignonne, est un principe dont les manifestations diffèrent selon les milieux : la vertu de Provence, celle de Constantinople, celle de Londres et celle de Paris ont des effets parfaitement dissemblables sans cesser d'être la vertu. Chaque vie humaine offre dans son tissu les combinaisons les plus irrégulières ; mais, vues d'une certaine hauteur, toutes paraissent semblables. Si je voulais voir Louis malheureux et faire fleurir une séparation de corps, je n'aurais qu'à me mettre à sa lesse. Je n'ai pas eu comme toi le bonheur de rencontrer un être supérieur, mais peut-être aurai-je le plaisir de le rendre supérieur, et je te donne rendez-vous dans cinq ans à Paris. Tu y seras prise toi-même, et tu me diras que je me suis trompée, que monsieur de l'Estorade était nativement remarquable. Quant à ces belles amours, à ces émotions que je n'éprouve que par toi ; quant à ces stations nocturnes sur le balcon, à la lueur des étoiles ; quant à ces adorations excessives, à ces divinisations de nous, j'ai su qu'il y fallait renoncer. Ton épanouissement dans la vie rayonne à ton gré; le mien est circonscrit, il a l'enceinte de la Crampade, et tu me reproches les précautions que demande un fragile, un secret, un pauvre bonheur pour devenir durable, riche et mystérieux ! Je croyais avoir trouvé les grâces d'une maîtresse dans mon état de femme, et tu m'as presque fait rougir de moi-même. Entre nous deux, qui a tort, qui a raison ? Peut-être avons-nous également tort et raison toutes deux, et peut-être la société nous vend-elle fort cher nos dentelles, nos titres et nos enfants ! Moi, j'ai mes camélias rouges, ils sont sur mes lèvres, en sourires qui fleurissent pour ces deux êtres, le père et le fils, à qui je suis dévouée, à la fois esclave et maîtresse. Mais, chère ! tes dernières lettres m'ont fait apercevoir tout ce que j'ai perdu ! Tu m'as appris l'étendue des sacrifices de la femme mariée. J'avais à peine jeté les yeux sur ces beaux steppes sauvages où tu bondis, et je ne te parlerai point de quelques larmes essuyées en te lisant ; mais le regret n'est pas le remords, quoiqu'il en soit un peu germain. Tu m'as dit : Le mariage rend philosophe ! hélas ! non ; je l'ai bien senti quand je pleurais en te sachant emportée au torrent de l'amour. Mais mon père m'a fait lire un des plus profonds écrivains de nos contrées, un des héritiers de Bossuet, un de ces cruels politiques dont les pages engendrent la conviction. Pendant que tu lisais Corinne, je lisais Bonald, et voilà tout le secret de ma philosophie : la Famille sainte et forte m'est apparue. De par Bonald, ton père avait raison dans son discours. Adieu, ma chère imagination, mon amie, toi qui es ma folie !

XIX

LOUISE DE CHAULIEU A MADAME DE L'ESTORADE.

« Eh bien, tu es un amour de femme, ma Renée ; et je suis maintenant d'accord que c'est être honnête que de tromper : es-tu contente ? D'ailleurs l'homme qui nous aime nous appartient ; nous avons le droit d'en faire un sot ou un homme de génie ; mais, entre nous, nous en faisons le plus souvent des sots. Tu feras du tien un homme de génie, et tu garderas ton secret : deux magnifiques actions ! Ah ! s'il n'y avait pas de paradis, tu serais bien attrapée, car tu te voues à un martyre volontaire. Tu veux le rendre ambitieux et le garder amoureux ! mais, enfant que tu es, c'est bien assez de le maintenir amoureux. Jusqu'à quel point le calcul est-il la vertu ou la vertu est-elle le calcul ? Hein ? Nous ne nous fâcherons point pour cette question, puisque Bonald est là. Nous sommes et voulons être vertueuses ; mais en ce moment je crois que, malgré tes charmantes friponneries, tu vaux mieux que moi. Oui, je suis une fille horriblement fausse : j'aime Felipe, et je le lui cache avec une infâme dissimulation. Je le voudrais voir sautant de son arbre sur la crête du mur, de la crête du mur sur mon balcon ; et, s'il faisait ce que je désire, je le foudroierais de mon mépris. Tu vois, je suis d'une bonne foi terrible. Qui m'arrête ? quelle puissance mystérieuse m'empêche de dire à ce cher Felipe tout le bonheur qu'il me verse à flots par son amour pur, entier, grand, secret, plein ? Madame de Mirbel fait mon portrait, je compte le lui donner, ma chère. Ce qui me surprend chaque jour davantage, est l'activité que l'amour donne à la vie. Quel intérêt prennent les heures, les actions, les plus petites choses ! et quelle admirable confusion du passé, de l'avenir dans le présent ! On vit aux trois temps du verbe. Est-ce encore ainsi quand on a été heureuse ? Oh ! réponds-moi, dis-moi ce qu'est le bonheur, s'il calme ou s'il irrite. Je suis d'une inquiétude mortelle, je ne sais plus comment me conduire : il y a dans mon cœur une force qui m'entraîne vers lui, malgré la raison et les convenances. Enfin, je comprends ta curiosité avec Louis, es-tu contente ? Le bonheur que Felipe a d'être à moi, son amour à distance et son obéissance m'impatientent autant que son profond respect m'irritait quand il n'était que mon maître d'espagnol. Je suis tentée de lui crier quand il passe : — Imbécile, si tu m'aimes en tableau, que serait-ce donc si tu me connaissais !

Oh ! Renée, tu brûles mes lettres, n'est-ce pas ? moi, je brûlerai les tiennes. Si d'autres yeux que les nôtres lisaient ces pensées qui sont versées de cœur à cœur, je dirais à Felipe d'aller les crever et de tuer un peu les gens pour plus de sûreté.

Lundi.

Ah ! Renée, comment sonder le cœur d'un homme ? Mon père doit me présenter ton monsieur Bonald, et, puisqu'il est si savant, je le lui demanderai. Dieu est bien heureux de pouvoir lire au fond des cœurs. Suis-je toujours un ange pour cet homme ? Voilà toute la question.

Si jamais, dans un geste, dans un regard, dans l'accent d'une parole, j'apercevais une diminution de ce respect qu'il avait pour moi quand il était mon maître d'espagnol, je me sens la force de tout oublier ! Pourquoi ces grands mots, ces grandes résolutions ? te diras-tu. Ah ! voilà, ma chère. Mon charmant père, qui se conduit avec moi comme un vieux cavalier servant avec une Italienne, faisait faire, je te l'ai dit, mon portrait par madame de Mirbel. J'ai trouvé moyen d'avoir une copie assez bien exécutée pour pouvoir la donner au duc et envoyer l'original à Felipe. Cet envoi a eu lieu hier, accompagné de ces trois lignes :

« Don Felipe, on répond à votre entier dévouement par une con-
» fiance aveugle : le temps dira si ce n'est pas accorder trop de
» grandeur à un homme. »

La récompense est grande, elle a l'air d'une promesse, et, chose horrible, d'une invitation ; mais, ce qui va te sembler plus horrible encore, j'ai voulu que la récompense exprimât promesse et invitation sans aller jusqu'à l'offre. Si dans sa réponse il y a ma Louise, ou seulement Louise, il est perdu.

Mardi.

Non ! il n'est pas perdu. Ce ministre constitutionnel est un adorable amant. Voici sa lettre :

« Tous les moments que je passais sans vous voir, je demeurais
» occupé de vous, les yeux fermés à toute chose et attachés par la
» méditation sur votre image, qui ne se dessinait jamais assez promp-
» tement dans le palais obscur où se passent les songes et où vous
» répandiez la lumière. Désormais ma vue se reposera sur ce mer-
» veilleux ivoire, sur ce talisman, dois-je dire ; car pour moi vos
» yeux bleus s'animent, et la peinture devient aussitôt une réalité.
» Le retard de cette lettre vient de mon empressement à jouir de
» cette contemplation pendant laquelle je vous disais tout ce que je
» dois taire. Oui, depuis hier, enfermé seul avec vous, je me suis
» livré, pour la première fois de ma vie, à un bonheur entier, com-
» plet, infini. Si vous pouviez vous voir où je vous ai mise, entre
» la Vierge et Dieu, vous comprendriez en quelles angoisses j'ai passé
» la nuit ; mais, en vous les disant, je ne voudrais pas vous offenser,
» car il y aurait tant de tourments pour moi dans un regard dénué
» de cette angélique bonté qui me fait vivre, que je vous demande
» pardon par avance. Si donc, reine de ma vie et de mon âme, vous
» vouliez m'accorder un millième de l'amour que je vous porte !

» Le *si* de cette constante prière m'a ravagé l'âme. J'étais entre
» la croyance et l'erreur, entre la vie et la mort, entre les ténèbres
» et la lumière. Un criminel n'est pas plus agité pendant la délibé-
» ration de son arrêt que je ne le suis en m'accusant à vous de cette

» audace. Le sourire exprimé sur vos lèvres, et que je venais revoir
» de moment en moment, calmait ces orages excités par la crainte
» de vous déplaire. Depuis que j'existe, personne, pas même ma
» mère, ne m'a souri. La belle jeune fille qui m'était destinée a re-
» buté mon cœur et s'est éprise de mon frère. Mes efforts, en po-
» litique, ont trouvé la défaite. Je n'ai jamais vu dans les yeux de
» mon roi qu'un désir de vengeance ; et nous sommes si ennemis
» depuis notre jeunesse, qu'il a regardé comme une cruelle injure
» le vœu par lequel les cortès m'ont porté au pouvoir. Quelque forte
» que vous fassiez une âme, le doute y entrerait à moins. D'ailleurs
» je me rends justice : je connais la mauvaise grâce de mon exté-
» rieur, et sais combien il est difficile d'apprécier mon cœur à tra-
» vers une pareille enveloppe. Être aimé, ce n'était plus qu'un rêve
» quand je vous ai vue. Aussi, quand je m'attachai à vous, ai-je
» compris que le dévouement pouvait seul faire excuser ma tendresse.
» En contemplant ce portrait, en écoutant ce sourire plein de pro-
» messes divines, un espoir que je ne me permettais pas à moi-même
» a rayonné dans mon âme. Cette clarté d'aurore est incessamment
» combattue par les ténèbres du doute, par la crainte de vous of-
» fenser en la laissant poindre. Non, vous ne pouvez pas m'aimer
» encore, je le sens ; mais, à mesure que vous aurez éprouvé la
» puissance, la durée, l'étendue de mon inépuisable affection, vous
» lui donnerez une petite place dans votre cœur. Si mon ambition
» est une injure, vous me le direz sans colère, je rentrerai dans mon
» rôle ; mais si vous vouliez essayer de m'aimer, ne le faites pas
» savoir sans de minutieuses précautions à celui qui mettait tout le
» bonheur de sa vie à vous servir uniquement. »

Ma chère, en lisant ces derniers mots, il m'a semblé le voir pâle comme il l'était le soir où je lui ai dit, en lui montrant le camélia, que j'acceptais les trésors de son dévouement. J'ai vu dans ces phrases soumises tout autre chose qu'une simple fleur de rhétorique à l'usage des amants, et j'ai senti comme un grand mouvement en moi-même..... le souffle du bonheur.

Il a fait un temps détestable, il ne m'a pas été possible d'aller au bois sans donner lieu à d'étranges soupçons ; car ma mère, qui sort souvent malgré la pluie, est restée chez elle, seule.

Mercredi soir.

Je viens de *le* voir, à l'Opéra. Ma chère, ce n'est plus le même homme : il est venu dans notre loge présenté par l'ambassadeur de Sardaigne. Après avoir vu dans mes yeux que son audace ne déplaisait point, il m'a paru comme embarrassé de son corps, et il a dit alors mademoiselle à la marquise d'Espard. Ses yeux lançaient des regards qui faisaient une lumière plus vive que celle des lustres. Enfin il est sorti comme un homme qui craignait de commettre une extravagance. — Le baron de Macumer est amoureux ! a dit madame de Maufrigneuse à ma mère. — C'est d'autant plus extraordinaire que c'est un ministre tombé, a répondu ma mère. J'ai eu la force de regarder madame d'Espard, madame de Maufrigneuse et ma mère avec la curiosité d'une personne qui ne connaît pas une langue étrangère et qui voudrait deviner ce qu'on dit ; mais j'étais intérieurement en proie à une joie voluptueuse dans laquelle il me semblait que mon âme se baignait. Il n'y a qu'un mot pour t'expliquer ce que j'éprouve, c'est le ravissement. Felipe aime tant, que je le trouve digne d'être aimé. Je suis exactement le principe de sa vie, et je tiens dans ma main le fil qui mène sa pensée. Enfin, si nous devons nous tout dire, il y a chez moi le plus violent désir de lui voir franchir tous les obstacles, arriver à moi pour me demander à moi-même, afin de savoir si ce furieux amour redeviendra humble et calme à un seul de mes regards.

Ah ! ma chère, je me suis arrêtée et suis toute tremblante. En t'écrivant, j'ai entendu dehors un léger bruit et je me suis levée. De ma fenêtre je l'ai vu allant sur la crête du mur, au risque de se tuer. Je suis allée à la fenêtre de ma chambre et je ne lui ai fait qu'un signe ; il a sauté du mur, qui a dix pieds ; puis il a couru sur la route, jusqu'à la distance où je pouvais le voir, pour me montrer qu'il ne s'était fait aucun mal. Cette attention, au moment où il devait être étourdi par sa chute, m'a tant attendrie que je pleure sans savoir pourquoi. Pauvre laid ! que venait-il chercher, que voulait-il me dire ?

Je n'ose écrire mes pensées et vais me coucher dans ma joie, en songeant à tout ce que nous dirions si nous étions ensemble. Adieu, belle muette. Je n'ai pas le temps de te gronder sur ton silence ; mais voici plus d'un mois que je n'ai de tes nouvelles. Serais-tu, par hasard, devenue heureuse ? N'aurais-tu plus ce libre arbitre qui te rendait si fière et qui ce soir a failli m'abandonner ?

XX

RENÉE DE L'ESTORADE A LOUISE DE CHAULIEU.

Mai.

Si l'amour est la vie du monde, pourquoi d'austères philosophes le suppriment-ils dans le mariage ? Pourquoi la Société prend-elle pour loi suprême de sacrifier la Femme à la Famille en créant ainsi nécessairement une lutte sourde au sein du mariage ? lutte prévue par elle et si dangereuse qu'elle a inventé des pouvoirs pour en armer l'homme contre nous, en devinant que nous pouvions tout annuler soit par la puissance de la tendresse, soit par la persistance d'une haine cachée. Je vois en ce moment, dans le mariage, deux forces opposées que le législateur aurait dû réunir ; quand se réuniront-elles ? voilà ce que je me dis en te lisant. Oh ! chère, une seule de tes lettres ruine cet édifice bâti par le grand écrivain de l'Aveyron, et où je m'étais logée avec une douce satisfaction. Les lois ont été faites par des vieillards, les femmes s'en aperçoivent ; ils ont bien sagement décrété que l'amour conjugal exempt de passion ne nous avilissait point, et qu'une femme devait se donner sans amour une fois que la loi permettait à un homme de la faire sienne. Préoccupés de la famille, ils ont imité la nature, inquiète seulement de perpétuer l'espèce. J'étais un être auparavant, et je suis maintenant une chose ! Il est plus d'une larme que j'ai dévorée au loin, seule, et que j'aurais voulu donner en échange d'un sourire consolateur. D'où vient l'inégalité de nos destinées ? L'amour permis agrandit ton âme. Pour toi, la vertu se trouvera dans le plaisir. Tu ne souffriras que de ton propre vouloir. Ton devoir, si tu épouses ton Felipe, deviendra le plus doux, le plus expansif des sentiments. Notre avenir est gros de la réponse, et je l'attends avec une inquiète curiosité.

Tu aimes, tu es adorée. Oh ! chère, livre-toi tout entière à ce beau poëme qui nous a tant occupées. Cette beauté de la femme, si fine et si spiritualisée en toi, Dieu l'a faite ainsi pour qu'elle charme et plaise : il a ses desseins. Oui, mon ange, garde bien le secret de ta tendresse, et soumets Felipe aux épreuves subtiles que nous inventions pour savoir si l'amant que nous rêvions serait digne de nous. Sache surtout moins s'il t'aime que si tu l'aimes : rien n'est plus trompeur que le mirage produit en notre âme par la curiosité, par le désir, par la croyance au bonheur. Toi qui, seule de nous deux, demeures intacte, chère, ne te risque pas sans arrhes au dangereux marché d'un irrévocable mariage, je t'en supplie ! Quelquefois un geste, une parole, un regard, dans une conversation sans témoins, quand les âmes sont déshabillées de leur hypocrisie mondaine, éclairent des abîmes. Tu es assez noble, assez sûre de toi pour pouvoir aller hardiment en des sentiers où d'autres se perdraient. Tu ne saurais croire en quelles anxiétés je te suis. Malgré la distance, je te vois, j'éprouve tes émotions. Aussi, ne manque pas à m'écrire, n'omets rien ! Tes lettres me font une vie passionnée au milieu de mon ménage si simple, si tranquille, uni comme une grande route par un jour sans soleil. Ce qui se passe ici, mon ange, est une suite de chicanes avec moi-même sur lesquelles je veux garder le secret aujourd'hui, je t'en parlerai plus tard. Je me donne et me reprends avec une sombre obstination, en passant du découragement à l'espérance. Peut-être demandé-je à la vie plus de bonheur qu'elle ne nous en doit. Au jeune âge nous sommes assez portés à vouloir que l'idéal et le positif s'accordent ! Mes réflexions, et maintenant je les fais toute seule, assise au pied d'un rocher de mon parc, m'ont conduite à penser que l'amour dans le mariage est un hasard sur lequel il est impossible d'asseoir la loi qui doit tout régir. Mon philosophe de l'Aveyron a raison de considérer la famille comme la seule unité sociale possible et d'y soumettre la femme comme elle l'a été de tout temps. La solution de cette grande question, presque terrible pour nous, est dans le premier enfant que nous avons. Aussi voudrais-je être mère, ne fût-ce que pour donner une pâture à la dévorante activité de mon âme.

Louis est toujours d'une adorable bonté, son amour est actif et ma tendresse est abstraite ; il est heureux, il cueille à lui seul les fleurs, sans s'inquiéter des efforts de la terre qui les produit. Heureux égoïsme ! Quoi qu'il puisse m'en coûter, je me prête à ses illusions, comme une mère, d'après les idées que je me fais d'une mère, se brise pour procurer un plaisir à son enfant. Sa joie est si profonde qu'elle lui ferme les yeux et qu'elle jette ses reflets jusque sur moi. Je le trompe par le sourire ou par le regard pleins de satisfaction que me cause la certitude de lui donner le bonheur. Aussi, le nom d'amitié dont je me sers pour lui dans notre intérieur est-il : « mon enfant ! » J'attends le fruit de tant de sacrifices qui seront un secret entre Dieu, toi et moi. La maternité est une entreprise à laquelle j'ai ouvert un crédit énorme, elle me doit trop aujourd'hui, je crains de n'être pas assez payée : elle est chargée de déployer mon énergie et d'agrandir mon cœur, de me dédommager par des joies illimitées. Oh ! mon Dieu, que je ne sois pas trompée ! là est tout mon avenir, et, chose effrayante à penser, celui de ma vertu.

XXI

LOUISE DE CHAULIEU A RENÉE DE L'ESTORADE.

Juin.

Chère biche mariée, ta lettre est venue à propos pour me justifier à moi-même une hardiesse à laquelle je pensais nuit et jour. Il y a je ne sais quel appétit en moi pour les choses inconnues ou, si tu veux, défendues, qui m'inquiète et m'annonce au dedans de moi-même un combat entre les lois du monde et celles de la nature. Je ne sais pas si la nature est chez moi plus forte que la société, mais je me surprends à conclure des transactions entre ces puissances. Enfin, pour parler clairement, je voulais causer avec Felipe, seule avec lui, pendant une heure de nuit, sous les tilleuls, au bout de notre jardin. Assurément, ce vouloir est d'une fille qui mérite le nom de *commère éveillée* que me donne la duchesse en riant et que mon père me confirme. Néanmoins, je trouve cette faute prudente et sage. Tout en récompensant tant de nuits passées au pied de mon mur, je veux savoir ce que pensera mons Felipe de mon escapade, et le juger dans un pareil moment ; en faire mon cher époux, s'il divinise ma faute ; ou ne le revoir jamais, s'il n'est pas plus respectueux et plus tremblant que quand il me salue en passant à cheval aux Champs-Élysées. Quant au monde, je risque moins à voir ainsi mon amoureux qu'à lui sourire chez madame de Maufrigneuse ou chez la vieille marquise de Beauséant, où nous sommes maintenant enveloppés d'espions, car Dieu sait de quels regards on poursuit une fille soupçonnée de faire attention à un monstre comme Macumer. Oh! si tu savais combien je me suis agitée en moi-même à rêver ce projet, combien je me suis occupée à voir par avance comment il pouvait se réaliser. Je t'ai regrettée, nous aurions bavardé pendant quelques bonnes petites heures, perdues dans les labyrinthes de l'incertitude et jouissant par avance de toutes les bonnes ou mauvaises choses d'un premier rendez-vous à la nuit, dans l'ombre et le silence, sous les beaux tilleuls de l'hôtel de Chaulieu, criblés par les mille lueurs de la lune. J'ai palpité toute seule en me disant : — Ah! Renée, où es-tu? Donc, ta lettre a mis le feu aux poudres, et mes derniers scrupules ont sauté. J'ai jeté par ma fenêtre à mon adorateur stupéfait le dessin exact de la clef de la petite porte au bout du jardin avec ce billet :

« On veut vous empêcher de faire des folies. En vous cassant
» le cou, vous raviriez l'honneur à la personne que vous dites
» aimer. Êtes-vous digne d'une nouvelle preuve d'estime et méritez-
» vous que l'on vous parle à l'heure où la lune laisse dans l'ombre
» les tilleuls au bout du jardin? »

Hier, à une heure, au moment où Griffith allait se coucher, je lui ai dit : — Prenez votre châle et accompagnez-moi, ma chère, je veux aller au fond du jardin sans que personne le sache! Elle ne m'a pas dit un mot et m'a suivie. Quelles sensations, ma Renée! car, après l'avoir attendu en proie à une charmante petite angoisse, je l'avais vu se glissant comme une ombre. Arrivée au jardin sans encombre, je dis à Griffith : — Ne soyez pas étonnée, il y a là le baron de Macumer, et c'est bien à cause de lui que je vous ai emmenée. Elle n'a rien dit.

— Que voulez-vous de moi? m'a dit Felipe d'une voix dont l'émotion annonçait que le bruit de nos robes dans le silence de la nuit et celui de nos pas sur le sable, quelque léger qu'il fût, l'avaient mis hors de lui.

— Je veux vous dire ce que je ne saurais écrire, lui ai-je répondu. Griffith est allée à six pas de nous. La nuit était une de ces nuits tièdes, embaumées par les fleurs; j'ai ressenti dans ce moment un plaisir enivrant à me trouver presque seule avec lui dans la douce obscurité des tilleuls, au delà desquels le jardin brillait d'autant plus que la façade de l'hôtel reflétait en blanc la lueur de la lune. Ce contraste offrait une vague image du mystère de notre amour qui doit finir par l'éclatante publicité du mariage. Après un moment donné de part et d'autre au plaisir de cette situation neuve pour nous deux, et où nous étions aussi étonnés l'un que l'autre, j'ai retrouvé la parole.

— Quoique je ne craigne pas la calomnie, je ne veux plus que vous montiez sur cet arbre, lui dis-je en lui montrant l'orme, ni sur ce mur. Nous avons assez fait, vous l'écolier, et moi la pensionnaire : élevons nos sentiments à la hauteur de nos destinées. Si vous étiez mort dans votre chute, je mourais déshonorée... Je l'ai regardé, il était blême. — Et si vous étiez surpris ainsi, ma mère ou moi nous serions soupçonnées...

— Pardon, a-t-il dit d'une voix faible.

— Passez sur le boulevard, j'entendrai votre pas, et quand je voudrai vous voir, j'ouvrirai ma fenêtre; mais je ne vous ferai courir et je ne courrai ce danger que dans une circonstance grave. Pourquoi m'avoir forcée, par votre imprudence, à en commettre une autre et à vous donner une mauvaise opinion de moi? J'ai vu dans ses yeux des larmes qui m'ont paru la plus belle réponse du monde. — Vous devez croire, lui dis-je en souriant, que ma démarche est excessivement hasardée...

Après un ou deux tours faits en silence sous les arbres, il a trouvé la parole. — Vous devez me croire stupide; et je suis tellement ivre de bonheur, que je suis sans force et sans esprit; mais sachez du moins qu'à mes yeux vous sanctifiez vos actions par cela seulement que vous vous les permettez. Le respect que j'ai pour vous ne peut se comparer qu'à celui que j'ai pour Dieu. D'ailleurs, miss Griffith est là.

— Elle est là pour les autres et non pas pour nous, Felipe, lui ai-je dit vivement. Cet homme, ma chère, m'a comprise.

— Je sais bien, reprit-il en me jetant le plus humble regard, qu'elle n'y serait pas, tout se passerait entre nous comme si elle nous voyait : si nous ne sommes pas devant les hommes, nous sommes toujours devant Dieu, et nous avons autant besoin de notre propre estime que de celle du monde.

— Merci, Felipe, lui ai-je dit en lui tendant la main par un geste que tu dois voir. Une femme, et prenez-moi pour une femme, est bien disposée à aimer un homme qui la comprend. Oh ! seulement disposée, repris-je en levant un doigt sur mes lèvres. Je ne veux pas que vous ayez plus d'espoir que je n'en veux donner. Mon cœur n'appartiendra qu'à celui qui saura y lire et le bien connaître. Nos sentiments, sans être absolument semblables, doivent avoir la même étendue, être à la même élévation. Je ne cherche point à me grandir, car ce que je crois être des qualités comporte sans doute des défauts; mais si je ne les avais point, je serais bien désolée.

— Après m'avoir accepté pour serviteur, vous m'avez permis de vous aimer, dit-il en tremblant et me regardant à chaque mot ; j'ai plus que je n'ai primitivement désiré.

— Mais, lui ai-je vivement répliqué, je trouve votre lot meilleur que le mien ; je ne me plaindrais pas d'en changer, et ce changement vous regarde.

— A moi maintenant de vous dire merci, m'a-t-il répondu, je sais les devoirs d'un loyal amant. Je dois vous prouver que je suis digne de vous, et vous avez le droit de m'éprouver aussi longtemps qu'il vous plaira. Vous pouvez, mon Dieu ! me rejeter si je trahissais votre espoir.

— Je sais que vous m'aimez, lui ai-je répondu. Jusqu'à présent (j'ai cruellement appuyé sur le mot) vous êtes le préféré, voilà pourquoi vous êtes ici.

Nous avons alors recommencé quelques tours en causant, et je dois t'avouer que, mis à l'aise, mon Espagnol a déployé la véritable éloquence du cœur en m'exprimant, non pas sa passion, mais sa tendresse ; car il a su m'expliquer ses sentiments par une adorable comparaison avec l'amour divin. Sa voix pénétrante, qui prêtait une valeur particulière à ses idées déjà si délicates, ressemblait aux accents du rossignol. Il parlait bas, dans le medium plein de son délicieux organe, et ses phrases se suivaient avec la précipitation d'un bouillonnement : son cœur y débordait. — Cessez, lui dis-je, je resterais là plus longtemps que je ne le dois. Et, par un geste, je l'ai congédié. — Vous voilà engagée, mademoiselle, m'a dit Griffith. — Peut-être en Angleterre, mais non en France, ai-je répondu négligemment. Je veux faire un mariage d'amour et ne pas être trompée : voilà tout. Tu le vois, ma chère, l'amour ne venait pas à moi, j'ai agi comme Mahomet avec sa montagne.

Vendredi.

J'ai revu mon esclave : il est devenu craintif, il a pris un air mystérieux et dévot qui me plaît ; il me paraît pénétré de ma gloire et de ma puissance. Mais rien, ni dans ses regards, ni dans ses manières, ne peut permettre aux devineresses du monde de soupçonner en lui cet amour infini que je vois. Cependant, ma chère, je ne suis pas emportée, dominée, domptée ; au contraire, je dompte, je domine et j'emporte.... Enfin je raisonne. Ah ! je voudrais bien retrouver cette peur que me causait la fascination du maître, du bourgeois à qui je me refusais. Il y a deux amours : celui qui commande et celui qui obéit ; ils sont distincts et donnent naissance à deux passions, et l'une n'est pas l'autre ; pour avoir son compte de la vie, peut-être une femme doit-elle connaître l'une et l'autre. Ces deux passions peuvent-elles se confondre ? Un homme à qui nous inspirons de l'amour nous en inspirera-t-il ? Felipe sera-t-il un jour mon maître ? tremblerai-je comme il tremble ? Ces questions me font frémir. Il est bien aveugle ! A sa place, j'aurais trouvé mademoiselle de Chaulieu sous ces tilleuls bien coquettement froide, compassée, calculatrice. Non, ce n'est pas aimer, cela, c'est badiner avec le feu. Felipe me plaît toujours, mais je me trouve maintenant calme et à mon aise. Plus d'obstacles ! quel terrible mot. En moi tout s'affaisse, se rasseoit, et j'ai peur de m'interroger. Il a eu tort de me cacher la violence de son amour, il m'a laissée maîtresse de moi. Enfin, je n'ai pas les bénéfices de cette espèce de faute. Oui, chère, quelque douceur que m'apporte le souvenir de cette demi-heure passée sous les arbres, je trouve le plaisir qu'elle m'a donné bien au-dessous des émotions que j'avais en disant : Y viendrai-je ? n'y viendrai-je pas ? lui écrirai-je ? ne lui écrirai-je point ? En serait-il donc ainsi pour tous nos plaisirs ? Serait-il meilleur de les différer que d'en jouir ? L'espérance vaudrait-elle mieux que la possession ? Les riches sont-ils les pauvres ? Avons-nous toutes deux trop étendu les sentiments en développant outre mesure les forces de notre imagination ? Il y a des instants où cette idée me glace. Sais-tu pourquoi ? Je songe à revenir sans Griffith au bout du jardin. Jusqu'où irais-je ainsi ? L'imagination n'a pas de bornes, et les plaisirs en ont. Dis-moi, cher docteur en corset, comment concilier ces deux termes de l'existence des femmes ?

XXII

LOUISE A FELIPE.

Je ne suis pas contente de vous. Si vous n'avez pas pleuré en lisant Bérénice de Racine, si vous n'y avez pas trouvé la plus horrible des tragédies, vous ne me comprendrez point, nous ne nous entendrons jamais : brisons, ne nous voyons plus, oubliez-moi ; car si vous ne me répondez pas d'une manière satisfaisante, je vous oublierai, vous deviendrez monsieur le baron de Macumer pour moi, ou plutôt vous ne deviendrez rien, vous serez pour moi comme si vous n'aviez jamais existé. Hier, chez madame d'Espard, vous avez eu je ne sais quel air content qui m'a souverainement déplu. Vous paraissiez sûr d'être aimé. Enfin, la liberté de votre esprit m'a épouvantée, et je n'ai point reconnu en vous, dans ce moment, le serviteur que vous disiez être dans votre première lettre. Loin d'être absorbé comme doit l'être un homme qui aime, vous trouviez des mots spirituels. Ainsi ne se comporte pas un vrai croyant : il est toujours abattu devant la divinité. Si je ne suis pas un être supérieur aux autres femmes, si vous ne voyez point en moi la source de votre vie, je suis moins qu'une femme, parce qu'alors je suis simplement une femme. Vous avez éveillé ma défiance, Felipe : elle a grondé de manière à couvrir la voix de la tendresse, et quand j'envisage notre passé, je me trouve le droit d'être défiante. Sachez-le, monsieur le ministre constitutionnel de toutes les Espagnes, j'ai profondément réfléchi à la pauvre condition de mon sexe. Mon innocence a tenu des flambeaux dans ses mains sans se brûler. Écoutez bien ce que ma jeune expérience m'a dit et ce que je vous répète. En toute autre chose, la duplicité, le manque de foi, les promesses inexécutées rencontrent des juges, et les juges infligent des châtiments ; mais il n'en est pas ainsi pour l'amour, qui doit être à la fois la victime, l'accusateur, l'avocat, le tribunal et le bourreau ; car les plus atroces perfidies, les plus horribles crimes demeurent inconnus, se commettent d'âme à âme sans témoins, et il est dans l'intérêt bien entendu de l'assassiné de se taire. L'amour a donc son code à lui, sa vengeance à lui : le monde n'a rien à y voir. Or, j'ai résolu, moi, de ne jamais pardonner un crime, et il n'y a rien de léger dans les choses du cœur. Hier, vous ressembliez à un homme certain d'être aimé. Vous auriez tort de ne pas avoir cette certitude, mais vous seriez criminel à mes yeux si elle vous ôtait la grâce ingénue que les anxiétés de l'espérance vous donnaient auparavant. Je ne veux vous voir ni timide ni fat, je ne veux pas que vous trembliez de perdre mon affection, parce que ce serait une insulte ; mais je ne veux pas non plus que la sécurité vous permette de porter légèrement votre amour. Vous ne devez jamais être plus libre que je ne le suis moi-même. Si vous ne connaissez pas le supplice qu'une seule pensée de doute impose à l'âme, tremblez que je ne vous l'apprenne. Par un seul regard je vous ai livré mon âme, et vous y avez lu. Vous avez à vous les sentiments les plus purs qui jamais se soient élevés dans une âme de jeune fille. La réflexion, les méditations dont je vous ai parlé n'ont enrichi que la tête ; mais quand le cœur froissé demandera conseil à l'intelligence, croyez-moi, la jeune fille tiendra de l'ange qui sait et peut tout. Je vous le jure, Felipe, si vous m'aimez comme je le crois, et si vous devez me laisser soupçonner le moindre affaiblissement dans les sentiments de crainte, d'obéissance, de respectueuse attente, de désir soumis que vous annonciez ; si j'aperçois un jour la moindre diminution dans ce premier et bel amour qui de votre âme est venu dans la mienne, je ne vous dirai rien, je ne vous ennuierai point par une lettre plus ou moins digne, plus ou moins fière ou courroucée, ou seulement grondeuse comme celle-ci ; je ne dirais rien, Felipe : vous me verriez triste à la manière des gens qui sentent venir la mort ; mais je ne mourrais pas sans vous avoir imprimé la plus horrible flétrissure, sans avoir déshonoré de la manière la plus honteuse celle que vous aimiez, et vous avoir planté dans le cœur d'éternels regrets, car vous me verriez perdue ici-bas aux yeux des hommes et à jamais maudite en l'autre vie.

Ainsi, ne me rendez pas jalouse d'une autre Louise heureuse, d'une Louise saintement aimée, d'une Louise dont l'âme s'épanouissait dans un amour sans ombre, et qui possédait, selon la sublime expression de Dante,

Senza brama, sicura ricchezza!

¹ Posséder, sans crainte, des richesses qui ne peuvent être perdues!

Sachez que j'ai fouillé son Enfer pour en rapporter la plus douloureuse des tortures, un terrible châtiment moral auquel j'associerai l'éternelle vengeance de Dieu.

Vous avez donc glissé dans mon cœur, hier, par votre conduite, la lame froide et cruelle du soupçon. Comprenez-vous ? j'ai douté de vous, et j'en ai tant souffert que je ne veux plus douter. Si vous trouvez mon servage trop dur, quittez-le, je ne vous en voudrai point. Ne sais-je donc pas que vous êtes un homme d'esprit ? réservez toutes les fleurs de votre âme pour moi, ayez les yeux ternes devant le monde, ne vous mettez jamais dans le cas de recevoir une flatterie, un éloge, un compliment de qui que ce soit. Venez me voir chargé de haine, excitant mille calomnies ou accablé de mépris, venez me dire que les femmes ne vous comprennent point, marchent auprès de vous sans vous voir, et qu'aucune d'elles ne saurait vous aimer ; vous apprendrez alors ce qu'il y a pour vous dans le cœur et dans l'amour de Louise. Nos trésors doivent être si bien enterrés, que le monde entier les foule aux pieds sans les soupçonner. Si vous étiez beau, je n'eusse sans doute jamais fait la moindre attention à vous et n'aurais pas découvert en vous le monde de raisons qui fait éclore l'amour ; et, quoique nous ne les connaissions pas plus que nous ne savons comment le soleil fait éclore les fleurs ou mûrir les fruits, néanmoins, parmi ces raisons, il en est une que je sais et qui me charme. Votre sublime visage n'a son caractère, son langage, sa physionomie que pour moi. Moi seule, j'ai le pouvoir de vous transformer, de vous rendre le plus adorable de tous les hommes ; je ne veux donc point que votre esprit échappe à ma possession : il ne doit pas plus se révéler aux autres que vos yeux, votre charmante bouche et vos traits ne leur parlent. A moi seule d'allumer les clartés de votre intelligence comme j'enflamme vos regards. Restez ce sombre et froid, ce maussade et dédaigneux grand d'Espagne que vous étiez auparavant. Vous étiez une sauvage domination détruite dans les ruines de laquelle personne ne s'aventurait, vous étiez contemplé de loin, et voilà que vous frayez des chemins complaisants pour que tout le monde y entre, et vous allez devenir un aimable Parisien. Ne vous souvenez-vous plus de mon programme ? Votre joie disait un peu trop que vous aimiez. Il a fallu mon regard pour vous empêcher de faire savoir au salon le plus perspicace, le plus railleur, le plus spirituel de Paris, qu'Armande-Louise-Marie de

Chaulieu vous donnait de l'esprit. Je vous crois trop grand pour faire entrer la moindre ruse de la politique dans votre amour ; mais si vous n'aviez pas avec moi la simplicité d'un enfant, je vous plaindrais ; et, malgré cette première faute, vous êtes encore l'objet d'une admiration profonde pour

Louise de Chaulieu.

XXIII

FELIPE A LOUISE.

Quand Dieu voit nos fautes, il voit aussi nos repentirs : vous avez raison, ma chère maîtresse. J'ai senti que je vous avais déplu sans pouvoir pénétrer la cause de votre souci ; mais vous me l'avez expliquée, et vous m'avez donné de nouvelles raisons de vous adorer. Votre jalousie à la manière de celle du Dieu d'Israël m'a rempli de bonheur. Rien n'est plus saint ni plus sacré que la jalousie. O mon bel ange gardien, la jalousie est la sentinelle qui ne dort jamais ; elle est à l'amour ce que le mal est à l'homme, un véridique avertissement. Soyez jalouse de votre serviteur, Louise : plus vous le frapperez, plus il léchera, soumis, humble et malheureux, le bâton qui lui dit en frappant combien vous tenez à lui. Mais, hélas ! chère, si vous ne les avez pas aperçus, est-ce donc Dieu qui me tiendra compte de tant d'efforts pour vaincre ma timidité, pour surmonter les sentiments que vous avez crus faibles chez moi ? Oui, j'ai bien pris sur moi pour me montrer à vous comme j'étais avant d'aimer. On goûtait quelque plaisir dans ma conversation à Madrid, et j'ai voulu vous faire connaître à vous-même ce que je valais. Est-ce une vanité ? vous l'avez bien punie. Votre dernier regard m'a laissé dans un tremblement que je n'ai jamais éprouvé, même quand j'ai vu les forces de la France devant Cadix, et ma vie mise en question dans une hypocrite phrase de mon maître. Je cherchais la cause de votre déplaisir sans pouvoir la trouver, et je me désespérais de ce désaccord de notre âme, car je dois agir par votre volonté, penser par votre pensée, voir par vos yeux, jouir de votre plaisir et ressentir votre peine, comme je sens le froid et le chaud. Pour moi, le crime et l'angoisse étaient ce défaut de simultanéité dans la vie de notre cœur que vous avez faite si belle. Lui déplaire !... ai-je répété mille fois depuis comme un fou. Ma noble et belle Louise, si quelque chose pouvait accroître mon dévouement absolu pour vous et ma croyance inébranlable en votre sainte conscience, ce serait votre doctrine qui m'est entrée au cœur comme une lumière nouvelle. Vous m'avez dit à moi-même mes propres sentiments, vous m'avez expliqué des choses qui se trouvaient confuses dans mon esprit. Oh ! si vous pensez punir ainsi, quelles sont donc les récompenses ? Mais m'avoir accepté pour serviteur suffisait à tout ce que je veux. Je tiens de vous une vie inespérée ; je suis voué, mon souffle n'est pas inutile, ma force a son emploi, ne fût-ce qu'à souffrir pour vous. Je vous l'ai dit, je vous le répète, vous me trouverez toujours semblable à ce que j'étais quand je me suis offert comme un humble et modeste serviteur ! Oui, fussiez-vous déshonorée et perdue comme vous dites que vous pourriez l'être, ma tendresse s'augmenterait de vos malheurs volontaires ! j'essuierais les plaies, je les cicatriserais, je convaincrais Dieu par mes prières que vous n'êtes pas coupable et que vos fautes sont le crime d'autrui.... Ne vous ai-je pas dit que je vous porte en mon cœur les sentiments si divers qui doivent être chez un père, une mère, une sœur et un frère ? que je suis avant toute chose une famille pour vous, tout et rien, selon vos vouloirs ? Mais n'est-ce pas vous qui avez emprisonné tant de cœurs dans le cœur d'un amant ? Pardonnez-moi donc d'être de temps en temps plus amant que père et frère en apprenant qu'il y a toujours un frère, un père derrière l'amant. Si vous pouviez lire dans mon cœur, quand je vous vois belle et rayonnante, calme et admirée au fond de votre voiture aux Champs-Elysées ou dans votre loge au théâtre ?... Ah ! si vous saviez combien mon orgueil est peu personnel en entendant un éloge arraché par votre beauté, par votre maintien, et combien j'aime les inconnus qui vous admirent ? Quand par hasard vous avez fleuri mon âme par un salut, je suis à la fois humble et fier, je m'en vais comme si Dieu m'avait béni, je reviens joyeux, et ma joie laisse en moi-même une longue trace lumineuse : elle brille dans les nuages de la fumée de ma cigarette, et j'en sais mieux que le sang qui bouillonne dans mes veines est tout à vous. Ne savez-vous donc pas combien vous êtes aimée ? Après vous avoir vue, je reviens dans le cabinet où brille la magnificence sarrazine, mais où votre portrait éclipse tout, lorsque je fais jouer le ressort qui doit le rendre invisible à tous les regards ; et je me lance alors dans l'infini de cette contemplation : je fais là des poèmes de bonheur. Du haut des cieux je découvre le cours de toute une vie que j'ose espérer ! Avez-vous quelquefois entendu dans le silence des nuits, ou, malgré le bruit du monde, une voix résonner dans votre chère petite oreille adorée ? Ignorez-vous les mille prières qui vous sont adressées ? A force de vous contempler silencieusement, j'ai fini par découvrir la raison de tous vos traits, leur correspondance avec les perfections de votre âme ; je vous fais alors en espagnol, sur cet accord de vos deux belles natures, des sonnets que vous ne connaissez pas, car ma poésie est trop au-dessous du sujet, et je n'ose vous les envoyer. Mon cœur est si parfaitement absorbé dans le vôtre, que je ne suis pas un moment sans penser à vous ; et si vous cessiez d'animer ainsi ma vie, il y aurait souffrance en moi. Comprenez-vous maintenant, Louise, quel tourment pour moi d'être, bien involontairement, la cause d'un déplaisir pour vous et de n'en pas deviner la raison ? Cette belle double vie était arrêtée, et mon cœur sentait un froid glacial. Enfin, dans l'impossibilité de m'expliquer ce désaccord, je pensais n'être plus aimé ; je revenais bien tristement, mais heureux encore, à ma condition de serviteur, quand votre lettre est arrivée et m'a rempli de joie. Oh ! grondez-moi toujours ainsi.

Un enfant, qui s'était laissé tomber, dit à sa mère : — Pardon ! en se relevant et lui déguisant son mal. Oui, pardon de lui avoir causé une douleur. Eh ! bien, cet enfant, c'est moi : je n'ai pas changé, je vous livre la clef de mon caractère avec une soumission d'esclave ; mais, chère Louise, je ne ferai plus de faux pas. Tâchez que la chaîne qui m'attache à vous, et que vous tenez, soit toujours assez tendue pour qu'un seul mouvement dise vos moindres souhaits à celui qui sera toujours

Votre esclave,
FELIPE.

XXIV

LOUISE DE CHAULIEU A RENÉE DE L'ESTORADE.

Octobre 1824.

Ma chère amie, toi qui t'es mariée en deux mois à un pauvre souffreteux de qui tu t'es faite la mère, tu ne connais rien aux effroyables péripéties de ce drame joué au fond des cœurs et appelé l'amour, où tout devient en un moment tragique, où la mort est dans un regard, dans une réponse faite à la légère. J'ai réservé pour dernière épreuve à Felipe une terrible mais décisive épreuve. J'ai voulu savoir si j'étais aimée *quand même!* le grand et sublime mot des royalistes, et pourquoi pas des catholiques? Il s'est promené pendant toute une nuit avec moi sous les tilleuls au fond de notre jardin, et il n'a pas eu dans l'âme l'ombre même d'un doute. Le lendemain, j'étais plus aimée, et pour lui tout aussi chaste, tout aussi grande, tout aussi pure que la veille; il n'en avait pas tiré le moindre avantage. Oh! il est bien Espagnol, bien Abencerrage. Il a gravi mon mur pour venir baiser la main que je lui tendais dans l'ombre, du haut de mon balcon; il a failli se briser; mais combien de jeunes gens en feraient autant? Tout cela n'est rien, les chrétiens subissent d'effroyables martyres pour aller au ciel. Avant-hier, au soir, j'ai pris le futur ambassadeur du roi à la cour d'Espagne, mon très honoré père, et je lui ai dit en souriant : — Monsieur, pour un petit nombre d'amis, vous mariez au neveu d'un ambassadeur votre chère Armande à qui cet ambassadeur, désireux d'une telle alliance et qui l'a mendiée assez longtemps, assure au contrat de mariage son immense fortune et ses titres après sa mort en donnant, dès à présent, aux deux époux cent mille livres de rente et reconnaissant à la future une dot de huit cent mille francs. Votre fille pleure, mais elle plie sous l'ascendant irrésistible de votre majestueuse autorité paternelle. Quelques médisants disent que votre fille cache sous ses pleurs une âme intéressée et ambitieuse. Nous allons ce soir à l'Opéra dans la loge des gentilshommes, et monsieur le baron de Macumer y viendra.

—Il ne va donc pas? me répondit mon père en souriant et me traitant en ambassadrice. —Vous prenez Clarisse Harlowe pour Figaro! lui ai-je dit en lui jetant un regard plein de dédain et de raillerie. Quand vous n'aurez vu la main droite dégantée, vous démentirez ce bruit impertinent, et vous vous en montrerez offensé. — Je puis être tranquille sur ton avenir : tu n'as pas plus la tête d'une fille que Jeanne d'Arc n'avait le cœur d'une femme. Tu seras heureuse, tu n'aimeras personne et te laisseras aimer! Pour cette fois, j'éclatai de rire. —Qu'as-tu, ma petite coquette? me dit-il. — Je tremble pour les intérêts de mon pays... Et, voyant qu'il ne me comprenait pas, j'ajoutai : à Madrid! — Vous ne sauriez croire à quel point, au bout d'une année, cette religieuse se moque de son père, dit-il à la duchesse. — Armande se moque de tout, répliqua ma mère en me regardant. — Que voulez-vous dire? lui demandai-je. — Mais vous ne craignez même pas l'humidité de la nuit qui peut vous donner des rhumatismes, dit-elle en me lançant un nouveau regard. — Les matinées, répondis-je, sont si chaudes! La duchesse a baissé les yeux. — Il est bien temps de la marier, dit mon père, et ce sera, je l'espère, avant mon départ. — Oui, si vous le voulez, lui ai-je répondu simplement.

Deux heures après, ma mère et moi, la duchesse de Maufrigneuse et madame d'Espard, nous étions comme quatre roses sur le devant de la loge. Je m'étais mise de côté, ne présentant qu'une épaule au public et pouvant tout voir sans être vue dans cette loge spacieuse qui occupe un des deux pans coupés au fond de la salle, entre le colonnes. Macumer est venu, s'est planté sur ses jambes et a mi ses jumelles devant ses yeux pour pouvoir me regarder à son aise Au premier entr'acte, est entré celui que j'appelle le roi des Ri bauds, un jeune homme d'une beauté féminine. Le comte Henri de Marsay s'est produit dans la loge avec une épigramme dans les yeux, un sourire sur les lèvres, un air joyeux sur toute la figure. Il a fait les premiers compliments à ma mère, à madame d'Espard, à la duchesse de Maufrigneuse, aux comtes d'Esgrignon et de Saint-Héreen; puis il me dit : — Je ne sais pas si je serai le premier à vous complimenter d'un événement qui va vous rendre un objet d'envie. — Ah! un mariage, ai-je dit. Est-ce une jeune personne si récemment sortie du couvent qui vous apprendra que les mariages dont on parle ne se font jamais? Monsieur de Marsay s'est penché à l'oreille de Macumer, et j'ai parfaitement compris, par le seul mouvement des lèvres, qu'il lui disait : — Baron, vous aimez peut-être cette petite coquette, qui s'est servie de vous ; mais, comme il s'agit de mariage et non d'une passion, il faut toujours savoir ce qui se passe. Macumer a jeté sur l'officieux médisant un de ces regards qui, selon moi, sont un poëme, et lui a répliqué quelque chose comme : — Je n'aime point de petite coquette ! d'un air qui m'a si bien ravie que je me suis dégantée en voyant mon père. Felipe n'avait pas eu la moindre crainte ni le moindre soupçon. Il a bien réalisé tout ce que j'attendais de son caractère : il n'a foi qu'en moi, le monde et ses mensonges ne l'atteignent pas. L'Abencerrage n'a pas sourcillé, la coloration de son sang bleu n'a pas teint sa face olivâtre. Les deux jeunes comtes sont sortis. J'ai dit alors en riant à Macumer : — Monsieur de Marsay vous a fait une épigramme sur moi. — Bien plus qu'une épigramme, a-t-il répondu, un épithalame. — Vous me parlez grec, lui ai-je dit en souriant et le récompensant par un certain regard qui lui fait toujours perdre contenance. — Je l'espère bien ! s'est écrié mon père en s'adressant à madame de Maufrigneuse. Il court des commérages infâmes. Aussitôt qu'une jeune personne va dans le monde, on a la rage de la marier, et l'on invente des absurdités ! Je ne marierai jamais Armande contre son gré. Je vais faire un tour au foyer, car on croirait que je laisse courir ce bruit-là pour donner l'idée de ce mariage à l'ambassadeur ; et la fille de César doit être encore moins soupçonnée que sa femme, qui ne doit pas l'être du tout.

La duchesse de Maufrigneuse et madame d'Espard regardèrent d'abord ma mère, puis le baron, d'un air pétillant, narquois, rusé, plein d'interrogations contenues. Ces fines couleuvres ont fini par entrevoir quelque chose. De toutes les choses secrètes, l'amour est la plus publique, et les femmes l'exhalent, je crois. Aussi, pour le bien cacher, une femme doit-elle être un monstre ! Nos yeux sont encore plus bavards que ne l'est notre langue. Après avoir joui du délicieux plaisir de trouver Felipe aussi grand que je le souhaitais, j'ai naturellement voulu davantage. J'ai fait alors un signal convenu pour lui dire de venir à ma fenêtre par le dangereux chemin que tu connais. Quelques heures après, je l'ai trouvé droit comme une statue, collé le long de la muraille, la main appuyée à l'angle du balcon de ma fenêtre, étudiant les reflets de la lumière de mon appartement. — Mon cher Felipe, lui ai-je dit, vous avez été bien ce soir : vous vous êtes conduit comme je me serais conduite moi-même si l'on m'eût appris que vous faisiez un mariage. — J'ai pensé que vous m'eussiez instruit avant tout le monde, a-t-il répondu. — Et quel est votre droit à ce privilége ? — Celui d'un serviteur dévoué. — L'êtes-vous vraiment ? — Oui, dit-il ; et je ne changerai jamais. — Eh bien, si ce mariage était nécessaire, si je me résignais..... La douce lueur de la lune a été comme éclairée par les deux regards qu'il a lancés sur moi d'abord, puis sur l'espèce d'abîme que nous faisait le mur. Il a paru se demander si nous pouvions mourir ensemble écrasés ; mais, après avoir brillé comme un éclair sur sa face et jailli de ses yeux, ce sentiment a été comprimé par une force supérieure à celle de la passion. — L'Arabe n'a qu'une parole, a-t-il dit d'une voix étranglée. Je suis votre serviteur, et vous appartiens : je vivrai toute ma vie pour vous. La main qui tenait le balcon m'a paru mollir, j'y ai posé la mienne en lui disant : Felipe, mon ami, je suis par ma seule volonté votre femme dès cet instant. Allez me demander dans la matinée à mon père. Il veut garder ma fortune ; mais vous vous engagerez à me la reconnaître au contrat sans l'avoir reçue, et vous serez sans aucun doute agréé. Je ne suis plus Armande de Chaulieu ; descendez promptement, Louise de Macumer ne veut pas commettre la moindre imprudence. Il a pâli, ses jambes ont fléchi, il s'est élancé d'environ dix pieds de haut à terre sans se faire le moindre mal ; mais, après m'avoir causé la plus horrible émotion, il m'a saluée de la main et a disparu. Je suis donc aimée, me suis-je dit, comme une femme ne le fut jamais ! Et je me suis endormie avec une satisfaction enfantine ; mon sort était à jamais fixé. Vers deux heures mon père m'a fait appeler dans son cabinet où j'ai trouvé la duchesse et Macumer. Les paroles s'y sont gracieusement échangées. J'ai tout simplement répondu que, si monsieur Hénarez s'était entendu avec mon père, je n'avais aucune raison de m'opposer à leurs désirs. Là-dessus, ma mère a retenu le baron à dîner ; après quoi nous avons été tous quatre nous promener au bois de Boulogne. J'ai regardé très-railleusement monsieur de Marsay quand il a passé à cheval, car il a remarqué Macumer et mon père sur le devant de la calèche.

Mon adorable Felipe a fait ainsi refaire ses cartes :
HÉNAREZ,
Des ducs de Soria, baron de Macumer.

Tous les matins il m'apporte lui-même un bouquet d'une délicieuse magnificence, au milieu duquel je trouve toujours une lettre qui contient un sonnet espagnol à ma louange, fait par lui pendant la nuit.

Pour ne pas grossir ce paquet, je t'envoie comme échantillon le premier et le dernier de ses sonnets, que je t'ai traduits mot à mot en te les mettant vers par vers.

PREMIER SONNET.

Plus d'une fois, couvert d'une mince veste de soie, — l'épée haute sans que mon cœur battît une pulsation de plus, — j'ai attendu l'assaut du taureau furieux, — et sa corne plus aiguë que le croissant de Phœbé.

J'ai gravi, fredonnant une seguidille andalouse, — le talus d'une redoute sous une pluie de fer ; — j'ai jeté ma vie sur le tapis vert du hasard — sans plus m'en soucier que d'un quadruple d'or.

J'aurais pris avec la main les boulets dans la gueule des canons ; — mais je crois que je deviens plus timide qu'un lièvre aux aguets ; — qu'un enfant qui voit un spectre aux plis de sa fenêtre.

Car, lorsque tu me regardes avec ta douce prunelle, — une sueur glacée couvre mon front, mes genoux se dérobent sous moi, — je tremble, je recule, je n'ai plus de courage.

DEUXIÈME SONNET.

Cette nuit, je voulais dormir pour rêver de toi ; — mais le sommeil jaloux fuyait mes paupières ; — je m'approchai du balcon, et je regardai le ciel : — lorsque je pense à toi mes yeux se tournent toujours en haut.

Phénomène étrange, que l'amour peut seul expliquer, — le firmament avait perdu sa couleur de saphir ; — les étoiles, diamants éteints dans leur monture d'or, — ne lançaient que des œillades mortes, des rayons refroidis.

La lune, nettoyée de son fard d'argent et de lis, — roulait tristement sur le morne horizon, car tu as dérobé au ciel toutes ses splendeurs.

La blancheur de la lune luit sur ton front charmant, — tout l'azur du ciel s'est concentré dans tes prunelles, et tes cils sont formés par les rayons des étoiles.

Peut-on prouver plus gracieusement à une jeune fille qu'on ne s'occupe que d'elle ? Que dis-tu de cet amour qui s'exprime en prodiguant les fleurs de l'intelligence et les fleurs de la terre ? Depuis une dizaine de jours, je connais ce qu'est cette galanterie espagnole si fameuse autrefois.

Ah çà, chère, que se passe-t-il à la Crampade, où je me promène si souvent en examinant les progrès de notre agriculture ? N'as-tu rien à me dire de nos mûriers, de nos plantations de l'hiver dernier ? Tout y réussit-il à tes souhaits ? Les fleurs sont-elles épanouies dans ton cœur d'épouse en même temps que celles de nos massifs ? je n'ose dire de nos plates-bandes. Louis continue-t-il son système de madrigaux ? Vous entendez-vous bien ? Le doux murmure de ton filet de tendresse conjugale vaut-il mieux que la turbulence des torrents de mon amour ? Mon gentil docteur en jupon s'est-il fâché ? Je ne saurais le croire, et j'enverrais Felipe en courrier se mettre à tes genoux et me rapporter ta tête ou mon pardon s'il en était ainsi. Je fais une belle vie ici, cher amour, et je voudrais savoir comment va celle de Provence. Nous venons d'augmenter notre famille d'un Espagnol coloré comme un cigare de la Havane, et j'attends encore tes compliments.

Vraiment, ma belle Renée, je suis inquiète, j'ai peur que tu ne dévores quelques souffrances pour ne pas en attrister mes joies, méchante ! Écris-moi promptement quelques pages où tu me peignes ta vie dans ses infiniment petits, et dis-moi bien si tu résistes toujours, si ton libre arbitre est sur ses deux pieds ou à genoux, ou bien assis, ce qui serait grave. Crois-tu que les événements de ton mariage ne me préoccupent pas ? Tout ce que tu m'as écrit me rend parfois rêveuse. Souvent, lorsqu'à l'Opéra je paraissais regarder des danseuses en pirouette, je me disais : Il est neuf heures et demie, elle se couche peut-être, que fait-elle ? Est-elle heureuse ? Est-elle seule avec son libre arbitre ? ou son libre arbitre est-il où vont les libres arbitres dont on ne se soucie plus ?... Mille tendresses.

XXV

RENÉE DE L'ESTORADE A LOUISE DE CHAULIEU.

Octobre.

Impertinente ! pourquoi t'aurais-je écrit ? que t'eussé-je dit ? Durant cette vie animée par les fêtes, par les angoisses de l'amour, par ses colères et par ses fleurs que tu me dépeins, et à laquelle j'assiste comme à une pièce de théâtre bien jouée, je mène une vie monotone et réglée à la manière d'une vie de couvent. Nous sommes toujours couchés à neuf heures et levés au jour. Nos repas sont toujours servis avec une exactitude désespérante. Pas le plus léger accident. Je me suis accoutumée à cette division du temps et sans trop de peine. Peut-être est-ce naturel, que serait la vie sans cet assujettissement à des règles fixes qui, selon les astronomes et au dire de Louis, régit les mondes? L'ordre ne lasse pas. D'ailleurs, je me suis imposé des obligations de toilette qui me prennent le temps entre mon lever et le déjeuner : je tiens à y paraître charmante par obéissance à mes devoirs de femme, j'en éprouve du contentement, et j'en cause un bien vif au bon vieillard et à Louis. Nous nous promenons après le déjeuner. Quand les journaux arrivent, je disparais pour m'acquitter de mes affaires de ménage ou pour lire, car je lis beaucoup, ou pour t'écrire. Je reviens une heure avant le dîner, et après on joue, on a des visites, ou l'on en fait. Je passe ainsi mes journées entre un vieillard heureux, sans désirs, et un homme pour qui je suis le bonheur. Louis est si content, que sa joie a fini par réchauffer mon âme. Le bonheur, pour nous, ne doit sans doute pas être le plaisir. Quelquefois, le soir, quand je ne suis pas utile à la partie, et que je suis enfoncée dans une bergère, ma pensée est assez puissante pour me faire entrer en toi; j'épouse alors ta belle vie si féconde, si nuancée, si violemment agitée, et je me demande à quoi te mèneront ces turbulentes préfaces; ne tueront-elles pas le livre? Tu peux avoir les illusions de l'amour, toi, chère mignonne; mais moi, je n'ai plus que les réalités du ménage. Oui, tes amours me semblent un songe! Aussi ai-je de la peine à comprendre pourquoi tu les rends si romanesques. Tu veux un homme qui ait plus d'âme que de sens, plus de grandeur et de vertu que d'amour; tu veux que le rêve des jeunes filles à l'entrée de la vie prenne un corps; tu demandes des sacrifices pour les récompenser; tu soumets ton Felipe à des épreuves, pour savoir si le désir, si l'espérance, si la curiosité seront durables. Mais, enfant, derrière tes décorations fantastiques s'élève un autel où se prépare un lien éternel. Le lendemain du mariage, le terrible fait qui change la fille en femme et l'amant en mari, peut renverser les élégants échafaudages de tes subtiles précautions. Sache donc enfin que deux amoureux, tout aussi bien que deux personnes mariées comme nous l'avons été

Louis et moi, vont chercher sous les joies d'une noce, selon le mot de Rabelais, un grand *peut-être!*

Je ne te blâme pas, quoique ce soit un peu léger, de causer avec Don Felipe au fond du jardin, de l'interroger, de passer une nuit à ton balcon, lui sur le mur; mais tu joues avec la vie, enfant, et j'ai peur que la vie ne joue avec toi. Je n'ose pas te conseiller ce que l'expérience me suggère pour ton bonheur; mais laisse-moi te répéter encore, du fond de ma vallée, que le viatique du mariage est ans ces mots : résignation et dévouement! Car, je le vois, malgré es épreuves, malgré tes coquetteries et tes observations, tu te marieras absolument comme moi. En étendant le désir, on creuse un peu plus profond le précipice, voilà tout.

Oh! comme je voudrais voir le baron de Macumer et lui parler pendant quelques heures, tant je te souhaite de bonheur !

XXVI

LOUISE DE MACUMER A RENÉE DE L'ESTORADE.

Mars 1825.

Comme Felipe réalise avec une générosité de Sarrazin les plans de mon père et de ma mère, en me reconnaissant ma fortune sans la recevoir, la duchesse est devenue encore meilleure femme avec moi qu'auparavant. Elle m'appelle *petite rusée*, *petite commère*, elle me trouve *le bec affilé*. — Mais, chère maman, lui ai-je dit la veille de la signature du contrat, vous attribuez à la politique, à la ruse, à l'habileté, les effets de l'amour le plus vrai, le plus naïf, le plus désintéressé, le plus entier qui fut jamais! Sachez donc que je ne suis pas la *commère* pour laquelle vous me faites l'honneur de me prendre. — Allons donc, Armande, me dit-elle en me prenant par le cou, m'attirant à elle et me baisant au front, tu n'as pas voulu retourner au couvent, tu n'as pas voulu rester fille, et en grande, en belle Chaulieu que tu es, tu as senti la nécessité de relever la maison de ton père. (Si tu savais, Renée, ce qu'il y a de flatterie dans ce mot pour le duc, qui nous écoutait!) Je t'ai vue pendant tout un hiver fourrant ton petit museau dans tous les quadrilles, jugeant très-bien les hommes et devinant le monde actuel en France. Aussi as-tu avisé le seul Espagnol capable de te faire la belle vie d'une femme maîtresse chez elle. Ma chère petite, tu l'as traité comme Tullia traite ton frère. — Quelle école que le couvent de ma sœur! s'est écrié mon père. Je jetai sur mon père un regard qui lui coupa net la parole; puis je me suis retournée vers la duchesse, et lui ai dit: — Madame, j'aime mon prétendu, Felipe de Soria, de toutes les puissances de mon âme. Quoique cet amour ait été très-involontaire et très-combattu quand il s'est levé dans mon cœur, je vous jure que je ne m'y suis abandonnée qu'au moment où j'ai reconnu dans le baron de Macumer une âme digne de la mienne, un cœur en qui les délicatesses, les générosités, le dévouement, le caractère et les sentiments étaient conformes aux miens. —Mais, ma chère, a-t-elle repris en m'interrompant, il est laid comme.... — Comme tout ce que vous voudrez, dis-je vivement, mais j'aime cette laideur. — Tiens, Armande, me dit mon père, si tu l'aimes et si tu as eu la force de maîtriser ton amour, tu ne dois pas risquer ton bonheur. Or, le bonheur dépend beaucoup des premiers jours du mariage.... — Et pourquoi ne pas lui dire des premières nuits? s'écria ma mère. Laissez-nous, monsieur, ajouta la duchesse en regardant mon père.

— Tu te maries dans trois jours, ma chère petite, me dit ma mère à l'oreille, je dois donc te faire maintenant, sans pleurnicheries bourgeoises, les recommandations sérieuses que toutes les mères font à leurs filles. Tu épouses un homme que tu aimes. Ainsi, je n'ai pas à te plaindre, ni à me plaindre moi-même. Je ne t'ai vue que depuis un an : si ce fut assez pour t'aimer, ce n'est pas non plus assez pour que je fonde en larmes en regrettant ta compagnie. Ton esprit a surpassé ta beauté; tu m'as flattée dans mon amour-propre de mère, et tu t'es conduite en bonne et aimable fille. Aussi me trouveras-tu toujours excellente mère. Tu souris?.... Hélas! souvent, là où la mère et la fille ont bien vécu, les deux femmes se brouillent. Je te veux heureuse Écoute-moi donc. L'amour que tu ressens est un amour de petite fille, l'amour naturel à toutes les femmes qui sont nées pour s'attacher à un homme; mais, hélas! ma petite, il n'y a qu'un homme dans le monde pour nous, il n'y en a pas deux! et celui que nous sommes appelées à chérir n'est pas toujours celui que nous avons choisi pour mari, tout en croyant l'aimer. Quelque singulières que puissent te paraître mes paroles, médite-les. Si nous n'aimons pas celui que nous avons choisi, la faute en est et à nous et à lui, quelquefois à des circonstances qui ne dépendent ni de nous ni de lui ; et néanmoins rien ne s'oppose à ce que ce soit l'homme que notre famille nous donne, l'homme à qui s'adresse notre cœur, qui soit l'homme aimé. La barrière qui plus tard se trouve entre nous et lui, s'élève souvent par un défaut de persévérance qui vient et de nous et de notre mari. Faire de son mari son amant est une œuvre aussi délicate que celle de faire de son amant son mari, et tu viens de t'en acquitter à merveille. Eh ! bien, je te le répète : je te veux heureuse. Songe donc dès à présent que dans les trois premiers mois de ton mariage tu pourrais devenir malheureuse si, de ton côté, tu ne te soumettais pas au mariage avec l'obéissance, la tendresse et l'esprit que tu as déployés dans tes amours. Car, ma petite commère, tu t'es laissée aller à tous les innocents bonheurs d'un amour clandestin. Si l'amour heureux commençait pour toi par des désenchantements, par des déplaisirs, par des douleurs même, eh ! bien, viens me voir. N'espère pas trop d'abord du mariage, il te donnera peut-être plus de peines que de joies. Ton bonheur exige autant de culture qu'en a exigé l'amour. Enfin, si par hasard tu perdais l'amant, tu retrouverais le père de tes enfants. Là, ma chère enfant, est toute la vie sociale. Sacrifie tout à l'homme dont le nom est le tien, dont l'honneur, dont la considération ne peuvent recevoir la moindre atteinte qui ne fasse chez toi la plus affreuse brèche. Sacrifier tout à son mari n'est pas seulement un devoir absolu pour des femmes de notre rang, mais encore le plus habile calcul. Le plus bel attribut des grands principes de morale, c'est d'être vrais et profitables de quelque côté qu'on les étudie. En voilà bien assez pour toi. Maintenant, je te crois encline à la jalousie ; et moi, ma chère, je suis jalouse aussi !... mais je ne te voudrais pas sottement jalouse. Écoute : la jalousie qui se montre ressemble à une politique qui mettrait cartes sur table. Se dire jalouse, le laisser voir, n'est-ce pas montrer son jeu ? Nous ne savons rien alors du jeu de l'autre. En toute chose, nous devons savoir souffrir en silence. J'aurai d'ailleurs avec Macumer un entretien sérieux à propos de toi la veille de votre mariage.

J'ai pris le beau bras de ma mère et lui ai baisé la main en y mettant une larme que son accent avait attirée dans mes yeux.

J'ai deviné dans cette haute morale, digne d'elle et de moi, la plus profonde sagesse, une tendresse sans bigoterie sociale, et surtout une véritable estime de mon caractère. Dans ces simples paroles, elle a mis le résumé des enseignements que sa vie et son expérience lui ont peut-être chèrement vendus. Elle fut touchée, et me dit en me regardant : — Chère fillette ! tu vas faire un terrible passage. Et la plupart des femmes ignorantes ou désabusées sont capables d'imiter le comte de Westmoreland.

Nous nous mîmes à rire. Pour t'expliquer cette plaisanterie, je dois te dire qu'à table, la veille, une princesse russe nous avait raconté qu'en sa qualité de ministre anglais, le comte de Westmoreland était si instruit, qu'ayant énormément souffert du mal de mer pendant le passage de la Manche, et voulant aller en Italie, il tourna bride et revint quand on lui parla du passage des Alpes : — J'ai assez de passages comme cela ! dit-il. Tu comprends, Renée, que ta sombre philosophie et la morale de ma mère étaient de nature à réveiller les craintes qui nous agitaient à Blois. Plus le mariage approchait, plus j'amassais en moi de force, de volonté, de sentiments pour résister au terrible passage de l'état de jeune fille à l'état de femme. Toutes nos conversations me revenaient à l'esprit, je relisais tes lettres, et j'y découvrais je ne sais quelle mélancolie cachée. Ces appréhensions ont eu le mérite de me rendre la fiancée vulgaire des gravures et du public. Aussi le monde m'a-t-il trouvée charmante et très-convenable le jour de la signature du contrat. Ce matin, à la mairie où nous sommes allés sans cérémonie, il n'y a eu que les témoins. Je te finis ce bout de lettre pendant que l'on apprête ma toilette pour le dîner. Nous serons mariés à l'église de Sainte-Valère, ce soir à minuit, après une brillante soirée. J'avoue que mes craintes me donnent un air de victime et une fausse pudeur qui me vaudront des admirations auxquelles je ne comprends rien. Je suis ravie de voir mon pauvre Felipe tout aussi jeune fille que moi, le monde le blesse, il est comme une chauve-souris dans une boutique de cristaux. — Heureusement que cette journée a un lendemain ! m'a-t-il dit à l'oreille sans y entendre malice. Il n'aurait voulu voir personne, tant il est honteux et timide. En venant signer notre contrat, l'ambassadeur de Sardaigne m'a prise à part pour m'offrir un collier de perles attachées par six magnifiques diamants. C'est le présent de ma belle-sœur la duchesse de Soria. Ce collier est accompagné d'un bracelet de saphirs sous lequel est écrit : *Je t'aime sans te connaître!* Deux lettres charmantes enveloppaient ces présents, que je n'ai pas voulu accepter sans savoir si Felipe me le permettait. — Car, lui ai-je dit, je ne voudrais vous rien voir qui ne vînt de moi. Il m'a baisé la main tout attendri, et m'a répondu: — Portez-les à cause de la devise, et de ces tendresses qui sont sincères...

Samedi soir.

Voici donc, ma pauvre Renée, les dernières lignes de la jeune fille. Après la messe de minuit, nous partirons pour une terre que Felipe a, par une délicate attention, achetée en Nivernais, sur la route de Provence. Je me nomme déjà Louise de Macumer, mais je quitte Paris dans quelques heures en Louise de Chaulieu. De quelque façon que je me nomme, il n'y aura jamais pour toi que

LOUISE.

XXVII

LOUISE DE MACUMER A RENÉE DE L'ESTORADE.

Octobre 1825.

Je ne t'ai plus rien écrit, chère, depuis le mariage de la mairie, et voici bientôt huit mois. Quant à toi, pas un mot! cela est horrible, madame.

Eh! bien, nous sommes donc partis en poste pour le château de Chantepleurs, la terre achetée par Macumer en Nivernais, sur les bords de la Loire, à soixante lieues de Paris. Nos gens, moins ma femme de chambre, y étaient déjà nous attendaient, et nous y sommes arrivés avec une excessive rapidité, le lendemain soir. J'ai dormi depuis Paris jusqu'au delà de Montargis. La seule licence qu'ait prise mon seigneur et maître a été de me soutenir par la taille et de tenir ma tête sur son épaule, où il avait disposé plusieurs mouchoirs. Cette attention quasi-maternelle qui lui faisait vaincre le sommeil m'a causé je ne sais quelle émotion profonde. Endormie sous le feu de ses yeux noirs, je me suis réveillée sous leur flamme : même ardeur, même amour; mais des milliers de pensées avaient passé par là ! Il avait baisé deux fois mon front.

Nous avons déjeuné dans notre voiture, à Briare. Le lendemain soir, à sept heures et demie, après avoir causé comme je causais avec toi à Blois, admirant cette Loire que nous y admirions, nous entrions dans la belle et longue avenue de tilleuls, d'acacias, de sycomores et de mélèzes qui mène à Chantepleurs. A huit heures nous dînions, à dix heures nous étions dans une charmante chambre gothique embellie de toutes les inventions du luxe moderne. Mon Felipe, que tout le monde trouve laid, m'a semblé bien beau, beau de bonté, de grâce, de tendresse, d'exquise délicatesse. Des désirs de l'amour, je ne voyais pas la moindre trace. Pendant la route, il s'était conduit comme un ami que j'aurais connu depuis quinze ans. Il m'a peint, comme il sait peindre (il est toujours l'homme de sa première lettre), les effroyables orages qu'il a contenus et qui venaient mourir à la surface de son visage. — Jusqu'à présent, il n'y a rien de bien effrayant dans le mariage, dis-je en allant à la fenêtre et voyant par une lune superbe un délicieux parc d'où s'exhalaient de pénétrantes odeurs. Il est venu près de moi, m'a reprise par la taille, et m'a dit : — Et pourquoi s'en effrayer ? Ai-je démenti par un geste, par un regard, mes promesses ? Les démentirai-je un jour ? Jamais voix, jamais regard n'auront pareille puissance : la voix me remuait les moindres fibres du corps et réveillait tous les sentiments; le regard avait une force solaire. — Oh ! lui ai-je dit, combien de perfidie mauresque n'y a-t-il pas dans votre perpétuel esclavage ! Ma chère, il m'a comprise.

Ainsi, belle biche, si je suis restée quelques mois sans t'écrire, tu devines maintenant pourquoi. Je suis forcée de me rappeler l'étrange passé de la jeune fille pour t'expliquer la femme. Renée, je te comprends aujourd'hui. Ce n'est ni à une amie intime, ni à sa mère, ni peut-être à soi-même, qu'une jeune mariée heureuse peut parler de son heureux mariage. Nous devons laisser ce souvenir dans notre âme comme un sentiment de plus qui nous appartient en propre et pour lequel il n'y a pas de nom. Comment ! on a nommé un devoir les gracieuses folies du cœur et l'irrésistible entraînement du désir. Et pourquoi ? Quelle horrible puissance a donc imaginé de nous obliger à fouler les délicatesses du goût, les mille pudeurs de la femme, en convertissant ces voluptés en devoirs? Comment peut-on devoir ces fleurs de l'âme, ces roses de la vie, ces poèmes de la sensibilité exaltée, à un être qu'on n'aimerait pas? Des droits dans de telles sensations! mais elles naissent et s'épanouissent au soleil de l'amour, ou leurs germes se détruisent sous les froideurs de la répugnance et de l'aversion. A l'amour d'entretenir de tels prestiges! O ma sublime Renée, je te trouve bien grande maintenant! Je plie le genou devant toi, je m'étonne de ta profondeur et de ta perspicacité. Oui, la femme qui ne fait pas, comme moi, quelque secret mariage d'amour caché sous les noces légales et publiques, doit se jeter dans la maternité comme une âme à qui la terre manque se jette dans le ciel! De tout ce que tu m'as écrit, il ressort un principe cruel : il n'y a que les hommes supérieurs qui sachent aimer. Je sais aujourd'hui pourquoi. L'homme obéit à deux principes. Il se rencontre en lui le besoin et le sentiment. Les êtres inférieurs ou faibles prennent le besoin pour le sentiment ; tandis que les êtres supérieurs couvrent le besoin sous les admirables effets du sentiment : le sentiment leur communique par sa violence une excessive réserve, et leur inspire l'adoration de la femme. Evidemment la sensibilité se trouve en raison de la puissance des organisations intérieures, et l'homme de génie est alors le seul qui se rapproche de nos délicatesses : il entend, devine, comprend la femme ; il l'élève sur les ailes de son désir contenu par les timidités du sentiment. Aussi, lorsque l'intelligence, le cœur et les sens également ivres nous entraînent, n'est-ce pas sur la terre que l'on tombe ; on s'élève alors dans les sphères célestes, et malheureusement on n'y reste pas assez longtemps. Telle est, ma chère âme, la philosophie des trois premiers mois de mon mariage. Felipe est un ange. Je puis penser tout haut avec lui. Sans figure de rhétorique, il est un autre moi. Sa grandeur est inexplicable : il s'attache plus étroitement par la possession, et découvre dans le bonheur de nouvelles raisons d'aimer. Je suis pour lui la plus belle partie de lui-même. Je le vois : des années de mariage, loin d'altérer l'objet de ses délices, augmenteront sa confiance, développeront de nouvelles sensibilités, et fortifieront notre union. Quel heureux délire! Mon âme est ainsi faite que les plaisirs laissent en moi de fortes lueurs, ils me réchauffent, ils s'empreignent dans mon être intérieur : l'intervalle qui les sépare est comme la petite nuit des grands jours. Le soleil qui a doré les cimes à son coucher les retrouve presque chaudes à son lever. Par quel heureux hasard en a-t-il été pour moi sur-le-champ ainsi? Ma mère avait éveillé chez moi mille craintes; ses prévisions, qui m'ont semblé pleines de jalousie, quoique sans la moindre petitesse bourgeoise, ont été trompées par l'événement, car tes craintes et les siennes, les miennes, tout s'est dissipé! Nous sommes restés à Chantepleurs sept mois et demi, comme deux amants dont l'un a enlevé l'autre, et qui ont fui des parents courroucés. Les roses du plaisir ont couronné notre amour, elles fleurissent notre vie à deux. Par un retour subit sur moi-même, un matin où j'étais plus pleinement heureuse, j'ai songé à ma Renée et à son mariage de convenance, et j'ai deviné ta vie, je l'ai pénétrée! O mon ange, pourquoi parlons-nous une langue différente? Ton mariage purement social, et mon mariage qui n'est qu'un amour heureux, sont deux mondes qui ne peuvent pas plus se comprendre que le fini ne peut comprendre l'infini. Tu restes sur la terre, je suis dans le ciel! Tu es dans la sphère humaine, et je suis dans la sphère divine. Je règne par l'amour, tu règnes par le calcul et par le devoir. Je suis si haut que s'il y avait une chute je serais brisée en mille miettes. Enfin, je dois me taire, car j'ai honte de te peindre l'éclat, la richesse, les pimpantes joies d'un pareil printemps d'amour.

Nous sommes à Paris depuis dix jours, dans un charmant hôtel, rue du Bac, arrangé par l'architecte que Felipe avait chargé d'arranger Chantepleurs. Je viens d'entendre, l'âme épanouie par les plaisirs permis d'un heureux mariage, la céleste musique de Rossini que j'avais entendue l'âme inquiète, tourmentée à mon insu par les curiosités de l'amour. On m'a trouvée généralement embellie, et je suis comme un enfant en m'entendant appeler *madame*.

Vendredi matin.

Renée, ma belle sainte, mon bonheur me ramène sans cesse à toi. Je me sens meilleure pour toi que je ne l'ai jamais été : je te suis si dévouée! J'ai si profondément étudié ta vie conjugale par le commencement de la mienne, et je te vois si grande, si noble, si magnifiquement vertueuse, que je me constitue ici ton inférieure, ta sincère admiratrice, en même temps que ton amie. En voyant ce qu'est mon mariage, il m'est à peu près prouvé que je serais morte s'il en eût été autrement. Et tu vis? par quel sentiment, dis-le-moi? Aussi ne te ferai-je plus la moindre plaisanterie. Hélas!

la plaisanterie, mon ange, est fille de l'ignorance, on se moque de ce qu'on ne connaît point. Là où les recrues se mettent à rire, les soldats éprouvés sont graves, m'a dit le marquis de Chaulieu, pauvre capitaine de cavalerie qui n'est encore allé que de Paris à Fontainebleau, et de Fontainebleau à Paris. Aussi, ma chère aimée, deviné-je que tu ne m'as pas tout dit. Oui, tu m'as voilé quelques plaies. Tu souffres, je le sens. Je me suis fait à propos de toi des romans d'idées en voulant à distance, et par le peu que tu m'as dit de toi, trouver les raisons de ta conduite. Elle s'est seulement essayée au mariage, pensai-je un soir, et ce qui se trouve bonheur pour moi n'a été que souffrance pour elle. Elle en est pour ses sacrifices, et veut limiter leur nombre. Elle a déguisé ses chagrins sous les pompeux axiomes de la morale sociale. Ah! Renée, il y a cela d'admirable, que le plaisir n'a pas besoin de religion, d'appareil, ni de grands mots, il est tout par lui-même; tandis que pour justifier les atroces combinaisons de notre esclavage et de notre vassalité, les hommes ont accumulé les théories et les maximes. Si tes immolations sont belles, sont sublimes; mon bonheur, abrité sous le poêle blanc et or de l'église et paraphé par le plus maussade des maires, serait donc une monstruosité? Pour l'honneur des lois, pour toi, mais surtout pour rendre mes plaisirs entiers, je te voudrais heureuse, ma Renée. Oh! dis-moi que tu te sens venir au cœur un peu d'amour pour ce Louis qui t'adore? Dis-moi que la torche symbolique et solennelle de l'hyménée n'a pas servi qu'à t'éclairer des ténèbres? car l'amour, mon ange, est bien exactement pour la nature morale ce qu'est le soleil pour la terre. Je reviens toujours à te parler de ce jour qui m'éclaire et qui, je le crains, me consumera. Chère Renée, toi qui disais dans tes extases d'amitié, sous le berceau de vigne, au fond du couvent : Je t'aime tant, Louise, que si Dieu se manifestait, je lui demanderais toutes les peines, et pour toi toutes les joies de la vie. Oui, j'ai la passion de la souffrance! Eh! bien, ma chérie, aujourd'hui je te rends la pareille, et demande à grands cris à Dieu de nous partager mes plaisirs.

Écoute : j'ai deviné que tu t'es faite ambitieuse sous le nom de Louis de l'Estorade, eh! bien, aux prochaines élections, fais-le nommer député, car il aura près de quarante ans, et comme la chambre ne s'assemblera que six mois après les élections, il se trouvera précisément de l'âge requis pour être un homme politique. Tu viendras à Paris, je ne te dis que cela. Mon père et les amis que je vais me faire vous apprécieront, et si ton vieux beau-père veut constituer un majorat, nous t'obtiendrons le titre de comte pour Louis. Ce sera déjà cela! Enfin nous serons ensemble.

XXVIII

RENÉE DE L'ESTORADE A LOUISE DE MACUMER.

Décembre 1825.

Ma bienheureuse Louise, tu m'as éblouie. J'ai pendant quelques instants tenu ta lettre où quelques-unes de mes larmes brillaient au soleil couchant, les bras lassés, seule sous le petit rocher aride au bas duquel j'ai mis un banc. Dans un énorme lointain, comme une lame d'acier, reluit la Méditerranée. Quelques arbres odoriférants ombragent ce banc où j'ai fait transplanter un énorme jasmin, des chèvrefeuilles et des genêts d'Espagne. Quelque jour le rocher sera couvert en entier par des plantes grimpantes. Il y a déjà de la vigne vierge de plantée. Mais l'hiver arrive, et toute cette verdure est devenue comme une vieille tapisserie. Quand je suis là, personne ne m'y vient troubler, on sait que j'y veux rester seule. Ce banc s'appelle le banc de Louise. N'est-ce pas te dire que je n'y suis point seule, quoique seule.

Si je te raconte ces détails, si menus pour toi, si je te peins ce verdoyant espoir qui, par avance, habille ce rocher nu, sourcilleux, sur le haut duquel le hasard de la végétation a placé l'un des plus beaux pins en parasol, c'est que j'ai trouvé là des images auxquelles je me suis attachée.

En jouissant de ton heureux mariage (et pourquoi ne t'avouerais-je pas tout?), en l'enviant de toutes mes forces, j'ai senti le premier mouvement de mon enfant qui des profondeurs de ma vie a réagi sur les profondeurs de mon âme. Cette sourde sensation, à la fois un avis, un plaisir, une douleur, une promesse, une réalité; ce bonheur qui n'est qu'à moi dans le monde et qui reste un secret entre moi et Dieu; ce mystère m'a dit que le rocher serait un jour couvert de fleurs, que les joyeux rires d'une famille y retentiraient, que mes entrailles étaient enfin bénies et donneraient la vie à flots. Je me suis sentie née pour être mère! Aussi la première certitude que j'ai eue de porter en moi une autre vie m'a-t-elle donné de bienfaisantes consolations. Une joie immense a couronné tous ces longs jours de dévouement qui ont fait déjà la joie de Louis.

Dévouement! me suis-je dit à moi-même, n'es-tu pas plus que l'amour? n'es-tu pas la volupté la plus profonde, parce que tu es une abstraite volupté, la volupté génératrice? N'es-tu pas, ô Dévouement! la faculté supérieure à l'effet? N'es-tu pas la mystérieuse, infatigable divinité cachée sous les sphères innombrables dans un centre inconnu par où passent tour à tour tous les mondes? Le Dévouement, seul dans son secret, plein de plaisirs savourés en silence sur lesquels personne ne jette un œil profane et que personne ne soupçonne, le Dévouement, dieu jaloux et accablant, dieu vainqueur et fort, inépuisable parce qu'il tient à la nature même des choses et qu'il est ainsi toujours égal à lui-même, malgré l'épanchement de ses forces, le Dévouement, voilà donc la signature de ma vie.

L'amour, Louise, est un effort de Felipe sur toi; mais le rayonnement de ma vie sur la famille produira une incessante réaction de ce petit monde sur moi! Ta belle moisson dorée est passagère; mais la mienne, pour être retardée, n'en sera-t-elle pas plus durable? elle se renouvellera de moments en moments. L'amour est le plus joli larcin que la Société ait su faire à la Nature; mais la maternité, n'est-ce pas la Nature dans sa joie? Un sourire a séché mes larmes. L'amour rend mon Louis heureux; mais le mariage m'a rendue mère et je veux être heureuse aussi! Je suis alors revenue à pas lents à ma bastide blanche aux volets verts, pour t'écrire ceci.

Donc, chère, le fait le plus naturel et le plus surprenant chez nous s'est établi chez moi depuis cinq mois; mais je puis te dire tout bas qu'il ne trouble en rien ni mon cœur ni mon intelligence. Je les vois tous heureux : le futur grand-père empiète sur les droits de son petit-fils, il est devenu comme un enfant; le père prend des airs graves et inquiets; tous sont aux petits soins pour moi, tous parlent du bonheur d'être mère. Hélas! moi seule je ne sens rien, et n'ose dire l'état d'insensibilité parfaite où je suis. Je mens un peu pour ne pas attrister leur joie. Comme il m'est permis d'être franche avec toi, je t'avoue que, dans la crise où je me trouve, la maternité ne commence qu'en imagination. Louis a été aussi surpris que moi-même d'apprendre ma grossesse. N'est-ce pas te dire que cet enfant est venu de lui-même, sans avoir été appelé autrement que par les souhaits impatiemment exprimés de son père? Le hasard, ma chère, est le Dieu de la maternité. Quoique, selon notre médecin, ces hasards soient en harmonie avec le vœu de la nature, il ne m'a pas nié que les enfants qui se nomment si gracieusement les enfants de l'amour devaient être beaux et spirituels; que leur vie était souvent comme protégée par le bonheur qui avait rayonné, brillante étoile! à leur conception. Peut-être donc, ma Louise, auras-tu dans ta maternité des joies que je dois ignorer dans la mienne. Peut-être aime-t-on mieux l'enfant d'un homme adoré comme tu adores Felipe que celui d'un mari qu'on épouse par raison, à qui l'on se donne par devoir, et pour être femme enfin! Ces pensées gardées au fond de mon cœur ajoutent à ma gravité de mère en espérance. Mais, comme il n'y a pas de famille sans enfant, mon désir voudrait pouvoir hâter le moment où pour moi commenceront les plaisirs de la famille, qui doivent être ma seule existence. En ce moment, ma vie est une vie d'attente et de mystères, où la souffrance la plus nauséabonde accoutume sans doute la femme à d'autres souffrances. Je m'observe. Malgré les efforts de Louis, dont l'amour me comble de soins, de douceurs, de tendresses, j'ai de vagues inquiétudes auxquelles se mêlent les dégoûts, les troubles, les singuliers appétits de la grossesse. Si je dois te dire les choses comme elles sont, au risque de te causer quelque déplaisance pour le métier, je t'avoue que je ne conçois pas la fantaisie que j'ai prise pour certaines oranges, goût bizarre et que je trouve naturel. Mon mari va me chercher à Marseille les plus belles oranges du monde; il en a demandé de Malte, de Portugal, de Corse; mais ces oranges, je les laisse. Je cours à Marseille, quelquefois à pied, y dévorer de méchantes oranges à un liard, quasi-pourries, dans une petite rue qui descend au port, à deux pas de l'Hôtel-de-Ville; et leurs moisissures bleuâtres ou verdâtres brillent à mes yeux comme des diamants: j'y vois des fleurs, je n'ai nul souvenir de leur odeur cadavéreuse et leur trouve une saveur irritante, une chaleur vineuse, un goût délicieux. Eh! bien, mon ange, voilà les premières sensations amoureuses de ma vie. Ces affreuses oranges sont mes amours. Tu ne désires pas Felipe autant que je souhaite un de ces fruits en décomposition. Enfin je sors quelquefois furtivement, je galope à Marseille d'un pied agile, et il me prend des tressaillements voluptueux quand j'approche de la rue : j'ai peur que la marchande n'ait plus d'oranges pourries, je me jette dessus, je les mange, je les dévore en plein air. Il me semble que ces fruits viennent du paradis et contiennent la plus suave nourriture. J'ai vu Louis se détournant pour ne pas sentir leur puanteur. Je me suis souvenue de cette atroce phrase d'Obermann, sombre élégie que je me repens d'avoir lue : *Les racines s'abreuvent dans une eau fétide!* Depuis que je mange de ces fruits, je n'ai plus de maux de cœur et ma santé s'est rétablie. Ces dépravations ont un sens, puisqu'elles sont un effet naturel et que la moitié des femmes éprouvent ces envies, monstrueuses quelquefois. Quand ma grossesse sera très-visible, je ne sortirai plus de la Crampade : je n'aimerais pas à être vue ainsi.

Je suis excessivement curieuse de savoir à quel moment de la vie commence la maternité. Ce ne saurait être au milieu des effroyables douleurs que je redoute.

Adieu, mon heureuse! adieu, toi en qui je renais et par qui je me figure ces belles amours, ces jalousies à propos d'un regard, ces mots à l'oreille et ces plaisirs qui nous enveloppent comme une autre atmosphère, un autre sang, une autre lumière, une autre vie! ah! mignonne, moi aussi je comprends l'amour. Ne te lasse pas de me tout dire. Tenons bien nos conventions. Moi, je ne t'épargnerai rien. Aussi te dirai-je, pour finir gravement cette lettre, qu'en te relisant une invincible et profonde terreur m'a saisie. Il m'a semblé que ce splendide amour défiait Dieu. Le souverain maître de ce monde, le Malheur, ne se courroucera-t-il pas de ne point avoir sa part de votre festin! Quelle fortune superbe n'a-t-il pas renversée! Ah! Louise, n'oublie pas, au milieu de ton bonheur, de prier Dieu. Fais du bien, sois charitable et bonne ; enfin conjure les adversités par ta modestie. Moi, je suis devenue encore plus pieuse que je ne l'étai au couvent, depuis mon mariage. Tu ne me dis rien de la religion à Paris. En adorant Felipe, il me semble que tu t'adresses, à l'encontre du proverbe, plus au saint qu'à Dieu. Mais ma terreur est excès d'amitié. Vous allez ensemble à l'église, et vous faites du bien en secret, n'est-ce pas? Tu me trouveras peut-être bien provinciale dans cette fin de lettre; mais pense que mes craintes cachent une excessive amitié, l'amitié comme l'entendait La Fontaine, celle qui s'inquiète et s'alarme d'un rêve, d'une idée à l'état de nuage. Tu mérites d'être heureuse, puisque tu penses à moi dans ton bonheur, comme je pense à toi dans ma vie monotone, un peu grise, mais pleine ; sobre, mais productive : sois donc bénie !

XXIX

DE MONSIEUR DE L'ESTORADE A LA BARONNE DE MACUMER.

Décembre 1825.

Madame,

Ma femme n'a pas voulu que vous apprissiez par le vulgaire billet de faire part un événement qui nous comble de joie. Elle vient d'accoucher d'un gros garçon, et nous retarderons son baptême jusqu'au moment où vous retournerez à votre terre de Chantepleurs. Nous espérons, Renée et moi, que vous pousserez jusqu'à la Crampade et que vous serez la marraine de notre premier-né. Dans cette espérance, je viens de le faire inscrire sur les registres de l'État-Civil sous les noms d'Armand-Louis de l'Estorade. Notre chère Renée a beaucoup souffert, mais avec une patience angélique. Vous la connaissez, elle a été soutenue dans cette première épreuve du métier de mère par la certitude du bonheur qu'elle nous donnait à tous. Sans me livrer aux exagérations un peu ridicules des pères qui sont pères pour la première fois, je puis vous assurer que le petit Armand est très-beau ; mais vous le croirez sans peine quand je vous dirai qu'il a les traits et les yeux de Renée. C'est avoir eu déjà de l'esprit. Maintenant que le médecin et l'accoucheur nous ont affirmé que Renée n'a pas le moindre danger à courir, car elle nourrit, l'enfant a très-bien pris le sein, le lait est abondant, la nature est si riche en elle ! nous pouvons mon père et moi nous abandonner à notre joie. Madame, cette joie est si grande, si forte, si pleine, elle anime tellement toute la maison, elle a tant changé l'existence de ma chère femme, que je désire pour votre bonheur qu'il en soit ainsi promptement pour vous. Renée a fait préparer un appartement que je voudrais rendre digne de nos hôtes, mais où vous serez reçus du moins avec une cordialité fraternelle, sinon avec faste.

Renée m'a dit, madame, vos intentions pour nous, et je saisis d'autant plus cette occasion de vous en remercier que rien n'est plus de saison. La naissance de mon fils a déterminé mon père à faire des sacrifices auxquels les vieillards se résolvent difficilement : il vient d'acquérir deux domaines. La Crampade est maintenant une terre qui rapporte trente mille francs. Mon père va solliciter du roi la permission de l'ériger en majorat ; mais obtenez pour lui le titre dont vous avez parlé dans votre dernière lettre, et vous aurez déjà travaillé pour votre filleul.

Quant à moi, je suivrai vos conseils uniquement pour vous réunir à Renée durant les sessions. J'étudie avec ardeur et tâche de devenir ce qu'on appelle un homme spécial. Mais rien ne me donnera plus de courage que de vous savoir la protectrice de mon petit Armand. Promettez-nous donc de venir jouer ici, vous si belle et si gracieuse, si grande et si spirituelle, le rôle d'une fée pour mon fils aîné. Vous aurez ainsi, madame, augmenté d'une éternelle reconnaissance les sentiments d'affection respectueuse avec lesquels j'ai l'honneur d'être

Votre très-humble et très-obéissant serviteur.

LOUIS DE L'ESTORADE.

XXX

LOUISE DE MACUMER A RENÉE DE L'ESTORADE.

Janvier 1836.

Macumer m'a réveillée tout à l'heure avec la lettre de ton mari, mon ange. Je commence par dire *oui*. Nous irons vers la fin d'avril à Chantepleurs. Ce sera pour moi plaisir sur plaisir que de voyager, de te voir et d'être la marraine de ton premier enfant ; mais je veux Macumer pour parrain. Une alliance catholique avec un autre compère me serait odieuse. Ah ! si tu pouvais voir l'expression de son visage au moment où je lui ai dit cela, tu saurais combien cet ange m'aime.

— Je veux d'autant plus que nous allions ensemble à la Crampade, Felipe, lui ai-je dit, que là nous aurons peut-être un enfant. Moi aussi je veux être mère..... quoique cependant je serais bien partagée entre un enfant et toi. D'abord, si je te voyais me préférer une créature, fût-ce mon fils, je ne sais pas ce qui en adviendrait. Médée pourrait bien avoir eu raison : il y a du bon chez les anciens !

Il s'est mis à rire. Ainsi, chère biche, tu as le fruit sans avoir eu les fleurs, et moi j'ai les fleurs sans le fruit. Le contraste de notre destinée continue. Nous sommes assez philosophes pour en chercher, un jour, le sens et la morale. Bah ! je n'ai que dix mois de mariage, convenons-en, il n'y a pas de temps perdu.

Nous menons la vie dissipée, et néanmoins pleine, des gens heureux. Les jours nous semblent toujours trop courts. Le monde, qui m'a revue déguisée en femme, a trouvé la baronne de Macumer beaucoup plus jolie que Louise de Chaulieu : l'amour heureux a son fard. Quand, par un beau soleil et par une belle gelée de janvier, alors que les arbres des Champs-Élysées sont fleuris de grappes blanches étiolées, nous passons, Felipe et moi, dans notre coupé, devant tout Paris, réunis là où nous étions séparés l'année dernière, il me vient des pensées par milliers, et j'ai peur d'être un peu trop insolente, comme tu le pressentais dans ta dernière lettre.

Si j'ignore les joies de la maternité, tu me les diras, et je serai mère par toi ; mais il n'y a, selon moi, rien de comparable aux voluptés de l'amour. Tu vas me trouver bien bizarre ; mais voici dix fois en dix mois que je me surprends à désirer de mourir à trente ans, dans toute la splendeur de la vie, dans les roses de l'amour, au sein des voluptés, de m'en aller rassasiée, sans mécompte, ayant vécu dans ce soleil, en plein dans l'éther, et même un peu tuée par l'amour, n'ayant rien perdu de ma couronne, pas même une feuille, et gardant toutes mes illusions. Songe donc ce que c'est que d'avoir un cœur jeune dans un vieux corps, de trouver les figures muettes, froides, là où tout le monde, même les indifférents, nous souriait, d'être enfin une femme respectable..... Mais c'est un enfer anticipé.

Nous avons eu, Felipe et moi, notre première querelle à ce sujet. Je voulais qu'il eût la force de me tuer à trente ans, pendant mon sommeil, sans que je m'en doutasse, pour me faire entrer d'un rêve dans un autre. Le monstre n'a pas voulu. Je l'ai menacé de le laisser seul dans la vie, et il a pâli, le pauvre enfant! Ce grand ministre est devenu, ma chère, un vrai bambin. C'est incroyable tout ce qu'il cachait de jeunesse et de simplicité. Maintenant que je pense tout haut avec lui comme avec toi, que je l'ai mis à ce régime de confiance, nous nous émerveillons l'un de l'autre.

Ma chère, les deux amants, Felipe et Louise, veulent envoyer un présent à l'accouchée. Nous voudrions faire faire quelque chose qui te plût. Ainsi dis-moi franchement ce que tu désires, car nous ne donnons pas dans les surprises, à la façon des bourgeois. Nous voulons donc nous rappeler sans cesse à toi par un aimable souvenir, par une chose qui te serve tous les jours, et ne périsse point par l'usage. Notre repas le plus gai, le plus intime, le plus animé, car nous y sommes seuls, est pour nous le déjeuner; j'ai donc pensé à t'envoyer un service spécial, appelé déjeuner, dont les ornements seraient des enfants. Si tu m'approuves, réponds-moi promptement. Pour te l'apporter, il faut le commander, et les artistes de Paris sont comme des rois fainéants. Ce sera mon offrande à Lucine.

Adieu, chère nourrice, je te souhaite tous les plaisirs des mères, et j'attends avec impatience la première lettre où tu me diras bien tout, n'est-ce pas? Cet accoucheur me fait frissonner. Ce mot de la lettre de ton mari m'a sauté non pas aux yeux, mais au cœur. Pauvre Renée, un enfant coûte cher, n'est-ce pas? Je lui dirai combien il doit t'aimer, ce filleul. Mille tendresses, mon ange.

XXXI

RENÉE DE L'ESTORADE A LOUISE DE MACUMER.

Voici bientôt cinq mois que je suis accouchée, et je n'ai pas trouvé, ma chère âme, un seul petit moment pour t'écrire. Quand tu seras mère, tu m'excuseras plus pleinement que tu ne l'as fait, car tu m'as un peu punie en rendant tes lettres rares. Écris-moi, ma chère mignonne ! Dis-moi tous tes plaisirs, peins-moi ton bonheur à grandes teintes, verses-y l'outremer sans craindre de m'affliger, car je suis heureuse et plus heureuse que tu ne l'imagineras jamais.

Je suis allée à la paroisse entendre une messe de relevailles, en grande pompe, comme cela se fait dans nos vieilles familles de Provence. Les deux grands-pères, le père de Louis, le mien me donnaient le bras. Ah ! jamais je ne me suis agenouillée devant Dieu dans un pareil accès de reconnaissance. J'ai tant de choses à te dire, tant de sentiments à te peindre, que je ne sais par où commencer; mais, du sein de cette confusion, s'élève un souvenir radieux, celui de ma prière à l'église !

Quand, à cette place où jeune fille, j'ai douté de la vie et de mon avenir, je me suis retrouvée métamorphosée en mère joyeuse, j'ai cru voir la Vierge de l'autel inclinant la tête et me montrant l'Enfant divin qui a semblé me sourire ! Avec quelle sainte effusion d'amour céleste j'ai présenté notre petit Armand à la bénédiction du curé qui l'a ondoyé en attendant le baptême. Mais tu nous verras ensemble, Armand et moi.

Mon enfant, voilà que je t'appelle mon enfant ! mais c'est en effet le plus doux mot qu'il y ait dans le cœur, dans l'intelligence et sur les lèvres quand on est mère. Or donc, ma chère enfant, je me suis traînée, pendant les deux derniers mois, assez languissamment dans nos jardins, fatiguée, accablée par la gêne de ce fardeau que je ne savais pas être si cher et si doux malgré les ennuis de ces deux mois. J'avais de telles appréhensions, des prévisions si mortellement sinistres, que la curiosité n'était pas la plus forte : je me raisonnais, je me disais que rien de ce que veut la nature n'est à redouter, je me promettais à moi-même d'être mère. Hélas ! je ne me sentais rien au cœur, tout en pensant à cet enfant qui me donnait d'assez jolis coups de pied ; et, ma chère, on peut aimer à les recevoir quand on a déjà eu des enfants ; mais, pour la première fois, ces débats d'une vie inconnue apportent plus d'étonnement que de plaisir. Je te parle de moi, qui ne suis ni fausse ni théâtrale, et dont le fruit venait plus de Dieu, car Dieu donne les enfants, que d'un homme aimé. Laissons ces tristesses passées et qui ne reviendront plus, je le crois.

Quand la crise est venue, j'ai rassemblé en moi les éléments d'une telle résistance, je me suis attendue à de telles douleurs, que j'ai supporté merveilleusement, dit-on, cette horrible torture. Il y a eu, ma mignonne, une heure environ pendant laquelle je me suis abandonnée à un anéantissement dont les effets ont été ceux d'un rêve. Je me suis sentie être deux : une enveloppe tenaillée, déchirée, torturée, et une âme placide. Dans cet état bizarre, la souffrance a fleuri comme une couronne au-dessus de ma tête. Il m'a semblé qu'une immense rose sortie de mon crâne grandissait et m'enveloppait. La couleur rose de cette fleur sanglante était dans l'air. Je voyais tout rouge. Ainsi parvenue au point où la séparation semble vouloir se faire entre le corps et l'âme, une douleur, qui m'a fait croire à une mort immédiate, a éclaté. J'ai poussé des cris horribles, et j'ai trouvé des forces nouvelles contre de nouvelles douleurs. Cet affreux concert de clameurs a été soudain couvert en moi par le chant délicieux des vagissements argentins de ce petit être. Non, rien ne peut te peindre ce moment : il me semblait que le monde entier criait avec moi, que tout était douleur ou clameur, et tout a été comme éteint par ce faible cri de l'enfant. On m'a recouchée dans mon grand lit où je suis entrée comme dans un paradis, quoique je fusse d'une excessive faiblesse. Trois ou quatre figures joyeuses, les yeux en larmes, m'ont alors montré l'enfant. Ma chère, j'ai crié d'effroi.—Quel petit singe! ai-je dit. Êtes-vous sûrs que ce soit un enfant? ai-je demandé. Je me suis remise sur le flanc, assez désolée de ne pas me sentir plus mère que cela.—Ne vous tourmentez pas, ma chère, m'a dit ma mère qui s'est constituée ma garde, vous avez fait le plus bel enfant du monde. Évitez de vous troubler l'imagination, il vous faut mettre tout votre esprit à devenir bête, à vous faire exactement la vache qui broute pour avoir du lait. Je me suis donc endormie avec la ferme intention de me laisser aller à la nature. Ah! mon ange, le réveil de toutes ces douleurs, de ces sensations confuses, de ces premières journées où tout est obscur, pénible et indécis, a été divin. Ces ténèbres ont été animées par une sensation dont les délices ont surpassé celles du premier cri de mon enfant. Mon cœur, mon âme, mon être, un moi inconnu a été réveillé dans sa coque souffrante et grise jusquelà, comme une fleur s'élance de sa graine au brillant appel du soleil. Le petit monstre a pris mon sein et a teté : voilà le *fiat lux!* J'ai soudain été mère. Voilà le bonheur, la joie, une joie ineffable, quoiqu'elle n'aille pas sans quelques douleurs. Oh! ma belle jalouse, combien tu apprécieras un plaisir qui n'est qu'entre nous, l'enfant et Dieu. Ce petit être ne connaît absolument que notre sein. Il n'y a pour lui que ce point brillant dans le monde, il l'aime de toutes ses forces, il ne pense qu'à cette fontaine de vie, il y vient et s'en va pour dormir, il se réveille pour y retourner. Ses lèvres ont un amour inexprimable, et, quand elles s'y collent, elles y font à la fois une douleur et un plaisir, un plaisir qui va jusqu'à la douleur, ou une douleur qui finit par un plaisir ; je ne saurais t'expliquer une sensation qui du sein rayonne en moi jusqu'aux sources de la vie, car il semble que ce soit un centre d'où partent mille rayons qui réjouissent le cœur et l'âme. Enfanter, ce n'est rien ; mais nourrir, c'est enfanter à toute heure. Oh ! Louise, il n'y a pas de caresses d'amant qui puissent valoir celles de ces petites mains roses qui se promènent si doucement, et cherchent à s'accrocher à la vie. Quels regards un enfant jette alternativement de notre sein à nos yeux ! Quels rêves on fait en le voyant suspendu par les lèvres à son trésor ? Il ne tient pas moins à toutes les forces de l'esprit qu'à toutes celles du corps, il emploie et le sang et l'intelligence, il satisfait au delà des désirs. Cette adorable sensation de son premier cri, qui fut pour moi ce que le premier rayon du soleil a été pour la terre, je l'ai retrouvée en sentant mon lait lui emplir la bouche ; je l'ai retrouvée en recevant son premier regard, je viens de la retrouver en savourant dans son premier sourire sa première pensée. Il a ri, ma chère. Ce rire, ce regard, cette morsure, ce cri, ces quatre jouissances sont infinies : elles vont jusqu'au fond du cœur, elles y remuent des cordes qu'elles seules peuvent remuer ! Les mondes doivent se rattacher à Dieu comme un enfant se rattache à toutes les fibres de sa mère : Dieu, c'est un grand cœur de mère. Il n'y a rien de visible, ni de perceptible dans la conception, ni même dans la grossesse ; mais être nourrice, ma Louise, c'est un bonheur de tous les moments. On voit ce que devient le lait, il se fait chair, il fleurit au bout de ces doigts mignons qui ressemblent à des fleurs et qui en ont la délicatesse ; il grandit en ongles fins et transparents, il s'effile en cheveux, il s'agite avec les pieds. Oh ! des pieds d'enfant, mais c'est tout un langage. L'enfant commence à s'exprimer par là. Nourrir, Louise ! c'est une transformation qu'on suit d'heure en heure et d'un œil hébété. Les cris, vous ne les entendez point par les oreilles, mais par le cœur ; les sourires des yeux et des lèvres, ou les agitations des pieds, vous les comprenez comme si Dieu vous écrivait des caractères en lettres de feu dans l'espace ! Il n'y a plus rien dans le monde qui vous intéresse : le père ?... on le tuerait s'il s'avisait d'éveiller l'enfant. On est à soi seule le monde pour cet enfant, comme l'enfant est le monde pour nous ! On est si sûre que notre vie est partagée, on est si amplement récompensée des peines qu'on se donne et des souffrances qu'on endure, car il y a des souffrances, Dieu te garde d'avoir une crevasse au sein ! Cette plaie qui se rouvre sous des lèvres de rose, qui se guérit si difficilement et qui cause des tortures à rendre folle, si l'on n'avait pas la joie de voir la bouche de l'enfant barbouillée de lait, est une des plus affreuses punitions de la beauté. Ma Louise, songez-y, elle ne se fait que sur une peau délicate et fine.

Mon jeune singe est, en cinq mois, devenu la plus jolie créature que jamais une mère ait baignée de ses larmes joyeuses, lavée, brossée, peignée, pomponnée ; car Dieu sait avec quelle infatigable ardeur on pomponne, on habille, on brosse, on lave, on change, on baise ces petites fleurs ! Donc, mon singe n'est plus un singe, mais un *baby*, comme dit ma bonne Anglaise, un *baby* blanc et rose ; et comme il se sent aimé, il ne crie pas trop ; mais, à la vérité, je ne le quitte guère, et m'efforce de le pénétrer de mon âme.

Chère, j'ai maintenant dans le cœur pour Louis un sentiment qui n'est pas l'amour, mais qui doit, chez une femme aimante, compléter l'amour. Je ne sais si cette tendresse, si cette reconnaissance dégagée de tout intérêt ne va pas au delà de l'amour. Par tout ce que tu m'en as dit, chère mignonne, l'amour a quelque chose d'affreusement terrestre, tandis qu'il y a je ne sais quoi de religieux et de divin dans l'affection que porte une mère heureuse à celui de qui procèdent ces longues, ces éternelles joies. La joie d'une mère est une lumière qui jaillit jusque sur l'avenir et le lui éclaire, mais qui se reflète sur le passé pour lui donner le charme des souvenirs.

Le vieux l'Estorade et son fils ont redoublé d'ailleurs de bonté pour moi, je suis comme une nouvelle personne pour eux : leurs paroles, leurs regards me vont à l'âme, car ils me fêtent à nouveau chaque fois qu'ils me voient et me parlent. Le vieux grand-père devient enfant, je crois ; il me regarde avec admiration. La première fois que je suis descendue à déjeuner, et qu'il m'a vue mangeant et donnant à teter à son petit-fils, il a pleuré. Cette larme dans ces deux yeux secs où il ne brille guère que des pensées d'argent, m'a fait un bien inexprimable? il m'a semblé que le bonhomme comprenait mes joies. Quant à Louis, il aurait dit aux arbres et aux cailloux du grand chemin qu'il avait un fils. Il passe des heures entières à regarder ton filleul endormi. — Il ne sait pas, dit-il, quand il s'y habituera. Ces excessives démonstrations de joie m'ont révélé l'étendue de leurs appréhensions et de leurs craintes. Louis a fini par m'avouer qu'il doutait de lui-même, et se croyait condamné à ne jamais avoir d'enfants. Mon pauvre Louis a changé soudainement en mieux, il étudie encore plus que par le passé. Cet enfant a doublé l'ambition du père. Quant à moi, ma chère âme, je suis de moment en moment plus heureuse. Chaque heure apporte un nouveau lien entre une mère et son enfant. Ce que je sens en moi me prouve que ce sentiment est impérissable, naturel, de tous les instants; tandis que je soupçonne l'amour, par exemple, d'avoir ses intermittences. On n'aime pas de la même manière à tous moments, il ne se brode pas sur cette étoffe de la vie des fleurs toujours brillantes, enfin l'amour peut et doit cesser; mais la maternité n'a pas de déclin à craindre, elle s'accroît avec les besoins de l'enfant, elle se développe avec lui. N'est-ce pas à la fois une passion, un besoin, un sentiment, un devoir, une nécessité, le bonheur? Oui, mignonne, voilà la vie particulière de la femme. Notre soif de dévouement y est satisfaite, et nous ne trouvons point là les troubles de la jalousie. Aussi peut-être est-ce pour nous le seul point où la Nature et la Société soient d'accord. En ceci, la Société se trouve avoir enrichi la Nature, elle a augmenté le sentiment maternel par l'esprit de famille, par la continuité du nom, du sang, de la fortune. De quel amour une femme ne doit-elle pas entourer le cher être qui le premier lui a fait connaître de pareilles joies, qui lui a fait déployer les forces de son âme et lui a appris le grand art de la maternité? Le droit d'aînesse, qui pour l'antiquité se marie à celle du monde et se mêle à l'origine des Sociétés, ne me semble pas devoir être mis en question. Ah! combien de choses un enfant apprend à sa mère. Il y a tant de promesses faites entre nous et la vertu dans cette protection incessante due à un être faible, que la femme n'est dans sa véritable sphère que quand elle est mère; elle déploie alors seulement ses forces, elle pratique les devoirs de sa vie, elle en a tous les bonheurs et tous les plaisirs. Une femme qui n'est pas mère est un être incomplet et manqué. Dépêche-toi d'être mère, mon ange! tu multiplieras ton bonheur actuel par toutes mes voluptés.

23.

Je t'ai quittée en entendant crier monsieur ton filleul, et ce cri je l'entends du fond du jardin. Je ne veux pas laisser partir cette lettre sans te dire un mot d'adieu; je viens de la relire, et suis effrayée des vulgarités de sentiment qu'elle contient. Ce que je sens, hélas! il me semble que toutes les mères l'ont éprouvé comme moi, doivent l'exprimer de la même manière, et que tu te moqueras de moi, comme on se moque de la naïveté de tous les pères qui vous parlent de l'esprit et de la beauté de leurs enfants, en leur trouvant toujours quelque chose de particulier. Enfin, chère mignonne, le grand mot de cette lettre le voici, je te le répète : je suis aussi heureuse maintenant que j'étais malheureuse auparavant. Cette bastide, qui d'ailleurs va devenir une terre, un majorat, est pour moi la terre promise. J'ai fini par traverser mon désert. Mille tendresses, chère mignonne. Écris-moi, je puis aujourd'hui lire sans pleurer la peinture de ton bonheur et celle de ton amour. Adieu.

XXXII

MADAME DE MACUMER A MADAME DE L'ESTORADE.

Mars 1826.

Comment, ma chère, voilà plus de trois mois que je ne t'ai écrit et que je n'ai reçu de lettres de toi.... Je suis la plus coupable des deux, je ne t'ai pas répondu; mais tu n'es pas susceptible, que je sache. Ton silence a été pris par Macumer et par moi comme une adhésion pour le Déjeuner orné d'enfants, et ces charmants bijoux vont partir ce matin pour Marseille; les artistes ont mis six mois à les exécuter. Aussi me suis-je réveillée en sursaut quand Felipe m'a proposé de venir voir ce service avant que l'orfèvre ne l'emballât. J'ai soudain pensé que nous ne nous étions rien dit depuis la lettre où je me suis sentie mère avec toi.

Mon ange, le terrible Paris, voilà mon excuse à moi, j'attends la tienne. Oh! le monde, quel gouffre. Ne t'ai-je pas dit déjà que l'on ne pouvait être que Parisienne à Paris? Le monde y brise tous les sentiments, il vous prend toutes vos heures, il vous dévorerait le cœur si l'on n'y faisait attention. Quel étonnant chef-d'œuvre que cette création de Célimène dans le Misanthrope de Molière! C'est la femme du monde du temps de Louis XIV comme celle de notre temps, enfin la femme du monde de toutes les époques. Où en serais-je sans mon égide, sans mon amour pour Felipe? Aussi lui ai-je dit ce matin, en faisant ces réflexions, qu'il était mon sauveur. Si mes soirées sont remplies par les fêtes, par les bals, par les concerts et les spectacles, je retrouve au retour les joies de l'amour et ses folies qui m'épanouissent le cœur, qui en effacent les morsures du monde. Je n'ai dîné chez moi que les jours où nous avons eu les gens qu'on appelle des amis, et je n'y suis restée que pour mes jours. J'ai mon jour, le mercredi, où je reçois. Je suis entrée en lutte avec mesdames d'Espard et de Maufrigneuse, avec la vieille duchesse de Lenoncourt. Ma maison passe pour être amusante. Je me suis laissé mettre à la mode en voyant mon Felipe heureux de mes succès. Je lui donne les matinées; car depuis quatre heures jusqu'à deux heures du matin, j'appartiens à Paris. Macumer est un admirable maître de maison: il est si spirituel et si grave, si vraiment grand et d'une grâce si parfaite, qu'il se ferait aimer d'une femme qui l'aurait épousé d'abord par convenance. Mon père et ma mère sont partis pour Madrid : Louis XVIII mort, la duchesse a facilement obtenu de notre bon Charles X la nomination de son charmant Saint-Héreen, qu'elle emmène en qualité de second secrétaire d'ambassade. Mon frère, le duc de Rhétoré, daigne me regarder comme une supériorité. Quant au marquis de Chaulieu, ce militaire de fantaisie me doit une éternelle reconnaissance : ma fortune a été employée, avant le départ de mon père, à lui constituer en terres un majorat de quarante mille francs de rente, et son mariage avec mademoiselle de Mortsauf, une héritière de Touraine, est tout à fait arrangé. Le roi, pour ne pas laisser s'éteindre le nom et les titres de la maison de Lenoncourt, va autoriser par une ordonnance mon frère à succéder aux noms, titres et armes des Lenoncourt-Givry. Mademoiselle de Mortsauf, petite-fille et unique héritière du duc de Lenoncourt-Givry, réunira, dit-on, plus de cent mille livres de rente. Mon père a seulement demandé que les armes des Chaulieu fussent en abîme sur celles des Lenoncourt. Ainsi, mon frère sera duc de Lenoncourt. Le jeune de Mortsauf, à qui toute cette fortune devait revenir, est au dernier degré de la maladie de poitrine ; on attend sa mort de moment en moment. L'hiver prochain, après le deuil, le mariage aura lieu. J'aurai, dit-on, pour belle-sœur, une charmante personne dans Madeleine de Mortsauf. Ainsi, comme tu le vois, mon père avait raison dans son argumentation. Ce résultat m'a valu l'admiration de beaucoup de personnes, et mon mariage s'explique. Par affection pour ma grand'mère, le prince de Talleyrand prône Macumer, en sorte que notre succès est complet. Après avoir commencé par me blâmer, le monde m'approuve beaucoup. Je règne enfin dans ce Paris où j'étais si peu de chose il y a bientôt deux ans. Macumer voit son bonheur envié par tout le monde, car je suis *la femme la plus spirituelle de Paris*. Tu sais qu'il y a vingt *plus spirituelles femmes de Paris* à Paris. Les hommes me roucoulent des phrases d'amour ou se contentent de l'exprimer en regards envieux. Vraiment il y a dans ce concert de désirs et d'admiration une si constante satisfaction de la vanité, que maintenant je comprends les dépenses excessives que font les femmes pour jouir de ces frêles et passagers avantages. Ce triomphe enivre l'orgueil, la vanité, l'amour-propre, enfin tous les sentiments du *moi*. Cette perpétuelle divinisation grise si violemment, que je ne m'étonne plus de voir les femmes devenir égoïstes, oublieuses et légères au milieu de cette fête. Le monde porte à la tête. On prodigue les fleurs de son esprit et de son âme, son temps le plus précieux, ses efforts les plus généreux, à des gens qui vous paient en jalousie et en sourires, qui vous vendent la fausse monnaie de leurs phrases, de leurs compliments et de leurs adulations contre les lingots d'or de votre courage, de vos sacrifices, de vos inventions pour être belle, bien mise, spirituelle, affable et agréable à tous. On sait combien ce commerce est coûteux, on sait qu'on y est volé ; mais on s'y adonne tout de même. Ah ! ma belle biche, combien on a soif d'un cœur ami, combien l'amour et le dévouement de Felipe sont précieux ! combien je t'aime ! Avec quel bonheur on fait ses apprêts de voyage pour aller se reposer à Chantepleurs des comédies de la rue du Bac et de tous les salons de Paris ! Enfin, moi qui viens de relire ta dernière lettre, je t'aurai peint cet infernal paradis de Paris en te disant qu'il est impossible à une femme du monde d'être mère.

A bientôt, chérie, nous nous arrêterons une semaine au plus à

Chantepleurs, et nous serons chez toi vers le 10 mai. Nous allons donc nous revoir après plus de deux ans. Et quels changements ! Nous voilà toutes deux femmes : moi la plus heureuse des maîtresses, toi la plus heureuse des mères. Si je ne t'ai pas écrit, mon cher amour, je ne t'ai pas oubliée. Et mon filleul, ce singe, est-il toujours joli ? me fait-il honneur ? il aura plus de neuf mois. Je voudrais bien assister à ses premiers pas dans le monde ; mais Macumer me dit que les enfants précoces marchent à peine à dix mois. Nous taillerons donc *des bavettes*, en style du Blésois. Je verrai si, comme on le dit, un enfant gâte la taille.

P. S. Si tu me réponds, mère sublime, adresse ta lettre à Chantepleurs, je pars.

XXXIII

MADAME DE L'ESTORADE A MADAME DE MACUMER.

Eh ! mon enfant, si jamais tu deviens mère, tu sauras si l'on peut écrire pendant les deux premiers mois de la nourriture. *Mary*, ma bonne anglaise, et moi, nous sommes sur les dents. Il est vrai que je ne t'ai pas dit que je tiens à tout faire moi-même. Avant l'événement, j'avais de mes doigts cousu la layette et brodé, garni moi-même les bonnets. Je suis esclave, ma mignonne, esclave le jour et la nuit. Et d'abord Armand-Louis tette quand il veut, et il veut toujours ; puis il faut si souvent le changer, le nettoyer, l'habiller ; la mère aime tant à le regarder endormi, à lui chanter des chansons, à le promener quand il fait beau en le tenant sur ses bras, qu'il ne lui reste pas de temps pour se soigner elle-même. Enfin, tu avais le monde, j'avais mon enfant, notre enfant ! Quelle vie riche et pleine ! Oh ! ma chère, je t'attends, tu verras ! Mais j'ai peur que le travail des dents ne commence, et que tu ne le trouves bien criard, bien pleureur. Il n'a pas encore beaucoup crié, car je suis toujours là. Les enfants ne crient que parce qu'ils ont des besoins qu'on ne sait pas deviner, et je suis à la piste des siens. Oh ! mon ange, combien mon cœur s'est agrandi pendant que tu rapetissais le tien en le mettant au service du monde ! Je t'attends avec une impatience de solitaire. Je veux savoir ta pensée sur l'Estorade, comme tu veux sans doute la mienne sur Macumer. Écris-moi de ta dernière couchée. Mes hommes veulent aller au-devant de nos illustres hôtes. Viens, reine de Paris, viens dans notre pauvre bastide où tu seras aimée !

XXXIV

DE MADAME DE MACUMER A LA VICOMTESSE DE L'ESTORADE.

Avril 1826.

L'adresse de ma lettre t'annoncera, ma chère, le succès de mes sollicitations. Voilà ton beau-père comte de l'Estorade. Je n'ai pas voulu quitter Paris sans t'avoir obtenu ce que tu désirais, et je t'écris devant le garde des sceaux, qui m'est venu dire que l'ordonnance est signée.

A bientôt.

XXXV

MADAME DE MACUMER A MADAME LA VICOMTESSE DE L'ESTORADE.

Marseille, juillet.

Mon brusque départ va t'étonner, j'en suis honteuse ; mais, comme avant tout je suis vraie et que je t'aime toujours autant, je vais te dire naïvement tout en quatre mots : je suis horriblement jalouse. Felipe te regardait trop. Vous aviez ensemble au pied de ton rocher de petites conversations qui me mettaient au supplice, me rendaient mauvaise et changeaient mon caractère. Ta beauté vraiment espagnole devait lui rappeler son pays et cette Marie Hérédia, de laquelle je suis jalouse, car j'ai la jalousie du passé. Ta magnifique chevelure noire, tes beaux yeux bruns, ce front où les joies de la maternité mettent en relief tes éloquentes douleurs passées qui sont comme les ombres d'une radieuse lumière ; cette fraîcheur de peau méridionale plus blanche que ma blancheur de blonde ; cette puissance de formes, ce sein qui brille dans les dentelles comme un fruit délicieux auquel se suspend mon beau filleul, tout cela me blessait les yeux et le cœur. J'avais beau tantôt mettre des bleuets dans mes grappes de cheveux, tantôt relever la fadeur de mes tresses blondes par des rubans cerise, tout cela pâlissait devant une Renée que je ne m'attendais pas à trouver dans cette oasis de la Crampade.

Felipe enviait trop aussi cet enfant, que je me prenais à haïr. Oui, cette insolente vie qui remplit ta maison, qui l'anime, qui y crie, qui y rit, je la voulais à moi. J'ai lu des regrets dans les yeux de Macumer, j'en ai pleuré pendant deux nuits à son insu. J'étais au supplice chez toi. Tu es trop belle femme et trop heureuse mère pour que je puisse rester auprès de toi. Ah ! hypocrite, tu te plaignais ! D'abord ton l'Estorade est très-bien, il cause agréablement ; ses cheveux noirs mélangés de blancs sont jolis ; il a de beaux yeux, et ses façons de méridional ont ce *je ne sais quoi* qui plaît. D'après ce que j'ai vu, il sera tôt ou tard nommé député des Bouches-du-Rhône ; il fera son chemin à la Chambre, car je suis toujours à votre service en tout ce qui concerne vos ambitions. Les misères de l'exil lui ont donné cet air calme et posé qui me semble être la moitié de la politique. Selon moi, ma chère, toute la politique, c'est de paraître grave. Aussi disais-je à Macumer qu'il doit être un bien grand homme d'État.

Enfin, après avoir acquis la certitude de ton bonheur, je m'en vais à tire d'aile, contente, dans mon cher Chantepleurs, où Felipe s'arrangera pour être père, je ne veux t'y recevoir qu'ayant à mon sein un bel enfant semblable au tien. Je mérite tous les noms que tu voudras me donner : je suis absurde, infâme, sans esprit. Hélas ! on est tout cela quand on est jalouse. Je ne t'en veux pas, mais je souffrais, et tu me pardonneras de m'être soustraite à de telles souffrances. Encore deux jours, j'aurais commis quelque sottise. Oui, j'eusse été de mauvais goût. Malgré ces rages qui me mordaient le cœur, je suis heureuse d'être venue, heureuse de t'avoir vue mère si belle et si féconde, encore mon amie au milieu de tes joies maternelles, comme je reste toujours la tienne au milieu de mes amours. Tiens, à Marseille, à quelques pas de vous, je suis déjà fière de toi, fière de cette grande mère de famille que tu seras. Avec quel sens tu devinais ta vocation ! car tu me sembles née pour être plus mère qu'amante, comme moi je suis plus née pour l'amour que pour la maternité. Certaines femmes ne peuvent être ni mères ni amantes, elles sont ou trop laides ou trop sottes. Une bonne mère et une épouse-maîtresse doivent avoir à tout moment de l'esprit, du jugement, et savoir à tout propos déployer les qualités les plus exquises de la femme. Oh ! je t'ai bien observée, n'est-ce pas te dire, ma minette, que je t'ai admirée ? Oui, tes enfants seront heureux et bien élevés, ils seront baignés dans les effusions de ta tendresse, caressés par les lueurs de ton âme.

Dis la vérité sur mon départ à ton Louis, mais colore-la d'honnêtes prétextes aux yeux de ton beau-père qui semble être votre intendant, et surtout aux yeux de ta famille, une vraie famille Harlowe, plus l'esprit provençal. Felipe ne sait pas encore pourquoi je suis partie, il ne le saura jamais. S'il le demande, je verrai à lui trouver un prétexte quelconque. Je lui dirai probablement que tu as été jalouse de moi. Fais-moi crédit de ce petit mensonge officieux. Adieu, je t'écris à la hâte afin que tu aies cette lettre à l'heure de ton déjeuner, et le postillon, qui s'est chargé de te la faire tenir, est là qui boit en l'attendant. Baise bien mon cher petit filleul pour moi. Viens à Chantepleurs au mois d'octobre, j'y serai seule pendant tout le temps que Macumer ira passer en Sardaigne, où il veut faire de grands changements dans ses domaines. Du moins tel est le projet du moment, et c'est sa fatuité à lui d'avoir un projet, il se croit indépendant ; aussi est-il toujours inquiet en me le communiquant. Adieu !

XXXVI

DE LA VICOMTESSE DE L'ESTORADE A LA BARONNE DE MACUMER.

Ma chère, notre étonnement à tous a été inexprimable quand, au déjeuner, on nous a dit que vous étiez partis, et surtout quand le postillon qui vous avait emmenés à Marseille m'a remis ta folle lettre. Mais, méchante, il ne s'agissait que de ton bonheur dans ces conversations au pied du rocher sur le banc de Louise, et tu as eu bien tort d'en prendre ombrage. *Ingrata!* je te condamne à revenir ici à mon premier appel. Dans cette odieuse lettre griffonnée sur du papier d'auberge, tu ne m'as pas dit où tu t'arrêteras ; je suis donc obligée de t'adresser ma réponse à Chantepleurs.

Écoute-moi, chère sœur d'élection, et sache, avant tout, que je te veux heureuse. Ton mari, ma Louise, a je ne sais quelle profondeur d'âme et de pensée qui impose autant que sa gravité naturelle et que sa contenance noble imposent ; puis il y a dans sa laideur si spirituelle, dans ce regard de velours, une puissance vraiment majestueuse ; il m'a donc fallu quelque temps avant d'établir cette familiarité sans laquelle il est difficile de s'observer à fond. Enfin, cet homme a été premier ministre, et il t'adore comme il adore Dieu : donc il devait dissimuler profondément ; et, pour aller pêcher des secrets au fond de ce diplomate, sous les roches de son cœur, j'avais à déployer autant d'habileté que de ruse ; mais j'ai fini, sans que notre homme s'en soit douté, par découvrir bien des choses desquelles ma mignonne ne se doute pas. De nous deux, je suis un peu la Raison comme tu es l'Imagination ; je suis le grave Devoir comme tu es le fol Amour. Ce contraste d'esprit qui n'existait que pour nous deux, le sort s'est plu à le continuer dans nos destinées. Je suis une humble vicomtesse campagnarde excessivement ambitieuse, qui doit conduire sa famille dans une voie de prospérité ; tandis que le monde sait Macumer ex-duc de Soria, et que, duchesse de droit, tu règnes sur ce Paris où il est si difficile à qui que ce soit, même aux Rois, de régner. Tu as une belle fortune que Macumer va doubler, s'il réalise ses projets d'exploitation pour ses immenses domaines de Sardaigne, dont les ressources sont bien connues à Marseille. Avoue que si l'une de nous deux devait être jalouse, ce serait moi ? Mais rendons grâces à Dieu de ce que nous ayons chacune le cœur assez haut placé pour que notre amitié soit au-dessus des petitesses vulgaires. Je te connais : tu as honte de m'avoir quittée. Malgré ta fuite, je ne te ferai pas grâce d'une seule des paroles que j'allais te dire aujourd'hui sous le rocher. Lis-moi donc avec attention, je t'en supplie, car il s'agit encore plus de toi que de Macumer, quoiqu'il soit pour beaucoup dans ma morale.

D'abord, ma mignonne, tu ne l'aimes pas. Avant deux ans, tu te fatigueras de cette adoration. Tu ne verras jamais en Felipe un mari, mais un amant de qui tu te joueras sans nul souci, comme font d'un amant toutes les femmes. Non, il ne t'impose pas, tu n'as pas pour lui ce profond respect, cette tendresse pleine de crainte qu'une véritable amante a pour celui en qui elle voit un Dieu. Oh! j'ai bien étudié l'amour, mon ange, et j'ai jeté plus d'une fois la sonde dans les gouffres de mon cœur. Après t'avoir bien examinée, je puis te le dire : Tu n'aimes pas. Oui, chère reine de Paris, de même que les reines, tu désireras être traitée en grisette, tu souhaiteras être dominée, entraînée par un homme fort qui, au lieu de t'adorer, saura te meurtrir le bras en te le saisissant au milieu d'une scène de jalousie. Macumer t'aime trop pour pouvoir jamais soit te réprimander, soit te résister. Un seul de tes regards, une seule de tes paroles d'enjôleuse fait fondre le plus fort de ses vouloirs. Tôt ou tard, tu le mépriseras de ce qu'il t'aime trop. Hélas! il te gâte, comme je te gâtais quand nous étions au couvent, car tu es une des plus séduisantes femmes et un des esprits les plus enchanteurs qu'on puisse imaginer. Tu es vraie surtout, et souvent le monde exige, pour notre propre bonheur, des mensonges auxquels tu ne descendras jamais. Ainsi, le monde demande qu'une femme ne laisse point voir l'empire qu'elle exerce sur son mari. Socialement parlant, un mari ne doit pas plus paraître l'amant de sa femme quand il l'aime en amant, qu'une épouse ne doit jouer le rôle d'une maîtresse. Or, vous manquez tous deux à cette loi. Mon enfant, d'abord ce que le monde pardonne le moins en le jugeant d'après ce que tu m'en as dit, c'est le bonheur, on doit le lui cacher; mais ceci n'est rien. Il existe entre amants une égalité qui ne peut jamais, selon moi, apparaître entre une femme et son mari, sous peine d'un renversement social et sans des malheurs irréparables. Un homme nul est quelque chose d'effroyable; mais il y a quelque chose de pire, c'est un homme annulé. Dans un temps donné tu auras réduit Macumer à n'être que l'ombre d'un homme : il n'aura plus sa volonté, il ne sera plus lui-même, mais une chose façonnée à ton usage; tu te le seras si bien assimilé, qu'au lieu d'être deux, il n'y aura plus qu'une personne dans votre ménage, et cet être-là sera nécessairement incomplet; tu en souffriras, et le mal sera sans remède quand tu daigneras ouvrir les yeux. Nous aurons beau faire, notre sexe ne sera jamais doué des qualités qui distinguent l'homme; et ces qualités sont plus que nécessaires, elles sont indispensables à la Famille. En ce moment, malgré son aveuglement, Macumer entrevoit cet avenir, il se sent diminué par son amour. Son voyage en Sardaigne me prouve qu'il va tenter de se retrouver lui-même par cette séparation momentanée. Tu n'hésites pas à exercer le pouvoir que te remet l'amour. Ton autorité s'aperçoit dans un geste, dans le regard, dans l'accent. Oh! chère, tu es, comme te le disait ta mère, une folle courtisane. Certes, il t'est prouvé, je crois, que je suis de beaucoup supérieure à Louis ; mais m'as-tu vue jamais le contredisant ? Ne suis-je pas en public une femme qui le respecte comme le pouvoir de la famille ? Hypocrisie ! diras-tu. D'abord, les conseils que je crois utile de lui donner, mes avis, mes idées, je ne les lui soumets jamais que dans l'ombre et le silence de la chambre à coucher ; mais je puis te jurer, mon ange, qu'alors même je n'affecte envers lui aucune supériorité. Si je ne restais pas secrètement comme ostensiblement sa femme, il ne croirait pas en lui. Ma chère, la perfection de la bienfaisance consiste à s'effacer si bien que l'obligé ne se croie pas inférieur à celui qui l'oblige ; et ce dévouement caché comporte des douceurs infinies. Aussi ma gloire a-t-elle été de te tromper toi-même, et tu m'as fait des compliments de Louis. La prospérité, le bonheur, l'espoir, lui ont d'ailleurs fait regagner depuis deux ans tout ce que le malheur, les misères, l'abandon, le doute lui avaient fait perdre. En ce moment donc, d'après mes observations, je trouve que tu aimes Felipe pour toi, et non pour lui-même. Il y a du vrai dans ce que t'a dit ton père : ton égoïsme de grande dame est seulement déguisé sous les fleurs du printemps de ton amour. Ah! mon enfant, il faut te bien aimer pour te dire de si cruelles vérités. Laisse-moi te raconter, sous la condition de ne jamais souffler de ceci le moindre mot au baron, la fin d'un de nos entretiens. Nous avions chanté tes louanges sur tous les tons, car il a bien vu que je t'aimais comme une sœur que l'on aime ; et après l'avoir amené, sans qu'il y prît garde, à des confidences : — Louise, lui ai-je dit, n'a pas encore lutté avec la vie, elle est traitée en enfant gâté par le sort, et peut-être serait-elle malheureuse si vous ne saviez pas être un père pour elle comme vous êtes un amant. — Et le puis-je ! a-t-il dit. Il s'est arrêté tout court, comme un homme qui voit le précipice où il va rouler. Cette exclamation m'a suffi. Si tu n'étais pas partie, il m'en aurait dit davantage quelques jours après.

Mon ange, quand cet homme sera sans forces, quand il aura

trouvé la satiété dans le plaisir, quand il se sentira, je ne dis pas avili, mais sans sa dignité devant toi, les reproches que lui fera sa conscience lui donneront une sorte de remords, blessant pour toi par cela même que tu te sentiras coupable. Enfin tu finiras par mépriser celui que tu ne te seras pas habituée à respecter. Songes-y. Le mépris chez la femme est la première forme que prend sa haine. Comme tu es noble de cœur, tu te souviendras toujours des sacrifices que Felipe t'aura faits; mais il n'aura plus à t'en faire après s'être en quelque sorte servi lui-même dans ce premier festin, et malheur à l'homme comme à la femme qui ne laissent rien à souhaiter! Tout est dit. A notre honte ou à notre gloire, je ne saurais décider ce point délicat, nous ne sommes exigeantes que pour l'homme qui nous aime!

O Louise, change, il en est temps encore. Tu peux, en te conduisant avec Macumer comme je me conduis avec l'Estorade, faire surgir le lion caché dans cet homme vraiment supérieur. On dirait que tu veux te venger de sa supériorité. Ne seras-tu donc pas fière d'exercer ton pouvoir autrement qu'à ton profit, de faire un homme de génie d'un homme grand, comme je fais un homme supérieur d'un homme ordinaire?

Tu serais restée à la campagne, je t'aurais toujours écrit cette lettre; j'eusse craint ta pétulance et ton esprit dans une conversation, tandis que je sais que tu réfléchiras à ton avenir en me lisant. Chère âme, tu as tout pour être heureuse, ne gâte pas ton bonheur, et retourne dès le mois de novembre à Paris. Les soins et l'entraînement du monde dont je me plaignais sont des diversions nécessaires à votre existence, peut-être un peu trop intime. Une femme mariée doit avoir sa coquetterie. La mère de famille qui ne laisse pas désirer sa présence en se rendant rare au sein du ménage risque d'y faire connaître la satiété. Si j'ai plusieurs enfants, ce que je souhaite pour mon bonheur, je te jure que dès qu'ils arriveront à un certain âge je me réserverai des heures pendant lesquelles je serai seule; car il faut se faire demander par tout le monde, même par ses enfants. Adieu, chère jalouse? Sais-tu qu'une femme vulgaire serait flattée de t'avoir causé ce mouvement de jalousie? Hélas! je ne puis que m'en affliger, car il n'y a en moi qu'une mère et une sincère amie. Mille tendresses. Enfin fais tout ce que tu voudras pour excuser ton départ : si tu n'es pas sûre de Felipe, je suis sûre de **Louis.**

XXXVII

DE LA BARONNE DE MACUMER A LA VICOMTESSE DE L'ESTORADE.

Gênes.

Ma chère belle, j'ai eu la fantaisie de voir un peu l'Italie, et suis ravie d'y avoir entraîné Macumer, dont les projets, relativement à la Sardaigne, sont ajournés.

Ce pays m'enchante et me ravit. Ici les églises, et surtout les chapelles, ont un air amoureux et coquet qui doit donner à une protestante envie de se faire catholique. On a fêté Macumer, et l'on s'est applaudi d'avoir acquis un sujet pareil. Si je la désirais, Felipe aurait l'ambassade de Sardaigne à Paris ; car la cour est charmante pour moi. Si tu m'écris, adresse tes lettres à Florence. Je n'ai pas trop le temps de t'écrire en détail, je te raconterai mon voyage à ton premier séjour à Paris. Nous ne resterons ici qu'une semaine. De là nous irons à Florence par Livourne, nous séjournerons un mois en Toscane et un mois à Naples afin d'être à Rome en novembre. Nous reviendrons par Venise, où nous demeurerons la première quinzaine de décembre ; puis nous arriverons par Milan et par Turin à Paris pour le mois de janvier. Nous voyageons en amants : la nouveauté des lieux renouvelle nos chères noces. Macumer ne connaissait point l'Italie, et nous avons débuté par ce magnifique chemin de la Corniche qui semble construit par les fées. Adieu, chérie. Ne m'en veux pas si je ne t'écris point ; il m'est impossible de trouver un moment à moi en voyage ; je n'ai que le temps de voir, de sentir et de savourer mes impressions. Mais, pour t'en parler, j'attendrai qu'elles aient pris les teintes du souvenir.

XXXVIII

DE LA VICOMTESSE DE L'ESTORADE A LA BARONNE
DE MACUMER.

Septembre.

Ma chère, il y a pour toi à Chantepleurs une assez longue réponse à la lettre que tu m'as écrite de Marseille. Ce voyage fait en amants est si loin de diminuer les craintes que je t'y exprimais, que je te prie d'écrire en Nivernais pour qu'on t'envoie ma lettre.

Le ministère a résolu, dit-on, de dissoudre la chambre. Si c'est un malheur pour la couronne, qui devait employer la dernière session de cette législature dévouée à faire rendre des lois nécessaires à la consolidation du pouvoir, c'en est un pour nous aussi : Louis n'aura quarante ans qu'à la fin de 1827. Heureusement mon père, qui consent à se faire nommer député, donnera sa démission en temps utile.

Ton filleul a fait ses premiers pas sans sa marraine ; il est d'ailleurs admirable et commence à me faire de ces petits gestes gracieux qui me disent que ce n'est plus seulement un organe qui tette, une vie brutale, mais une âme : ses sourires sont pleins de pensées. Je suis si favorisée dans mon métier de nourrice que je sèvrerai notre Armand en décembre. Un an de lait suffit. Les enfants qui tettent trop deviennent des sots. Je suis pour les dictons populaires. Tu dois avoir un succès fou en Italie, ma belle blonde. Mille tendresses.

XXXIX

DE LA BARONNE DE MACUMER A LA VICOMTESSE
DE L'ESTORADE.

Rome, décembre.

J'ai ton infâme lettre, que, sur ma demande, mon régisseur m'a envoyée de Chantepleurs ici. Oh ! Renée... Mais je t'épargne tout ce que mon indignation pourrait me suggérer. Je vais seulement te raconter les effets produits par ta lettre. Au retour de la fête charmante que nous a donnée l'ambassadeur et où j'ai brillé de tout mon éclat, d'où Macumer est revenu dans un enivrement de moi que je ne saurais peindre, je lui ai lu ton horrible réponse, et je la lui ai lue en pleurant, au risque de lui paraître laide. Mon cher Abencerrage est tombé à mes pieds en te traitant de radoteuse : il m'a emmenée au balcon du palais où nous sommes, et d'où nous voyons une partie de Rome : là, son langage a été digne de la scène qui s'offrait à nos yeux ; car il faisait un superbe clair de lune. Comme nous savons déjà l'italien, son amour, exprimé dans cette langue si molle et si favorable à la passion, m'a paru sublime. Il m'a dit que, quand même tu serais prophète, il préférait un nuit heureuse ou l'une de nos délicieuses matinées à toute une vie. A ce compte, il avait déjà vécu mille ans. Il voulait que je restasse sa maîtresse, et ne souhaitait pas d'autre titre que celui de mon amant. Il est si fier et si heureux de se voir chaque jour le préféré que, si Dieu lui apparaissait et lui donnait à opter entre vivre encore trente ans selon ta doctrine et avoir cinq enfants, ou n'avoir plus que cinq ans de vie en continuant nos chères amours fleuries, son choix serait fait : il aimerait mieux être aimé comme je l'aime et mourir. Ces protestations dites à mon oreille, ma tête sur son épaule, son bras autour de ma taille, ont été troublées en ce moment par les cris de quelque chauve-souris qu'un chat-huant avait surprise. Ce cri de mort m'a fait une si cruelle impression que Felipe m'a emportée à demi évanouie sur mon lit. Mais rassure-toi ! quoique cet horoscope ait retenti dans mon âme, ce matin je vais bien. En me levant je me suis mise à genoux devant Felipe, et, les yeux sous les siens, ses mains prises dans les miennes, je lui ai dit : — Mon ange, je suis un enfant, et Renée pourrait avoir raison : c'est peut-être seulement l'amour que j'aime en toi ; mais du moins sache qu'il n'y a pas d'autre sentiment dans mon cœur, et que je t'aime alors à ma manière. Enfin si dans mes façons, dans les moindres choses de ma vie et de mon âme, il y avait quoi que ce soit de contraire à ce que tu voulais ou espérais de moi, dis-le ! fais-le-moi connaître ! j'aurai du plaisir à t'écouter et à ne me conduire que par la lueur de tes yeux. Renée m'effraie, elle m'aime tant !

Macumer n'a pas eu de voix pour me répondre, il fondait en larmes. Maintenant, je te remercie, ma Renée; je ne savais pas combien je suis aimée de mon beau, de mon royal Macumer. Rome est la ville où l'on aime. Quand on a une passion, c'est là qu'il faut aller en jouir : on a les arts et Dieu pour complices. Nous trouverons, à Venise, le duc et la duchesse de Soria. Si tu m'écris, écris-moi maintenant à Paris, car nous quittons Rome dans trois jours. La fête de l'ambassadeur était un adieu.

P. S. Chère imbécile, ta lettre montre bien que tu ne connais l'amour qu'en idée. Sache donc que l'amour est un principe dont tous les effets sont si dissemblables qu'aucune théorie ne saurait les embrasser ni les régenter. Ceci est pour mon petit docteur en corset.

XL

DE LA COMTESSE DE L'ESTORADE A LA BARONNE DE MACUMER.

Janvier 1827.

Mon père est nommé, mon beau-père est mort, et je suis encore sur le point d'accoucher; tels sont les événements marquants de la fin de cette année. Je te les dis sur-le-champ, pour que l'impression que te fera mon cachet noir se dissipe aussitôt.

Ma mignonne, ta lettre de Rome m'a fait frémir. Vous êtes deux enfants. Felipe est, ou un diplomate qui a dissimulé, ou un homme qui t'aime comme il aimerait une courtisane à laquelle il abandonnerait sa fortune, tout en sachant qu'elle le trahit. En voilà bien assez. Vous me prenez pour une radoteuse, je me tairai. Mais laisse-moi te dire qu'en étudiant nos deux destinées j'en tire un cruel principe : Voulez-vous être aimée? n'aimez pas.

Louis, ma chère, a obtenu la croix de la Légion-d'Honneur quand il a été nommé membre du conseil général. Or, comme voici bientôt trois ans qu'il est du conseil, et que mon père, que tu verras sans doute à Paris pendant la session, a demandé pour son gendre le grade d'officier, fais-moi le plaisir d'entreprendre le mamamouchi quelconque que cette nomination regarde, et de veiller à cette petite chose. Surtout, ne te mêle pas des affaires de mon très-honoré père, le comte de Maucombe, qui veut obtenir le titre de marquis ; réserve tes faveurs pour moi. Quand Louis sera député, c'est-à-dire l'hiver prochain, nous viendrons à Paris, et nous y remuerons alors ciel et terre pour le placer à quelque direction générale, afin que nous puissions économiser tous nos revenus en vivant des appointements d'une place. Mon père siége entre le centre et la droite, il ne demande qu'un titre ; notre famille était déjà célèbre sous le roi René, le roi Charles X ne refusera pas un Maucombe ; mais j'ai peur qu'il ne prenne à mon père fantaisie de postuler quelque faveur pour mon frère cadet ; et en lui tenant la dragée du marquisat un peu haut, il ne pourra penser qu'à lui-même.

15 janvier.

Ah ! Louise, je sors de l'enfer ! Si j'ai le courage de te parler de mes souffrances, c'est que tu me sembles une autre moi-même. Encore ne sais-je pas si je laisserai jamais ma pensée revenir sur ces cinq fatales journées ! Le seul mot de convulsion me cause un frisson dans l'âme même. Ce n'est pas cinq jours qui viennent de se passer, mais cinq siècles de douleurs. Tant qu'une mère n'a pas souffert ce martyre, elle ignorera ce que veut dire le mot souffrance. Je t'ai trouvée heureuse de ne pas avoir d'enfants, ainsi juge de ma déraison !

La veille du jour terrible, le temps, qui avait été lourd et presque chaud, me parut avoir incommodé mon petit Armand. Lui, si doux et si caressant, il était grimaud ; il criait à propos de tout, il voulait jouer et brisait ses joujoux. Peut-être toutes les maladies s'annoncent-elles chez les enfants par des changements d'humeur. Attentive à cette singulière méchanceté, j'observais chez Armand des rougeurs et des pâleurs que j'attribuais à la pousse de quatre grosses dents qui percent à la fois. Aussi l'ai-je couché près de moi, m'éveillant de moment en moment. Pendant la nuit, il eut un peu de fièvre qui ne m'inquiétait point ; je l'attribuais toujours aux dents. Vers le matin il dit : Maman ! en demandant à boire par un geste, mais avec un éclat dans la voix, avec un mouvement convulsif dans le geste qui me glacèrent le sang. Je sautai hors du lit pour aller lui préparer de l'eau sucrée. Juge de mon effroi quand en lui présentant la tasse je ne lui vis faire aucun mouvement ; il répétait seulement : Maman, de cette voix qui n'était plus sa voix, qui n'était même plus une voix. Je lui pris la main, mais elle n'obéissait plus, elle se roidissait. Je lui mis alors la tasse aux lèvres ; le pauvre petit but d'une manière effrayante, par trois ou quatre gorgées convulsives, et l'eau fit un bruit singulier dans son gosier. Enfin il s'accrocha désespérément à moi, et j'aperçus ses yeux, tirés par une force intérieure, devenir blancs, ses membres perdre leur souplesse. Je jetai des cris affreux. Louis vint. — Un médecin ! un médecin ! il meurt ! lui criai-je. Louis disparut, et mon pauvre Armand dit encore : — Maman ! maman ! en se cramponnant à moi. Ce fut le dernier moment où il sut qu'il avait une mère. Les jolis vaisseaux de son front se sont injectés, et la convulsion a commencé. Une heure avant l'arrivée des médecins, je tenais cet enfant si vivace, si blanc et rose, cette fleur qui faisait mon orgueil et ma joie, roide comme un morceau de bois, et quels yeux ! je frémis en me les rappelant. Noir, crispé, rabougri, muet, mon gentil Armand était une momie. Un médecin, deux médecins amenés de Marseille par Louis, restaient là plantés sur leurs jambes comme des oiseaux de mauvais augure, ils me faisaient frissonner. L'un parlait de fièvre cérébrale, l'autre voyait des convulsions comme en ont les enfants. Le médecin de notre canton me paraissait être le plus sage parce qu'il ne prescrivait rien. — Ce sont les dents, disait le second. C'est une fièvre, disait le premier. Enfin, on convint de mettre des sangsues au cou, et de la glace sur la tête. Je me sentais mourir. Être là, voir un cadavre bleu ou noir, pas un cri, pas un mouvement, au lieu d'une créature si bruyante et si vive ! Il y eut un moment où ma tête s'est égarée, et où j'ai eu comme un rire nerveux en voyant ce joli cou, que j'avais tant baisé, mordu par des sangsues, et cette charmante tête sous une calotte de glace. Ma chère, il a fallu lui couper cette jolie chevelure que nous admirions tant, et que tu avais caressée, pour pouvoir mettre la glace. De dix en dix minutes, comme dans mes douleurs d'accouchement, la convulsion revenait, et le pauvre petit se tordait, tantôt pâle, tantôt violet. En se rencontrant, ses membres si flexibles rendaient un son comme si c'eût été du bois. Cette créature insensible m'avait souri, m'avait parlé, m'appelait naguère encore maman ! A ces idées, des masses de douleurs me traversaient l'âme, en l'agitant comme des ouragans agitent la mer, et je sentais tous les liens par lesquels un enfant tient à notre cœur ébranlés. Ma mère, qui peut-être m'aurait aidée, conseillée ou consolée, est à Paris. Les mères en savent plus sur les convulsions que les médecins, je crois. Après quatre jours et quatre nuits passés dans des alternatives et des craintes qui m'ont presque tuée, les médecins furent tous d'avis d'appliquer une affreuse pommade pour faire des plaies! Oh! des plaies à mon Armand qui jouait cinq jours auparavant, qui souriait, qui s'essayait à dire *marraine!* Je m'y suis refusée en voulant me confier à la nature. Louis me grondait, il croyait aux médecins. Un homme est toujours homme. Mais il y a dans ces terribles maladies des instants où elles prennent la forme de la mort; et pendant un de ces instants, ce remède, que j'abominais, me parut être le salut d'Armand. Ma Louise, la peau était si sèche, si rude, si aride, que l'onguent ne prit pas. Je me mis alors à fondre en larmes pendant si longtemps au-dessus du lit, que le chevet en fut mouillé. Les médecins dînaient, eux! Me voyant seule, j'ai débarrassé mon enfant de tous les topiques de la médecine, je l'ai pris, quasi folle, entre mes bras, je l'ai serré contre ma poitrine, j'ai appuyé mon front à son front en priant Dieu de lui donner ma vie, tout en essayant de la lui communiquer. Je l'ai tenu pendant quelques instants ainsi, voulant mourir avec lui pour n'en être séparée ni dans la vie ni dans la mort. Ma chère, j'ai senti les membres fléchir; la convulsion a cédé, mon enfant a remué, les sinistres et horribles couleurs ont disparu! J'ai crié comme quand il était tombé malade, les médecins ont monté, je leur ai fait voir Armand.

— Il est sauvé! s'est écrié le plus âgé des médecins.

Oh! quelle parole! quelle musique! les cieux s'ouvraient. En effet, deux heures après, Armand renaissait; mais j'étais anéantie, il a fallu, pour m'empêcher de faire quelque maladie, le baume de la joie. O mon Dieu! par quelles douleurs attachez-vous l'enfant à sa mère? quels clous vous nous enfoncez au cœur pour qu'il y tienne! N'étais-je donc pas assez mère encore, moi que les bégaiements et les premiers pas de cet enfant ont fait pleurer de joie! moi qui l'étudie pendant des heures entières pour bien accomplir mes devoirs et m'instruire au doux métier de mère! Était-il besoin de causer ces terreurs, d'offrir ces épouvantables images à celle qui fait de son enfant une idole? Au moment où je t'écris, notre Armand joue, il crie, il rit. Je cherche alors les causes de cette horrible maladie des enfants, en songeant que je suis grosse. Est-ce la pousse des dents? est-ce un travail particulier qui se fait dans le cerveau? Les enfants qui subissent des convulsions ont-ils une imperfection dans le système nerveux? Toutes ces idées m'inquiètent autant pour le présent que pour l'avenir. Notre médecin de campagne tient pour une excitation nerveuse causée par les dents. Je donnerais toutes les miennes pour que celles de notre petit Armand fussent faites. Quand je vois une de ces perles blanches poindre au milieu de sa gencive enflammée, il me prend maintenant des sueurs froides. L'héroïsme avec lequel ce cher ange souffre m'indique qu'il aura tout mon caractère; il me jette des regards à fendre le cœur. La médecine ne sait pas grand'chose sur les causes de cette espèce de tétanos qui finit aussi rapidement qu'il commence, qu'on ne peut ni prévenir ni guérir. Je te le répète, une seule chose est certaine : voir son enfant en convulsion, voilà l'enfer pour une mère. Avec quelle rage je l'embrasse! Oh! comme je le tiens longtemps sur mon bras en le promenant! Avoir eu cette douleur quand je dois accoucher de nouveau dans six semaines, c'était une horrible aggravation du martyre, j'avais peur pour l'autre! Adieu, ma chère et bien-aimée Louise, ne désire pas d'enfants, voilà mon dernier mot.

XLI

DE LA BARONNE DE MACUMER A LA VICOMTESSE DE L'ESTORADE.

Paris.

Pauvre ange, Macumer et moi nous t'avons pardonné tes *mauvaisetés* en apprenant combien tu as été tourmentée. J'ai frissonné, j'ai souffert en lisant les détails de cette double torture, et me voilà moins chagrine de ne pas être mère. Je m'empresse de t'annoncer la nomination de Louis, qui peut porter la rosette d'officier. Tu désirais une petite fille ; probablement tu en auras une, heureuse Renée! Le mariage de mon frère et de mademoiselle de Mortsauf a été célébré à notre retour. Notre charmant roi, qui vraiment est d'une bonté admirable, a donné à mon frère la survivance de la charge de premier gentilhomme de la chambre dont est revêtu son beau-père.

— La charge doit aller avec les titres, a-t-il dit au duc de Lenoncourt-Givry.

Mon père avait cent fois raison. Sans ma fortune, rien de tout cela n'aurait eu lieu. Mon père et ma mère sont venus de Madrid pour ce mariage, et y retournent après la fête que je donne demain aux nouveaux mariés. Le carnaval sera très brillant. Le duc et la duchesse de Soria sont à Paris ; leur présence m'inquiète un peu. Marie Hérédia est certes une des plus belles femmes de l'Europe, je n'aime pas la manière dont Felipe la regarde. Aussi redoublé-je d'amour et de tendresse. « *Elle* ne t'aurait jamais aimée ainsi ! » est une parole que je me garde bien de dire, mais qui est écrite dans tous mes regards, dans tous mes mouvements. Dieu sait si je suis élégante et coquette. Hier, madame de Maufrigneuse me disait : — Chère enfant, il faut vous rendre les armes. Enfin, j'amuse tant Felipe, qu'il doit trouver sa belle-sœur bête comme une vache espagnole. J'ai d'autant moins de regret de ne pas faire un petit Abencerrage, que la duchesse accouchera sans doute à Paris, elle va devenir laide ; si elle a un garçon, il se nommera Felipe en l'honneur du banni. Un malicieux hasard fera que je serai encore marraine. Adieu, chère. J'irai de bonne heure cette année à Chantepleurs, car notre voyage a coûté des sommes exorbitantes ; je partirai vers la fin de mars, afin d'aller vivre avec économie en Nivernais. Paris m'ennuie d'ailleurs. Felipe soupire autant que moi après la belle solitude de notre parc, nos fraîches prairies et notre Loire pailletée par ses sables, à laquelle aucune rivière ne ressemble. Chantepleurs me paraîtra délicieux après les pompes et les vanités de l'Italie ; car, après tout, la magnificence est ennuyeuse, et le regard d'un amant est plus beau qu'un *capo d'opéra*, qu'un *bel quadro !* Nous t'y attendrons, je ne serai plus jalouse de toi. Tu pourras sonder à ton aise le cœur de mon Macumer, y pêcher des interjections, en ramener des scrupules, je te le livre avec une superbe confiance. Depuis la scène de Rome, Felipe m'aime davantage ; il m'a dit hier (il regarde par-dessus mon épaule) que sa belle-sœur, la Marie de sa jeunesse, sa vieille fiancée, la princesse Hérédia, son premier rêve, était stupide. Oh ! chère, je suis pire qu'une fille d'Opéra, cette injure m'a causé du plaisir. J'ai fait remarquer à Felipe qu'elle ne parlait pas correctement le français ; elle prononce *esemple, sain* pour *cinq, cheu* pour *je ;* enfin, elle est belle, mais elle n'a pas de grâce, elle n'a pas la moindre vivacité dans l'esprit. Quand on lui adresse un compliment, elle vous regarde comme une femme qui ne serait pas habituée à en recevoir. Du caractère dont il est, il aurait quitté Marie après deux mois de mariage. Le duc de Soria, Don Fernand, est très bien assorti avec elle; il a de la générosité, mais c'est un enfant gâté, cela se voit. Je pourrais être méchante et te faire rire; mais je m'en tiens au vrai. Mille tendresses, mon ange.

XLII

RENÉE A LOUISE.

Ma petite fille a deux mois; ma mère a été la marraine, et un vieux grand-oncle de Louis, le parrain de cette petite, qui se nomme Jeanne-Athénaïs.

Dès que je le pourrai, je partirai pour vous aller voir à Chantepleurs, puisqu'une nourrice ne vous effraie pas. Ton filleul dit ton nom; il le prononce *Matoumer!* car il ne peut pas dire les *c* autrement; tu en raffoleras; il a toutes ses dents; il mange maintenant de la viande comme un grand garçon, il court et trotte comme un rat; mais je l'enveloppe toujours de regards inquiets, et je suis au désespoir de ne pouvoir le garder près de moi pendant mes couches, qui exigent plus de quarante jours de chambre, à cause de quelques précautions ordonnées par les médecins. Hélas! mon enfant, on ne prend pas l'habitude d'accoucher! Les mêmes douleurs et les mêmes appréhensions reviennent. Cependant (ne montre pas ma lettre à Felipe) je suis pour quelque chose dans la façon de cette petite fille, qui fera peut-être tort à ton Armand.

Mon père a trouvé Felipe maigri, et ma chère mignonne un peu maigrie aussi. Cependant le duc et la duchesse de Soria sont partis; il n'y a plus le moindre sujet de jalousie! Me cacherais-tu quelque chagrin? Ta lettre n'était ni aussi longue ni aussi affectueusement pensée que les autres. Est-ce seulement un caprice de ma chère capricieuse?

En voici trop, ma garde me gronde de t'avoir écrit, et mademoiselle Athénaïs de l'Estorade veut dîner. Adieu donc, écris-moi bonnes longues lettres.

XLIII

MADAME DE MACUMER A LA COMTESSE DE L'ESTORADE.

Pour la première fois de ma vie, ma chère Renée, j'ai pleuré seule sous un saule, sur un banc de bois, au bord de mon long étang de Chantepleurs, une délicieuse vue que tu vas venir embellir, car il n'y manque que de joyeux enfants. Ta fécondité m'a fait faire un retour sur moi-même, qui n'ai point d'enfants après bientôt trois ans de mariage. Oh! pensais-je, quand je devrais souffrir cent fois plus que Renée n'a souffert en accouchant de mon filleul, quand je devrais voir mon enfant en convulsions, faites, mon Dieu, que j'aie une angélique créature comme cette petite Athénaïs que je vois d'ici aussi belle que le jour, car tu ne m'en as rien dit ! J'ai reconnu là ma Renée. Il semble que tu devines mes souffrances. Chaque fois que mes espérances sont déçues, je suis pendant plusieurs jours la proie d'un chagrin noir. Je faisais alors de sombres élégies. Quand broderai-je de petits bonnets? quand choisirai-je la toile d'une layette? quand coudrai-je de jolies dentelles pour envelopper une petite tête! Ne dois-je donc jamais entendre une de ces charmantes créatures m'appeler maman, me tirer par ma robe, me tyranniser? Ne verrai-je donc pas sur le sable les traces d'une petite voiture? Ne ramasserai-je pas des joujoux cassés dans ma cour? N'irai-je pas, comme tant de mères que j'ai vues, chez les bimbelotiers acheter des sabres, des poupées, de petits ménages? Ne verrai-je point se développer cette vie et cet ange qui sera un autre Felipe plus aimé? Je voudrais un fils pour savoir comment on peut aimer son amant plus qu'il ne l'est dans un autre lui-même. Mon parc, le château me semblent déserts et froids. Une femme sans enfants est une monstruosité; nous ne sommes faites que pour être mères. Oh! docteur en corset que tu es, tu as bien vu la vie. La stérilité d'ailleurs est horrible en toute chose. Ma vie ressemble un peu trop aux bergeries de Gessner et de Florian, desquelles Rivarol disait qu'on y désirait des loups. Je veux être dévouée aussi, moi! Je sens en moi des forces que Felipe néglige; et, si je ne suis pas mère, il faudra que je me passe la fantaisie de quelque malheur.

Voilà ce que je viens de dire à mon restant de Maure, à qui ces mots ont fait venir des larmes aux yeux. Il en a été quitte pour être appelé une sublime bête. On ne peut pas le plaisanter sur son amour.

Par moments il me prend envie de faire des neuvaines, d'aller demander la fécondité à certaines madones ou à certaines eaux. L'hiver prochain je consulterai des médecins. Je suis trop furieuse contre moi-même pour t'en dire davantage. Adieu.

XLIV

DE LA MÊME A LA MÊME.

Paris, 1829.

Comment, ma chère, un an sans lettre ?... Je suis un peu piquée. Crois-tu que ton Louis, qui m'est venu voir presque tous les deux jours, te remplace ? Il ne me suffit pas de savoir que tu n'es pas malade et que vos affaires vont bien, je veux tes sentiments et tes idées comme je te livre les miennes, au risque d'être grondée, ou blâmée, ou méconnue, car je t'aime. Ton silence et ta retraite à la campagne, quand tu pourrais jouir ici des triomphes parlementaires du comte de l'Estorade, dont la *parlotterie* et le dévouement lui ont acquis une influence, et qui sera sans doute placé très-haut après la session, me donnent de graves inquiétudes. Passes-tu donc ta vie à lui écrire des instructions? Numa n'était pas si loin de son Égérie. Pourquoi n'as-tu pas saisi l'occasion de voir Paris? Je jouirais de toi depuis quatre mois. Louis m'a dit hier que tu viendrais le chercher et faire tes troisièmes couches à Paris, affreuse mère Gigogne que tu es ! Après bien des questions, et des hélas, et des plaintes, Louis, quoique diplomate, a fini par me dire que son grand-oncle, le parrain d'Athénaïs, était fort mal. Or, je te suppose, en bonne mère de famille, capable de tirer parti de la gloire et des discours du député pour obtenir un legs avantageux du dernier parent maternel de ton mari. Sois tranquille, ma Renée, les Lenoncourt, les Chaulieu, le salon de madame de Macumer travaillent pour Louis. Martignac le mettra sans doute à la cour des comptes.

Mais, si tu ne me dis pas pourquoi tu restes en province, je me fâche. Est-ce pour ne pas avoir l'air d'être toute la politique de la maison de l'Estorade ? est-ce pour la succession de l'oncle ? as-tu craint d'être moins mère à Paris ? Oh ! comme je voudrais savoir si c'est pour ne pas t'y faire voir, pour la première fois, dans ton état de grossesse, coquette ! Adieu.

XLV

RENÉE A LOUISE.

Tu te plains de mon silence, tu oublies donc ces deux petites têtes brunes que je gouverne et qui me gouvernent ? Tu as d'ailleurs trouvé quelques-unes des raisons que j'avais pour garder la maison. Outre l'état de notre précieux oncle, je n'ai pas voulu traîner à Paris un garçon d'environ quatre ans et une petite fille de trois ans bientôt quand je suis encore grosse. Je n'ai pas voulu embarrasser ta vie et ta maison d'un pareil ménage, je n'ai pas voulu paraître à mon désavantage dans le brillant monde où tu règnes, et j'ai les appartements garnis, la vie des hôtels en horreur. Le grand-oncle de Louis, en apprenant la nomination de son petit-neveu, m'a fait présent de la moitié de ses économies, deux cent mille francs, pour acheter à Paris une maison, et Louis est chargé d'en trouver une dans ton quartier. Ma mère me donne une trentaine de mille francs pour les meubles. Quand je viendrai m'établir pour la session à Paris, j'y viendrai chez moi. Enfin, je tâcherai d'être digne de ma chère sœur d'élection, soit dit sans jeu de mots.

Je te remercie d'avoir mis Louis aussi bien en cour qu'il l'est ; mais malgré l'estime que font de lui messieurs de Bourmont et de Polignac, qui veulent l'avoir dans leur ministère, je ne le souhaite point si fort en vue : on est alors trop compromis. Je préfère la cour des comptes à cause de son inamovibilité. Nos affaires seront ici dans de très-bonnes mains ; et, une fois que notre régisseur sera bien au fait, je viendrai seconder Louis, sois tranquille.

Quant à écrire maintenant de longues lettres, le puis-je ? Celle-ci, dans laquelle je voudrais pouvoir te peindre le train ordinaire de mes journées, restera sur ma table pendant huit jours. Peut-être Armand en fera-t-il des cocotes pour ses régiments alignés sur mes tapis ou des vaisseaux pour les flottes qui voguent sur son bain. Un seul de mes jours te suffira d'ailleurs, ils se ressemblent tous et se réduisent à deux événements : les enfants souffrent ou les enfants ne souffrent pas. A la lettre, pour moi, dans cette bastide solitaire, les minutes sont des heures ou les heures sont des minutes, selon l'état des enfants. Si j'ai quelques heures délicieuses, je les rencontre pendant leur sommeil, quand je ne suis pas à bercer l'une et à conter des histoires à l'autre pour les endormir. Quand je les tiens endormis près de moi, je me dis : Je n'ai plus rien à craindre. En effet, mon ange, durant le jour, toutes les mères inventent des dangers. Dès que les enfants ne sont plus sous leurs yeux, ce sont des rasoirs volés avec lesquels Armand a voulu jouer, le feu qui prend à sa jaquette, un orvet qui peut le mordre, une chute en courant qui peut faire un dépôt à la tête, ou les bassins où il peut se noyer. Comme tu le vois, la maternité comporte une suite de poésies douces ou terribles. Pas une heure qui n'ait ses joies et ses craintes. Mais le soir, dans ma chambre, arrive l'heure de ces rêves éveillés pendant laquelle j'arrange leurs destinées. Leur vie est alors éclairée par le sourire des anges que je vois à leur chevet. Quelquefois Armand m'appelle dans son sommeil, je viens à son insu baiser son front et les pieds de sa sœur en les contemplant tous deux dans leur beauté. Voilà mes fêtes ! Hier notre ange gardien, je crois, m'a fait courir au milieu de la nuit, inquiète, au berceau d'Athénaïs, qui avait la tête trop bas, et j'ai trouvé notre Armand tout découvert, les pieds violets de froid.

— Oh ! petite mère ! m'a-t-il dit en s'éveillant et en m'embrassant.

Voilà, ma chère, une scène de nuit. Combien il est utile à une mère d'avoir ses enfants à côté d'elle ! Est-ce une bonne, tant bonne soit-elle, qui peut les prendre, les rassurer et les rendormir quand quelque horrible cauchemar les a réveillés ? car ils ont leurs rêves ; et leur expliquer un de ces terribles rêves est une tâche d'autant plus difficile qu'un enfant écoute alors sa mère d'un œil à la fois endormi, effaré, intelligent et niais. C'est un point d'orgue entre deux sommeils. Aussi mon sommeil est-il devenu si léger que je vois mes deux petits et les entends à travers la gaze de mes paupières. Je m'éveille à un soupir, à un mouvement. Le monstre des convulsions est pour moi toujours accroupi au pied de leurs lits.

Au jour, le ramage de mes deux enfants commence avec les premiers cris des oiseaux. A travers les voiles du dernier sommeil, leurs baragouinages ressemblent aux gazouillements du matin, aux disputes des hirondelles, petits cris joyeux ou plaintifs, que j'entends moins par les oreilles que par le cœur. Pendant que Naïs essaie d'arriver à moi en opérant le passage de son berceau à mon lit en se traînant sur ses mains et faisant des pas mal assurés, Armand grimpe avec l'adresse d'un singe et m'embrasse. Ces deux petits font alors de mon lit le théâtre de leurs jeux, où la mère est à leur discrétion. La petite me tire les cheveux, veut toujours teter, et Armand défend ma poitrine comme si c'était son bien. Je ne résiste pas à certaines poses, à des rires qui partent comme des fusées et qui finissent par chasser le sommeil. On joue alors à l'ogresse, et mère ogresse mange alors de caresses cette jeune chair si blanche et si douce; elle baise à outrance ces yeux si coquets dans leur malice, ces épaules de rose, et l'on excite de petites jalousies qui sont charmantes. Il y a des jours où j'essaie de mettre mes bas à huit heures, et où je n'en ai pas encore mis un à neuf heures.

Enfin, ma chère, on se lève. Les toilettes commencent. Je passe mon peignoir : on retrousse ses manches, on prend devant soi le tablier ciré; je baigne et nettoie alors mes deux petites fleurs, assistée de Mary. Moi seule je suis juge du degré de chaleur ou de tiédeur de l'eau, car la température des eaux est pour la moitié dans les cris, dans les pleurs des enfants. Alors s'élèvent les flottes de papier, les petits canards de verre. Il faut amuser les enfants pour pouvoir bien les nettoyer. Si tu savais tout ce qu'il faut inventer de plaisirs à ces rois absolus pour pouvoir passer de douces éponges dans les moindres coins, tu serais effrayée de l'adresse et de l'esprit qu'exige le métier de mère accompli glorieusement. On supplie, on gronde, on promet, on devient d'une charlatanerie d'autant plus supérieure qu'elle doit être admirablement cachée. On ne saurait que devenir si à la finesse de l'enfant, Dieu n'avait opposé la finesse de la mère. Un enfant est un grand politique dont on se rend maître comme du grand politique... par ses passions. Heureusement ces anges rient de tout : une brosse qui tombe, une brique de savon qui glisse, voilà des éclats de joie ! Enfin, si les triomphes sont chèrement achetés, il y a du moins des triomphes. Mais Dieu seul, car le père lui-même ne sait rien de cela, Dieu, toi ou les anges, vous seuls donc pourriez comprendre les regards que j'échange avec Mary quand, après avoir fini d'habiller nos deux petites créatures, nous les voyons propres au milieu des savons, des éponges, des peignes, des cuvettes, des papiers brouillards, des flanelles, des mille détails d'une véritable *nursery*. Je suis devenue Anglaise en ce point, je conviens que les femmes de ce pays ont le génie de la *nourriture*. Quoiqu'elles ne considèrent l'enfant qu'au point de vue du bien-être matériel et physique, elles ont raison dans leurs perfectionnements. Aussi mes enfants auront-ils toujours les pieds dans la flanelle et les jambes nues. Ils ne seront ni serrés ni comprimés ; mais aussi jamais ne seront-ils seuls. L'asservissement de l'enfant français dans ses bandelettes est la liberté de la nourrice, voilà le grand mot. Une vraie mère n'est pas libre : voilà pourquoi je ne t'écris pas, ayant sur les bras l'administration du domaine et deux enfants à élever. La science de la mère comporte des mérites silencieux, ignorés de tous sans parade, une vertu en détail, un dévouement de toutes les heures. Il faut surveiller les soupes qui se font devant le feu. Me crois-tu femme à me dérober à un soin ? Dans le moindre soin, il y a de l'affection à récolter. Oh ! c'est si joli le sourire d'un enfant qui trouve son petit repas excellent. Armand a des hochements de tête qui valent toute une vie d'amour. Comment laisser à une autre femme le droit, le soin, le plaisir de souffler sur une cuillerée de soupe que Naïs trouvera trop chaude, elle que j'ai sevrée il y a sept mois, et qui se souvient toujours du sein ? Quand une *bonne* a brûlé la langue et les lèvres d'un enfant avec quelque chose de chaud, elle dit à la mère qui accourt que c'est la faim qui le fait crier. Mais comment une mère dort-elle en paix avec l'idée que des haleines impures peuvent passer sur les cuillerées avalées par son enfant, elle à qui la nature n'a pas permis d'avoir un intermédiaire entre son sein et les lèvres de son nourrisson ! Découper la côtelette de Naïs qui fait ses dernières dents et mélanger cette viande cuite à point avec des pommes de terre est une œuvre de patience, et vraiment il n'y a qu'une mère qui puisse savoir dans certains cas faire manger en entier le repas à un enfant qui s'impatiente. Ni domestiques nombreux ni bonne anglaise ne peuvent donc dispenser une mère de donner en personne sur le champ de bataille où la douceur doit lutter contre les petits chagrins de l'enfance, contre ses douleurs. Tiens, Louise, il faut soigner ces chers innocents avec son âme ; il faut ne croire qu'à ses yeux, qu'au témoignage de la main pour la toilette, pour la nourriture et pour le coucher. En principe, le cri d'un enfant est une raison absolue qui donne tort à sa mère ou à sa bonne quand le cri n'a pas pour cause une souffrance voulue par la nature. Depuis que j'en ai deux et bientôt trois à soigner, je n'ai rien dans l'âme que mes enfants ; et toi-même, que j'aime tant, tu n'es qu'à l'état de souvenir. Je ne suis pas toujours habillée à deux heures. Aussi ne croyais-je pas aux mères qui ont des appartements rangés et des cols, des robes, des affaires en ordre. Hier, aux premiers jours d'avril, il faisait beau, j'ai voulu les promener avant mes couches dont l'heure tinte; eh ! bien, pour une mère, c'est tout un poème qu'une sortie, et l'on se le promet la veille pour le lendemain. Armand devait mettre pour la première fois une jaquette de velours noir, une nouvelle collerette que j'avais brodée, une toque écossaise aux couleurs des Stuarts et à plumes de coq; Naïs allait être en blanc et rose avec les délicieux bonnets des *baby*, car elle est encore un *baby;* elle va perdre ce joli nom quand viendra le petit qui me donne des coups de pieds et que j'appelle *mon mendiant*, car il sera le cadet. J'ai vu déjà mon enfant en rêve et sais que j'aurai un garçon. Bonnets, collerettes, jaquette, les petits bas, les souliers mignons, les bandelettes roses pour les jambes, la robe en mousseline brodée à dessins en soie, tout était sur mon lit. Quand ces deux oiseaux si gais, et qui s'entendent si bien, ont eu leurs chevelures brunes bouclée chez l'un, doucement amenée sur le front et bordant le bonnet blanc et rose chez l'autre ; quand les souliers ont été agrafés ; quand ces petits mollets nus, ces pieds si bien chaussés ont trotté dans la *nursery ;* quand ces deux faces *cleanes*, comme dit Mary, en français limpide ; quand ces yeux pétillants ont dit : Allons ! je palpitais. Oh ! voir des enfants parés par nos mains, voir cette peau si fraîche où brillent les veines bleues quand on les a baignés, étuvés, épongés soi-même, rehaussée par les vives couleurs du velours ou de la soie ; mais c'est mieux qu'un poème ! Avec quelle passion, satisfaite à peine, on les rappelle pour rebaiser ces cous qu'une simple collerette rend plus jolis que celui de la plus belle femme ? Ces tableaux, devant lesquels les plus stupides lithographies coloriées arrêtent toutes les mères, moi je les fais tous les jours !

Une fois sortis, jouissant de mes travaux, admirant ce petit Armand qui avait l'air du fils d'un prince et qui faisait marcher le *baby* le long de ce petit chemin que tu connais, une voiture est venue, j'ai voulu les ranger, les deux enfants ont roulé dans une flaque de boue, et voilà mes chefs-d'œuvre perdus ! il a fallu les rentrer et les habiller autrement. J'ai pris ma petite dans mes bras, sans voir que je perdais ma robe; Mary s'est emparée d'Armand et nous voilà rentrés. Quand un *baby* crie et qu'un enfant se mouille, tout est dit : une mère ne pense plus à elle, elle est absorbée.

Le dîner arrive, je n'ai la plupart du temps rien fait; et comment puis-je suffire à les servir tous deux, à mettre les serviettes, à relever les manches et à les faire manger ? c'est un problème que je résous deux fois par jour. Au milieu de ces soins perpétuels, de ces fêtes ou de ces désastres, il n'y a d'oubliée que moi dans la maison. Il m'arrive souvent de rester en papillotes quand les enfants ont été méchants. Ma toilette dépend de leur humeur. Pour avoir un moment à moi, pour t'écrire ces six pages, il faut qu'ils découpent les images de mes romances, qu'ils fassent des châteaux avec des livres, avec des échecs ou des jetons de nacre, que Naïs dévide mes soies ou mes laines à sa manière, qui, je t'assure, est si compliquée qu'elle y met toute sa petite intelligence et ne souffle mot.

Après tout, je n'ai pas à me plaindre : mes deux enfants sont robustes, libres, et ils s'amusent à moins de frais qu'on ne pense. Ils sont heureux de tout, il leur faut plutôt une liberté surveillée que des joujoux. Quelques cailloux roses, jaunes, violets ou noirs; de petits coquillages, les merveilles du sable font leur bonheur. Posséder beaucoup de petites choses, voilà leur richesse. J'examine Armand, il parle aux fleurs, aux mouches, aux poules, il les imite; il s'entend avec les insectes qui le remplissent d'admiration. Tout ce qui est petit les intéresse. Armand commence à demander le *pourquoi* de toute chose, il est venu voir ce que je disais à sa marraine; il te prend d'ailleurs pour une fée, et vois comme les enfants ont toujours raison !

Hélas ! mon ange, je ne voulais pas t'attrister en te racontant ces félicités. Voici pour te peindre ton filleul. L'autre jour, un pauvre nous suit, car les pauvres savent qu'aucune mère accompagnée de son enfant ne leur refuse jamais une aumône. Armand ne sait pas encore qu'on peut manquer de pain, il ignore ce qu'est l'argent ; mais comme il venait de désirer une trompette que e lui avais achetée, il la tend d'un air royal au vieillard en lui ~~sant~~: — Tiens, prends!

— Me permettez-vous de la garder? me dit le pauvre.

Quoi sur la terre mettre en balance avec les joies d'un pareil moment?

— C'est que, madame, moi aussi j'ai eu des enfants, me dit le vieillard en prenant ce que je lui donnais sans y faire attention.

Quand je songe qu'il faudra mettre dans un collége un enfant comme Armand, que je n'ai plus que trois ans et demi à le garder, il me prend des frissons. L'Instruction Publique fauchera les fleurs de cette enfance bénie à toute heure, *dénaturalisera* ces grâces et ces adorables franchises! On coupera cette chevelure frisée que j'ai tant soignée, nettoyée et baisée. Que fera-t-on de cette âme d'Armand?

Et toi, que deviens-tu? tu ne m'as rien dit de ta vie. Aimes-tu toujours Felipe? car je ne suis pas inquiète du Sarrasin. Adieu, Naïs vient de tomber, et si je voulais continuer, cette lettre ferait un volume.

XLVI

MADAME DE MACUMER A LA COMTESSE DE L'ESTORADE.

1829.

Les journaux t'auront appris, ma bonne et tendre Renée, l'horrible malheur qui a fondu sur moi; je n'ai pu t'écrire un seul mot, je suis restée à son chevet pendant une vingtaine de jours et de nuits, j'ai reçu son dernier soupir, je lui ai fermé les yeux, je l'ai gardé pieusement avec les prêtres et j'ai dit les prières des morts. Je me suis infligé le châtiment de ces épouvantables douleurs, et cependant, en voyant sur ses lèvres sereines le sourire qu'il m'adressait avant de mourir, je n'ai pu croire que mon amour l'ait tué! Enfin, *il n'est plus*, et moi *je suis!* A toi qui nous as bien connus, que puis-je dire de plus? tout est dans ces deux phrases. Oh! si quelqu'un pouvait me dire qu'on peut le rappeler à la vie, je donnerais ma part du ciel pour entendre cette promesse, car ce serait le revoir!... Et le ressaisir ne fût-ce que pendant deux secondes, ce serait respirer le poignard hors du cœur! Ne viendras-tu pas bientôt me dire cela? ne m'aimes-tu pas assez pour me tromper?.... Mais non! tu m'as dit à l'avance que je lui faisais de profondes blessures... Est-ce vrai? Non, je n'ai pas mérité son amour, tu as raison, je l'ai volé. Le bonheur, je l'ai étouffé dans mes étreintes insensées! Oh! en t'écrivant, je ne suis plus folle, mais je sens que je suis seule! Seigneur, qu'est-ce qu'il y aura de plus dans votre enfer que ce mot-là?

Quand on me l'a enlevé, je me suis couchée dans le même lit, espérant mourir, car il n'y avait qu'une porte entre nous, je me croyais encore assez de force pour la pousser! Mais, hélas! j'étais trop jeune, et après une convalescence de quarante jours, pendant lesquels on m'a nourrie avec un art affreux par les inventions d'une triste science, je me vois à la campagne, assise à ma fenêtre au milieu des belles fleurs qu'il faisait soigner pour moi, jouissant de cette vue magnifique sur laquelle ses regards ont tant de fois erré, qu'il s'applaudissait tant d'avoir découverte, puisqu'elle me plaisait. Ah! chère, la douleur de changer de place est inouïe quand le cœur est mort. La terre humide de mon jardin me fait frissonner, la terre est comme une grande tombe et je crois marcher sur *lui!* A ma première sortie j'ai eu peur et suis restée immobile. C'est bien lugubre de voir *ses* fleurs sans *lui!*

Ma mère et mon père sont en Espagne, tu connais mes frères, et toi tu es obligée d'être à la campagne; mais sois tranquille: deux anges avaient volé vers moi. Le duc et la duchesse de Soria, ces deux charmants êtres, sont accourus vers leur frère. Les dernières nuits ont vu nos trois douleurs calmes et silencieuses autour de ce lit où mourait l'un de ces hommes vraiment nobles et vraiment grands, qui sont si rares, et qui nous sont alors supérieurs en toute chose. La patience de mon Felipe a été divine. La vue de son frère et de Marie a pour un moment rafraîchi son âme et apaisé ses douleurs.

— Chère, m'a-t-il dit avec la simplicité qu'il mettait en toute chose, j'allais mourir en oubliant de donner à Fernand la baronnie de Macumer, il faut refaire mon testament. Mon frère me pardonnera, lui qui sait ce qu'est d'aimer!

Je dois la vie aux soins de mon beau-frère et de sa femme, ils veulent m'emmener en Espagne!

Ah! Renée, ce désastre, je ne puis en dire qu'à toi la portée.

Le sentiment de mes fautes m'accable, et c'est une amère consolation que de te les confier, pauvre Cassandre inécoutée. Je l'ai tué par mes exigences, par mes jalousies hors de propos, par mes continuelles tracasseries. Mon amour était d'autant plus terrible que nous avions une exquise et même sensibilité, nous parlions le même langage, il comprenait admirablement tout, et souvent ma plaisanterie allait, sans que je m'en doutasse, au fond de son cœur. Tu ne saurais imaginer jusqu'où ce cher esclave poussait l'obéissance : je lui disais parfois de s'en aller et de me laisser seule, il sortait sans discuter une fantaisie de laquelle peut-être il souffrait. Jusqu'à son dernier soupir il m'a bénie, en me répétant qu'une seule matinée, seul à seule avec moi, valait plus pour lui qu'une longue vie avec une autre femme aimée, fût-ce Marie Hérédia. Je pleure en t'écrivant ces paroles.

Maintenant, je me lève à midi, je me couche à sept heures du soir, je mets un temps ridicule à mes repas, je marche lentement, je reste une heure devant une plante, je regarde les feuillages, je m'occupe avec mesure et gravité de riens, j'adore l'ombre, le silence et la nuit; enfin je combats les heures et je les ajoute avec un sombre plaisir au passé. La paix de mon parc est la seule compagnie que je veuille; j'y trouve en toute chose les sublimes images de mon bonheur éteintes, invisibles pour tous, éloquentes et vives pour moi.

Ma belle-sœur s'est jetée dans mes bras quand un matin je leur ai dit : — Vous m'êtes insupportables! Les Espagnols ont quelque chose de plus que nous de grand dans l'âme!

Ah! Renée, si je ne suis pas morte, c'est que Dieu proportionne sans doute le sentiment du malheur à la force des affligés. Il n'y a que nous autres femmes qui sachions l'étendue de nos pertes quand nous perdons un amour sans aucune hypocrisie, un amour de choix, une passion durable dont les plaisirs satisfaisaient à la fois l'âme et la nature. Quand rencontrons-nous un homme si plein de qualités que nous puissions l'aimer sans avilissement? Le rencontrer est le plus grand bonheur qui nous puisse advenir, et nous ne saurions le rencontrer deux fois. Hommes vraiment forts et grands, chez qui la vertu se cache sous la poésie, dont l'âme possède un charme élevé faits pour être adorés, gardez-vous d'aimer, vous causeriez le malheur de la femme et le vôtre! Voilà ce que je crie dans les allées de mes bois! Et pas d'enfant de lui! Cet intarissable amour qui me souriait toujours, qui n'avait que des fleurs et des joies à me verser, cet amour fut stérile. Je suis une créature maudite! L'amour pur et violent comme il est quand il est absolu serait-il donc aussi infécond que l'aversion, de même que l'extrême chaleur des sables du désert et l'extrême froid du pôle empêchent toute existence? Faut-il se marier avec un Louis de l'Estorade pour avoir une famille? Dieu serait-il jaloux de l'amour? Je déraisonne.

Je crois que tu es la seule personne que je puisse souffrir près de moi; viens donc, toi seule dois être avec une Louise en deuil. Quelle horrible journée que celle où j'ai mis le bonnet des veuves! Quand je me suis vue en noir, je suis tombée sur un siége et j'ai pleuré jusqu'à la nuit, et je pleure encore en te parlant de ce terrible moment. Adieu, t'écrire me fatigue; j'ai trop de mes idées, je ne veux plus les exprimer. Amène tes enfants, tu peux nourrir le dernier ici, je ne serai plus jalouse; *il* n'y est plus, et mon filleul me fera bien plaisir à voir; car Felipe souhaitait un enfant qui ressemblât à ce petit Armand. Enfin, viens prendre ta part de mes douleurs!...

XLVII

RENÉE A LOUISE.

1829.

Ma chérie, quand tu tiendras cette lettre entre les mains, je ne serai pas loin, car je pars quelques instants après te l'avoir envoyée. Nous serons seules. Louis est obligé de rester en Provence à cause des élections qui vont s'y faire; il veut être réélu, et il y a déjà des intrigues de nouées contre lui par les libéraux.

Je ne viens pas te consoler, je t'apporte seulement mon cœur pour tenir compagnie au tien et pour t'aider à vivre. Je viens t'ordonner de pleurer: il faut acheter ainsi le bonheur de le rejoindre un jour, car il n'est qu'en voyage vers Dieu; tu ne feras plus un seul pas qui ne te conduise vers lui. Chaque devoir accompli rompra quelque anneau de la chaîne qui vous sépare. Allons, ma Louise, tu te relèveras dans mes bras et tu iras à lui pure, noble, pardonnée de tes fautes involontaires, et accompagnée des œuvres que tu feras ici-bas en son nom.

Je te trace ces lignes à la hâte au milieu de mes préparatifs, de mes enfants, et d'Armand qui me crie : — Marraine ! marraine ! allons la voir ! à me rendre jalouse : c'est presque ton fils !

DEUXIÈME PARTIE.

XLVIII

DE LA BARONNE DE MACUMER A LA COMTESSE DE L'ESTORADE.

15 octobre 1834.

Eh ! bien, oui, Renée, on a raison, on t'a dit vrai. J'ai vendu mon hôtel, j'ai vendu Chantepleurs et les fermes de Seine-et-Marne ; mais que je sois folle et ruinée, ceci est de trop. Comptons ! La cloche fondue, il m'est resté de la fortune de mon pauvre Macumer environ douze cent mille francs. Je vais te rendre un compte fidèle en sœur bien apprise. J'ai mis un million dans le trois pour cent quand il était à cinquante francs, et me suis fait ainsi soixante mille francs de rentes au lieu de trente que j'avais en terres. Aller six mois de l'année en province, y passer des baux, y écouter les doléances des fermiers, qui paient quand ils veulent, s'y ennuyer comme un chasseur par un temps de pluie, avoir des denrées à vendre et les céder à perte ; habiter à Paris un hôtel qui représentait dix mille livres de rentes, placer des fonds chez des notaires, attendre les intérêts, être obligée de poursuivre les gens pour avoir ses remboursements, étudier la législation hypothécaire ; enfin avoir des affaires en Nivernais, en Seine-et-Marne, à Paris, quel fardeau, quels ennuis, quels mécomptes et quelles pertes pour une veuve de vingt-sept ans ! Maintenant ma fortune est hypothéquée sur le budget. Au lieu de payer des contributions à l'État, je reçois de lui, moi-même, sans frais, trente mille francs tous les six mois au Trésor, d'un joli petit employé qui me donne trente billets de mille francs et qui sourit en me voyant. Si la France fait banqueroute ? me diras-tu. D'abord,

Je ne sais pas prévoir les malheurs de si loin.

Mais la France me retrancherait alors tout au plus la moitié de mon revenu ; je serais encore aussi riche que je l'étais avant mon placement ; puis, d'ici la catastrophe, j'aurai touché le double de mon revenu antérieur. La catastrophe n'arrive que de siècle en siècle, on a donc le temps de se faire un capital en économisant. Enfin le comte de l'Estorade n'est-il pas pair de la France semi-républicaine de Juillet? n'est-il pas un des soutiens de la couronne offerte par le *peuple* au roi des Français? puis-je avoir des inquiétudes en ayant pour ami un président de chambre à la cour des comptes, un grand financier? Ose dire que je suis folle! Je calcule presque aussi bien que ton roi-citoyen. Sais-tu ce qui peut donner cette sagesse algébrique à une femme? L'amour! Hélas! le moment est venu de t'expliquer les mystères de ma conduite, dont les raisons fuyaient ta perspicacité, ta tendresse curieuse et ta finesse. Je me marie dans un village auprès de Paris, secrètement. J'aime, je suis aimée. J'aime autant qu'une femme qui sait bien ce qu'est l'amour peut aimer. Je suis aimée autant qu'un homme doit aimer la femme par laquelle il est adoré. Pardonne-moi, Renée, de m'être cachée de toi, de tout le monde. Si ta Louise trompe tous les regards, déjoue toutes les curiosités, avoue que ma passion pour mon pauvre Macumer exigeait cette tromperie. L'Estorade et toi, vous m'eussiez assassinée de doutes, étourdie de remontrances. Les circonstances auraient pu d'ailleurs vous venir en aide. Toi seule sais à quel point je suis jalouse, et tu m'aurais inutilement tourmentée. Ce que tu vas nommer ma folie, ma Renée, je l'ai voulu faire à moi seule, à ma tête, à mon cœur, en jeune fille qui trompe la surveillance de ses parents. Mon amant a pour toute fortune trente mille francs de dettes que j'ai payées. Quel sujet d'observations! Vous auriez voulu me prouver que Gaston est un intrigant, et ton mari eût espionné ce cher enfant. J'ai mieux aimé l'étudier moi-même. Voici vingt-deux mois qu'il me fait la cour; j'ai vingt-sept ans, il en a vingt-trois. D'une femme à un homme, cette différence d'âge est énorme. Autre source de malheurs! Enfin, il est poète, et vivait de son travail; c'est te dire assez qu'il vivait de fort peu de chose. Ce cher lézard de poète était plus souvent au soleil à bâtir des châteaux en Espagne qu'à l'ombre de son taudis à travailler des poèmes. Or, les écrivains, les artistes, tous ceux qui n'existent que par la pensée, sont assez généralement taxés d'inconstance par les gens positifs. Ils épousent et conçoivent tant de caprices, qu'il est naturel de croire que la tête réagisse sur le cœur. Malgré les dettes payées, malgré la différence d'âge, malgré la poésie, après neuf mois d'une noble défense et sans lui avoir permis de baiser ma main, après les plus chastes et les plus délicieuses amours, dans quelques jours, je ne me livre pas, comme il y a huit ans, inexpériente, ignorante et curieuse; je me donne, et suis attendue avec une si grande soumission, que je pourrais ajourner mon mariage à un an; mais il n'y a pas la moindre servilité dans ceci : il y a servage et non soumission. Jamais il ne s'est rencontré de plus noble cœur, ni plus d'esprit dans la tendresse, ni plus d'âme dans l'amour que chez mon prétendu. Hélas! mon ange, il a de qui tenir ! Tu vas savoir son histoire en deux mots.

Mon ami n'a pas d'autres noms que ceux de Marie Gaston. Il est fils, non pas naturel, mais adultérin de cette belle lady Brandon, de laquelle tu dois avoir entendu parler, et que par vengeance lady Dudley a fait mourir de chagrin, une horrible histoire que ce cher enfant ignore. Marie Gaston a été mis par son frère Louis-Gaston au collége de Tours, d'où il est sorti en 1827. Le frère s'est embarqué quelques jours après l'y avoir placé, allant chercher fortune, lui dit une vieille femme qui a été sa Providence, à lui. Ce frère, devenu marin, lui a écrit de loin en loin des lettres vraiment paternelles, et qui sont émanées d'une belle âme; mais il se débat toujours au loin. Dans sa dernière lettre, il annonçait à Marie Gaston sa nomination au grade de capitaine de vaisseau dans je ne sais quelle république américaine, en lui disant d'espérer. Hélas ! depuis trois ans mon pauvre lézard n'a plus reçu de lettres, et il aime tant ce frère qu'il voulait s'embarquer à sa recherche. Notre grand écrivain Daniel d'Arthez a empêché cette folie et s'est intéressé noblement à Marie Gaston, auquel il a souvent *donné*, comme me l'a dit le poète dans son langage énergique, *la pâtée et la niche*. En effet, juge de la détresse de cet enfant : il a cru que le génie était le plus rapide des moyens de fortune, n'est-ce pas à en rire pendant vingt-quatre heures? Depuis 1828 jusqu'en 1833 il a donc tâché de se faire un nom dans les lettres, et naturellemnt il a mené la plus effroyable vie d'angoisses, d'espérances, de travail et de privations qui se puisse imaginer. Entraîné par une excessive ambition et malgré les bons conseils de d'Arthez, il n'a fait que grossir la boule de neige de ses dettes. Son nom commençait cependant à percer quand je l'ai rencontré chez la marquise d'Espard. Là, sans qu'il s'en doutât, je me suis sentie éprise de lui sympathiquement à la première vue. Comment n'a-t-il pas encore été aimé? comment me l'a-t-on laissé? Oh! il a du génie et de l'esprit, du cœur et de la fierté ; les femmes s'effraient toujours de ces grandeurs complètes. N'a-t-il pas fallu cent victoires pour que Joséphine aperçût Napoléon dans le petit Bonaparte, son mari? L'innocente créature croit savoir combien je l'aime ! Pauvre Gaston! il ne s'en doute pas; mais à toi je vais le dire, il faut que tu le saches, car il y a, Renée, un peu de testament dans cette lettre. Médite bien mes paroles.

En ce moment j'ai la certitude d'être aimée autant qu'une femme peut être aimée sur cette terre, et j'ai foi dans cette adorable vie conjugale où j'apporte un amour que je ne connaissais pas.... Oui, j'éprouve enfin le plaisir de la passion ressentie. Ce que toutes les femmes demandent aujourd'hui à l'amour, le mariage me le donne. Je sens en moi pour Gaston l'adoration que j'inspirais à mon pauvre Felipe! je ne suis pas maîtresse de moi, je tremble devant cet enfant comme l'Abencerrage tremblait devant moi. Enfin, j'aime plus que je ne suis aimée; j'ai peur de toute chose, j'ai les frayeurs les plus ridicules, j'ai peur d'être quittée, je tremble d'être vieille et laide quand Gaston sera toujours jeune et beau, je tremble de ne pas lui plaire assez! Cependant je crois posséder les facultés, le dévouement, l'esprit nécessaires pour, non pas entretenir, mais faire croître cet amour loin du monde et dans la solitude. Si j'échouais, si le magnifique poème de cet amour secret devait avoir une fin, que dis-je une fin! si Gaston m'aimait un jour moins que la veille, si je m'en aperçois, Renée, sache-le, ce n'est pas à lui, mais à moi que je m'en prendrai. Ce ne sera pas sa faute, ce sera la mienne. Je me connais, je suis plus amante que mère. Aussi te le dis-je d'avance, je mourrais quand même j'aurais des enfants. Avant de me lier avec moi-même, ma Renée, je te supplie donc, si ce malheur m'atteignait, de servir de mère à mes enfants, je te les aurai légués. Ton fanatisme pour le devoir, tes précieuses qualités, ton amour pour les enfants, ta tendresse pour moi, tout ce que je sais de toi me rendra la mort moins amère, je n'ose dire douce. Ce parti pris avec moi-même ajoute je ne sais quoi de terrible à la solennité de ce mariage; aussi n'y veux-je point de témoins qui me connaissent; aussi mon mariage sera-t-il célébré secrètement. Je pourrai trembler à mon aise, je ne verrai pas dans tes chers yeux une inquiétude, et moi seule saurai qu'en signant un nouvel acte de mariage je puis avoir signé mon arrêt de mort.

Je ne reviendrai plus sur ce pacte fait entre moi-même et le moi que je vais devenir ; je te l'ai confié pour que tu connusses l'étendue de tes devoirs. Je me marie séparée de biens, et tout en sachant que je suis assez riche pour que nous puissions vivre à notre aise, Gaston ignore quelle est ma fortune. En vingt-quatre heures je distribuerai ma fortune à mon gré. Comme je ne veux rien d'humiliant, j'ai fait mettre douze mille francs de rente à son nom ; il les trouvera dans son secrétaire la veille de notre mariage ; et s'il ne les acceptait pas, je suspendrais tout. Il a fallu la menace de ne pas l'épouser pour obtenir le droit de payer ses dettes. Je suis lasse de t'avoir écrit ces aveux ; après-demain je t'en dirai davantage, car je suis obligée d'aller demain à la campagne pour toute la journée.

20 octobre.

Voici quelles mesures j'ai prises pour cacher mon bonheur, car je souhaite éviter toute espèce d'occasion à ma jalousie. Je ressemble à cette belle princesse italienne qui courait comme une lionne ronger son amour dans quelque ville de Suisse, après avoir fondu sur sa proie comme une lionne. Aussi ne te parlé-je de mes dispositions que pour te demander une autre grâce, celle de ne jamais venir nous voir sans que je t'en aie priée moi-même, et de respecter la solitude dans laquelle je veux vivre.

J'ai fait acheter, il y a deux ans, au-dessus des étangs de Ville-d'Avray, sur la route de Versailles, une vingtaine d'arpents de prairies, une lisière de bois et un beau jardin fruitier. Au fond des prés, on a creusé le terrain de manière à obtenir un étang d'environ trois arpents de superficie, au milieu duquel on a laissé une île gracieusement découpée. Les deux jolies collines chargées de bois qui encaissent cette petite vallée filtrent des sources ravissantes qui courent dans mon parc, où elles sont savamment distribuées par mon architecte. Ces eaux tombent dans les étangs de la couronne, dont la vue s'aperçoit par échappées. Ce petit parc, admirablement bien dessiné par cet architecte, est, suivant la nature du terrain, entouré de haies, de murs, de sauts-de-loup, en sorte qu'aucun point de vue n'est perdu. A mi-côte, flanqué par les bois de la Ronce, dans une délicieuse exposition et devant une prairie inclinée vers l'étang, on m'a construit un chalet dont l'extérieur est en tout point semblable à celui que les voyageurs admirent sur la route de Sion à Brigg, et qui m'a tant séduite à mon retour d'Italie. A l'intérieur, son élégance défie celle des chalets les plus illustres. A cent pas de cette habitation rustique, une charmante maison qui fait fabrique communique au chalet par un souterrain et contient la cuisine, les communs, les écuries et les remises. De toutes ces constructions en briques, l'œil ne voit qu'une façade d'une simplicité gracieuse et entourée de massifs. Le logement des jardiniers forme une autre fabrique et masque l'entrée des vergers et des potagers.

La porte de cette propriété, cachée dans le mur qui sert d'enceinte du côté des bois, est presque introuvable. Les plantations, déjà grandes, dissimuleront complètement les maisons en deux ou trois ans. Le promeneur ne devinera nos habitations qu'en voyant la fumée des cheminées du haut des collines, ou dans l'hiver quand les feuilles seront tombées.

Mon chalet est construit au milieu d'un paysage copié sur ce qu'on appelle le jardin du roi à Versailles, mais il a vue sur mon étang et sur mon île. De toutes parts les collines montrent leurs masses de feuillage, leurs beaux arbres si bien soignés par ta nouvelle liste civile. Mes jardiniers ont l'ordre de ne cultiver autour de moi que des fleurs odorantes et par milliers, en sorte que ce coin de terre est une émeraude parfumée. Le Chalet, garni d'une vigne vierge qui court sur le toit, est exactement empaillé de plantes grimpantes, de houblon, de clématite, de jasmin, d'azaléa, de cobæa. Qui distinguera nos fenêtres pourra se vanter d'avoir une bonne vue !

Ce chalet, ma chère, est une belle et bonne maison, avec son calorifère et tous les emménagements qu'a su pratiquer l'architecture moderne, qui fait des palais dans cent pieds carrés. Elle contient un appartement pour Gaston et un appartement pour moi. Le rez-de-chaussée est pris par une antichambre, un parloir et une salle à manger. Au-dessus de nous se trouvent trois chambres destinées à la *nourricerie*. J'ai cinq beaux chevaux, un petit coupé léger et un mylord à deux chevaux ; car nous sommes à quarante minutes de Paris ; quand il nous plaira d'aller entendre un opéra, de voir une pièce nouvelle, nous pourrons partir après le dîner et revenir le soir dans notre nid. La route est belle et passe sous les ombrages de notre haie de clôture. Mes gens, mon cuisinier, mon cocher, le palefrenier, les jardiniers, ma femme de chambre sont de fort honnêtes personnes que j'ai cherchées pendant ces six derniers mois, et qui seront commandées par mon vieux Philippe. Quoique certaine de leur attachement et de leur discrétion, je les ai prises par leur intérêt ; elles ont des gages peu considérables, mais qui s'accroissent chaque année de ce que nous leur donnerons au jour de l'An. Tous savent que la plus légère faute, un soupçon sur leur discrétion peut leur faire perdre d'immenses avantages. Jamais les amoureux ne tracassent leurs serviteurs, ils sont indulgents par caractère ; ainsi je puis compter sur nos gens.

Tout ce qu'il y avait de précieux, de joli, d'élégant dans ma maison de la rue du Bac, se trouve au Chalet. Le Rembrandt est, ni plus ni moins qu'une croûte, dans l'escalier ; l'Hobbéma se trouve dans *son* cabinet en face de Rubens ; le Titien, que ma belle-sœur Marie m'a envoyé de Madrid, orne le boudoir ; les beaux meubles trouvés par Felipe sont bien placés dans le parloir, que l'architecte a délicieusement décoré. Tout au Chalet est d'une admirable simplicité, de cette simplicité qui coûte cent mille francs. Construit sur des caves en pierres meulières assises sur du béton, notre rez-de-chaussée, à peine visible sous les fleurs et les arbustes, jouit d'une adorable fraîcheur sans la moindre humidité. Enfin une flotte de cygnes blancs vogue sur l'étang.

O Renée ! il règne dans ce vallon un silence à réjouir les morts. On y est éveillé par le chant des oiseaux ou par le frémissement de la brise dans les peupliers. Il descend de la colline une petite source trouvée par l'architecte en creusant les fondations du mur du côté des bois, qui court sur du sable argenté vers l'étang entre deux rives de cresson : je ne sais pas si quelque somme peut la payer. Gaston ne prendra-t-il pas ce bonheur trop complet en haine ? Tout est si beau que je frémis ; les vers se logent dans les bons fruits, les insectes attaquent les fleurs magnifiques. N'est-ce pas toujours l'orgueil de la forêt que ronge cette horrible larve brune dont la voracité ressemble à celle de la mort ? Je sais déjà qu'une puissance invisible et jalouse attaque les félicités complètes. Depuis longtemps tu me l'as écrit, d'ailleurs, et tu t'es trouvée prophète.

Quand, avant-hier, je suis allée voir si mes dernières fantaisies avaient été comprises, j'ai senti des larmes me venir aux yeux, et j'ai mis sur le mémoire de l'architecte, à sa très grande surprise : Bon à payer. — Votre homme d'affaires ne paiera pas, madame, m'a-t-il dit, il s'agit de trois cent mille francs. J'ai ajouté : Sans discussion ! en vraie Chaulieu du dix-septième siècle. — Mais, monsieur, lui dis-je, je mets une condition à ma reconnaissance : ne parlez de ces bâtiments et du parc à qui que ce soit. Que personne ne puisse connaître le nom du propriétaire, promettez-moi sur l'honneur d'observer cette clause de mon paiement.

Comprends-tu maintenant la raison de mes courses subites, de ces allées et venues secrètes? Vois-tu où se trouvent ces belles choses qu'on croyait vendues? Saisis-tu la haute raison du changement de ma fortune? Ma chère, aimer est une grande affaire, et qui veut bien aimer ne doit pas en avoir d'autre. L'argent ne sera plus un souci pour moi; j'ai rendu la vie facile, et j'ai fait une bonne fois la maîtresse de maison pour ne plus avoir à la faire, excepté pendant dix minutes tous les matins avec mon vieux majordome Philippe. J'ai bien observé la vie et ses tournants dangereux; un jour, la mort m'a donné de cruels enseignements, et j'en veux profiter. Ma seule occupation sera de *lui* plaire et de l'aimer, de jeter la variété dans ce qui paraît si monotone aux êtres vulgaires.

Gaston ne sait rien encore. A ma demande, il s'est, comme moi, domicilié sur Ville-d'Avray; nous partons demain pour le Chalet. Notre vie sera là peu coûteuse; mais si je te disais pour quelle somme je compte ma toilette, tu dirais, et avec raison : Elle est folle! Je veux me parer pour lui, tous les jours, comme les femmes ont l'habitude de se parer pour le monde. Ma toilette à la campagne, toute l'année, coûtera vingt-quatre mille francs, et celle du jour n'est pas la plus chère. Lui peut se mettre en blouse, s'il le veut! Ne va pas croire que je veuille faire de cette vie un duel et m'épuiser en combinaisons pour entretenir l'amour : je ne veux pas avoir un reproche à me faire, voilà tout. J'ai treize ans à être jolie femme, je veux être aimée le dernier jour de la treizième année encore mieux que je ne le serai le lendemain de mes noces mystérieuses. Cette fois, je serai toujours humble, toujours reconnaissante, sans parole caustique; et je me fais servante, puisque le commandement m'a perdu une première fois. O Renée, si, comme moi, Gaston a compris l'infini de l'amour, je suis certaine de vivre toujours heureuse. La nature est bien belle autour du Chalet, les bois sont ravissants. A chaque pas les plus frais paysages, des points de vue forestiers font plaisir à l'âme en réveillant de charmantes idées. Ces bois sont pleins d'amour. Pourvu que j'aie fait autre chose que de me préparer un magnifique bûcher! Après demain, je serai madame Gaston. Mon Dieu, je me demande s'il est bien chrétien d'aimer autant un homme. — Enfin, c'est légal, m'a dit notre homme d'affaires, qui est un de mes témoins, et qui, voyant enfin l'objet de la liquidation de ma fortune, s'est écrié : — J'y perds une cliente. Toi, ma belle biche, je n'ose plus dire aimée, tu peux dire : — J'y perds une sœur.

Mon ange, adresse désormais à madame Gaston, poste restante, à Versailles. On ira prendre nos lettres là tous les jours. Je ne veux pas que nous soyons connus dans le pays. Nous enverrons chercher toutes nos provisions à Paris. Ainsi, j'espère pouvoir vivre mystérieusement. Depuis un an que cette retraite est préparée, on n'y a vu personne, et l'acquisition a été faite pendant les mouvements qui ont suivi la révolution de juillet. Le seul être qui se soit montré dans le pays est mon architecte : on ne connaît que lui qui ne reviendra plus. Adieu. En t'écrivant ce mot, j'ai dans le cœur autant de peine que de plaisir; n'est-ce pas te regretter aussi puissamment que j'aime Gaston ?

XLIX

MARIE GASTON A DANIEL D'ARTHEZ.

Octobre 1834.

Mon cher Daniel, j'ai besoin de deux témoins pour mon mariage; je vous prie de venir chez moi demain soir en vous faisant accompagner de notre ami, le bon et grand Joseph Bridau. L'intention de celle qui sera ma femme est de vivre loin du monde et parfaitement ignorée : elle a pressenti le plus cher de mes vœux. Vous n'avez rien su de mes amours, vous qui m'avez adouci les misères d'une vie pauvre; mais, vous le devinez, ce secret absolu fut une nécessité. Voilà pourquoi, depuis un an, nous nous sommes si peu vus. Le lendemain de mon mariage nous serons séparés pour longtemps. Daniel, vous avez l'âme faite à me comprendre : l'amitié subsistera sans l'ami. Peut-être aurai-je parfois besoin de vous; mais je ne vous verrai point chez moi du moins. *Elle* est encore allée au-devant de nos souhaits en ceci. Elle m'a fait le sacrifice de l'amitié qu'elle a pour une amie d'enfance qui pour elle est une véritable sœur ; j'ai dû lui immoler mon ami. Ce que je vous dis ici vous fera sans doute deviner non pas une passion, mais un amour entier, complet, divin, fondé sur une intime connaissance entre les deux êtres qui se lient ainsi. Mon bonheur est pur, infini ; mais, comme il est une loi secrète qui nous défend d'avoir une félicité sans mélange, au fond de mon âme et ensevelie dans le dernier repli je cache une pensée par laquelle je suis atteint tout seul, et qu'elle ignore. Vous avez trop souvent aidé ma constante misère pour ignorer l'horrible situation dans laquelle j'étais. Où puisai-je le courage de vivre lorsque l'espérance s'éteignait si souvent ? dans votre passé, mon ami, chez vous où je trouvais tant de consolations et de secours délicats. Enfin, mon cher, mes écrasantes dettes, elle les a payées. Elle est riche, et je n'ai rien. Combien de fois n'ai-je pas dit dans mes accès de paresse : Ah ! si quelque femme riche voulait de moi. Eh ! bien, en présence du fait, les plaisanteries de la jeunesse insouciante, le parti pris des malheureux sans scrupule, tout s'est évanoui. Je suis humilié, malgré la tendresse la plus ingénieuse. Je suis humilié, malgré la certitude acquise de la noblesse de son âme. Je suis humilié, tout en sachant que mon humiliation est une preuve de mon amour. Enfin, elle a vu que je n'ai pas reculé devant cet abaissement. Il est un point où, loin d'être le protecteur, je suis le protégé. Cette douleur, je vous la confie. Hors ce point, mon cher Daniel, les moindres choses accomplissent mes rêves. J'ai trouvé le beau sans tache, le bien sans défaut. Enfin, comme on dit, la mariée est trop belle : elle a de l'esprit dans la tendresse, elle a ce charme et cette grâce qui mettent de la variété dans l'amour, elle est instruite et comprend tout ; elle est jolie, blonde, mince et légèrement grasse, à faire croire que Raphaël et Rubens se sont entendus pour composer une femme ! Je ne sais pas s'il m'eût jamais été possible d'aimer une femme brune autant qu'une blonde : il m'a toujours semblé que la femme brune était un garçon manqué. Elle est veuve, elle n'a point eu d'enfants, elle a vingt-sept ans. Quoique vive, alerte, infatigable, elle sait néanmoins se plaire aux méditations de la mélancolie. Ces dons merveilleux n'excluent pas chez elle la dignité ni la noblesse : elle est imposante. Quoiqu'elle appartienne à l'une des vieilles familles les plus entichées de noblesse, elle m'aime assez pour passer par-dessus les malheurs de ma naissance. Nos amours secrets ont duré longtemps ; nous nous sommes éprouvés l'un l'autre ; nous sommes également jaloux : nos pensées sont bien les deux éclats de la même foudre. Nous aimons tous deux pour la première fois, et ce délicieux printemps a renfermé dans ses joies toutes les scènes que l'imagination a décorées de ses plus riantes, de ses plus douces, de ses plus profondes conceptions. Le sentiment nous a prodigué ses fleurs. Chacune de ces journées a été pleine, et quand nous nous quittions, nous nous écrivions des poèmes. Je n'ai jamais eu la pensée de ternir cette brillante saison par un désir, quoique mon âme en fût sans cesse troublée. Elle était veuve et libre, elle a merveilleusement compris toutes les flatteries de cette constante retenue ; elle en a souvent été touchée aux larmes. Tu entreverras donc, mon cher Daniel, une créature vraiment supérieure. Il n'y a pas même eu de premier baiser de l'amour : nous nous sommes craints l'un l'autre.

— Nous avons, m'a-t-elle dit, chacun une misère à nous reprocher.

— Je ne vois pas la vôtre.

— Mon mariage, a-t-elle répondu.

Vous qui êtes un grand homme, et qui aimez une des femmes les plus extraordinaires de cette aristocratie où j'ai trouvé mon Armande, ce seul mot vous suffira pour deviner cette âme et quel sera le bonheur de

Votre ami,
MARIE GASTON.

L

MADAME DE L'ESTORADE A MADAME DE MACUMER.

Comment, Louise, après tous les malheurs intimes que t'a donnés une passion partagée, au sein même du mariage, tu veux vivre avec un mari dans la solitude ? Après en avoir tué un en vivant dans le monde, tu veux te mettre à l'écart pour en dévorer un autre ? Quels chagrins tu te prépares ! Mais, à la manière dont tu t'y es prise, je vois que tout est irrévocable. Pour qu'un homme t'ait fait revenir de ton aversion pour un second mariage, il doit posséder un esprit angélique, un cœur divin ; il faut donc te laisser à tes illusions ; mais as-tu donc oublié ce que tu disais de la jeunesse des hommes, qui tous ont passé par d'ignobles endroits, et dont la candeur s'est perdue aux carrefours les plus horribles du chemin ? Qui a changé, toi ou eux ? Tu es bien heureuse de croire au bonheur : je n'ai pas la force de te blâmer, quoique l'instinct de la tendresse me pousse à te détourner de ce mariage. Oui, cent fois oui, la Nature et la Société s'entendent pour détruire l'existence des félicités entières, par ce qu'elles sont à l'encontre de la nature et de la société, parce que le ciel est peut-être jaloux de ses droits. Enfin, mon amitié pressent quelque malheur qu'aucune prévision ne pourrait m'expliquer : je ne sais ni d'où il viendra, ni qui l'engendrera ; mais, ma chère, un bonheur immense et sans bornes t'accablera sans doute. On porte encore moins facilement la joie excessive que la peine la plus lourde. Je ne dis rien contre lui : tu l'aimes, et je ne l'ai sans doute jamais vu ; mais tu m'écriras, j'espère, un jour où tu seras oisive, un portrait quelconque de ce bel et curieux animal.

Tu me vois prenant gaiement mon parti, car j'ai la certitude qu'après la lune de miel vous ferez tous deux et d'un commun accord comme tout le monde. Un jour, dans deux ans, en nous promenant, quand nous passerons sur cette route, tu me diras : — Voilà pourtant ce Chalet d'où je ne devais pas sortir ! Et tu riras de ton bon rire, en montrant tes jolies dents. Je n'ai rien dit encore à Louis, nous lui aurions trop apprêté à rire. Je lui apprendrai tout uniment ton mariage et le désir que tu as de le tenir secret. Tu n'as malheureusement besoin ni de mère ni de sœur pour le coucher de la mariée. Nous sommes en octobre, tu commences par l'hiver, en femme courageuse. S'il ne s'agissait pas de mariage, je dirais que tu attaques le taureau par les cornes. Enfin, tu auras en moi l'amie la plus discrète et la plus intelligente. Le centre mystérieux de l'Afrique a dévoré bien des voyageurs, et il me semble que tu te jettes, en fait de sentiment, dans un voyage semblable à ceux où tant d'explorateurs ont péri, soit par les nègres, soit dans les sables. Ton désert est à deux lieues de Paris, je puis donc te dire gaiement : Bon voyage ! tu nous reviendras.

LI

DE LA COMTESSE DE L'ESTORADE A MADAME MARIE GASTON.

1837.

Que deviens-tu, ma chère ? Après un silence de trois années, il est permis à Renée d'être inquiète de Louise. Voilà donc l'amour ! il emporte, il annule une amitié comme la nôtre. Avoue que si j'adore mes enfants plus encore que tu n'aimes ton Gaston, il y a dans le sentiment maternel je ne sais quelle immensité qui permet de ne rien enlever aux autres affections, et qui laisse une femme être encore amie sincère et dévouée. Tes lettres, ta douce et charmante figure me manquent. J'en suis réduite à des conjectures sur toi, ô Louise !

Quant à nous, je vais t'expliquer les choses le plus succinctement possible.

En relisant ton avant-dernière lettre, j'ai trouvé quelques mots aigres sur notre situation politique. Tu nous as raillés d'avoir gardé la place de président de chambre à la Cour des comptes, que nous tenions, ainsi que le titre de comte, de la faveur de Charles X ; mais est-ce avec quarante mille livres de rentes, dont trente appartiennent à un majorat, que je pouvais convenablement établir Athénaïs et ce pauvre petit mendiant de René ? Ne devions-nous pas vivre de notre place, et accumuler sagement les revenus de nos terres ? En vingt ans nous aurons amassé environ six cent mille francs, qui serviront à doter et ma fille et René, que je destine à la marine. Mon petit pauvre aura dix mille livres de rentes, et peut-être pourrons-nous lui laisser en argent une somme qui rende sa part égale à celle de sa sœur. Quand il sera capitaine de vaisseau, mon mendiant se mariera richement, et tiendra dans le monde un rang égal à celui de son aîné.

Ces sages calculs ont déterminé dans notre intérieur l'acceptation du nouvel ordre de choses. Naturellement, la nouvelle dynastie a nommé Louis pair de France et grand-officier de la Légion-d'Honneur. Du moment où l'Estorade prêtait serment, il ne devait rien faire à demi ; dès lors, il a rendu de grands services dans la Chambre. Le voici maintenant arrivé à une situation où il restera tranquillement jusqu'à la fin de ses jours. Il a de la dextérité dans les affaires; il est plus parleur agréable qu'orateur, mais cela suffit à ce que nous demandons à la politique. Sa finesse, ses connaissances soit en gouvernement, soit en administration, sont appréciées, et tous les partis le considèrent comme un homme indispensable. Je puis te dire qu'on lui a dernièrement offert une ambassade, mais je la lui ai fait refuser. L'éducation d'Armand, qui maintenant a treize ans; celle d'Athénaïs, qui va sur onze ans, me retiennent à Paris, et j'y veux demeurer jusqu'à ce que mon petit René ait fini la sienne, qui commence.

Pour rester fidèle à la branche aînée et retourner dans ses terres, il ne fallait pas avoir à élever et à pourvoir trois enfants. Une mère doit, mon ange, ne pas être Décius, surtout dans un temps où les Décius sont rares. Dans quinze ans d'ici, l'Estorade pourra se retirer à la Crampade avec une belle retraite, en installant Armand à la Cour des comptes, où il le laissera référendaire. Quant à René, la marine en fera sans doute un diplomate. A sept ans ce petit garçon est déjà fin comme un vieux cardinal.

Ah! Louise, je suis une bienheureuse mère! Mes enfants continuent à me donner des joies sans ombre. (*Senza brama sicura richezza.*) Armand est au collége Henri IV. Je me suis décidée pour l'éducation publique sans pouvoir me décider néanmoins à m'en séparer, et j'ai fait comme faisait le duc d'Orléans avant d'être et peut-être pour devenir Louis-Philippe. Tous les matins, Lucas, ce vieux domestique que tu connais, mène Armand au collége à l'heure de la première étude, et me le ramène à quatre heures et demie. Un vieux et savant répétiteur, qui loge chez moi, le fait travailler le soir et le réveille le matin à l'heure où les collégiens se lèvent. Lucas lui porte une collation à midi pendant la récréation. Ainsi, je le vois pendant le dîner, le soir avant son coucher, et j'assiste le matin à son départ. Armand est toujours le charmant enfant plein de cœur et de dévouement que tu aimes ; son répétiteur est content de lui. J'ai ma Naïs avec moi et le petit qui bourdonnent sans cesse, mais je suis aussi enfant qu'eux. Je n'ai pas pu me résoudre à perdre la douceur des caresses de mes chers enfants. Il y a pour moi dans la possibilité de courir, dès que je le désire, au lit d'Armand, pour le voir pendant son sommeil, ou pour aller prendre, demander, recevoir un baiser de cet ange, une nécessité de mon existence.

Néanmoins, le système de garder les enfants à la maison paternelle a des inconvénients, et je les ai bien reconnus. La Société, comme la Nature, est jalouse, et ne laisse jamais entreprendre sur ses lois; elle ne souffre pas qu'on lui en dérange l'économie. Ainsi, dans les familles où l'on conserve les enfants, ils y sont trop tôt exposés au feu du monde, ils en voient les passions, ils en étudient les dissimulations. Incapables de deviner les distinctions qui régissent la conduite des gens faits, ils soumettent le monde à leurs sentiments, à leurs passions, au lieu de soumettre leurs désirs et leurs exigences au monde; ils adoptent le faux éclat, qui brille plus que les vertus solides, car c'est surtout les apparences que le monde met en dehors et habille de formes menteuses. Quand, dès quinze ans, un enfant a l'assurance d'un homme qui connaît le monde, il est une monstruosité, devient vieillard à vingt-cinq ans, et se rend par cette science précoce inhabile aux véritables études sur lesquelles reposent les talents réels et sérieux. Le monde est un grand comédien; et, comme le comédien, il reçoit et renvoie tout, il ne conserve rien. Une mère doit donc, en gardant ses enfants, prendre la ferme résolution de les empêcher de pénétrer dans le monde, avoir le courage de s'opposer à leurs désirs et aux siens, de ne pas les montrer. Cornélie devait serrer ses bijoux. Ainsi ferai-je, car mes enfants sont toute ma vie.

J'ai trente ans, voici le plus fort de la chaleur du jour passé, le plus difficile du chemin fini. Dans quelques années, je serai vieille femme, aussi puisé-je une force immense au sentiment des devoirs accomplis. On dirait que ces trois petits êtres connaissent ma pensée et s'y conforment. Il existe entre eux, qui ne m'ont jamais quittée, et moi, des rapports mystérieux. Enfin, ils m'accablent de jouissances, comme s'ils savaient tout ce qu'ils me doivent de dédommagements.

Armand, qui pendant les trois premières années de ses études à été lourd, méditatif, et qui m'inquiétait, est tout à coup parti. Sans doute il a compris le but de ces travaux préparatoires que les enfants n'aperçoivent pas toujours, et qui est de les accoutumer au travail, d'aiguiser leur intelligence et de les façonner à l'obéissance, le principe des sociétés. Ma chère, il y a quelques jours, j'ai eu l'enivrante sensation de voir au concours général, en pleine Sorbonne, Armand couronné. Ton filleul a eu le premier prix de version. A la distribution des prix du collége Henri IV, il a obtenu deux premiers prix, celui de vers et celui de thème. Je suis devenue blême en entendant proclamer son nom, et j'avais envie de crier : *Je suis la mère !* Naïs me serrait la main à me faire mal, si l'on pouvait sentir une douleur dans un pareil moment. Ah ! Louise, cette fête vaut bien des amours perdues.

Les triomphes du frère ont stimulé mon petit René, qui veut aller au collége comme son aîné. Quelquefois ces trois enfants crient, se remuent dans la maison, et font un tapage à fendre la tête. Je ne sais pas comment j'y résiste, car je suis toujours avec eux ; je ne me suis jamais fiée à personne, pas même à Mary, du soin de surveiller mes enfants. Mais il y a tant de joies à recueillir dans ce beau métier de mère ! Voir un enfant quittant le jeu pour venir m'embrasser comme poussé par un besoin... quelle joie ! Puis on les observe alors bien mieux. Un des devoirs d'une mère est de démêler dès le jeune âge les aptitudes, le caractère, la vocation de ses enfants, ce qu'aucun pédagogue ne saurait faire. Tous les enfants élevés par leurs mères ont de l'usage et du savoir-vivre, deux acquisitions qui suppléent à l'esprit naturel, tandis que l'esprit naturel ne supplée jamais à ce que les hommes apprennent de leurs mères. Je reconnais déjà ces nuances chez les hommes dans les salons, où je distingue aussitôt les traces de la femme dans les manières d'un jeune homme. Comment destituer ses enfants d'un pareil avantage ? Tu le vois, mes devoirs accomplis sont fertiles en trésors, en jouissances.

Armand, j'en ai la certitude, sera le plus excellent magistrat, le plus probe administrateur, le député le plus consciencieux qui puisse jamais se trouver ; tandis que mon René sera le plus hardi, le plus aventureux et en même temps le plus rusé marin du monde. Ce petit drôle a une volonté de fer ; il a tout ce qu'il veut, il prend mille détours pour arriver à son but, et si les mille ne l'y mènent pas, il en trouve un mille et unième. Là où mon cher Armand se résigne avec calme en étudiant la raison des choses, mon René tempête, s'ingénie, combine en parlottant sans cesse, et finit par découvrir un joint ; s'il y peut faire passer une lame de couteau, bientôt il y fait entrer sa petite voiture.

Quant à Naïs, c'est tellement moi, que je ne distingue pas sa chair de la mienne. Ah ! la chérie, la petite fille aimée que je me plais à rendre coquette, de qui je tresse les cheveux et les boucles en y mettant mes pensées d'amour, je la veux heureuse : elle ne sera donnée qu'à celui qui l'aimera et qu'elle aimera. Mais, mon Dieu ! quand je la laisse se pomponner ou quand je lui passe des rubans groseille entre les cheveux, quand je chausse ses petits pieds si mignons, il me saute au cœur et à la tête une idée qui me fait presque défaillir. Est-on maîtresse du sort de sa fille ? Peut-être aimera-t-elle un homme indigne d'elle, peut-être ne sera-t-elle pas aimée de celui qu'elle aimera. Souvent, quand je la contemple, il me vient des pleurs dans les yeux. Quitter une charmante créature, une fleur, une rose qui a vécu dans notre sein comme un bouton sur le rosier, et la donner à un homme qui nous ravit tout ! C'est toi qui, dans deux ans, ne m'as pas écrit ces trois mots : Je suis heureuse ! c'est toi qui m'as rappelé le drame du mariage, horrible pour une mère aussi mère que je le suis. Adieu, car je ne sais pas comment je t'écris, tu ne mérites pas mon amitié. Oh ! réponds-moi, ma Louise.

LII

MADAME GASTON A MADAME DE L'ESTORADE.

Au Chalet.

Un silence de trois années a piqué ta curiosité, tu me demandes pourquoi je ne t'ai pas écrit; mais, ma chère Renée, il n'y a ni phrases, ni mots, ni langage pour exprimer mon bonheur : no âmes ont la force de le soutenir, voilà tout en deux mots. Nou n'avons point le moindre effort à faire pour être heureux, nou nous entendons en toutes choses. En trois ans, il n'y a pas eu la moindre dissonance dans ce concert, le moindre désaccord d'expression dans nos sentiments, la moindre différence dans les moindres vouloirs. Enfin, ma chère, il n'est pas une de ces mille journées qui n'ait porté son fruit particulier, pas un moment que la fantaisie n'ait rendu délicieux. Non-seulement notre vie, nous en avons la certitude, ne sera jamais monotone, mais encore elle ne sera peut-être jamais assez étendue pour contenir les poésies de notre amour, fécond comme la nature, varié comme elle. Non, pas un mécompte ! Nous nous plaisons encore bien mieux qu'au premier jour, et nous découvrons de moments en moments de nouvelles raisons de nous aimer. Nous nous promettons tous les soirs, en nous promenant après le dîner, d'aller à Paris par curiosité, comme on dit : J'irai voir la Suisse.

— Comment ! s'écrie Gaston, mais on arrange tel boulevard, la Madeleine est finie. Il faut cependant aller examiner cela.

Bah ! le lendemain nous restons au lit, nous déjeunons dans notre chambre ; midi vient, il fait chaud, on se permet une petite sieste ; puis il me demande de me laisser regarder, et il me regarde absolument comme si j'étais un tableau ; il s'abîme en cette contemplation, qui, tu le devines, est réciproque. Il nous vient alors l'un à l'autre des larmes aux yeux, nous pensons à notre bonheur et nous tremblons. Je suis toujours sa maîtresse, c'est-à-dire que je parais aimer moins que je ne suis aimée. Cette tromperie est délicieuse. Il y a tant de charme pour nous autres femmes à voir le sentiment l'emporter sur le désir, à voir le maître encore timide s'arrêter là où nous souhaitons qu'il reste ! Tu m'as demandé de te dire comment il est ; mais, ma Renée, il est impossible de faire le portrait d'un homme qu'on aime, on ne saurait être dans le vrai. Puis, entre nous, avouons-nous sans pruderie un singulier et triste effet de nos mœurs : il n'y a rien de si différent que l'homme du monde et l'homme de l'amour ; la différence est si grande que l'un peut ne ressembler en rien à l'autre. Celui qui prend les poses les plus gracieuses du plus gracieux danseur pour nous dire au coin d'une cheminée, le soir, une parole d'amour, peut n'avoir aucune des grâces secrètes que veut une femme. Au rebours, un homme qui paraît laid, sans manières, mal enveloppé de drap noir, cache un amant qui possède l'esprit de l'amour, et qui ne sera ridicule dans aucune de ces positions où nous-mêmes nous pouvons périr avec toutes nos grâces extérieures. Rencontrer chez un homme un accord mystérieux entre ce qu'il paraît être et ce qu'il est, en trouver un qui dans la vie secrète du mariage ait cette grâce innée qui ne se donne pas, qui ne s'acquiert point, que la statuaire antique a déployée dans les mariages voluptueux et chastes de ses statues, cette innocence du laisser-aller que les anciens ont mise dans leurs poëmes, et qui dans le déshabillé paraît avoir encore des vêtements pour les âmes, tout cet idéal qui ressort de nous-mêmes et qui tient au monde des harmonies, qui sans doute est le génie des choses; enfin cet immense problème cherché par l'imagination de toutes les femmes, eh bien! Gaston en est la vivante solution. Ah! chère, je ne savais pas ce que c'était que l'amour, la jeunesse, l'esprit et la beauté réunis. Mon Gaston n'est jamais affecté, sa grâce est instinctive, elle se développe sans efforts. Quand nous marchons seuls dans les bois, sa main passée autour de ma taille, la mienne sur son épaule, son corps tenant au mien, nos têtes se touchant, nous allons d'un pas égal, par un mouvement uniforme et si doux, si bien le même, que pour des gens qui nous verraient passer, nous paraîtrions un même être glissant sur le sable des allées, à la façon des immortels d'Homère. Cette harmonie est dans le désir, dans la pensée, dans la parole. Quelquefois, sous la feuillée encore humide d'une pluie passagère, alors qu'au soir les herbes sont d'une vert lustré par l'eau, nous avons fait des promenades entières sans nous dire un seul mot, écoutant le bruit des gouttes qui tombaient, jouissant des couleurs rouges que le couchant étalait aux cimes ou broyait sur les écorces grises. Certes alors nos pensées étaient une prière secrète, confuse, qui montait au ciel comme une excuse de notre bonheur. Quelquefois nous nous écrions ensemble, au même moment, en voyant un bout d'allée qui tourne brusquement, et qui, de loin, nous offre de délicieuses images. Si tu savais ce qu'il y a de miel et de profondeur dans un baiser presque timide qui se donne au milieu de cette sainte nature... c'est à croire que Dieu ne nous a faits que pour le prier ainsi. Et nous rentrons toujours plus amoureux l'un de l'autre. Cet amour entre deux époux semblerait une insulte à la société dans Paris, il faut s'y livrer comme des amants, au fond des bois.

Gaston, ma chère, a cette taille moyenne qui a été celle de tous les hommes d'énergie; il n'est ni gras ni maigre, et très-bien fait; ses proportions ont de la rondeur; il a de l'adresse dans ses mouvements, il saute un fossé avec la légèreté d'une bête fauve. En quelque position qu'il soit, il y a chez lui comme un sens qui lui fait trouver son équilibre, et ceci est rare chez les hommes qui ont l'habitude de la méditation. Quoique brun, il est d'une grande blancheur. Ses cheveux sont d'un noir de jais et produisent de vigoureux contrastes avec les tons mats de son cou et de son front. Il a la tête mélancolique de Louis XIII. Il a laissé pousser ses moustaches et sa royale, mais je lui ai fait couper ses favoris et sa barbe; c'est devenu commun. Sa sainte misère me l'a conservé pur de toutes ces souillures qui gâtent tant de jeunes gens. Il a des dents magnifiques, il est d'une santé de fer. Son regard bleu si vif, mais pour moi d'une douceur magnétique, s'allume et brille comme un éclair quand son âme est agitée. Semblable à tous les gens forts et d'une puissante intelligence, il est d'une égalité de caractère qui te surprendrait comme elle m'a surprise. J'ai entendu bien des femmes me confier les chagrins de leur intérieur; mais ces variations de vouloir, ces inquiétudes des hommes mécontents d'eux-mêmes, qui ne veulent pas ou ne savent pas vieillir, qui ont je ne sais quels reproches éternels de leur folle jeunesse, et dont les veines charrient des poisons, dont le regard a toujours un fond de tristesse, qui se font taquins pour cacher leurs défiances, qui vous vendent une heure de tranquillité pour des matinées mauvaises, qui se vengent sur nous de ne pouvoir être aimables, et qui prennent nos beautés en une haine secrète, toutes ces douleurs la jeunesse ne les connaît point, elle sont l'attribut des mariages disproportionnés. Oh! ma chère, ne marie Athénaïs qu'avec un jeune homme. Si tu savais combien je me repais de ce sourire constant que varie sans cesse un esprit fin et délicat, de ce sourire qui parle, qui dans le coin des lèvres renferme des pensées d'amour, de muets remerciements, et qui relie toujours les joies passées aux présentes! Il n'y a jamais rien d'oublié entre nous. Nous avons fait des moindres choses de la nature des complices de nos félicités : tout est vivant, tout nous parle de nous dans ces bois ravissants. Un vieux chêne moussu, près de la maison du garde sur la route, nous dit que nous nous sommes assis fatigués sous son ombre, et que Gaston m'a expliqué là les mousses qui étaient à nos pieds, m'a fait leur histoire, et que de ces mousses nous avons monté, de science en science, jusqu'aux fins du monde. Nos deux esprits ont quelque chose de si fraternel, que je crois que c'est deux éditions du même ouvrage. Tu le vois, je suis devenue littéraire. Nous avons tous deux l'habitude ou le don de voir chaque chose dans son étendue, d'y tout apercevoir, et la preuve que nous nous donnons constamment à nous-mêmes de cette pureté du sens intérieur, est un plaisir toujours nouveau. Nous en sommes arrivés à regarder cette entente de l'esprit comme un témoignage d'amour; et si jamais elle nous manquait, ce serait pour nous ce qu'est une infidélité pour les autres ménages.

Ma vie, pleine de plaisirs, te paraîtrait d'ailleurs excessivement laborieuse. D'abord, ma chère, apprends que Louise-Armande-Marie de Chaulieu fait elle-même sa chambre. Je ne souffrirais jamais que des soins mercenaires, qu'une femme ou une fille étrangère s'initiassent (femme littéraire !) aux secrets de ma chambre. Ma religion embrasse les moindres choses nécessaires à son culte. Ce n'est pas jalousie, mais bien respect de soi-même. Aussi ma chambre est-elle faite avec le soin qu'une jeune amoureuse peut prendre de ses atours. Je suis méticuleuse comme une vieille fille. Mon cabinet de toilette, au lieu d'être un tohu-bohu, est un délicieux boudoir. Mes recherches ont tout prévu. Le maître, le souverain peut y entrer en tout temps ; son regard ne sera point affligé, étonné ni désenchanté : fleurs, parfums, élégance, tout y charme la vue. Pendant qu'il dort encore, le matin, au jour, sans qu'il s'en soit encore douté, je me lève, je passe dans ce cabinet où, rendue savante par les expériences de ma mère, j'enlève les traces du sommeil avec des lotions d'eau froide. Pendant que nous dormons, la peau, moins excitée, fait mal ses fonctions ; elle devient chaude, elle a comme un brouillard visible à l'œil des cirons, une sorte d'atmosphère. Sous l'éponge qui ruisselle, une femme sort jeune fille. Là peut-être est l'explication du mythe de Vénus sortant des eaux. L'eau me donne alors les grâces piquantes de l'aurore ; je me peigne, me parfume les cheveux ; et, après cette toilette minutieuse, je me glisse comme une couleuvre, afin qu'à son réveil le maître me trouve pimpante comme une matinée de printemps. Il est charmé par cette fraîcheur de fleur nouvellement éclose, sans pouvoir s'expliquer le pourquoi. Plus tard, la toilette de la journée regarde alors ma femme de chambre, et a lieu dans un salon d'habillement. Il y a, comme tu le penses, la toilette du coucher. Ainsi, j'en fais trois pour monsieur mon époux, quelquefois quatre ; mais ceci, ma chère, tient à d'autres mythes de l'antiquité.

Nous avons aussi nos travaux. Nous nous intéressons beaucoup à nos fleurs, aux belles créatures de notre serre et à nos arbres. Nous sommes sérieusement botanistes, nous aimons passionnément les fleurs, le Chalet en est encombré. Nos gazons sont toujours verts, nos massifs sont soignés autant que ceux des jardins du plus riche banquier. Aussi rien n'est-il beau comme notre enclos. Nous sommes excessivement gourmands de fruits, nous surveillons nos montreuils, nos couches, nos espaliers, nos quenouilles. Mais, dans le cas où ces occupations champêtres ne satisferaient pas l'esprit de mon adoré, je lui ai donné le conseil d'achever dans le silence de la solitude quelques unes des pièces de théâtre qu'il a commencées pendant ses jours de misère, et qui sont vraiment belles. Ce genre de travail est le seul dans les Lettres qui se puisse quitter et reprendre, car il demande de longues réflexions, et n'exige pas la ciselure que veut le style. On ne peut pas toujours faire du dialogue, il y faut du trait, des résumés, des saillies que l'esprit porte comme les plantes donnent leurs fleurs, et qu'on trouve plus en les attendant qu'en les cherchant. Cette chasse aux idées me va. Je suis le collaborateur de mon Gaston, et ne le quitte ainsi jamais, pas même quand il voyage dans les vastes champs de l'imagination. Devines-tu maintenant comment je me tire des soirées d'hiver? Notre service est si doux, que nous n'avons pas eu depuis notre mariage un mot de reproche, pas une observation à faire à nos gens. Quand ils ont été questionnés sur nous, ils ont eu l'esprit de fourber, ils nous ont fait passer pour la dame de compagnie et le secrétaire de leurs maîtres censés en voyage; certains de ne jamais éprouver le moindre refus, ils ne sortent point sans en demander la permission; d'ailleurs ils sont heureux, et voient bien que leur condition ne peut être changée que par leur faute. Nous laissons les jardiniers vendre le surplus de nos fruits et de nos légumes. La vachère qui gouverne la laiterie en fait autant pour le lait, la crème et le beurre frais. Seulement les plus beaux produits nous sont réservés. Ces gens sont très contents de leurs profits, et nous sommes enchantés de cette abondance qu'aucune fortune ne peut ou ne sait se procurer dans ce terrible Paris, où les belles pêches coûtent chacune le revenu de cent francs. Tout cela, ma chère, a un sens : je veux être le monde pour Gaston; le monde est amusant, mon mari ne doit donc pas s'ennuyer dans cette solitude. Je croyais être jalouse quand j'étais aimée et que je me laissais aimer; mais j'éprouve aujourd'hui la jalousie des femmes qui aiment, enfin la vraie jalousie. Aussi celui de ses regards qui me semble indifférent me fait-il trembler. De temps en temps je me dis : S'il allait ne plus m'aimer?... et je frémis. Oh! je suis bien devant lui comme l'âme chrétienne est devant Dieu.

Hélas! ma Renée, je n'ai toujours point d'enfants. Un moment viendra sans doute où il faudra les sentiments du père et de la mère pour animer cette retraite, où nous aurons besoin l'un et l'autre de voir des petites robes, des pèlerines, des têtes brunes ou blondes, sautant, courant à travers ces massifs et nos sentiers fleuris. Oh! quelle monstruosité que des fleurs sans fruits. Le souvenir de ta belle famille est poignant pour moi. Ma vie, à moi, s'est restreinte, tandis que la tienne a grandi, a rayonné. L'amour est profondément égoïste, tandis que la maternité tend à multiplier nos sentiments. J'ai bien senti cette différence en lisant ta bonne, ta tendre lettre. Ton bonheur m'a fait envie en te voyant vivre dans trois cœurs ! Oui, tu es heureuse : tu as sagement accompli les lois de la vie sociale, tandis que je suis en dehors de tout. Il n'y a que des enfants aimants et aimés qui puissent consoler une femme de la perte de sa beauté. J'ai trente ans bientôt, et à cet âge une femme commence de terribles lamentations intérieures. Si je suis belle encore, j'aperçois les limites la vie féminine ; après, que deviendrai-je ? Quand j'aurai quarante ans, *il* ne les aura pas, *il* sera jeune encore, et je serai vieille. Lorsque cette pensée pénètre dans mon cœur, je reste à ses pieds une heure, en lui faisant jurer, quand il sentira moins d'amour pour moi, de me le dire à l'instant. Mais c'est un enfant, il me le jure comme si son amour ne devait jamais diminuer, et il est si beau que... tu comprends ! je le crois. Adieu, cher ange, serons-nous encore pendant des années sans nous écrire ? Le bonheur est monotone dans ses expressions ; aussi peut-être est-ce à cause de cette difficulté que Dante paraît plus grand aux âmes aimantes dans son Paradis que dans son Enfer. Je ne suis pas Dante, je ne suis que ton amie, et tiens à ne pas t'ennuyer. Toi, tu peux m'écrire, car tu as dans tes enfants un bonheur varié qui va croissant, tandis que le mien... Ne parlons plus de ceci, je t'envoie mille tendresses.

LIII

DE MADAME DE L'ESTORADE A MADAME GASTON.

Ma chère Louise, j'ai lu, relu ta lettre, et plus je m'en suis pénétrée, plus j'ai vu en toi moins une femme qu'un enfant ; tu n'as pas changé, tu oublies ce que je t'ai dit mille fois : l'Amour est un vol fait par l'état social à l'état naturel ; il est si passager dans la nature, que les ressources de la société ne peuvent changer sa condition primitive : aussi toutes les nobles âmes essaient-elles de faire un homme de cet enfant ; mais alors l'Amour devient, selon toi-même, une monstruosité. La société, ma chère, a voulu être féconde. En substituant des sentiments durables à la fugitive folie de la nature, elle a créé la plus grande chose humaine : la Famille éternelle base des Sociétés. Elle a sacrifié l'homme aussi bien que la femme à son œuvre; car, ne nous abusons pas, le père de famille donne son activité, ses forces, toutes ses fortunes à sa femme. N'est-ce pas la femme qui jouit de tous les sacrifices ? le luxe, la richesse, tout n'est-il pas à peu près pour elle ? pour elle la gloire et l'élégance, la douceur et la fleur de la maison. Oh ! mon ange, tu prends encore une fois très mal la vie. Être adorée est un thème de jeune fille bon pour quelques printemps, mais qui ne saurait être celui d'une femme épouse et mère. Peut-être suffit-il à la vanité d'une femme de savoir qu'elle peut se faire adorer. Si tu veux être épouse et mère, reviens à Paris. Laisse-moi te répéter que tu te perdras par le bonheur comme d'autres se perdent par le malheur. Les choses qui ne nous fatiguent point, le silence, le pain, l'air, sont sans reproche parce qu'elles sont sans goût; tandis que les choses pleines de saveur, irritant nos désirs, finissent par les lasser. Écoute-moi, mon enfant ! Maintenant, quand même je pourrais être aimée par un homme pour qui je sentirais naître en moi l'amour que tu portes à Gaston, je saurais rester fidèle à mes chers devoirs et à ma douce famille. La maternité, mon ange, est pour le cœur de la femme une de ces choses simples, naturelles, fertiles, inépuisables comme celles qui sont les éléments de la vie. Je me souviens d'avoir un jour, il y a bientôt quatorze ans, embrassé le dévouement comme un naufragé s'attache au mât de son vaisseau par désespoir; mais aujourd'hui, quand j'évoque par le souvenir toute ma vie devant moi, je choisirais encore ce sentiment comme le principe de ma vie, car il est le plus sûr et le plus fécond de tous. L'exemple de ta vie, assise sur un égoïsme féroce, quoique caché par les poésies du cœur, a fortifié ma résolution. Je ne te dirai plus jamais ces choses, mais je devais te les dire encore une dernière fois en apprenant que ton bonheur résiste à la plus terrible des épreuves.

Ta vie à la campagne, objet de mes méditations, m'a suggéré cette autre observation que je dois te soumettre. Notre vie est composée, pour le corps comme pour le cœur, de certains mouvements réguliers. Tout excès apporté dans ce mécanisme est une cause de plaisir ou de douleur ; or, le plaisir ou la douleur est une fièvre d'âme essentiellement passagère, parce qu'elle n'est pas longtemps supportable. Faire de l'excès sa vie même, n'est-ce pas vivre malade! Tu vis malade, en maintenant à l'état de passion un sentiment qui doit devenir dans le mariage une force égale et pure. Oui, mon ange, aujourd'hui je le reconnais : la gloire du ménage est précisément dans ce calme, dans cette profonde connaissance mutuelle, dans cet échange de biens et de maux que les plaisanteries vulgaires lui reprochent. Oh! combien il est grand ce mot de la duchesse de Sully, la femme du grand Sully enfin, à qui l'on disait que son mari, quelque grave qu'il parût, ne se faisait pas scrupule d'avoir une maîtresse : — C'est tout simple, a-t-elle répondu, je suis l'honneur de la maison, et serais fort chagrine d'y jouer le rôle d'une courtisane. Plus voluptueuse que tendre, tu veux être et la femme et la maîtresse. Avec l'âme d'Héloïse et les sens de sainte Thérèse, tu te livres à des égarements sanctionnés par les lois; en un mot, tu dépraves l'institution du mariage. Oui, toi qui me jugeais si sévèrement quand je paraissais immorale en acceptant, dès la veille de mon mariage, les moyens du bonheur; en pliant tout à ton usage, tu mérites aujourd'hui les reproches que tu m'adressais. Eh! quoi, tu veux asservir et la nature et la société à ton caprice? Tu restes toi-même, tu ne te transformes point en ce que doit être une femme; tu gardes les volontés, les exigences de la jeune fille, et tu portes dans ta passion les calculs les plus exacts, les plus mercantiles; ne vends-tu pas très-cher tes parures? Je te trouve bien défiante avec toutes tes précautions. Oh! chère Louise, si tu pouvais connaître les douceurs du travail que les mères font sur elles-mêmes pour être bonnes et tendres à toute leur famille! L'indépendance et la fierté de mon caractère se sont fondues dans une mélancolie douce, et que les plaisirs maternels ont dissipée en la récompensant. Si la matinée fut difficile, le soir sera pur et serein. J'ai peur que ce ne soit tout le contraire pour ta vie.

En finissant ta lettre j'ai supplié Dieu de te faire passer une journée au milieu de nous pour te convertir à la famille, à ces joies indicibles, constantes, éternelles, parce qu'elles sont vraies, simples et dans la nature. Mais, hélas! que peut ma raison contre une faute qui te rend heureuse? J'ai les larmes aux yeux en t'écrivant ces derniers mots. J'ai cru franchement que plusieurs mois accordés à cet amour conjugal te rendraient la raison par la satiété; mais je te vois insatiable, et après avoir tué un amant, tu en arriveras à tuer l'amour. Adieu, chère égarée, je désespère, puisque la lettre où j'espérais te rendre à la vie sociale par la peinture de mon bonheur n'a servi qu'à la glorification de ton égoïsme. Oui, il n'y a que toi dans ton amour, et tu aimes Gaston bien plus pour toi que pour lui-même.

LIV

DE MADAME GASTON A LA COMTESSE DE L'ESTORADE.

20 mai.

Renée, le malheur est venu ; non, il a fondu sur ta pauvre Louise avec la rapidité de la foudre, et tu me comprends ; le malheur pour moi, c'est le doute. La conviction, ce serait la mort. Avant-hier, après ma première toilette, en cherchant partout Gaston pour faire une petite promenade avant le déjeuner, je ne l'ai point trouvé. Je suis entrée à l'écurie, j'y ai vu sa jument trempée de sueur, et à laquelle le groom enlevait, à l'aide d'un couteau, des flocons d'écume avant de l'essuyer. — Qui donc a pu mettre Fedelta dans un pareil état? ai-je dit. — Monsieur, a répondu l'enfant. J'ai reconnu sur les jarrets de la jument la boue de Paris, qui ne ressemble point à la boue de la campagne. — Il est allé à Paris, ai-je pensé. Cette pensée en a fait jaillir mille autres dans mon cœur, et y a attiré tout mon sang. Aller à Paris sans me le dire, prendre l'heure où je le laisse seul, y courir et en revenir avec tant de rapidité que Fedelta soit presque fourbue !... Le soupçon m'a serrée de sa terrible ceinture à m'en faire perdre la respiration. Je suis allée à quelques pas de là, sur un banc, pour tâcher de reprendre mon sang-froid. Gaston m'a surprise ainsi, blême, effrayante à ce qu'il paraît, car il m'a dit : — Qu'as-tu? si précipitamment et d'un son de voix si plein d'inquiétude, que je me suis levée et lui ai pris le bras ; mais j'avais les articulations sans force, et j'ai bien été contrainte de me rasseoir ; il m'a prise alors dans ses bras et m'a emportée à deux pas de là dans le parloir, où tous nos gens effrayés nous ont suivis ; mais Gaston les a renvoyés par un geste. Quand nous avons été seuls, j'ai pu, sans vouloir rien dire, gagner notre chambre, où je me suis enfermée pour pouvoir pleurer à mon aise.

Gaston s'est tenu pendant deux heures environ écoutant mes sanglots, interrogeant avec une patience d'ange sa créature, qui ne lui répondait point. — Je vous reverrai quand mes yeux ne seront plus rouges et quand ma voix ne tremblera plus, lui ai-je dit enfin. Le *vous* l'a fait bondir hors de la maison. J'ai pris de l'eau glacée pour baigner mes yeux, j'ai rafraîchi ma figure, la porte de notre chambre s'est ouverte, je l'ai trouvé là, revenu sans que j'eusse entendu le bruit de ses pas. — Qu'as-tu? m'a-t-il demandé. — Rien, lui dis-je. J'ai reconnu la boue de Paris aux jarrets fatigués de Fedelta, je n'ai pas compris que tu y allasses sans m'en prévenir; mais tu es libre. — Ta punition pour tes doutes si criminels sera de n'apprendre mes motifs que demain, a-t-il répondu.

— Regarde-moi, lui ai-je dit. J'ai plongé mes yeux dans les siens: l'infini a pénétré l'infini. Non, je n'ai pas aperçu ce nuage que l'infidélité répand dans l'âme et qui doit altérer la pureté des prunelles. J'ai fait la rassurée, encore que je restasse inquiète. Les hommes savent, aussi bien que nous, tromper, mentir! Nous ne nous sommes plus quittés. Oh! chère, combien par moments, en le regardant, je me suis trouvée indissolublement attachée à lui. Quels tremblements intérieurs m'agitèrent quand il reparut après m'avoir laissée seule pendant un moment! Ma vie est en lui, et non en moi. J'ai donné de cruels démentis à ta cruelle lettre. Ai-je jamais senti cette dépendance avec ce divin Espagnol, pour qui j'étais ce que cet atroce bambin est pour moi? Combien je hais cette jument! Quelle niaiserie à moi d'avoir eu des chevaux. Mais il faudrait aussi couper les pieds à Gaston, ou le détenir dans le cottage. Ces pensées stupides m'ont occupée, juge par là de ma déraison? Si l'amour ne lui a pas construit une cage, aucun pouvoir ne saurait retenir un homme qui s'ennuie. — T'ennuyé-je? lui ai-je dit à brûle-pourpoint. — Comme tu te tourmentes sans raison, m'a-t-il répondu les yeux pleins d'une douce pitié. Je ne t'ai jamais tant aimée. — Si c'est vrai, mon ange adoré, lui ai-je répliqué, laisse-moi faire vendre Fedelta. — Vends! a-t-il dit. — Ce mot m'a comme écrasée, Gaston a eu l'air de me dire: Toi seule es riche ici, je ne suis rien, ma volonté n'existe pas. S'il ne l'a pas pensé, j'ai cru qu'il le pensait, et de nouveau je l'ai quitté pour m'aller coucher : la nuit était venue.

Oh! Renée, dans la solitude, une pensée ravageuse vous conduit au suicide. Ces délicieux jardins, cette nuit étoilée, cette fraîcheur qui m'envoyait par bouffées l'encens de toutes nos fleurs, notre vallée, nos collines, tout me semblait sombre, noir et désert. J'étais comme au fond d'un précipice au milieu des serpents, des plantes vénéneuses ; je ne voyais plus de Dieu dans le ciel. Après une nuit pareille une femme a vieilli.

— Prends Fedelta, cours à Paris, lui ai-je dit le lendemain matin, ne la vendons point ; je l'aime, elle te porte ! Il ne s'est pas trompé, néanmoins, à mon accent, où perçait la rage intérieure que j'essayais de cacher. — Confiance ! a-t-il répondu en me tendant la main par un mouvement si noble et en me lançant un si noble regard que je me suis sentie aplatie. — Nous sommes bien petites, me suis-je écriée. — Non, tu m'aimes, et voilà tout, a-t-il dit en me pressant sur lui. — Va à Paris sans moi, lui ai-je dit en lui faisant comprendre que je me désarmais de mes soupçons. Il est parti, je croyais qu'il allait rester. Je renonce à te peindre mes souffrances. Il y avait en moi-même une autre moi que je ne savais pas pouvoir exister. D'abord, ces sortes de scènes, ma chère, ont une solennité tragique pour une femme qui aime, que rien ne saurait exprimer ; toute la vie vous apparaît dans le moment où elles se passent, et l'œil n'y aperçoit aucun horizon ; le rien est tout, le regard est un livre, la parole charrie des glaçons, et dans un mouvement de lèvres on lit un arrêt de mort. Je m'attendais à du retour, car m'étais-je montrée assez noble et grande ? J'ai monté jusqu'en haut du Chalet et l'ai suivi des yeux sur la route. Ah ! ma chère Renée, je l'ai vu disparaître avec une affreuse rapidité. — Comme il y court ! pensai-je involontairement. Puis, une fois seule, je suis retombée dans l'enfer des hypothèses, dans le tumulte des soupçons. Par moments, la certitude d'être trahie me semblait être un baume, comparée aux horreurs du doute ! Le doute est notre duel avec nous-mêmes, et nous nous y faisons de terribles blessures. J'allais, je tournais dans les allées, je revenais au Chalet, j'en sortais comme une folle. Parti sur les sept heures, Gaston ne revint qu'à onze heures ; et comme, par le parc de Saint-Cloud et le bois de Boulogne, une demi-heure suffit pour aller à Paris, il est clair qu'il avait passé trois heures dans Paris. Il entra triomphant en m'apportant une cravache en caoutchouc dont la poignée est en or. — Depuis quinze jours j'étais sans cravache ; la mienne, usée et vieille, s'était brisée. — Voilà pourquoi tu m'as torturée ? lui ai-je dit en admirant le travail de ce bijou qui contient une cassolette au bout. Puis je compris que ce présent cachait une nouvelle tromperie ; mais je lui sautai promptement au cou, non sans lui faire de doux reproches pour m'avoir imposé de si grands tourments pour une bagatelle. Il se crut bien fin. Je vis alors dans son maintien, dans son regard, cette espèce de joie intérieure qu'on éprouve en faisant réussir une tromperie ; il s'échappe comme une lueur de notre âme, comme un rayon de notre esprit qui se reflète dans les traits, qui se dégage avec les mouvements du corps. En admirant cette jolie chose, je lui demandai dans un moment où nous nous regardions bien : — Qui t'a fait cette œuvre d'art ? — Un artiste de mes amis. — Ah ! Verdier l'a montée, ajoutai-je en lisant le nom du marchand, imprimé sur la cravache. Gaston est resté très-enfant, il a rougi. Je l'ai comblé de caresses pour le récompenser d'avoir eu honte de me tromper. Je fis l'innocente, et il a pu croire tout fini.

25 mai.

Le lendemain, vers six heures, je mis mon habit de cheval, et je tombai à sept heures chez Verdier, où je vis plusieurs cravaches de ce modèle. Un commis reconnut la mienne, que je lui montrai. — Nous l'avons vendue hier à un jeune homme, me dit-il. Et sur la description que je lui fis de mon fourbe de Gaston, il n'y eût plus de doute. Je te fais grâce des palpitations de cœur qui me brisaient la poitrine en allant à Paris, et pendant cette petite scène où se décidait ma vie. Revenue à sept heures et demie, Gaston me trouva pimpante, en toilette du matin, me promenant avec une trompeuse insouciance, et sûre que rien ne trahirait mon absence, dans le secret de laquelle je n'avais mis que mon vieux Philippe. — Gaston, lui dis-je en tournant autour de notre étang, je connais assez la différence qui existe entre une œuvre d'art unique, faite avec amour pour une seule personne, et celle qui sort d'un moule. Gaston devint pâle et me regarda lui présenter la terrible pièce à conviction. — Mon ami, lui dis-je, ce n'est pas une cravache, c'est un paravent derrière lequel vous abritez un secret. Là-dessus, ma chère, je me suis donné le plaisir de le voir s'entortillant dans les charmilles du mensonge et les labyrinthes de la tromperie sans en pouvoir sortir, et déployant un art prodigieux pour essayer de trouver un mur à escalader, mais contraint de rester sur le terrain devant un adversaire qui consentit enfin à se laisser abuser. Cette complaisance est venue trop tard, comme toujours dans ces sortes de scènes. D'ailleurs, j'avais commis la faute contre laquelle ma mère avait essayé de me prémunir. Ma jalousie s'était montrée à découvert et établissait la guerre et ses stratagèmes entre Gaston et moi. Ma chère, la jalousie est essentiellement bête et brutale. Je me suis alors promis de souffrir en silence, de tout espionner, d'acquérir une certitude, et d'en finir alors avec Gaston, ou de consentir à mon malheur; il n'y a pas d'autre conduite à tenir pour les femmes bien élevées. Que me cache-t-il? car il me cache un secret. Ce secret concerne une femme. Est-ce une aventure de jeunesse de laquelle il rougisse? Quoi? Ce *quoi?* ma chère, est gravé en quatre lettres de feu sur toutes choses. Je lis ce fatal mot en regardant le miroir de mon étang, à travers mes massifs, aux nuages du ciel, aux plafonds, à table, dans les fleurs de mes tapis. Au milieu de mon sommeil, une voix m'écrie : — Quoi? A compter de cette matinée, il y eut dans notre vie un cruel intérêt, et j'ai connu la plus âcre des pensées qui puissent corroder notre cœur : être à un homme que l'on croit infidèle. Oh! ma chère, cette vie tient à la fois à l'enfer et au paradis. Je n'avais pas encore posé le pied dans cette fournaise, moi jusqu'alors si saintement adorée.

— Ah! tu souhaitais un jour de pénétrer dans les sombres et ardents palais de la souffrance? me disais-je. Eh! bien, les démons ont entendu ton fatal souhait : marche, malheureuse!

30 mai.

Depuis ce jour, Gaston, au lieu de travailler mollement et avec le laisser-aller de l'artiste riche qui caresse son œuvre, se donne des tâches comme l'écrivain qui vit de sa plume. Il emploie quatre heures tous les jours à finir deux pièces de théâtre.

— Il lui faut de l'argent! Cette pensée me fut soufflée par une voix intérieure. Il ne dépense presque rien; et comme nous vivons dans une absolue confiance, il n'est pas un coin de son cabinet où mes yeux et mes doigts ne puissent fouiller. Sa dépense par an ne se monte pas à deux mille francs. Je lui sais trente mille francs moins amassés que mis dans un tiroir. Au milieu de la nuit, je suis allée pendant son sommeil voir si la somme y était toujours. Quel frisson glacial m'a saisie en trouvant le tiroir vide! Dans la même semaine, j'ai découvert qu'il va chercher des lettres à Sèvres ; il doit les déchirer aussitôt après les avoir lues, car malgré mes inventions de Figaro je n'en ai point trouvé de vestige. Hélas ! mon ange, malgré mes promesses et tous les beaux serments que je m'étais faits à moi-même à propos de la cravache, un mouvement d'âme qu'il faut appeler folie m'a poussée, et je l'ai suivi dans une de ses courses rapides au bureau de la poste. Gaston fut terrifié d'être surpris à cheval, payant le port d'une lettre qu'il tenait à la main. Après m'avoir regardée fixement, il a mis Fedelta au galop par un mouvement si rapide que je me sentis brisée en arrivant à la porte du bois dans un moment où je croyais ne pouvoir sentir aucune fatigue corporelle, tant mon âme souffrait ! Là, Gaston ne me dit rien, il sonne et attend, sans me parler. J'étais plus morte que vive. Ou j'avais raison ou j'avais tort ; mais, dans les deux cas, mon espionnage était indigne d'Armande-Louise-Marie de Chaulieu. Je roulais dans la fange sociale au-dessous de la grisette, de la fille mal élevée, côte à côte avec les courtisanes, les actrices, les créatures sans éducation. Quelles souffrances ! Enfin la porte s'ouvre, il remet son cheval à son groom, et je descends alors aussi, mais dans ses bras ; il me les tend ; je relève mon amazone sur mon bras gauche, je lui donne le bras droit, et nous allons... toujours silencieux. Les cent pas que nous avons faits ainsi peuvent me compter pour cent ans de purgatoire. A chaque pas des milliers de pensées, presque visibles, voltigeant en langues de feu sous mes yeux, me sautaient à l'âme, ayant chacune un dard, une épingle, un venin différent ! Quand le groom et les chevaux furent loin, j'arrête Gaston, je le regarde, et, avec un mouvement que tu dois voir, je lui dis, en lui montrant la fatale lettre qu'il tenait toujours dans sa main droite : — Laisse-la-moi lire. Il me la donne, je la décachète, et lis une lettre par laquelle Nathan, l'auteur dramatique, lui disait que l'une de nos pièces, reçue, apprise et mise en répétition, allait être jouée samedi prochain. La lettre contenait un coupon de loge. Quoique pour moi ce fût aller du martyre au ciel, le démon me criait toujours, pour troubler ma joie : — Où sont les trente mille francs ? Et la dignité, l'honneur, tout mon ancien *moi* m'empêchaient de faire une question ; je l'avais sur les lèvres ; je savais que si ma pensée devenait une parole, il fallait me jeter dans mon étang, et je résistais à peine au désir de parler : ne souffrais-je pas alors au-dessus des forces de la femme ? — Tu t'ennuies, mon pauvre Gaston, lui dis-je en lui rendant la lettre. Si tu veux, nous reviendrons à Paris. — A Paris, pourquoi? dit-il. J'ai voulu savoir si j'avais du talent, et goûter au punch du succès !

Au moment où il travaillera, je pourrais bien faire l'étonnée en fouillant dans le tiroir et n'y trouvant pas ses trente mille francs ; mais n'est-ce pas aller chercher cette réponse : « J'ai obligé tel ou tel ami, » qu'un homme d'esprit comme Gaston ne manquerait pas de faire ?

Ma chère, la morale de ceci est que le beau succès de la pièce à laquelle tout Paris court en ce moment nous est dû, quoique Nathan en ait toute la gloire. Je suis une des deux étoiles de ce mot : ET MM**. J'ai vu la première représentation, cachée au fond d'une loge d'avant-scène au rez-de-chaussée.

1er juillet.

Gaston travaille toujours et va toujours à Paris ; il travaille à de nouvelles pièces pour avoir le prétexte d'aller à Paris et pour se faire de l'argent. Nous avons trois pièces reçues et deux de demandées. Oh ! ma chère, je suis perdue, je marche dans les ténèbres ; je brûlerai ma maison pour y voir clair. Que signifie une pareille conduite ? A-t-il honte d'avoir reçu de moi la fortune ? Il a l'âme trop grande pour se préoccuper d'une pareille niaiserie. D'ailleurs, quand un homme commence à concevoir de ces scrupules, ils lui sont inspirés par un intérêt de cœur. On accepte tout de sa femme, mais on ne veut rien avoir de la femme que l'on pense quitter ou qu'on n'aime plus. S'il veut tant d'argent, il a sans doute à le dépenser pour une femme. S'il s'agissait de lui, ne prendrait-il pas dans ma bourse sans façon ? Nous avons cent mille francs d'économies ! Enfin, ma belle biche, j'ai parcouru le monde entier des suppositions, et, tout bien calculé, je suis certaine d'avoir une rivale. Il me laisse, pour qui ? je veux *la* voir.

10 juillet.

J'ai vu clair : je suis perdue. Oui, Renée, à trente ans, dans toute la gloire de la beauté, riche des ressources de mon esprit, parée des séductions de la toilette, toujours fraîche, élégante, je suis trahie, et pour qui ? pour une Anglaise qui a de gros pieds, de gros os, une grosse poitrine, quelque vache britannique. Je n'en puis plus douter. Voici ce qui m'est arrivé dans ces derniers jours.

Fatiguée de douter, pensant que s'il avait secouru l'un de ses amis, Gaston pouvait me le dire, le voyant accusé par son silence, et le trouvant convié par une continuelle soif d'argent au travail; jalouse de son travail, inquiète de ses perpétuelles courses à Paris, j'ai pris mes mesures, et ces mesures m'ont fait descendre alors si bas que je ne puis t'en rien dire. Il y a trois jours, j'ai su que Gaston se rend, quand il va à Paris, rue de la Ville-Lévêque, dans une maison où ses amours sont gardés par une discrétion sans exemple à Paris. Le portier, peu causeur, a dit peu de chose, mais assez pour me désespérer. J'ai fait alors le sacrifice de ma vie, et j'ai seulement voulu tout savoir. Je suis allée à Paris, j'ai pris un appartement dans la maison qui se trouve en face de celle où se rend Gaston, et je l'ai pu voir de mes yeux entrant à cheval dans la cour. Oh! j'ai eu trop tôt une horrible et affreuse révélation. Cette Anglaise, qui me paraît avoir trente-six ans, se fait appeler madame Gaston. Cette découverte a été pour moi le coup de la mort. Enfin, je l'ai vue allant aux Tuileries avec deux enfants!... Oh! ma chère, deux enfants qui sont les vivantes miniatures de Gaston. Il est impossible de ne pas être frappée d'une si scandaleuse ressemblance... Et quels jolis enfants! ils sont habillés fastueusement, comme les Anglaises savent les arranger. Elle lui a donné des enfants : tout s'explique. Cette Anglaise est une espèce de statue grecque descendue de quelque monument; elle a la blancheur et la froideur du marbre, elle marche solennellement en mère heureuse ; elle est belle, il faut en convenir, mais c'est lourd comme un vaisseau de guerre. Elle n'a rien de fin ni de distingué : certes, elle n'est pas *lady*, c'est la fille de quelque fermier d'un méchant village dans un lointain comté, où la onzième fille de quelque pauvre ministre. Je suis revenue de Paris mourante. En route, mille pensées m'ont assaillie comme autant de démons. Serait-elle mariée ? la connaissait-il avant de m'épouser ? A-t-elle été la maîtresse de quelque homme riche qui l'aurait laissée, et n'est-elle pas soudain retombée à la charge de Gaston ? J'ai fait des suppositions à l'infini, comme s'il y avait besoin d'hypothèses en présence des enfants. Le lendemain, je suis retournée à Paris, et j'ai donné assez d'argent au portier de la maison pour qu'à cette question : — Madame Gaston est-elle mariée légalement ? il me répondît : — Oui, *mademoiselle*.

15 juillet.

Ma chère, depuis cette matinée, j'ai redoublé d'amour pour Gaston, et je l'ai trouvé plus amoureux que jamais; il est si jeune! Vingt fois, à notre lever, je suis près de lui dire :—Tu m'aimes donc plus que celle de la rue de la Ville-Lévêque ? Mais je n'ose m'expliquer le mystère de mon abnégation. — Tu aimes bien les enfants ? lui ai-je demandé. —Oh! oui, m'a-t-il répondu ; mais nous en aurons ! — Et comment ? — J'ai consulté les médecins les plus savants, et tous m'ont conseillé de faire un voyage de deux mois. — Gaston, lui ai-je dit, si j'avais pu aimer un absent, je serais restée au couvent pour le reste de mes jours. Il s'est mis à rire, et moi, ma chère, le mot voyage m'a tuée. Oh! certes, j'aime mieux sauter par la fenêtre que de me laisser rouler dans les escaliers en me retenant de marche en marche. Adieu, mon ange, j'ai rendu ma mort douce, élégante, mais infaillible. Mon testament est écrit d'hier; tu peux maintenant me venir voir, la consigne est levée. Accours recevoir mes adieux. Ma mort sera, comme ma vie, empreinte de distinction et de grâce : je mourrai tout entière.

Adieu, cher esprit de sœur, toi dont l'affection n'a eu ni dégoûts, ni hauts, ni bas, et qui, semblable à l'égale clarté de la lune, as toujours caressé mon cœur ; nous n'avons point connu les vivacités, mais nous n'avons pas goûté non plus à la vénéneuse amertume de l'amour. Tu as vu sagement la vie. Adieu!

LV

LA COMTESSE DE L'ESTORADE A MADAME GASTON.

16 juillet.

Ma chère Louise, je t'envoie cette lettre par un exprès avant de courir au Chalet moi-même. Calme-toi. Ton dernier mot m'a paru si insensé que j'ai cru pouvoir, en de pareilles circonstances, tout confier à Louis : il s'agissait de te sauver de toi-même. Si, comme toi, nous avons employé d'horribles moyens, le résultat est si heureux que je suis certaine de ton approbation. Je suis descendue jusqu'à faire marcher la police ; mais c'est un secret entre le préfet, nous et toi. Gaston est un ange ! Voici les faits : son frère Louis Gaston est mort à Calcutta, au service d'une compagnie marchande, au moment où il allait revenir en France riche, heureux et marié. La veuve d'un négociant anglais lui avait donné la plus brillante fortune. Après dix ans de travaux entrepris pour envoyer de quoi vivre à son frère, qu'il adorait et à qui jamais il ne parlait de ses mécomptes dans ses lettres pour ne pas l'affliger, il a été surpris par la faillitte du fameux Halmer. La veuve a été ruinée. Le coup fut si violent que Louis Gaston en a eu la tête perdue. Le moral, en faiblissant, a laissé la maladie maîtresse du corps, et il a succombé dans le Bengale, où il était allé réaliser les restes de la fortune de sa pauvre femme. Ce cher capitaine avait remis chez un banquier une première somme de trois cent mille francs pour l'envoyer à son frère ; mais ce banquier, entraîné par la maison Halmer, leur a enlevé cette dernière ressource. La veuve de Louis Gaston, cette belle femme que tu prends pour ta rivale, est arrivée à Paris avec deux enfants qui sont tes neveux, et sans un sou. Les bijoux de la mère ont à peine suffi à payer le passage de sa famille. Les renseignements que Louis Gaston avait donnés au banquier pour envoyer l'argent à Marie Gaston ont servi à la veuve pour trouver l'ancien domicile de ton mari. Comme ton Gaston a disparu sans dire où il allait, on a envoyé madame Louis Gaston chez d'Arthez, la seule personne qui pût donner des renseignements sur Marie Gaston. D'Arthez a d'autant plus généreusement pourvu aux premiers besoins de cette jeune femme que Louis Gaston s'était, il y a quatre ans, au moment de son mariage, enquis de son frère auprès de notre célèbre écrivain, en le sachant l'ami de Marie. Le capitaine avait demandé à d'Arthez le moyen de faire parvenir sûrement cette somme à Marie Gaston. D'Arthez avait répondu que Marie Gaston était devenu riche par son mariage avec la baronne de Macumer. La beauté, ce magnifique présent de leur mère, avait sauvé dans les Indes comme à Paris, les deux frères de tout malheur. N'est-ce pas une touchante histoire ? D'Arthez a naturellement fini par écrire à ton mari l'état où se trouvaient sa belle-sœur et ses neveux, en l'instruisant des généreuses intentions que le hasard avait fait avorter, mais que le Gaston des Indes avait eues pour le

Gaston de Paris. Ton cher Gaston, comme tu dois l'imaginer, est accouru précipitamment à Paris. Voilà l'histoire de sa première course. Depuis cinq ans, il a mis de côté cinquante mille francs sur le revenu que tu l'as forcé de prendre, et il les a employés à deux inscriptions de chacune douze cents francs de rente au nom de ses neveux; puis il a fait meubler cet appartement où demeure ta belle-sœur, en lui promettant trois mille francs tous les trois mois. Voilà l'histoire de ses travaux au théâtre et du plaisir que lui a causé le succès de sa première pièce. Ainsi madame Gaston n'est point ta rivale, et porte ton nom très légitimement. Un homme noble et délicat comme Gaston a dû te cacher cette aventure en redoutant ta générosité. Ton mari ne regarde point comme à lui ce que tu lui as donné. D'Arthez m'a lu la lettre qu'il lui a écrite pour le prier d'être un des témoins de votre mariage : Marie Gaston y dit que son bonheur serait entier s'il n'avait pas eu de dettes à te laisser payer et s'il eût été riche. Une âme vierge n'est pas maîtresse de ne pas avoir de tels sentiments : ils sont ou ne sont pas; et quand ils sont, leur délicatesse, leurs exigences se conçoivent. Il est tout simple que Gaston ait voulu lui-même en secret donner une existence convenable à la veuve de son frère, quand cette femme lui envoyait cent mille écus de sa propre fortune. Elle est belle, elle a du cœur, des manières distinguées, mais pas d'esprit. Cette femme est mère; n'est-ce pas dire que je m'y suis attachée aussitôt que je l'ai vue, en la trouvant un enfant au bras et l'autre habillé comme le *baby* d'un lord. Tout pour les enfants! est écrit chez elle dans les moindres choses. Ainsi, loin d'en vouloir à ton adoré Gaston, tu n'as que de nouvelles raisons de l'aimer! Je l'ai entrevu, il est le plus charmant jeune homme de Paris. Oh! oui, chère enfant, j'ai bien compris en l'apercevant qu'une femme pouvait en être folle : il a la physionomie de son âme. A ta place, je prendrais au Chalet la veuve et les deux enfants, en leur faisant construire quelque délicieux cottage, et j'en ferais mes enfants. Calme-toi donc, et prépare à ton tour cette surprise à Gaston.

LVI

DE MADAME GASTON A LA COMTESSE DE L'ESTORADE.

Ah! ma bien-aimée, entends le terrible, le fatal, l'insolent mot de l'imbécile La Fayette à son maître, à son roi : *Il est trop tard !* O ! ma vie, ma belle vie ! quel médecin me la rendra ? Je me suis frappée à mort. Hélas! n'étais-je pas un feu follet de femme destiné à s'éteindre après avoir brillé ? Mes yeux sont deux torrents de larmes, et... je ne peux pleurer que loin de lui... Je le fuis et il me cherche. Mon désespoir est tout intérieur. Dante a oublié mon supplice dans son Enfer. Viens me voir mourir ?

LVII

DE LA COMTESSE DE L'ESTORADE AU COMTE DE L'ESTORADE.

Au Chalet, 7 août.

Mon ami, emmène les enfants et fais le voyage de Provence sans moi ; je reste auprès de Louise qui n'a plus que quelques jours à vivre : je me dois à elle et à son mari, qui deviendra fou, je crois.

Depuis le petit mot que tu connais et qui m'a fait voler, accompagnée de médecins, à Ville-d'Avray, je n'ai pas quitté cette charmante femme et n'ai pu t'écrire, car voici la quinzième nuit que je passe.

En arrivant, je l'ai trouvée avec Gaston, belle et parée, le visage riant, heureuse. Quel sublime mensonge ! Ces deux beaux enfants s'étaient expliqués. Pendant un moment j'ai, comme Gaston, été la dupe de cette audace ; mais Louise m'a serré la main et m'a dit à l'oreille : — Il faut le tromper, je suis mourante. Un froid glacial m'a enveloppée en lui trouvant la main brûlante et du rouge aux joues. Je me suis applaudie de ma prudence. J'avais eu l'idée, pour n'effrayer personne, de dire aux médecins de se promener dans le bois en attendant que je les fisse demander.

— Laisse-nous, dit-elle à Gaston. Deux femmes qui se revoient après cinq ans de séparation ont bien des secrets à se confier, et Renée a sans doute quelque confidence à me faire.

Une fois seule, elle s'est jetée dans mes bras sans pouvoir contenir ses larmes.

— Qu'y-a-t-il donc? lui ai-je dit. Je t'amène, en tout cas, le premier chirurgien et le premier médecin de l'Hôtel-Dieu, avec Bianchon ; enfin ils sont quatre.

— Oh! s'ils peuvent me sauver, s'il est temps, qu'ils viennent! s'est-elle écriée. Le même sentiment qui me portait à mourir me porte à vivre.

— Mais qu'as-tu fait?

— Je me suis rendue poitrinaire au plus haut degré en quelques jours.

— Et comment?

— Je me mettais en sueur la nuit et courais me placer au bord de l'étang, dans la rosée. Gaston me croit enrhumée, et je meurs.

— Envoie-le donc à Paris, je vais chercher moi-même les médecins, ai-je dit en courant comme une insensée à l'endroit où je les avais laissés.

Hélas! mon ami, la consultation faite, aucun de ses savants ne m'a donné le moindre espoir, ils pensent tous qu'à la chute des feuilles, Louise mourra. La constitution de cette chère créature a singulièrement servi son dessein ; elle avait des dispositions à la maladie qu'elle a développée ; elle aurait pu vivre long-temps ; mais en quelques jours elle a rendu tout irréparable. Je ne te dirai pas mes impressions en entendant cet arrêt parfaitement motivé. Tu sais que j'ai tout autant vécu par Louise que par moi. Je suis restée anéantie, et n'ai point reconduit ces cruels docteurs. Le visage baigné de larmes, j'ai passé je ne sais combien de temps dans une douloureuse méditation. Une céleste voix m'a tirée de mon engourdissement par ces mots : — Eh! bien, je suis condamnée, que Louise m'a dit en posant sa main sur mon épaule. Elle m'a fait lever et m'a emmenée dans son petit salon. — Ne me quitte plus, m'a-t-elle demandé par un regard suppliant, je ne veux pas voir de désespoir autour de moi ; je veux surtout *le* tromper, j'en aurai la force. Je suis pleine d'énergie, de jeunesse, et je saurai mourir debout. Quant à moi, je ne me plains pas, je meurs comme je l'ai souhaité souvent : à trente ans, jeune, belle, tout entière. Quant à lui, je l'aurais rendu malheureux, je le vois. Je me suis prise dans les lacs de mes amours, comme une biche qui s'étrangle en s'impatientant d'être prise ; de nous deux, je suis la biche..... et bien sauvage. Mes jalousies à faux frappaient déjà sur son cœur de manière à le faire souffrir. Le jour où mes soupçons auraient rencontré l'indifférence, le loyer qui attend la jalousie, eh ! bien..... je serais morte. J'ai mon compte de la vie. Il y a des êtres qui ont soixante ans de service sur les contrôles du monde et qui, en effet, n'ont pas vécu deux ans ; au rebours, je parais n'avoir que trente ans, mais, en réalité, j'ai eu soixante années d'amours. Ainsi, pour moi, pour lui, ce dénouement est heureux. Quant à nous deux, c'est autre chose : tu perds une sœur qui t'aime, et cette perte est irréparable. Toi seule, ici, tu dois pleurer ma mort. Ma mort, reprit-elle après une longue pause pendant laquelle je ne l'ai vue qu'à travers le voile de mes larmes, porte avec elle un cruel enseignement. Mon cher docteur en corset a raison : le mariage ne saurait avoir pour base la passion, ni même l'amour. Ta vie est une belle et noble vie, tu as marché dans ta voie, aimant toujours de plus en plus ton Louis ; tandis qu'en commençant la vie conjugale par une ardeur extrême, elle ne peut que décroître. J'ai eu deux fois tort, et deux fois la Mort sera venue souffleter mon bonheur de sa main décharnée. Elle m'a enlevé le plus noble et le plus dévoué des hommes ; aujourd'hui, la camarde m'enlève au plus beau, au plus charmant, au plus poétique époux du monde. Mais j'aurai tour à tour connu le beau idéal de l'âme et celui de la forme. Chez Felipe, l'âme domptait le corps et le transformait ; chez Gaston, le cœur, 'esprit et la beauté rivalisent. Je meurs adorée, que puis-je vouloir de plus ?... me réconcilier avec Dieu que j'ai négligé peut-être, et vers qui je m'élancerai pleine d'amour en lui demandant de me rendre un jour ces deux anges dans le ciel. Sans eux, le paradis serait désert pour moi. Mon exemple serait fatal : je suis une exception. Comme il est impossible de rencontrer des Felipe ou des Gaston, la loi sociale est en ceci d'accord avec la loi naturelle. Oui, la femme est un être faible qui doit, en se mariant, faire un entier sacrifice de sa volonté à l'homme, qui lui doit en retour le sacrifice de son égoïsme. Les révoltes et les pleurs que notre sexe a élevés et jetés dans ces derniers temps avec tant d'éclat sont des niaiseries qui nous méritent le nom d'enfants que tant de philosophes nous ont donné.

Elle a continué de parler ainsi de sa voix douce que tu connais, en disant les choses les plus sensées de la manière la plus élégante, jusqu'à ce que Gaston entrât, amenant de Paris sa belle-sœur, les deux enfants et la bonne anglaise que Louise l'avait prié d'aller chercher.

— Voilà mes jolis bourreaux, a-t-elle dit en voyant ses deux neveux. Ne pouvais-je pas m'y tromper ? Comme ils ressemblent à leur oncle !

Elle a été charmante pour madame Gaston l'aînée, qu'elle a priée de se regarder au Chalet comme chez elle, et elle lui en a fait les honneurs avec ces façons à la Chaulieu qu'elle possède au plus haut degré.

J'ai sur-le-champ écrit à la duchesse et au duc de Chaulieu, au duc de Rhétoré et au duc de Lenoncourt-Chaulieu, ainsi qu'à Madeleine. J'ai bien fait. Le lendemain, fatiguée de tant d'efforts, Louise n'a pu se promener ; elle ne s'est même levée que pour assister au dîner. Madeleine de Lenoncourt, ses deux frères et sa mère sont venus dans la soirée. Le froid que le mariage de Louise avait mis entre elle et sa famille s'est dissipé. Depuis cette soirée, les deux frères et le père de Louise sont venus à cheval tous les matins, et les deux duchesses passent au Chalet toutes leurs soirées. La mort rapproche autant qu'elle sépare, elle fait taire les passions mesquines. Louise est sublime de grâce, de raison, de charme, d'esprit et de sensibilité. Jusqu'au dernier moment elle montre ce goût qui l'a rendue si célèbre, et nous dispense les trésors de cet esprit qui faisait d'elle une des reines de Paris.

— Je veux être jolie jusque dans mon cercueil, m'a-t-elle dit avec ce sourire qui n'est qu'à elle, en se mettant au lit pour y languir ces quinze jours-ci.

Dans sa chambre il n'y a pas trace de maladie : les boissons, les gommes, tout l'appareil médical est caché.

— N'est-ce pas que je fais une belle mort ? disait-elle hier au curé de Sèvres, à qui elle a donné sa confiance.

Nous jouissons tous d'elle en avares. Gaston, que tant d'inquiétudes, tant de clartés affreuses ont préparé, ne manque pas de

LOUISE. RENÉE.

Elle avait exigé de moi que je lui lusse en français le *De Profundis*, pendant qu'elle serait ainsi face à face avec la belle nature qu'elle s'était créée.

(MÉMOIRES DE DEUX JEUNES MARIÉES.)

courage, mais il est atteint : je ne m'étonnerais pas de le voir suivre naturellement sa femme. Hier il m'a dit en tournant autour de la pièce d'eau : — Je dois être le père de ces deux enfants... Et il me montrait sa belle-sœur qui promenait ses neveux. Mais, quoique e ne veuille rien faire pour m'en aller de ce monde, promettez-moi d'être une seconde mère pour eux et de laisser votre mari accepter a tutelle officieuse que je lui confierai conjointement avec ma belle-sœur. Il a dit cela sans la moindre emphase et comme un homme qui se sent perdu. Sa figure répond par des sourires aux sourires de Louise, et il n'y a que moi qui ne m'y trompe pas. Il déploie un courage égal au sien. Louise a désiré voir son filleul ; mais je ne suis pas fâchée qu'il soit en Provence, elle aurait pu lui faire quelques libéralités qui m'auraient fort embarrassée.

Adieu, mon ami.

25 août (*le jour de sa fête*).

Hier au soir Louise a eu pendant quelques moments le délire ; mais ce fut un délire vraiment élégant, qui prouve que les gens d'esprit ne deviennent pas fous comme les bourgeois ou comme les sots. Elle a chanté d'une voix éteinte quelques airs italiens des *Puritani*, de la *Sonnambula* et de *Mosé*. Nous étions tous silencieux autour du lit, et nous avons tous eu, même son frère Rhétoré, des larmes dans les yeux, tant il était clair que son âme s'échappait ainsi. Elle ne nous voyait plus ! Il y avait encore toute sa grâce dans les agréments de ce chant faible et d'une douceur divine. L'agonie a commencé dans la nuit. Je viens, à sept heures du matin, de la lever moi-même ; elle a retrouvé quelque force, elle a voulu s'asseoir à sa croisée, elle a demandé la main de Gaston... Puis, mon ami, l'ange le plus charmant que nous pourrons voir jamais sur cette terre ne nous a plus laissé que sa dépouille. Administrée la veille l'insu de Gaston, qui, pendant la terrible cérémonie, a pris un eu de sommeil, elle avait exigé de moi que je lui lusse en français le *De profundis*, pendant qu'elle serait ainsi face à face avec la belle nature qu'elle s'était créée. Elle répétait mentalement les paroles et serrait les mains de son mari, agenouillé de l'autre côté de la bergère.

26 août.

J'ai le cœur brisé. Je viens d'aller la voir dans son linceul, elle y est devenue pâle avec des teintes violettes. Oh! je veux voir mes enfants! mes enfants! Amène mes enfants au-devant de moi!

Paris, 1841.

FIN.

LA COMTESSE DE VANDENESSE.

(UNE FILLE D'ÈVE.)

UNE FILLE D'ÈVE.

A MADAME LA COMTESSE BOLOGNINI,
NÉE VIMERCATI.

Si vous vous souvenez, Madame, du plaisir que votre conversation procurait à un voyageur en lui rappelant Paris à Milan, vous ne vous étonnerez pas de le voir vous témoignant sa reconnaissance pour tant de bonnes soirées passées auprès de vous, en apportant une de ses œuvres à vos pieds, et vous priant de la protéger de votre nom, comme autrefois ce nom protégea plusieurs contes d'un de vos vieux auteurs, cher aux Milanais. Vous avez une Eugénie, déjà belle, dont le spirituel sourire annonce qu'elle tiendra de vous les dons les plus précieux de la femme, et qui, certes, aura dans son enfance tous les bonheurs qu'une triste mère refusait à l'Eugénie mise en scène dans cette œuvre. Vous voyez que si les Français sont taxés de légèreté, d'oubli, je suis Italien par la constance et par le souvenir. En écrivant le nom d'Eugénie, ma pensée m'a souvent reporté dans ce frais salon en stuc et dans ce petit jardin, au Vicolo dei Capuccini, témoin des rires de cette chère enfant, de nos querelles, de nos récits. Vous avez quitté le Corso pour les Tre Monasteri, je ne sais point comment vous y êtes, et suis obligé de vous voir, non plus au milieu des jolies choses qui sans doute vous y entourent, mais comme une de ces belles figures dues à Carlo Dolci, Raphaël, Titien, Allori, et qui semblent abstraites, tant elles sont loin de nous.

Si ce livre peut sauter par-dessus les Alpes, il vous prouvera donc la vive reconnaissance et l'amitié respectueuse

De votre humble serviteur,
DE BALZAC.

Dans un des plus beaux hôtels de la rue Neuve-des-Mathurins, à onze heures et demie du soir, deux femmes étaient assises devant la cheminée d'un boudoir tendu de ce velours bleu à reflets tendres et chatoyants que l'industrie française n'a su fabriquer que dans ces dernières années. Aux portes, aux croisées, un artiste avait drapé de moelleux rideaux en cachemire d'un bleu pareil à celui de la tenture. Une lampe d'argent ornée de turquoises et suspendue par trois chaînes d'un beau travail, descend d'une jolie rosace placée au milieu du plafond. Le système de la décoration est poursuivi dans les plus petits détails et jusque dans ce plafond en soie bleue, étoilé de cachemire blanc dont les longues bandes plissées retombent à d'égales distances sur la tenture, agrafées par des nœuds de perles. Les pieds rencontrent le chaud tissu d'un tapis belge, épais comme un gazon et à fond gris de lin semé de bouquets bleus.

Le mobilier, sculpté en plein bois de palissandre sur les plus beaux modèles du vieux temps, rehausse par ses tons riches la fadeur de cet ensemble, un peu trop *flou*, dirait un peintre. Le dos des chaises et des fauteuils offre à l'œil des pages menues en belle étoffe de soie blanche, brochée de fleurs bleues et largement encadrées par des feuillages finement découpés dans le bois.

De chaque côté de la croisée, deux étagères montrent leurs mille bagatelles précieuses, les fleurs des arts mécaniques écloses au feu de la pensée. Sur la cheminée en marbre turquin, les porcelaines les plus folles du vieux Saxe, ces bergers qui vont à des noces éternelles en tenant de délicats bouquets à la main, espèces de chinoiseries allemandes, entourent une pendule en platine, niellée d'arabesques. Au-dessus, brillent les tailles côtelées d'une glace de Venise encadrée d'un ébène plein de figures en relief, et venue de quelque vieille résidence royale. Deux jardinières étalaient alors le luxe malade desserres, de pâles et divines fleurs, les perles de la botanique.

Dans ce boudoir froid, rangé, propre comme s'il eût été à vendre, vous n'eussiez pas trouvé ce malin et capricieux désordre qui révèle le bonheur. Là tout était alors en harmonie, car les deux femmes y pleuraient. Tout y paraissait souffrant.

Le nom du propriétaire, Ferdinand du Tillet, un des plus riches banquiers de Paris, justifie le luxe effréné qui orne l'hôtel, et auquel ce boudoir peut servir de programme. Quoique sans famille, quoique parvenu, Dieu sait comment! du Tillet avait épousé en 1831 la dernière fille du comte de Granville, l'un des plus célèbres noms de la magistrature française, et devenu pair de France après la révolution de Juillet. Ce mariage d'ambition fut acheté par la quittance au contrat d'une dot non touchée, aussi considérable que celle de sa sœur aînée mariée au comte Félix de Vandenesse. De leur côté, les Granville avaient jadis obtenu cette alliance avec les Vandenesse par l'énormité de la dot. Ainsi, la Banque avait réparé la brèche faite à la Magistrature par la Noblesse. Si le comte de Vandenesse s'était pu voir, à trois ans de distance, beau-frère d'un sieur Ferdinand *dit* du Tillet, il n'eût peut-être pas épousé sa femme ; mais quel homme aurait, vers la fin de 1828, prévu les étranges bouleversements que 1830 devait apporter dans l'état politique, dans les fortunes et dans la morale de la France ? Il eût passé pour fou, celui qui aurait dit au comte Félix de Vandenesse que, dans ce chassez-croisez, il perdrait sa couronne de pair et qu'elle se retrouverait sur la tête de son beau-père.

Ramassée sur une de ces chaises basses appelées *chauffeuses*, dans la pose d'une femme attentive, madame du Tillet pressait sur sa poitrine avec une tendresse maternelle et baisait parfois la main de sa sœur, madame Félix de Vandenesse. Dans le monde, on joignait au nom de famille le nom de baptême, pour distinguer la comtesse de sa belle-sœur, la marquise, femme de l'ancien ambassadeur Charles de Vandenesse, qui avait épousé la riche veuve du comte de Kergarouët, une demoiselle de Fontaine. A demi renversée sur une causeuse, un mouchoir dans l'autre main, la respiration embarrassée par des sanglots réprimés, les yeux mouillés, la comtesse venait de faire de ces confidences qui ne se font que de sœur à sœur, quand deux sœurs s'aiment ; et ces deux sœurs s'aimaient tendrement. Nous vivons dans un temps où deux sœurs si bizarrement mariées peuvent si bien ne pas s'aimer qu'un historien est tenu de rapporter les causes de cette tendresse, conservée sans accrocs ni taches au milieu des dédains de leurs maris l'un pour l'autre et des désunions sociales. Un rapide aperçu de leur enfance expliquera leur situation respective.

Élevées dans un sombre hôtel du Marais par une femme dévote et d'une intelligence étroite qui, *pénétrée de ses devoirs*, la phrase classique, avait accompli la première tâche d'une mère envers ses filles, Marie-Angélique et Marie-Eugénie atteignirent le moment de leur mariage, la première à vingt ans, la seconde à dix-sept, sans jamais être sorties de la zone domestique où planait le regard maternel. Jusqu'alors elles n'étaient allées à aucun spectacle, les églises de Paris furent leurs théâtres. Enfin leur éducation avait été aussi rigoureuse à l'hôtel de leur mère qu'elle aurait pu l'être dans un cloître. Depuis l'âge de raison, elles avaient toujours couché dans une chambre contiguë à celle de la comtesse de Granville, et dont la porte restait ouverte pendant la nuit. Le temps que ne prenaient pas les devoirs religieux ou les études indispensables à des filles bien nées et les soins de leur personne, se passait en travaux à l'aiguille faits pour les pauvres, en promenades accomplies dans le genre de celles que se permettent les Anglais le dimanche, en disant : « N'allons pas si vite, nous aurions l'air de nous amuser. » Leur instruction ne dépassa point les limites imposées par des confesseurs élus parmi les ecclésiastiques les moins tolérants et les plus jansénistes. Jamais filles ne furent livrées à des maris ni plus pures ni plus vierges : leur mère semblait avoir vu dans ce point, assez essentiel d'ailleurs, l'accomplissement de tous ses devoirs envers le ciel et les hommes. Ces deux pauvres créatures n'avaient, avant leur mariage, ni lu de romans ni dessiné autre chose que des figures dont l'anatomie eût paru le chef-d'œuvre de l'impossible à Cuvier, et gravées de manière à féminiser l'Hercule Farnèse lui-même. Une vieille fille leur apprit le dessin. Un respectable prêtre leur enseigna la grammaire, la langue française, l'histoire, la géographie et le peu d'arithmétique nécessaire aux femmes. Leurs lectures, choisies dans les livres autorisés, comme les *Lettres édifiantes* et les *Leçons de Littérature* de Noël, se faisaient le soir à haute voix, mais en compagnie du directeur de leur mère, car il pouvait s'y rencontrer des passages qui, sans de sages commentaires, eussent éveillé leur imagination. Le *Télémaque* de Fénélon parut dangereux. La comtesse de Granville aimait assez ses filles pour en vouloir faire des anges à la façon de Marie Alacoque, mais ses filles auraient préféré une mère moins vertueuse et plus aimable. Cette éducation porta ses fruits. Imposée comme un joug et présentée sous des formes austères, la Religion lassa de ses pratiques ces jeunes cœurs innocents, traités comme s'ils eussent été criminels ; elle y comprima les sentiments, et tout en y jetant de profondes racines, elle ne fut pas aimée. Les deux Marie devaient ou devenir imbéciles ou souhaiter leur indépendance : elles souhaitèrent de se marier dès qu'elles purent entrevoir le monde et comparer quelques idées ; mais leurs grâces touchantes et leur valeur, elles l'ignorèrent. Elles ignoraient leur propre candeur, comment auraient-elles su la vie ? Elles étaient sans armes contre le malheur, comme sans expérience pour apprécier le bonheur. Elles ne tirèrent d'autre consolation que d'elles-mêmes au fond de cette geôle maternelle. Leurs douces confidences, le soir, à voix basse, ou les quelques phrases échangées quand leur mère les quittait pour un moment, continrent parfois plus d'idées que les mots n'en pouvaient exprimer. Souvent un regard dérobé à tous les yeux et par lequel elles se communiquaient leurs émotions fut comme un poème d'amère mélancolie. La vue du ciel sans nuages, le parfum des fleurs, le tour du jardin fait bras dessus bras dessous, leur offrirent des plaisirs inouïs. L'achèvement d'un ouvrage de broderie leur causait d'innocentes joies. La société de leur mère, loin de présenter quelques ressources à leur cœur ou de stimuler leur esprit, ne pouvait qu'assombrir leurs idées et contrister leurs sentiments ; car elle se composait de vieilles femmes droites, sèches, sans grâce, dont la conversation roulait sur les différences qui distinguaient les prédicateurs ou les directeurs de conscience, sur leurs petites indispositions et sur les événements religieux les plus imperceptibles pour la *Quotidienne* ou pour l'*Ami de la Religion*. Quant aux hommes, ils eussent éteint les flambeaux de l'amour, tant leurs figures étaient froides et tristement résignées ; ils avaient tous cet âge où l'homme est maussade et chagrin, où sa sensibilité ne s'exerce plus qu'à table et ne s'attache qu'aux choses qui concernent le bien-être. L'égoïsme religieux avait desséché ces cœurs voués au devoir et retranchés derrière la pratique. De silencieuses séances de jeu les occupaient presque toute la soirée. Les deux petites, mises comme au ban de ce sanhédrin qui maintenait la sévérité maternelle, se surprenaient à haïr ces désolants personnages aux yeux creux, aux figures refrognées.

Sur les ténèbres de cette vie se dessina vigoureusement une seule figure d'homme, celle d'un maître de musique. Les confesseurs avaient décidé que la musique était un art chrétien, né dans l'Église catholique et développé par elle. On permit donc aux deux petites filles d'apprendre la musique. Une demoiselle à lunettes, qui montrait le solfége et le piano dans un couvent voisin, les fatigua d'exercices. Mais quand l'aînée de ses filles atteignit dix ans, le comte de Granville démontra la nécessité de prendre un maître. Madame de Granville donna toute la valeur d'une conjugale obéissance à cette concession nécessaire : il est dans l'esprit des dévotes de se faire un mérite des devoirs accomplis. Le maître fut un Allemand catholique, un de ces hommes nés vieux, qui auront toujours cinquante ans, même à quatre-vingts. Sa figure creusée, ridée, brune, conservait quelque chose d'enfantin et de naïf dans ses fonds noirs. Le bleu de l'innocence animait ses yeux et le gai sourire du printemps habitait ses lèvres. Ses vieux cheveux gris, arrangés naturellement comme ceux de Jésus-Christ, ajoutaient à son air extatique je ne sais quoi de solennel qui trompait sur son caractère : il eût fait une sottise avec la plus exemplaire gravité. Ses habits étaient une enveloppe nécessaire à laquelle il ne prêtait aucune attention, car ses yeux allaient trop haut dans les nues pour jamais se commettre avec les matérialités. Aussi ce grand artiste inconnu tenait-il à la classe aimable des oublieurs, qui donnent leur temps et leur âme à autrui comme ils laissent leurs gants sur toutes les tables et leur parapluie à toutes les portes. Ses mains étaient de celles qui sont sales après avoir été lavées. Enfin, son vieux corps, mal assis sur ses vieilles jambes nouées et qui démontrait jusqu'à quel point l'homme peut en faire l'accessoire de son âme, appartenait à ces étranges créations qui n'ont été bien dépeintes que par un Allemand, par Hoffmann, le poète de ce qui n'a pas l'air d'exister et qui néanmoins a vie. Tel était Schmuke, ancien maître de chapelle du margrave d'Anspach, savant qui passa par un conseil de dévotion et à qui l'on demanda s'il faisait maigre. Le maître eut envie de répondre : « Regardez-moi? » mais comment badiner avec des dévotes et des directeurs jansénistes? Ce vieillard apocryphe tint tant de place dans la vie des deux Marie, elles prirent tant d'amitié pour ce candide et grand artiste qui se contentait de comprendre l'art, qu'après leur mariage, chacune lui constitua trois cents francs de rente viagère, somme qui suffisait pour son logement, sa bière, sa pipe et ses vêtements. Six cents francs de rente et ses leçons lui firent un Éden. Schmuke ne s'était senti le courage de confier sa misère et ses vœux qu'à ces deux adorables jeunes filles, à ces cœurs fleuris sous la neige des rigueurs maternelles, et sous la glace de la dévotion. Ce fait explique tout Schmuke et l'enfance des deux Marie. Personne ne sut, plus tard, quel abbé, quelle vieille dévote avait découvert cet Allemand égaré dans Paris. Dès que les mères de famille apprirent que la comtesse de Granville avait trouvé pour ses filles un maître de musique, toutes demandèrent son nom et son adresse. Schmuke eut trente maisons dans le Marais. Son succès tardif se manifesta par des souliers à boucles d'acier bronzé, fourrés de semelles en crin, et par du linge plus souvent renouvelé. Sa gaieté d'ingénu, long-temps comprimée par une noble et décente misère, reparut. Il laissa échapper de petites phrases spirituelles comme : « Mesdemoiselles, les chats ont mangé la crotte dans Paris cette nuit, » quand pendant la nuit la gelée avait séché les rues, boueuses la veille; mais il les disait en patois germanico-gallique : *Montemisselle, lé chas honte manché là grôttenne tan Bâri sti nouitte!* Satisfait d'apporter à ces deux anges cette espèce de *vergiss mein nicht* choisi parmi les fleurs de son esprit, il prenait, en l'offrant, un air fin et spirituel qui désarmait la raillerie. Il était si heureux de faire éclore le rire sur les lèvres de ses deux écolières, dont la malheureuse vie avait été pénétrée par lui, qu'il se fût rendu ridicule exprès, s'il ne l'eût pas été naturellement; mais son cœur eût renouvelé les vulgarités les plus populaires ; il eût, suivant une belle expression de feu Saint-Martin, doré de la boue avec son céleste sourire. D'après une des plus nobles idées de l'éducation religieuse, les deux Marie reconduisaient leur maître avec respect jusqu'à la porte de l'appartement. Là, les deux pauvres filles lui disaient quelques douces phrases, heureuses de rendre cet homme heureux : elles ne pouvaient se montrer femmes que pour lui ! Jusqu'à leur mariage, la musique devint donc pour elles une autre vie dans la vie, de même que le paysan russe prend, dit-on, ses rêves pour la réalité, sa vie pour un mauvais sommeil. Dans leur désir de se défendre contre les petitesses qui menaçaient de les envahir, contre les dévorantes idées ascétiques, elles se jetèrent dans les difficultés de l'art musical à s'y briser. La Mélodie, l'Harmonie, la Composition, ces trois filles du ciel dont le chœur fut mené par ce vieux Faune catholique ivre de musique, les récompensèrent de leurs travaux et leur firent un rempart de leurs danses aériennes. Mozart, Beethoven, Haydn, Paësiello, Cimarosa, Hummel et les génies secondaires développèrent en elles mille sentiments qui ne dépassèrent pas la chaste enceinte de leurs cœurs voilés, mais qui pénétrèrent dans la Création où elles volèrent à toutes ailes. Quand elles avaient exécuté quelques morceaux en atteignant à la perfection, elles se serraient les mains et s'embrassaient en proie à une vive extase. Leur vieux maître les appelait ses saintes Céciles.

Les deux Marie n'allèrent au bal qu'à l'âge de seize ans, et quatre fois seulement par année, dans quelques maisons choisies. Elles ne quittaient les côtés de leur mère que munies d'instructions sur la conduite à suivre avec leurs danseurs, et si sévères qu'elles ne pouvaient répondre que oui ou non à leurs partenaires. L'œil de la comtesse n'abandonnait point ses filles et semblait deviner les paroles au seul mouvement des lèvres. Les pauvres petites avaient des toilettes de bal irréprochables, des robes de mousseline montant jusqu'au menton, avec une infinité de ruches excessivement fournies, et des manches longues. En tenant leurs grâces comprimées et leurs beautés voilées, cette toilette leur donnait une vague ressemblance avec les gaînes égyptiennes; néanmoins il sortait de ces blocs de coton deux figures délicieuses de mélancolie. Elles enrageaient en se voyant l'objet d'une pitié douce. Quelle est la femme, si candide qu'elle soit, qui ne souhaite faire envie? Aucune idée dangereuse, malsaine ou seulement équivoque, ne souilla donc la pulpe blanche de leur cerveau : leurs cœurs étaient purs, leurs mains étaient horriblement rouges, elles crevaient de santé. Ève ne sortit pas plus innocente des mains de Dieu que ces deux filles ne le furent en sortant du logis maternel pour aller à la Mairie et à l'Église, avec la simple mais épouvantable recommandation d'obéir en toute chose à des hommes auprès desquels elles devaient dormir ou veiller pendant la nuit. A leur sens, elles ne pouvaient trouver plus mal dans la maison étrangère où elles seraient déportées que dans le couvent maternel.

Pourquoi le père de ces deux filles, le comte de Granville, ce grand, savant et intègre magistrat, quoique parfois entraîné par la politique, ne protégeait-il pas ces deux petites créatures contre cet écrasant despotisme? Hélas! par une mémorable transaction, convenue après six ans de mariage, les époux vivaient séparés dans leur propre maison. Le père s'était réservé l'éducation de ses fils, en laissant à sa femme l'éducation des filles. Il vit beaucoup moins de danger pour des femmes que pour des hommes à l'application de ce système oppresseur. Les deux Marie, destinées à subir quelque tyrannie, celle de l'amour ou celle du mariage, y perdaient moins que des garçons chez qui l'intelligence devait rester libre, et dont les qualités se seraient détériorées sous la compression violente des idées religieuses poussées à toutes leurs conséquences. De quatre victimes, le comte en avait sauvé deux. La comtesse regardait ses deux fils, l'un voué à la magistrature assise, et l'autre à la magistrature amovible, comme trop mal élevés pour leur permettre la moindre intimité avec leurs sœurs. Les communications étaient sévèrement gardées entre ces pauvres enfants. D'ailleurs, quand le comte faisait sortir ses fils du collége, il se gardait bien de les tenir au logis. Ces deux garçons y venaient déjeuner avec leur mère et leurs sœurs ; puis le magistrat les amusait par quelque partie au dehors : le restaurateur, les théâtres, les musées, la campagne dans la saison, défrayaient leurs plaisirs. Excepté les jours solennels dans la vie de famille, comme la fête de la comtesse ou celle du père, les premiers jours de l'an, ceux de distribution des prix où les deux garçons demeuraient au logis paternel et y couchaient, fort gênés, n'osant pas embrasser leurs sœurs surveillées par la comtesse qui ne les laissait pas un instant ensemble, les deux pauvres filles virent si rarement leurs frères qu'il ne put y avoir aucun lien entre eux. Ces jours-là, les interrogations : — Où est Angélique ? — Que fait Eugénie ? — Où sont mes enfants ? s'entendaient à tout propos. Lorsqu'il était question de ses deux fils, la comtesse levait au ciel ses yeux froids et macérés comme pour demander pardon à Dieu de ne pas les avoir arrachés à l'impiété. Ses exclamations, ses réticences à leur égard, équivalaient aux plus lamentables versets de Jérémie et trompaient les deux sœurs qui croyaient leurs frères pervertis et à jamais perdus. Quand ses fils eurent dix-huit ans, le comte leur donna deux chambres dans son appartement, et leur fit faire leur droit en les plaçant sous la surveillance d'un avocat, son secrétaire, chargé de les initier aux secrets de leur avenir. Les deux Marie ne connurent donc la fraternité qu'abstraitement. A l'époque des mariages de leurs sœurs, l'un Avocat-Général à une cour éloignée, l'autre à son début en province, furent retenus chaque fois par un grave procès. Dans beaucoup de familles, la vie intérieure, qu'on pourrait imaginer intime, unie, cohérente, se passe ainsi : les frères sont au loin, occupés à leur fortune, à leur avancement, pris par le service du pays ; les sœurs sont enveloppées dans un tourbillon d'intérêts de familles étrangères à la leur. Tous les membres vivent alors dans la désunion, dans l'oubli les uns des autres, reliés seulement par les faibles liens du souvenir jusqu'au moment où l'orgueil les rappelle, où l'intérêt les rassemble et quelquefois les sépare de cœur comme ils l'ont été de fait. Une famille vivant unie de corps et d'esprit est une rare exception. La loi moderne, en multipliant la famille par la famille, a créé le plus horrible de tous les maux : l'individualisme.

Au milieu de la profonde solitude où s'écoula leur jeunesse, Angélique et Eugénie virent rarement leur père, qui d'ailleurs apportait dans le grand appartement habité par sa femme au rez-de-chaussée de l'hôtel une figure attristée. Il gardait au logis la physionomie grave et solennelle du magistrat sur le siége. Quand les deux petites filles eurent dépassé l'âge des joujoux et des poupées, quand elles commencèrent à user de leur raison, vers douze ans, à l'époque où elles ne riaient déjà plus du vieux Schmuke, elles surprirent le secret des soucis qui sillonnaient le front du comte, elles reconnurent sous son masque sévère les vestiges d'une bonne nature et d'un charmant caractère. Elles comprirent qu'il avait cédé la place à la Religion dans son ménage, trompé dans ses espérances de mari, comme il avait été blessé dans les fibres les plus délicates de la paternité, l'amour des pères pour leurs filles. De semblables douleurs émeuvent singulièrement des jeunes filles sevrées de tendresse. Quelquefois, en faisant le tour du jardin entre elles, chaque bras passé autour de chaque petite taille, se mettant à leur pas enfantin, le père les arrêtait dans un massif, et les baisait l'une après l'autre au front. Ses yeux, sa bouche et sa physionomie exprimaient alors la plus profonde compassion.

— Vous n'êtes pas très heureuses, mes chères petites, leur disait-il, mais je vous marierai de bonne heure, et je serai content en vous voyant quitter la maison.

— Papa, disait Eugénie, nous sommes décidées à prendre pour mari le premier homme venu.

— Voilà, s'écriait-il, le fruit amer d'un semblable système! On veut faire des saintes, on obtient des...

Il n'achevait pas. Souvent ces deux filles sentaient une bien vive tendresse dans les adieux de leur père, ou dans ses regards quand, par hasard, il dînait au logis. Ce père si rarement vu, elles le plaignaient, et l'on aime ceux que l'on plaint.

Cette sévère et religieuse éducation fut la cause des mariages de ces deux sœurs, soudées ensemble par le malheur, comme Rita-Christina par la nature. Beaucoup d'hommes, poussés au mariage, préfèrent une fille prise au couvent et saturée de dévotion à une fille élevée dans les doctrines mondaines. Il n'y a pas de milieu : un homme doit épouser une fille très-instruite qui a lu les annonces des journaux et les a commentées, qui a valsé et dansé le galop avec mille jeunes gens, qui est allée à tous les spectacles, qui a dévoré des romans, à qui un maître de danse a brisé les genoux en les appuyant sur les siens, qui de religion ne se soucie guère, et s'est fait à elle-même sa morale ; ou une jeune fille ignorante et pure, comme étaient Marie-Angélique et Marie-Eugénie. Peut-être y a-t-il autant de danger avec les unes qu'avec les autres. Cependant l'immense majorité des gens qui n'ont pas l'âge d'Arnolphe aiment encore mieux une Agnès religieuse qu'une Célimène en herbe.

Les deux Marie, petites et minces, avaient la même taille, le même pied, la même main. Eugénie, la plus jeune, était blonde comme sa mère. Angélique était brune comme le père. Mais toutes deux avaient le même teint : une peau de ce blanc nacré qui annonce la richesse et la pureté du sang, jaspée par des couleurs vivement détachées sur un tissu nourri comme celui du jasmin, comme lui fin, lisse et tendre au toucher. Les yeux bleus d'Eugénie, les yeux bruns d'Angélique avaient une expression de naïve insouciance, d'étonnement non prémédité, bien rendue par la manière vague dont flottaient leurs prunelles sur le blanc fluide de l'œil. Elles étaient bien faites : leurs épaules un peu maigres devaient se modeler plus tard. Leurs gorges, si long-temps voilées, étonnèrent le regard par leurs perfections quand leurs maris les prièrent de se décolleter pour le bal : l'un et l'autre jouirent alors de cette charmante honte qui fit rougir d'abord à huis clos et pendant toute une soirée ces deux ignorantes créatures. Au moment où commence cette scène, où l'aînée pleurait et se laissait consoler par sa cadette, leurs mains et leurs bras étaient devenus d'une blancheur de lait. Toutes deux, elles avaient nourri, l'une un garçon, l'autre une fille. Eugénie avaient paru très-espiègle à sa mère, qui pour elle avait redoublé d'attention et de sévérité. Aux yeux de cette mère redoutée, Angélique, noble et fière, semblait avoir une âme pleine d'exaltation qui se garderait toute seule, tandis que la lutine Eugénie paraissait avoir besoin d'être contenue. Il est de charmantes créatures méconnues par le sort, à qui tout devrait réussir dans la vie, mais qui vivent et meurent malheureuses, tourmentées par un mauvais génie, victimes de circonstances imprévues. Ainsi l'innocente, la gaie Eugénie était tombée sous le malicieux despotisme d'un parvenu au sortir de la prison maternelle. Angélique, disposée aux grandes luttes du sentiment, avait été jetée dans les plus hautes sphères de la société parisienne, la bride sur le cou.

Madame de Vandenesse, qui succombait évidemment sous le poids de peines trop lourdes pour son âme, encore naïve après six ans de mariage, était étendue, les jambes à demi fléchies, le corps plié, la tête comme égarée sur le dos de la causeuse. Accourue chez sa sœur après une courte apparition aux Italiens, elle avait encore dans ses nattes quelques fleurs, mais d'autres gisaient éparses sur le tapis avec ses gants, sa pelisse de soie garnie de fourrures, son manchon et son capuchon. Des larmes brillantes mêlées à ses perles sur sa blanche poitrine, ses yeux mouillés annonçaient d'étranges confidences. Au milieu de ce luxe, n'était-ce pas horrible? Napoléon l'a dit : Rien ici-bas n'est volé, tout se paie. Elle ne se sentait pas le courage de parler.

— Pauvre chérie, dit madame du Tillet, quelle fausse idée as-tu de mon mariage pour avoir imaginé de me demander du secours !

En entendant cette phrase arrachée au fond du cœur de sa sœur par la violence de l'orage qu'elle y avait versé, de même que la fonte des neiges soulève les pierres les mieux enfoncées au lit des torrents, la comtesse regarda d'un air stupide la femme du banquier, le feu de la terreur sécha ses larmes, et ses yeux demeurèrent fixes.

— Es-tu donc aussi dans un abîme, mon ange? dit-elle à voix basse.

— Mes maux ne calmeront pas tes douleurs.

— Dis-les, chère enfant. Je ne suis pas encore assez égoïste pour ne pas t'écouter ! Nous souffrons donc encore ensemble comme dans notre jeunesse?

— Mais nous souffrons séparées, répondit mélancoliquement la femme du banquier. Nous vivons dans deux sociétés ennemies. Je vais aux Tuileries quand tu n'y vas plus. Nos maris appartiennent à deux partis contraires. Je suis la femme d'un banquier ambitieux, d'un mauvais homme, mon cher trésor ! toi, tu es celle d'un bon être, noble, généreux....

— Oh! pas de reproches, dit la comtesse. Pour m'en faire, une femme devrait avoir subi les ennuis d'une vie terne et décolorée, en être sortie pour entrer dans le paradis de l'amour ; il lui faudrait connaître le bonheur qu'on éprouve à sentir toute sa vie chez un autre, à épouser les émotions infinies d'une âme de poète, à vivre doublement : aller, venir avec lui dans ses courses à travers les espaces, dans le monde de l'ambition ; souffrir de ses chagrins, monter sur les ailes de ses immenses plaisirs, se déployer sur un vaste théâtre, et tout cela pendant que l'on est calme, froide, sereine devant un monde observateur. Oui, ma chère, on doit soutenir souvent tout un océan dans son cœur en se trouvant, comme nous sommes ici, devant le feu, chez soi, sur une causeuse. Quel bonheur, cependant, que d'avoir à toute minute un intérêt énorme qui multiplie les fibres du cœur et les étend, de n'être froide à rien, de trouver sa vie attachée à une promenade où l'on verra dans la foule un œil scintillant qui fait pâlir le soleil, d'être émue par un retard, d'avoir envie de tuer un importun qui vole un de ces rares moments où le bonheur palpite dans les plus petites veines ! Quelle ivresse que de vivre enfin ! Ah ! chère, vivre quand tant de femmes demandent à genoux des émotions qui les fuient ! Songe, mon enfant, que pour ces poèmes il n'est qu'un temps, la jeunesse. Dans quelques années, vient l'hiver, le froid. Ah ! si tu possédais ces vivantes richesses du cœur et que tu fusses menacée de les perdre....

Madame du Tillet effrayée s'était voilé la figure avec ses mains en entendant cette horrible antienne.

— Je n'ai pas eu la pensée de te faire le moindre reproche, ma bien-aimée, dit-elle enfin en voyant le visage de sa sœur baigné de larmes chaudes. Tu viens de jeter dans mon âme, en un moment, plus de brandons que n'en ont éteint mes larmes. Oui, la vie que je mène légitimerait dans mon cœur un amour comme celui que tu viens de me peindre. Laisse-moi croire que si nous nous étions vues plus souvent nous ne serions pas où nous en sommes. Si tu avais su mes souffrances, tu aurais apprécié ton bonheur, tu m'aurais peut-être enhardie à la résistance et je serais heureuse. Ton malheur est un accident auquel un hasard obviera, tandis que mon malheur est de tous les moments. Pour mon mari, je suis le portemanteau de son luxe, l'enseigne de ses ambitions, une de ses vaniteuses satisfactions. Il n'a pour moi ni affection vraie ni confiance. Ferdinand est sec et poli comme ce marbre, dit-elle en frappant le manteau de la cheminée. Il se défie de moi. Tout ce que je demanderais pour moi-même est refusé d'avance : mais quant à ce qui le flatte et annonce sa fortune, je n'ai pas même à désirer : il décore mes appartements, il dépense des sommes exorbitantes pour ma table. Mes gens, mes loges au théâtre, tout ce qui est extérieur est du dernier goût. Sa vanité n'épargne rien, il mettra des dentelles aux langes de ses enfants, mais il n'entendra pas leurs cris, ne devinera pas leurs besoins. Me comprends-tu? Je suis couverte de diamants quand je vais à la cour ; à la ville, je porte les bagatelles les plus riches; mais je ne dispose pas d'un liard. Madame du Tillet, qui peut-être excite des jalousies, qui paraît nager dans l'or, n'a pas cent francs à elle. Si le père ne se soucie pas de ses enfants, il se soucie bien moins de leur mère. Ah! il m'a fait bien rudement sentir qu'il m'a payée, et que ma fortune personnelle, dont je ne dispose point, lui a été arrachée. Si je n'avais qu'à me rendre maîtresse de lui, peut-être le séduirais-je; mais je subis une influence étrangère, celle d'une femme de cinquante ans passés qui a des prétentions et qui domine, la veuve d'un notaire. Je le sens, je ne serai libre qu'à sa mort. Ici ma vie est réglée comme celle d'une reine : on sonne mon déjeuner et mon dîner comme à ton château. Je sors infailliblement à une certaine heure pour aller au bois. Je suis toujours accompagnée de deux domestiques en grande tenue, et dois être revenue à la même heure. Au lieu de donner des ordres, j'en reçois. Au bal, au théâtre, un valet vient me dire : « La voiture de madame est avancée, » et je dois partir souvent au milieu de mon plaisir. Ferdinand se fâcherait si je n'obéissais pas à l'étiquette créée pour sa femme, et il me fait peur. Au milieu de cette opulence maudite, je conçois des regrets et trouve notre mère une bonne mère : elle nous laissait les nuits et je pouvais causer avec toi. Enfin je vivais près d'une créature qui m'aimait et souffrait avec moi; tandis qu'ici, dans cette somptueuse maison, je suis au milieu d'un désert.

A ce terrible aveu, la comtesse saisit à son tour la main de sa sœur et la baisa en pleurant.

— Comment puis-je t'aider? dit Eugénie à voix basse à Angélique. S'il nous surprenait, il entrerait en défiance et voudrait savoir ce que tu m'as dit depuis une heure; il faudrait lui mentir, chose difficile avec un homme fin et traître : il me tendrait des piéges. Mais laissons mes malheurs et pensons à toi. Tes quarante mille francs, ma chère, ne seraient rien pour Ferdinand qui remue des millions avec un autre gros banquier, le baron de Nucingen. Quelquefois j'assiste à des dîners où ils disent des choses à faire frémir. Du Tillet connaît ma discrétion, et l'on parle devant moi sans se gêner : on est sûr de mon silence. Hé ! bien, les assassinats sur la grande route me semblent des actes de charité comparés à certaines combinaisons financières. Nucingen et lui se soucient de ruiner les gens comme je me soucie de leurs profusions. Souvent je reçois de pauvres dupes de qui j'ai entendu faire le compte la veille, et qui se lancent dans des affaires où ils doivent laisser leur fortune : il me prend envie, comme à Léonarde dans la caverne des brigands, de leur dire : Prenez garde ! Mais que deviendrais-je ? je me tais. Ce somptueux hôtel est un coupe-gorge. Et du Tillet, Nucingen jettent les billets de mille francs par poignées pour leurs caprices. Ferdinand achète au Tillet l'emplacement de l'ancien château pour le rebâtir, il veut y joindre une forêt et de magnifiques domaines. Il prétend que son fils sera comte, et qu'à la troisième génération il sera noble. Nucingen, las de son hôtel de la rue Saint-Lazare, construit un palais. Sa femme est une de mes amies... Ah ! s'écria-t-elle, elle peut nous être utile, elle est hardie avec son mari, elle a la disposition de sa fortune, elle te sauvera.

— Chère minette, je n'ai plus que quelques heures, allons-y ce soir, à l'instant, dit madame de Vandenesse en se jetant dans les bras de madame du Tillet et y fondant en larmes.

— Et puis-je sortir à onze heures du soir ?

— J'ai ma voiture.

— Que complotez-vous donc là ? dit du Tillet en poussant la porte du boudoir.

Il montrait aux deux sœurs un visage anodin éclairé par un air faussement aimable. Les tapis avaient assourdi ses pas, et la préoccupation des deux femmes les avait empêchées d'entendre le bruit que fit la voiture de du Tillet en entrant. La comtesse, chez qui l'usage du monde et la liberté que lui laissait Félix avaient développé l'esprit et la finesse, encore comprimés chez sa sœur par le despotisme marital qui continuait celui de leur mère, aperçut chez Eugénie une terreur près de se trahir, et la sauva par une réponse franche.

— Je croyais ma sœur plus riche qu'elle ne l'est, répondit la comtesse en regardant son beau-frère. Les femmes sont parfois dans des embarras qu'elles ne veulent pas dire à leurs maris, comme Joséphine avec Napoléon, et je venais lui demander un service.

— Elle peut vous le rendre facilement, ma sœur. Eugénie est très-riche, répondit du Tillet avec une mielleuse aigreur.

— Elle ne l'est que pour vous, mon frère, répliqua la comtesse en souriant avec amertume.

— Que vous faut-il? dit du Tillet qui n'était pas fâché d'enlacer sa belle-sœur.

— Nigaud, ne vous ai-je pas dit que nous ne voulons pas nous commettre avec nos maris? répondit sagement madame de Vandenesse en comprenant qu'elle se mettait à la merci de l'homme dont le portrait venait heureusement de lui être tracé par sa sœur. Je viendrai chercher Eugénie demain.

— Demain, répondit froidement le banquier. Non. Madame du Tillet dîne demain chez un futur pair de France, le baron de Nucingen, qui me laisse sa place à la Chambre des députés.

— Ne lui permettrez-vous pas d'accepter ma loge à l'Opéra? dit la comtesse sans même échanger un regard avec sa sœur, tant elle craignait de lui voir trahir leur secret.

— Elle a la sienne, ma sœur, dit du Tillet piqué.

— Eh! bien, je l'y verrai, répliqua la comtesse.

— Ce sera la première fois que vous nous ferez cet honneur, dit du Tillet.

La comtesse sentit le reproche et se mit à rire.

— Soyez tranquille, on ne vous fera rien payer cette fois-ci, dit-elle. Adieu, ma chérie.

— L'impertinente! s'écria du Tillet en ramassant les fleurs tombées de la coiffure de la comtesse. Vous devriez, dit-il à sa femme, étudier madame de Vandenesse. Je voudrais vous voir dans le monde impertinente comme votre sœur vient de l'être ici. Vous avez un air bourgeois et niais qui me désole.

Eugénie leva les yeux au ciel, pour toute réponse.

— Ah çà! madame, qu'avez-vous donc fait toutes deux ici? dit le banquier après une pause en lui montrant les fleurs. Que se passe-t-il pour que votre sœur vienne demain dans votre loge?

La pauvre ilote se rejeta sur une envie de dormir et sortit pour se faire déshabiller en craignant un interrogatoire. Du Tillet prit alors sa femme par le bras, la ramena devant lui sous le feu des bougies qui flambaient dans des bras de vermeil, entre deux délicieux bouquets de fleurs nouées, et il plongea son regard clair dans les yeux de sa femme.

— Votre sœur est venue pour emprunter quarante mille francs que doit un homme à qui elle s'intéresse, et qui dans trois jours sera coffré comme une chose précieuse, rue de Clichy, dit-il froidement.

La pauvre femme fut saisie par un tremblement nerveux qu'elle réprima.

— Vous m'avez effrayée, dit-elle. Mais ma sœur est trop bien élevée, elle aime trop son mari pour s'intéresser à ce point à un homme.

— Au contraire, répondit-il sèchement. Les filles élevées comme vous l'avez été, dans la contrainte et les pratiques religieuses, ont soif de la liberté, désirent le bonheur, et le bonheur dont elles jouissent n'est jamais aussi grand ni aussi beau que celui qu'elles ont rêvé. De pareilles filles font de mauvaises femmes.

— Parlez pour moi, dit la pauvre Eugénie avec un ton de raillerie amère, mais respectez ma sœur. La comtesse de Vandenesse est trop heureuse, son mari la laisse trop libre pour qu'elle ne lui soit pas attachée. D'ailleurs, si votre supposition était vraie, elle ne me l'aurait pas dit.

— Cela est, dit du Tillet. Je vous défends de faire quoi que ce soit dans cette affaire. Il est dans mes intérêts que cet homme aille en prison. Tenez-vous-le pour dit.

Madame du Tillet sortit.

— Elle me désobéira sans doute, et je pourrai savoir tout ce qu'elles feront en les surveillant, se dit du Tillet resté seul dans le boudoir. Ces pauvres sottes veulent lutter avec nous.

Il haussa les épaules et rejoignit sa femme, ou, pour être vrai, son esclave.

La confidence faite à madame du Tillet par madame Félix de Vandenesse tenait à tant de points de son histoire depuis six ans, qu'elle serait inintelligible, sans le récit succinct des principaux événements de sa vie.

Parmi les hommes remarquables qui durent leur destinée à la Restauration et que, malheureusement pour elle, elle mit avec Martignac en dehors des secrets du gouvernement, on comptait Félix de Vandenesse, déporté comme plusieurs autres à la chambre des pairs aux derniers jours de Charles X. Cette disgrâce, quoique momentanée à ses yeux, le fit songer au mariage, vers lequel il fut conduit, comme beaucoup d'hommes le sont, par une sorte de dégoût pour les aventures galantes, ces folles fleurs de la jeunesse. Il est un moment suprême où la vie sociale apparaît dans sa gravité. Félix de Vandenesse avait été tour à tour heureux et malheureux, plus souvent malheureux qu'heureux, comme les hommes qui, dès leur début dans le monde, ont rencontré l'amour sous sa plus belle forme. Ces privilégiés deviennent difficiles. Puis, après avoir expérimenté la vie et comparé les caractères, ils arrivent à se contenter d'un à peu près et se réfugient dans une indulgence absolue. On ne les trompe point, car ils ne se détrompent plus ; mais ils mettent de la grâce à leur résignation ; en s'attendant à tout, ils souffrent moins. Cependant Félix pouvait encore passer pour un des plus jolis et des plus agréables hommes de Paris. Il avait été surtout recommandé auprès des femmes par une des plus nobles créatures de ce siècle, morte, disait-on, de douleur et d'amour pour lui ; mais il avait été formé spécialement par la belle lady Dudley. Aux yeux de beaucoup de Parisiennes, Félix, espèce de héros de roman, avait dû plusieurs conquêtes à tout le mal qu'on disait de lui. Madame de Manerville avait clos la carrière de ses aventures. Sans être un don Juan, il remportait du monde amoureux le désenchantement qu'il remportait du monde politique. Cet idéal de la femme et de la passion, dont, pour son malheur, le type avait éclairé, dominé sa jeunesse, il désespérait de jamais pouvoir le rencontrer.

Vers trente ans, le comte Félix résolut d'en finir avec les ennuis de ses félicités par un mariage. Sur ce point, il était fixé : il voulait une jeune fille élevée dans les données les plus sévères du catholicisme. Il lui suffit d'apprendre comment la comtesse de Granville tenait ses filles pour rechercher la main de l'aînée. Il avait, lui aussi, subi le despotisme d'une mère ; il se souvenait encore assez de sa cruelle jeunesse pour reconnaître, à travers les dissimulations de la pudeur féminine, en quel état le joug aurait mis le cœur d'une jeune fille : si ce cœur était aigri, chagrin, révolté ; s'il était demeuré paisible, aimable, prêt à s'ouvrir aux beaux sentiments. La tyrannie produit deux effets contraires dont les symboles existent dans deux grandes figures de l'esclavage antique : Épictète et Spartacus, la haine et ses sentiments mauvais, la résignation et ses tendresses chrétiennes. Le comte de Vandenesse se reconnut dans Marie-Angélique de Granville. En prenant pour femme une jeune fille naïve, innocente et pure, il avait résolu d'avance, en jeune vieillard qu'il était, de mêler le sentiment paternel au sentiment conjugal. Il se sentait le cœur desséché par le monde, par la politique, et savait qu'en échange d'une vie adolescente, il allait donner les restes d'une vie usée. Auprès des fleurs du printemps, il mettrait les glaces de l'hiver, l'expérience chenue auprès de la pimpante, de l'insouciante imprudence. Après avoir ainsi jugé sainement sa position, il se cantonna dans ses quartiers conjugaux avec d'amples provisions. L'indulgence et la confiance furent les deux ancres sur lesquelles il s'amarra. Les mères de famille devraient rechercher de pareils hommes pour leurs filles : l'Esprit est protecteur comme la Divinité, le Désenchantement est perspicace comme un chirurgien, l'Expérience est prévoyante comme une mère. Ces trois sentiments sont les vertus théologales du mariage.

Les recherches, les délices que ses habitudes d'homme à bonnes fortunes et d'homme élégant avaient apprises à Félix de Vandenesse, les enseignements de la haute politique, les observations de sa vie tour à tour occupée, pensive, littéraire, toutes ses forces furent employées à rendre sa femme heureuse; et il y appliqua son esprit. Au sortir du purgatoire maternel, Marie-Angélique monta tout à coup au paradis conjugal que lui avait élevé Félix, rue du Rocher, dans un hôtel où les moindres choses avaient un parfum d'aristocratie, mais où le vernis de la bonne compagnie ne gênait pas cet harmonieux laisser-aller que souhaitent les cœurs aimants et jeunes. Marie-Angélique savoura d'abord les jouissances de la vie matérielle dans leur entier, son mari se fit pendant deux ans son intendant. Félix expliqua lentement et avec beaucoup d'art à sa femme les choses de la vie, l'initia par degrés aux mystères de la haute société, lui apprit les généalogies de toutes les maisons nobles, lui enseigna le monde, la guida dans l'art de la toilette et la conversation, la mena de théâtre en théâtre, lui fit faire un cours de littérature et d'histoire. Il acheva cette éducation avec un soin d'amant, de père, de maître et de mari; mais avec une sobriété bien entendue, il ménageait les jouissances et les leçons, sans détruire les idées religieuses. Enfin, il s'acquitta de son entreprise en grand maître. Au bout de quatre années, il eut le bonheur d'avoir formé dans la comtesse de Vandenesse une des femmes les plus aimables et les plus remarquables du temps actuel.

Marie-Angélique éprouva précisément pour Félix le sentiment que Félix souhaitait de lui inspirer : une amitié vraie, une reconnaissance bien sentie, un amour fraternel qui se mélangeait à propos de tendresse noble et digne comme elle doit être entre mari et femme. Elle était mère, et bonne mère. Félix s'attachait donc sa femme par tous les liens possibles sans avoir l'air de la garrotter, comptant pour être heureux sans nuage sur les attraits de l'habitude. Il n'y a que les hommes rompus au manége de la vie et qui ont parcouru le cercle des désillusionnements politiques et amoureux, pour avoir cette science et se conduire ainsi. Félix trouvait d'ailleurs dans son œuvre les plaisirs que rencontrent dans leurs créations les peintres, les écrivains, les architectes qui élèvent des monuments; il jouissait doublement en s'occupant de l'œuvre et en voyant le succès, en admirant sa femme instruite et naïve, spirituelle et naturelle, aimable et chaste, jeune fille et mère, parfaitement libre et enchaînée. L'histoire des bons ménages est comme celle des peuples heureux, elle s'écrit en deux lignes et n'a rien de littéraire. Aussi, comme le bonheur ne s'explique que par lui-même, ces quatre années ne peuvent-elles rien fournir qui ne soit tendre comme le gris de lin des éternelles amours, fade comme la manne, et amusant comme le roman de l'*Astrée*.

En 1833, l'édifice de bonheur cimenté par Félix fut près de crouler, miné dans ses bases sans qu'il s'en doutât. Le cœur d'une femme de vingt-cinq ans n'est pas plus celui de la jeune fille de dix-huit, que celui de la femme de quarante n'est celui de la femme de trente ans. Il y a quatre âges dans la vie des femmes. Chaque âge crée une nouvelle femme. Vandenesse connaissait sans doute les lois de ces transformations dues à nos mœurs modernes; mais il les oublia pour son propre compte, comme le plus fort grammairien peut oublier les règles en composant un livre; comme sur le champ de bataille, au milieu du feu, pris par les accidents d'un site, le plus grand général oublie une règle absolue de l'art militaire. L'homme qui peut empreindre perpétuellement la pensée dans le fait est un homme de génie; mais l'homme qui a le plus de génie ne le déploie pas à tous les instants, il ressemblerait trop à Dieu. Après quatre ans de cette vie sans un choc d'âme, sans une parole qui produisît la moindre discordance dans ce suave concert de sentiment, en se sentant parfaitement développée comme une belle plante dans un bon sol, sous les caresses d'un beau soleil qui rayonnait au milieu d'un éther constamment azuré, la comtesse eut comme un retour sur elle-même. Cette crise de sa vie, l'objet de cette scène, serait incompréhensible sans des explications qui peut-être atténueront, aux yeux des femmes, les torts de cette jeune comtesse, aussi heureuse femme qu'heureuse mère, et qui doit, au premier abord, paraître sans excuse.

La vie résulte du jeu de deux principes opposés : quand l'un manque, l'être souffre. Vandenesse, en satisfaisant à tout, avait supprimé le Désir, ce roi de la création, qui emploie une somme énorme des forces morales. L'extrême chaleur, l'extrême malheur, le bonheur complet, tous les principes absolus trônent sur des espaces dénués de productions : ils veulent être seuls, ils étouffent tout ce qui n'est pas eux. Vandenesse n'était pas femme, et les femmes seules connaissent l'art de varier la félicité : de là procèdent leur coquetterie, leurs refus, leurs craintes, leurs querelles, et les savantes, les spirituelles niaiseries par lesquelles elles mettent le lendemain en question ce qui n'offrait aucune difficulté la veille. Les hommes peuvent fatiguer de leur constance, les femmes jamais. Vandenesse était une nature trop complétement bonne pour tourmenter par parti pris une femme aimée, il la jeta dans l'infini le plus bleu, le moins nuageux de l'amour. Le problème de la béatitude éternelle est un de ceux dont la solution n'est connue que de Dieu dans l'autre vie. Ici-bas, des poètes sublimes ont éternellement ennuyé leurs lecteurs en abordant la peinture du paradis. L'écueil de Dante fut aussi l'écueil de Vandenesse : honneur au courage malheureux! Sa femme finit par trouver quelque monotonie dans un Éden si bien arrangé, le parfait bonheur que la première femme éprouva dans le Paradis terrestre lui donna les nausées que donne à la longue l'emploi des choses douces, et fit souhaiter à la comtesse, comme à Rivarol lisant Florian, de rencontrer quelque loup dans la bergerie. Ceci, de tout temps, a semblé le sens du serpent emblématique auquel Ève s'adressa probablement par ennui. Cette morale paraîtra peut-être hasardée au yeux des protestants qui prennent la Genèse plus au sérieux que ne la prennent les juifs eux-mêmes. Mais la situation de madame de Vandenesse peut s'expliquer sans figures bibliques : elle se sentait dans l'âme une force immense sans emploi, son bonheur ne la faisait pas souffrir, il allait sans soins ni inquiétudes, elle ne tremblait point de le perdre, il se produisait tous les matins avec le même bleu, le même sourire, la même parole charmante. Ce lac pur n'était ridé par aucun souffle, pas

même par le zéphyr : elle aurait voulu voir onduler cette glace. Son désir comportait je ne sais quoi d'enfantin qui devrait la faire excuser ; mais la société n'est pas plus indulgente que ne le fut le dieu de la Genèse. Devenue spirituelle, la comtesse comprenait admirablement combien ce sentiment devait être offensant, et trouvait horrible de le confier à son *cher petit mari*. Dans sa simplicité, elle n'avait pas inventé d'autre mot d'amour, car on ne forge pas à froid la délicieuse langue d'exagération que l'amour apprend à ses victimes au milieu des flammes. Vandenesse, heureux de cette adorable réserve, maintenait par ses savants calculs sa femme dans les régions tempérées de l'amour conjugal. Ce mari-modèle trouvait, d'ailleurs, indignes d'une âme noble les ressources du charlatanisme qui l'eussent grandi, qui lui eussent valu des récompenses de cœur ; il voulait plaire par lui-même, et ne rien devoir aux artifices de la fortune. La comtesse Marie souriait en voyant au bois un équipage incomplet ou mal attelé ; ses yeux se reportaient alors complaisamment sur le sien, dont les chevaux avaient une tenue anglaise, étaient libres dans leurs harnais, chacun à sa distance. Félix ne descendait pas jusqu'à ramasser les bénéfices des peines qu'il se donnait ; sa femme trouvait son luxe et son bon goût naturels ; elle ne lui savait aucun gré de ce qu'elle n'éprouvait aucune souffrance d'amour-propre. Il en était de tout ainsi. La bonté n'est pas sans écueils : on l'attribue au caractère, on veut rarement y reconnaître les efforts secrets d'une belle âme, tandis qu'on récompense les gens méchants du mal qu'ils ne font pas. Vers cette époque, madame Félix de Vandenesse était arrivée à un degré d'instruction mondaine qui lui permit de quitter le rôle assez insignifiant de comparse timide, observatrice, écouteuse, que joua, dit-on, pendant quelque temps, Giulia Grisi dans les chœurs au théâtre de la Scala. La jeune comtesse se sentait capable d'aborder l'emploi de prima donna, elle s'y hasarda plusieurs fois. Au grand contentement de Félix, elle se mêla aux conversations. D'ingénieuses reparties et de fines observations semées dans son esprit par son commerce avec son mari la firent remarquer, et le succès l'enhardit. Vandenesse, à qui on avait accordé que sa femme était jolie, fut enchanté quand elle parut spirituelle. Au retour du bal, du concert, du rout, où Marie avait brillé, quand elle quittait ses atours, elle prenait un petit air joyeux et délibéré pour dire à Félix:
— Avez-vous été content de moi ce soir ? La comtesse excita quel-

ques jalousies, entre autres celle de la sœur de son mari, la marquise de Listomère, qui jusqu'alors l'avait patronnée, en croyant protéger une ombre destinée à la faire ressortir. Une comtesse, du nom de Marie, belle, spirituelle et vertueuse, musicienne et peu coquette, quelle proie pour le monde! Félix de Vandenesse comptait dans la société plusieurs femmes avec lesquelles il avait rompu ou qui avaient rompu avec lui, mais qui ne furent pas indifférentes à son mariage. Quand ces femmes virent dans madame de Vandenesse une petite femme à mains rouges, assez embarrassée d'elle, parlant peu, n'ayant pas l'air de penser beaucoup, elles se crurent suffisamment vengées. Les désastres de juillet 1830 vinrent, la société fut dissoute pendant deux ans, les gens riches allèrent durant la tourmente dans leurs terres ou voyagèrent en Europe, et les salons ne s'ouvrirent guère qu'en 1833. Le faubourg Saint-Germain bouda, mais il considéra quelques maisons, celle entre autres de l'ambassadeur d'Autriche, comme des terrains neutres : la société légitimiste et la société nouvelle s'y rencontrèrent représentées par leurs sommités les plus élégantes. Attaché par mille liens de cœur et de reconnaissance à la famille exilée, mais fort de ses convictions, Vandenesse ne se crut pas obligé d'imiter les niaises exagérations de son parti : dans le danger, il avait fait son devoir au péril de ses jours en traversant les flots populaires pour proposer des transactions; il mena donc sa femme dans le monde où sa fidélité ne pouvait jamais être compromise. Les anciennes amies de Vandenesse retrouvèrent difficilement la nouvelle mariée dans l'élégante, la spirituelle, la douce comtesse, qui se produisit elle-même avec les manières les plus exquises de l'aristocratie féminine. Mesdames d'Espard, de Manerville, lady Dudley, quelques autres moins connues, sentirent au fond de leur cœur des serpents se réveiller; elles entendirent les sifflements flûtés de l'orgueil en colère, elles furent jalouses du bonheur de Félix; elles auraient volontiers donné leurs plus jolies pantoufles pour qu'il lui arrivât malheur. Au lieu d'être hostiles à la comtesse, ces bonnes mauvaises femmes l'entourèrent, lui témoignèrent une excessive amitié, la vantèrent aux hommes. Suffisamment édifié sur leurs intentions, Félix surveilla leurs rapports avec Marie en lui disant de se défier d'elles. Toutes devinèrent les inquiétudes que leur commerce causait au comte, elles ne lui pardonnèrent point sa défiance et redoublèrent de soins et de prévenances pour leur rivale, à laquelle elles firent un succès énorme au grand déplaisir de la mar-

quise de Listomère qui n'y comprenait rien. On citait la comtesse
Félix de Vandenesse comme la plus charmante, la plus spirituelle
femme de Paris. L'autre belle-sœur de Marie, la marquise Charles
de Vandenesse, éprouvait mille désappointements à cause de la
confusion que le même nom produisait parfois et des comparaisons
qu'il occasionnait. Quoique la marquise fût aussi très belle femme et
très spirituelle, ses rivales lui opposaient d'autant mieux sa belle-
sœur que la comtesse était de douze ans moins âgée. Ces femmes
savaient combien d'aigreur le succès de la comtesse devrait mettre
dans son commerce avec ses deux belles-sœurs, qui devinrent froides et désobligeantes pour la triomphante Marie-Angélique. Ce fut
de dangereuses parentes, d'intimes ennemies. Chacun sait que la
littérature se défendait alors contre l'insouciance générale engen-
drée par le drame politique, en produisant des œuvres plus ou
moins byroniennes où il n'était question que des délits conjugaux.
En ce temps, les infractions aux contrats de mariage défrayaient les
revues, les livres et le théâtre. Cet éternel sujet fut plus que jamais à la mode. L'amant, ce cauchemar des maris, était partout,
excepté peut-être dans les ménages, où, par cette bourgeoise époque,
il donnait moins qu'en aucun temps. Est-ce quand tout le monde
court à ses fenêtres, crie : A la garde! éclaire les rues, que les voleurs s'y promènent? Si durant ces années fertiles en agitations ur-
baines, politiques et morales, il y eut des catastrophes matrimonia-
les, elles constituèrent des exceptions qui ne furent pas autant
remarquées que sous la Restauration. Néanmoins, les femmes cau-
saient beaucoup entre elles de ce qui occupait alors les deux formes
de la poésie : le Livre et le Théâtre. Il était souvent question de
l'amant, cet être si rare et si souhaité. Les aventures connues donnaient matière à des discussions, et ces discussions étaient, comme
toujours, soutenues par des femmes irréprochables. Un fait digne de
remarque est l'éloignement que manifestent pour ces sortes de conversations les femmes qui jouissent d'un bonheur illégal, elles gardent dans le monde une contenance prude, réservée et presque timide; elles ont l'air de demander le silence à chacun, ou pardon de
leur plaisir à tout le monde. Quand au contraire une femme se plaît
à entendre parler de catastrophes, se laisse expliquer les voluptés
qui justifient les coupables, croyez qu'elle est dans le carrefour de
l'indécision, et ne sait quel chemin prendre. Pendant cet hiver la
comtesse de Vandenesse entendit mugir à ses oreilles la grande voix

du monde, le vent des orages siffla autour d'elle. Ses prétendues amies, qui dominaient leur réputation de toute la hauteur de leurs noms et de leurs positions, lui dessinèrent à plusieurs reprises la séduisante figure de l'amant, et lui jetèrent dans l'âme des paroles ardentes sur l'amour, le mot de l'énigme que la vie offre aux femmes, la grande passion, suivant madame de Staël qui prêcha d'exemple. Quand la comtesse demandait naïvement en petit comité quelle différence il y avait entre un amant et un mari, jamais une des femmes qui souhaitaient quelque malheur à Vandenesse ne faillait à lui répondre de manière à piquer sa curiosité, à solliciter son imagination, à frapper son cœur, à intéresser son âme.

— On vivote avec son mari, ma chère, on ne vit qu'avec son amant, lui disait sa belle-sœur, la marquise de Vandenesse.

— Le mariage, mon enfant, est notre purgatoire ; l'amour est le paradis, disait lady Dudley.

— Ne la croyez pas, s'écriait la duchesse de Grandlieu, c'est l'enfer.

— Mais c'est un enfer où l'on aime, faisait observer la marquise de Rochegude. On a souvent plus de plaisir dans la souffrance que dans le bonheur : voyez les martyrs.

— Avec un mari, petite niaise, nous vivons pour ainsi dire de notre vie ; mais aimer, c'est vivre de la vie d'un autre, lui disait la marquise d'Espard.

— Un amant, c'est le fruit défendu, mot qui pour moi résume tout, disait en riant la jolie Moïna de Saint-Hérem.

Quand elle n'allait pas à des routs diplomatiques ou au bal chez quelques riches étrangers, comme lady Dudley ou la princesse Galathionne, la comtesse allait presque tous les soirs dans le monde, après les Italiens ou l'Opéra, soit chez la marquise d'Espard, soit chez madame de Listomère, mademoiselle des Touches, la comtesse de Montcornet ou la vicomtesse de Grandlieu, les seules maisons aristocratiques ouvertes ; et jamais elle n'en sortait sans que de mauvaises graines eussent été semées dans son cœur. On lui parlait de compléter sa vie, un mot à la mode dans ce temps-là ; d'être comprise, autre mot auquel les femmes donnent d'étranges significations. Elle revenait chez elle inquiète, émue, curieuse, pensive. Elle trouvait je ne sais quoi de moins dans sa vie, mais elle n'allait pas jusqu'à la voir déserte.

La société la plus amusante, mais la plus mêlée, des salons où al-

lait madame Félix de Vandenesse, se trouvait chez la comtesse de
Montcornet, charmante petite femme qui recevait les artistes illustres,
les sommités de la finance, les écrivains distingués, mais après les
avoir soumis à un si sévère examen, que les plus difficiles en fait de
bonne compagnie n'avaient pas à craindre d'y rencontrer qui que
ce soit de la société secondaire. Les plus grandes prétentions y
étaient en sûreté. Pendant l'hiver, où la société s'était ralliée, quelques salons, au nombre desquels étaient ceux de mesdames d'Espard et de Listomère, de mademoiselle des Touches et de la duchesse
de Grandlieu, avaient recruté parmi les célébrités nouvelles de l'art,
de la science, de la littérature et de la politique. La société ne perd
jamais ses droits, elle veut toujours être amusée. A un concert
donné par la comtesse vers la fin de l'hiver apparut chez elle une
des illustrations contemporaines de la littérature et de la politique,
Raoul Nathan, présenté par un des écrivains les plus spirituels mais
les plus paresseux de l'époque, Émile Blondet, autre homme célèbre, mais a huis clos; vanté par les journalistes, mais inconnu au
delà des barrières : Blondet le savait ; d'ailleurs, il ne se faisait aucune illusion, et entre autres paroles de mépris, il a dit que la gloire
est un poison bon à prendre par petites doses. Depuis le moment
où il s'était fait jour après avoir longtemps lutté, Raoul Nathan
avait profité du subit engouement que manifestèrent pour la forme
ces élégants sectaires du moyen âge, si plaisamment nommés Jeune-
France. Il s'était donné les singularités d'un homme de génie en
s'enrôlant parmi ces adorateurs de l'art dont les intentions furent
d'ailleurs excellentes; car rien de plus ridicule que le costume des
Français au dix-neuvième siècle, il y avait du courage à le renouveler.

Raoul, rendons-lui cette justice, offre dans sa personne je ne
sais quoi de grand, de fantasque et d'extraordinaire qui veut un
cadre. Ses ennemis ou ses amis, les uns valent les autres, convien-
nent que rien au monde ne concorde mieux avec son esprit que sa
forme. Raoul Nathan serait peut-être plus singulier au naturel qu'il
ne l'est avec ses accompagnements. Sa figure ravagée, détruite, lui
donne l'air de s'être battu avec les anges ou les démons ; elle ressemble à celle que les peintres allemands attribuent au Christ mort :
il y paraît mille signes d'une lutte constante entre la faible nature
humaine et les puissances d'en haut. Mais les rides creuses de ses
joues, les redans de son crâne tortueux et sillonné, les salières qui
marquent ses yeux et ses tempes, n'indiquent rien de débile dans

sa constitution. Ses membranes dures, ses os apparents, ont une solidité remarquable ; et quoique sa peau, tannée par des excès, s'y colle comme si des feux intérieurs l'avaient desséchée, elle n'en couvre pas moins une formidable charpente. Il est maigre et grand. Sa chevelure longue et toujours en désordre vise à l'effet. Ce Byron mal peigné, mal construit, a des jambes de héron, des genoux engorgés, une cambrure exagérée, des mains cordées de muscles, fermes comme les pattes d'un crabe, à doigts maigres et nerveux. Raoul a des yeux napoléoniens, des yeux bleus dont le regard traverse l'âme ; un nez tourmenté, plein de finesse ; une charmante bouche, embellie par les dents les plus blanches que puisse souhaiter une femme. Il y a du mouvement et du feu dans cette tête, et du génie sur ce front. Raoul appartient au petit nombre d'hommes qui vous frappent au passage, qui dans un salon forment aussitôt un point lumineux où vont tous les regards. Il se fait remarquer par son négligé, s'il est permis d'emprunter à Molière le mot employé par Eliante pour peindre le *malpropre sur soi*. Ses vêtements semblent toujours avoir été tordus, fripés, recroquevillés exprès pour s'harmonier à sa physionomie. Il tient habituellement l'une de ses mains dans son gilet ouvert, dans une pose que le portrait de monsieur de Chateaubriand par Girodet a rendue célèbre ; mais il la prend moins pour lui ressembler, il ne veut ressembler à personne, que pour déflorer les plis réguliers de sa chemise. Sa cravate est en un moment roulée sous les convulsions de ses mouvements de tête, qu'il a remarquablement brusques et vifs, comme ceux des chevaux de race qui s'impatientent dans leurs harnais et relèvent constamment la tête pour se débarrasser de leur mors ou de leurs gourmettes. Sa barbe longue et pointue n'est ni peignée, ni parfumée, ni brossée, ni lissée comme le sont celles des élégants qui portent la barbe en éventail ou en pointe ; il la laisse comme elle est. Ses cheveux, mêlés entre le collet de son habit et sa cravate, luxuriants sur les épaules, graissent les places qu'ils caressent. Ses mains sèches et filandreuses ignorent les soins de la brosse à ongles et le luxe du citron. Plusieurs feuilletonistes prétendent que les eaux lustrales ne rafraîchissent pas souvent leur peau calcinée. Enfin le terrible Raoul est grotesque. Ses mouvements sont saccadés comme s'ils étaient produits par une mécanique imparfaite. Sa démarche froisse toute idée d'ordre par des zigzags enthousiastes, par des suspensions inattendues qui lui font heurter les bourgeois pacifiques en promenade sur les boulevards de Paris. Sa conversation, pleine d'humeur caustique, d'épigrammes âpres, imite l'allure de son corps : elle quitte subitement le ton de la vengeance et devient suave, poétique, consolante, douce, hors de propos ; elle a des silences inexplicables, des soubresauts d'esprit qui fatiguent parfois. Il apporte dans le monde une gaucherie hardie, un dédain des conventions, un air de critique pour tout ce qu'on y respecte qui le met mal avec les petits esprits comme avec ceux qui s'efforcent de conserver les doctrines de l'ancienne politesse ; mais c'est quelque chose d'original comme les créations chinoises et que les femmes ne haïssent pas. D'ailleurs, pour elles, il se montre souvent d'une amabilité recherchée, il semble se complaire à faire oublier ses formes bizarres, à remporter sur les antipathies une victoire qui flatte sa vanité, son amour-propre ou son orgueil. — Pourquoi êtes-vous comme cela ? lui dit un jour la marquise de Vandenesse. — Les perles ne sont-elles pas dans des écailles ? répondit-il fastueusement. A un autre qui lui adressait la même question, il répondit : — Si j'étais bien pour tout le monde, comment pourrais-je paraître mieux à une personne choisie entre toutes ? Raoul Nathan porte dans sa vie intellectuelle le désordre qu'il prend pour enseigne. Son annonce n'est pas menteuse : son talent ressemble à celui de ces pauvres filles qui se présentent dans les maisons bourgeoises pour tout faire : il fut d'abord critique, et grand critique ; mais il trouva de la duperie à ce métier. Ses articles valaient des livres, disait-il. Les revenus du théâtre l'avaient séduit ; mais incapable du travail lent et soutenu que veut la mise en scène, il avait été obligé de s'associer à un vaudevilliste, à du Bruel, qui mettait en œuvre ses idées et les avait toujours réduites en petites pièces productives, pleines d'esprit, toujours faites pour des acteurs ou pour des actrices. A eux deux, ils avaient inventé Florine, une actrice à recette. Humilié de cette association semblable à celle des frères siamois, Nathan avait produit à lui seul au Théâtre-Français un grand drame tombé avec tous les honneurs de la guerre, aux salves d'articles foudroyants. Dans sa jeunesse, il avait déjà tenté le grand, le noble Théâtre-Français, par une magnifique pièce romantique dans le genre de *Pinto*, à une époque où le classique régnait en maître : l'Odéon avait été si rudement agité pendant trois soirées que la pièce fut défendue. Aux yeux de beaucoup de gens, cette seconde pièce passait comme la première pour un chef-d'œuvre, et lui valait plus de réputation que toutes les pièces si productives faites avec ses collaborateurs, mais dans un monde peu écouté, celui des connaisseurs et des vrais gens de goût. —Encore une chute semblable, lui dit Émile Blondet, et tu deviens immortel. Mais, au lieu de marcher dans cette voie difficile, Nathan était retombé par nécessité dans la poudre et les mouches du vaudeville dix-huitième siècle, dans la pièce à costumes, et la réimpression scénique des livres à succès. Néanmoins, il passait pour un grand esprit qui n'avait pas donné son dernier mot. Il avait d'ailleurs abordé la haute littérature et publié trois romans, sans compter ceux qu'il entretenait sous presse comme des poissons dans un vivier. L'un de ces trois livres, le premier, comme chez plusieurs écrivains qui n'ont pu faire qu'un premier ouvrage, avait obtenu le plus brillant succès. Cet ouvrage, imprudemment mis alors en première ligne, cette œuvre d'artiste, il la faisait appeler à tout propos le plus beau livre de l'époque, l'unique roman du siècle. Il se plaignait d'ailleurs beaucoup des exigences de l'art; il était un de ceux qui contribuèrent le plus à faire ranger toutes les œuvres, le tableau, la statue, le livre, l'édifice, sous la bannière unique de l'Art. Il avait commencé par commettre un livre de poésies qui lui méritait une place dans la pléiade des poètes actuels, et parmi lesquelles se trouvait un poème nébuleux assez admiré. Tenu de produire par son manque de fortune, il allait du théâtre à la presse, et de la presse au théâtre, se dissipant, s'éparpillant et croyant toujours en sa veine. Sa gloire n'était donc pas inédite comme celle de plusieurs célébrités à l'agonie, soutenues par les titres d'ouvrages à faire, lesquels n'auront pas autant d'éditions qu'ils ont nécessité de marchés. Nathan ressemblait à un homme de génie; et s'il eût marché à l'échafaud, comme l'envie lui en prit, il aurait pu se frapper le front à la manière d'André de Chénier. Saisi d'une ambition politique en voyant l'irruption au pouvoir d'une douzaine d'auteurs, de professeurs, de métaphysiciens et d'historiens qui s'incrustèrent dans la machine pendant les tourmentes de 1830 à 1833, il regretta de ne pas avoir fait des articles politiques au lieu d'articles littéraires. Il se croyait supérieur à ces parvenus dont la fortune lui inspirait alors une dévorante jalousie. Il appartenait à ces esprits jaloux de tout, capables de tout, à qui l'on vole tous les succès, et qui vont se heurtant à mille endroits lumineux sans se fixer à un seul, épuisant toujours la volonté du voisin. En ce moment, il allait du saint-simonisme au républicanisme, pour revenir peut-être au ministérialisme. Il guettait son os à ronger dans tous les coins, et cherchait une place sûre d'où il pût aboyer à l'abri des coups et se rendre redoutable ; mais il avait la honte de ne pas se voir prendre au sérieux par l'illustre de Marsay, qui dirigeait alors le gouvernement et qui n'avait aucune considération pour les auteurs chez lesquels il ne trouvait pas ce que Richelieu nommait l'esprit de suite, ou mieux, de la suite dans les idées. D'ailleurs tout ministère eût compté sur le dérangement continuel des affaires de Raoul. Tôt ou tard la nécessité devait l'amener à subir des conditions au lieu d'en imposer.

Le caractère réel et soigneusement caché de Raoul concorde à son caractère public. Il est comédien de bonne foi, personnel comme si l'État était *lui*, et très-habile déclamateur. Nul ne sait mieux jouer les sentiments, se targuer de grandeurs fausses, se parer de beautés morales, se respecter en paroles, et se poser comme un Alceste en agissant comme Philinte. Son égoïsme trotte à couvert de cette armure en carton peint, et touche souvent au but caché qu'il se propose. Paresseux au superlatif, il n'a rien fait que piqué par les hallebardes de la nécessité. La continuité du travail appliquée à la création d'un monument, il l'ignore ; mais dans le paroxysme de rage que lui ont causé ses vanités blessées, ou dans un moment de crise amené par le créancier, il saute l'Eurotas, il triomphe des plus difficiles escomptes de l'esprit. Puis, fatigué, surpris d'avoir créé quelque chose, il retombe dans le marasme des jouissances parisiennes. Le besoin se représente formidable : il est sans force, il descend alors et se compromet. Mu par une fausse idée de sa grandeur et de son avenir, dont il prend mesure sur la haute fortune d'un de ses anciens camarades, un des rares talents ministériels mis en lumière par la révolution de juillet, pour sortir d'embarras il se permet avec les personnes qui l'aiment des barbarismes de conscience enterrés dans les mystères de la vie privée, mais dont personne ne parle ni ne se plaint. La banalité de son cœur, l'impudeur de sa poignée de main qui serre tous les vices, tous les malheurs, toutes les trahisons, toutes les opinions, l'ont rendu inviolable comme un roi constitutionnel. Le péché véniel, qui exciterait clameur de haro sur un homme d'un grand caractère, de lui n'est rien ; un acte peu délicat est à peine quelque chose, tout le monde s'excuse en l'excusant. Celui même qui serait tenté de le mépriser lui tend la main en ayant peur d'avoir besoin de lui. Il a tant d'amis qu'il souhaite des ennemis. Cette bonhomie apparente qui séduit les nouveaux venus et n'empêche aucune trahison, qui se permet et justifie tout, qui jette les hauts cris à une blessure et la pardonne, est un des caractères distinctifs du journaliste. Cette *camaraderie*, mot créé par un homme d'esprit, corrode les plus belles âmes : elle rouille leur fierté, tue le principe des grandes œuvres, et consacre la lâcheté de l'esprit. En exigeant cette mollesse de conscience chez tout le monde, certaines gens se ménagent l'absolution de leurs traîtrises, de leurs changements de parti. Voilà comment la portion la plus éclairée d'une nation devient la moins estimable.

Jugé du point de vue littéraire, il manque à Nathan le style et l'instruction. Comme la plupart des jeunes ambitieux de la littérature, il dégorge aujourd'hui son instruction d'hier. Il n'a ni le temps ni la patience d'écrire ; il n'a pas observé, mais il écoute. Incapable de construire un plan vigoureusement charpenté, peut-être se sauve-t-il par la fougue de son dessin. Il *faisait de la passion*, selon un mot de l'argot littéraire, parce qu'en fait de passion tout est vrai ; tandis que le génie a pour mission de chercher, à travers les hasards du vrai, ce qui doit sembler probable à tout le monde. Au lieu de réveiller des idées, ses héros sont des individualités agrandies qui n'excitent que des sympathies fugitives ; ils ne se relient pas aux grands intérêts de la vie, et dès lors ne représentent rien ; mais il se soutient par la rapidité de son esprit, par ces bonheurs de rencontre que les joueurs de billard nomment des raccrocs. Il est le plus habile tireur au vol des idées qui s'abattent sur Paris, ou que Paris fait lever. Sa fécondité n'est pas à lui, mais à l'époque : il vit sur la circonstance, et, pour la dominer, il en outre la portée. Enfin, il n'est pas vrai, sa phrase est menteuse ; il y a chez lui, comme le disait le comte Félix, du joueur de gobelets. Cette plume prend son encre dans le cabinet d'une actrice, on le sent. Nathan offre une image de la jeunesse littéraire d'aujourd'hui, de ses fausses grandeurs et de ses misères réelles ; il la représente avec ses beautés incorrectes et ses chutes profondes, sa vie à cascades bouillonnantes, à revers soudains, à triomphes inespérés. C'est bien l'enfant de ce siècle dévoré de jalousie, où mille rivalités à couvert sous des systèmes nourrissent à leur profit l'hydre de l'anarchie de tous leurs mécomptes, qui veut la fortune sans le travail, la gloire sans le talent et le succès sans peine ; mais qu'après bien des rébellions, bien des escarmouches, ses vices amènent à émarger le Budget sous le bon plaisir du Pouvoir. Quand tant de jeunes ambitions sont parties à pied et se sont toutes donné rendez-vous au même point, il y a concurrence de volontés, misères inouïes, luttes acharnées. Dans cette bataille horrible, l'égoïsme le plus violent ou le plus adroit gagne la victoire. L'exemple est envié, justifié malgré les criailleries, dirait Molière : on le suit. Quand, en sa qualité d'ennemi de la nouvelle dynastie, Raoul fut introduit dans le salon de madame de Montcornet, ses apparentes grandeurs florissaient. Il était accepté comme le critique politique des de Marsay, des Rastignac, des La Roche-Hugon, arrivés au pouvoir. Victime de ses fatales hésitations, de sa répugnance pour l'action qui ne concernait que lui-même, Émile Blondet, l'introducteur de Nathan, continuait son métier de moqueur, ne prenait parti pour personne et tenait à tout le monde. Il était l'ami de Raoul, l'ami de Rastignac, l'ami de Montcornet.

— Tu es un triangle politique, lui disait en riant de Marsay quand il le rencontrait à l'Opéra, cette forme géométrique n'appartient qu'à Dieu qui n'a rien à faire ; mais les ambitieux doivent aller en ligne courbe, le chemin le plus court en politique.

Vu à distance, Raoul Nathan était un très-beau météore. La mode autorisait ses façons et sa tournure. Son républicanisme emprunté lui donnait momentanément cette âpreté janséniste que prennent les défenseurs de la cause populaire desquels il se moquait intérieurement, et qui n'est pas sans charme aux yeux des femmes. Les femmes aiment à faire des prodiges, à briser les rochers, à fondre les caractères qui paraissent être de bronze. La toilette du moral était donc alors chez Raoul en harmonie avec son vêtement. Il devait être et fut, pour l'Ève ennuyée de son paradis de la rue du Rocher, le serpent chatoyant, coloré, beau diseur, aux yeux magnétiques, aux mouvements harmonieux, qui perdit la première femme. Dès que la comtesse Marie aperçut Raoul, elle éprouva ce mouvement intérieur dont la violence cause une sorte d'effroi. Ce prétendu grand homme eut sur elle par son regard une influence physique qui rayonna jusque dans son cœur en le troublant. Ce trouble lui fit plaisir. Ce manteau de pourpre que la célébrité drapait pour un moment sur les épaules de Nathan éblouit cette femme ingénue. A l'heure du thé, Marie quitta la place où, parmi quelques femmes occupées à causer, elle s'était tue en voyant cet être extraordinaire. Ce silence avait été remarqué par ses fausses amies. La comtesse s'approcha du divan carré placé au milieu du salon où pérorait Raoul. Elle se tint debout donnant le bras à madame Octave de Camps, excellente femme qui lui garda le secret sur les tremblements involontaires par lesquels se trahissaient ses violentes émotions. Quoique l'œil d'une femme éprise ou surprise laisse échapper d'incroyables douceurs, Raoul tirait en ce moment un véritable feu d'artifice; il était trop au milieu de ses épigrammes qui partaient comme des fusées, de ses accusations enroulées et déroulées comme des soleils, des flamboyants portraits qu'il dessinait en traits de feu, pour remarquer la naïve admiration d'une pauvre petite Ève, cachée dans le groupe de femmes qui l'entouraient. Cette curiosité, semblable à celle qui précipiterait Paris vers le Jardin des Plantes pour y voir une licorne, si l'on en trouvait une dans ces célèbres montagnes de la Lune, encore vierges des pas d'un Européen, enivre les esprits secondaires autant qu'elle attriste les âmes vraiment élevées; mais elle enchantait Raoul : il était donc trop à toutes les femmes pour être à une seule.

— Prenez garde, ma chère, dit à l'oreille de Marie sa gracieuse et adorable compagne, allez-vous-en.

La comtesse regarda son mari pour lui demander son bras par une de ces œillades que les maris ne comprennent pas toujours : Félix l'emmena.

— Mon cher, dit madame d'Espard à l'oreille de Raoul, vous êtes un heureux coquin. Vous avez fait ce soir plus d'une conquête, mais, entre autres, celle de la charmante femme qui nous a si brusquement quittés.

— Sais-tu ce que la marquise d'Espard a voulu me dire? demanda Raoul à Blondet en lui rappelant le propos de cette grande dame quand ils furent à peu près seuls, entre une heure et deux du matin.

— Mais je viens d'apprendre que la comtesse de Vandenesse est tombée amoureuse folle de toi. Tu n'es pas à plaindre.

— Je ne l'ai pas vue, dit Raoul.

— Oh! tu la verras, fripon, dit Émile Blondet en éclatant de rire. Lady Dudley t'a engagé à son grand bal précisément pour que tu la rencontres.

Raoul et Blondet partirent ensemble avec Rastignac, qui leur offrit sa voiture. Tous trois se mirent à rire de la réunion d'un sous-secrétaire d'État éclectique, d'un républicain féroce et d'un athée politique.

— Si nous soupions aux dépens de l'ordre de choses actuel? dit Blondet qui voulait remettre les soupers en honneur.

Rastignac les ramena chez Véry, renvoya sa voiture, et tous trois s'attablèrent en analysant la société présente et riant d'un rire rabelaisien. Au milieu du souper, Rastignac et Blondet conseillèrent à leur ennemi postiche de ne pas négliger une bonne fortune aussi capitale que celle qui s'offrait à lui. Ces deux roués firent d'un style moqueur l'histoire de la comtesse Marie de Vandenesse; ils portèrent le scalpel de l'épigramme et la pointe aiguë du bon mot dans cette enfance candide, dans cet heureux mariage. Blondet félicita Raoul de rencontrer une femme qui n'était encore coupable que de mauvais dessins au crayon rouge, de maigres paysages à l'aquarelle, de pantoufles brodées pour son mari, de sonates exécutées avec la plus chaste intention, cousue pendant dix-huit ans à la jupe maternelle, confite dans les pratiques religieuses, élevée par Vandenesse, et cuite à point par le mariage pour être dégustée par l'amour. A la troisième bouteille de vin de Champagne, Raoul Nathan s'abandonna plus qu'il ne l'avait jamais fait avec personne.

— Mes amis, leur dit-il, vous connaissez mes relations avec Florine, vous savez ma vie, vous ne serez pas étonnés de m'entendre vous avouer que j'ignore absolument la couleur de l'amour d'une comtesse. J'ai souvent été très-humilié en pensant que je ne pouvais pas me donner une Béatrix, une Laure, autrement qu'en poésie ! Une femme noble et pure est comme une conscience sans tache, qui nous représente à nous-mêmes sous une belle forme. Ailleurs, nous pouvons nous souiller; mais là, nous restons grands, fiers, immaculés. Ailleurs nous menons une vie enragée, mais là se respire le calme, la fraîcheur, la verdure de l'oasis.

— Va, va, mon bonhomme, lui dit Rastignac ; démanche sur la quatrième corde la prière de Moïse, comme Paganini.

Raoul resta muet, les yeux fixes, hébétés.

— Ce vil apprenti ministre ne me comprend pas, dit-il après un moment de silence.

Ainsi, pendant que la pauvre Ève de la rue du Rocher se couchait dans les langes de la honte, s'effrayait du plaisir avec lequel elle avait écouté ce prétendu grand poète, et flottait entre la voix sévère de sa reconnaissance pour Vandenesse et les paroles dorées du serpent, ces trois esprits effrontés marchaient sur les tendres et blanches fleurs de son amour naissant. Ah! si les femmes connaissaient l'allure cynique que ces hommes si patients, si patelins près d'elles prennent loin d'elles! combien ils se moquent de ce qu'ils adorent! Fraîche, gracieuse et pudique créature, comme la plaisanterie bouffonne la déshabillait et l'analysait! mais aussi quel triomphe! Plus elle perdait de voiles, plus elle montrait de beautés.

Marie, en ce moment, comparait Raoul et Félix, sans se douter du danger que court le cœur à faire de semblables parallèles. Rien au monde ne contrastait mieux que le désordonné, le vigoureux Raoul, et Félix de Vandenesse, soigné comme une petite maîtresse, serré dans ses habits, doué d'une charmante *disinvoltura*, sectateur de l'élégance anglaise à laquelle l'avait jadis habitué lady Dudley. Ce contraste plaît à l'imagination des femmes, assez portées à passer d'une extrémité à l'autre. La comtesse, femme sage et pieuse, se défendit à elle-même de penser à Raoul, en se trouvant une infâme ingrate, le lendemain au milieu de son paradis.

— Que dites-vous de Raoul Nathan? demanda-t-elle en déjeunant à son mari.

— Un joueur de gobelets, répondit le comte, un de ces volcans qui se calment avec un peu de poudre d'or. La comtesse de Montcornet a eu tort de l'admettre chez elle. Cette réponse froissa d'autant plus Marie que Félix, au fait du monde littéraire, appuya son jugement de preuves en racontant ce qu'il savait de la vie de Raoul Nathan, vie précaire, mêlée à celle de Florine, une actrice en renom. — Si cet homme a du génie, dit-il en terminant, il n'a ni la constance ni la patience qui le consacrent et le rendent chose divine. Il veut en imposer au monde en se mettant sur un rang où il ne peut se soutenir. Les vrais talents, les gens studieux, honorables, n'agissent pas ainsi : ils marchent courageusement dans leur voie, ils acceptent leurs misères et ne les couvrent pas d'oripeaux.

La pensée d'une femme est douée d'une incroyable élasticité : quand elle reçoit un coup d'assommoir, elle plie, paraît écrasée, et reprend sa forme dans un temps donné. — Félix a sans doute raison, se dit d'abord la comtesse. Mais trois jours après, elle pensait au serpent, ramenée par cette émotion à la fois douce et cruelle que lui avait donnée Raoul, et que Vandenesse avait eu le tort de ne pas lui faire connaître. Le comte et la comtesse allèrent au grand bal de lady Dudley, où de Marsay parut pour la dernière fois dans le monde, car il mourut deux mois après en laissant la réputation d'un homme d'État immense, dont la portée fut, disait Blondet, incompréhensible. Vandenesse et sa femme retrouvèrent Raoul Nathan dans cette assemblée remarquable par la réunion de plusieurs personnages du drame politique très-étonnés de se trouver ensemble. Ce fut une des premières solennités du grand monde. Les salons offraient à l'œil un spectacle magique : des fleurs, des diamants, des chevelures brillantes, tous les écrins vidés, toutes les ressources de la toilette mises à contribution. Le salon pouvait se comparer à l'une des serres coquettes où de riches horticulteurs rassemblent les plus magnifiques raretés. Même éclat, même finesse de tissus. L'industrie humaine semblait aussi vouloir lutter avec les créations animées. Partout des gazes blanches ou peintes comme les ailes des plus jolies libellules, des crêpes, des dentelles, des blondes, des tulles variés comme les fantaisies de la nature entomologique, découpés, ondés, dentelés, des fils d'aranéide en or, en argent, des brouillards de soie, des fleurs brodées par les fées ou fleuries par des génies emprisonnés, des plumes colorées par les feux du tropique, en saule pleureur au-dessus des têtes orgueilleuses, des perles tordues en nattes, des étoffes laminées, côtelées, déchiquetées, comme si le génie des arabesques avait conseillé l'industrie française. Ce luxe était en harmonie avec les beautés réunies là comme pour réaliser un *keepsake*. L'œil embrassait les plus blanches épaules, les unes de couleur d'ambre, les autres d'un lustré qui faisait croire qu'elles avaient été cylindrées, celles-ci satinées, celles-là mates et grasses comme si Rubens en avait préparé la pâte, enfin toutes les nuances trouvées par l'homme dans le blanc. C'étaient des yeux étincelants comme des onyx ou des turquoises bordées de velours noir ou de franges blondes ; de coupes de figures variées qui rappelaient les types les plus gracieux des différents pays, des fronts sublimes et majestueux, ou doucement bombés comme si la pensée y abondait, ou plats comme si la résistance y siégeait invaincue ; puis, ce qui donne tant d'attrait à ces fêtes préparées pour le regard, des gorges repliées comme les aimait Georges IV, ou séparées à la mode du dix-huitième siècle, ou tendant à se rapprocher, comme les voulait

Louis XV; mais montrées avec audace, sans voiles, ou sous ces jolies gorgerettes froncées des portraits de Raphaël, le triomphe de ses patients élèves. Les plus jolis pieds tendus pour la danse, les tailles abandonnées dans les bras de la valse, stimulaient l'attention des plus indifférents. Les bruissements des plus douces voix, le frôlement des robes, les murmures de la danse, les chocs de la valse accompagnaient fantastiquement la musique. La baguette d'une fée semblait avoir ordonné cette sorcellerie étouffante, cette mélodie de parfums, ces lumières irisées dans les cristaux où pétillaient les bougies, ces tableaux multipliés par les glaces. Cette assemblée des plus jolies femmes et des plus jolies toilettes se détachait sur la masse noire des hommes, où se remarquaient les profils élégants, fins, corrects des nobles, les moustaches fauves et les figures graves des Anglais, les visages gracieux de l'aristocratie française. Tous les ordres de l'Europe scintillaient sur les poitrines, pendus au cou, en sautoir, ou tombant à la hanche. En examinant ce monde, il ne présentait pas seulement les brillantes couleurs de la parure, il avait une âme, il vivait, il pensait, il sentait. Des passions cachées lui donnaient une physionomie : vous eussiez surpris des regards malicieux échangés, de blanches jeunes filles étourdies et curieuses trahissant un désir, des femmes jalouses se confiant des méchancetés dites sous l'éventail, ou se faisant des compliments exagérés. La Société parée, frisée, musquée, se laissait aller à une folie de fête qui portait au cerveau comme une fumée capiteuse. Il semblait que de tous les fronts, comme de tous les cœurs, il s'échappât des sentiments et des idées qui se condensaient et dont la masse réagissait sur les personnes les plus froides pour les exalter. Par le moment le plus animé de cette enivrante soirée, dans un coin du salon doré où jouaient un ou deux banquiers, des ambassadeurs, d'anciens ministres, et le vieux, l'immoral lord Dudley qui par hasard était venu, madame Félix de Vandenesse fut irrésistiblement entraînée à causer avec Nathan. Peut-être cédait-elle à cette ivresse du bal, qui a souvent arraché des aveux aux plus discrètes.

A l'aspect de cette fête et des splendeurs d'un monde où il n'était pas encore venu, Nathan fut mordu au cœur par un redoublement d'ambition. En voyant Rastignac, dont le frère cadet venait d'être nommé évêque à vingt-sept ans, dont Martial de Roché-Hugon, le beau-frère, était directeur-général, qui lui-même était sous-secrétaire d'État et allait, suivant une rumeur, épouser la fille unique du baron de Nucingen ; en voyant dans le corps diplomatique un écrivain inconnu qui traduisait les journaux étrangers pour un journal devenu dynastique dès 1830, puis des faiseurs d'articles passés au conseil d'État, des professeurs pairs de France, il se vit avec douleur dans une mauvaise voie en prêchant le renversement de cette aristocratie où brillaient les talents heureux, les adresses couronnées par le succès, les supériorités réelles. Blondet, si malheureux, si exploité dans le journalisme, mais si bien accueilli là, pouvant encore, s'il le voulait, entrer dans le sentier de la fortune par suite de sa liaison avec madame de Moncornet, fut aux yeux de Nathan un frappant exemple de la puissance des relations sociales. Au fond de son cœur, il résolut de se jouer des opinions à l'instar des de Marsay, Rastignac, Blondet, Talleyrand, le chef de cette secte, de n'accepter que les faits, de les tordre à son profit, de voir dans tout système une arme, et de ne point déranger une société si bien constituée, si belle, si naturelle. — Mon avenir, se dit-il, dépend d'une femme qui appartienne à ce monde. Dans cette pensée, conçue au feu d'un désir frénétique, il tomba sur la comtesse de Vandenesse comme un milan sur sa proie. Cette charmante créature, si jolie dans sa parure de marabouts qui produisait ce *flou* délicieux des peintures de Lawrence, en harmonie avec la douceur de son caractère, fut pénétrée par la bouillante énergie de ce poète enragé d'ambition. Lady Dudley, à qui rien n'échappait, protégea cet *aparté* en livrant le comte de Vandenesse à madame de Manerville. Forte d'un ancien ascendant, cette femme prit Félix dans les lacs d'une querelle pleine d'agaceries, de confidences embellies de rougeurs, de regrets finement jetés comme des fleurs à ses pieds, de récriminations où elle se donnait raison pour se faire donner tort. Ces deux amants brouillés se parlaient pour la première fois d'oreille à oreille. Pendant que l'ancienne maîtresse de son mari fouillait la cendre des plaisirs éteints pour y trouver quelques charbons, madame Félix de Vandenesse éprouvait ces violentes palpitations que cause à une femme la certitude d'être en faute et de marcher dans le terrain défendu : émotions qui ne sont pas sans charmes et qui réveillent tant de puissances endormies. Aujourd'hui, comme dans le conte de la Barbe-Bleue, toutes les femmes aiment à se servir de la clef tachée de sang ; magnifique idée mythologique, une des gloires de Perrault.

Le dramaturge, qui connaissait son Shakespeare, déroula ses misères, raconta sa lutte avec les hommes et les choses, fit entrevoir ses grandeurs sans base, son génie politique inconnu, sa vie sans affection noble. Sans en dire un mot, il suggéra l'idée à cette charmante femme de jouer pour lui le rôle sublime que joue Rebecca dans *Ivanhoë* : l'aimer, le protéger. Tout se passa dans les régions éthérées du sentiment. Les myosotis ne sont pas plus bleus, les lis ne sont pas plus candides, les fronts des séraphins ne sont pas plus blancs que ne l'étaient les images, les choses et le front éclairci, radieux de cet artiste, qui pouvait envoyer sa conversation chez son libraire. Il s'acquitta bien de son rôle de reptile, il fit briller aux yeux de la comtesse les éclatantes couleurs de la fatale pomme. Marie quitta ce bal en proie à des remords qui ressemblaient à des espérances, chatouillée par des compliments qui flattaient sa vanité, émue dans les moindres replis du cœur, prise par ses vertus, séduite par sa pitié pour le malheur.

Peut-être madame de Manerville avait-elle amené Vandenesse jusqu'au salon où sa femme causait avec Nathan ; peut-être y était-il venu de lui-même en cherchant Marie pour partir ; peut-être sa conversation avait-elle remué des chagrins assoupis. Quoi qu'il en fût, quand elle vint lui demander son bras, sa femme lui trouva le front attristé, l'air rêveur. La comtesse craignit d'avoir été vue. Dès qu'elle fut seule en voiture avec Félix, elle lui jeta le sourire le plus fin, et lui dit : — Ne causiez-vous pas là, mon ami, avec madame de Manerville ?

Félix n'était pas encore sorti des broussailles où sa femme l'avait promené par une charmante querelle au moment où la voiture entrait à l'hôtel. Ce fut la première ruse que dicta l'amour. Marie fut heureuse d'avoir triomphé d'un homme qui jusqu'alors lui semblait si supérieur. Elle goûta la première joie que donne un succès nécessaire.

Entre la rue Basse-du-Rempart et la rue Neuve-des-Mathurins, Raoul avait, dans un passage, au troisième étage d'une maison mince et laide, un petit appartement désert, nu, froid, où il demeurait pour le public des indifférents, pour les néophytes littéraires, pour ses créanciers, pour les importuns et les divers ennuyeux qui doivent rester sur le seuil de la vie intime. Son domicile réel, sa grande existence, sa représentation étaient chez mademoiselle Florine, comédienne de second ordre, mais que depuis dix ans les amis de Nathan, des journaux, quelques auteurs intronisaient parmi les illustres actrices. Depuis dix ans, Raoul s'était si bien attaché à cette femme qu'il passait la moitié de sa vie chez elle ; il y mangeait quand il n'avait ni ami à traiter, ni dîner en ville. A une corruption accomplie, Florine joignait un esprit exquis que le commerce des artistes avait développé et que l'usage aiguisait chaque jour. L'esprit passe pour une qualité rare chez les comédiens. Il est si naturel de supposer que les gens qui dépensent leur vie à tout mettre en dehors n'aient rien au dedans ! Mais si l'on pense au petit nombre d'acteurs et d'actrices qui vivent dans chaque siècle, et à la quantité d'auteurs dramatiques et de femmes séduisantes que cette population a fournis, il est permis de réfuter cette opinion qui repose sur une éternelle critique faite aux artistes, accusés tous de perdre leurs sentiments personnels dans l'expression plastique des passions ; tandis qu'ils n'y emploient que les forces de l'esprit, de la mémoire et de l'imagination. Les grands artistes sont des êtres qui, suivant un mot de Napoléon, interceptent à volonté la communication que la nature a mise entre les sens et la pensée. Molière et Talma, dans leur vieillesse, ont été plus amoureux que ne le sont les hommes ordinaires. Forcée d'écouter des journalistes qui devinent et calculent tout, des écrivains qui prévoient et disent tout, d'observer certains hommes politiques qui profitaient chez elle des saillies de chacun, Florine offrait en elle un mélange de démon et d'ange qui la rendait digne de recevoir ces roués ; elle les ravissait par son sang-froid. Sa monstruosité d'esprit et de cœur leur plaisait infiniment. Sa maison, enrichie de tributs galants, présentait la magnificence exagérée des femmes qui, peu soucieuses du prix des choses, ne se soucient que des choses elles-mêmes, et leur donnent la valeur de leurs caprices ; qui cassent dans un accès de colère un éventail, une cassolette dignes d'une reine, et jettent les hauts cris si l'on brise une porcelaine de dix francs dans laquelle boivent leurs petits chiens. Sa salle à manger, pleine des offrandes les plus distinguées, peut servir à faire comprendre le pêle-mêle de ce luxe royal et dédaigneux. C'étaient partout, même au plafond, des boiseries en chêne naturel sculpté rehaussées par des filets d'or mat, et dont les panneaux avaient pour cadre des enfants jouant avec des chimères, où la lumière papillotait, éclairant ici une croquade de Decamps, là un plâtre d'ange tenant un bénitier donné par Antonin Moine ; plus loin quelque tableau coquet d'Eugène Devéria, une sombre figure d'alchimiste espagnol par Louis Boulanger, un autographe de lord Byron à Caroline encadré dans de l'ébène sculpté par Elschoet; en regard, une autre lettre de Napoléon à Joséphine. Tout cela placé sans aucune symétrie, mais avec un art inaperçu. L'esprit était comme surpris. Il y avait de la coquetterie et du laisser-aller, deux qualités qui ne se trouvent réunies que chez les artistes. Sur la cheminée en bois délicieusement sculptée, rien qu'une étrange et florentine statue d'ivoire attribuée à Michel-Ange, qui représentait un Égipan trouvant une femme sous la peau d'un jeune pâtre, et dont l'original est au trésor de Vienne; puis de chaque côté, des torchères dues à quelque ciseau de la Renaissance. Une horloge de Boule, sur un piédestal d'écaille incrusté d'arabesques en cuivre, étincelait au milieu d'un panneau, entre deux statuettes échappées à quelque démolition abbatiale. Dans les angles brillaient sur leurs piédestaux des lampes d'une magnificence royale, par lesquelles un fabricant avait payé quelques sonores réclames sur la nécessité d'avoir des lampes richement adaptées à des cornets du Japon. Sur une étagère mirifique se prélassait une argenterie précieuse bien gagnée dans un combat où quelque lord avait reconnu l'ascendant de la nation française; puis des porcelaines à reliefs; enfin le luxe exquis de l'artiste qui n'a d'autre capital que son mobilier. La chambre en violet était un rêve de danseuse à son début : des rideaux en velours doublés de soie blanche, drapés sur un voile de tulle; un plafond en cachemire blanc relevé de satin violet; au pied du lit un tapis d'hermine; dans le lit, dont les rideaux ressemblaient à un lis renversé, se trouvait une lanterne pour y lire les journaux avant qu'ils parussent. Un salon jaune rehaussé par des ornements couleur de bronze florentin était en harmonie avec toutes ces magnificences; mais une description exacte ferait ressembler ces pages à l'affiche d'une vente par autorité de justice. Pour trouver des comparaisons à toutes ces belles choses, il aurait fallu aller à deux pas de là, chez Rothschild.

Sophie Grignoult, qui s'était surnommée Florine par un baptême assez commun au théâtre, avait débuté sur les scènes inférieures, malgré sa beauté. Son succès et sa fortune, elle les devait à Raoul Nathan. L'association de ces deux destinées, assez commune dans le monde dramatique et littéraire, ne faisait aucun tort à Raoul, qui gardait les convenances en homme de haute portée. La fortune de

Florine n'avait néanmoins rien de stable. Ses rentes aléatoires étaient fournies par ses engagements, par ses congés, et payaient à peine sa toilette et son ménage. Nathan lui donnait quelques contributions levées sur les entreprises nouvelles de l'industrie; mais, quoique toujours galant et protecteur avec elle, cette protection n'avait rien de régulier ni de solide. Cette incertitude, cette vie en l'air n'effrayaient point Florine. Florine croyait en son talent; elle croyait en sa beauté. Sa foi robuste avait quelque chose de comique pour ceux qui l'entendaient hypothéquer son avenir là-dessus quand on lui faisait des remontrances.

— J'aurai des rentes lorsqu'il me plaira d'en avoir, disait-elle. J'ai déjà cinquante francs sur le grand-livre.

Personne ne comprenait comment elle avait pu rester sept ans oubliée, belle comme elle était; mais, à la vérité, Florine fut enrôlée comme comparse à treize ans, et débutait deux ans après sur un obscur théâtre des boulevards. A quinze ans, ni la beauté ni le talent n'existent : une femme est tout promesse. Elle avait alors vingt-huit ans, le moment où les beautés des femmes françaises sont dans tout leur éclat. Les peintres voyaient avant tout dans Florine des épaules d'un blanc lustré, teintes de tons olivâtres aux environs de la nuque, mais fermes et polies; la lumière glissait dessus comme sur une étoffe moirée. Quand elle tournait la tête, il se formait dans son cou des plis magnifiques, l'admiration des sculpteurs. Elle avait sur ce cou triomphant une petite tête d'impératrice romaine, la tête élégante et fine, ronde et volontaire de Poppée, des traits d'une correction spirituelle, le front lisse des femmes qui chassent le souci et les réflexions, qui cèdent facilement, mais qui se butent aussi comme des mules et n'écoutent alors plus rien. Ce front taillé comme d'un seul coup de ciseau faisait valoir de beaux cheveux cendrés presque toujours relevés par-devant en deux masses égales, à la romaine, et mis en mamelon derrière la tête pour la prolonger et rehausser par leur couleur le blanc du col. Des sourcils noirs et fins, dessinés par quelque peintre chinois, encadraient des paupières molles où se voyait un réseau de fibrilles roses. Ses prunelles allumées par une vive lumière, mais tigrées par des rayures brunes, donnaient à son regard la cruelle fixité des bêtes fauves et révélaient la malice froide de la courtisane. Ses adorables yeux de gazelle étaient d'un beau gris et frangés de longs cils noirs, charmante opposition qui rendait encore plus sensible leur expression d'attentive et calme volupté ; le tour offrait des tons fatigués ; mais à la manière artiste dont elle savait couler sa prunelle dans le coin ou en haut de l'œil, pour observer ou pour avoir l'air de méditer, la façon dont elle la tenait fixe en lui faisant jeter tout son éclat sans déranger la tête, sans ôter à son visage son immobilité, manœuvre apprise à la scène ; mais la vivacité de ses regards quand elle embrassait toute une salle en y cherchant quelqu'un, rendaient ses yeux les plus terribles, les plus doux, les plus extraordinaires du monde. Le rouge avait détruit les délicieuses teintes diaphanes de ses joues, dont la chair était délicate ; mais, si elle ne pouvait plus ni rougir ni pâlir, elle avait un nez mince, coupé de narines roses et passionnées, fait pour exprimer l'ironie, la moquerie des servantes de Molière. Sa bouche sensuelle et dissipatrice, aussi favorable au sarcasme qu'à l'amour, était embellie par les deux arêtes du sillon qui rattachait la lèvre supérieure au nez. Son menton blanc, un peu gros, annonçait une certaine violence amoureuse. Ses mains et ses bras étaient dignes d'une souveraine. Mais elle avait le pied gros et court, signe indélébile de sa naissance obscure. Jamais un héritage ne causa plus de soucis. Florine avait tout tenté, excepté l'amputation, pour le changer. Ses pieds furent obstinés, comme les Bretons auxquels elle devait le jour ; ils résistèrent à tous les savants, à tous les traitements. Florine portait des brodequins longs et garnis de coton à l'intérieur pour figurer une courbure à son pied. Elle était de moyenne taille, menacée d'obésité, mais assez cambrée et bien faite. Au moral, elle possédait à fond les minauderies et les querelles, les condiments et les chatteries de son métier : elle leur imprimait une saveur particulière en jouant l'enfance et glissant au milieu de ses rires ingénus des malices philosophiques. En apparence ignorante, étourdie, elle était très forte sur l'escompte et sur toute la jurisprudence commerciale. Elle avait éprouvé tant de misères avant d'arriver au jour de son douteux succès ! Elle était descendue d'étage en étage jusqu'au premier par tant d'aventures ! Elle savait la vie, depuis celle qui commence au fromage de Brie jusqu'à celle qui suce dédaigneusement des beignets d'ananas ; depuis celle qui se cuisine et se savonne au coin de la cheminée d'une mansarde avec un fourneau de terre, jusqu'à celle qui convoque le ban et l'arrière-ban des chefs à grosse panse et des gâte-sauces effrontés. Elle avait entretenu le Crédit sans le tuer. Elle n'ignorait rien de ce que les honnêtes femmes ignorent, elle parlait tous les langages ; elle était Peuple par l'expérience, et Noble par sa beauté distinguée. Difficile à surprendre, elle supposait toujours tout comme un espion, comme un juge ou comme un vieil homme d'État, et pouvait ainsi tout pénétrer. Elle connaissait le manége à employer avec les fournisseurs et leurs ruses, elle savait le prix des choses comme un commissaire-priseur. Quand elle était étalée dans sa chaise longue, comme une jeune mariée blanche et fraîche, tenant un rôle et l'apprenant, vous eussiez dit une enfant de seize ans, naïve, ignorante, faible, sans autre artifice que son innocence. Qu'un créancier importun vînt alors, elle se dressait comme un faon surpris et jurait un vrai juron.

—Eh ! mon cher, vos insolences sont un intérêt assez cher de l'argent que je vous dois, lui disait-elle, je suis fatiguée de vous voir, envoyez-moi des huissiers, je les préfère à votre sotte figure.

Florine donnait de charmants dîners, des concerts et des soirées très-suivis : on y jouait un jeu d'enfer. Ses amies étaient toutes belles. Jamais une vieille femme n'avait paru chez elle : elle ignorait la jalousie, elle y trouvait d'ailleurs l'aveu d'une infériorité. Elle avait connu Coralie, la Torpille, elle connaissait les Tullia, Euphrasie, les Aquilina, madame du Val-Noble, Mariette, ces femmes qui passent à travers Paris comme les fils de la Vierge dans l'atmosphère, sans qu'on sache où elles vont ni d'où elles viennent, aujourd'hui reines, demain esclaves ; puis les actrices, ses rivales, les cantatrices, enfin toute cette société féminine exceptionnelle, si bienfaisante, si gracieuse dans son sans-souci, dont la vie bohémienne absorbe ceux qui se laissent prendre dans la danse échevelée de son entrain, de sa verve, de son mépris de l'avenir. Quoique la vie de la Bohême se déployât chez elle dans tout son désordre, au milieu des rires de l'artiste, la reine du logis avait dix doigts et savait aussi bien compter que pas un de tous ses hôtes. Là se faisaient les saturnales secrètes de la littérature et de l'art mêlés à la politique et à la finance. Là le Désir régnait en souverain ; là le Spleen et la Fantaisie étaient sacrés comme chez une bourgeoise l'honneur et la vertu. Là, venaient Blondet, Finot, Etienne Lousteau son septième amant et cru le premier, Félicien Vernou le feuilletoniste, Couture, Bixiou, Rastignac autrefois, Claude Vignon le critique, Nucingen le banquier, du Tillet, Conti le compositeur, enfin cette légion endiablée des plus féroces calculateurs en tout genre ; puis les amis des cantatrices, des danseuses et des actrices qui connaissaient Florine. Tout ce monde se haïssait ou s'aimait suivant les circonstances. Cette maison banale, où il suffisait d'être célèbre pour y être reçu, était comme le mauvais lieu de l'esprit et comme le bagne de l'intelligence : on n'y entrait pas sans avoir légalement attrapé sa fortune, fait dix ans de misère, égorgé deux ou trois passions, acquis une célébrité quelconque par des livres ou par des gilets, par un drame ou par un bel équipage ; on y complotait les mauvais tours à jouer, on y scrutait les moyens de fortune, on s'y moquait des émeutes qu'on avait fomentées la veille, on y soupesait la hausse et la baisse. Chaque homme, en sortant, reprenait la livrée de son opinion ; il pouvait, sans se compromettre, critiquer son propre parti, avouer la science et le bien-jouer de ses adversaires, formuler les pensées que personne n'avoue, enfin tout dire en gens qui pouvaient tout faire. Paris est le seul lieu du monde où il existe de ces maisons éclectiques où tous les goûts, tous les vices, toutes les opinions sont reçus avec une mise décente. Aussi n'est-il pas dit encore que Florine reste une comédienne du second ordre. La vie de Florine n'est pas d'ailleurs une vie oisive ni une vie à envier. Beaucoup de gens, séduits par le magnifique piédestal que le Théâtre fait à une femme, la supposent menant la joie d'un perpétuel carnaval. Au fond de bien des loges de portiers, sous la tuile de plus d'une mansarde, de pauvres créatures rêvent, au retour du spectacle, perles et diamants, robes lamées d'or et cordelières somptueuses, se voient les chevelures illuminées, se supposent applaudies, achetées, adorées, enlevées ; mais toutes ignorent les réalités de cette vie de cheval de manège où l'actrice est soumise à des répétitions sous peine d'amende, à des lectures de pièces, à des études constantes de rôles nouveaux, par un temps où l'on joue deux ou trois cents pièces par an à Paris. Pendant chaque représentation, Florine change deux ou trois fois de costume, et rentre souvent dans sa loge épuisée, demi-morte. Elle est obligé alors d'enlever à grand renfort de cosmétique son rouge ou son blanc, de se dépoudrer si elle a joué un rôle du dix-huitième siècle. A peine a-t-elle eu le temps de dîner. Quand elle joue, une actrice ne peut ni se serrer, ni manger, ni parler. Florine n'a pas plus le temps de souper. Au retour de ces représentations qui, de nos jours, finissent le lendemain, n'a-t-elle pas sa toilette de nuit à faire, ses ordres à donner ? Couchée à une ou deux heures du matin, elle doit se lever assez matinalement pour repasser ses rôles, ordonner les costumes, les expliquer, les essayer, puis déjeuner, lire les billets doux, y répondre, travailler avec les entrepreneurs d'applaudissements pour faire soigner ses entrées et ses sorties, solder le compte des triomphes du mois passé en achetant en gros ceux du mois courant. Du temps de saint Genest, comédien canonisé, qui remplissait ses devoirs religieux et portait un cilice, il est à croire que le Théâtre n'exigeait pas cette féroce activité. Souvent Florine, pour pouvoir aller cueillir bourgeoisement des fleurs à la campagne, est obligée de se dire malade. Ces occupations purement mécaniques ne sont rien en comparaison des intrigues à mener, des chagrins de la vanité blessée, des préférences accordées par les auteurs, des rôles enlevés ou à enlever, des exigences des acteurs, des malices d'une rivale, des tiraillements de directeurs, de journalistes, et qui demandent une autre journée dans la journée. Jusqu'à présent il ne s'est point encore agi de l'art, de l'expression des passions, des détails de la mimique, des exigences de la scène où mille lorgnettes découvrent les taches de toute splendeur, et qui employaient la vie, la pensée de Talma, de Lekain, de Baron, de Contat, de Clairon, de Champmeslé. Dans ces infernales coulisses, l'amour-propre n'a point de sexe : l'artiste qui triomphe, homme ou femme, a contre soi les hommes et les femmes. Quant à la fortune, quelque considérables que soient les engagements de Florine, ils ne couvrent pas les dépenses de la toilette du théâtre, qui, sans compter les costumes, exige énormément de gants longs, de souliers, et n'exclut ni la toilette du soir ni celle de la ville. Le tiers de cette vie se passe à mendier, l'autre à se soutenir, le dernier à se défendre : tout y est travail. Si le bonheur y est ardemment goûté, c'est qu'il y est comme dérobé, rare, espéré longtemps, trouvé par hasard au milieu de détestables plaisirs imposés et de sourires au parterre. Pour Florine, la puissance de Raoul était comme un sceptre protecteur : il lui épargnait bien des ennuis, bien des soucis, comme autrefois les grands seigneurs à leurs maîtresses, comme aujourd'hui quelques vieillards qui courent implorer les journalistes quand un mot dans un petit journal a effrayé leur idole ; elle y tenait plus qu'à un amant, elle y tenait comme à un appui, elle en avait soin comme d'un père, elle le trompait comme un mari ; mais elle lui aurait tout sacrifié. Raoul pouvait tout pour sa vanité d'artiste, pour la tranquillité de son amour-propre, pour son avenir au théâtre. Sans l'intervention d'un grand auteur, pas de grande actrice :

on a dû la Champmeslé à Racine, comme Mars à Monvel et à Andrieux. Florine ne pouvait rien pour Raoul, elle aurait bien voulu lui être utile ou nécessaire. Elle comptait sur les alléchements de l'habitude, elle était toujours prête à ouvrir ses salons, à déployer e luxe de sa table pour ses projets, pour ses amis. Enfin, elle aspirait à être pour lui ce qu'était madame Pompadour pour Louis XV. Les actrices enviaient la position de Florine, comme quelques journalistes enviaient celle de Raoul. Maintenant, ceux à qui la pente de l'esprit humain vers les oppositions et les contraires est connue concevront bien qu'après dix ans de cette vie débraillée, bohémienne, pleine de hauts et de bas, de fêtes et de saisies, de sobriétés et d'orgies, Raoul fût entraîné vers un amour chaste et pur, vers la maison douce et harmonieuse d'une grande dame, de même que la comtesse Félix désirait introduire les tourmentes de la passion dans sa vie monotone à force de bonheur. Cette loi de la vie est celle de tous les arts qui n'existent que par les contrastes. L'œuvre faite sans cette ressource est la dernière expression du génie, comme le cloître est le plus grand effort du chrétien.

En rentrant chez lui, Raoul trouva deux mots de Florine apportés par la femme de chambre, un sommeil invincible ne lui permit pas de les lire; il se coucha dans les fraîches délices du suave amour qui manquait à sa vie. Quelques heures après, il lut dans cette lettre d'importantes nouvelles que ni Rastignac ni de Marsay n'avaient laissé transpirer. Une indiscrétion avait appris à l'actrice la dissolution de la chambre après la session. Raoul vint chez Florine aussitôt et envoya quérir Blondet. Dans le boudoir de la comédienne, Émile et Raoul analysèrent, les pieds sur les chenets, la situation politique de la France en 1834. De quel côté se trouvaient les meilleures chances de fortune? Ils passèrent en revue les républicains purs, républicains à présidence, républicains sans république, constitutionnels sans dynastie, constitutionnels dynastiques, ministériels conservateurs, ministériels absolutistes; puis la droite à concessions, la droite aristocratique, la droite légitimiste, henriquinquiste, et la droite carliste. Quant au parti de la Résistance et à celui du Mouvement, il n'y avait pas à hésiter : autant aurait valu discuter la vie ou la mort.

A cette époque, une foule de journaux créés pour chaque nuance accusaient l'effroyable pêle-mêle politique appelé *gâchis* par un soldat. Blondet, l'esprit le plus judicieux de l'époque, mais judicieux pour autrui, jamais pour lui, semblable à ces avocats qui font mal leurs propres affaires, était sublime dans ces discussions privées. Il conseilla donc à Nathan de ne pas apostasier brusquement.

— Napoléon l'a dit, on ne fait pas de jeunes républiques avec de vieilles monarchies. Ainsi, mon cher, deviens le héros, l'appui, le créateur du centre gauche de la future chambre, et tu arriveras en politique. Une fois admis, une fois dans le gouvernement, on est ce qu'on veut, on est de toutes les opinions qui triomphent !

Nathan décida de créer un journal politique quotidien, d'y être le maître absolu, de rattacher à ce journal un des petits journaux qui foisonnaient dans la Presse, et d'établir des ramifications avec une Revue. La Presse avait été le moyen de tant de fortunes faites autour de lui, que Nathan n'écouta pas l'avis de Blondet, qui lui dit de ne pas s'y fier. Blondet lui représenta la spéculation comme mauvaise, tant alors était grand le nombre des journaux qui se disputaient les abonnés, tant la presse lui semblait usée. Raoul, fort de ses prétendues amitiés et de son courage, s'élança plein d'audace ; il se leva par un mouvement orgueilleux et dit : — Je réussirai !

— Tu n'as pas le sou !
— Je ferai un drame !
— Il tombera.
— Eh ! bien, il tombera, dit Nathan.

Il parcourut, suivi de Blondet, qui le croyait fou, l'appartement de Florine ; regarda d'un œil avide les richesses qui y étaient entassées. Blondet le comprit alors.

— Il y a là cent et quelques mille francs, dit Émile.
— Oui, dit en soupirant Raoul devant le somptueux lit de Florine ; mais j'aimerais mieux être toute ma vie marchand de chaînes de sûreté sur le boulevard et vivre de pommes de terre frites que de vendre une patère de cet appartement.

— Pas une patère, dit Blondet, mais tout ! l'ambition est comme la mort, elle doit mettre sa main sur tout, elle sait que la vie la talonne.

— Non ! cent fois non ! J'accepterais tout de la comtesse d'hier, mais ôter à Florine sa coquille ?...

— Renverser son hôtel des monnaies, dit Blondet d'un air tragique, casser le balancier, briser le coin, c'est grave.

— D'après ce que j'ai compris, lui dit Florine en se montrant soudain, tu vas faire de la politique au lieu de faire du théâtre.

— Oui, ma fille, oui, dit avec un ton de bonhomie Raoul en la prenant par le cou et en la baisant au front. Tu fais la moue? Y perdras-tu? le ministre ne fera-t-il pas obtenir mieux que le journaliste à la reine des planches un meilleur engagement? N'auras-tu pas des rôles et des congés?

— Où prendras-tu de l'argent? dit-elle.

— Chez mon oncle, répondit Raoul.

Florine connaissait l'*oncle* de Raoul. Ce mot symbolisait l'usure, comme dans la langue populaire *ma tante* signifie le prêt sur gage.

— Ne t'inquiète pas, mon petit bijou, dit Blondet à Florine en lui tapotant les épaules, je lui procurerai l'assistance de Massol, un avocat qui veut être garde des sceaux, de du Tillet qui veut être député, de Finot qui se trouve encore derrière un petit journal, de Plantin qui veut être maître des requêtes et qui trempe dans une Revue. Oui je le sauverai de lui-même : nous convoquerons ici Étienne Lousteau qui fera le feuilleton, Claude Vignon qui fera la haute critique; Félicien Vernou sera la femme de ménage du journal, l'avocat travaillera, du Tillet s'occupera de la Bourse et de l'Industrie, et nous verrons où toutes ces volontés et ces esclaves réunis arriveront.

— A l'hôpital ou au ministère, où vont les gens ruinés de corps ou d'esprit, dit Raoul.

— Quand les traitez-vous?

— Ici, dit Raoul, dans cinq jours.

— Tu me diras la somme qu'il faudra, demanda simplement Florine.

— Mais l'avocat, mais du Tillet et Raoul ne peuvent pas s'embarquer sans chacun une centaine de mille francs, dit Blondet. Le journal ira bien ainsi pendant dix-huit mois, le temps de s'élever ou de tomber à Paris.

Florine fit une petite moue d'approbation. Les deux amis montèrent dans un cabriolet pour aller racoler les convives, les plumes, les idées et les intérêts.

La belle actrice fit venir, elle, quatre riches marchands de meubles, de curiosités, de tableaux et de bijoux. Ces hommes entrèrent dans ce sanctuaire et y inventorièrent tout, comme si Florine était morte. Elle les menaça d'une vente publique au cas où ils serreraient leur conscience pour une meilleure occasion. Elle venait, disait-elle, de plaire à un lord anglais dans un rôle moyen-âge, elle voulait placer toute sa fortune mobilière pour avoir l'air pauvre et se faire donner un magnifique hôtel qu'elle meublerait de façon à rivaliser avec Rothschild. Quoi qu'elle fît pour les entortiller, ils ne donnèrent que soixante-dix mille francs de toute cette défroque qui en valait cent cinquante mille. Florine, qui n'en aurait pas voulu pour deux liards, promit de livrer tout le septième jour pour quatre-vingt mille francs.

— A prendre ou à laisser, dit-elle.

Le marché fut conclu. Quand les marchands eurent décampé, l'actrice sauta de joie comme les collines du roi David. Elle fit mille folies, elle ne se croyait pas si riche. Quand vint Raoul, elle joua la fâchée avec lui. Elle se dit abandonnée, elle avait réfléchi : les hommes ne passaient pas d'un parti à un autre, ni du Théâtre à la Chambre, sans des raisons : elle avait une rivale ! Ce que c'est que l'instinct ! Elle se fit jurer un amour éternel. Cinq jours après, elle donna le repas le plus splendide du monde. Le journal fut baptisé chez elle dans des flots de vin et de plaisanteries, de serments de fidélité, de bon compagnonnage et de camaraderie sérieuse. Le nom, oublié maintenant comme le Libéral, le Communal, le Départemental, le Garde National, le Fédéral, l'Impartial, fut quelque chose en *al* qui dut aller fort mal. Après les nombreuses descriptions d'orgies qui marquèrent cette phase littéraire, où il s'en fit si peu dans les mansardes où elles furent écrites, il est difficile de pouvoir peindre celle de Florine. Un mot seulement. A trois heures après minuit, Florine put se déshabiller et se coucher comme si elle eût été seule, quoique personne ne fût sorti. Ces flambeaux de l'époque dormaient comme des brutes. Quand, de grand matin, les emballeurs, commissionnaires et porteurs vinrent enlever tout le luxe de la célèbre actrice, elle se mit à rire en voyant ces gens prenant ces illustrations comme de gros meubles et les posant sur les parquets. Ainsi s'en allèrent ces belles choses. Florine déporta tous ses souvenirs chez les marchands, où personne en passant ne put à leur aspect savoir ni où ni comment ces fleurs du luxe avaient été payées. On laissa par convention jusqu'au soir à Florine ses choses réservées : son lit, sa table, son service pour pouvoir faire déjeuner ses hôtes. Après s'être endormis sous les courtines élégantes de la richesse, les beaux esprits se réveillèrent dans les murs froids et démeublés de la misère, pleins de marques de clous, déshonorés par les bizarreries discordantes qui sont sous les tentures comme les ficelles derrière les décorations d'Opéra.

— Tiens, Florine, la pauvre fille est saisie, cria Bixiou, l'un des convives. A vos poches ! une souscription !

En entendant ces mots, l'assemblée fut sur pied. Toutes les poches vidées produisirent trente-sept francs, que Raoul apporta railleusement à la rieuse. L'heureuse courtisane souleva sa tête de dessus son oreiller, et montra sur le drap une masse de billets de banque, épaisse comme au temps où les oreillers des courtisanes pouvaient en rapporter autant, bon an mal an. Raoul appela Blondet.

— J'ai compris, dit Blondet. La friponne s'est exécutée sans nous le dire. Bien, mon petit ange !

Ce trait fit porter l'actrice en triomphe et en déshabillé dans la salle à manger par les quelques amis qui restaient. L'avocat et les banquiers étaient partis. Le soir, Florine eut un succès étourdissant au théâtre. Le bruit de son sacrifice avait circulé dans la salle.

— J'aimerais mieux être applaudie pour mon talent, lui dit sa rivale au foyer.

— C'est un désir bien naturel chez une artiste qui n'est encore applaudie que pour ses bontés, lui répondit-elle.

Pendant la soirée, la femme de chambre de Florine l'avait installée au passage Sandrié dans l'appartement de Raoul. Le journaliste devait camper dans la maison où les bureaux du journal furent établis.

Telle était la rivale de la candide madame de Vandenesse. La fantaisie de Raoul unissait comme par un anneau la comédienne à la comtesse ; horrible nœud qu'une duchesse trancha, sous Louis XV, en faisant empoisonner la Lecouvreur, vengeance très-concevable quand on songe à la grandeur de l'offense.

Florine ne gêna pas les débuts de la passion de Raoul. Elle prévit des mécomptes d'argent dans la difficile entreprise où il se jetait, et voulut un congé de six mois. Raoul conduisit vivement la négociation, et la fit réussir de manière à se rendre encore plus cher à Florine. Avec le bon sens du paysan de la fable de La Fontaine, qui assure le dîner pendant que les patriciens devisent, l'actrice alla couper des fagots en province et à l'étranger, pour entretenir l'homme célèbre pendant qu'il donnait la chasse au pouvoir.

Jusqu'à présent peu de peintres ont abordé le tableau de l'amour comme il est dans les hautes sphères sociales, plein de grandeurs et de misères secrètes, terrible en ses désirs réprimés par les plus sots, par les plus vulgaires accidents, rompu souvent par la lassitude. Peut-être le verra-t-on ici par quelques échappées. Dès le lendemain du bal donné par lady Dudley, sans avoir fait ni reçu la plus timide déclaration, Marie se croyait aimée de Raoul, selon le programme de ses rêves, et Raoul se savait choisi pour amant par Marie. Quoique ni l'un ni l'autre ne fussent arrivés à ce déclin où les hommes et les femmes abrégent les préliminaires, tous deux allèrent rapidement au but. Raoul, rassasié de jouissances, tendait au monde idéal; tandis que Marie, à qui la pensée d'une faute était loin de venir, n'imaginait pas qu'elle pût en sortir. Ainsi aucun amour ne fut, en fait, plus innocent ni plus pur que l'amour de Raoul et de Marie; mais aucun ne fut plus emporté ni plus délicieux en pensée. La comtesse avait été prise par des idées dignes du temps de la chevalerie, mais complétement modernisées. Dans l'esprit de son rôle, la répugnance de son mari pour Nathan n'était plus un obstacle à son amour. Moins Raoul eût mérité d'estime, plus elle eût été grande. La conversation enflammée du poète avait eu plus de retentissement dans son sein que dans son cœur. La Charité s'était éveillée à la voix du Désir. Cette reine des vertus sanctionna presque aux yeux de la comtesse les émotions, les plaisirs, l'action violente de l'amour. Elle trouva beau d'être une Providence humaine pour Raoul. Quelle douce pensée! soutenir de sa main blanche et faible ce colosse à qui elle ne voulait pas voir des pieds d'argile, jeter la vie là où elle manquait, être secrètement la créatrice d'une grande fortune, aider un homme de génie à lutter avec le sort et à le dompter, lui broder son écharpe pour le tournoi, lui procurer des armes, lui donner l'amulette contre les sortiléges et le baume pour les blessures! Chez une femme élevée comme le fut Marie, religieuse et noble comme elle, l'amour devait être une voluptueuse charité. De là vint la raison de sa hardiesse. Les sentiments purs se compromettent avec un superbe dédain qui ressemble à l'impudeur des courtisanes. Dès que, par une captieuse distinction, elle fut sûre de ne point entamer la foi conjugale, la comtesse s'élança donc pleinement dans le plaisir d'aimer Raoul. Les moindres choses de la vie lui parurent alors charmantes. Son boudoir où elle penserait à lui, elle en fit un sanctuaire. Il n'y eut pas jusqu'à sa jolie écri-

toire qui ne réveillât dans son âme les mille plaisirs de la correspondance ; elle allait avoir à lire, à cacher des lettres, à y répondre. La toilette, cette magnifique poésie de la vie féminine, épuisée ou méconnue par elle, reparut douée d'une magie inaperçue jusqu'alors. La toilette devint tout à coup pour elle ce qu'elle est pour toutes les femmes, une manifestation constante de la pensée intime, un langage, un symbole. Combien de jouissances dans une parure méditée pour *lui* plaire, pour *lui* faire honneur ! Elle se livra très-naïvement à ces adorables gentillesses qui occupent tant la vie des Parisiennes, et qui donnent d'amples significations à tout ce que vous voyez chez elles, en elles, sur elles. Bien peu de femmes courent chez les marchands de soieries, chez les modistes, chez les bons faiseurs dans leur seul intérêt. Vieilles, elles ne songent plus à se parer. Lorsqu'en vous promenant vous verrez une figure arrêtée pendant un instant devant la glace d'une montre, examinez-la bien :
— Me trouverait-il mieux avec ceci? est une phrase écrite sur les fronts éclaircis, dans les yeux éclatants d'espoir, dans le sourire qui badine sur les lèvres.

Le bal de lady Dudley avait eu lieu un samedi soir ; le lundi, la comtesse vint à l'Opéra, poussée par la certitude d'y voir Raoul. Raoul était en effet planté sur un des escaliers qui descendent aux stalles d'amphithéâtre. Il baissa les yeux quand la comtesse entra dans sa loge. Avec quelles délices madame de Vandenesse remarqua le soin nouveau que son amant avait mis à sa toilette ! Ce contempteur des lois de l'élégance montrait une chevelure soignée, où les parfums reluisaient dans les mille contours des boucles ; son gilet obéissait à la mode, son col était bien noué, sa chemise offrait des plis irréprochables. Sous le gant jaune, suivant l'ordonnance en vigueur, les mains lui semblèrent très-blanches. Raoul tenait les bras croisés sur sa poitrine comme s'il posait pour son portrait, magnifique d'indifférence pour toute la salle, plein d'impatience mal contenue. Quoique baissés, ses yeux semblaient tournés vers l'appui de velours rouge où s'allongeait le bras de Marie. Félix, assis dans l'autre coin de la loge, tournait alors le dos à Nathan. La spirituelle comtesse s'était placée de manière à plonger sur la colonne contre laquelle s'adossait Raoul. En un moment Marie avait donc fait abjurer à cet homme d'esprit son cynisme en fait de vêtement. La plus vulgaire comme la plus haute femme est enivrée en voyant la première proclamation de son pouvoir dans quelqu'une de ces métamorphoses. Tout changement est un aveu de servage. — Elles avaient raison, il y a bien du bonheur à être comprise, se dit-elle en pensant à ses détestables institutrices. Quand les deux amants eurent embrassé la salle par ce rapide coup d'œil qui voit tout, ils échangèrent un regard d'intelligence. Ce fut pour l'un et l'autre comme si quelque rosée céleste eût rafraîchi leurs cœurs brûlés par l'attente. — Je suis là depuis une heure dans l'enfer, et maintenant les cieux s'entr'ouvrent, disaient les yeux de Raoul. — Je te savais là, mais suis-je libre? disaient les yeux de la comtesse. Les voleurs, les espions, les amants, les diplomates, enfin tous les esclaves connaissent seuls les ressources et les réjouissances du regard. Eux seuls savent tout ce qu'il tient d'intelligence, de douceur, d'esprit, de colère et de scélératesse dans les modifications de cette lumière chargée d'âme. Raoul sentit son amour regimbant sous les éperons de la nécessité, mais grandissant à la vue des obstacles. Entre la marche sur laquelle il perchait et la loge de la comtesse Félix de Vandenesse, il y avait à peine trente pieds, et il lui était impossible d'annuler cet intervalle. A un homme plein de fougue, et qui jusqu'alors avait trouvé peu d'espace entre un désir et le plaisir, cet abîme de pied ferme, mais infranchissable, inspirait le désir de sauter jusqu'à la comtesse par un bond de tigre. Dans un paroxysme de rage, il essaya de tâter le terrain. Il salua visiblement la comtesse, qui répondit par une de ces légères inclinations de tête pleines de mépris, avec lesquelles les femmes ôtent à leurs adorateurs l'envie de recommencer. Le comte Félix se tourna pour voir qui s'adressait à sa femme; il aperçut Nathan, ne le salua point, parut lui demander compte de son audace, et se retourna lentement en disant quelque phrase par laquelle il approuvait sans doute le faux dédain de la comtesse. La porte de la loge était évidemment fermée à Nathan, qui jeta sur Félix un regard terrible. Ce regard, tout le monde l'eût interprété par un des mots de Florine : « Toi, tu ne pourras bientôt plus mettre ton chapeau! » Madame d'Espard, l'une des femmes les plus impertinentes de ce temps, avait tout vu de sa loge; elle éleva la voix en disant quelque insignifiant bravo. Raoul, au-dessus de qui elle était, finit par se retourner; il la salua, et reçut d'elle un gracieux sourire qui semblait si bien lui dire : « Si l'on vous chasse de là, venez ici! » que Raoul quitta sa colonne et vint faire une visite à madame d'Espard. Il avait besoin de se montrer là pour apprendre à ce petit monsieur de Vandenesse que la Célébrité valait la Noblesse, et que devant Nathan toutes les portes armoriées tournaient sur leurs gonds. La marquise l'obligea de s'asseoir en face d'elle, sur le devant. Elle voulait lui donner la question.

— Madame Félix de Vandenesse est ravissante ce soir, lui dit-elle en le complimentant de cette toilette comme d'un livre qu'il aurait publié la veille.

— Oui, dit Raoul avec indifférence, les marabouts lui vont à merveille; mais elle y est bien fidèle, elle les avait avant-hier, ajouta-t-il d'un air dégagé pour répudier par cette critique la charmante complicité dont l'accusait la marquise.

— Vous connaissez le proverbe? répondit-elle. Il n'y a pas de bonne fête sans lendemain.

Au jeu des reparties, les célébrités littéraires ne sont pas toujours aussi fortes que les marquises. Raoul prit le parti de faire la bête, dernière ressource des gens d'esprit.

— Le proverbe est vrai pour moi, dit-il en regardant la marquise d'un air galant.

— Mon cher, votre mot vient trop tard pour que je l'accepte, répliqua-t-elle en riant. Ne soyez pas si bégueule; allons, vous avez trouvé hier matin, au bal, madame de Vandenesse charmante en marabouts; elle le sait, elle les a remis pour vous. Elle vous aime, vous l'adorez; c'est un peu prompt, mais je ne vois là rien que de très naturel. Si je me trompais, vous ne tordriez pas l'un de vos gants comme un homme qui enrage d'être à côté de moi, au lieu de se trouver dans la loge de son idole, d'où il vient d'être repoussé par un dédain officiel, et de s'entendre dire tout bas ce qu'il voudrait entendre dire très-haut. Raoul tortillait en effet un de ses gants et montrait une main étonnamment blanche. — Elle a obtenu de vous, dit-elle en regardant fixement cette main de la façon la plus impertinente, des sacrifices que vous ne faisiez pas à la société. Elle doit être ravie de son succès, elle en sera sans doute un peu vaine; mais, à sa place, je le serais peut-être davantage. Elle n'était que femme d'esprit, elle va passer femme de génie. Vous allez nous la peindre dans quelque livre délicieux comme vous savez les faire. Mon cher, n'y oubliez pas Vandenesse, faites cela pour moi. Vraiment, il est trop sûr de lui. Je ne passerais pas cet air radieux au Jupiter Olympien, le seul dieu mythologique exempt, dit-on, de tout accident.

— Madame, s'écria Raoul, vous me douez d'une âme bien basse, si vous me supposez capable de trafiquer de mes sensations, de mon amour. Je préférerais à cette lâcheté littéraire la coutume anglaise de passer une corde au cou d'une femme et de la mener au marché.

— Mais je connais Marie, elle vous le demandera.

— Elle en est incapable, dit Raoul avec chaleur.

— Vous la connaissez donc bien?

Nathan se mit à rire de lui-même, de lui, faiseur de scènes, qui s'était laissé prendre à un jeu de scène.

— La comédie n'est plus là, dit-il en montrant la rampe, elle est chez vous.

Il prit sa lorgnette et se mit à examiner la salle par contenance.

— M'en voulez-vous? dit la marquise en le regardant de côté. N'aurais-je pas toujours eu votre secret? Nous ferons facilement la paix. Venez chez moi, je reçois tous les mercredis, la chère comtesse ne manquera pas une soirée dès qu'elle vous y trouvera. J'y gagnerai. Quelquefois je la vois entre quatre et cinq heures, je serai bonne femme, je vous joins au petit nombre de favoris que j'admets à cette heure.

— Hé! bien, dit Raoul, voyez comme est le monde, on vous disait méchante.

— Moi! dit-elle je le suis à propos. Ne faut-il pas se défendre? Mais votre comtesse, je l'adore, vous en serez content, elle est charmante. Vous allez être le premier dont le nom sera gravé dans son cœur avec cette jolie enfantine qui porte tous les amoureux, même les caporaux, à graver leur chiffre sur l'écorce des arbres. Le premier amour d'une femme est un fruit délicieux. Voyez-vous, plus tard il y a de la science dans nos tendresses, dans nos soins. Une vieille femme comme moi peut tout dire, elle ne craint plus rien, pas même un journaliste. Eh! bien, dans l'arrière-saison nous savons vous rendre heureux; mais quand nous commençons à aimer nous sommes heureuses, et nous vous donnons ainsi mille plaisirs d'orgueil. Chez nous tout est alors d'un inattendu ravissant, le cœur est plein de naïveté. Vous êtes trop poète pour ne pas préférer les fleurs aux fruits. Je vous attends dans six mois d'ici.

Raoul, comme tous les criminels, entra dans le système des dénégations; mais c'était donner des armes à cette rude jouteuse. Empêtré bientôt dans les nœuds coulants de la plus spirituelle, de la plus dangereuse de ces conversations où excellent les Parisiennes, il craignit de se laisser surprendre des aveux que la marquise aurait aussitôt exploités dans ses moqueries ; il se retira prudemment en voyant entrer lady Dudley.

— Hé! bien, dit l'Anglaise à la marquise, où en sont-ils?

— Ils s'aiment à la folie. Nathan vient de me le dire.

— Je l'aurais voulu plus laid, répondit lady Dudley, qui jeta sur le comte Félix un regard de vipère. D'ailleurs, il est bien ce que je le voulais ; il est fils d'un brocanteur juif, mort en banqueroute dans les premiers jours de son mariage ; mais sa mère était catholique, elle en a malheureusement fait un chrétien.

Cette origine que Nathan cache avec tant de soin, lady Dudley venait de l'apprendre, elle jouissait d'avance du plaisir qu'elle aurait à tirer de là quelque terrible épigramme contre Vandenesse.

— Et moi qui viens de l'inviter à venir chez moi! dit la marquise.

— Ne l'ai-je pas reçu hier? répondit lady Dudley. Il y a, mon ange, des plaisirs qui nous coûtent bien cher.

La nouvelle de la passion mutuelle de Raoul et de madame de Vandenesse circula dans le monde pendant cette soirée, non sans exciter des réclamations et des incrédulités ; mais la comtesse fut défendue par ses amies, par lady Dudley, mesdames d'Espard et de Manerville, avec une maladroite chaleur qui put donner quelque créance à ce bruit. Vaincu par la nécessité, Raoul alla le mercredi soir chez la marquise d'Espard, et il y trouva la bonne compagnie qui y venait. Comme Félix n'accompagna point sa femme, Raoul put échanger avec Marie quelques phrases plus expressives par leur accent que par les idées. La comtesse, mise en garde contre la médisance par madame Octave de Camps, avait compris l'importance de sa situation en face du monde, et la fit comprendre à Raoul.

Au milieu de cette belle assemblée, l'un et l'autre eurent donc pour tout plaisir ces sensations alors si profondément savourées que donnent les idées, la voix, les gestes, l'attitude d'une personne aimée. L'âme s'accroche violemment à des riens. Quelquefois les yeux s'attachent de part et d'autre sur le même objet en y incrustant, pour ainsi dire, une pensée prise, reprise et comprise. On admire pendant une conversation le pied légèrement avancé, la main qui palpite, les doigts occupés à quelque bijou frappé, laissé, tourmenté d'une manière significative. Ce n'est plus ni les idées, ni le langage, mais les choses qui parlent ; elles parlent tant que souvent un homme épris laisse à d'autres le soin d'apporter une tasse, le sucrier pour le thé, le *je ne sais quoi* que demande la femme qu'il aime, de peur de montrer son trouble à des yeux qui semblent ne rien voir et voient tout. Des myriades de désirs, de souhaits insensés, de pensées violentes passent étouffés dans les regards. Là, les serrements de main dérobés aux mille yeux d'argus acquièrent l'éloquence d'une longue lettre et la volupté d'un baiser. L'amour se grossit alors de tout ce qu'il se refuse, il s'appuie sur tous les obstacles pour se grandir. Enfin ces barrières, plus souvent maudites que franchies, sont hachées et jetées au feu pour l'entretenir. Là, les femmes peuvent mesurer l'étendue de leur pouvoir dans la petitesse à laquelle arrive un immense amour qui se replie sur lui-même, se cache dans un regard altéré, dans une contraction nerveuse, derrière une banale formule de politesse. Combien de fois, sur la dernière marche d'un escalier, n'a-t-on pas récompensé par un seul mot les tourments inconnus, le langage insignifiant de toute une soirée ? Raoul, homme peu soucieux du monde, lâcha sa colère dans le discours, et fut étincelant. Chacun entendit les rugissements inspirés par la contrariété que les artistes savent si peu supporter. Cette fureur à la Roland, cet esprit qui cassait, brisait tout, en se servant de l'épigramme comme d'une massue, enivra Marie et amusa le cercle comme si l'on eût vu quelque taureau bardé de banderoles en fureur dans un cirque espagnol.

— Tu auras beau tout abattre, tu ne feras pas la solitude autour de toi, lui dit Blondet.

Ce mot rendit à Raoul sa présence d'esprit, il cessa de donner son irritation en spectacle. La marquise vint lui offrir une tasse de thé, et dit assez haut pour que madame de Vandenesse entendît : — Vous êtes vraiment bien amusant, venez donc quelquefois me voir à quatre heures.

Raoul s'offensa du mot amusant, quoiqu'il eût été pris pour ervir de passe-port à l'invitation. Il se mit à écouter comme ces acteurs qui regardent la salle au lieu d'être en scène. Blondet eut pitié de lui.

— Mon cher, lui dit-il en l'emmenant dans un coin, tu te tiens dans le monde comme si tu étais chez Florine. Ici, on ne s'emporte jamais, on ne fait pas de longs articles, on dit de temps en temps un mot spirituel, on prend un air calme au moment où l'on éprouve le plus d'envie de jeter les gens par les fenêtres, on raille doucement, on feint de distinguer la femme que l'on adore, et l'on ne se roule pas comme un âne au milieu du grand chemin. Ici, mon cher, on aime suivant la formule. Ou enlève madame de Vandenesse, ou montre-toi gentilhomme. Tu es trop l'amant d'un de tes livres.

Nathan écoutait la tête baissée, il était comme un lion pris dans des toiles.

— Je ne remettrai jamais les pieds ici, dit-il. Cette marquise de papier mâché me vend son thé trop cher. Elle me trouve amusant ! Je comprends maintenant pourquoi Saint-Just guillotinait tout ce monde-là !

— Tu y reviendras demain.

Blondet avait dit vrai. Les passions sont aussi lâches que cruelles. Le lendemain, après avoir longtemps flotté entre : J'irai, je n'irai pas, Raoul quitta ses associés au milieu d'une discussion importante, et courut au faubourg Saint-Honoré, chez madame d'Espard. En voyant entrer le brillant cabriolet de Rastignac, pendant qu'il payait son cocher à la porte, la vanité de Nathan fut blessée ; il résolut d'avoir un élégant cabriolet et le tigre obligé. L'équipage de la comtesse était dans la cour. A cette vue, le cœur de Raoul se gonfla de plaisir. Marie marchait sous la pression de ses désirs avec la régularité d'une aiguille d'horloge animée par son ressort. Elle était au coin de la cheminée, dans le petit salon, étendue dans un fauteuil. Au lieu de regarder Nathan quand on l'annonça, elle le contempla dans la glace, sûre que la maîtresse de la maison se tournerait vers lui. Traqué comme il l'est dans le monde, l'amour est obligé d'avoir recours à ces petites ruses : il donne la vie aux miroirs, aux manchons, aux éventails, à une foule de choses dont l'utilité n'est pas tout d'abord démontrée et dont beaucoup de femmes usent sans s'en servir.

— Monsieur le ministre, dit madame d'Espard en s'adressant à Nathan et lui présentant de Marsay par un regard, soutenait, au moment où vous entriez, que les royalistes et les républicains s'entendent ; vous devez en savoir quelque chose, vous ?

— Quand cela serait, dit Raoul, où est le mal ? Nous haïssons le même objet, nous sommes d'accord dans notre haine, nous différons dans notre amour. Voilà tout.

— Cette alliance est au moins bizarre, dit de Marsay en enveloppant d'un coup d'œil la comtesse Félix et Raoul.

— Elle ne durera pas, dit Rastignac qui pensait un peu trop à la politique comme tous les nouveaux venus.

— Qu'en dites-vous, ma chère amie? demanda madame d'Espard à la comtesse.

— Je n'entends rien à la politique.

— Vous vous y mettrez, madame, dit de Marsay, et vous serez alors doublement notre ennemie.

Nathan et Marie ne comprirent le mot que quand de Marsay fut parti. Rastignac le suivit, et madame d'Espard les accompagna jusqu'à la porte de son premier salon. Les deux amants ne pensèrent plus aux épigrammes du ministre, ils se voyaient riches de quelques minutes. Marie tendit sa main vivement dégantée à Raoul, qui la prit et la baisa comme s'il n'avait eu que dix-huit ans. Les yeux de la comtesse exprimaient une noble tendresse si entière que Raoul eut aux yeux cette larme que trouvent toujours à leur service les hommes à tempérament nerveux.

— Où vous voir, où pouvoir vous parler? dit-il. Je mourrais s'il fallait toujours déguiser ma voix, mon regard, mon cœur, mon amour.

Émue par cette larme, Marie promit d'aller se promener au bois toutes les fois que le temps ne serait pas détestable. Cette promesse causa plus de bonheur à Raoul que ne lui en avait donné Florine pendant cinq ans.

— J'ai tant de choses à vous dire! Je souffre tant du silence auquel nous sommes condamnés!

La comtesse le regardait avec ivresse sans pouvoir répondre, quand la marquise rentra.

— Comment, vous n'avez rien su répondre à de Marsay? dit-elle en entrant.

— On doit respecter les morts, répondit Raoul. Ne voyez-vous pas qu'il expire? Rastignac est son garde-malade, il espère être mis sur le testament.

La comtesse feignit d'avoir des visites à faire et voulut sortir pour ne pas se compromettre. Pour ce quart d'heure, Raoul avait sacrifié son temps le plus précieux et ses intérêts les plus palpitants. Marie ignorait encore les détails de cette vie d'oiseau sur la branche, mêlée aux affaires les plus compliquées, au travail le plus exigeant. Quand deux êtres unis par un éternel amour mènent une vie resserrée chaque jour par les nœuds de la confidence, par l'examen en commun des difficultés surgies; quand deux cœurs échangent le soir ou le matin leurs regrets, comme la bouche échange les soupirs, s'attendent dans de mêmes anxiétés, palpitent ensemble à la vue d'un obstacle, tout compte alors : une femme sait combien d'amour dans un retard évité, combien d'efforts dans une course rapide; elle s'occupe, va, vient, espère, s'agite avec l'homme occupé, tourmenté; ses murmures, elle les adresse aux choses; elle ne doute plus, elle connaît et apprécie les détails de la vie. Mais au début d'une passion où tant d'ardeur, de défiances, d'exigences se déploient, où l'on ne se sait ni l'un ni l'autre; mais auprès des femmes oisives, à la porte desquelles l'amour doit être toujours en faction; mais auprès de celles qui s'exagèrent leur dignité et veulent être obéies en tout, même quand elles ordonnent une faute à ruiner un homme, l'amour comporte à Paris, dans notre époque, des travaux impossibles. Les femmes du monde sont restées sous l'empire des traditions du dix-huitième siècle où chacun avait une position sûre et définie. Peu de femmes connaissent les embarras de l'existence chez la plupart des hommes, qui tous ont une position à se faire, une gloire en train, une fortune à consolider. Aujourd'hui, les gens dont la fortune est assise se comptent, les vieillards seuls ont le temps d'aimer, les jeunes gens rament sur les galères de l'ambition comme y ramait Nathan. Les femmes, encore peu résignées à ce changement dans les mœurs, prêtent le temps qu'elles ont de trop à ceux qui n'en ont pas assez; elles n'imaginent pas d'autres occupations, d'autre but que les leurs. Quand l'amant aurait vaincu l'hydre de Lerne pour arriver, il n'a pas le moindre mérite; tout s'efface devant le bonheur de le voir; elles ne lui savent gré que de leurs émotions, sans s'informer de ce qu'elles coûtent. Si elles ont inventé dans leurs heures oisives un de ces stratagèmes qu'elles ont à commandement, elles le font briller comme un bijou. Vous avez tordu les barres de fer de quelque nécessité tandis qu'elles chaussaient la mitaine, endossaient le manteau d'une ruse : à elles la palme, et ne la leur disputez point. Elles ont raison d'ailleurs, comment ne pas tout briser pour une femme qui brise tout pour vous? elles exigent autant qu'elles donnent. Raoul aperçut en revenant combien il lui serait difficile de mener un amour dans le monde, le char à dix chevaux du journalisme, ses pièces au théâtre et ses affaires embourbées.

— Le journal sera détestable ce soir, dit-il en s'en allant, il n'y aura pas d'article de moi, et pour un second numéro encore!

Madame Félix de Vandenesse alla trois fois au bois de Boulogne sans y voir Raoul, elle revenait désespérée, inquiète. Nathan ne voulait pas s'y montrer autrement que dans l'éclat d'un prince de la presse. Il employa toute la semaine à chercher deux chevaux, un cabriolet et un tigre convenables, à convaincre ses associés de la nécessité d'épargner un temps aussi précieux que le sien, et à faire imputer son équipage sur les frais généraux du journal. Ses associés, Massol et du Tillet, accédèrent si complaisamment à sa demande, qu'il les trouva les meilleurs enfants du monde. Sans ce secours, la vie eût été impossible à Raoul; elle devint d'ailleurs si rude, quoique mélangée par les plaisirs les plus délicats de l'amour idéal, que beaucoup de gens, même les mieux constitués, n'eussent pu suffire à de telles dissipations. Une passion violente et heureuse prend déjà beaucoup de place dans une existence ordinaire; mais quand elle s'attaque à une femme posée comme madame de Vandenesse, elle devait dévorer la vie d'un homme occupé comme Raoul. Voici les obligations que sa passion inscrivait avant toutes les autres. Il lui fallait se trouver presque chaque jour à cheval au bois de Boulogne, entre deux et trois heures, dans la tenue du plus fainéant gentleman. Il apprenait là dans quelle maison, à quel théâtre il reverrait, le soir, madame de Vandenesse. Il ne quittait les salons que vers minuit, après avoir happé quelques phrases long-temps attendues, quelques bribes de tendresse dérobées sous la table, entre deux portes, ou en montant en voiture. La plupart du temps, Marie, qui l'avait lancé dans le grand monde, le faisait inviter à dîner dans certaines maisons où elle allait. N'était-ce pas tout simple? Par orgueil, entraîné par sa passion, Raoul n'osait parler de ses travaux. Il devait obéir aux volontés les plus capricieuses de cette innocente souveraine, et suivre les débats parlementaires, le torrent de la politique, veiller à la direction du journal, et mettre en scène deux pièces dont les recettes étaient indispensables. Il suffisait que madame de Vandenesse fît une petite moue quand il voulait se dispenser d'être à un bal, à un concert, à une promenade, pour qu'il sacrifiât ses intérêts à son plaisir. En quittant le monde entre une heure et deux heures du matin, il revenait travailler jusqu'à huit ou neuf heures, il dormait à peine, se réveillait pour concerter les opinions du journal avec les gens influents desquels il dépendait, pour débattre les mille et une affaires intérieures. Le journalisme touche à tout dans cette époque, à l'industrie, aux intérêts publics et privés, aux entreprises nouvelles, à tous les amours-propres de la littérature et à ses produits. Quand harassé, fatigué, Nathan courait de son bureau de rédaction au Théâtre, du Théâtre à la Chambre, de la Chambre chez quelques créanciers, il devait se présenter calme, heureux devant Marie, galoper à sa portière avec le laisser-aller d'un homme sans soucis et qui n'a d'autres fatigues que celles du bonheur. Quand, pour prix de tant de dévouements ignorés, il n'eut que les plus douces paroles, les certitudes les plus mignonnes d'un attachement éternel, d'ardents serrements de main obtenus pendant quelques secondes de solitude, des mots passionnés en échange des siens, il trouva quelque duperie à laisser ignorer le prix énorme avec lequel il payait ces *menus suffrages*, auraient dit nos pères. L'occasion de s'expliquer ne se fit pas attendre. Par une belle journée du mois d'avril, la comtesse accepta le bras de Nathan dans un endroit écarté du bois de Boulogne; elle avait à lui faire une de ces jolies querelles à propos de ces riens sur lesquels les femmes savent bâtir des montagnes. Au lieu de l'accueillir le sourire sur les lèvres, le front illuminé par le bonheur, les yeux animés de quelque pensée fine et gaie, elle se montra grave et sérieuse.

— Qu'avez-vous? lui dit Nathan.

— Ne vous occupez pas de ces riens, dit-elle; vous devez savoir que les femmes sont des enfants.

— Vous aurais-je déplu?

— Serais-je ici?

— Mais vous ne me souriez pas, vous ne paraissez pas heureuse de me voir.

— Je vous boude, n'est-ce pas? dit-elle en le regardant de cet air soumis par lequel les femmes se posent en victimes.

Nathan fit quelques pas dans une appréhension qui lui serrait le cœur et l'attristait.

— Ce sera, dit-il après un moment de silence, quelques-unes de ces craintes frivoles, de ces soupçons nuageux que vous mettez au-dessus des plus grandes choses de la vie; vous avez l'art de faire pencher le monde en y jetant un brin de paille, un fétu!

— De l'ironie ?... Je m'y attendais, dit-elle en baissant la tête.

— Marie, ne vois-tu pas, mon ange, que j'ai dit ces paroles pour t'arracher ton secret ?

— Mon secret sera toujours un secret, même après vous avoir été confié.

— Eh ! bien, dis...

— Je ne suis pas aimée, reprit-elle en lui lançant ce regard oblique et fin par lequel les femmes interrogent si malicieusement 'homme qu'elles veulent tourmenter.

— Pas aimée ?... s'écria Nathan.

— Oui, vous vous occupez de trop de choses. Que suis-je au milieu de tout ce mouvement ? oubliée à tout propos. Hier, je suis venue au bois, je vous y ai attendu...

— Mais...

— J'avais mis une nouvelle robe pour vous, et vous n'êtes pas venu, où étiez-vous ?

— Mais...

— Je ne le savais pas. Je vais chez madame d'Espard, je ne vous y trouve point.

— Mais...

— Le soir, à l'Opéra, mes yeux n'ont pas quitté le balcon. Chaque fois que la porte s'ouvrait, c'était des palpitations à me briser le cœur.

— Mais...

— Quelle soirée ! Vous ne vous doutez pas de ces tempêtes du cœur.

— Mais...

— La vie s'use à ces émotions...

— Mais...

— Eh ! bien, dit-elle.

— Oui, la vie s'use dit Nathan, et vous aurez en quelques mois dévoré la mienne. Vos reproches insensés m'arrachent aussi mon secret, dit-il. Ah ! vous n'êtes pas aimée ?... vous l'êtes trop.

Il peignit vivement sa situation, raconta ses veilles, détailla ses obligations à heure fixe, la nécessité de réussir, les insatiables exigences d'un journal où l'on était tenu de juger, avant tout le monde, les événements sans se tromper sous peine de perdre son pouvoir, enfin combien d'études rapides sur les questions qui passaient aussi rapidement que des nuages à cette époque dévorante.

Raoul eut tort en un moment. La marquise d'Espard le lui avait dit : rien de plus naïf qu'un premier amour. Il se trouva bientôt que la comtesse était coupable d'aimer trop. Une femme aimante répond à tout avec une jouissance, avec un aveu ou un plaisir. En voyant se dérouler cette vie immense, la comtesse fut saisie d'admiration. Elle avait fait Nathan très-grand, elle le trouva sublime. Elle s'accusa d'aimer trop, le pria de venir à ses heures ; elle aplatit ces travaux d'ambitieux par un regard levé vers le ciel. Elle attendrait ! Désormais elle sacrifierait ses jouissances. En voulant n'être qu'un marchepied, elle était un obstacle !.. elle pleura de désespoir.

— Les femmes, dit-elle les larmes aux yeux, ne peuvent donc qu'aimer, les hommes ont mille moyens d'agir ; nous autres, nous ne pouvons que penser, prier, adorer.

Tant d'amour voulait une récompense. Elle regarda, comme un rossignol qui veut descendre de sa branche à une source, si elle était seule dans la solitude, si le silence ne cachait aucun témoin ; puis elle leva la tête vers Raoul, qui pencha la sienne ; elle lui laissa prendre un baiser, le premier, le seul qu'elle dût donner en fraude, et se sentit plus heureuse en ce moment qu'elle ne l'avait été depuis cinq années. Raoul trouva toutes ses peines payées. Tous deux marchaient sans trop savoir où, sur le chemin d'Auteuil à Boulogne ; ils furent obligés de revenir à leurs voitures en allant de ce pas égal et cadencé que connaissent les amants. Raoul avait foi dans ce baiser livré avec la facilité décente que donne la sainteté du sentiment. Tout le mal venait du monde, et non de cette femme si entièrement à lui. Raoul ne regretta plus les tourments de sa vie enragée, que Marie devait oublier au feu de son premier désir, comme toutes les femmes qui ne voient pas à toute heure les terribles débats de ces existences exceptionnelles. En proie à cette admiration reconnaissante qui distingue la passion de la femme, Marie courait d'un pas délibéré, leste, sur le sable fin d'une contre-allée, disant, comme Raoul, peu de paroles, mais senties et portant coup. Le ciel était pur, les gros arbres bourgeonnaient, et quelques pointes vertes animaient déjà eurs mille pinceaux bruns. Les arbustes, les bouleaux, les saules, les peupliers, montraient leur premier, leur tendre feuillage encore diaphane. Aucune âme ne résiste à de pareilles harmonies. L'amour expliquait la Nature à la comtesse comme il lui avait expliqué la Société.

— Je voudrais que vous n'eussiez jamais aimé que moi ! dit-elle.

— Votre vœu est réalisé, répondit Raoul. Nous nous sommes révélé l'un à l'autre le véritable amour.

Il disait vrai. En se posant devant ce jeune cœur en homme pur, Raoul s'était pris à ses phrases panachées de beaux sentiments. D'abord purement spéculatrice et vaniteuse, sa passion était devenue sincère. Il avait commencé par mentir, il finissait par dire vrai. Il y a d'ailleurs chez tout écrivain un sentiment difficilement étouffé qui le porte à l'admiration du beau moral. Enfin, à force de faire des sacrifices, un homme s'intéresse à l'être qui les exige. Les femmes du monde, de même que les courtisanes, ont l'instinct de cette vérité ; peut-être même la pratiquent-elles sans la connaître. Aussi la comtesse, après son premier élan de reconnaissance et de surprise, fut-elle charmée d'avoir inspiré tant de sacrifices, d'avoir fait surmonter tant de difficultés. Elle était aimée d'un homme digne d'elle. Raoul ignorait à quoi l'engagerait sa fausse grandeur ; car les femmes ne permettent pas à leur amant de descendre de son piédestal. On ne pardonne pas à un dieu la moindre petitesse. Marie ne savait pas le mot de cette énigme que Raoul avait dit à ses amis au souper chez Véry. La lutte de cet écrivain parti des rangs inférieurs avait occupé les dix premières années de sa jeunesse ; il voulait être aimé par une des reines du beau monde. La vanité, sans laquelle l'amour est bien faible, a dit Champfort, soutenait sa passion et devait l'accroître de jour en jour.

— Vous pouvez me jurer, dit Marie, que vous n'êtes et ne serez jamais à aucune femme ?

— Il n'y aurait pas plus de temps dans ma vie pour une autre femme que de place dans mon cœur, répondit-il sans croire faire un mensonge, tant il méprisait Florine.

— Je vous crois, dit-elle.

Arrivés dans l'allée où stationnaient les voitures, Marie quitta le bras de Nathan, qui prit une attitude respectueuse comme s'il venait de la rencontrer ; il l'accompagna chapeau bas jusqu'à sa voiture ; puis il la suivit par l'avenue Charles X en humant la poussière que faisait la calèche, en regardant les plumes en saule pleureur que e vent agitait en dehors. Malgré les nobles renonciations de Marie, Raoul, excité par sa passion, se trouva partout où elle était ; il adorait l'air à la fois mécontent et heureux que prenait la comtesse pour le gronder sans le pouvoir en lui voyant dissiper ce temps qui lui était si nécessaire. Marie prit la direction des travaux de Raoul, elle lui intima des ordres formels sur l'emploi de ses heures, demeura chez elle pour lui ôter tout prétexte de dissipation. Elle lisait tous les matins le journal, et devint le héraut de la gloire d'Étienne Lousteau, le feuilletoniste, qu'elle trouvait ravissant, de Félicien Vernou, de Claude Vignon, de tous les rédacteurs. Elle donna le conseil à Raoul de rendre justice à de Marsay quand il mourut, et lut avec ivresse le grand et bel éloge que Raoul fit du ministre mort, tout en blâmant son machiavélisme et sa haine pour les masses. Elle assista naturellement, à l'avant-scène du Gymnase, à la première représentation de la pièce sur laquelle Nathan comptait pour soutenir son entreprise, et dont le succès parut immense. Elle fut la dupe des applaudissements achetés.

—Vous n'êtes pas venue dire adieu aux Italiens? lui demanda lady Dudley chez laquelle elle se rendit après cette représentation.

— Non, je suis allée au Gymnase. On donnait une première représentation.

— Je ne puis souffrir le vaudeville. Je suis pour cela comme Louis XIV pour les Téniers, dit lady Dudley.

— Moi, répondit madame d'Espard, je trouve que les auteurs ont fait des progrès. Les vaudevilles sont aujourd'hui de charmantes comédies, pleines d'esprit, qui demandent beaucoup de talent, et je m'y amuse fort.

— Les acteurs sont d'ailleurs excellents, dit Marie. Ceux du Gymnase ont très-bien joué ce soir ; la pièce leur plaisait, le dialogue est fin, spirituel.

— Comme celui de Beaumarchais, dit lady Dudley.

— Monsieur Nathan n'est point encore Molière ; mais..... dit madame d'Espard en regardant la comtesse.

— Il fait des vaudevilles, dit madame Charles de Vandenesse.

— Et défait des ministères, reprit madame de Manerville.

La comtesse garda le silence ; elle cherchait à répondre par des épigrammes acérées ; elle se sentait le cœur agité par des mouvements de rage ; elle ne trouva rien de mieux que dire : — Il en fera peut-être.

Toutes les femmes échangèrent un regard de mystérieuse intelligence. Quand Marie de Vandenesse partit, Moïna de Saint-Héeren s'écria : — Mais elle adore Nathan !

— Elle ne fait pas de cachotteries, dit madame d'Espard.

Le mois de mai vint, Vandenesse emmena sa femme à sa terre où elle ne fut consolée que par les lettres passionnées de Raoul, à qui elle écrivit tous les jours.

L'absence de la comtesse aurait pu sauver Raoul du gouffre dans lequel il avait mis le pied, si Florine eût été près de lui ; mais il était seul, au milieu d'amis devenus ses ennemis secrets dès qu'il eut manifesté l'intention de les dominer. Ses collaborateurs le haïssaient momentanément, prêts à lui tendre la main et à le consoler en cas de chute, prêts à l'adorer en cas de succès. Ainsi va le monde littéraire. On n'y aime que ses inférieurs. Chacun est l'ennemi de quiconque tend à s'élever. Cette envie générale décuple les chances des gens médiocres, qui n'excitent ni l'envie ni le soupçon, font leur chemin à la manière des taupes, et, quelque sots qu'ils soient, se trouvent casés au *Moniteur* dans trois ou quatre places au moment où les gens de talent se battent encore à la porte pour s'empêcher d'entrer. La sourde inimitié de ces prétendus amis, que Florine aurait dépistée avec la science innée des courtisanes pour deviner le vrai entre mille hypothèses, n'était pas le plus grand danger de Raoul. Ses deux associés, Massol l'avocat et du Tillet le banquier, avaient médité d'atteler son ardeur au char dans lequel ils se prélassaient, de l'évincer dès qu'il serait hors d'état de nourrir le journal, ou de le priver de ce grand pouvoir au moment où ils voudraient en user. Pour eux, Nathan représentait une certaine somme à dévorer, une force littéraire de la puissance de dix plumes à employer. Massol, un de ces avocats qui prennent la faculté de parler indéfiniment pour de l'éloquence, qui possèdent le secret d'ennuyer en disant tout, la peste des assemblées où ils rapetissent toute chose, et qui veulent devenir des personnages à tout prix, ne tenait plus à être garde des sceaux ; il en avait vu passer cinq ou six en quatre ans, il s'était dégoûté de la simarre. Comme monnaie du portefeuille, il voulut une chaire dans l'Instruction Publique, une place au conseil d'État, le tout assaisonné de la croix de la Légion-d'Honnour. Du Tillet et le baron de Nucingen lui avaient garanti la croix et sa nomination de maître des requêtes s'il entrait dans leurs vues ; il les trouva plus en position de réaliser leurs promesses que Nathan, et il leur obéissait aveuglément. Pour mieux abuser Raoul, ces gens-là lui laissaient exercer le pouvoir sans contrôle. Du Tillet n'usait du journal que dans ses intérêts d'agiotage, auxquels Raoul n'entendait rien ; mais il avait déjà fait savoir par le baron de Nucingen à Rastignac que la feuille serait tacitement complaisante au pouvoir, sous la seule condition d'appuyer sa candidature en remplacement de monsieur de Nucingen, futur pair de France, et qui avait été élu dans une espèce de bourg pourri, un collége à peu d'électeurs, où le journal fut envoyé gratis à profusion. Ainsi Raoul était joué par le banquier et par l'avocat, qui le voyaient avec un plaisir infini trônant au journal, y profitant de tous les avantages, percevant tous les fruits d'amour-propre ou autres. Nathan, enchanté d'eux, les trouvait, comme lors de sa demande de fonds équestres, les meilleurs enfants du monde, il croyait les jouer. Jamais les hommes d'imagination, pour lesquels l'espérance est le fond de la vie, ne veulent se dire qu'en affaires le moment le plus périlleux est celui où tout va selon leurs souhaits. Ce fut un moment de triomphe dont profita d'ailleurs Nathan, qui se produisit alors dans le monde politique et financier ; du Tillet le présenta chez Nucingen. Madame de Nucingen accueillit Raoul à merveille, moins pour lui que pour madame de Vandenesse ; mais quand elle lui toucha quelques mots de la comtesse, il crut faire merveille, en faisant de Florine un paravent ; il s'étendit avec une fatuité généreuse sur ses relations avec l'actrice, impossibles à rompre. Quitte-t-on un bonheur certain pour les coquetteries du faubourg Saint-Germain ? Nathan, joué par Nucingen et Rastignac, par du Tillet et Blondet, prêta son appui fastueusement aux doctrinaires pour la formation d'un de leurs cabinets éphémères. Puis, pour arriver pur aux affaires, il dédaigna par ostentation de se faire avantager dans quelques entreprises qui se formèrent à l'aide de sa feuille, lui qui ne regardait pas à compromettre ses amis, et à se comporter peu délicatement avec quelques industriels dans certains moments critiques. Ces contrastes, engendrés par sa vanité, par son ambition, se retrouvent dans beaucoup d'existences semblables. Le manteau doit être splendide pour le public, on prend du drap chez ses amis pour en boucher les trous. Néanmoins, deux mois après le départ de la comtesse, Raoul eut un certain quart d'heure de Rabelais qui lui causa quelques inquiétudes au milieu de son triomphe. Du Tillet était en avance de cent mille francs. L'argent donné par Florine, le tiers de sa première mise de fonds, avait été dévoré par le fisc, par les frais de premier établissement qui furent énormes. Il fallait prévoir l'avenir. Le banquier favorisa l'écrivain en prenant pour cinquante mille francs de lettres de change à quatre mois. Du Tillet tenait ainsi Raoul par le licou de la lettre de change. Au moyen de ce supplément, les fonds du journal furent faits pour six mois. Aux yeux de quelques écrivains, six mois sont une éternité. D'ailleurs, à coups d'annonces, à force de voyageurs, en offrant des avantages illusoires aux abonnés, on en avait racolé deux mille. Ce demi-succès encourageait à jeter les billets de banque dans ce brasier. Encore un peu de talent, vienne un procès politique, une apparente persécution, et Raoul devenait un de ces condottieri modernes dont l'encre vaut aujourd'hui la poudre à canon d'autrefois. Malheureusement, cet arrangement était pris quand Florine revint avec environ cinquante mille francs. Au lieu de se créer un fonds de réserve, Raoul, sûr du succès en le voyant nécessaire, humilié déjà d'avoir accepté de l'argent de l'actrice, se sentant intérieurement grandi par son amour, ébloui par les captieux éloges de ses courtisans, abusa Florine sur sa position et la força d'employer cette somme à remonter sa maison. Dans les circonstances présentes, une magnifique représentation devenait une nécessité. L'actrice, qui n'avait pas besoin d'être excitée, s'embarrassa de trente mille francs de dettes. Florine eut une délicieuse maison tout entière à elle, rue Pigale, où revint son ancienne société. La maison d'une fille posée comme Florine était un terrain neutre, très favorable aux ambitieux politiques qui traitaient, comme Louis XIV chez les Hollandais, sans Raoul, chez Raoul. Nathan avait réservé à l'actrice pour sa rentrée une pièce dont le principal rôle lui allait admirablement. Ce drame-vaudeville devait être l'adieu de Raoul au théâtre. Les journaux, à qui cette complaisance pour Raoul ne coûtait rien, préméditèrent une telle ovation à Florine, que la Comédie-Française parla d'un engagement. Les feuilletons montraient dans Florine l'héritière de mademoiselle Mars. Ce triomphe étourdit assez l'actrice pour l'empêcher d'étudier le terrain sur lequel marchait Nathan ; elle vécut dans un monde de fêtes et de festins. Reine de cette cour pleine de solliciteurs empressés autour d'elle, qui pour son livre, qui pour sa pièce, qui pour sa danseuse, qui pour son théâtre, qui pour son entreprise, qui pour une réclame, elle se laissait aller à tous les plaisirs du pouvoir de la presse en y voyant l'aurore du crédit ministériel. A entendre ceux qui vinrent chez elle, Nathan était un grand homme politique. Nathan avait eu raison dans son entreprise, il serait député certainement ministre, pendant quelque temps, comme tant d'autres. Les actrices disent rarement non à ce qui les flatte. Florine avait trop de talent dans le feuilleton pour se défier du journal et de ceux qui le faisaient. Elle connaissait trop peu le mécanisme de la presse pour s'inquiéter des moyens. Les filles de la trempe de Florine ne voient jamais que les résultats. Quant à Nathan, il crut, dès lors, qu'à la prochaine session il arriverait aux affaires, avec deux anciens journalistes dont l'un alors ministre cherchait à évincer ses collègues pour se consolider. Après six mois d'absence, Nathan retrouva Florine avec plaisir et retomba nonchalamment dans ses habitudes. La lourde trame de cette vie, il la broda secrètement des plus belles fleurs de sa passion idéale et des plaisirs qu'y semait Florine. Ses lettres à Marie étaient des chefs-d'œuvre d'amour, de grâce et de style. Nathan faisait d'elle la lumière de sa vie, il n'entreprenait rien sans consulter son bon génie. Désolé d'être du côté populaire, il voulait par moments embrasser la cause de l'aristocratie; mais, malgré son habitude des tours de force, il voyait une impossibilité absolue à sauter de gauche à droite; il était plus facile de devenir ministre. Les précieuses lettres de Marie étaient déposées dans un de ces portefeuilles à secret offerts par Huret ou Fichet, un de ces deux mécaniciens qui se battaient à coups d'annonces et d'affiches dans Paris à qui ferait les serrures les plus impénétrables et les plus discrètes. Ce portefeuille restait dans le nouveau boudoir de Florine, où travaillait Raoul. Personne n'est plus facile à tromper qu'une femme à qui l'on a l'habitude de tout dire; elle ne se défie de rien, elle croit tout voir et tout savoir. D'ailleurs, depuis son retour, l'actrice assistait à la vie de Nathan et n'y trouvait aucune irrégularité. Jamais elle n'eût imaginé que ce portefeuille, à peine entrevu, serré sans affectation, contînt des trésors d'amour, les lettres d'une rivale que, selon la demande de Raoul, la comtesse adressait au bureau du journal. La situation de Nathan paraissait donc extrêmement brillante. Il avait beaucoup d'amis. Deux pièces faites en collaboration et qui venaient de réussir fournissaient à son luxe et lui ôtaient tout souci pour l'avenir. D'ailleurs, il ne s'inquiétait en aucune manière de sa dette envers du Tillet, son ami.

— Comment se défier d'un ami? disait-il quand en certains moments Blondet se laissait aller à des doutes, entraîné par son habitude de tout analyser.

— Mais nous n'avons pas besoin de nous méfier de nos ennemis, disait Florine.

Nathan défendait du Tillet. Du Tillet était le meilleur, le plus facile, le plus probe des hommes. Cette existence de danseur de corde sans balancier eût effrayé tout le monde, même un indifférent, s'il en eût pénétré le mystère ; mais du Tillet la contemplait avec le stoïcisme et l'œil sec d'un parvenu. Il y avait dans l'amicale bonhomie de ses procédés avec Nathan d'atroces railleries. Un jour, il lui serrait la main en sortant de chez Florine, et le regardait monter en cabriolet.

— Ça va au bois de Boulogne avec un train magnifique, dit-il à Lousteau, l'envieux par excellence, et ça sera peut-être dans six mois à Clichy.

— Lui ? Jamais ! s'écria Lousteau ; Florine est là.

— Qui te dit, mon petit, qu'il la conservera ? Quant à toi, qui le vaux mille fois, tu seras sans doute notre rédacteur en chef dans six mois.

En octobre, les lettres de change échurent, du Tillet les renouvela gracieusement, mais à deux mois, augmentées de l'escompte et d'un nouveau prêt. Sûr de la victoire, Raoul puisait à même les sacs. Madame Félix de Vandenesse devait revenir dans quelques jours, un mois plus tôt que de coutume, ramenée par un désir effréné de voir Nathan, qui ne voulut pas être à la merci d'un besoin d'argent au moment où il reprendrait sa vie militante. La correspondance, où la plume est toujours plus hardie que la parole, où la pensée revêtue de ses fleurs aborde tout et peut tout dire, avait fait arriver la comtesse au plus haut degré d'exaltation ; elle voyait en Raoul l'un des plus beaux génies de l'époque, un cœur exquis et méconnu, sans souillure et digne d'adoration ; elle le voyait avançant une main hardie sur le festin du pouvoir. Bientôt cette parole si belle en amour tonnerait à la tribune. Marie ne vivait plus que de cette vie à cercles entrelacés, comme ceux d'une sphère, et au centre desquels est le monde. Sans goût pour les tranquilles félicités du ménage, elle recevait les agitations de cette vie à tourbillons, communiquées par une plume habile et amoureuse ; elle baisait ces lettres écrites au milieu des batailles livrées par la presse, prélevées sur des heures studieuses ; elle sentait tout leur prix ; elle était sûre d'être aimée uniquement, de n'avoir que la gloire et l'ambition pour rivales ; elle trouvait au fond de sa solitude à employer toutes ses forces, elle était heureuse d'avoir bien choisi : Nathan était un ange. Heureusement sa retraite à sa terre et les barrières qui existaient entre elle et Raoul avaient éteint les médisances du monde. Durant les derniers jours de l'automne, Marie et Raoul reprirent donc leurs promenades au bois de Boulogne, ils ne pouvaient se voir que là jusqu'au moment où les salons se rouvriraient. Raoul put savourer un peu plus à l'aise les pures, les exquises jouissances de sa vie idéale et la cacher à Florine : il travaillait un peu moins, les choses avaient pris leur train au journal, chaque rédacteur connaissait sa besogne. Il fit involontairement des comparaisons, toutes à l'avantage de l'actrice, sans que néanmoins la comtesse y perdît. Brisé de nouveau par les manœuvres auxquelles le condamnait sa passion de cœur et de tête pour une femme du grand monde, Raoul trouva des forces surhumaines pour être à la fois sur trois théâtres : le Monde, le Journal et les Coulisses. Au moment où Florine, qui lui savait gré de tout, qui partageait presque ses travaux et ses inquiétudes, se montrait et disparaissait à propos, lui versait à flots un bonheur réel, sans phrases, sans aucun accompagnement de remords ; la comtesse, aux yeux insatiables, au corsage chaste, oubliait ces travaux gigantesques et les peines prises souvent pour la voir un instant. Au lieu de dominer, Florine se laissait prendre, quitter, reprendre, avec la complaisance d'un chat qui retombe sur ses pattes et secoue ses oreilles. Cette facilité de mœurs concorde admirablement aux allures des hommes de pensée ; et tout artiste en eût profité, comme le fit Nathan, sans abandonner la poursuite de ce bel amour idéal, de cette splendide passion qui charmait ses instincts de poëte, ses grandeurs secrètes, ses vanités sociales. Convaincu de la catastrophe qui suivrait une indiscrétion, il se disait : « La comtesse ni Florine ne sauront rien ! » Elles étaient si loin l'une de l'autre ! A l'entrée de l'hiver, Raoul reparut dans le monde à son apogée : il était presque un personnage. Rastignac, tombé avec le ministère disloqué par la mort de de Marsay, s'appuyait sur Raoul et l'appuyait par ses éloges. Madame de Vandenesse voulut alors savoir si son mari était revenu sur le compte de Nathan. Après une année, elle l'interrogea de nouveau, croyant avoir à prendre une de ces éclatantes revanches qui plaisent à toutes les femmes, même les plus nobles, les moins terrestres ; car on peut gager à coup sûr que les anges ont encore de l'amour-propre en se rangeant autour du Saint des Saints.

— Il ne lui manquait plus que d'être la dupe des intrigants, répondit le comte.

Félix, à qui l'habitude du monde et de la politique permettait de voir clair, avait pénétré la situation de Raoul. Il expliqua tranquillement à sa femme que la tentative de Fieschi avait eu pour résultat de rattacher beaucoup de gens tièdes aux intérêts menacés dans la personne du roi Louis-Philippe. Les journaux dont la couleur n'était pas tranchée y perdraient leurs abonnés, car le journalisme allait se simplifier avec la politique. Si Nathan avait mis sa fortune dans son journal, il périrait bientôt. Ce coup d'œil si juste, si net, quoique succinct et jeté dans l'intention d'approfondir une question sans intérêt, par un homme qui savait calculer les chances de tous les partis, effraya madame de Vandenesse.

— Vous vous intéressez donc bien à lui? demanda Félix à sa femme.

— Comme à un homme dont l'esprit m'amuse, dont la conversation me plaît.

Cette réponse fut faite d'un air si naturel que le comte ne soupçonna rien.

Le lendemain à quatre heures, chez madame d'Espard, Marie et Raoul eurent une longue conversation à voix basse. La comtesse exprima des craintes que Raoul dissipa, trop heureux d'abattre sous des épigrammes la grandeur conjugale de Félix. Nathan avait une revanche à prendre. Il peignit le comte comme un petit esprit, comme un homme arriéré, qui voulait juger la Révolution de Juillet avec la mesure de la Restauration, qui se refusait à voir le triomphe de la classe moyenne, la nouvelle force des sociétés, temporaire ou durable, mais réelle. Il n'y avait plus de grands seigneurs possibles, le règne des véritables supériorités arrivait. Au lieu d'étudier les avis indirects et impartiaux d'un homme politique interrogé sans passion, Raoul parada, monta sur des échasses, et se drapa dans la pourpre de son succès. Quelle est la femme qui ne croit pas plus à son amant qu'à son mari?

Madame de Vandenesse rassurée commença donc cette vie d'irritations réprimées, de petites jouissances dérobées, de serrements de main clandestins, sa nourriture de l'hiver dernier, mais qui finit par entraîner une femme au delà des bornes quand l'homme qu'elle aime a quelque résolution et s'impatiente des entraves. Heureusement pour elle, Raoul modéré par Florine n'était pas dangereux. D'ailleurs il fut saisi par des intérêts qui ne lui permirent pas de profiter de son bonheur. Néanmoins un malheur soudain arrivé à Nathan, des obstacles renouvelés, une impatience pouvaient précipiter la comtesse dans un abîme. Raoul entrevoyait ces dispositions chez Marie, quand vers la fin de décembre du Tillet voulut être payé. Le riche banquier, qui se disait gêné, donna le conseil à Raoul d'emprunter la somme pour quinze jours à un usurier, à Gigonnet, la providence à vingt-cinq pour cent de tous les jeunes gens embarrassés. Dans quelques jours le journal opérait son grand renouvellement de janvier, il y aurait des sommes en caisse, du Tillet verrait. D'ailleurs pourquoi Nathan ne ferait-il pas une pièce? Par orgueil Nathan voulut payer à tout prix. Du Tillet donna une lettre à Raoul pour l'usurier, d'après laquelle Gigonnet lui compta les sommes sur des lettres de change à vingt jours. Au lieu de chercher les raisons d'une semblable facilité, Raoul fut fâché de ne pas avoir demandé davantage. Ainsi se comportent les hommes les plus remarquables par la force de leur pensée; ils voient matière à plaisanter dans un fait grave, ils semblent réserver leur esprit pour leurs œuvres, et, de peur de l'amoindrir, n'en usent point dans les choses de la vie. Raoul raconta sa matinée à Florine et à Blondet; il leur peignit Gigonnet tout entier, sa cheminée sans feu, son petit papier de Réveillon, son escalier, sa sonnette asthmatique et le pied de biche, son petit paillasson usé, son âtre sans feu comme son regard : il les fit rire de ce nouvel oncle; ils ne s'inquiétèrent ni de du Tillet qui se disait sans argent, ni d'un usurier si prompt à la détente. Tout cela, caprices!

— Il ne t'a pris que quinze pour cent, dit Blondet, tu lui devais des remerciements. A vingt-cinq pour cent on ne les salue plus; l'usure commence à cinquante pour cent, à ce taux on les méprise.

— Les mépriser! dit Florine. Quels sont ceux de vos amis qui vous prêteraient à ce taux sans se poser comme vos bienfaiteurs?

— Elle a raison, je suis heureux de ne plus rien devoir à du Tillet, disait Raoul.

Pourquoi ce défaut de pénétration dans leurs affaires personnelles chez des hommes habitués à tout pénétrer? Peut-être l'esprit ne peut-il pas être complet sur tous les points; peut-être les artistes vivent-ils trop dans le moment présent pour étudier l'avenir; peut-être observent-ils trop les ridicules pour voir un piége, et croient-ils qu'on n'ose pas les jouer. L'avenir ne se fit pas attendre. Vingt jours après les lettres de change étaient protestées ; mais au Tribunal de commerce, Florine fit demander et obtenir vingt-cinq jours pour payer. Raoul étudia sa position, il demanda des comptes : il en résulta que les recettes du journal couvraient les deux tiers des frais, et que l'abonnement faiblissait. Le grand homme devint inquiet et sombre, mais pour Florine seulement, à laquelle il se confia. Florine lui conseilla d'emprunter sur des pièces de théâtre à faire, en les vendant en bloc et aliénant les revenus de son répertoire. Nathan trouva par ce moyen vingt mille francs, et réduisit sa dette à quarante mille. Le 10 de février les vingt-cinq jours expirèrent. Du Tillet, qui ne voulait pas de Nathan pour concurrent dans le collége électoral où il comptait se présenter, en laissant à Massol un autre collége à la dévotion du ministère, fit poursuivre à outrance Raoul par Gigonnet. Un homme écroué pour dettes ne peut pas s'offrir à la candidature. La maison de Clichy pouvait dévorer le futur ministre. Florine était elle-même en conversation suivie avec des huissiers, à raison de ses dettes personnelles ; et, dans cette crise, il ne lui restait plus d'autre ressource que le *moi* de Médée, car ses meubles furent saisis. L'ambitieux entendait de toutes parts les craquements de la destruction dans son jeune édifice, bâti sans fondements. Déjà sans force pour soutenir une si vaste entreprise, il se sentait incapable de la recommencer ; il allait donc périr sous les décombres de sa fantaisie. Son amour pour la comtesse lui donnait encore quelques éclairs de vie ; il animait son masque, mais en dedans l'espérance était morte. Il ne soupçonnait point du Tillet, il ne voyait que l'usurier. Rastignac, Blondet, Lousteau, Vernou, Finot, Massol se gardaient bien d'éclairer cet homme d'une activité si dangereuse. Rastignac, qui voulait ressaisir le pouvoir, faisait cause commune avec Nucingen et du Tillet. Les autres éprouvaient des jouissances infinies à contempler l'agonie d'un de leurs égaux, coupable d'avoir tenté d'être leur maître. Aucun d'eux n'aurait voulu dire un mot à Florine ; au contraire, on lui vantait Raoul. « Nathan avait des épaules à soutenir le monde, il s'en tirerait, tout irait à merveille ! »

— On a fait deux abonnés hier, disait Blondet d'un air grave, Raoul sera député. Le budget voté, l'ordonnance de dissolution paraîtra.

Nathan, poursuivi, ne pouvait plus compter sur l'usure. Florine, saisie, ne pouvait plus compter que sur les hasards d'une passion inspirée à quelque niais qui ne se trouve jamais à propos. Nathan n'avait pour amis que des gens sans argent et sans crédit. Une arrestation tuait ses espérances de fortune politique. Pour comble de malheur, il se voyait engagé dans d'énormes travaux payés d'avance, il n'entrevoyait pas de fond au gouffre de misère où il allait rouler. En présence de tant de menaces, son audace l'abandonna. La comtesse de Vandenesse s'attacherait-elle à lui, fuirait-elle au loin? Les femmes ne sont jamais conduites à cet abîme que par un entier amour, et leur passion ne les avait pas noués l'un à l'autre par les liens mystérieux du bonheur. Mais la comtesse le suivît-elle à l'étranger, elle viendrait sans fortune, nue et dépouillée, elle serait un embarras de plus. Un esprit de second ordre, un orgueilleux comme Nathan, devait voir et vit alors dans le suicide l'épée qui trancherait ces nœuds gordiens. L'idée de tomber en face de ce monde où il avait pénétré, qu'il avait voulu dominer, d'y laisser la comtesse triomphante et de redevenir un fantassin crotté, n'était pas supportable. La Folie dansait et faisait entendre ses grelots à la porte du palais fantastique habité par le poète. En cette extrémité, Nathan attendit un hasard et ne voulut se tuer qu'au dernier moment.

Durant les derniers jours employés par la signification du jugement, par les commandements et la dénonciation de la contrainte par corps, Raoul porta partout malgré lui cet air froidement sinistre que les observateurs ont pu remarquer chez tous les gens destinés au suicide ou qui le méditent. Les idées funèbres qu'ils caressent impriment à leur front des teintes grises et nébuleuses; leur sourire a je ne sais quoi de fatal, leurs mouvements sont solennels. Ces malheureux paraissent vouloir sucer jusqu'au zeste les fruits dorés de la vie; leurs regards visent le cœur à tout propos, ils écoutent leur glas dans l'air, ils sont inattentifs. Ces effrayants symptômes, Marie les aperçut un soir chez lady Dudley : Raoul était resté seul sur un divan, dans le boudoir, tandis que tout le monde causait dans le salon; la comtesse vint à la porte, il ne leva pas la tête, il n'entendit ni le souffle de Marie ni le frissonnement de sa robe de soie ; il regardait une fleur du tapis, les yeux fixes, hébétés de douleur; il aimait mieux mourir que d'abdiquer. Tout le monde n'a pas le piédestal de Sainte-Hélène. D'ailleurs, le suicide régnait alors à Paris; ne doit-il pas être le dernier mot des sociétés incrédules? Raoul venait de se résoudre à mourir. Le désespoir est en raison des espérances, et celui de Raoul n'avait pas d'autre issue que la tombe.

— Qu'as-tu? lui dit Marie en volant auprès de lui.

— Rien, répondit-il.

Il y a une manière de dire ce mot *rien* entre amants, qui signifie tout le contraire. Marie haussa les épaules.

— Vous êtes un enfant, dit-elle, il vous arrive quelque malheur.

— Non, pas à moi, dit-il. D'ailleurs, vous le saurez toujours trop tôt, Marie, reprit-il affectueusement.

— A quoi pensais-tu quand je suis entrée? demanda-t-elle d'un air d'autorité.

— Veux-tu savoir la vérité? Elle inclina la tête. — Je songeais à toi, je me disais qu'à ma place bien des hommes auraient voulu être aimés sans réserve : je le suis, n'est-ce pas?

— Oui, dit-elle.

— Et, reprit-il en lui pressant la taille et l'attirant à lui pour la baiser au front, au risque d'être surpris, je te laisse pure et sans remords. Je puis t'entraîner dans l'abîme, et tu demeures dans toute ta gloire au bord, sans souillure. Cependant une seule pensée m'importune....

— Laquelle?

— Tu me mépriseras. Elle sourit superbement. — Oui, tu ne croiras jamais avoir été saintement aimée; puis on me flétrira, je le sais. Les femmes n'imaginent pas que du fond de notre fange nous levions nos yeux vers le ciel pour y adorer sans partage une Marie. Elles mêlent à ce saint amour de tristes questions, elles ne comprennent pas que des hommes de haute intelligence et de vaste poésie puissent dégager leur âme de la jouissance pour la réserver à quelque autel chéri. Cependant, Marie, le culte de l'idéal est plus fervent chez nous que chez vous : nous le trouvons dans la femme qui ne le cherche même pas en nous.

— Pourquoi cet article? dit-elle railleusement en femme sûre d'elle.

— Je quitte la France, tu apprendras demain pourquoi et comment par une lettre que t'apportera mon valet de chambre. Adieu, Marie.

Raoul sortit après avoir pressé la comtesse sur son cœur par une horrible étreinte, et la laissa stupide de douleur.

— Qu'avez-vous donc, ma chère? lui dit la marquise d'Espard en la venant chercher; que vous a dit monsieur Nathan? il nous a quittées d'un air mélodramatique. Vous êtes peut-être trop raisonnable ou trop déraisonnable.

La comtesse prit le bras de madame d'Espard pour rentrer dans le salon, d'où elle partit quelques instants après.

— Elle va peut-être à son premier rendez-vous, dit lady Dudley à la marquise.

— Je le saurai, répliqua madame d'Espard en s'en allant et suivant la voiture de la comtesse.

Mais le coupé de madame de Vandenesse prit le chemin du faubourg Saint-Honoré. Quand madame d'Espard rentra chez elle, elle vit la comtesse Félix continuant le faubourg pour gagner le chemin de la rue du Rocher. Marie se coucha sans pouvoir dormir, et passa la nuit à lire un voyage au pôle nord sans y rien comprendre. A huit heures et demie, elle reçut une lettre de Raoul, et l'ouvrit précipitamment. La lettre commençait par ces mots classiques :

« Ma chère bien-aimée, quand tu tiendras ce papier, je ne serai plus... »

Elle n'acheva pas, elle froissa le papier par une contraction nerveuse, sonna sa femme de chambre, mit à la hâte un peignoir, chaussa les premiers souliers venus, s'enveloppa dans un châle, prit un chapeau; puis elle sortit en recommandant à sa femme de chambre de dire au comte qu'elle était allée chez sa sœur, madame du Tillet.

— Où avez-vous laissé votre maître? demanda-t-elle au domestique de Raoul.

— Au bureau du journal.

— Allons-y, dit-elle.

Au grand étonnement de sa maison, elle sortit à pied, avant neuf heures, en proie à une visible folie. Heureusement pour elle, la femme de chambre alla dire au comte que madame venait de recevoir une lettre de madame du Tillet qui l'avait mise hors d'elle, et venait de courir chez sa sœur, accompagnée du domestique qui lui avait apporté la lettre. Vandenesse attendit le retour de sa femme pour recevoir des explications. La comtesse monta dans un fiacre et fut rapidement menée au bureau du journal. A cette heure, les vastes appartements occupés par le journal dans un vieil hôtel de la rue Feydeau étaient déserts; il ne s'y trouvait qu'un garçon de bureau, très-étonné de voir une jeune et jolie femme égarée les traverser en courant, et lui demander où était monsieur Nathan.

— Il est sans doute chez mademoiselle Florine, répondit-il en prenant la comtesse pour une rivale qui voulait faire une scène de jalousie.

— Où travaille-t-il ici ? dit-elle.

— Dans un cabinet dont la clef est dans sa poche.

— Je veux y aller.

Le garçon la conduisit à une petite pièce sombre donnant sur une arrière-cour, et qui jadis était un cabinet de toilette attenant à un grande chambre à coucher dont l'alcôve n'avait pas été détruite. Ce cabinet était en retour. La comtesse, en ouvrant la fenêtre de sa chambre, put voir par celle du cabinet ce qui s'y passait : Nathan râlait assis sur son fauteuil de rédacteur en chef.

— Enfoncez cette porte et taisez-vous, j'achèterai votre silence, dit-elle. Ne voyez-vous pas que monsieur Nathan se meurt ?

Le garçon alla chercher à l'imprimerie un châssis de fer avec lequel il put enfoncer la porte. Raoul s'asphyxiait, comme une simple couturière, au moyen d'un réchaud de charbon. Il venait d'achever une lettre à Blondet pour le prier de mettre son suicide sur le compte d'une apoplexie foudroyante. La comtesse arrivait à temps : elle fit transporter Raoul dans le fiacre, et ne sachant où lui donner des soins, elle entra dans un hôtel, y prit une chambre, et envoya le garçon de bureau chercher un médecin. Raoul fut en quelques heures hors de danger ; mais la comtesse ne quitta pas son chevet sans avoir obtenu sa confession générale. Après que l'ambitieux terrassé lui eut versé dans le cœur ces épouvantables élégies de sa douleur, elle revint chez elle en proie à tous les tourments, à toutes les idées qui, la veille, assiégeaient le front de Nathan.

— J'arrangerai tout, lui avait-elle dit pour le faire vivre.

— Eh! bien, qu'a donc ta sœur? demanda Félix à sa femme en la voyant rentrer. Je te trouve bien changée.

— C'est une horrible histoire sur laquelle je dois garder le plus profond secret, répondit-elle en retrouvant sa force pour affecter le calme.

Afin d'être seule et de penser à son aise, elle était allée le soir aux Italiens, puis elle était venue décharger son cœur dans celui de madame du Tillet en lui racontant l'horrible scène de la matinée, lui demandant des conseils et des secours. Ni l'une ni l'autre ne pouvaient savoir alors que du Tillet avait allumé le feu du vulgaire réchaud dont la vue avait épouvanté la comtesse Félix de Vandenesse.

— Il n'a que moi dans le monde, avait dit Marie à sa sœur, et je ne lui manquerai point.

Ce mot contient le secret de toutes les femmes : elles sont héroïques alors qu'elles ont la certitude d'être tout pour un homme grand et irréprochable.

Du Tillet avait entendu parler de la passion plus ou moins probable de sa belle-sœur pour Nathan ; mais il était de ceux qui la niaient ou la jugeaient incompatible avec la liaison de Raoul et de Florine. L'actrice devait chasser la comtesse, et réciproquement. Mais quand, en rentrant chez lui, pendant cette soirée, il y vit sa belle-sœur, dont déjà le visage lui avait annoncé d'amples perturbations aux Italiens, il devina que Raoul avait confié ses embarras à la comtesse : la comtesse l'aimait donc, elle était donc venue demander à Marie-Eugénie les sommes dues au vieux Gigonnet. Madame du Tillet, à qui les secrets de cette pénétration en apparence surnaturelle échappaient, avait montré tant de stupéfaction, que les soupçons de du Tillet se changèrent en certitude. Le banquier crut pouvoir tenir le fil des intrigues de Nathan. Personne ne savait ce malheureux au lit, rue du Mail, dans un hôtel garni, sous le nom du garçon de bureau à qui la comtesse avait promis cinq cents francs s'il gardait le secret sur les événements de la nuit et de la matinée. Aussi François Quillet avait-il eu le soin de dire à la portière que Nathan s'était trouvé mal par suite d'un travail excessif. Du Tillet ne fut pas étonné de ne point voir Nathan. Il était naturel que le journaliste se cachât pour éviter les gens chargés de l'arrêter. Quand les espions vinrent prendre des renseignements, ils apprirent que le matin une dame était venue enlever le rédacteur en chef. Il se passa deux jours avant qu'ils eussent découvert le numéro du fiacre, questionné le cocher, reconnu, sondé l'hôtel où se ranimait le débiteur. Ainsi les sages mesures prises par Marie avaient fait obtenir à Nathan un sursis de trois jours.

Chacune des deux sœurs passa donc une cruelle nuit. Une catastrophe semblable jette la lueur de son charbon sur toute la vie ; elle en éclaire les bas-fonds, les écueils, plus que les sommets, qui jusqu'alors ont occupé le regard. Frappée de l'horrible spectacle d'un jeune homme mourant dans son fauteuil, devant son journal, écrivant à la romaine ses dernières pensées, la pauvre madame du Tillet ne pouvait penser qu'à lui porter secours, à rendre la vie à cette âme par laquelle vivait sa sœur. Il est dans la nature de notr esprit de regarder aux effets avant d'analyser les causes. Eugénie approuva de nouveau l'idée qu'elle avait eu de s'adresser à la baronne Delphine de Nucingen, chez laquelle elle dînait, et ne douta pas du succès. Généreuse comme toutes les personnes qui n'ont pas été pressées dans les rouages en acier poli de la société moderne, madame du Tillet résolut de prendre tout sur elle.

De son côté, la comtesse, heureuse d'avoir déjà sauvé la vie de Nathan, employa sa nuit à inventer des stratagèmes pour se procurer quarante mille francs. Dans ces crises, les femmes sont sublimes. Conduites par le sentiment, elles arrivent à des combinaisons qui surprendraient les voleurs, les gens d'affaires et les usuriers, si ces trois classes d'industriels, plus ou moins patentés, s'étonnaient de quelque chose. La comtesse vendait ses diamants en songeant à en porter de faux. Elle se décidait à demander la somme à Vandenesse pour sa sœur, déjà mise en jeu par elle; mais elle avait trop de noblesse pour ne pas reculer devant les moyens déshonorants; elle les concevait et les repoussait. L'argent de Vandenesse à Nathan ! Elle bondissait dans son lit effrayée de sa scélératesse. Faire monter de faux diamants? son mari finirait par s'en apercevoir. Elle voulait aller demander la somme aux Rothschild qui avaient tant d'or, à l'archevêque de Paris qui devait secourir les pauvres, courant ainsi d'une religion à l'autre, implorant tout. Elle déplora de se voir en dehors du gouvernement; jadis elle aurait trouvé son argent à emprunter aux environs du trône. Elle pensait à recourir à son père. Mais l'ancien magistrat avait en horreur les illégalités; ses enfants avaient fini par savoir combien peu il sympathisait avec les malheurs de l'amour; il ne voulait point en entendre parler, il était devenu misanthrope, il avait toute intrigue en horreur. Quant à la comtesse de Granville, elle vivait retirée en Normandie dans une de ses terres, économisant et priant, achevant ses jours entre des prêtres et des sacs d'écus, froide jusqu'au dernier moment. Quand Marie aurait eu le temps d'arriver à Bayeux, sa mère lui donnerait-elle tant d'argent sans savoir quel en serait l'usage? Supposer des dettes? Oui, peut-être se laisserait-elle attendrir par sa favorite. Eh! bien, en cas d'insuccès, la comtesse irait donc en Normandie. Le comte de Granville ne refuserait pas de lui fournir un prétexte de voyage en lui donnant le faux avis d'une grave maladie survenue à sa femme. Le désolant spectacle qui l'avait épouvantée le matin, les soins prodigués à Nathan, les heures passées au chevet de son lit, ces narrations entrecoupées, cette agonie d'un grand esprit, ce vol du génie arrêté par un vulgaire, par un ignoble obstacle, tout lui revint en mémoire pour stimuler son amour. Elle repassa ses émotions et se sentit encore plus éprise par les misères que par les grandeurs. Aurait-elle baisé ce front couronné par le succès? Non. Elle trouvait une noblesse infinie aux dernières paroles que Nathan lui avait dites dans le boudoir de lady Dudley. Quelle sainteté dans cet adieu ! Quelle noblesse dans l'immolation d'un bonheur qui serait devenu son tourment à elle ! La comtesse avait souhaité des émotions dans sa vie ; elles abondaient terribles, cruelles, mais aimées. Elle vivait plus par la douleur que par le plaisir. Avec quelles délices elle se disait : Je l'ai déjà sauvé, je vais le sauver encore ! Elle l'entendait s'écriant : Il n'y a que les malheureux qui savent jusqu'où va l'amour ! quand il avait senti les lèvres de sa Marie posées sur son front.

— Es-tu malade? lui dit son mari qui vint dans sa chambre la chercher pour le déjeuner.

— Je suis horriblement tourmentée du drame qui se joue chez ma sœur, dit-elle sans faire de mensonge.

— Elle est tombée en de bien mauvaises mains ; c'est une honte pour une famille que d'y avoir un du Tillet, un homme sans noblesse ; s'il arrivait quelque désastre à votre sœur, elle ne trouverait guère de pitié chez lui.

— Quelle est la femme qui s'accommode de la pitié? dit la comtesse en faisant un mouvement convulsif. Impitoyables, votre rigueur est une grâce pour nous.

— Ce n'est pas d'aujourd'hui que je vous sais noble de cœur, dit Félix en baisant la main de sa femme et tout ému de cette fierté. Une femme qui pense ainsi n'a pas besoin d'être gardée.

— Gardée? reprit-elle, autre honte qui retombe sur vous.

Félix sourit, mais Marie rougissait. Quand une femme est secrètement en faute, elle monte ostensiblement l'orgueil féminin au plus haut point. C'est une dissimulation d'esprit dont il faut leur savoir gré. La tromperie est alors pleine de dignité, sinon de grandeur. Marie écrivit deux lignes à Nathan sous le nom de monsieur Quillet, pour lui dire que tout allait bien, et les envoya par un commissionnaire à l'hôtel du Mail. Le soir, à l'Opéra, la comtesse eut les bénéfices de ses mensonges, car son mari trouva très naturel qu'elle quittât sa loge pour aller voir sa sœur. Félix attendit pour lui donner le bras que du Tillet eût laissé sa femme seule. De quelles émotions Marie fut agitée en traversant le corridor, en entrant dans la loge de sa sœur et s'y posant d'un front calme et serein devant le monde étonné de les voir ensemble.

— Hé! bien? lui dit-elle.

Le visage de Marie-Eugénie était une réponse : il y éclatait une joie naïve que bien des personnages attribuèrent à une vaniteuse satisfaction.

— Il sera sauvé, ma chère, mais pour trois mois seulement, pendant lesquels nous aviserons à le secourir plus efficacement. Madame de Nucingen veut quatre lettres de change de chacune dix mille francs, signées de n'importe qui, pour ne pas te compromettre. Elle m'a expliqué comment elles devaient être faites; je n'y ai rien compris, mais monsieur Nathan te les préparera. J'ai seulement pensé que Schmuke, notre vieux maître, peut nous être très utile en cette circonstance : il les signerait. En joignant à ces quatre valeurs une lettre par laquelle tu garantiras leur paiement à madame de Nucingen, elle te remettra demain l'argent. Fais tout par toi-même, ne te fie à personne. J'ai pensé que Schmuke n'aurait aucune objection à t'opposer. Pour dérouter les soupçons, j'ai dit que tu voulais obliger notre ancien maître de musique, un Allemand dans le malheur. J'ai donc pu demander le plus profond secret.

— Tu as de l'esprit comme un ange! Pourvu que la baronne de Nucingen n'en cause qu'après avoir donné l'argent, dit la comtesse en levant les yeux comme pour implorer Dieu, quoique à l'Opéra.

— Schmuke demeure dans la petite rue de Nevers, sur le quai Conti, ne l'oublie pas, vas-y toi-même.

— Merci, dit la comtesse en serrant la main de sa sœur. Ah! je donnerais dix ans de ma vie....

— A prendre dans ta vieillesse....

— Pour faire à jamais cesser de pareilles angoisses, dit la comtesse en souriant de l'interruption.

Toutes les personnes qui lorgnaient en ce moment les deux sœurs pouvaient les croire occupées de frivolités en admirant leurs rires ingénus; mais un de ces oisifs qui viennent à l'Opéra plus pour espionner les toilettes et les figures que par plaisir, aurait pu deviner le secret de la comtesse en remarquant la violente sensation qui éteignit la joie de ces deux charmantes physionomies. Raoul qui, pendant la nuit, ne craignait plus les recors, pâle et blême, l'œil inquiet, le front attristé, parut sur la marche de l'escalier où il se posait habituellement. Il chercha la comtesse dans sa loge, la trouva vide, et se prit alors le front dans ses mains en s'appuyant le coude à la ceinture.

— Peut-elle être à l'Opéra! pensa-t-il.

— Regarde-nous donc, pauvre grand homme, dit à voix basse madame du Tillet.

Quant à Marie, au risque de se compromettre, elle attacha sur lui ce regard violent et fixe par lequel la volonté jaillit de l'œil, comme du soleil jaillissent les ondes lumineuses, et qui pénètre, selon les magnétiseurs, la personne sur laquelle il est dirigé. Raoul sembla frappé par une baguette magique; il leva la tête, et son œil rencontra soudain les yeux des deux sœurs. Avec cet adorable esprit qui n'abandonne jamais les femmes, madame de Vandenesse saisit une croix qui jouait sur sa gorge et la lui montra par un sourire rapide et significatif. Le bijou rayonna jusque sur le front de Raoul, qui répondit par une expression joyeuse : il avait compris.

— N'est-ce donc rien, Eugénie, dit la comtesse à sa sœur, que de rendre ainsi la vie aux morts?

— Tu peux entrer dans la Société des Naufrages, répondit Eugénie en souriant.

— Comme il est venu triste, abattu; mais comme il s'en ira content!

— Hé! bien, comment vas-tu, mon cher? dit du Tillet en serrant la main à Raoul et l'abordant avec tous les symptômes de l'amitié.

— Mais comme un homme qui vient de recevoir les meilleurs renseignements sur les élections. Je serai nommé, répondit le radieux Raoul.

— Ravi, répliqua du Tillet. Il va nous falloir de l'argent pour le journal.

— Nous en trouverons, dit Raoul.

— Les femmes ont le diable pour elles, dit du Tillet sans se laisser prendre encore aux paroles de Raoul qu'il avait nommé Charnathan.

— A quel propos? dit Raoul.

— Ma belle-sœur est chez ma femme, dit le banquier ; il y a quelque intrigue sous jeu. Tu me parais adoré de la comtesse, elle te salue à travers toute la salle.

— Vois, dit madame du Tillet à sa sœur, on nous dit fausses. Mon mari câline monsieur Nathan, et c'est lui qui veut le faire mettre en prison.

—Et les hommes nous accusent! s'écria la comtesse : je l'éclairerai.

Elle se leva, reprit le bras de Vandenesse qui l'attendait dans le corridor, revint radieuse dans sa loge; puis elle quitta l'Opéra, commanda sa voiture pour le lendemain avant huit heures, et se trouva dès huit heures et demie au quai Conti, après avoir passé rue du Mail.

La voiture ne pouvait entrer dans la petite rue de Nevers; mais comme Schmuke habitait une maison située à l'angle du quai, la comtesse n'eut pas à marcher dans la boue, elle sauta presque de son marchepied à l'allée boueuse et ruinée de cette vieille maison noire, racommodée comme la faïence d'un portier avec des attaches en fer, et surplombant de manière à inquiéter les passants. Le vieux maître de chapelle demeurait au quatrième étage et jouissait du bel aspect de la Seine, depuis le Pont-Neuf jusqu'à la colline de Chaillot. Ce bon être fut si surpris quand le laquais lui annonça la visite de son ancienne écolière, que dans sa stupéfaction il la laissa pénétrer chez lui. Jamais la comtesse n'eût inventé ni soupçonné l'existence qui se révéla soudain à ses regards, quoiqu'elle connût depuis longtemps le profond dédain de Schmuke pour le costume et le peu d'intérêt qu'il portait aux choses de ce monde. Qui aurait pu croire au laisser-aller d'une pareille vie, à une si complète insouciance ? Schmuke était un Diogène musicien, il n'avait point honte de son désordre; il l'eût nié, tant il y était habitué. L'usage incessant d'une bonne grosse pipe allemande avait répandu sur le plafond, sur le misérable papier de tenture, écorché en mille endroits par un chat, une teinte blonde qui donnait aux objets l'aspect des moissons dorées de Cérès. Le chat, doué d'une magnifique robe à longues soies ébouriffées à faire envie à une portière, était là comme la maîtresse du logis, grave dans sa barbe, sans inquiétude ; du haut d'un excellent piano de Vienne où il siégeait magistralement, il jeta sur la comtesse, quand elle entra, ce regard mielleux et froid par lequel toute femme étonnée de sa beauté l'aurait saluée; il ne se dérangea point, il agita seulement les deux fils d'argent de ses moustaches droites et reporta sur Schmuke ses deux yeux d'or. Le piano, caduc et d'un bon bois peint en noir et or, mais sale, déteint, écaillé, montrait des touches usées comme les dents des vieux chevaux, et jaunies par la couleur fuligineuse tombée de la pipe. Sur la tablette, de petits tas de cendres disaient que, la veille, Schmuke avait chevauché sur le vieil instrument vers quelque sabbat musical. Le carreau, plein de boue séchée, de papiers déchirés, de cendres de pipe, de débris inexplicables, ressemblait au plancher des pensionnats quand il n'a pas été balayé depuis huit jours, et d'où les domestiques chassent des monceaux de choses qui sont entre le fumier et les guenilles. Un œil plus exercé que celui de la comtesse y aurait trouvé des renseignements sur la vie de Schmuke, dans quelques épluchures de marrons, des pelures de pommes, des coquilles d'œufs rouges, dans des plats cassés par inadvertance et crottés de *sauer-craut*. Ce *détritus* allemand formait un tapis de poudreuses immondices qui craquait sous les pieds, et se ralliait à un amas de cendres qui descendait majestueusement d'une cheminée en pierre peinte où trônait une bûche en charbon de terre devant laquelle deux tisons avaient l'air de se consumer. Sur la cheminée, un trumeau et sa glace, où les figures dansaient la sarabande ; d'un côté la glorieuse pipe accrochée, de l'autre un pot chinois où le professeur mettait son tabac. Deux fauteuils achetés de hasard, comme une couchette maigre et plate, comme la commode vermoulue et sans marbre, comme la table estropiée où se voyaient les restes d'un frugal déjeuner, composaient ce mobilier plus simple que celui d'un wigham de Mohicans. Un miroir à barbe suspendu à l'espagnolette de la fenêtre sans rideaux et surmonté d'une loque zébrée par les nettoyages du rasoir, indiquait les sacrifices que Schmuke faisait aux Grâces et au Monde. Le chat, être faible et protégé, était le mieux partagé, il jouissait d'un vieux coussin de bergère auprès duquel se voyaient une tasse et un plat de porcelaine blanche. Mais ce qu'aucun style ne peut décrire, c'est l'état où Schmuke, le chat et la pipe, trinité vivante, avaient mis ces meubles. La pipe avait brûlé la table çà et là. Le chat et la tête de Schmuke avaient graissé le velours d'Utrecht vert des deux fauteuils, de manière à lui ôter sa rudesse. Sans la splendide queue de ce chat, qui faisait en partie le ménage, jamais les places libres sur la commode ou sur le piano n'eussent été nettoyées. Dans un coin se tenaient les souliers, qui voudraient un dénombrement épique. Les dessus de la commode et du piano étaient encombrés de livres de musique, à dos rongés, éventrés, à coins blanchis, émoussés, où le carton montrait ses mille feuilles. Le long des murs étaient collées avec des pains à cacheter les adresses des écolières. Le nombre de pains sans papiers indiquait les adresses défuntes. Sur le papier se lisaient des calculs faits à **la craie**. La commode était ornée de cruchons de bière bus la veille, lesquels paraissaient neufs et brillants au milieu de ces vieilleries et des paperasses. L'hygiène était représentée par un pot à eau couronné d'une serviette, et un morceau de savon vulgaire, blanc, pailleté de bleu, qui humectait le bois de rose en plusieurs endroits. Deux chapeaux également vieux étaient accrochés à un porte-manteau d'où pendait le même carrick bleu à trois collets que la comtesse avait toujours vu à Schmuke. Au bas de la fenêtre étaient trois pots de fleurs, des fleurs allemandes sans doute, et tout auprès une canne de houx. Quoique la vue et l'odorat de la comtesse fussent désagréablement affectés, le sourire et le regard de Schmuke lui cachèrent ces misères sous de célestes rayons qui firent resplendir les teintes blondes, et vivifièrent ce chaos. L'âme de cet homme divin, qui connaissait et révélait tant de choses divines, scintillait comme un soleil. Son rire si franc, si ingénu à l'aspect d'une de ses saintes Céciles, répandit les éclats de la jeunesse, de la gaieté, de l'innocence. Il versa les trésors les plus chers à l'homme, et s'en fit un manteau qui cacha sa pauvreté. Le parvenu le plus dédaigneux eût trouvé peut-être ignoble de songer au cadre où s'agitait ce magnifique apôtre de la religion musicale.

— *Hé bar kel hassart, izi, tchère montame la gondesse?* dit-il. *Vaudile kè chè jande lei gandike té Zimion à mon ache!* Cette idée raviva son accès de rire immodéré. — *Souis-che en ponne fordine?* reprit-il encore d'un air fin. Puis il se remit à rire comme un enfant. — *Vis fennez pir la misik, hai non pir ein baufre ôme. Ché lei sais*, dit-il d'un air mélancolique, *mais fennez pir tit ce ke vi fouderesse, vis savez qu'ici tit este à visse, corpe, hâme, hai piens!*

Il prit la main de la comtesse, la baisa et y mit une larme, car le bonhomme était tous les jours au lendemain du bienfait. Sa joie lui avait ôté pendant un instant le souvenir, pour le lui rendre dans toute sa force. Aussitôt il prit la craie, sauta sur le fauteuil qui était devant le piano ; puis, avec un rapidité de jeune homme, il écrivit sur le papier en grosses lettres : 17 FÉVRIER 1835. Ce mouvement si joli, si naïf, fut accompli avec une si furieuse reconnaissance, que la comtesse en fut tout émue.

— Ma sœur viendra, lui dit-elle.

— *L'audre auzi! gand? gand? ke cé soid afant qu'il meure!* reprit-il.

— Elle viendra vous remercier d'un grand service que je viens vous demander de sa part, reprit-elle.

— *Fitte, fitte, fitte, fitte,* s'écria Schmuke, *ké vaudille vaire? Vaudille hâler au tiaple?*

— Rien que mettre : *Accepté pour la somme de dix mille francs* sur chacun de ces papiers, dit-elle en tirant de son manchon quatre lettres de change préparées selon la formule par Nathan.

— *Há! ze zera piendotte vaidde*, répondit l'Allemand avec la douceur d'un agneau. *Seulemente, che neu saite pas i se druffent messes blîmes et mon hangrier. — Fattan te la, meinherr Mirr*, cria-t-il au chat qui le regarda froidement. — *Sei mon châs*, dit-il en le montrant à la comtesse. *C'est la bauffre hânîmâle ki fit affècque li bauffre Schmuke! Illehai pô!*

— Oui, dit la comtesse.

— *Lé foullez-visse?* dit-il.

— Y pensez-vous ? reprit-elle. N'est-ce pas votre ami ?

Le chat, qui cachait l'encrier, devina que Schmuke le voulait, et sauta sur le lit.

— *Il être mâline gomme ein zinche!* reprit-il en le montrant sur le lit. *Ché lé nôme Mirr, pir clorivier nodre crânt Hoffmann te Perlin, ke ché paugoube gonni.*

Le bonhomme signait avec l'innocence d'un enfant qui fait ce que sa mère lui ordonne de faire sans y rien concevoir, mais sûr de bien faire. Il se préoccupait bien plus de la présentation du chat à la comtesse que des papiers par lesquels sa liberté pouvait être, suivant les lois relatives aux étrangers, à jamais aliénée.

— *Vis m'azurèze ke cesse bedis babières dimprés...*

— N'ayez pas la moindre inquiétude, dit la comtesse.

— *Ché ne boind t'einkiétide*, reprit-il brusquement. *Che temande zi zes bedis babières dimprés veront blésir à montame ti Dilet.*

— Oh! oui, dit-elle, vous lui rendez service comme si vous étiez son père...

— *Ché souis ton pien hireux te lui édre pon à keke chausse. Andantez te mon misik!* dit-il en laissant les papiers sur la table, et sautant à son piano.

Déjà les mains de cet ange trottaient sur les vieilles touches, déjà son regard atteignait aux cieux à travers les toits, déjà le plus délicieux de tous les chants fleurissait dans l'air et pénétrait l'âme ; mais la comtesse ne laissa ce naïf interprète des choses célestes faire parler les bois et les cordes, comme fait la sainte Cécile de Raphaël pour les anges qui l'écoutent, que pendant le temps que mit l'écriture à sécher : elle se leva, mit les lettres de change dans son manchon, et tira son radieux maître des espaces éthérés où il planait en le rappelant sur la terre.

— Mon bon Schmuke, dit-elle en lui frappant sur l'épaule.

— *Téchâ!* s'écria-t-il avec une affreuse soumission. *Bourkoi êdes-vis tonc fennie?*

Il ne murmura point, il se dressa comme un chien fidèle pour écouter la comtesse.

— Mon bon Schmuke, reprit-elle, il s'agit d'une affaire de vie et de mort, les minutes économisent du sang et des larmes.

—*Tuchurs la même*, dit-il. *Hallêze, anche! zécher les plirs tes audres! Zachèsse ké leu baufre Schmuke gomde fodre viside pir plis ké fos randes!*

— Nous nous reverrons, dit-elle, vous viendrez faire de la musique et dîner avec moi tous les dimanches, sous peine de nous brouiller. Je vous attends dimanche prochain.

— *Frai?*

— Je vous en prie, et ma sœur vous indiquera sans doute un jour aussi.

— *Maponhire zera tonc gomblete*, dit-il, *gar che ne vis foyais gaux Champes-Hailyssées gand vis y bassièze han foidire, pien raremente!*

Cette idée sécha les larmes qui lui roulaient dans les yeux, et il offrit le bras à sa belle écolière, qui sentit battre démesurément le cœur du vieillard.

—Vous pensiez donc à nous, lui dit-elle.

— *Tuchurs en manchant mon bain!* reprit-il. *T"aport gomme hâ mes pienfaidrices; et puis gomme au teusse premières cheunes files tignes t'amur ké chaie fies!*

La comtesse n'osa plus rien dire : il y avait dans cette phrase une incroyable et respectueuse, une fidèle et religieuse solennité. Cette chambre enfumée et pleine de débris était un temple habité par deux divinités. Le sentiment s'y accroissait à toute heure, à l'insu de celles qui l'inspiraient.

— Là, donc, nous sommes aimées, bien aimées, pensa-t-elle.

L'émotion avec laquelle le vieux Schmuke vit la comtesse montant en voiture fut partagée par elle, qui, du bout des doigts, lui envoya un de ces délicats baisers que les femmes se donnent de loin pour se dire bonjour. A cette vue, Schmuke resta planté sur ses jambes longtemps après que la voiture eut disparu. Quelques instants après, la comtesse entrait dans la cour de l'hôtel de madame de Nucingen. La baronne n'était pas levée; mais pour ne pas faire attendre une femme haut placée, elle s'enveloppa d'un châle et d'un peignoir.

— Il s'agit d'une bonne action, madame, dit la comtesse, la promptitude est alors une grâce; sans cela je ne vous aurais pas dérangée de si bonne heure.

— Comment! mais je suis trop heureuse, dit la femme du banquier en prenant les quatre papiers et la garantie de la comtesse. Elle sonna sa femme de chambre. — Thérèse, dites au caissier de me monter lui-même à l'instant quarante mille francs.

Puis elle serra dans un secret de sa table l'écrit de madame de Vandenesse, après l'avoir cacheté.

— Vous avez une délicieuse chambre, dit la comtesse.

— Monsieur de Nucingen va m'en priver, il fait bâtir une nouvelle maison.

— Vous donnerez sans doute celle-ci à mademoiselle votre fille. On parle de son mariage avec monsieur de Rastignac.

Le caissier parut au moment où madame de Nucingen allait répondre, elle prit les billets et remit les quatre lettres de change.

— Cela se balancera, dit la baronne au caissier.

— *Sauve l'escomde*, dit le caissier. *Sti Schmuke, il èdre ein misicien te Ansbach*, ajouta-t-il en voyant la signature et faisant frémir la comtesse.

— Fais-je donc des affaires? dit madame de Nucingen en tançant le caissier par un regard hautain. Ceci me regarde.

Le caissier eut beau guigner alternativement la comtesse et la baronne, il trouva leurs visages immobiles.

— Allez, laissez-nous. — Ayez la bonté de rester quelques moments afin de ne pas leur faire croire que vous êtes pour quelque chose dans cette négociation, dit la baronne à madame de Vandenesse.

— Je vous demanderai de joindre à tant de complaisances, reprit la comtesse, celle de me garder le secret.

— Pour une bonne action, cela va sans dire, répondit la baronne en souriant. Je vais faire envoyer votre voiture au bout du jardin, elle partira sans vous; puis nous le traverserons ensemble, personne ne vous verra sortir d'ici : ce sera parfaitement inexplicable.

— Vous avez de la grâce comme une personne qui a souffert, reprit la comtesse.

— Je ne sais pas si j'ai de la grâce, mais j'ai beaucoup souffert, dit la baronne; vous avez eu la vôtre à meilleur marché, je l'espère.

Une fois l'ordre donné, la baronne prit des pantoufles fourrées, une pelisse, et conduisit la comtesse à la petite porte de son jardin.

Quand un homme a ourdi un plan comme celui qu'avait tramé du Tillet contre Nathan, il ne le confie à personne. Nucingen en savait quelque chose, mais sa femme était entièrement en dehors de ces calculs machiavéliques. Seulement la baronne, qui savait Raoul gêné, n'était pas la dupe des deux sœurs; elle avait bien deviné les mains entre lesquelles irait cet argent, elle était enchantée d'obliger la comtesse, elle avait d'ailleurs une profonde compassion pour de tels embarras. Rastignac, posé pour pénétrer les manœuvres des deux banquiers, vint déjeuner avec madame de Nucingen. Delphine et Rastignac n'avaient point de secrets l'un pour l'autre, elle lui raconta sa scène avec la comtesse. Rastignac, incapable d'imaginer que la baronne pût jamais être mêlée à cette affaire, d'ailleurs accessoire à ses yeux, un moyen parmi tous ses moyens, la lui éclaira. Delphine venait peut-être de détruire les espérances électorales de du Tillet, de rendre inutiles les tromperies et les sacrifices de toute une année. Rastignac mit alors la baronne au fait en lui recommandant le secret sur la faute qu'elle venait de commettre

— Pourvu, dit-elle, que le caissier n'en parle pas à Nucingen.

Quelques instants avant midi, pendant le déjeuner de du Tillet, on lui annonça monsieur Gigonnet.

— Qu'il entre, dit le banquier, quoique sa femme fût à table. Eh! bien, mon vieux Shylock, notre homme est-il coffré?

— Non.

— Comment? Ne vous avais-je pas dit rue du Mail, hôtel...

— Il a payé, fit Gigonnet en tirant de son portefeuille quarante billets de banque. Du Tillet eut une mine désespérée. — Il ne faut jamais mal accueillir les écus, dit l'impassible compère de du Tillet, cela peut porter malheur.

— Où avez-vous pris cet argent, madame? dit le banquier en jetant sur sa femme un regard qui la fit rougir jusque dans la racine des cheveux.

— Je ne sais pas ce que signifie votre question, dit-elle.

— Je pénétrerai ce mystère, répondit-il en se levant furieux. Vous avez renversé mes projets les plus chers.

— Vous allez renverser votre déjeuner, dit Gigonnet qui arrêta la nappe prise par le pan de la robe de chambre de du Tillet.

Madame du Tillet se leva froidement pour sortir. Cette parole l'avait épouvantée. Elle sonna, et un valet de chambre vint.

— Mes chevaux, dit-elle au valet de chambre. Demandez Virginie, je veux m'habiller.

— Où allez-vous? fit du Tillet.

— Les maris bien élevés ne questionnent pas leurs femmes, répondit-elle, et vous avez la prétention de vous conduire en gentilhomme.

— Je ne vous reconnais plus depuis deux jours que vous avez vu deux fois votre impertinente sœur.

— Vous m'avez ordonné d'être impertinente, dit-elle, je m'essaie sur vous.

— Votre serviteur, madame, dit Gigonnet, peu curieux d'une scène de ménage.

Du Tillet regarda fixement sa femme, qui le regarda de même sans baisser les yeux.

— Qu'est-ce que cela signifie? dit-il.

— Que je ne suis plus une petite fille à qui vous ferez peur, reprit-elle. Je suis et serai toute ma vie une loyale et bonne femme pour vous; vous pourrez être un maître si vous voulez, mais un tyran, non.

Du Tillet sortit. Après cet effort, Marie-Eugénie rentra chez elle abattue. — Sans le danger que court ma sœur, se dit-elle, je n'aurais jamais osé le braver ainsi; mais, comme dit le proverbe, à quelque chose malheur est bon. Pendant la nuit, madame du Tillet avait repassé dans sa mémoire les confidences de sa sœur. Sûre du salut de Raoul, sa raison n'était plus dominée par la pensée de ce danger imminent. Elle se rappela l'énergie terrible avec laquelle la comtesse avait parlé de s'enfuir avec Nathan pour le consoler de son désastre si elle ne l'empêchait pas. Elle comprit que cet homme pourrait déterminer sa sœur, par un excès de reconnaissance et d'amour, à faire ce que la sage Eugénie regardait comme une folie. Il y avait de récents exemples dans la haute classe de ces fuites qui paient d'incertains plaisirs par des remords, par la déconsidération que donnent les fausses positions, et Eugénie se rappelait leurs affreux résultats. Le mot de du Tillet venait de mettre sa terreur au comble ; elle craignit que tout ne se découvrît ; elle vit la signature de la comtesse de Vandenesse dans le portefeuille de la maison Nucingen ; elle voulut supplier sa sœur de tout avouer à Félix. Madame du Tillet ne trouva point la comtesse. Félix était chez lui. Une voix intérieure cria à Eugénie de sauver sa sœur. Peut-être demain serait-il trop tard. Elle prit beaucoup sur elle, mais elle se résolut à tout dire au comte. Ne serait-il pas indulgent en trouvant son honneur encore sauf ? La comtesse était plus égarée que pervertie. Eugénie eut peur d'être lâche et traîtresse en divulguant ces secrets que garde la société tout entière, d'accord en ceci ; mais enfin elle vit l'avenir de sa sœur, elle trembla de la trouver un jour seule, ruinée par Nathan, pauvre, souffrante, malheureuse, au désespoir ; elle n'hésita plus, et fit prier le comte de la recevoir. Félix, étonné de cette visite, eut avec sa belle-sœur une longue conversation, durant laquelle il se montra si calme et si maître de lui qu'elle trembla de lui voir prendre quelque terrible résolution.

— Soyez tranquille, lui dit Vandenesse, je me conduirai de manière que vous soyez bénie un jour par la comtesse. Quelle que soit votre répugnance à garder le silence vis-à-vis d'elle après m'avoir instruit, faites-moi crédit de quelques jours. Quelques jours me sont nécessaires pour pénétrer des mystères que vous n'apercevez pas, et surtout pour agir avec prudence. Peut-être saurai-je tout en un moment ! Il n'y a que moi de coupable, ma sœur. Tous les amants jouent leur jeu ; mais toutes les femmes n'ont pas le bonheur de voir la vie comme elle est.

Madame du Tillet sortit rassurée. Félix de Vandenesse alla prendre aussitôt quarante mille francs à la Banque de France, et courut chez madame de Nucingen : il la trouva, la remercia de la confiance qu'elle avait eue en sa femme, et lui rendit l'argent. Le comte expliqua ce mystérieux emprunt par les folies d'une bienfaisance à laquelle il avait voulu mettre des bornes.

— Ne me donnez aucune explication, monsieur, puisque madame de Vandenesse vous a tout avoué, dit la baronne de Nucingen.

— Elle sait tout, pensa Vandenesse.

La baronne remit la lettre de garantie et envoya chercher les quatre lettres de change. Vandenesse, pendant ce moment, jeta sur la baronne le coup d'œil fin des hommes d'État, il l'inquiéta presque, et jugea l'heure propice à une négociation.

— Nous vivons à une époque, madame, où rien n'est sûr, lui dit-il. Les trônes s'élèvent et disparaissent en France avec une effrayante rapidité. Quinze ans font justice d'un grand empire, d'une monarchie et aussi d'une révolution. Personne n'oserait prendre sur lui de répondre de l'avenir. Vous connaissez mon attachement à la Légitimité. Ces paroles n'ont rien d'extraordinaire dans ma bouche. Supposez une catastrophe : ne seriez-vous pas heureuse d'avoir un ami dans le parti qui triompherait ?

— Certes, dit-elle en souriant.

— Hé ! bien, voulez-vous avoir en moi, secrètement, un obligé qui pourrait maintenir à monsieur de Nucingen, le cas échéant, la pairie à laquelle il aspire ?

— Que voulez-vous de moi ? s'écria-t-elle.

— Peu de chose, reprit-il. Tout ce que vous savez sur Nathan. La baronne lui répéta sa conversation du matin avec Rastignac, et dit à l'ex-pair de France, en lui remettant les quatre lettres de change qu'elle alla prendre au caissier : — N'oubliez pas votre promesse.

Vandenesse oubliait si peu cette prestigieuse promesse qu'il la fit briller aux yeux du baron de Rastignac pour obtenir de lui quelques autres renseignements.

En sortant de chez le baron, il dicta pour Florine, à un écrivain public, la lettre suivante : *Si mademoiselle Florine veut savoir quel est le premier rôle qu'elle jouera, elle est priée de venir au prochain bal de l'Opéra, en s'y faisant accompagner de monsieur Nathan.*

Cette lettre une fois mise à la poste, il alla chez son homme d'affaires, garçon très-habile et délié, quoique honnête ; il le pria de jouer le rôle d'un ami auquel Schmuke aurait confié la visite de madame de Vandenesse, en s'inquiétant un peu tard de la signification de ces mots : *Accepté pour dix mille francs*, répétés quatre fois, lequel viendrait demander à monsieur Nathan une lettre de change de quarante mille francs comme contre-valeur. C'était jouer gros jeu. Nathan pouvait avoir su déjà comment s'étaient arrangées les choses, mais il fallait hasarder un peu pour gagner beaucoup. Dans son trouble, Marie pouvait bien avoir oublié de demander à son Raoul un titre pour Schmuke. L'homme d'affaires alla sur-le-champ au journal, et revint triomphant à cinq heures chez le comte, avec une contre-valeur de quarante mille francs : dès les premiers mots échangés avec Nathan, il avait pu se dire envoyé par la comtesse.

Cette réussite obligeait Félix à empêcher sa femme de voir Raoul jusqu'à l'heure du bal de l'Opéra, où il comptait la mener et l'y laisser s'éclairer elle-même sur la nature des relations de Nathan avec Florine. Il connaissait la jalouse fierté de la comtesse ; il voulait la faire renoncer d'elle-même à son amour, ne pas lui donner lieu de rougir à ses yeux, et lui montrer à temps ses lettres à Nathan vendues par Florine, à laquelle il comptait les racheter. Ce plan si sage, conçu si rapidement, exécuté en partie, devait manquer par un jeu du Hasard qui modifie tout ici-bas. Après le dîner, Félix mit la conversation sur le bal de l'Opéra, en remarquant que Marie n'y était jamais allée ; et il lui en proposa le divertissement pour le lendemain.

— Je vous donnerai quelqu'un à intriguer, dit-il.

— Ah ! vous me ferez bien plaisir.

— Pour que la plaisanterie soit excellente, une femme doit s'attaquer à une belle proie, à une célébrité, à un homme d'esprit et le faire donner au diable. Veux-tu que je te livre Nathan ? J'aurai, par quelqu'un qui connaît Florine, des secrets à le rendre fou.

— Florine, dit la comtesse, l'actrice ?

Marie avait déjà trouvé ce nom sur les lèvres de Quillet, le garçon de bureau du journal : il lui passa comme un éclair dans l'âme.

— Eh ! bien, oui, sa maîtresse, répondit le comte. Est-ce donc étonnant ?

— Je croyais monsieur Nathan trop occupé pour avoir une maîtresse. Les auteurs ont-ils le temps d'aimer ?

— Je ne dis pas qu'ils aiment, ma chère ; mais ils sont forcés de *loger* quelque part, comme tous les autres hommes ; et quand ils n'ont pas de chez soi, quand ils sont poursuivis par les gardes du commerce, ils *logent* chez leurs maîtresses, ce qui peut vous paraître leste, mais ce qui est infiniment plus agréable que de *loger* en prison.

Le feu était moins rouge que les joues de la comtesse.

— Voulez-vous de lui pour victime ? vous l'épouvanterez, dit le comte en continuant sans faire attention au visage de sa femme. Je vous mettrai à même de lui prouver qu'il est joué comme un enfant par votre beau-frère du Tillet. Ce misérable veut le faire mettre en prison, afin de le rendre incapable de se porter son concurrent dans le collége électoral où Nucingen a été nommé. Je sais par un ami de Florine la somme produite par la vente de son mobilier, qu'elle lui a donnée pour fonder son journal, je sais ce qu'elle lui a envoyé sur la récolte qu'elle est allée faire cette année dans les départements et en Belgique, argent qui profite en définitive à Du Tillet, à Nucingen, à Massol. Tous trois, par avance, ils ont vendu le journal au ministère, tant ils sont sûrs d'évincer ce grand homme.

— Monsieur Nathan est incapable d'avoir accepté l'argent d'une actrice.

— Vous ne connaissez guère ces gens-là, ma chère, dit le comte, il ne vous niera pas le fait.

— J'irai certes au bal, dit la comtesse.

— Vous vous amuserez, reprit Vandenesse. Avec de pareilles armes, vous fouetterez rudement l'amour-propre de Nathan, et vous lui rendrez service. Vous le verrez se mettant en fureur, se calmant, bondissant sous vos piquantes épigrammes ! Tout en plaisantant, vous éclairerez un homme d'esprit sur le péril où il est, et vous aurez la joie de faire battre les chevaux du juste-milieu dans leur écurie... Tu ne m'écoutes plus, ma chère enfant.

— Au contraire, je vous écoute trop, répondit-elle. Je vous dirai plus tard pourquoi je tiens à être sûre de tout ceci.

— Sûre, reprit Vandenesse. Reste masquée, je te fais souper avec Nathan et Florine : il sera bien amusant pour une femme de ton rang d'intriguer une actrice après avoir fait caracoler l'esprit d'un homme célèbre autour de secrets si importants ; tu les attelleras l'un et l'autre à la même mystification. Je vais me mettre à la piste des infidélités de Nathan. Si je puis saisir les détails de quelque aventure récente, tu jouiras d'une colère de courtisane, une chose magnifique, celle à laquelle se livrera Florine bouillonnera comme un torrent des Alpes : elle adore Nathan, il est tout pour elle ; elle y tient comme la chair aux os, comme la lionne à ses petits. Je me souviens d'avoir vu dans ma jeunesse une célèbre actrice qui écrivait comme une cuisinière venant redemander ses lettres à un de mes amis ; je n'ai jamais depuis retrouvé ce spectacle, cette fureur tran-

quille, cette impertinente majesté, cette attitude de sauvage....
Souffres-tu, Marie?

— Non ? on a fait trop de feu.

La comtesse alla se jeter sur une causeuse. Tout à coup, par un de ces mouvements impossibles à prévoir et qui fut suggéré par les dévorantes douleurs de la jalousie, elle se dressa sur ses jambes tremblantes, croisa ses bras, et vint lentement devant son mari.

— Que sais-tu? lui demanda-t-elle, tu n'es pas homme à me torturer, tu m'écraserais sans me faire souffrir dans le cas où je serais coupable.

— Que veux-tu que je sache, Marie?

— Eh! bien, Nathan?

— Tu crois l'aimer, reprit-il, mais tu aimes un fantôme construit avec des phrases.

— Tu sais donc?

— Tout, dit-il.

Ce mot tomba sur la tête de Marie comme une massue.

— Si tu le veux, je ne saurai jamais rien, reprit-il. Tu es dans un abîme, mon enfant, il faut t'en tirer : j'y ai déjà songé. Tiens.

Il tira de sa poche de côté la lettre de garantie et les quatre lettres de change de Schmuke, que la comtesse reconnut, et il les jeta dans le feu.

— Que serais-tu devenue, pauvre Marie, dans trois mois d'ici? tu te serais vue traînée par les huissiers devant les tribunaux. Ne baisse pas la tête, ne t'humilie point : tu as été la dupe des sentiments les plus beaux, tu as coqueté avec la poésie et non avec un homme. Toutes les femmes, toutes, entends-tu, Marie? eussent été séduites à ta place. Ne serions-nous pas absurdes, nous autres hommes, qui avons fait mille sottises en vingt ans, de vouloir que vous ne soyez pas imprudentes une seule fois dans toute votre vie? Dieu me garde de triompher de toi ou de t'accabler d'une pitié que tu repoussais si vivement l'autre jour. Peut-être ce malheureux était-il sincère quand il t'écrivait, sincère en se tuant, sincère en revenant le soir même chez Florine. Nous valons moins que vous. Je ne parle pas pour moi dans ce moment, mais pour toi. Je suis indulgent; mais la Société ne l'est point, elle fuit la femme qui fait un éclat, elle ne veut pas qu'on cumule un bonheur complet et la considération. Est-ce juste, je ne saurais le dire. Le monde est cruel, voilà tout. Peut-être est-il plus envieux en masse qu'il ne l'est pris en détail.

Assis au parterre, un voleur applaudit au triomphe de l'innocence et lui prendra ses bijoux en sortant. La Société refuse de calmer les maux qu'elle engendre ; elle décerne des honneurs aux habiles tromperies, et n'a point de récompenses pour les dévouements ignorés. Je sais et vois tout cela ; mais si je ne puis réformer le monde, au moins est-il en mon pouvoir de te protéger contre toi-même. Il s'agit ici d'un homme qui ne t'apporte que des misères, et non d'un de ces amours saints et sacrés qui commandent parfois notre abnégation, qui portent avec eux des excuses. Peut-être ai-je eu le tort de ne pas diversifier ton bonheur, de ne pas opposer à de tranquilles plaisirs des plaisirs bouillants, des voyages, des distractions. Je puis d'ailleurs m'expliquer le désir qui t'a poussée vers un homme célèbre par l'envie que tu as causée à certaines femmes. Lady Dudley, madame d'Espard, madame de Manerville et ma belle-sœur Émilie sont pour quelque chose en tout ceci. Ces femmes, contre lesquelles je t'avais mise en garde, auront cultivé ta curiosité plus pour me faire chagrin que pour te jeter dans des orages qui, je l'espère, auront grondé sur toi sans t'atteindre.

En écoutant ces paroles empreintes de bonté, la comtesse fut en proie à mille sentiments contraires ; mais cet ouragan fut dominé par une vive admiration pour Félix. Les âmes nobles et fières reconnaissent promptement la délicatesse avec laquelle on les manie. Ce tact est aux sentiments ce que la grâce est au corps. Marie apprécia cette grandeur empressée de s'abaisser aux pieds d'une femme en faute pour ne pas la voir rougissant. Elle s'enfuit comme une folle, et revint ramenée par l'idée de l'inquiétude que son mouvement pouvait causer à son mari.

— Attendez, lui dit-elle en disparaissant.

Félix lui avait habilement préparé son excuse, il fut aussitôt récompensé de son adresse ; car sa femme revint, toutes les lettres de Nathan à la main, et les lui livra.

— Jugez-moi, dit-elle en se mettant à genoux.

— Est-on en état de bien juger quand on aime ? répondit-il. Il prit les lettres et les jeta dans le feu, car plus tard sa femme pouvait ne pas lui pardonner de les avoir lues. Marie, la tête sur les genoux du comte, y fondait en larmes. — Mon enfant, où sont les tiennes ? dit-il en lui relevant la tête.

A cette interrogation, la comtesse ne sentit plus l'intolérable chaleur qu'elle avait aux joues, elle eut froid.

— Pour que tu ne soupçonnes pas ton mari de calomnier l'homme que tu as cru digne de toi, je te ferai rendre tes lettres par Florine elle-même.

— Oh! pourquoi ne les rendrait-il pas sur ma demande?

— Et s'il les refusait?

La comtesse baissa la tête.

— Le monde me dégoûte, reprit-elle, je n'y veux plus aller; je vivrai seule près de toi si tu me pardonnes.

— Tu pourrais t'ennuyer encore. D'ailleurs, que dirait le monde si tu le quittais brusquement? Au printemps, nous voyagerons, nous irons en Italie, nous parcourrons l'Europe en attendant que tu aies plus d'un enfant à élever. Nous ne sommes pas dispensés d'aller au bal de l'Opéra demain, car nous ne pouvons pas avoir les lettres autrement sans nous compromettre; et, en te les apportant, Florine n'accusera-t-elle pas bien son pouvoir?

— Et je verrai cela? dit la comtesse épouvantée.

— Après-demain matin.

Le lendemain, vers minuit, au bal de l'Opéra, Nathan se promenait dans le foyer en donnant le bras à un masque d'un air assez marital. Après deux ou trois tours, deux femmes masquées les abordèrent.

— Pauvre sot! tu te perds, Marie est ici et te voit, dit à Nathan Vandenesse qui s'était déguisé en femme.

— Si tu veux m'écouter, tu sauras des secrets que Nathan t'a cachés, et qui t'apprendront les dangers que court ton amour pour lui, dit en tremblant la comtesse à Florine.

Nathan avait brusquement quitté le bras de Florine pour suivre le comte qui s'était dérobé dans la foule à ses regards. Florine alla s'asseoir à côté de la comtesse, qui l'entraîna sur une banquette à côté de Vandenesse, revenu pour protéger sa femme.

— Explique-toi, ma chère, dit Florine, et ne crois pas me faire poser longtemps. Personne au monde ne m'arrachera Raoul, vois-tu: je le tiens par l'habitude, qui vaut bien l'amour.

— D'abord es-tu Florine? dit Félix en reprenant sa voix naturelle.

— Belle question! si tu ne le sais pas, comment veux-tu que je te croie, farceur?

— Va demander à Nathan, qui maintenant cherche la maîtresse de qui je parle, où il a passé la nuit il y a trois jours! Il s'est asphyxié, ma petite, à ton insu, faute d'argent. Voilà comment tu es au fait des affaires d'un homme que tu dis aimer, et tu le laisses sans le sou, et il se tue; ou plutôt il ne se tue pas, il se manque. Un suicide manqué, c'est aussi ridicule qu'un duel sans égratignure.

— Tu mens, dit Florine. Il a dîné chez moi ce jour-là, mais après le soleil couché. Le pauvre garçon était poursuivi. Il s'est caché, voilà tout.

— Va donc demander rue du Mail, à l'hôtel du Mail, s'il n'a pas été amené mourant par une belle femme avec laquelle il est en relation depuis un an, et les lettres de ta rivale sont cachées, à ton nez, chez toi. Si tu veux donner à Nathan quelque bonne leçon, nous irons tous trois chez toi ; là je te prouverai, pièce en main, que tu peux l'empêcher d'aller rue de Clichy, sous peu de temps, si tu veux être bonne fille.

— Essaie d'en faire aller d'autres que Florine, mon petit. Je suis sûre que Nathan ne peut être amoureux de personne.

— Tu voudrais me faire croire qu'il a redoublé pour toi d'attentions depuis quelque temps, mais c'est précisément ce qui prouve qu'il est très amoureux....

— D'une femme du monde, lui?... dit Florine. Je ne m'inquiète pas pour si peu de chose.

— Hé! bien, veux-tu le voir venir te dire qu'il ne te ramèneras pas ce matin chez toi?

— Si tu me fais dire cela, reprit Florine, je te mènerai chez moi, et nous y chercherons ces lettres auxquelles je croirai quand je les verrai ; il les écrirait donc pendant que je dors?

— Reste là, dit Félix, et regarde.

Il prit le bras de sa femme et se mit à deux pas de Florine. Bientôt Nathan, qui allait et venait dans le foyer, cherchant de tous côtés son masque comme un chien cherche son maître, revint à l'endroit où il avait reçu la confidence. En lisant sur ce front une préoccupation facile à remarquer, Florine se posa comme un Terme devant l'écrivain, et lui dit impérieusement : — Je ne veux pas que tu me quittes, j'ai des raisons pour cela.

— Marie!... dit alors par le conseil de son mari la comtesse à l'oreille de Raoul. Quelle est cette femme? Laissez-la sur-le-champ, sortez et allez m'attendre au bas de l'escalier.

Dans cette horrible extrémité, Raoul donna une violente secousse au bras de Florine, qui ne s'attendait pas à cette manœuvre ; et quoiqu'elle le tînt avec force, elle fut contrainte à le lâcher. Nathan se perdit aussitôt dans la foule.

— Que te disais-je ? cria Félix dans l'oreille de Florine stupéfaite, et en lui donnant le bras.

— Allons, dit-elle, qui que tu sois, Viens. As-tu ta voiture.

Pour toute réponse, Vandenesse emmena précipitamment Florine et courut rejoindre sa femme à un endroit convenu sous le péristyle. En quelques instants les trois masques, menés vivement par le cocher de Vandenesse, arrivèrent chez l'actrice qui se démasqua. Madame de Vandenesse ne put retenir un tressaillement de surprise à l'aspect de Florine étouffant de rage, superbe de colère et de jalousie.

— Il y a, lui dit Vandenesse, un certain portefeuille dont la clef ne t'a jamais été confiée, les lettres doivent y être.

— Pour le coup, je suis intriguée, tu sais quelque chose qui m'inquiétait depuis plusieurs jours, dit Florine en se précipitant dans le cabinet pour y prendre le portefeuille.

Vandenesse vit sa femme pâlissant sous son masque. La chambre de Florine en disait plus sur l'intimité de l'actrice et de Nathan qu'une maîtresse idéale n'en aurait voulu savoir. L'œil d'une femme sait pénétrer la vérité de ces sortes de choses en un moment, et la comtesse aperçut dans la promiscuité des affaires de ménage une attestation de ce que lui avait dit Vandenesse. Florine revint avec le portefeuille.

— Comment l'ouvrir ? dit-elle.

L'actrice envoya chercher le grand couteau de sa cuisinière ; et quand la femme de chambre le rapporta, Florine le brandit en disant d'un air railleur : — C'est avec ça qu'on égorge les *poulets !*

Ce mot, qui fit tressaillir la comtesse, lui expliqua, encore mieux que ne l'avait fait son mari la veille, la profondeur de l'abîme où elle avait failli glisser.

— Suis-je sotte ! dit Florine, son rasoir vaut mieux.

Elle alla prendre le rasoir avec lequel Nathan venait de se faire la barbe et fendit les plis du maroquin qui s'ouvrit et laissa passer les lettres de Marie. Florine en prit une au hasard.

— Oui, c'est bien d'une femme comme il faut ! Ça m'a l'air de ne pas avoir une faute d'orthographe.

Vandenesse prit les lettres et les donna à sa femme, qui alla vérifier sur une table si elles y étaient toutes.

— Veux-tu les céder en échange de ceci ? dit Vandenesse en tendant à Florine la lettre de change de quarante mille francs.

— Est-il bête de souscrire de pareils titres ?... Bon pour des billets, dit Florine en lisant la lettre de change. Ah ! je t'en donnerai, des comtesses ! Et moi qui me tuais le corps et l'âme en province pour lui ramasser de l'argent, moi qui me serais donné la scie d'un agent de change pour le sauver ! Voilà les hommes : quand on se damne pour eux, il vous marchent dessus ! Il me le paiera.

Madame de Vandenesse s'était enfuie avec les lettres.

— Hé ! dis donc, beau masque ? laisse-m'en une seule pour le convaincre.

— Cela n'est plus possible, dit Vandenesse.

— Et pourquoi ?

— Ce masque est ton ex-rivale.

— Tiens, mais elle aurait bien pu me dire merci, s'écria Florine.

— Pourquoi prends-tu donc les quarante mille francs ? dit Vandenesse en la saluant.

Il est extrêmement rare que les jeunes gens, poussés à un suicide, le recommencent quand ils en ont subi les douleurs. Lorsque le suicide ne guérit pas de la vie, il guérit de la mort volontaire. Aussi Raoul n'eut-il plus envie de se tuer quand il se vit dans une position encore plus horrible que celle d'où il voulait sortir, en trouvant sa lettre de change à Schmuke dans les mains de Florine, qui la tenait évidemment du comte de Vandenesse. Il tenta de revoir la comtesse pour lui expliquer la nature de son amour, qui brillait dans son cœur plus vivement que jamais. Mais la première fois que, dans le monde, la comtesse vit Raoul, elle lui jeta ce regard fixe et méprisant qui met un abîme infranchissable entre une femme et un homme. Malgré son assurance, Nathan n'osa jamais, durant le reste de l'hiver, ni parler à la comtesse, ni l'aborder.

Cependant il s'ouvrit à Blondet : il voulut, à propos de madame de Vandenesse, lui parler de Laure et de Béatrix. Il fit la paraphrase de ce beau passage dû à la plume de Théophile Gautier, un des plus remarquables poètes de ce temps :

« Idéal, fleur bleue à cœur d'or, dont les racines fibreuses, mille
» fois plus déliées que les tresses de soie des fées, plongent au fond
» de notre âme pour en boire la plus pure substance ; fleur douce
» et amère ! on ne peut t'arracher sans faire saigner le cœur, sans

» que de ta tige brisée suintent des gouttes rouges ! Ah ! fleur mau-
» dite, comme elle a poussé dans mon âme ! »

— Tu radotes, mon cher, lui dit Blondet, je t'accorde qu'il y avait une jolie fleur, mais elle n'était point idéale, et au lieu de chanter comme un aveugle devant une niche vide, tu devrais songer à te laver les mains pour faire ta soumission au pouvoir et te ranger. Tu es un trop grand artiste pour être un homme politique, tu as été joué par des gens qui ne te valaient pas. Pense à te faire jouer encore, mais ailleurs.

— Marie ne saurait m'empêcher de l'aimer, dit Nathan. J'en ferai ma Béatrix.

— Mon cher, Béatrix était une petite fille de douze ans que Dante n'a plus revue ; sans cela aurait-elle été Béatrix ? Pour se faire d'une femme une divinité, nous ne devons pas la voir avec un mantelet aujourd'hui, demain avec une robe décolletée, après demain sur le boulevard, marchandant des joujoux pour son petit dernier. Quand on a Florine, qui tour à tour est duchesse de vaudeville, bourgeoise de drame, négresse, marquise, colonel, paysanne en Suisse, vierge du Soleil au Pérou, sa seule manière d'être vierge, je ne sais pas comment on s'aventure avec les femmes du monde.

Du Tillet, en terme de Bourse, *exécuta* Nathan, qui, faute d'argent, abandonna sa part dans le journal. L'homme célèbre n'eut pas plus de cinq voix dans le collége où le banquier fut élu.

Quand, après un long et heureux voyage en Italie, la comtesse de Vandenesse revint à Paris, l'hiver suivant, Nathan avait justifié toutes les prévisions de Félix : d'après les conseils de Blondet, il parlementait avec le pouvoir. Quant aux affaires personnelles de cet écrivain, elles étaient dans un tel désordre qu'un jour, aux Champs-Élysées, la comtesse Marie vit son ancien adorateur à pied, dans le plus triste équipage, donnant le bras à Florine. Un homme indifférent est déjà passablement laid aux yeux d'une femme ; mais quand elle ne l'aime plus, il paraît horrible, surtout lorsqu'il ressemble à Nathan. Madame de Vandenesse eut un mouvement de honte en songeant qu'elle s'était intéressée à Raoul. Si elle n'eût pas été guérie de toute passion extra-conjugale, le contraste que présentait alors le comte, comparé à cet homme déjà moins digne de la faveur publique, eût suffi pour lui faire préférer son mari à un ange.

Aujourd'hui, cet ambitieux si riche en encre et si pauvre en vouloir, a fini par capituler et par se caser dans une sinécure, comme un homme médiocre. Après avoir appuyé toutes les tentatives désorganisatrices, il vit en paix à l'ombre d'une feuille ministérielle. La croix de la Légion-d'Honneur, texte fécond de ses plaisanteries, orne sa boutonnière. La *paix à tout prix*, sur laquelle il avait fait vivre la rédaction d'un journal révolutionnaire, est l'objet de ses articles laudatifs. L'Hérédité, tant attaquée par ses phrases saint-simoniennes, il la défend aujourd'hui avec l'autorité de la raison. Cette conduite illogique a son origine et son autorité dans le changement de front de quelques gens qui, durant nos dernières évolutions politiques, ont agi comme Raoul.

Aux Jardies, décembre 1838.

FIN.

LA FEMME ABANDONNÉE.

A MADAME LA DUCHESSE D'ABRANTÈS,

Son affectionné serviteur,

HONORÉ DE BALZAC.

Paris, août 1835.

En 1822, au commencement du printemps, les médecins de Paris envoyèrent en basse Normandie un jeune homme qui relevait alors d'une maladie inflammatoire causée par quelque excès d'étude, ou de vie peut-être. Sa convalescence exigeait un repos complet, une nourriture douce, un air froid et l'absence totale de sensations extrêmes. Les grasses campagnes du Bessin et l'existence pâle de la province parurent donc propices à son rétablissement.

Il vint à Bayeux, jolie ville situé à deux lieues de la mer, chez une de ses cousines, qui l'accueillit avec cette cordialité particulière aux gens habitués à vivre dans la retraite, et pour lesquels l'arrivée d'un parent ou d'un ami devient un bonheur.

A quelques usages près, toutes les petites villes se ressemblent. Or, après plusieurs soirées passées chez sa cousine madame de Sainte-Sevère, ou chez les personnes qui composaient sa compagnie, ce jeune Parisien, nommé monsieur le baron Gaston de Nueil, eut bientôt connu les gens que cette société exclusive regardait comme étant toute la ville. Gaston de Nueil vit en eux le personnel immuable que les observateurs retrouvent dans les nombreuses capitales de ces anciens États qui formaient la France d'autrefois.

C'était d'abord la famille dont la noblesse, inconnue à cinquante lieues plus loin, passe, dans le département, pour incontestable et

LA FEMME ABANDONNÉE.

de la plus haute antiquité. Cette espèce de *famille royale* au petit pied effleure par ses alliances, sans que personne s'en doute, les Créqui, les Montmorenci, touche aux Lusignan, et s'accroche aux Soubise. Le chef de cette race illustre est toujours un chasseur déterminé. Homme sans manières, il accable tout le monde de sa supériorité nominale; tolère le sous-préfet, comme il souffre l'impôt; n'admet aucune des puissances nouvelles créées par le dix-neuvième siècle, et fait observer, comme une monstruosité politique, que le premier ministre n'est pas gentilhomme. Sa femme a le ton tranchant, parle haut, a eu des adorateurs, mais fait régulièrement ses pâques; elle élève mal ses filles, et pense qu'elles seront toujours assez riches de leur nom. La femme et le mari n'ont d'ailleurs aucune idée du luxe actuel : ils gardent les livrées de théâtre, tiennent aux anciennes formes pour l'argenterie, les meubles, les voitures, comme pour les mœurs et le langage. Ce vieux faste s'allie d'ailleurs assez bien avec l'économie des provinces. Enfin c'est les gentilshommes d'autrefois, moins les lods et ventes, moins la meute et les habits galonnés; tous pleins d'honneur entre eux, tous dévoués à des princes qu'ils ne voient qu'à distance. Cette maison historique *incognito* conserve l'originalité d'une antique tapisserie de haute-lice. Dans la famille végète infailliblement un oncle ou un frère, lieutenant-général, cordon rouge, homme de cour, qui est allé en Hanovre avec le maréchal de Richelieu, et que vous retrouvez là comme le feuillet égaré d'un vieux pamphlet du temps de Louis XV.

A cette famille fossile s'oppose une famille plus riche, mais de noblesse moins ancienne. Le mari et la femme vont passer deux mois d'hiver à Paris, ils en rapportent le ton fugitif et les passions éphémères. Madame est élégante, mais un peu guindée et toujours en retard avec les modes. Cependant elle se moque de l'ignorance affectée par ses voisins; son argenterie est moderne; elle a des grooms, des nègres, un valet de chambre. Son fils aîné a tilbury, ne fait rien, il a un majorat; le cadet est auditeur au conseil d'État. Le père, très au fait des intrigues du ministère, raconte des anecdotes sur Louis XVIII et sur madame du Cayla; il place dans le *cinq pour cent*, évite la conversation sur les cidres, mais tombe encore parfois dans la manie de rectifier le chiffre des fortunes départementales; il est membre du conseil général, se fait habiller à Paris, et porte la croix de la Légion-d'Honneur. Enfin ce gentilhomme a compris la restauration, et bat monnaie à la Chambre; mais son royalisme est moins pur que celui de la famille avec laquelle il rivalise. Il reçoit la *Gazette* et les *Débats*. L'autre famille ne lit que la *Quotidienne*.

Monseigneur l'évêque, ancien vicaire-général, flotte entre ces deux puissances qui lui rendent les honneurs dus à la religion, mais en lui faisant sentir parfois la morale que le bon La Fontaine a mise à la fin de l'*Ane chargé de reliques*. Le bonhomme est roturier.

Puis viennent les astres secondaires, les gentilshommes qui jouissent de dix à douze mille livres de rente, et qui ont été capitaines de vaisseau, ou capitaines de cavalerie, ou rien du tout. A cheval par les chemins, ils tiennent le milieu entre le curé portant les sacrements et le contrôleur des contributions en tournée. Presque tous ont été dans les pages ou dans les mousquetaires, et achèvent paisiblement leurs jours dans une *faisance-valoir*, plus occupés d'une coupe de bois ou de leur cidre que de la monarchie. Cependant ils parlent de la charte et des libéraux entre deux *rubbers* de whist ou pendant une partie de trictrac, après avoir calculé des dots et arrangé des mariages en rapport avec les généalogies qu'ils savent par cœur. Leurs femmes font les fières et prennent les airs de la cour dans leurs cabriolets d'osier; elles croient être parées quand elles sont affublées d'un châle et d'un bonnet; elles achètent annuellement deux chapeaux, mais après de mûres délibérations, et se les font apporter de Paris par occasion; elles sont généralement vertueuses et bavardes.

Autour de ces éléments principaux de la gent aristocratique se groupent deux ou trois vieilles filles de qualité qui ont résolu le problème de l'immobilisation de la créature humaine. Elles semblent être scellées dans les maisons où vous les voyez : leurs figures, leurs toilettes font partie de l'immeuble, de la ville, de la province; elles en sont la tradition, la mémoire, l'esprit. Toutes ont quelque chose de roide et de monumental; elles savent sourire ou hocher la tête à propos, et, de temps en temps, disent des mots qui passent pour spirituels.

Quelques riches bourgeois se sont glissés dans ce petit faubourg Saint-Germain, grâce à leurs opinions aristocratiques ou à leurs fortunes. Mais, en dépit de leurs quarante ans, là chacun dit d'eux : — Ce petit *un tel* pense bien! Et l'on en fait des députés. Généralement ils sont protégés par les vieilles filles, mais on en cause.

Puis enfin deux ou trois ecclésiastiques sont reçus dans cette société d'élite, pour leur étole, ou parce qu'ils ont de l'esprit, et que ces nobles personnes, s'ennuyant entre elles, introduisent l'élément bourgeois dans leurs salons comme un boulanger met de la levûre dans sa pâte.

La somme d'intelligence amassée dans toutes ces têtes se compose d'une certaine quantité d'idées anciennes auxquelles se mêlent quelques pensées nouvelles qui se brassent en commun tous les soirs. Semblables à l'eau d'une petite anse, les phrases qui représentent ces idées ont leur flux et reflux quotidien, leur remous perpétuel, exactement pareil : qui en entend aujourd'hui le vide retentissement l'entendra demain, dans un an, toujours. Leurs arrêts immuablement portés sur les choses d'ici-bas forment une science traditionnelle à laquelle il n'est au pouvoir de personne d'ajouter une goutte d'esprit. La vie de ces routinières personnes gravite dans une sphère d'habitudes aussi incommutables que le sont leurs opinions religieuses, politiques, morales et littéraires.

Un étranger est-il admis dans ce cénacle, chacun lui dira, non sans une sorte d'ironie : — Vous ne trouverez pas ici le brillant de votre monde parisien ! et chacun condamnera l'existence de ses voisins en cherchant à faire croire qu'il est une exception dans cette société, qu'il a tenté sans succès de la rénover. Mais si, par malheur, l'étranger fortifie par quelque remarque l'opinion que ces gens ont mutuellement d'eux-mêmes, il passe aussitôt pour un homme méchant, sans foi ni loi, pour un Parisien corrompu, *comme le sont en général tous les Parisiens*.

Quand Gaston de Nueil apparut dans ce petit monde, où l'étiquette était parfaitement observée, où chaque chose de la vie s'harmoniait, où tout se trouvait mis à jour, où les valeurs nobiliaires et territoriales étaient cotées comme le sont les fonds de la Bourse à la dernière page des journaux, il avait été pesé d'avance dans les balances infaillibles de l'opinion bayeusaine. Déjà sa cousine madame de Sainte-Sévère avait dit le chiffre de sa fortune, celui de ses espérances, exhibé son arbre généalogique, vanté ses connaissances, sa politesse et sa modestie. Il reçut l'accueil auquel il devait strictement prétendre, fut accepté comme un bon gentilhomme, sans façon, parce qu'il n'avait que vingt-trois ans ; mais certaines jeunes personnes et quelques mères lui firent les yeux doux. Il possédait dix-huit mille livres de rente dans la vallée d'Auge, et son père devait tôt ou tard lui laisser le château de Manerville avec toutes ses dépendances. Quant à son instruction, à son avenir politique, à sa valeur personnelle, à ses talents, il n'en fut seulement pas question. Ses terres étaient bonnes et les fermages bien assurés; d'excellentes plantations y avaient été faites ; les réparations et les impôts étaient à la charge des fermiers; les pommiers avaient trente-huit ans ; enfin son père était en marché pour acheter deux cents arpents de bois contigus à son parc, qu'il voulait entourer de murs : aucune espérance ministérielle, aucune célébrité humaine ne pouvait lutter contre de tels avantages. Soit malice, soit calcul, madame de Sainte-Sevère n'avait pas parlé du frère aîné de Gaston, et Gaston n'en dit pas un mot. Mais ce frère était poitrinaire, et paraissait devoir être bientôt enseveli, pleuré, oublié. Gaston de Nueil commença par s'amuser de ces personnages ; il en dessina, pour ainsi dire, les figures sur son album dans la sapide vérité de leurs physionomies anguleuses, crochues, ridées, dans la plaisante originalité de leurs costumes et de leurs tics ; il se délecta des *normanismes* de leur idiome, du fruste de leurs idées et de leurs caractères. Mais, après avoir épousé pendant un moment cette existence semblable à celle des écureuils occupés à tourner leur cage, il sentit l'absence des oppositions dans une vie arrêtée d'avance, comme celle des religieux au fond des cloîtres, et tomba dans une crise qui n'est encore ni l'ennui, ni le dégoût, mais qui en comporte presque tous les effets. Après les légères souffrances de cette transition, s'accomplit pour l'individu, le phénomène de sa transplantation dans un terrain qui lui est contraire, où il doit s'atrophier et mener une vie rachitique. En effet, si rien ne le tire de ce monde, il en adopte insensiblement les usages, et se fait à son vide qui le gagne et l'annule. Déjà les poumons de Gaston s'habituaient à cette atmosphère. Prêt à reconnaître une sorte de bonheur végétal dans ces journées passées sans soins et sans idées, il commençait à perdre le souvenir de ce mouvement de sève, de cette fructification constante des esprits qu'il avait si ardemment épousée dans la sphère parisienne, et allait se pétrifier parmi ces pétrifications, y demeurer pour toujours, comme les compagnons d'Ulysse, content de sa grasse enveloppe. Un soir Gaston de Nueil se trouvait assis entre une vieille dame et l'un des vicaires-généraux du diocèse, dans un salon à boiseries peintes en gris, carrelé en grands carreaux de terre blancs, décoré de quelques portraits de famille, garni de quatre tables de jeu, autour desquelles seize personnes babillaient en jouant au whist. Là, ne pensant à rien, mais digérant un de ces dîners exquis, l'avenir de la journée en province, il se surprit à justifier les usages du pays. Il concevait pourquoi ces gens-là continuaient à se servir des cartes de la veille, à les battre sur des tapis usés, et comment ils arrivaient à ne plus s'habiller ni pour eux-mêmes ni pour les autres. Il devinait je ne sais quelle philosophie dans le mouvement uniforme de cette vie circulaire, dans le calme de ces habitudes logiques et dans l'ignorance des choses élégantes. Enfin il comprenait presque l'inutilité du luxe. La ville de Paris, avec ses passions, ses orages et ses plaisirs, n'était déjà plus dans son esprit que comme un souvenir d'enfance. Il admirait de bonne foi les mains rouges, l'air modeste et craintif d'une jeune personne dont, à la première vue, la figure lui avait paru niaise, les manières sans grâces, l'ensemble repoussant et la mine souverainement ridicule. C'était fait de lui. Venu de la province à Paris, il allait retomber de l'existence inflammatoire de Paris dans la froide vie de province, sans une phrase qui frappa son oreille et lui apporta soudain une émotion semblable à celle que lui aurait causée quelque motif original parmi les accompagnements d'un opéra ennuyeux.

— N'êtes-vous pas allé voir hier madame de Beauséant ? dit une vieille femme au chef de la maison princière du pays.

— J'y suis allé ce matin, répond-il. Je l'ai trouvée bien triste et si souffrante que je n'ai pas pu la décider à venir dîner demain avec nous.

— Avec madame de Champignelles ? s'écria la douairière en manifestant une sorte de surprise.

— Avec ma femme, dit tranquillement le gentilhomme. Madame de Beauséant n'est-elle pas de la maison de Bourgogne ? Par les femmes, il est vrai; mais enfin ce nom-là blanchit tout. Ma femme aime beaucoup la vicomtesse, et la pauvre dame est depuis si long-temps seule que....

En disant ces derniers mots, le marquis de Champignelles regarda d'un air calme et froid les personnes qui l'écoutaient en l'examinant; mais il fut presque impossible de deviner s'il faisait une concession au malheur ou à la noblesse de madame de Beauséant, s'il était flatté de la recevoir, ou s'il voulait forcer par orgueil les gentilshommes du pays et leurs femmes à la voir.

Toutes les dames parurent se consulter en se jetant le même coup d'œil ; et alors, le silence le plus profond ayant tout à coup régné dans le salon, leur attitude fut prise comme un indice d'improbation.

— Cette madame de Beauséant est-elle par hasard celle dont l'aventure avec monsieur d'Ajuda-Pinto a fait tant de bruit ? demanda Gaston à la personne près de laquelle il était.

— Parfaitement la même, lui répondit-on. Elle est venue habiter Courcelles après le mariage du marquis d'Ajuda, personne ici ne la reçoit. Elle a d'ailleurs beaucoup trop d'esprit pour ne pas avoir senti la fausseté de sa position : aussi n'a-t-elle cherché à voir personne. Monsieur de Champignelles et quelques hommes se sont présentés chez elle, mais elle n'a reçu que monsieur de Champignelles à cause peut-être de leur parenté : ils sont alliés par les Beauséant. Le marquis de Beauséant le père a épousé une Champignelles de la branche aînée. Quoique la vicomtesse de Beauséant passe pour descendre de la maison de Bourgogne, vous comprenez que nous ne pouvions pas admettre ici une femme séparée de son mari. C'est de vieilles idées auxquelles nous avons encore la bêtise de tenir. La vicomtesse a eu d'autant plus de tort dans ses escapades que monsieur de Beauséant est un galant homme, un homme de cour : il aurait très-bien entendu raison. Mais sa femme est une tête folle.....

Monsieur de Nueil, tout en entendant la voix de son interlocutrice, ne l'écoutait plus. Il était absorbé par mille fantaisies. Existe-t-il d'autre mot pour exprimer les attraits d'une aventure au moment où elle sourit à l'imagination, au moment où l'âme conçoit de vagues espérances, pressent d'inexplicables félicités, des craintes, des événements, sans que rien encore n'alimente ni ne fixe les caprices de ce mirage ? L'esprit voltige alors, enfante des projets impossibles et donne en germe les bonheurs d'une passion. Mais peut-être le germe de la passion la contient-elle entièrement, comme une graine contient une belle fleur avec ses parfums et ses riches couleurs. Monsieur de Nueil ignorait que madame de Beauséant se fût réfugiée en Normandie après un éclat que la plupart des femmes envient et condamnent, surtout lorsque les séductions de la jeunesse et de la beauté justifient presque la faute qui l'a causé. Il existe un prestige inconcevable dans toute espèce de célébrité, à quelque titre qu'elle soit due. Il semble que, pour les femmes comme jadis pour les familles, la gloire d'un crime en efface la honte. De même que telle maison s'enorgueillit de ses têtes tranchées, une jolie, une jeune femme devient plus attrayante par la fatale renommée d'un amour heureux ou d'une affreuse trahison. Plus elle est à plaindre, plus elle excite de sympathies. Nous ne sommes impitoyables que pour les choses, pour les sentiments et les aventures vulgaires. En attirant les regards, nous paraissons grands. Ne faut-il pas en effet s'élever au-dessus des autres pour en être vu? Or, la foule éprouve involontairement un sentiment de respect pour tout ce qui s'est grandi, sans trop demander compte des moyens. En ce moment, Gaston de Nueil se sentait poussé vers madame de Beauséant par la secrète influence de ces raisons, ou peut-être par la curiosité, par le besoin de mettre un intérêt dans sa vie actuelle, enfin par cette foule de motifs impossibles à dire, et que le mot de *fatalité* sert souvent à exprimer. La vicomtesse de Beauséant avait surgi devant lui tout à coup, accompagnée d'une foule d'images gracieuses : elle était un monde nouveau ; près d'elle sans doute il y avait à craindre, à espérer, à combattre, à vaincre. Elle devait contraster avec les personnes que Gaston voyait dans ce salon mesquin ; enfin c'était une femme, et il n'avait point encore rencontré de femme dans ce monde froid où les calculs remplaçaient les sentiments, où la politesse n'était plus que des devoirs, et où les idées les plus simples avaient quelque chose de trop blessant pour être acceptées ou émises. Madame de Beauséant réveillait en son âme le souvenir de ses rêves de jeune homme et ses plus vivaces passions, un moment endormies. Gaston de Nueil devint distrait pendant le reste de la soirée. Il pensait aux moyens de s'introduire chez madame de Beauséant, et certes il n'en existait guère. Elle passait pour être éminemment spirituelle. Mais, si les personnes d'esprit peuvent se laisser séduire par les choses originales ou fines, elles sont exigeantes, savent tout deviner ; auprès d'elles il y a donc autant de chances pour se perdre que pour réussir dans la difficile entreprise de plaire. Puis la vicomtesse devait joindre à l'orgueil de sa situation la dignité que son nom lui commandait. La solitude profonde dans laquelle elle vivait semblait être la moindre des barrières élevées entre elle et le monde. Il était donc presque impossible à un inconnu, de quelque bonne famille qu'il fût, de se faire admettre chez elle.

Cependant le lendemain matin monsieur de Nueil dirigea sa promenade vers le pavillon de Courcelles, et fit plusieurs fois le tour de l'enclos qui en dépendait. Dupé par les illusions auxquelles il est si naturel de croire à son âge, il regardait à travers les brèches ou par-dessus les murs, restait en contemplation devant les persiennes fermées ou examinait celles qui étaient ouvertes. Il espérait un hasard romanesque, il en combinait les effets sans s'apercevoir de leur impossibilité, pour s'introduire auprès de l'inconnue. Il se promena pendant plusieurs matinées fort infructueusement ; mais, à chaque promenade, cette femme placée en dehors du monde, victime de l'amour, ensevelie dans la solitude, grandissait dans sa pensée et se logeait dans son âme. Aussi le cœur de Gaston battait-il d'espérance et de joie si par hasard, en longeant les murs de Courcelles, il venait à entendre le pas pesant de quelque jardinier.

Il pensait bien à écrire à madame de Beauséant ; mais que dire à une femme que l'on n'a pas vue et qui ne nous connaît pas? D'ailleurs Gaston se défiait de lui-même ; puis, semblable aux jeunes gens encore pleins d'illusions, il craignait plus que la mort les terribles dédains du silence, et frissonnait en songeant à toutes les chances que pouvait avoir sa première prose amoureuse d'être jetée au feu. Il était en proie à mille idées contraires qui se combattaient. Mais enfin, à force d'enfanter des chimères, de composer des romans et de se creuser la cervelle, il trouva l'un de ces heureux stratagèmes qui finissent par se rencontrer dans le grand nombre de ceux que l'on rêve, et qui révèlent à la femme la plus innocente l'étendue de la passion avec laquelle un homme s'est occupé d'elle. Souvent les bizarreries sociales créent autant d'obstacles réels entre une femme et son amant, que les poètes orientaux en ont mis dans les délicieuses fictions de leurs contes, et leurs images les plus fantastiques sont rarement exagérées. Aussi, dans la nature comme dans le monde des fées, la femme doit-elle toujours appartenir à celui qui sait arriver à elle et la délivrer de la situation où elle languit. Le plus pauvre des calenders, tombant amoureux de la fille d'un calife, n'en était pas certes séparé par une distance plus grande que celle qui se trouvait entre Gaston et madame de Beauséant. La vicomtesse vivait dans une ignorance absolue des circonvallations tracées autour d'elle par monsieur de Nueil, dont l'amour s'accroissait de toute la grandeur des obstacles à franchir, et qui donnaient à sa maîtresse improvisée les attraits que possède toute chose lointaine.

Un jour, se fiant à son inspiration, il espéra tout de l'amour qui devait jaillir de ses yeux. Croyant la parole plus éloquente que ne l'est la lettre la plus passionnée, et spéculant aussi sur la curiosité naturelle à la femme, il alla chez monsieur de Champignelles en se proposant de l'employer à la réussite de son entreprise. Il dit au gentilhomme qu'il avait à s'acquitter d'une commission importante et délicate auprès de madame de Beauséant ; mais, ne sachant point si elle lisait les lettres d'une écriture inconnue ou si elle accorderait sa confiance à un étranger, il le priait de demander à la vicomtesse, lors de sa première visite, si elle daignerait le recevoir. Tout en invitant le marquis à garder le secret en cas de refus, il l'engagea fort spirituellement à ne point taire à madame de Beauséant les raisons qui pouvaient le faire admettre chez elle. N'était-il pas homme d'honneur, loyal et incapable de se prêter à une chose de mauvais goût ou même malséante ! Le hautain gentilhomme, dont les petites vanités avaient été flattées, fut complétement dupé par cette diplomatie de l'amour qui prête à un jeune homme l'aplomb et la haute dissimulation d'un vieil ambassadeur. Il essaya bien de pénétrer les secrets de Gaston ; mais celui-ci, fort embarrassé de les lui dire, opposa des phrases normandes aux adroites interrogations de monsieur de Champignelles, qui, en chevalier français, le complimenta sur sa discrétion.

Aussitôt le marquis courut à Courcelles avec cet empressement que les gens d'un certain âge mettent à rendre service aux jolies femmes. Dans la situation où se trouvait la vicomtesse de Beauséant, un message de cette espèce était de nature à l'intriguer. Aussi, quoiqu'elle ne vît, en consultant ses souvenirs, aucune raison qui pût amener chez elle monsieur de Nueil, n'aperçut-elle aucun inconvénient à le recevoir, après toutefois s'être prudemment enquise de sa position dans le monde. Elle avait cependant commencé par refuser ; puis elle avait discuté ce point de convenance avec monsieur de Champignelles, en l'interrogeant pour tâcher de deviner s'il savait le motif de cette visite ; puis elle était revenue sur son refus. La discussion et la discrétion forcée du marquis avaient irrité sa curiosité.

Monsieur de Champignelles, ne voulant point paraître ridicule, prétendait, en homme instruit, mais discret, que la vicomtesse devait parfaitement bien connaître l'objet de cette visite, quoiqu'elle le cherchât de bien bonne foi sans le trouver. Madame de Beauséant créait des liaisons entre Gaston et des gens qu'il ne connaissait pas, se perdait dans d'absurdes suppositions, et se demandait à elle-même si elle avait jamais vu monsieur de Nueil. La lettre d'amour la plus vraie ou la plus habile n'eût certes pas produit autant d'effet que cette espèce d'énigme sans mot de laquelle madame de Beauséant fut occupée à plusieurs reprises.

Quand Gaston apprit qu'il pouvait voir la vicomtesse, il fut tout à la fois dans le ravissement d'obtenir si promptement un bonheur ardemment souhaité et singulièrement embarrassé de donner un dénouement à sa ruse. — Bah! *la* voir, répétait-il en s'habillant, la voir, c'est tout! Puis il espérait en franchissant la porte de Courcelles, rencontrer un expédient pour dénouer le nœud gordien qu'il avait serré lui-même. Gaston était du nombre de ceux qui, croyant à la toute-puissance de la nécessité, vont toujours; et, au dernier moment, arrivés en face du danger, ils s'en inspirent et trouvent des forces pour le vaincre. Il mit un soin particulier à sa toilette. Il s'imaginait, comme les jeunes gens, que d'une boucle bien ou mal placée dépendait son succès, ignorant qu'au jeune âge tout est charme et attrait. D'ailleurs les femmes de choix qui ressemblent à madame de Beauséant ne se laissent séduire que par les grâces de l'esprit et par la supériorité du caractère. Un grand caractère flatte leur vanité, leur promet une grande passion et paraît devoir admettre les exigences de leur cœur. L'esprit les amuse, répond aux finesses de leur nature, et elles se croient comprises. Or, que veulent toutes les femmes, si ce n'est d'être amusées, comprises ou adorées? Mais il faut avoir bien réfléchi sur les choses de la vie pour deviner la haute coquetterie que comportent la négligence du costume et la réserve de l'esprit dans une première entrevue. Quand nous devenons assez rusés pour être d'habiles politiques, nous sommes trop vieux pour profiter de notre expérience. Tandis que Gaston se défiait assez de son esprit pour emprunter des séductions à son vêtement, madame de Beauséant elle-même mettait instinctivement de la recherche dans sa toilette et se disait en arrangeant sa coiffure : — Je ne veux cependant pas être à faire peur.

Monsieur de Nueil avait dans l'esprit, dans sa personne et dans les manières, cette tournure naïvement originale qui donne une sorte de saveur aux gestes et aux idées ordinaires, permet de tout dire et fait tout passer. Il était instruit, pénétrant, d'une physionomie heureuse et mobile comme son âme impressible. Il y avait de la passion, de la tendresse dans ses yeux vifs; et son cœur, essentiellement bon, ne les démentait pas. La résolution qu'il prit en entrant à Courcelles fut donc en harmonie avec la nature de son caractère franc et de son imagination ardente. Malgré l'intrépidité de l'amour, il ne put cependant se défendre d'une violente palpitation quand, après avoir traversé une grande cour dessinée en jardin anglais, il arriva dans une salle où un valet de chambre, lui ayant demandé son nom, disparut et revint pour l'introduire.

— Monsieur le baron de Nueil.

Gaston entra lentement, mais d'assez bonne grâce, chose plus difficile encore dans un salon où il n'y a qu'une femme que dans celui où il y en a vingt. A l'angle de la cheminée, où malgré la saison, brillait un grand foyer, et sur laquelle se trouvaient deux candélabres allumés jetant de molles lumières, il aperçut une jeune femme assise dans cette moderne bergère à dossier très élevé, dont le siége bas lui permettait de donner à sa tête des poses variées pleines de grâce et d'élégance, de l'incliner, de la pencher, de la redresser languissamment, comme si c'était un fardeau pesant : puis de plier ses pieds, de les montrer ou de les rentrer sous les longs plis d'une robe noire. La vicomtesse voulut placer sur une petite table ronde le livre qu'elle lisait; mais ayant en même temps tourné la tête vers monsieur de Nueil, le livre, mal posé, tomba dans l'intervalle qui séparait la table de la bergère. Sans paraître surprise de cet accident, elle se rehaussa, et s'inclina pour répondre au salut du jeune homme, mais d'une manière imperceptible et presque sans se lever de son siége où son corps resta plongé. Elle se courba pour s'avancer, remua vivement le feu ; puis elle se baissa, ramassa un gant qu'elle mit avec négligence à sa main gauche, en cherchant l'autre par un regard promptement réprimé; car de sa main droite, main blanche, presque transparente, sans bagues, fluette, à doigts effilés et dont les ongles roses formaient un ovale parfait, elle montra une chaise comme pour dire à Gaston de s'asseoir. Quand son hôte inconnu fut assis, elle tourna la tête vers lui par un mouvement interrogant et coquet dont la finesse ne saurait se peindre; il appartenait à ses intentions bienveillantes, à ces gestes gracieux, quoique précis, que donnent l'éducation première et l'habitude constante des choses de bon goût. Ces mouvements multipliés se succédèrent rapidement en un instant, sans saccades ni brusquerie, et charmèrent Gaston par ce mélange de soin et d'abandon qu'une jolie femme ajoute aux manières aristocratiques de la haute compagnie. Madame de Beauséant contrastait trop vivement avec les automates parmi lesquels il vivait depuis deux mois d'exil au fond de la Normandie, pour ne pas lui personnifier la poésie de ses rêves; aussi ne pouvait-il en comparer les perfections à aucune de celles qu'il avait jadis admirées. Devant cette femme et dans ce salon meublé comme l'est un salon du faubourg Saint-Germain, plein de ces riens si riches qui traînent sur les tables, en apercevant des livres et des fleurs, il se retrouva dans Paris. Il foulait un vrai tapis de Paris, revoyait le type distingué, les formes frêles de la Parisienne, sa grâce exquise, et sa négligence des effets cherchés qui nuisent tant aux femmes de province.

Madame la vicomtesse de Beauséant était blonde, blanche comme une blonde, et avait les yeux bruns. Elle présentait noblement son front, un front d'ange déchu qui s'enorgueillit de sa faute et ne veut point de pardon. Ses cheveux, abondants et tressés en hauteur au-dessus de deux bandeaux qui décrivaient sur ce front de larges courbes, ajoutaient encore à la majesté de sa tête. L'imagination retrouvait, dans les spirales de cette chevelure dorée, la couronne ducale de Bourgogne; et, dans les yeux brillants de cette grande dame, tout le courage de sa maison; le courage d'une femme forte seulement pour repousser le mépris ou l'audace, mais pleine de tendresse pour les sentiments doux. Les contours de sa petite tête, admirablement posée sur un long col blanc; les traits de sa figure fine, ses lèvres déliées et sa physionomie mobile gardaient une expression de prudence exquise, une teinte d'ironie affectée qui ressemblait à de la ruse et à de l'impertinence. Il était difficile de ne pas lui pardonner ces deux péchés féminins en pensant à ses malheurs, à la passion qui avait failli lui coûter la vie, et qu'attestaient soit les rides qui, par le moindre mouvement, sillonnaient son front, soit la douloureuse éloquence de ses beaux yeux souvent levés vers le ciel. N'était-ce pas un spectacle imposant, et encore agrandi par la pensée, de voir dans un immense salon silencieux cette femme séparée du monde entier, et qui, depuis trois ans, demeurait au fond d'une petite vallée, loin de la ville, seule avec les souvenirs d'une jeunesse brillante, heureuse, passionnée, jadis remplie par des fêtes, par de constants hommages, mais maintenant livrée aux horreurs du néant? Le sourire de cette femme annonçait une haute conscience de sa valeur. N'étant ni mère ni épouse, repoussée par le monde, privée du seul cœur qui pût faire battre le sien sans honte, ne tirant d'aucun sentiment les secours nécessaires à son âme chancelante, elle devait prendre sa force sur elle-même, vivre de sa propre vie, et n'avoir d'autre espérance que celle de la femme abandonnée : attendre la mort, en hâter la lenteur malgré les beaux jours qui lui restaient encore. Se sentir destinée au bonheur, et périr sans le recevoir, sans le donner?... une femme! Quelles douleurs! Monsieur de Nueil fit ces réflexions avec la rapidité de l'éclair, et se trouva bien honteux de son personnage en présence de la plus grande poésie dont puisse s'envelopper une femme. Séduit par le triple éclat de la beauté, du malheur et de la noblesse, il demeura presque béant, songeur, admirant la vicomtesse, mais ne trouvant rien à lui dire.

Madame de Beauséant, à qui cette surprise ne déplut sans doute point, lui tendit la main par un geste doux, mais impératif; puis, rappelant un sourire sur ses lèvres pâlies, comme pour obéir encore aux grâces de son sexe, elle lui dit : — Monsieur de Champignelles m'a prévenue, monsieur, du message dont vous vous êtes si complaisamment chargé pour moi. Serait-ce de la part de....

En entendant cette terrible phrase, Gaston comprit encore mieux le ridicule de sa situation, le mauvais goût, la déloyauté de son procédé envers une femme et si noble et si malheureuse. Il rougit. Son regard, empreint de mille pensées, se troubla; mais tout à coup, avec cette force que de jeunes cœurs savent puiser dans le sentiment de leurs fautes, il se rassura ; puis, interrompant madame de Beauséant, non sans faire un geste plein de soumission, il lui répondit d'une voix émue : — Madame, je ne mérite pas le bonheur de vous voir; je vous ai indignement trompée. Le sentiment auquel j'ai obéi, si grand qu'il puisse être, ne saurait faire excuser le misérable subterfuge qui m'a servi pour arriver jusqu'à vous. Mais, madame, si vous aviez la bonté de me permettre de vous dire....

La vicomtesse lança sur monsieur de Nueil un coup d'œil plein de hauteur et de mépris; leva la main pour saisir le cordon de sa sonnette, sonna; le valet de chambre vint; elle lui dit, en regardant le jeune homme avec dignité : — Jacques, éclairez monsieur.

Elle se leva fière, salua Gaston, et se baissa pour ramasser le livre tombé. Ses mouvements furent aussi secs, aussi froids que ceux par lesquels elle l'accueillit avaient été mollement élégants et gracieux.

Monsieur de Nueil s'était levé, mais il restait debout. Madame de Beauséant lui jeta de nouveau un regard comme pour lui dire : — Eh! bien, vous ne sortez pas?

Ce regard fut empreint d'une moquerie si perçante, que Gaston devint pâle comme un homme près de défaillir. Quelques larmes roulèrent dans ses yeux; mais il les retint, les sécha dans les feux de la honte et du désespoir, regarda madame de Beauséant avec une sorte d'orgueil qui exprimait tout ensemble et de la résignation et une certaine conscience de sa valeur : la vicomtesse avait le droit de le punir, mais le devait-elle? Puis il sortit. En traversant l'antichambre, la perspicacité de son esprit et son intelligence aiguisée par la passion lui firent comprendre tout le danger de sa situation.

— Si je quitte cette maison, se dit-il, je n'y pourrai jamais rentrer; je serai toujours un sot pour la vicomtesse. Il est impossible à une femme, et elle est femme! de ne pas deviner l'amour qu'elle inspire; elle ressent peut-être un regret vague et involontaire de m'avoir si brusquement congédié, mais elle ne doit pas, elle ne peut pas révoquer son arrêt : c'est à moi de la comprendre.

A cette réflexion, Gaston s'arrête sur le perron, laisse échapper une exclamation, se retourne vivement et dit : — J'ai oublié quelque chose! Et il revint vers le salon, suivi du valet de chambre qui, plein de respect pour un baron et pour les droits sacrés de la propriété, fut complétement abusé par le ton naïf avec lequel cette phrase fut dite. Gaston entra doucement sans être annoncé. Quand la vicomtesse, pensant peut-être que l'intrus était son valet de chambre, leva la tête, elle trouva devant elle monsieur de Nueil.

— Jacques m'a éclairé, dit-il en souriant. Son sourire, empreint d'une grâce à demi triste, ôtait à ce mot tout ce qu'il avait de plaisant, et l'accent avec lequel il était prononcé devait aller à l'âme.

Madame de Beauséant fut désarmée.

— Eh! bien, asseyez-vous, dit-elle.

Gaston s'empara de la chaise par un mouvement avide. Ses yeux, animés par la félicité, jetèrent un éclat si vif que la comtesse ne put soutenir ce jeune regard, baissa les yeux sur son livre et savoura le plaisir toujours nouveau d'être pour un homme le principe de son bonheur, sentiment impérissable chez la femme. Puis, madame de Beauséant avait été devinée. La femme est si reconnaissante de rencontrer un homme au fait des caprices si logiques de son cœur, qui comprenne les allures en apparence contradictoires de son esprit, les fugitives pudeurs de ses sensations tantôt timides, tantôt hardies, étonnant mélange de coquetterie et de naïveté!

— Madame, s'écria doucement Gaston, vous connaissez ma faute, mais vous ignorez mes crimes. Si vous saviez avec quel bonheur j'ai...

— Ah! prenez garde, dit-elle en levant un de ses doigts d'un air mystérieux à la hauteur de son nez, qu'elle effleura ; puis, de l'autre main, elle fit un geste pour prendre le cordon de la sonnette.

Ce joli mouvement, cette gracieuse menace provoquèrent sans doute une triste pensée, un souvenir de sa vie heureuse, du temps où elle pouvait être tout charme et tout gentillesse, où le bonheur justifiait les caprices de son esprit comme il donnait un attrait de plus aux moindres mouvements de sa personne. Elle amassa les rides de son front entre ses deux sourcils; son visage, si doucement éclairé par les bougies, prit une sombre expression; elle regarda monsieur de Nueil avec une gravité dénuée de froideur, et lui dit en femme profondément pénétrée par le sens de ses paroles : — Tout ceci est bien ridicule! Un temps a été, monsieur, où j'avais le droit d'être follement gaie, où j'aurais pu rire avec vous et vous recevoir sans crainte; mais aujourd'hui, ma vie est bien changée, je ne suis plus maîtresse de mes actions, et suis forcée d'y réfléchir. A quel sentiment dois-je votre visite? Est-ce curiosité? je paie alors bien cher un fragile instant de bonheur. Aimeriez-vous déjà *passionnément* une femme infailliblement calomniée et que vous n'avez jamais vue? Vos sentiments seraient donc fondés sur la mésestime, sur une faute à laquelle le hasard a donné de la célébrité. Elle jeta son livre sur la table avec dépit. — Hé! quoi, reprit-elle après avoir lancé un regard terrible sur Gaston, parce que j'ai été faible, le monde veut donc que je le sois toujours? Cela est affreux, dégradant. Venez-vous chez moi pour me plaindre? Vous êtes bien jeune pour sympathiser avec des peines de cœur. Sachez-le bien, monsieur, je préfère le mépris à la pitié; je ne veux subir la compassion de personne. Il y eut un moment de silence. — Eh! bien, vous voyez, monsieur, reprit-elle en levant la tête vers lui d'un air triste et doux, quel que soit le sentiment qui vous ait porté à vous jeter étourdiment dans ma retraite, vous me blessez. Vous êtes trop jeune pour être tout à fait dénué de bonté, vous sentirez donc l'inconvenance de votre démarche; je vous la pardonne, et vous en parle maintenant sans amertume. Vous ne reviendrez plus ici, n'est-ce pas? Je vous prie quand je pourrais ordonner. Si vous me faisiez une nouvelle visite, il ne serait ni en votre pouvoir ni au mien d'empêcher toute la ville de croire que vous devenez mon amant, et vous ajouteriez à mes chagrins un chagrin bien grand. Ce n'est pas votre volonté, je pense.

Elle se tut en le regardant avec une dignité vraie qui le rendit confus.

— J'ai eu tort, madame, répondit-il d'un ton pénétré; mais l'ardeur, l'irréflexion, un vif besoin de bonheur sont à mon âge des qualités et des défauts. Maintenant, reprit-il, je comprends que je n'aurais pas dû chercher à vous voir, et cependant mon désir étai bien naturel...

Il tâcha de raconter avec plus de sentiment que d'esprit les souffrances auxquelles l'avait condamné son exil nécessaire. Il peignit l'état d'un jeune homme dont les feux brûlaient sans aliment, en faisant penser qu'il était digne d'être aimé tendrement, et néanmoins n'avait jamais connu les délices d'un amour inspiré par une femme jeune, belle, pleine de goût, de délicatesse. Il expliqua son manque de convenance sans vouloir le justifier. Il flatta madame de Beauséant en lui prouvant qu'elle réalisait pour lui le type de la maîtresse incessamment mais vainement appelée par la plupart des jeunes gens. Puis, en parlant de ses promenades matinales autour de Courcelles, et des idées vagabondes qui le saisissaient à l'aspect du pavillon où il s'était enfin introduit, il excita cette indéfinissable indulgence que la femme trouve dans son cœur pour les folies qu'elle inspire. Il fit entendre une voix passionnée dans cette froide solitude, où il apportait les chaudes inspirations du jeune âge et les charmes d'esprit qui décèlent une éducation soignée. Madame de Beauséant était privée depuis trop longtemps des émotions que donnent les sentiments vrais finement exprimés pour ne pas en sentir vivement les délices. Elle ne put s'empêcher de regarder la figure expressive de monsieur de Nueil, et d'admirer en lui cette belle confiance de l'âme qui n'a encore été ni déchirée par les cruels enseignements de la vie du monde, ni dévorée par les perpétuels calculs de l'ambition ou de la vanité. Gaston était le jeune homme dans sa fleur, et se produisait en homme de caractère qui méconnaît encore ses hautes destinées. Ainsi tous deux faisaient à l'insu l'un de l'autre les réflexions les plus dangereuses pour leur repos, et tâchaient de se les cacher. Monsieur de Nueil reconnaissait dans la vicomtesse une de ces femmes si rares, toujours victimes de leur propre perfection et de leur inextinguible tendresse, dont la beauté gracieuse est le moindre charme quand elles ont une fois permis l'accès de leur âme où les sentiments sont infinis, où tout est bon, où l'instinct du beau s'unit aux expressions les plus variées de l'amour pour purifier les voluptés et les rendre presque saintes : admirable secret de la femme, présent exquis si rarement accordé par la nature. De son côté, la vicomtesse, en écoutant l'accent vrai avec lequel Gaston lui parlait des malheurs de sa jeunesse, devinait les souffrances imposées par la timidité aux grands enfants de vingt-cinq ans, lorsque l'étude les a garantis de la corruption et du contact des gens du monde dont l'expérience raisonneuse corrode les belles qualités du jeune âge. Elle trouvait en lui le rêve de toutes les femmes, un homme chez lequel n'existaient encore ni cet égoïsme de famille et de fortune, ni ce sentiment personnel qui finissent par tuer, dans leur premier élan, le dévouement, l'honneur, l'abnégation, l'estime de soi-même, fleurs d'âme sitôt fanés qui d'abord enrichissent la vie d'émotions délicates, quoique fortes, et ravivent en l'homme la probité du cœur. Une fois lancés dans les vastes espaces du sentiment, ils arrivèrent très-loin en théorie, sondèrent l'un et l'autre la profondeur de leurs âmes, s'informèrent de la vérité de leurs expressions. Cet examen, involontaire chez Gaston, était prémédité chez madame de Beauséant. Usant de sa finesse naturelle ou acquise, elle exprimait, sans se nuire à elle-même, des opinions contraires aux siennes pour connaître celles de monsieur de Nueil. Elle fut si spirituelle, si gracieuse, elle fut si bien elle-même avec un jeune homme qui ne réveillait point sa défiance, en croyant ne plus le revoir, que Gaston s'écria naïvement à un mot délicieux dit par elle-même : — Eh ! madame, comment un homme a-t-il pu vous abandonner ?

La vicomtesse resta muette. Gaston rougit, il pensait l'avoir offensée. Mais cette femme était surprise par le premier plaisir profond et vrai qu'elle ressentait depuis le jour de son malheur. Le roué le plus habile n'eût pas fait à force d'art le progrès que monsieur de Nueil dut à ce cri parti du cœur. Ce jugement arraché à la candeur d'un homme jeune la rendait innocente à ses yeux, condamnait le monde, accusait celui qui l'avait quittée, et justifiait la solitude où elle était venue languir. L'absolution mondaine, les touchantes sympathies, l'estime sociale, tant souhaitées, si cruellement refusées, enfin ses plus secrets désirs étaient accomplis par cette exclamation qu'embellissaient encore les plus douces flatteries du cœur et cette admiration toujours avidement savourée par les femmes. Elle était donc entendue et comprise, monsieur de Nueil lui donnait tout naturellement l'occasion de se grandir de sa chute. Elle regarda la pendule.

— Oh! madame, s'écria Gaston, ne me punissez pas de mon étourderie. Si vous ne m'accordez qu'une soirée, daignez ne pas l'abréger encore.

Elle sourit du compliment.

— Mais, dit-elle, puisque nous ne devons plus nous revoir, qu'importe un moment de plus ou de moins? Si je vous plaisais, ce serait un malheur.

— Un malheur tout venu, répondit-il tristement.

— Ne me dites pas cela, reprit-elle gravement. Dans toute autre position je vous recevrais avec plaisir. Je vais vous parler sans détour, vous comprendrez pourquoi je ne veux pas, pourquoi je ne dois pas vous revoir. Je vous crois l'âme trop grande pour ne pas sentir que si j'étais seulement soupçonnée d'une seconde faute, je deviendrais, pour tout le monde, une femme méprisable et vulgaire, je ressemblerais aux autres femmes. Une vie pure et sans tache donnera donc du relief à mon caractère. Je suis trop fière pour ne pas essayer de demeurer au milieu de la Société comme un être à part, victime des lois par mon mariage, victime des hommes par mon amour. Si je ne restais pas fidèle à ma position, je mériterais tout le blâme qui m'accable et perdrais ma propre estime. Je n'ai pas eu la haute vertu sociale d'appartenir à un homme que je n'aimais pas. J'ai brisé, malgré les lois, les liens du mariage : c'était un tort, un crime, ce sera tout ce que vous voudrez; mais pour moi cet état équivalait à la mort. J'ai voulu vivre. Si j'eusse été mère, peut-être aurais-je trouvé des forces pour supporter le supplice d'un mariage imposé par les convenances. A dix-huit ans, nous ne savons guère, pauvres jeunes filles, ce que l'on nous fait faire. J'ai violé les lois du monde, le monde m'a punie; nous étions justes l'un et l'autre. J'ai cherché le bonheur. N'est-ce pas une loi de notre nature que d'être heureuses? J'étais jeune, j'étais belle... J'ai cru rencontrer un être aussi aimant qu'il paraissait passionné. J'ai été bien aimée pendant un moment!...

Elle fit une pause.

— Je pensais, reprit-elle, qu'un homme ne devait jamais abandonner une femme dans la situation où je me trouvais. J'ai été quittée, j'aurai déplu. Oui, j'ai manqué sans doute à quelque loi de nature : j'aurai été trop aimante, trop dévouée ou trop exigeante, je ne sais. Le malheur m'a éclairée. Après avoir été longtemps l'accusatrice, je me suis résignée à être la seule criminelle. J'ai donc absous à mes dépens celui de qui je croyais avoir à me plaindre. Je n'ai pas été assez adroite pour le conserver : la destinée m'a fortement punie de ma maladresse. Je ne sais qu'aimer : le moyen de penser à soi quand on aime ? J'ai donc été l'esclave quand j'aurais dû me faire tyran. Ceux qui me connaîtront pourront me condamner, mais ils m'estimeront. Mes souffrances m'ont appris à ne plus m'exposer à l'abandon. Je ne comprends pas comment j'existe encore, après avoir subi les douleurs des huit premiers jours qui ont suivi cette crise, la plus affreuse dans la vie d'une femme. Il faut avoir vécu pendant trois ans seule pour avoir acquis la force de parler comme je le fais en ce moment de cette douleur. L'agonie se termine ordinairement par la mort, eh ! bien, monsieur, c'était une agonie sans le tombeau pour dénouement. Oh ! j'ai bien souffert !

La vicomtesse leva ses beaux yeux vers la corniche à laquelle sans doute elle confia tout ce que ne devait pas entendre un inconnu. Une corniche est bien la plus douce, la plus soumise, la plus complaisante confidente que les femmes puissent trouver dans les occasions où elles n'osent regarder leur interlocuteur. La corniche d'un boudoir est une institution. N'est-ce pas un confessionnal, moins le prêtre ? En ce moment, madame de Beauséant était éloquente et belle ; il faudrait dire coquette, si ce mot n'était pas trop fort. En se rendant justice, en mettant entre elle et l'amour les plus hautes barrières, elle aiguillonnait tous les sentiments de l'homme : et, plus elle élevait le but, mieux elle l'offrait aux regards. Enfin elle abaissa ses yeux sur Gaston, après leur avoir fait perdre l'expression trop attachante que leur avait communiquée le souvenir de ses peines.

— Avouez que je dois rester froide et solitaire ? lui dit-elle d'un ton calme.

Monsieur de Nueil se sentait une violente envie de tomber aux pieds de cette femme alors sublime de raison et de folie, il craignit de lui paraître ridicule ; il réprima donc et son exaltation et ses pensécs : il éprouvait à la fois et la crainte de ne point réussir à les bien exprimer, et la peur de quelque terrible refus ou d'une moquerie dont l'appréhension glace les âmes les plus ardentes. La réaction des sentiments qu'il refoulait au moment où ils s'élançaient de son cœur lui causa cette douleur profonde que connaissent les gens timides et les ambitieux, souvent forcés de dévorer leurs désirs. Cependant il ne put s'empêcher de rompre le silence pour dire d'une voix tremblante : — Permettez-moi, madame, de me livrer à une des plus grandes émotions de ma vie, en vous avouant ce que vous me faites éprouver. Vous m'agrandissez le cœur! je sens en moi le désir d'occuper ma vie à vous faire oublier vos chagrins, à vous aimer pour tous ceux qui vous ont haïe ou blessée. Mais c'est une effusion de cœur bien soudaine, qu'aujourd'hui rien ne justifie et que je devrais....

— Assez, monsieur, dit madame de Beauséant. Nous sommes allés trop loin l'un et l'autre. J'ai voulu dépouiller de toute dureté le refus qui m'est imposé, vous en expliquer les tristes raisons, et non m'attirer des hommages. La coquetterie ne va bien qu'à la femme heureuse. Croyez-moi, restons étrangers l'un à l'autre. Plus tard, vous saurez qu'il ne faut point former de liens quand ils doivent nécessairement se briser un jour.

Elle soupira légèrement, et son front se plissa pour reprendre aussitôt la pureté de sa forme.

— Quelles souffrances pour une femme, reprit-elle, de ne pouvoir suivre l'homme qu'elle aime dans toutes les phases de sa vie! Puis ce profond chagrin ne doit-il pas horriblement retentir dans le cœur de cet homme, si elle en est bien aimée. N'est-ce pas un double malheur?

Il y eut un moment de silence, après lequel elle dit en souriant et en se levant pour faire lever son hôte : — Vous ne vous doutiez pas en venant à Courcelles d'y entendre un sermon?

Gaston se trouvait en ce moment plus loin de cette femme extraordinaire qu'à l'instant où il l'avait abordée. Attribuant le charme de cette heure délicieuse à la coquetterie d'une maîtresse de maison jalouse de déployer son esprit, il salua froidement la vicomtesse, et sortit désespéré. Chemin faisant, le baron cherchait à surprendre le vrai caractère de cette créature souple et dure comme un ressort; mais il lui avait vu prendre tant de nuances, qu'il lui fut impossible d'asseoir sur elle un jugement vrai. Puis les intonations de sa voix lui retentissaient encore aux oreilles, et le souvenir prêtait tant de charmes aux gestes, aux airs de tête, au jeu des yeux, qu'il s'éprit davantage à cet examen. Pour lui, la beauté de la vicomtesse reluisait encore dans les ténèbres, les impressions qu'il en avait reçues se réveillaient attirées l'une par l'autre, pour de nouveau le séduire en lui révélant des grâces de femme et d'esprit inaperçues d'abord. Il tomba dans une de ces méditations vagabondes pendant lesquelles les pensées les plus lucides se combattent, se brisent les unes contre les autres, et jettent l'âme dans un court accès de folie. Il faut être jeune pour révéler et pour comprendre les secrets de ces sortes de dithyrambes, où le cœur, assailli par les idées les plus justes et les plus folles, cède à la dernière qui le frappe, à une pensée d'espérance ou de désespoir, au gré d'une puissance inconnue. A l'âge de vingt-trois ans, l'homme est presque toujours dominé par un sentiment de modestie : les timidités, les troubles de la jeune fille l'agitent, il a peur de mal exprimer son amour, il ne voit que des difficultés et s'en effraie, il tremble de ne pas plaire, il serait hardi s'il n'aimait pas tant; plus il sent le prix du bonheur, moins il croit que sa maîtresse puisse le lui facilement accorder ; d'ailleurs, peut-être se livre-t-il trop entièrement à son plaisir, et craint-il de n'en point donner; lorsque, par malheur, son idole est imposante, il l'adore en secret et de loin; s'il n'est pas deviné, son amour expire. Souvent cette passion hâtive, morte dans un jeune cœur, y reste brillante d'illusions. Quel homme n'a pas plusieurs de ces vierges souvenirs qui, plus tard, se réveillent, toujours plus gracieux, et apportent l'image d'un bonheur parfait ? souvenirs semblables à ces enfants perdus à la fleur de l'âge, et dont les parents n'ont connu que les sourires. Monsieur de Nueil revint donc de Courcelles, en proie à un sentiment gros de résolutions extrêmes. Madame de Beauséant était déjà devenue pour lui la condition de son existence : il aimait mieux mourir que de vivre sans elle. Encore assez jeune pour ressentir ces cruelles fascinations que la femme parfaite exerce sur les âmes neuves et passionnées, il dut passer une de ces nuits orageuses pendant lesquelles les jeunes gens vont du bonheur au suicide, du suicide au bonheur, dévorent toute une vie heureuse et s'endorment impuissants. Nuits fatales, où le plus grand malheur qui puisse arriver est de se réveiller philosophe. Trop véritablement amoureux pour dormir, monsieur de Nueil se leva, se mit à écrire des lettres dont aucune ne le satisfit, et les brûla toutes.

Le lendemain, il alla faire le tour du petit enclos de Courcelles; mais à la nuit tombante, car il avait peur d'être aperçu par la vicomtesse. Le sentiment auquel il obéissait alors appartient à une nature d'âme si mystérieuse, qu'il faut être encore jeune homme, ou se trouver dans une situation semblable, pour en comprendre les muettes félicités et les bizarreries; toutes choses qui feraient hausser les épaules aux gens assez heureux pour toujours voir le *positif* de la vie. Après des hésitations cruelles, Gaston écrivit à madame de Beauséant la lettre suivante, qui peut passer pour un modèle de la phraséologie particulière aux amoureux, et se comparer aux dessins faits en cachette par les enfants pour la fête de leurs parents; présents détestables pour tout le monde, excepté pour ceux qui les reçoivent.

« MADAME,

» Vous exercez un si grand empire sur mon cœur, sur mon âme et ma personne, qu'aujourd'hui ma destinée dépend entièrement de vous. Ne jetez pas ma lettre au feu. Soyez assez bienveillante pour la lire. Peut-être me pardonnerez-vous cette première phrase en vous apercevant que ce n'est pas une déclaration vulgaire ni intéressée, mais l'expression d'un fait naturel. Peut-être serez-vous touchée par la modestie de mes prières, par la résignation que m'inspire le sentiment de mon infériorité, par l'influence de votre détermination sur ma vie. A mon âge, madame, je ne sais qu'aimer, j'ignore entièrement et ce qui peut plaire à une femme et ce qui la séduit; mais je me sens au cœur, pour elle, d'enivrantes adorations. Je suis irrésistiblement attiré vers vous par le plaisir immense que vous me faites éprouver, et pense à vous avec tout l'égoïsme qui nous entraîne, là où, pour nous, est la chaleur vitale. Je ne me crois pas digne de vous. Non, il me semble impossible à moi, jeune, ignorant, timide, de vous apporter la millième partie du bonheur que j'aspirais en vous entendant, en vous voyant. Vous êtes pour moi la seule femme qu'il y ait dans le monde. Ne concevant point la vie sans vous, j'ai pris la résolution de quitter la France et d'aller jouer mon existence jusqu'à ce que je la perde dans quelque entreprise impossible, aux Indes, en Afrique, je ne sais où. Ne faut-il pas que je combatte un amour sans bornes par quelque chose d'infini? Mais si vous voulez me laisser l'espoir, non pas d'être à vous, mais d'obtenir votre amitié, je reste. Permettez-moi de passer près de vous, rarement même si vous l'exigez, quelques heures semblables à celles que j'ai surprises. Ce frêle bonheur, dont les vives jouissances peuvent m'être interdites à la moindre parole trop ardente, suffira pour me faire endurer les bouillonnements de mon sang. Ai-je trop présumé de votre générosité en vous suppliant de souffrir un commerce où tout est profit pour moi seulement ? Vous saurez bien faire voir à ce monde, auquel vous sacrifiez tant, que je ne vous suis rien. Vous êtes si spirituelle et si fière ! Qu'avez-vous à craindre ? Maintenant je voudrais pouvoir vous ouvrir mon cœur, afin de vous persuader que mon humble demande ne cache aucune arrière-pensée. Je ne vous aurais pas dit que mon amour était sans bornes en vous priant de m'accorder de l'amitié, si j'avais l'espoir de vous faire partager le sentiment profond enseveli dans mon âme. Non, je serai près de vous ce que vous voudrez que je sois, pourvu que j'y sois. Si vous me refusiez, et vous le pouvez, je ne murmurerai point, je partirai. Si plus tard une femme autre que vous entre pour quelque chose dans ma vie, vous aurez eu raison ; mais si je meurs fidèle à mon amour, vous concevrez quelque regret peut-être ! L'espoir de vous causer un regret adoucira mes angoisses, et sera toute la vengeance de mon cœur méconnu... »

Il faut n'avoir ignoré aucun des excellents malheurs du jeune âge, il faut avoir grimpé sur toutes les Chimères aux doubles ailes blanches qui offrent leur croupe féminine à de brûlantes imaginations, pour comprendre le supplice auquel Gaston de Nueil fut en proie quand il supposa son premier *ultimatum* entre les mains de madame de Beauséant. Il voyait la vicomtesse froide, rieuse et plaisantant de l'amour comme les êtres qui n'y croient plus. Il aurait voulu reprendre sa lettre, il la trouvait absurde, il lui venait dans l'esprit mille et une idées infiniment meilleures, ou qui eussent été plus touchantes que ses froides phrases, ses maudites phrases alambiquées, sophistiques, prétentieuses, mais heureusement assez mal ponctuées et fort bien écrites de travers. Il essayait de ne pas penser, de ne pas sentir ; mais il pensait, il sentait et souffrait. S'il avait eu trente ans, il se serait enivré ; mais ce jeune homme encore naïf ne connaissait ni les ressources de l'opium, ni les expédients de l'extrême civilisation. Il n'avait pas là, près de lui, un de ces bons amis de Paris, qui savent si bien vous dire : — POETE, NON DOLET!

en vous tendant une bouteille de vin de Champagne, ou vous entraînent à une orgie pour vous adoucir les douleurs de l'incertitude. Excellents amis, toujours ruinés lorsque vous êtes riche, toujours aux Eaux quand vous les cherchez, ayant toujours perdu leur dernier louis au jeu quand vous leur en demandez un, mais ayant toujours un mauvais cheval à vous vendre; au demeurant, les meilleurs enfants de la terre, et toujours prêts à s'embarquer avec vous pour descendre une de ces pentes rapides sur lesquelles se dépensent le temps, l'âme et la vie!

Enfin monsieur de Nueil reçut des mains de Jacques une lettre ayant un cachet de cire parfumée aux armes de Bourgogne, écrite sur un petit papier vélin, et qui sentait la jolie femme.

Il courut aussitôt s'enfermer pour lire et relire *sa* lettre.

« Vous me punissez bien sévèrement, monsieur, et de la bonne grâce que j'ai mise à vous sauver la rudesse d'un refus, et de la séduction que l'esprit exerce toujours sur moi. J'ai eu confiance en la noblesse du jeune âge, et vous m'avez trompée. Cependant je vous ai parlé sinon à cœur ouvert, ce qui eût été parfaitement ridicule, du moins avec franchise, et vous ai dit ma situation, afin de faire concevoir ma froideur à une âme jeune. Plus vous m'avez intéressée, plus vive a été la peine que vous m'avez causée. Je suis naturellement tendre et bonne; mais les circonstances me rendent mauvaise. Une autre femme eût brûlé votre lettre sans lire; moi je l'ai lue, et j'y réponds. Mes raisonnements vous prouveront que, si je ne suis pas insensible à l'expression d'un sentiment que j'ai fait naître, même involontairement, je suis loin de le partager, et ma conduite vous démontrera bien mieux encore la sincérité de mon âme. Puis, j'ai voulu, pour votre bien, employer l'espèce d'autorité que vous me donnez sur votre vie, et désire l'exercer une seule fois pour faire tomber le voile qui vous couvre les yeux.

» J'ai bientôt trente ans, monsieur, et vous en avez vingt-deux à peine. Vous ignorez vous-même ce que seront vos pensées quand vous arriverez à mon âge. Les serments que vous jurez si facilement aujourd'hui pourront alors vous paraître bien lourds. Aujourd'hui, je veux bien le croire, vous me donneriez sans regret votre vie entière, vous sauriez mourir même pour un plaisir éphémère; mais à trente ans, l'expérience vous ôterait la force de me faire chaque jour des sacrifices, et moi, je serais profondément humiliée de les accepter. Un jour, tout vous commandera, la nature elle-même vous ordonnera de me quitter; je vous l'ai dit, je préfère la mort à l'abandon. Vous le voyez, le malheur m'a appris à calculer. Je raisonne, je n'ai point de passion. Vous me forcez à vous dire que je ne vous aime point, que je ne dois, ne peux, ni ne veux vous aimer. J'ai passé le moment de la vie où les femmes cèdent à des mouvements de cœur irréfléchis, et ne saurais plus être la maîtresse que vous quêtez. Mes consolations, monsieur, viennent de Dieu, non des hommes. D'ailleurs je lis trop clairement dans les cœurs à la triste lumière de l'amour trompé, pour accepter l'amitié que vous demandez, que vous offrez. Vous êtes la dupe de votre cœur, et vous espérez bien plus en ma faiblesse qu'en votre force. Tout cela est un effet d'instinct. Je vous pardonne cette ruse d'enfant, vous n'en êtes pas encore complice. Je vous ordonne, au nom de cet amour passager, au nom de votre vie, au nom de ma tranquillité, de rester dans votre pays, de ne pas y manquer une vie honorable et belle pour une illusion qui s'éteindra nécessairement. Plus tard, lorsque vous aurez, en accomplissant votre véritable destinée, développé tous les sentiments qui attendent l'homme, vous apprécierez ma réponse, que vous accusez peut-être en ce moment de sécheresse. Vous retrouverez alors avec plaisir une vieille femme dont l'amitié vous sera certainement douce et précieuse : elle n'aura été soumise ni aux vicissitudes de la passion, ni aux désenchantements de la vie; enfin de nobles idées, des idées religieuses la conserveront pure et sainte. Adieu, monsieur, obéissez-moi en pensant que vos succès jetteront quelque plaisir dans ma solitude, et ne songez à moi que comme on songe aux absents. »

Après avoir lu cette lettre, Gaston de Nueil écrivit ces mots :

« Madame, si je cessais de vous aimer en acceptant les chances que vous m'offrez d'être un homme ordinaire, je mériterais bien mon sort, avouez-le? Non, je ne vous obéirai pas, et je vous jure une fidélité qui ne se déliera que par la mort. Oh! prenez ma vie, à moins cependant que vous ne craigniez de mettre un remords dans la vôtre... »

Quand le domestique de monsieur de Nueil revint de Courcelles, son maître lui dit : — A qui as-tu remis mon billet?

— A madame la vicomtesse elle-même ; elle était en voiture, et partait...

— Pour venir en ville?

— Monsieur, je ne le pense pas. La berline de madame la vicomtesse était attelée avec des chevaux de poste.

— Ah! elle s'en va, dit le baron.

— Oui, monsieur, répondit le valet de chambre.

Aussitôt Gaston fit ses préparatifs pour suivre madame de Beauséant. La vicomtesse le mena jusqu'à Genève sans se savoir accompagnée par lui. Entre les mille réflexions qui l'assaillirent pendant ce voyage, celle-ci : — Pourquoi s'en est-elle allée? l'occupa plus spécialement. Ce mot fut le texte d'une multitude de suppositions, parmi lesquelles il choisit naturellement la plus flatteuse, et que voici : — Si la vicomtesse veut m'aimer, il n'y a pas de doute qu'en femme d'esprit, elle préfère la Suisse où personne ne nous connaît, à la France où elle rencontrerait des censeurs.

Certains hommes passionnés n'aimeraient pas une femme assez habile pour choisir son terrain, c'est des raffinés. D'ailleurs rien ne prouve que la supposition de Gaston fût vraie.

La vicomtesse prit une petite maison sur le lac. Quand elle y fut installée, Gaston s'y présenta par une belle soirée, à la nuit tombante. Jacques, valet de chambre essentiellement aristocratique, ne s'étonna point de voir monsieur de Nueil, et l'annonça en valet habitué à tout comprendre. En entendant ce nom, en voyant le jeune homme, madame de Beauséant laissa tomber le livre qu'elle tenait ; sa surprise donna le temps à Gaston d'arriver à elle, et de lui dire d'une voix qui lui parut délicieuse : — Avec quel plaisir je prenais les chevaux qui vous avaient menée?

Être si bien obéie dans ses vœux secrets! Où est la femme qui n'eût pas cédé à un tel bonheur? Une Italienne, une de ces divines créatures dont l'âme est à l'antipode de celle des Parisiennes, et que de ce côté des Alpes on trouverait profondément immorale, disait en lisant les romans français : « Je ne vois pas pourquoi ces pauvres amoureux passent autant de temps à arranger ce qui doit être l'affaire d'une matinée. » Pourquoi le narrateur ne pourrait-il pas, à l'exemple de cette bonne Italienne, ne pas trop faire languir ses auditeurs ni son sujet? Il y aurait bien quelques scènes de coquetterie charmantes à dessiner, doux retards que madame de Beauséant voulait apporter au bonheur de Gaston pour tomber avec grâce comme les vierges de l'antiquité; peut-être aussi pour jouir des voluptés chastes d'un premier amour, et le faire arriver à sa plus haute expression de force et de puissance. Monsieur de Nueil était encore dans l'âge où un homme est la dupe de ces caprices, de ces jeux qui affriandent tant les femmes, et qu'elles prolongent, soit pour bien stipuler leurs conditions, soit pour jouir plus longtemps de leur pouvoir dont la prochaine diminution est instinctivement devinée par elles. Mais ces petits protocoles de boudoir, moins nombreux que ceux de la conférence de Londres, tiennent trop peu de place dans l'histoire d'une passion vraie pour être mentionnés.

Madame de Beauséant et monsieur de Nueil demeurèrent pendant trois années dans la villa située sur le lac de Genève que la vicomtesse avait louée. Ils y restèrent seuls, sans voir personne, sans faire parler deux, se promenant en bateau, se levant tard, enfin heureux comme nous rêvons tous de l'être. Cette petite maison était simple, à persiennes vertes, entourée de larges balcons ornés de tentes, une véritable maison d'amants, maison à canapés blancs, à tapis muets, à tentures fraîches, où tout reluisait de joie. A chaque fenêtre le lac apparaissait sous des aspects différents; dans le lointain, les montagnes et leurs fantaisies nuageuses, colorées, fugitives; au-dessus d'eux un beau ciel; puis, devant eux, une longue nappe d'eau capricieuse, changeante! Les choses semblaient rêver pour eux, et tout leur souriait.

Des intérêts graves rappelèrent monsieur de Nueil en France : son frère et son père étaient morts; il fallut quitter Genève. Les deux amants achetèrent cette maison, ils auraient voulu briser les montagnes et faire enfuir l'eau du lac en ouvrant une soupape, afin de tout emporter avec eux. Madame de Beauséant suivit monsieur de Nueil. Elle réalisa sa fortune, acheta, près de Manerville, une propriété considérable qui joignait les terres de Gaston, et où ils demeurèrent ensemble. Monsieur de Nueil abandonna très-gracieusement à sa mère l'usufruit des domaines de Manerville, en retour de la liberté qu'elle lui laissa de vivre garçon. La terre de madame de Beauséant était située près d'une petite ville, dans une des plus jolies positions de la vallée d'Auge. Là, les deux amants mirent entre eux et le monde des barrières que ni les idées sociales, ni les personnes ne pouvaient franchir, et retrouvèrent leurs bonnes journées de la Suisse. Pendant neuf années entières, ils goûtèrent un bonheur qu'il est inutile de décrire; le dénouement de cette aventure en fera sans doute deviner les délices à ceux dont l'âme peut comprendre, dans l'infini de leurs modes, la poésie et la prière.

Cependant, monsieur le marquis de Beauséant (son père et son frère aîné étaient morts), le mari de madame de Beauséant, jouissait d'une parfaite santé. Rien ne nous aide mieux à vivre que la certitude de faire le bonheur d'autrui par notre mort. Monsieur de Beauséant était un de ces gens ironiques et entêtés qui, semblables à des rentiers viagers, trouvent un plaisir de plus que n'en ont les autres à se lever bien portants chaque matin. Galant homme du reste, un peu méthodique, cérémonieux, et calculateur capable de déclarer son amour à une femme aussi tranquillement qu'un laquais dit : — Madame est servie.

Cette petite notice biographique sur le marquis de Beauséant a pour objet de faire comprendre l'impossibilité dans laquelle était la marquise d'épouser monsieur de Nueil.

Or, après ces neuf années de bonheur, le plus doux bail qu'une femme ait jamais pu signer, monsieur de Nueil et madame de Beauséant se trouvèrent dans une situation tout aussi naturelle et tout aussi fausse que celle où ils étaient restés depuis le commencement de cette aventure ; crise fatale néanmoins, de laquelle il est impossible de donner une idée, mais dont les termes peuvent être posés avec une exactitude mathématique.

Madame la comtesse de Nueil, mère de Gaston, n'avait jamais voulu voir madame de Beauséant. C'était une personne roide et vertueuse, qui avait très-légalement accompli le bonheur de monsieur de Nueil le père. Madame de Beauséant comprit que cette honorable douairière devait être son ennemie, et tenterait d'arracher Gaston à sa vie immorale et antireligieuse. La marquise aurait bien voulu vendre sa terre, et retourner à Genève. Mais c'eût été se défier de monsieur de Nueil, elle en était incapable. D'ailleurs, il avait précisément pris beaucoup de goût pour la terre de Valleroy, où il faisait force plantations, force mouvements de terrains. N'était-ce pas l'arracher à une espèce de bonheur mécanique que les femmes souhaitent toujours à leurs maris et même à leurs amants ? Il était arrivé dans le pays une demoiselle de La Rodière, âgée de vingt-deux ans, et riche de quarante mille livres de rentes. Gaston rencontrait cette héritière à Manerville toutes les fois que son devoir l'y conduisait. Ces personnages étant ainsi placés comme les chiffres d'une proportion arithmétique, la lettre suivante, écrite et remise un matin à Gaston, expliquera maintenant l'affreux problème que, depuis un mois, madame de Beauséant tâchait de résoudre.

« Mon ange aimé, t'écrire quand nous vivons cœur à cœur, quand rien ne nous sépare, quand nos caresses nous servent si souvent de langage, et que les paroles sont aussi des caresses, n'est-ce pas un contre-sens? Eh! bien, non, mon amour. Il est de certaines choses qu'une femme ne peut dire en présence de son amant; la seule pensée de ces choses lui ôte la voix, lui fait refluer tout son sang vers le cœur; elle est sans force et sans esprit. Être ainsi près de toi me fait souffrir; et souvent j'y suis ainsi. Je sens que mon cœur doit être tout vérité pour toi, ne te déguiser aucune de ses pensées, même les plus fugitives; et j'aime trop ce doux laisser-aller qui me sied si bien, pour rester plus longtemps gênée, contrainte. Aussi vais-je te confier mon angoisse : oui, c'est une angoisse. Écoute-moi! ne fais pas ce petit *ta ta ta...* par lequel tu me fais taire avec une impertinence que j'aime, parce que de toi tout me plaît. Cher époux du ciel, laisse-moi te dire que tu as effacé tout souvenir des douleurs sous le poids desquelles jadis ma vie allait succomber. Je n'ai connu l'amour que par toi. Il a fallu la candeur de ta belle jeunesse, la pureté de ta grande âme pour satisfaire aux exigences d'un cœur de femme exigeante. Ami, j'ai bien souvent palpité de joie en pensant que, durant ces neuf années, si rapides et si longues, ma jalousie n'a jamais été réveillée. J'ai eu toutes les fleurs de ton âme, toutes tes pensées. Il n'y a pas eu le plus léger nuage dans notre ciel, nous n'avons pas su ce qu'était un sacrifice, nous avons toujours obéi aux inspirations de nos cœurs. J'ai joui d'un bonheur sans bornes pour une femme. Les larmes qui mouillent cette page te diront-elles bien toute ma reconnaissance? j'aurais voulu l'avoir écrite à genoux. Eh! bien, cette félicité m'a fait connaître un supplice plus affreux que ne l'était celui de l'abandon. Cher, le cœur d'une femme a des replis bien profonds : j'ai ignoré moi-même jusqu'aujourd'hui l'étendue du mien, comme j'ignorais l'étendue de l'amour. Les misères les plus grandes qui puissent nous accabler sont encore légères à porter en comparaison de la seule idée du malheur de celui que nous aimons. Et si nous le causions, ce malheur, n'est-ce pas à en mourir?... Telle est la pensée qui m'oppresse. Mais elle en traîne après elle une autre beaucoup plus pesante ; celle-là dégrade la gloire de l'amour, elle le tue, elle en fait une humiliation qui ternit à jamais la vie. Tu as trente ans et j'en ai quarante. Combien de terreurs cette différence d'âge n'inspire-t-elle pas à une femme aimante ? Tu peux avoir d'abord involontairement, puis sérieusement senti les sacrifices que tu m'as faits, en renonçant à tout au monde pour moi. Tu as pensé peut-être à ta destinée sociale, à ce mariage qui doit augmenter nécessairement ta fortune, te permettre d'avouer ton bonheur, tes enfants, de transmettre tes biens, de reparaître dans le monde et d'y occuper ta place avec honneur. Mais tu auras réprimé ces pensées, heureux de me sacrifier, sans que je le sache, une héritière, une fortune et un bel avenir. Dans ta générosité de jeune homme, tu auras voulu rester fidèle aux serments qui ne nous lient qu'à la face de Dieu. Mes douleurs passées te seront apparues, et j'aurai été protégée par le malheur d'où tu m'as tirée. Devoir ton amour à ta pitié ! cette pensée m'est plus horrible encore que la crainte de te faire manquer ta vie. Ceux qui savent poignarder leurs maîtresses sont bien charitables quand ils les tuent heureuses, innocentes, et dans la gloire de leurs illusions..... Oui, la mort est préférable aux deux pensées qui, depuis quelques jours, attristent secrètement mes heures. Hier, quand tu m'as demandé si doucement : Qu'as-tu ? ta voix m'a fait frissonner. J'ai cru que, selon ton habitude, tu lisais dans mon âme, et j'attendais tes confidences, imaginant avoir eu de justes pressentiments en devinant les calculs de ta raison. Je me suis alors souvenue de quelques attentions qui te sont habituelles, mais où j'ai cru apercevoir cette sorte d'affectation par laquelle les hommes trahissent une loyauté pénible à porter. En ce moment, j'ai payé bien cher mon bonheur, j'ai senti que la nature nous vend toujours les trésors de l'amour. En effet, le sort ne nous a-t-il pas séparé ? Tu te seras dit : — Tôt ou tard, je dois quitter la pauvre Claire, pourquoi ne pas m'en séparer à temps ? Cette phrase était écrite au fond de ton regard. Je t'ai quitté pour aller pleurer loin de toi. Te dérober des larmes ! voilà les premières que le chagrin m'ait fait verser depuis dix ans, et je suis trop fière pour te les montrer; mais je ne t'ai point accusé. Oui, tu as raison, je ne dois point avoir l'égoïsme d'assujettir ta vie brillante et longue à la mienne bientôt usée... Mais si je me trompais ?... si j'avais pris une de tes mélancolies d'amour pour une pensée de raison ?... ah ! mon ange, ne me laisse pas dans l'incertitude, punis ta jalouse femme ;

mais rends-lui la conscience de son amour et du tien : toute la femme
est dans ce sentiment, qui sanctifie tout. Depuis l'arrivée de ta mère,
et depuis que tu as vu chez elle mademoiselle de La Rodière, je
suis en proie à des doutes qui nous déshonorent. Fais-moi souffrir,
mais ne me trompe pas : je veux tout savoir, et ce que ta mère
te dit et ce que tu penses ! Si tu as hésité entre quelque chose et
moi, je te rends ta liberté... Je te cacherai ma destinée, je saurai
ne pas pleurer devant toi; seulement, je ne veux plus te revoir...
Oh ! je m'arrête, mon cœur se brise. » . . . .
. . . .

« Je suis restée morne et stupide pendant quelques instants.
Ami, je ne me trouve point de fierté contre toi, tu es si bon, si
franc ! tu ne saurais ni me blesser, ni me tromper ; mais tu me
diras la vérité, quelque cruelle qu'elle puisse être. Veux-tu que
j'encourage tes aveux ? Eh ! bien, cœur à moi, je serai consolée par
une pensée de femme. N'aurais-je pas possédé de toi l'être jeune
et pudique, toute grâce, toute beauté, toute délicatesse, un Gaston
que nulle femme ne peut plus connaître et de qui j'ai délicieusement
joui... Non, tu n'aimeras plus comme tu m'as aimée, comme tu
m'aimes; non, je ne saurais avoir de rivale. Mes souvenirs seront
sans amertume en pensant à notre amour, qui fait toute ma pensée.
N'est-il pas hors de ton pouvoir d'enchanter désormais une femme
par les agaceries enfantines, par les jeunes gentillesses d'un cœur
jeune, par ces coquetteries d'âme, ces grâces du corps et ces rapides ententes de volupté, enfin par l'adorable cortége qui suit
l'amour adolescent ? Ah ! tu es homme, maintenant, tu obéiras à ta
destinée en calculant tout. Tu auras des soins, des inquiétudes,
des ambitions, des soucis qui *la* priveront de ce sourire constant et
inaltérable par lequel tes lèvres étaient toujours embellies pour moi.
Ta voix, pour moi toujours si douce, sera parfois chagrine. Tes
yeux, sans cesse illuminés d'un éclat céleste en me voyant, se ter-
niront souvent pour *elle*. Puis, comme il est impossible de t'aimer
comme je t'aime, cette femme ne te plaira jamais autant que je t'ai
plu. Elle n'aura pas ce soin perpétuel que j'ai eu de moi-même et
cette étude continuelle de ton bonheur dont jamais l'intelligence ne
m'a manqué. Oui, l'homme, le cœur, l'âme que j'aurai connus
n'existeront plus ; je les ensevelirai dans mon souvenir pour en
jouir encore, et vivre heureuse de cette belle vie passée, mais inconnue à tout ce qui n'est pas nous.

» Mon cher trésor, si cependant tu n'as pas conçu la plus légère idée de liberté, si mon amour ne te pèse pas, si mes craintes sont chimériques, si je suis toujours pour toi ton Ève, la seule femme qu'il y ait dans le monde, cette lettre lue, viens! accours! Ah! je t'aimerai dans un instant plus que je ne t'ai aimé, je crois, pendant ces neuf années. Après avoir subi le supplice inutile de ces soupçons dont je m'accuse, chaque jour ajouté à notre amour, oui, un seul jour, sera toute une vie de bonheur. Ainsi, parle! sois franc : ne me trompe pas, ce serait un crime. Dis? veux-tu ta liberté? As-tu réfléchi à ta vie d'homme? As-tu un regret? Moi, te causer un regret! j'en mourrais. Je te l'ai dit : j'ai assez d'amour pour préférer ton bonheur au mien, ta vie à la mienne. Quitte, si tu le peux, la riche mémoire de nos neuf années de bonheur pour n'en être pas influencé dans ta décision ; mais parle! je te suis soumise, comme à Dieu, à ce seul consolateur qui me reste si tu m'abandonnes. »

Quand madame de Beauséant sut la lettre entre les mains de monsieur de Nueil, elle tomba dans un abattement si profond, et dans une méditation si engourdissante, par la trop grande abondance de ses pensées, qu'elle resta comme endormie. Certes, elle souffrit de ces douleurs dont l'intensité n'a pas toujours été proportionnée aux forces de la femme, et que les femmes seules connaissent. Pendant que la malheureuse marquise attendait son sort, monsieur de Nueil était, en lisant sa lettre, fort *embarrassé*, selon l'expression employée par les jeunes gens dans ces sortes de crises. Il avait alors presque cédé aux instigations de sa mère et aux attraits de mademoiselle de La Rodière, jeune personne assez insignifiante, droite comme un peuplier, blanche et rose, muette à demi, suivant le programme prescrit à toutes les jeunes filles à marier; mais ses quarante mille livres de rente en fonds de terre parlaient suffisamment pour elle. Madame de Nueil, aidée par sa sincère affection de mère, cherchait à embaucher son fils pour la Vertu. Elle lui faisait observer ce qu'il y avait pour lui de flatteur à être préféré par mademoiselle de La Rodière, lorsque tant de riches partis lui étaient proposés : il était bien temps de songer à son sort, une si belle occasion ne se retrouverait plus; il aurait un jour quatre-vingt mille livres de rente en biens-fonds; la fortune consolait de tout; si madame de Beauséant l'aimait pour lui, elle devait être la première à l'engager à se marier. Enfin cette bonne mère n'oubliait aucun des moyens d'action par lesquels une femme peut influer sur la raison d'un homme. Aussi avait-elle amené son fils à chanceler. La lettre de madame de Beauséant arriva dans un moment où l'amour de Gaston luttait contre toutes les séductions d'une vie arrangée convenablement et conforme aux idées du monde; mais cette lettre décida le combat. Il résolut de quitter la marquise et de se marier.

— Il faut être homme dans la vie! se dit-il.

Puis il soupçonna les douleurs que sa résolution causerait à sa maîtresse. Sa vanité d'homme autant que sa conscience d'amant les lui grandissant encore, il fut pris d'une sincère pitié. Il ressentit tout d'un coup cet immense malheur, et crut nécessaire, charitable d'amortir cette mortelle blessure. Il espéra pouvoir amener madame de Beauséant à un état calme, et se faire ordonner par elle ce cruel mariage, en l'accoutumant par degrés à l'idée d'une séparation nécessaire, en laissant toujours entre eux mademoiselle de La Rodière comme un fantôme, et en la lui sacrifiant d'abord pour se la faire imposer plus tard. Il allait, pour réussir dans cette compatissante entreprise, jusqu'à compter sur la noblesse, la fierté de la marquise, et sur les belles qualités de son âme. Il lui répondit alors afin d'endormir ses soupçons.

Répondre! Pour une femme qui joignait à l'intuition de l'amour vrai les perceptions les plus délicates de l'esprit féminin, la lettre était un arrêt. Aussi, quand Jacques entra, qu'il s'avança vers madame de Beauséant pour lui remettre un papier plié triangulairement, la pauvre femme tressaillit-elle comme une hirondelle prise. Un froid inconnu tomba de sa tête à ses pieds, en l'enveloppant d'un linceul de glace. S'il n'accourait pas à ses genoux, s'il n'y venait pas pleurant, pâle, amoureux, tout était dit. Cependant il y a tant d'espérances dans le cœur des femmes qui aiment! il faut bien des coups de poignard pour les tuer, elles aiment et saignent jusqu'au dernier.

— Madame a-t-elle besoin de quelque chose? demanda Jacques d'une voix douce en se retirant.

— Non, dit-elle.

— Pauvre homme! pensa-t-elle en essuyant une larme, il me devine, lui, un valet!

Elle lut : *Ma bien-aimée, tu te crées des chimères...* En

apercevant ces mots, un voile épais se répandit sur les yeux de la marquise. La voix secrète de son cœur lui criait : — Il ment. Puis, sa vue embrassant toute la première page avec cette espèce d'avidité lucide que communique la passion, elle avait lu en bas ces mots : *Rien n'est arrêté...* Tournant la page avec une vivacité convulsive, elle vit distinctement l'esprit qui avait dicté les phrases entortillées de cette lettre où elle ne retrouva plus les jets impétueux de l'amour ; elle la froissa, la déchira, la roula, la mordit, la jeta dans le feu, et s'écria : — Oh! l'infâme! il m'a possédée ne m'aimant plus!...

Puis, demi-morte, elle alla se jeter sur son canapé.

Monsieur de Nueil sortit après avoir écrit sa lettre. Quand il revint, il trouva Jacques sur le seuil de la porte, et Jacques lui remit une lettre en lui disant : — Madame la marquise n'est plus au château.

Monsieur de Nueil étonné brisa l'enveloppe et lut : « Madame, » si je cessais de vous aimer en acceptant les chances que vous » m'offrez d'être un homme ordinaire, je mériterais bien mon sort, » avouez-le? Non, je ne vous obéirai pas, et je vous jure une fidé- » lité qui ne se déliera que par la mort. Oh! prenez ma vie, à moins » cependant que vous ne craigniez de mettre un remords dans la » vôtre... » C'était le billet qu'il avait écrit à la marquise au moment où elle partait pour Genève. Au-dessous, Claire de Bourgogne avait ajouté : *Monsieur, vous êtes libre.*

Monsieur de Nueil retourna chez sa mère, à Manerville. Vingt jours après, il épousa mademoiselle Stéphanie de La Rodière.

Si cette histoire d'une vérité vulgaire se terminait là, ce serait presque une mystification. Presque tous les hommes n'en ont-ils pas une plus intéressante à se raconter? Mais la célébrité du dénouement, malheureusement vrai; mais tout ce qu'il pourra faire naître de souvenirs au cœur de ceux qui ont connu les célestes délices d'une passion infinie, et l'ont brisée eux-mêmes ou perdue par quelque fatalité cruelle, mettront peut-être ce récit à l'abri des critiques.

Madame la marquise de Beauséant n'avait point quitté son château de Valleroy lors de sa séparation avec monsieur de Nueil. Par une multitude de raisons qu'il faut laisser ensevelies dans le cœur des femmes, et d'ailleurs chacune d'elles devinera celles qui lui seront propres, Claire continua d'y demeurer après le mariage de monsieur de Nueil. Elle vécut dans une retraite si profonde que ses gens, sa femme de chambre et Jacques exceptés, ne la virent point. Elle exigeait un silence absolu chez elle, et ne sortait de son appartement que pour aller à la chapelle de Valleroy, où un prêtre du voisinage venait lui dire la messe tous les matins.

Quelques jours après son mariage, le comte de Nueil tomba dans une espèce d'apathie conjugale, qui pouvait faire supposer le bonheur tout aussi bien que le malheur.

Sa mère disait à tout le monde : — Mon fils est parfaitement heureux.

Madame Gaston de Nueil, semblable à beaucoup de jeunes femmes, était un peu terne, douce, patiente ; elle devint enceinte après un mois de mariage. Tout cela se trouvait conforme aux idées reçues. Monsieur de Nueil était très bien pour elle, seulement il fut, deux mois après avoir quitté la marquise, extrêmement rêveur et pensif. Mais il avait toujours été sérieux, disait sa mère.

Après sept mois de ce bonheur tiède, il arriva quelques événements légers en apparence, mais qui comportent trop de larges développements de pensées, et accusent de trop grands troubles d'âme, pour n'être pas rapportés simplement, et abandonnés au caprice des interprétations de chaque esprit.

Un jour, pendant lequel monsieur de Nueil avait chassé sur les terres de Manerville et de Valleroy, il revint par le parc de madame de Beauséant, fit demander Jacques, l'attendit; et, quand le valet de chambre fut venu : — La marquise aime-t-elle toujours le gibier ? lui demanda-t-il. Sur la réponse affirmative de Jacques, Gaston lui offrit une somme assez forte accompagnée de raisonnements très spécieux, afin d'obtenir de lui le léger service de réserver pour la marquise le produit de sa chasse. Il parut fort peu important à Jacques que sa maîtresse mangeât une perdrix tuée par son garde ou par monsieur de Nueil, puisque celui-ci désirait que la marquise ne sût pas l'origine du gibier. — Il a été tué sur ses terres, dit le comte. Jacques se prêta pendant plusieurs jours à cette innocente tromperie. Monsieur de Nueil partait dès le matin pour la chasse, et ne revenait chez lui que pour dîner, n'ayant jamais rien tué.

Une semaine entière se passa ainsi. Gaston s'enhardit assez pour écrire une longue lettre à la marquise et la lui fit parvenir. Cette lettre lui fut renvoyée sans avoir été ouverte. Il était presque nuit quand le valet de chambre de la marquise la lui rapporta. Soudain le comte s'élança hors du salon où il paraissait écouter un caprice d'Hérold écorché sur le piano par sa femme, et courut chez la marquise avec la rapidité d'un homme qui vole à un rendez-vous. Il sauta dans le parc par une brèche qui lui était connue, marcha lentement à travers les allées en s'arrêtant par moments comme pour essayer de réprimer les sonores palpitations de son cœur; puis, arrivé près du château, il en écouta les bruits sourds, et présuma que tous les gens étaient à table. Il alla jusqu'à l'appartement de madame de Beauséant. La marquise ne quittait jamais sa chambre à coucher, monsieur de Nueil put en atteindre la porte sans avoir fait le moindre bruit. Là, il vit à la lueur de deux bougies la marquise maigre et pâle, assise dans un grand fauteuil, le front incliné, les mains pendantes, les yeux arrêtés sur un objet qu'elle paraissait ne point voir. C'était la douleur dans son expression la plus complète. Il y avait dans cette attitude une vague espérance, mais on ne savait si Claire de Bourgogne regardait à la tombe ou dans le passé. Peut-être les larmes de monsieur de Nueil brillèrent-elles dans les ténèbres, peut-être sa respiration eut-elle un léger retentissement, peut-être lui échappa-t-il un tressaillement involontaire, ou peut-être sa présence était-elle impossible sans le phénomène d'intussusception dont l'habitude est à la fois la gloire, le bonheur et la preuve du véritable amour. Madame de Beauséant tourna lentement son visage vers la porte et vit son ancien amant. Le comte fit alors quelques pas.

— Si vous avancez, monsieur, s'écria la marquise en pâlissant, je me jette par cette fenêtre!

Elle sauta sur l'espagnolette, l'ouvrit, et se tint un pied sur l'appui extérieur de la croisée, la main au balcon et la tête tournée vers Gaston.

— Sortez! sortez! cria-t-elle, ou je me précipite.

A ce cri terrible, monsieur de Nueil, entendant les gens en émoi, se sauva comme un malfaiteur.

Revenu chez lui, le comte écrivit une lettre très courte, et chargea son valet de chambre de la porter à madame de Beauséant, en lui recommandant de faire savoir à la marquise qu'il s'agissait de vie ou de mort pour lui. Le messager parti, monsieur de Nueil rentra dans le salon et y trouva sa femme qui continuait à déchiffrer le caprice. Il s'assit en attendant la réponse. Une heure après, le caprice fini, les deux époux étaient l'un devant l'autre, silencieux, chacun d'un côté de la cheminée, lorsque le valet de chambre revint de Valleroy, et remit à son maître la lettre qui n'avait pas été ouverte. Monsieur de Nueil passa dans un boudoir attenant au salon où il avait mis son fusil en revenant de la chasse, et se tua.

Ce prompt et fatal dénouement si contraire à toutes les habitudes de la jeune France est naturel.

Les gens qui ont bien observé, ou délicieusement éprouvé les phénomènes auxquels l'union parfaite de deux êtres donne lieu, comprendront parfaitement ce suicide. Une femme ne se forme pas, ne se plie pas en un jour aux caprices de la passion. La volupté, comme une fleur rare, demande les soins de la culture la plus ingénieuse ; le temps, l'accord des âmes, peuvent seuls en révéler toutes les ressources, faire naître ces plaisirs tendres, délicats, pour lesquels nous sommes imbus de mille superstitions et que nous croyons inhérents à la personne dont le cœur nous les prodigue. Cette admirable entente, cette croyance religieuse, et la certitude féconde de ressentir un bonheur particulier ou excessif près de la personne aimée, sont en partie le secret des attachements durables et des longues passions. Près d'une femme qui possède le génie de son sexe, l'amour n'est jamais une habitude : son adorable tendresse sait revêtir des formes si variées ; elle est si spirituelle et si aimante tout ensemble ; elle met tant d'artifices dans sa nature, ou de naturel dans ses artifices, qu'elle se rend aussi puissante par le souvenir qu'elle l'est par sa présence. Auprès d'elle toutes les femmes pâlissent. Il faut avoir eu la crainte de perdre un amour si vaste, si brillant, ou l'avoir perdu pour en connaître tout le prix. Mais si l'ayant connu, un homme s'en est privé pour tomber dans quelque mariage froid ; si la femme avec laquelle il a espéré rencontrer les mêmes félicités lui prouve, par quelques-uns de ces faits ensevelis dans les ténèbres de la vie conjugale, qu'elles ne renaîtront plus pour lui ; s'il a encore sur les lèvres le goût d'un amour céleste, et qu'il ait blessé mortellement sa véritable épouse au profit d'une chimère sociale, alors il faut mourir ou avoir cette philosophie matérielle, égoïste, froide, qui fait horreur aux âmes passionnées.

Quant à madame de Beauséant, elle ne crut sans doute pas que le désespoir de son ami allât jusqu'au suicide, après l'avoir largement abreuvé d'amour pendant neuf années. Peut-être pensait-elle avoir seule à souffrir. Elle était d'ailleurs bien en droit de se refuser au plus avilissant partage qui existe, et qu'une épouse peut subir par de hautes raisons sociales, mais qu'une maîtresse doit avoir en haine, parce que dans la pureté de son amour en réside toute la justification.

Angoulême, septembre 1832.

LA GRENADIÈRE.

A CAROLINE,

A la poésie du voyage, le voyageur reconnaissant,

DE BALZAC.

La Grenadière est une petite habitation située sur la rive droite de la Loire, en aval et à un mille environ du pont de Tours. En cet endroit, la rivière, large comme un lac, est parsemée d'îles vertes et bordée par une roche sur laquelle sont assises plusieurs maisons de campagne, toutes bâties en pierre blanche, entourées de clos de vigne et de jardins où les plus beaux fruits du monde mûrissent à l'exposition du midi. Patiemment terrassés par plusieurs générations, les creux du rocher réfléchissent les rayons du soleil, et permettent de cultiver en pleine terre, à la faveur d'une température factice, les productions des plus chauds climats. Dans une des moins profondes anfractuosités qui découpent cette colline s'élève la flèche aiguë de Saint-Cyr, petit village duquel dépendent toutes ces maisons éparses. Puis, un peu plus loin, la Choisille se jette dans la Loire par une grasse vallée qui interrompt ce long coteau. La Grenadière, sise à mi-côte du rocher, à une centaine de pas de l'église, est un de ces vieux logis âgés de deux ou trois cents ans qui se rencontrent en Touraine dans chaque jolie situation. Une cassure de roc a favorisé la construction d'une rampe qui arrive en pente douce sur la *levée*, nom donné dans le pays à la digue établie au bas de la côte pour maintenir la Loire dans son lit, et sur laquelle passe la grande route de Paris à Nantes. En haut de la rampe est une porte, où commence un petit chemin pierreux, ménagé entre deux terrasses, espèces de fortifications garnies de treilles et d'espaliers, destinées à empêcher l'éboulement des terres. Ce sentier pratiqué au pied de la terrasse supérieure, et presque caché par les arbres de celle qu'il couronne, mène à la maison par une pente rapide, en laissant voir la rivière dont l'étendue s'agrandit à chaque pas. Ce chemin creux est terminé par une seconde porte de style gothique, cintrée, chargée de quelques ornements simples, mais en ruines, couvertes de giroflées sauvages, de lierres, de mousses et de pariétaires. Ces plantes indestructibles décorent les murs de toutes les terrasses, d'où elles sortent par la fente des assises, en dessinant à chaque nouvelle saison de nouvelles guirlandes de fleurs.

En franchissant cette porte vermoulue, un petit jardin, conquis sur le rocher par une dernière terrasse dont la vieille balustrade noire domine toutes les autres, offre à la vue son gazon orné de quelques arbres verts et d'une multitude de rosiers et de fleurs. Puis, en face du portail, à l'autre extrémité de la terrasse, est un pavillon de bois appuyé sur le mur voisin, et dont les poteaux sont cachés par des jasmins, des chèvrefeuilles, de la vigne et des clématites. Au milieu de ce dernier jardin, s'élève la maison sur un perron voûté, couvert de pampres, et sur lequel se trouve la porte d'une vaste cave creusée dans le roc. Le logis est entouré de treilles et de grenadiers en pleine terre, de là vient le nom donné à cette closerie. La façade est composée de deux larges fenêtres séparées par une porte bâtarde très rustique, et de trois mansardes prises sur un toit d'une élévation prodigieuse relativement au peu de hauteur du rez-de-chaussée. Ce toit à deux pignons est couvert en ardoises. Les murs du bâtiment principal sont peints en jaune; et la porte, les contrevents d'en bas, les persiennes des mansardes sont vertes.

En entrant, vous trouverez un petit palier où commence un escalier tortueux, dont le système change à chaque tournant; il est en ois presque pourri; sa rampe creusée en forme de vis a été brunie ar un long usage. A droite est une vaste salle à manger boisée à 'antique, dallée en carreau blanc fabriqué à Château-Regnault; puis, à gauche, un salon de pareille dimension, sans boiseries, mais tendu d'un papier aurore à bordure verte. Aucune des deux pièces n'est plafonnée; les solives sont en bois de noyer et les interstices remplis d'un torchis blanc fait avec de la bourre. Au premier étage, il y a deux grandes chambres dont les murs sont blanchis à la chaux; les cheminées en pierre y sont moins richement sculptées que celles du rez-de-chaussée. Toutes les ouvertures sont exposées au midi. u nord il n'y a qu'une seule porte, donnant sur les vignes et pra- uée derrière l'escalier. A gauche de la maison, est adossée une nstruction en colombage, dont les bois sont extérieurement ga- ntis de la pluie et du soleil par des ardoises qui dessinent sur les murs de longues lignes bleues, droites ou transversales. La cuisine, placée dans cette espèce de chaumière, communique intérieurement avec la maison, mais elle a néanmoins une entrée particulière, éle- vée de quelques marches, au bas desquelles se trouve un puits pro- fond, surmonté d'une pompe champêtre enveloppée de sabines, de plantes aquatiques et de hautes herbes. Cette bâtisse récente prouve que la Grenadière était jadis un simple *vendangeoir*. Les pro- priétaires y venaient de la ville, dont elle est séparée par le vaste lit de la Loire, seulement pour faire leur récolte, ou quelque partie de plaisir. Ils y envoyaient dès le matin leurs provisions et n'y cou- chaient guère que pendant le temps des vendanges. Mais les Anglais sont tombés comme un nuage de sauterelles sur la Touraine, et il a bien fallu compléter la Grenadière pour la leur louer. Heureuse- ment ce moderne appendice est dissimulé sous les premiers tilleuls d'une allée plantée dans un ravin au bas des vignes. Le vignoble, qui peut avoir deux arpents, s'élève au-dessus de la maison, et la domine entièrement par une pente si rapide qu'il est très difficile de la gravir. A peine y a-t-il entre la maison et cette colline verdie par des pampres traînants un espace de cinq pieds, toujours humide et froid, espèce de fossé plein de végétations vigoureuses où tombent, par les temps de pluie, les engrais de la vigne qui vont enrichir le sol des jardins soutenus par la terrasse à balustrade. La maison du closier chargé de faire les façons de la vigne est adossée au pignon de gauche, elle est couverte en chaume et fait en quelque sorte le pendant de la cuisine. La propriété est entourée de murs et d'es- paliers; la vigne est plantée d'arbres fruitiers de toute espèce; enfin pas un pouce de ce terrain précieux n'est perdu pour la culture. Si l'homme néglige un aride quartier de roche, la nature y jette soit un figuier, soit des fleurs champêtres, ou quelques fraisiers abrités par des pierres.

En aucun lieu du monde vous ne rencontreriez une demeure

tout à la fois si modeste et si grande, si riche en fructifications,
en parfums, en points de vue. Elle est, au cœur de la Touraine,
une petite Touraine où toutes les fleurs, tous les fruits, toutes
les beautés de ce pays sont complétement représentés. Ce sont les
raisins de chaque contrée, les figues, les pêches, les poires de
toutes les espèces, et des melons en plein champ aussi bien que la
réglisse, les genêts d'Espagne, les lauriers-roses de l'Italie et les
jasmins des Açores. La Loire est à vos pieds. Vous la dominez d'une
terrasse élevée de trente toises au-dessus de ses eaux capricieuses;
le soir vous respirez ses brises venues fraîches de la mer et parfu-
mées dans leur route par les fleurs des longues levées. Un nuage
errant qui, à chaque pas dans l'espace, change de couleur et de
forme, sous un ciel parfaitement bleu, donne mille aspects nouveaux
à chaque détail des paysages magnifiques qui s'offrent aux regards,
en quelque endroit que vous vous placiez. De là, les yeux embras-
sent d'abord la rive gauche de la Loire depuis Amboise; la fertile
plaine où s'élèvent Tours, ses faubourgs, ses fabriques, le Plessis;
puis une partie de la rive gauche qui, depuis Vouvray jusqu'à
Saint-Symphorien, décrit un demi-cercle de rochers pleins de
joyeux vignobles. La vue n'est bornée que par les riches coteaux
du Cher, horizon bleuâtre, chargé de parcs et de châteaux. Enfin,
à l'ouest, l'âme se perd dans le fleuve immense sur lequel naviguent
à toute heure les bateaux à voiles blanches enflées par les vents qui
règnent presque toujours dans ce vaste bassin. Un prince peut faire
sa *villa* de la Grenadière, mais certes un poëte en fera toujours
son logis; deux amants y verront le plus doux refuge, elle est la
demeure d'un bon bourgeois de Tours; elle a des poésies pour toutes
les imaginations; pour les plus humbles et les plus froides, comme
pour les plus élevées et les plus passionnées : personne n'y reste sans
y sentir l'atmosphère du bonheur, sans y comprendre toute une vie
tranquille, dénuée d'ambition, de soins. La rêverie est dans l'air et
dans le murmure des flots; les sables parlent, ils sont tristes ou gais,
dorés ou ternes; tout est mouvement autour du possesseur de cette
vigne, immobile au milieu de ses fleurs vivaces et de ses fruits appé-
tissants. Un Anglais donne mille francs pour habiter pendant six
mois cette humble maison; mais il s'engage à en respecter les ré-
coltes : s'il veut les fruits, il en double le loyer; si le vin lui fait envie, il double encore la somme. Que vaut donc la Grenadière avec
sa rampe, son chemin creux, sa triple terrasse, ses deux arpents de

vigne, ses balustrades de rosiers fleuris, son vieux perron, sa pompe, ses clématites échevelées et ses arbres cosmopolites? N'offrez pas de prix ! La Grenadière ne sera jamais à vendre. Achetée une fois en 1690, et laissée à regret pour quarante mille francs, comme un cheval favori abandonné par l'Arabe du désert, elle est restée dans la même famille, elle en est l'orgueil, le joyau patrimonial, le Régent. Voir, n'est-ce pas avoir? a dit un poète. De là vous voyez trois vallées de la Touraine et sa cathédrale suspendue dans les airs comme un ouvrage en filigrane. Peut-on payer de tels trésors? Pourrez-vous jamais payer la santé que vous recouvrez là sous les tilleuls?

Au printemps d'une des plus belles années de la Restauration, une dame, accompagnée d'une femme de charge et de deux enfants, dont le plus jeune paraissait avoir huit ans et l'autre environ treize, vint à Tours y chercher une habitation. Elle vit la Grenadière et la loua. Peut-être la distance qui la séparait de la ville la décida-t-elle à s'y loger. Le salon lui servit de chambre à coucher, elle mit chaque enfant dans une des pièces du premier étage, et la femme de charge coucha dans un petit cabinet ménagé au-dessus de la cuisine. La salle à manger devint le salon commun à la petite famille et le lieu de réception. La maison fut meublée très-simplement, mais avec goût; il n'y eut rien d'inutile ni rien qui sentît le luxe. Les meubles choisis par l'inconnue étaient en noyer, sans aucun ornement. La propreté, l'accord régnant entre l'intérieur et l'extérieur du logis en firent tout le charme.

Il fut donc assez difficile de savoir si madame Willemsens (nom que prit l'étrangère) appartenait à la riche bourgeoisie, à la haute noblesse ou à certaines classes équivoques de l'espèce féminine. Sa simplicité donnait matière aux suppositions les plus contradictoires, mais ses manières pouvaient confirmer celles qui lui étaient favorables. Aussi, peu de temps après son arrivée à Saint-Cyr, sa conduite réservée excita-t-elle l'intérêt des personnes oisives, habituées à observer en province tout ce qui semble devoir animer la sphère étroite où elles vivent. Madame Willemsens était une femme d'une taille assez élevée, mince et maigre, mais délicatement faite. Elle avait de jolis pieds, plus remarquables par la grâce avec laquelle ils étaient attachés que par leur étroitesse, mérite vulgaire; puis des mains qui semblaient belles sous le gant. Quelques rougeurs foncées et mobiles couperosaient son teint blanc, jadis frais et coloré. Des rides précoces flétrissaient un front de forme élégante, couronné par de beaux cheveux châtains, bien plantés et toujours tressés en deux nattes circulaires, coiffure de vierge qui seyait à sa physionomie mélancolique. Ses yeux noirs, fortement cernés, creusés, pleins d'une ardeur fiévreuse, affectaient un calme menteur ; et par moments, si elle oubliait l'expression qu'elle s'était imposée, il s'y peignait de secrètes angoisses. Son visage ovale était un peu long ; mais peut-être autrefois le bonheur et la santé lui donnaient-ils de justes proportions. Un faux sourire, empreint d'une tristesse douce, errait habituellement sur ses lèvres pâles ; néanmoins sa bouche s'animait et son sourire exprimait les délices du sentiment maternel quand les deux enfants, par lesquels elle était toujours accompagnée, la regardaient ou lui faisaient une de ces questions intarissables et oiseuses, qui toutes ont un sens pour une mère. Sa démarche était lente et noble. Elle conserva la même mise avec une constance qui annonçait l'intention formelle de ne plus s'occuper de sa toilette et d'oublier le monde, par qui elle voulait sans doute être oubliée. Elle avait une robe noire très longue, serrée par un ruban de moire, et par-dessus, en guise de châle, un fichu de batiste à large ourlet dont les deux bouts étaient négligemment passés dans sa ceinture. Chaussée avec un soin qui dénotait des habitudes d'élégance, elle portait des bas de soie gris qui complétaient la teinte de deuil répandue dans ce costume de convention. Enfin son chapeau, de forme anglaise et invariable, était en étoffe grise et orné d'un voile noir. Elle paraissait être d'une extrême faiblesse et très-souffrante. Sa seule promenade consistait à aller de la Grenadière au pont de Tours, où, quand la soirée était calme, elle venait avec les deux enfants respirer l'air frais de la Loire et admirer les effets produits par le soleil couchant dans ce paysage aussi vaste que l'est celui de la baie de Naples ou du lac de Genève. Durant le temps de son séjour à la Grenadière, elle ne se rendit que deux fois à Tours : ce fut d'abord pour prier le principal du collége de lui indiquer les meilleurs maîtres de latin, de mathématiques et de dessin ; puis pour déterminer avec les personnes qui lui furent désignées soit le prix de leurs leçons, soit les heures auxquelles ces leçons pourraient être données aux enfants. Mais il lui suffisait de se montrer une ou deux fois par semaine, le soir, sur le pont, pour exciter l'intérêt de presque tous les habitants de la ville, qui s'y promènent habituellement. Cependant, malgré l'espèce d'espionnage innocent que créent en province le désœuvrement et l'inquiète curiosité des principales sociétés, personne ne put obtenir de renseignements certains sur le rang que l'inconnue occupait dans le monde, ni sur sa fortune, ni même sur son état véritable. Seulement le propriétaire de la Grenadière apprit à quelques-uns de ses amis le nom, sans doute vrai, sous lequel l'inconnue avait contracté son bail. Elle s'appelait Augusta Willemsens, comtesse de Brandon. Ce nom devait être celui de son mari. Plus tard les derniers événements de cette histoire confirmèrent la véracité de cette révélation; mais elle n'eut de publicité que dans le monde de commerçants fréquenté par le propriétaire. Aussi madame Willemsens demeura constamment un mystère pour les gens de la bonne compagnie, et tout ce qu'elle leur permit de deviner en elle fut une nature distinguée, des manières simples, délicieusement naturelles, et un son de voix d'une douceur angélique. Sa profonde solitude, sa mélancolie et sa beauté si passionnément obscurcie, à demi flétrie même, avaient tant de charmes que plusieurs jeunes gens s'éprirent d'elle; mais plus leur amour fut sincère, moins il fut audacieux : puis elle était imposante, il était difficile d'oser lui parler. Enfin, si quelques hommes hardis lui écrivirent, leurs lettres durent être brûlées sans avoir été ouvertes. Madame Willemsens jetait au feu toutes celles qu'elle recevait, comme si elle eût voulu passer sans le plus léger souci le temps de son séjour en Touraine. Elle semblait être venue dans sa ravissante retraite pour se livrer tout entière au bonheur de vivre. Les trois maîtres auxquels l'entrée de la Grenadière fut permise parlèrent avec une sorte d'admiration respectueuse du tableau touchant que présentait l'union intime et sans nuages de ces enfants et de cette femme.

Les deux enfants excitèrent également beaucoup d'intérêt, et les mères ne pouvaient pas les regarder sans envie. Tous deux ressemblaient à madame Willemsens, qui était en effet leur mère. Ils avaient l'un et l'autre ce teint transparent et ces vives couleurs, ces yeux purs et humides, ces longs cils, cette fraîcheur de formes qui impriment tant d'éclat aux beautés de l'enfance. L'aîné, nommé Louis-Gaston, avait les cheveux noirs et un regard plein de hardiesse. Tout en lui dénotait une santé robuste, de même que son front large et haut, heureusement bombé, semblait trahir un caractère énergique. Il était leste, adroit dans ses mouvements, bien découplé, n'avait rien d'emprunté, ne s'étonnait de rien, et paraissait réfléchir sur tout ce qu'il voyait. L'autre, nommé Marie-Gaston, était presque blond, quoique parmi ses cheveux quelques mèches fussent déjà cendrées et prissent la couleur des cheveux de sa mère. Marie avait les formes grêles, la délicatesse de traits, la finesse gracieuse, qui charmaient tant dans madame Willemsens. Il paraissait maladif : ses yeux gris lançaient un regard doux, ses couleurs étaient pâles. Il y avait de la femme en lui. Sa mère lui conservait encore la collerette brodée, les longues boucles frisées et la petite veste ornée de brandebourgs et d'olives qui revêt un jeune garçon d'une grâce indicible, et trahit ce plaisir de parure tout féminin dont s'amuse la mère autant que l'enfant peut-être. Ce joli costume contrastait avec la veste simple de l'aîné, sur laquelle se rabattait le col tout uni de sa chemise. Les pantalons, les brodequins, la couleur des habits étaient semblables et annonçaient deux frères aussi bien que leur ressemblance. Il était impossible en les voyant de n'être pas touché des soins de Louis pour Marie. L'aîné avait pour le second quelque chose de paternel dans le regard ; et Marie, malgré l'insouciance du jeune âge, semblait pénétré de reconnaissance pour Louis : c'était deux petites fleurs à peine séparées de leur tige, agitées par la même brise, éclairées par le même rayon de soleil, l'une colorée, l'autre étiolée à demi. Un mot, un regard, une inflexion de voix de leur mère suffisait pour les rendre attentifs, leur faire tourner la tête, écouter, entendre un ordre, une prière, une recommandation, et obéir. Madame Willemsens leur faisait toujours comprendre ses désirs, sa volonté, comme s'il y eût eu entre eux une pensée commune. Quand ils étaient, pendant la promenade, occupés à jouer en avant d'elle, cueillant une fleur, examinant un insecte, elle les contemplait avec un attendrissement si profond que le passant le plus indifférent se sentait ému, s'arrêtait pour voir les enfants, leur sourire, et saluer la mère par un coup d'œil d'ami. Qui n'eût pas admiré l'exquise propreté de leurs vêtements, leur joli son de voix, la grâce de leurs mouvements, leur physionomie heureuse et l'instinctive noblesse qui révélait en eux une éducation soignée dès le berceau ! Ces enfants semblaient n'avoir jamais ni crié ni pleuré. Leur mère avait comme une prévoyance électrique de leurs désirs, de leurs douleurs, les prévenant, les calmant sans cesse. Elle paraissait craindre une de leurs plaintes plus que sa condamnation éternelle. Tout dans ces enfants était un éloge pour leur mère ; et le tableau de leur triple vie, qui semblait une même vie, faisait naître des demi-pensées vagues et caressantes, image de ce bonheur que nous rêvons de goûter dans un monde meilleur. L'existence intérieure de ces trois créatures si harmonieuses s'accordait avec les idées que l'on concevait à leur aspect: c'était la vie d'ordre, régulière et simple qui convient à l'éducation des enfants. Tous deux se levaient une heure après la venue du jour, récitaient d'abord une courte prière, habitude de leur enfance, paroles vraies, dites pendant sept ans sur le lit de leur mère, commencées et finies entre deux baisers. Puis les deux frères, accoutumés sans doute à ces soins minutieux de la personne, si nécessaires à la santé du corps, à la pureté de l'âme, et qui donnent en quelque sorte la conscience du bien-être, faisaient une toilette aussi scrupuleuse que peut l'être celle d'une jolie femme. Ils ne manquaient à rien, tant ils avaient peur l'un et l'autre d'un reproche, quelque tendrement qu'il leur fût adressé par leur mère quand, en les embrassant, elle leur disait au déjeuner, suivant la circonstance : — Mes chers anges, où donc avez-vous pu déjà vous noircir les ongles? Tous deux descendaient alors au jardin, y secouaient les impressions de la nuit dans la rosée et la fraîcheur, en attendant que la femme de charge eût préparé le salon commun, où ils allaient étudier leurs leçons jusqu'au lever de leur mère. Mais de moment en moment ils en épiaient le réveil, quoiqu'ils ne dussent entrer dans sa chambre qu'à une heure convenue. Cette irruption matinale, toujours faite en contravention au pacte primitif, était toujours une scène délicieuse et pour eux et pour madame Willemsens. Marie sautait sur le lit pour passer ses bras autour de son idole, tandis que Louis, agenouillé au chevet, prenait la main de sa mère. C'était alors des interrogations inquiètes, comme un amant en trouve pour sa maîtresse; puis des rires d'anges, des caresses tout à la fois passionnées et pures, des silences éloquents, des bégaiements, des histoires enfantines interrompues et reprises par des baisers, rarement achevées, toujours écoutées...

— Avez-vous bien travaillé? demandait la mère, mais d'une voix douce et amie, près de plaindre la fainéantise comme un malheur, prête à lancer un regard mouillé de larmes à celui qui se trouvait content de lui-même. Elle savait que ses enfants étaient animés par le désir de lui plaire; eux savaient que leur mère ne vivait que pour eux, les conduisait dans la vie avec toute l'intelligence de l'amour, et leur donnait toutes ses pensées, toutes ses heures. Un sens merveilleux, qui n'est encore ni l'égoïsme ni la raison, qui est peut-être le sentiment dans sa première candeur, apprend aux enfants s'ils sont ou non l'objet de soins exclusifs, et si l'on s'occupe d'eux avec bonheur. Les aimez-vous bien ? ces chères créatures, tout franchise et tout justice, sont alors admirablement reconnaissantes. Elles aiment avec passion, avec jalousie, ont les délicatesses les plus gracieuses, trouvent à dire les mots les plus tendres ; elles sont confiantes, elles croient en tout à vous. Aussi peut-être n'y a-t-il pas de mauvais enfants sans mauvaises mères ; car l'affection qu'ils ressentent est toujours en raison de celle qu'ils ont éprouvée, des premiers soins qu'ils ont reçus, des premiers mots qu'ils ont entendus, des premiers regards où ils ont cherché l'amour et la vie. Tout devient alors attrait ou tout est répulsion. Dieu a mis les enfants au sein de la mère pour lui faire comprendre qu'ils devaient y rester longtemps. Cependant il se rencontre des mères cruellement méconnues, de tendres et sublimes tendresses constamment froissées : effroyables ingratitudes, qui prouvent combien il est difficile d'établir des principes absolus en fait de sentiment. Il ne manquait dans le cœur de cette mère et dans ceux de ses fils aucun des mille liens qui devaient les attacher les uns aux autres. Seuls sur la terre, ils y vivaient de la même vie et se comprenaient bien. Quand au matin madame Willemsens demeurait silencieuse, Louis et Marie se taisaient en respectant tout d'elle, même les pensées qu'ils ne partageaient pas. Mais l'aîné, doué d'une pensée déjà forte, ne se contentait jamais des assurances de bonne santé que lui donnait sa mère : il en étudiait le visage avec une sombre inquiétude, ignorant le danger, mais le pressentant lorsqu'il voyait autour de ses yeux cernés des teintes violettes, lorsqu'il apercevait leurs orbites plus creuses et les rougeurs du visage plus enflammées. Plein d'une sensibilité vraie, il devinait quand les jeux de Marie commençaient à la fatiguer, et il savait alors dire à son frère :—Viens, Marie, allons déjeuner, j'ai faim.

Mais en atteignant la porte, il se retournait pour saisir l'expression de la figure de sa mère qui pour lui trouvait encore un sourire ; et, souvent même des larmes roulaient dans ses yeux, quand un geste de son enfant lui révélait un sentiment exquis, une précoce entente de la douleur.

Le temps destiné au premier déjeuner de ses enfants et à leur récréation était employé par madame Willemsens à sa toilette ; car elle avait de la coquetterie pour ses chers petits, elle voulait leur plaire, leur agréer en toute chose, être pour eux gracieuse à voir ; être pour eux attrayante comme un doux parfum auquel on revient toujours. Elle se tenait toujours prête pour les répétitions qui avaient lieu entre dix et trois heures, mais qui étaient interrompues à midi par un second déjeuner fait en commun sous le pavillon du jardin. Après ce repas, une heure était accordée aux jeux, pendant laquelle l'heureuse mère, la pauvre femme restait couchée sur un long divan placé dans ce pavillon d'où l'on découvrait cette douce Touraine incessamment changeante, sans cesse rajeunie par les mille accidents du jour, du ciel, de la saison. Ses deux enfants trottaient à travers le clos, grimpaient sur les terrasses, couraient après les lézards, groupés eux-mêmes et agiles comme le lézard ; ils admiraient des graines, des fleurs, étudiaient des insectes, et venaient demander raison de tout à leur mère. C'était alors des allées et venues perpétuelles au pavillon. A la campagne, les enfants n'ont pas besoin de jouets, tout leur est occupation. Madame Willemsens assistait aux leçons en faisant de la tapisserie. Elle restait silencieuse, ne regardait ni les maîtres ni les enfants, elle écoutait avec attention comme pour tâcher de saisir le sens des paroles et savoir vaguement si Louis acquérait de la force : embarrassait-il son maître par une question, et accusait-il ainsi un progrès, les yeux de la mère s'animaient alors, elle souriait, elle lui lançait un regard empreint d'espérance. Elle exigeait peu de chose de Marie. Ses vœux étaient pour l'aîné auquel elle témoignait une sorte de respect, employant tout son tact de femme et de mère à lui élever l'âme, à lui donner une haute idée de lui-même. Cette conduite cachait une pensée secrète que l'enfant devait comprendre un jour et qu'il comprit. Après chaque leçon, elle reconduisait les maîtres jusqu'à la première porte, et là, leur demandait consciencieusement compte des études de Louis. Elle était si affectueuse et si engageante que les répétiteurs lui disaient la vérité, pour l'aider à faire travailler Louis sur les points où il leur paraissait faible. Le dîner venait ; puis, le jeu, la promenade ; enfin, le soir, les leçons s'apprenaient.

Telle était leur vie, vie uniforme, mais pleine, où le travail et les distractions heureusement mêlés ne laissaient aucune place à l'ennui. Les découragements et les querelles étaient impossibles.

L'amour sans bornes de la mère rendait tout facile. Elle avait donné de la discrétion à ses deux fils en ne leur refusant jamais rien, du courage en les louant à propos, de la résignation en leur faisant apercevoir la Nécessité sous toutes ses formes; elle en avait développé, fortifié l'angélique nature avec un soin de fée. Parfois, quelques larmes humectaient ses yeux ardents, quand, en les voyant jouer, elle pensait qu'ils ne lui avaient pas causé le moindre chagrin. Un bonheur étendu, complet, ne nous fait ainsi pleurer que parce qu'il est une image du ciel duquel nous avons tous de confuses perceptions. Elle passait des heures délicieuses couchée sur son canapé champêtre, voyant un beau jour, une grande étendue d'eau, un pays pittoresque, entendant la voix de ses enfants, leurs rires renaissant dans le rire même, et leurs petites querelles où éclataient leur union, le sentiment paternel de Louis pour Marie, et l'amour de tous deux pour elle. Tous deux ayant eu, pendant leur première enfance, une bonne anglaise, parlaient également bien le français et l'anglais; aussi leur mère se servait-elle alternativement des deux langues dans la conversation. Elle dirigeait admirablement bien leurs jeunes âmes, ne laissant entrer dans leur entendement aucune idée fausse, dans le cœur aucun principe mauvais. Elle les gouvernait par la douceur, ne leur cachant rien, leur expliquant tout. Lorsque Louis désirait lire, elle avait soin de lui donner des livres intéressants, mais exacts. C'était la vie des marins célèbres, les biographies des grands hommes, des capitaines illustres, trouvant dans les moindres détails de ces sortes de livres mille occasions de lui expliquer prématurément le monde et la vie; insistant sur les moyens dont s'étaient servis les gens obscurs, mais réellement grands, partis, sans protecteurs, des derniers rangs de la société, pour parvenir à de nobles destinées. Ces leçons, qui n'étaient pas les moins utiles, se donnaient le soir quand le petit Marie s'endormait sur les genoux de sa mère, dans le silence d'une belle nuit, quand la Loire réfléchissait les cieux; mais elles redoublaient toujours la mélancolie de cette adorable femme, qui finissait toujours par se taire et par rester immobile, songeuse, les yeux pleins de larmes.

— Ma mère, pourquoi pleurez-vous? lui demanda Louis par une riche soirée du mois de juin, au moment où les demi-teintes d'une nuit doucement éclairée succédaient à un jour chaud.

— Mon fils, répondit-elle en attirant par le cou l'enfant dont l'émotion cachée la toucha vivement, parce que le sort pauvre d'abord de Jameray Duval, parvenu sans secours, est le sort que je t'ai fait à toi et à ton frère. Bientôt, mon cher enfant, vous serez seuls sur la terre, sans appui, sans protections. Je vous y laisserai petits encore, et je voudrais cependant te voir assez fort, assez instruit pour servir de guide à Marie. Et je n'en aurai pas le temps. Je vous aime trop pour ne pas être bien malheureuse par ces pensées. Chers enfants, pourvu que vous ne me maudissiez pas un jour...

— Et pourquoi vous maudirais-je un jour, ma mère ?

— Un jour, pauvre petit, dit-elle en le baisant au front, tu reconnaîtras que j'ai eu des torts envers vous. Je vous abandonnerai, ici, sans fortune, sans... Elle hésita. — Sans un père, reprit-elle.

A ce mot elle fondit en larmes, repoussa doucement son fils qui, par une sorte d'intuition, devina que sa mère voulait être seule, et il emmena Marie à moitié endormi. Puis, une heure après, quand son frère fut couché, Louis revint à pas discrets vers le pavillon où était sa mère. Il entendit alors ces mots prononcés par une voix délicieuse à son cœur : — Viens, Louis ?

L'enfant se jeta dans les bras de sa mère, et ils s'embrassèrent presque convulsivement.

— Ma chérie, dit-il enfin, car il lui donnait souvent ce nom, trouvant même les mots de l'amour trop faibles pour exprimer ses sentiments ; ma chérie, pourquoi crains-tu donc de mourir?

— Je suis malade, pauvre ange aimé, chaque jour mes forces se perdent, et mon mal est sans remède : je le sais.

— Quel est donc votre mal ?

— Je dois l'oublier ; et toi, tu ne dois jamais savoir la cause de ma mort.

L'enfant resta silencieux pendant un moment, jetant à la dérobée des regards sur sa mère, qui, les yeux levés au ciel, en contemplait les nuages. Moment de douce mélancolie ! Louis ne croyait pas à la mort prochaine de sa mère, mais il en ressentait les chagrins sans les deviner. Il respecta cette longue rêverie. Moins jeune, il aurait lu sur ce visage sublime quelques pensées de repentir mêlées à des souvenirs heureux, toute une vie de femme : une enfance insouciante, un mariage froid, une passion terrible, des fleurs nées dans un orage, abîmées par la foudre, dans un gouffre d'où rien ne saurait revenir.

— Ma mère aimée, dit enfin Louis, pourquoi me cachez-vous vos souffrances?

— Mon fils, répondit-elle, nous devons ensevelir nos peines aux yeux des étrangers, leur montrer un visage riant, ne jamais leur parler de nous, nous occuper d'eux : ces maximes pratiquées en famille y sont une des causes du bonheur. Tu auras à souffrir beaucoup un jour! Eh! bien, souviens-toi de ta pauvre mère qui se mourait devant toi en te souriant toujours, et te cachait ses douleurs : tu te trouveras alors du courage pour supporter les maux de la vie.

En ce moment, dévorant ses larmes, elle tâcha de révéler à son fils le mécanisme de l'existence, la valeur, l'assiette, la consistance des fortunes, les rapports sociaux, les moyens honorables d'amasser l'argent nécessaire aux besoins de la vie, et la nécessité de l'instruction. Puis elle lui apprit une des causes de sa tristesse habituelle et de ses pleurs, en lui disant que, le lendemain de sa mort, lui et Marie seraient dans le plus grand dénûment, ne possédant à eux deux qu'une faible somme, n'ayant plus d'autre protecteur que Dieu.

— Comme il faut que je me dépêche d'apprendre! s'écria l'enfant en lançant à sa mère un regard plaintif et profond.

— Ah! que je suis heureuse, dit-elle en couvrant son fils de baisers et de larmes. Il me comprend! — Louis ajouta-t-elle, tu seras le tuteur de ton frère, n'est-ce pas? tu me le promets? Tu n'es plus un enfant!

— Oui, répondit-il, mais vous ne mourrez pas encore, dites?

— Pauvres petits, répondit-elle, mon amour pour vous me soutient! Puis ce pays est si beau, l'air y est si bienfaisant, peut-être...

— Vous me faites encore mieux aimer la Touraine, dit l'enfant tout ému.

Depuis ce jour où madame Willemsens, prévoyant sa mort prochaine, avait parlé à son fils aîné de son sort à venir, Louis, qui avait achevé sa quatorzième année, devint moins distrait, plus appliqué, moins disposé à jouer qu'auparavant. Soit qu'il sût persuader à Marie de lire au lieu de se livrer à des distractions bruyantes, les deux enfants firent moins de tapage à travers les chemins creux, les jardins, les terrasses étagées de la Grenadière. Ils conformèrent leur vie à la pensée mélancolique de leur mère dont le teint pâlissait de jour en jour, en prenant des teintes jaunes, dont le front se creusait aux tempes, dont les rides devenaient plus profondes de nuit en nuit.

Au mois d'août, cinq mois après l'arrivée de la petite famille à la Grenadière, tout y avait changé. Observant les symptômes encore légers de la lente dégradation qui minait le corps de sa maîtresse soutenue seulement par une âme passionnée et un excessif amour pour ses enfants, la vieille femme de charge était devenue sombre et triste : elle paraissait posséder le secret de cette mort anticipée. Souvent, lorsque sa maîtresse, belle encore, plus coquette qu'elle ne l'avait jamais été, parant son corps éteint et mettant du rouge, se promenait sur la haute terrasse, accompagnée de ses deux enfants, la vieille Annette passait la tête entre les deux sabines de la pompe, oubliait son ouvrage commencé, gardait son linge à la main, et retenait à peine ses larmes en voyant une madame Willemsens si peu semblable à la ravissante femme qu'elle avait connue.

Cette jolie maison, d'abord si gaie, si animée, semblait être devenue triste ; elle était silencieuse, les habitants en sortaient rarement, madame Willemsens ne pouvait plus aller se promener au pont de Tours sans de grands efforts. Louis, dont l'imagination s'était tout à coup développée, et qui s'était identifié pour ainsi dire à sa mère, en ayant deviné la fatigue et les douleurs sous le rouge, inventait toujours des prétextes pour ne pas faire une promenade devenue trop longue pour sa mère. Les couples joyeux qui allaient alors à Saint-Cyr, la petite Courtille de Tours, et les groupes de promeneurs voyaient au-dessus de la levée, le soir, cette femme pâle et maigre, tout en deuil, à demi consumée, mais encore brillante, passant comme un fantôme le long des terrasses. Les grandes souffrances se devinent. Aussi le ménage du closier était-il devenu silencieux. Quelquefois le paysan, sa femme et ses deux enfants, se trouvaient groupés à la porte de leur chaumière : Annette lavait au puits ; madame et ses enfants étaient sous le pavillon ; mais on n'entendait pas le moindre bruit dans ces gais jardins ; et, sans que madame Willemsens s'en aperçût, tous les yeux attendris la contemplaient. Elle était si bonne, si prévoyante, si imposante pour ceux qui l'approchaient ! Quant à elle, depuis le commencement de l'automne, si beau, si brillant en Touraine, et dont les bienfaisantes influences, les raisins, les bons fruits devaient prolonger la vie de cette mère au delà du terme fixé par les ravages d'un mal inconnu, elle ne voyait plus que ses enfants, et en jouissait à chaque heure comme si c'eût été la dernière.

Depuis le mois de juin jusqu'à la fin de septembre, Louis travailla pendant la nuit à l'insu de sa mère, et fit d'énormes progrès ; il était arrivé aux équations du second degré en algèbre, avait appris la géométrie descriptive, dessinait à merveille ; enfin, il aurait pu soutenir avec succès l'examen imposé aux jeunes gens qui veulent entrer à l'école Polytechnique. Quelquefois, le soir, il allait se promener sur le pont de Tours, où il avait rencontré un lieutenant de vaisseau mis en demi-solde : la figure mâle, la décoration, l'allure de ce marin de l'empire avaient agi sur son imagination. De son côté, le marin s'était pris d'amitié pour un jeune homme dont les yeux pétillaient d'énergie. Louis, avide de récits militaires et curieux de renseignements, venait flâner dans les eaux du marin pour causer avec lui. Le lieutenant en demi-solde avait pour ami et pour compagnon un colonel d'infanterie, proscrit comme lui des cadres de l'armée, le jeune Gaston pouvait donc tour à tour apprendre la vie des camps et la vie des vaisseaux. Aussi accablait-il de questions les deux militaires. Puis, après avoir, par avance, épousé leurs malheurs et leur rude existence, il demandait à sa mère la permission de voyager dans le canton pour se distraire. Or comme les maîtres étonnés disaient à madame Willemsens que son fils travaillait trop, elle accueillait cette demande avec un plaisir infini. L'enfant faisait donc des courses énormes. Voulant s'endurcir à la fatigue, il grimpait aux arbres les plus élevés avec une incroyable agilité ; il apprenait à nager ; il veillait. Il n'était plus le même enfant, c'était un jeune homme sur le visage duquel le soleil avait jeté son hâle brun, et où je ne sais quelle pensée profonde apparaissait déjà.

Le mois d'octobre vint, madame Willemsens ne pouvait plus se lever qu'à midi, quand les rayons du soleil, réfléchis par les eaux de la Loire et concentrés dans les terrasses, produisaient à la Grenadière cette température égale à celle des chaudes et tièdes journées de la baie de Naples, qui font recommander son habitation par les médecins du pays. Elle venait alors s'asseoir sous un des arbres verts, et ses deux fils ne s'écartaient plus d'elle. Les études cessèrent, les maîtres furent congédiés. Les enfants et la mère voulurent vivre au cœur les uns des autres, sans soins, sans distractions. Il n'y avait plus ni pleurs ni cris joyeux. L'aîné, couché sur l'herbe près de sa mère, restait sous son regard comme un amant, et lui baisait les pieds. Marie, inquiet, allait lui cueillir des fleurs, les lui apportait d'un air triste, et s'élevait sur la pointe des pieds pour prendre sur ses lèvres un baiser de jeune fille. Cette femme blanche, aux grands yeux noirs, tout abattue, lente dans ses mouvements, ne se plaignant jamais, souriant à ses deux enfants bien vivants, d'une belle santé, formaient un tableau sublime auquel ne manquaient ni les pompes mélancoliques de l'automne avec ses feuilles jaunies et ses arbres à demi dépouillés, ni la lueur adoucie du soleil et les nuages blancs du ciel de Touraine.

Enfin madame Willemsens fut condamnée par un médecin à ne pas sortir de sa chambre. Sa chambre fut chaque jour embellie des fleurs qu'elle aimait, et ses enfants y demeurèrent. Dans les premiers jours de novembre, elle toucha du piano pour la dernière fois. Il y avait un paysage de Suisse au-dessus du piano. Du côté de la fenêtre, ses deux enfants, groupés l'un sur l'autre, lui montrèrent leurs têtes confondues. Ses regards allèrent alors constamment de ses enfants au paysage et du paysage à ses enfants. Son visage se colora, ses doigts coururent avec passion sur les touches d'ivoire. Ce fut sa dernière fête, fête inconnue, fête célébrée dans les profondeurs de son âme par le génie des souvenirs. Le médecin vint, et lui ordonna de garder le lit. Cette sentence effrayante fut reçue par la mère et par les deux fils dans un silence presque stupide.

Quand le médecin s'en alla : — Louis, dit-elle, conduis-moi sur la terrasse, que je voie encore mon pays.

A cette parole proférée simplement, l'enfant donna le bras à sa mère et l'amena au milieu de la terrasse. Là ses yeux se portèrent, involontairement peut-être, plus sur le ciel que sur la terre ; mais il eût été difficile de décider en ce moment où étaient les plus beaux paysages, car les nuages représentaient vaguement les plus majestueux glaciers des Alpes. Son front se plissa violemment, ses yeux prirent une expression de douleur et de remords, elle saisit les deux mains de ses enfants et les appuya sur son cœur violemment agité : — *Père et mère inconnus !* s'écria-t-elle en leur jetant un regard profond. Pauvres anges ! que deviendrez-vous ? Puis, à vingt ans, quel compte sévère ne me demanderez-vous pas de ma vie et de la vôtre ?

Elle repoussa ses enfants, se mit les deux coudes sur la balustrade, se cacha le visage dans les mains, et resta là pendant un moment seule avec elle-même, craignant de se laisser voir. Quand elle se réveilla de sa douleur, elle trouva Louis et Marie agenouillés à ses côtés comme deux anges; ils épiaient ses regards, et tous deux lui sourirent doucement.

— Que ne puis-je emporter ce sourire! dit-elle en essuyant ses larmes.

Elle rentra pour se mettre au lit, et n'en devait sortir que couchée dans le cercueil.

Huit jours se passèrent, huit jours tout semblables les uns aux autres. La vieille Annette et Louis restaient chacun à leur tour pendant la nuit auprès de madame Willemsens, les yeux attachés sur ceux de la malade. C'était à toute heure ce drame profondément tragique, et qui a lieu dans toutes les familles lorsqu'on craint, à chaque respiration trop forte d'une malade adorée, que ce ne soit la dernière. Le cinquième jour de cette fatale semaine, le médecin proscrivit les fleurs. Les illusions de la vie s'en allaient une à une.

Depuis ce jour, Marie et son frère trouvèrent du feu sous leurs lèvres quand ils venaient baiser leur mère au front. Enfin le samedi soir, madame Willemsens ne pouvant supporter aucun bruit, il fallut laisser sa chambre en désordre. Ce défaut de soin fut un commencement d'agonie pour cette femme élégante, amoureuse de grâce. Louis ne voulut plus quitter sa mère. Pendant la nuit du dimanche, à la clarté d'une lampe et au milieu du silence le plus profond, Louis, qui croyait sa mère assoupie, lui vit écarter le rideau d'une main blanche et moite.

— Mon fils, dit-elle.

L'accent de la mourante eut quelque chose de si solennel que son pouvoir venu d'une âme agitée réagit violemment sur l'enfant, il sentit une chaleur exorbitante dans la moelle de ses os.

— Que veux-tu, ma mère?

— Écoute-moi. Demain, tout sera fini pour moi. Nous ne nous verrons plus. Demain, tu seras un homme, mon enfant. Je suis donc obligée de faire quelques dispositions qui soient un secret entre nous deux. Prends la clef de ma petite table. Bien! Ouvre le tiroir. Tu trouveras à gauche deux papiers cachetés. Sur l'un, il y a:
— Louis. Sur l'autre: — Marie.

— Les voici, ma mère.

— Mon fils chéri, c'est vos deux actes de naissance; ils vous seront nécessaires. Tu les donneras à garder à ma pauvre vieille Annette, qui vous les rendra quand vous en aurez besoin.

Maintenant, reprit-elle, n'y a-t-il pas au même endroit un papier sur lequel j'ai écrit quelques lignes ?

— Oui, ma mère.

Et Louis commençant à lire : — *Marie Willemsens, née à...*

— Assez, dit-elle vivement. Ne continue pas. Quand je serai morte, mon fils, tu remettras encore ce papier à Annette, et tu lui diras de le donner à la mairie de Saint-Cyr, où il doit servir à faire dresser exactement mon acte de décès. Prends ce qu'il faut pour écrire une lettre que je vais te dicter.

Quand elle vit son fils prêt, et qu'il se tourna vers elle comme pour l'écouter, elle dit d'une voix calme : *Monsieur le comte, votre femme lady Brandon est morte à Saint-Cyr, près de Tours, département d'Indre-et-Loire. Elle vous a pardonné.*

— Signe...

Elle s'arrêta, indécise, agitée.

— Souffrez-vous davantage ? demanda Louis.

— Signe : *Louis-Gaston !*

Elle soupira, puis reprit : — Cachette la lettre, et écris l'adresse suivante : A lord Brandon. Brandon-Square, Hyde-Park. Londres. Angleterre.

— Bien, reprit-elle. Le jour de ma mort tu feras affranchir cette lettre à Tours.

— Maintenant, dit-elle après une pause, prends le petit portefeuille que tu connais, et viens près de moi, mon cher enfant.

— Il y a là, dit-elle, quand Louis eut repris sa place, douze mille francs. Ils sont bien à vous, hélas ! Vous eussiez été plus riches, si votre père...

— Mon père, s'écria l'enfant, où est-il ?

— Mort, dit-elle en mettant un doigt sur ses lèvres, mort pour me sauver l'honneur et la vie.

Elle leva les yeux au ciel. Elle eût pleuré, si elle avait encore eu des larmes pour les douleurs.

— Louis, reprit-elle, jurez-moi là, sur ce chevet, d'oublier ce que vous avez écrit et ce que je vous ai dit.

— Oui, ma mère.

— Embrasse-moi, cher ange.

Elle fit une longue pause, comme pour puiser du courage en Dieu, et mesurer ses paroles aux forces qui lui restaient.

— Écoute. Ces douze mille francs sont toute votre fortune ; il faut que tu les gardes sur toi, parce que quand je serai morte il viendra des gens de justice qui fermeront tout ici. Rien ne vous y appartiendra, pas même votre mère! Et vous n'aurez plus, pauvres orphelins, qu'à vous en aller, Dieu sait où. J'ai assuré le sort d'Annette. Elle aura cent écus tous les ans, et restera sans doute à Tours. Mais que feras-tu de toi et de ton frère?

Elle se mit sur son séant et regarda l'enfant intrépide, qui, la sueur au front, pâle d'émotions, les yeux à demi voilés par les pleurs, restait debout devant son lit.

— Mère, répondit-il d'un son de voix profond, j'y ai pensé. Je conduirai Marie au collége de Tours. Je donnerai dix mille francs à la vieille Annette en lui disant de les mettre en sûreté et de veiller sur mon frère. Puis, avec les cent louis qui resteront, j'irai à Brest, je m'embarquerai comme novice. Pendant que Marie étudiera, je deviendrai lieutenant de vaisseau. Enfin, meurs tranquille, ma mère, va : je reviendrai riche, je ferai entrer notre petit à l'école Polytechnique, où je le dirigerai suivant ses goûts.

Un éclair de joie brilla dans les yeux à demi éteints de la mère, deux larmes en sortirent, roulèrent sur ses joues enflammées ; puis, un grand soupir s'échappa de ses lèvres, et elle faillit mourir victime d'un accès de joie, en trouvant l'âme du père dans celle de son fils devenu homme tout à coup.

— Ange du ciel, dit-elle en pleurant, tu as effacé par un mot toutes mes douleurs. Ah ! je puis souffrir. — C'est mon fils, reprit-elle, j'ai fait, j'ai élevé cet homme !

Et elle leva ses mains en l'air et les joignit comme pour exprimer une joie sans bornes ; puis elle se coucha.

— Ma mère, vous pâlissez ! s'écria l'enfant.

— Il faut aller chercher un prêtre, répondit-elle d'une voix mourante.

Louis réveilla la vieille Annette, qui, tout effrayée, courut au presbytère de Saint-Cyr.

Dans la matinée, madame Willemsens reçut les sacrements au milieu du plus touchant appareil. Ses enfants, Annette et la famille du closier, gens simples déjà devenus de la famille, étaient agenouillés. La croix d'argent, portée par un humble enfant de chœur, un enfant de chœur de village ! s'élevait devant le lit, et un vieux prêtre administrait le viatique à la mère mourante. Le viatique !

mot sublime, idée plus sublime encore que le mot, et que possède seule la religion apostolique de l'Église romaine.

— Cette femme a bien souffert! dit le curé dans son simple langage.

Marie Willemsens n'entendait plus; mais ses yeux restaient attachés sur ses deux enfants. Chacun, en proie à la terreur, écoutait dans le plus profond silence les aspirations de la mourante, qui déjà s'étaient ralenties. Puis, par intervalles, un soupir profond annonçait encore la vie en trahissant un débat intérieur. Enfin, la mère ne respira plus. Tout le monde fondit en larmes, excepté Marie. Le pauvre enfant était encore trop jeune pour comprendre la mort. Annette et la closière fermèrent les yeux à cette adorable créature dont alors la beauté reparut dans tout son éclat. Elles renvoyèrent tout le monde, ôtèrent les meubles de la chambre, mirent la morte dans son linceul, la couchèrent, allumèrent des cierges autour du lit, disposèrent le bénitier, la branche de buis et le crucifix, suivant la coutume du pays, poussèrent les volets, étendirent les rideaux; puis le vicaire vint plus tard passer la nuit en prières avec Louis, qui ne voulut point quitter sa mère. Le mardi matin l'enterrement se fit. La vieille femme, les deux enfants, accompagnés de la closière, suivirent seuls le corps d'une femme dont l'esprit, la beauté, les grâces avaient une renommée européenne, et dont à Londres le convoi eût été une nouvelle pompeusement enregistrée dans les journaux, une sorte de solennité aristocratique, si elle n'eût pas commis le plus doux des crimes, un crime toujours puni sur cette terre, afin que ces anges pardonnés entrent dans le ciel. Quand la terre fut jetée sur le cercueil de sa mère, Marie pleura, comprenant alors qu'il ne la verrait plus.

Une simple croix de bois, plantée sur sa tombe, porta cette inscription due au curé de Saint-Cyr.

CY GIT

UNE FEMME MALHEUREUSE,
morte à trente-six ans,
AYANT NOM AUGUSTA DANS LES CIEUX.
Priez pour elle!

Lorsque tout fut fini, les deux enfants vinrent à la Grenadière, jetèrent sur l'habitation un dernier regard; puis, se tenant par la main, ils se disposèrent à la quitter avec Annette, confiant tout aux soins du closier, et le chargeant de répondre à la justice.

Ce fut alors que la vieille femme de charge appela Louis sur les marches de la pompe, le prit à part et lui dit : — Monsieur Louis, voici l'anneau de madame !

L'enfant pleura, tout ému de retrouver un vivant souvenir de sa mère morte. Dans sa force, il n'avait point songé à ce soin suprême. Il embrassa la vieille femme. Puis ils partirent tous trois par le chemin creux, descendirent la rampe et allèrent à Tours sans détourner la tête.

— Maman venait par là, dit Marie en arrivant au pont.

Annette avait une vieille cousine, ancienne couturière retirée à Tours, rue de la Guerche. Elle mena les deux enfants dans la maison de sa parente avec laquelle elle pensait à vivre en commun. Mais Louis lui expliqua ses projets, lui remit l'acte de naissance de Marie et les dix mille francs ; puis accompagné de la vieille femme de charge, il conduisit le lendemain son frère au collége. Il mit le principal au fait de sa situation, mais fort succinctement, et sortit en emmenant son frère jusqu'à la porte. Là, il lui fit solennellement les recommandations les plus tendres en lui annonçant sa solitude dans le monde ; et, après l'avoir contemplé pendant un moment, il l'embrassa, le regarda encore, essuya une larme, et partit en se retournant à plusieurs reprises pour voir jusqu'au dernier moment son frère resté sur le seuil du collége.

Un mois après, Louis-Gaston était en qualité de novice à bord d'un vaisseau de l'État, et sortait de la rade de Rochefort. Appuyé sur le bastingage de la corvette *l'Iris*, il regardait les côtes de France qui fuyaient rapidement et s'effaçaient dans la ligne bleuâtre de l'horizon. Bientôt il se trouva seul et perdu au milieu de l'Océan, comme il l'était dans le monde et dans la vie.

— Il ne faut pas pleurer, jeune homme ! il y a un Dieu pour tout le monde, lui dit un vieux matelot de sa grosse voix tout à la fois rude et bonne.

L'enfant remercia cet homme par un regard plein de fierté. Puis il baissa la tête en se résignant à la vie des marins. Il était devenu père.

Angoulême, août 1832.

LE MESSAGE.

A MONSIEUR LE MARQUIS DAMASO PARETO.

J'ai toujours eu le désir de raconter une histoire simple et vraie, au récit de laquelle un jeune homme et sa maîtresse fussent saisis de frayeur et se réfugiassent au cœur l'un de l'autre, comme deux enfants qui se serrent en rencontrant un serpent sur le bord d'un bois. Au risque de diminuer l'intérêt de ma narration ou de passer pour un fat, je commence par vous annoncer le but de mon récit. J'ai joué un rôle dans ce drame presque vulgaire ; s'il ne vous intéresse pas, ce sera ma faute autant que celle de la vérité historique. Beaucoup de choses véritables sont souverainement ennuyeuses. Aussi est-ce la moitié du talent que de choisir dans le vrai ce qui peut devenir poétique.

En 1819, j'allais de Paris à Moulins. L'état de ma bourse m'obligeait à voyager sur l'impériale de la diligence. Les Anglais, vous le savez, regardent les places situées dans cette partie aérienne de la voiture comme les meilleures. Durant les premières lieues de la route, j'ai trouvé mille excellentes raisons pour justifier l'opinion de nos voisins. Un jeune homme, qui me parut être un peu plus riche que je ne l'étais, monta, par goût, près de moi, sur la banquette. Il accueillit mes arguments par des sourires inoffensifs. Bientôt une certaine conformité d'âge, de pensée, notre mutuel amour pour le grand air, pour les riches aspects des pays que nous découvrions à mesure que la lourde voiture avançait ; puis, je ne sais quelle attraction magnétique, impossible à expliquer, firent naître entre nous cette espèce d'intimité momentanée à laquelle les voyageurs s'abandonnent avec d'autant plus de complaisance que ce sentiment éphémère paraît devoir cesser promptement et n'engager à rien pour l'avenir. Nous n'avions pas fait trente lieues que nous parlions des femmes et de l'amour. Avec toutes les précautions oratoires voulues en semblable occurrence, il fut naturellement question de nos maîtresses. Jeunes tous deux, nous n'en étions encore, l'un et l'autre, qu'à la *femme d'un certain âge*, c'est-à-dire à la femme qui se trouve entre trente-cinq et quarante ans. Oh ! un poëte qui nous eût écoutés de Montargis, à je ne sais plus quel relais, aurait recueilli des expressions bien enflammées, des portraits ravissants et de bien douces confidences ! Nos craintes pudiques, nos interjections silencieuses et nos regards encore rougissants étaient empreints d'une éloquence dont le charme naïf ne s'est plus retrouvé pour moi. Sans doute il faut rester jeune pour comprendre la jeunesse. Ainsi, nous nous comprîmes à merveille sur tous les points essentiels de la passion. Et, d'abord, nous avions commencé à poser en fait et en principe qu'il n'y avait rien de plus sot au monde qu'un acte de naissance ; que bien des femmes de quarante ans étaient plus jeunes que certaines femmes de vingt ans, et qu'en définitive les femmes n'avaient réellement que l'âge qu'elles paraissaient avoir. Ce système ne mettait pas de terme à l'amour, et nous nagions, de bonne foi, dans un océan sans bornes. Enfin, après avoir fait nos maîtresses jeunes, charmantes, dévouées, comtesses, pleines de goût, spirituelles, fines ; après leur avoir donné de jolis pieds, une peau satinée et même doucement parfumée, nous nous avouâmes, lui, que *madame une telle* avait trente-huit ans, et moi, de mon côté, que j'adorais une quadragénaire. Là-dessus, délivrés l'un et l'autre d'une espèce de crainte vague, nous reprîmes nos confidences de plus belle en nous trouvant confrères en amour. Puis ce fut à qui, de nous deux, accuserait le plus de sentiment. L'un avait fait une fois deux cents lieues pour voir sa maîtresse pendant une heure. L'autre avait risqué de passer pour un loup et d'être fusillé dans un parc, afin de se trouver à un rendez-vous nocturne. Enfin, toutes nos folies ! S'il y a du plaisir à se rappeler les dangers passés, n'y a-t-il pas aussi bien des délices à se souvenir des plaisirs évanouis : c'est jouir deux fois. Les périls, les grands et petits bonheurs, nous nous disions tout, même les plaisanteries. La comtesse de mon ami avait fumé un cigare pour lui plaire ; la mienne me faisait mon chocolat et ne passait pas un jour sans m'écrire ou me voir ; la sienne était venue demeurer chez lui pendant trois jours au risque de se perdre ; la mienne avait fait encore mieux, ou pis si vous voulez. Nos maris adoraient d'ailleurs nos comtesses ; ils vivaient esclaves sous le charme que possèdent toutes les femmes aimantes ; et, plus niais que l'ordonnance ne le porte, ils ne nous faisaient tout juste de péril que ce qu'il en fallait pour augmenter nos plaisirs. Oh ! comme le vent emportait vite nos paroles et nos douces risées !

En arrivant à Pouilly, j'examinai fort attentivement la personne de mon nouvel ami. Certes, je crus facilement qu'il devait être très-sérieusement aimé. Figurez-vous un jeune homme de taille moyenne, mais très-bien proportionnée, ayant une figure heureuse et pleine d'expression. Ses cheveux étaient noirs et ses yeux bleus ; ses lèvres étaient faiblement rosées ; ses dents, blanches et bien rangées ; une pâleur gracieuse décorait encore ses traits fins, puis un léger cercle de bistre cernait ses yeux, comme s'il eût été convalescent. Ajoutez à cela qu'il avait des mains blanches, bien modelées, soignées comme doivent l'être celles d'une jolie femme, qu'il paraissait fort instruit, était spirituel, et vous n'aurez pas de peine à m'accorder que mon compagnon pouvait faire honneur à une comtesse. Enfin, plus d'une jeune fille l'eût envié pour mari, car il était vicomte, et possédait environ douze à quinze mille livres de rentes, *sans compter les espérances.*

A une lieue de Pouilly, la diligence versa. Mon malheureux camarade jugea devoir, pour sa sûreté, s'élancer sur les bords d'un champ fraîchement labouré, au lieu de se cramponner à la banquette, comme je le fis, et de suivre le mouvement de la diligence. Il pris mal son élan ou glissa, je ne sais comment l'accident eut lieu, mais il fut écrasé par la voiture, qui tomba sur lui. Nous le transportâmes dans une maison de paysan. A travers les gémissements que lui arrachaient d'atroces douleurs, il put me léguer un de ces soins à remplir auxquels les derniers vœux d'un mourant donnent un caractère sacré. Au milieu de son agonie, le pauvre enfant se tourmentait, avec toute la candeur dont on est souvent victime à son âge, de la peine que ressentirait sa maîtresse si elle apprenait brusquement sa mort par un journal. Il me pria d'aller moi-même la lui annoncer. Puis il me fit chercher une clef suspendue à un ruban qu'il portait en sautoir sur la poitrine. Je la trouvai à moitié enfoncée dans les chairs. Le mourant ne proféra pas la moindre plainte lorsque je la retirai, le plus délicatement qu'il me fut possible, de la plaie qu'elle y avait faite. Au moment où il achevait de me donner toutes les instructions nécessaires pour prendre chez lui, à la Charité-sur-Loire, les lettres d'amour que sa maîtresse lui avait écrites, et qu'il me conjura de lui rendre, il perdit la parole au milieu d'une phrase; mais son dernier geste me fit comprendre que la fatale clef serait un gage de ma mission auprès de sa mère. Affligé de ne pouvoir formuler un seul mot de remerciement, car il ne doutait pas de mon zèle, il me regarda d'un œil suppliant pendant un instant, me dit adieu en me saluant par un mouvement de cils, puis il pencha la tête, et mourut. Sa mort fut le seul accident funeste que causa la chute de la voiture. — Encore y eut-il un peu de sa faute, me disait le conducteur.

A la Charité, j'accomplis le testament verbal de ce pauvre voyageur. Sa mère était absente; ce fut une sorte de bonheur pour moi. Néanmoins, j'eus à essuyer la douleur d'une vieille servante, qui chancela lorsque je lui racontai la mort de son jeune maître; elle tomba demi-morte sur une chaise en voyant cette clef encore empreinte de sang: mais comme j'étais tout préoccupé d'une plus haute souffrance, celle d'une femme à laquelle le sort arrachait son dernier amour, je laissai la vieille femme de charge poursuivant le cours de ses prosopopées, et j'emportai la précieuse correspondance, soigneusement cachetée par mon ami d'un jour.

Le château où demeurait la comtesse se trouvait à huit lieues de Moulins, et encore fallait-il, pour y arriver, faire quelques lieues dans les terres. Il m'était alors assez difficile de m'acquitter de mon message. Par un concours de circonstances inutiles à expliquer, je n'avais que l'argent nécessaire pour atteindre Moulins. Cependant, avec l'enthousiasme de la jeunesse, je résolus de faire la route à pied, et d'aller assez vite pour devancer la renommée des mauvaises nouvelles, qui marche si rapidement. Je m'informai du plus court chemin, et j'allai par les sentiers du Bourbonnais, portant, pour ainsi dire, un mort sur mes épaules. A mesure que je m'avançais vers le château de Montpersan, j'étais de plus en plus effrayé du singulier pèlerinage que j'avais entrepris. Mon imagination inventait mille fantaisies romanesques. Je me représentais toutes les situations dans lesquelles je pouvais rencontrer madame la comtesse de Montpersan, ou, pour obéir à la poétique des romans, la *Juliette* tant aimée du jeune voyageur. Je forgeais des réponses spirituelles à des questions que je supposais devoir m'être faites. C'était à chaque détour de bois, dans chaque chemin creux, une répétition de la scène de Sosie et de sa lanterne, à laquelle il rend compte de la bataille. A la honte de mon cœur, je ne pensai d'abord qu'à mon maintien, à mon esprit, à l'habileté que je voulais déployer; mais lorsque je fus dans le pays, une réflexion sinistre me traversa l'âme comme un coup de foudre qui sillonne et déchire un voile de nuées grises. Quelle terrible nouvelle pour une femme qui, tout occupée en ce moment de son jeune ami, espérait d'heure en heure des joies sans nom, après s'être donné mille peines pour l'amener légalement chez elle! Enfin, il y avait encore une charité cruelle à être le messager de la mort. Aussi hâtais-je le pas en me crottant et m'embourbant dans les chemins du Bourbonnais. J'atteignis bientôt une grande avenue de châtaigniers; au bout de laquelle les masses du château de Montpersan se dessinèrent dans le ciel comme des nuages bruns à contours clairs et fantastiques. En arrivant à la porte du château, je la trouvai tout ouverte. Cette circonstance imprévue détruisait mes plans et mes suppositions. Néanmoins j'entrai hardiment, et j'eus aussitôt à mes côtés deux chiens qui aboyèrent en vrais chiens de campagne. A ce bruit, une grosse servante accourut, et quand je lui eus dit que je voulais parler à madame la comtesse, elle me montra, par un geste de main, les massifs d'un parc à l'anglaise qui serpentait autour du château, et me répondit : — Madame est par là...

— Merci! dis-je d'un air ironique. Son *par là* pouvait me faire errer pendant deux heures dans le parc.

Une jolie petite fille à cheveux bouclés, à ceinture rose, à robe blanche, à pèlerine plissée, arriva sur ces entrefaites, entendit ou saisit la demande et la réponse. A mon aspect, elle disparut en criant d'un petit accent fin : — Ma mère, voilà un monsieur qui veut vous parler. Et moi de suivre, à travers les détours des allées, les sauts et les bonds de la pèlerine blanche, qui, semblable à un feu follet, me montrait le chemin que prenait la petite fille.

Il faut tout dire. Au dernier buisson de l'avenue, j'avais rehaussé mon col, brossé mon mauvais chapeau et mon pantalon avec les parements de mon habit, mon habit avec ses manches, et les manches l'une par l'autre; puis je l'avais boutonné soigneusement pour montrer le drap des revers, toujours un peu plus neuf que ne l'est le reste; enfin, j'avais fait descendre mon pantalon sur mes bottes, artistement frottées dans l'herbe. Grâce à cette toilette de Gascon, j'espérais ne pas être pris pour l'ambulant de la sous-préfecture; mais quand aujourd'hui je me reporte par la pensée à cette heure de ma jeunesse, je ris parfois de moi-même.

Tout à coup, au moment où je composais mon maintien, au détour d'une verte sinuosité, au milieu de mille fleurs éclairées par un chaud rayon de soleil, j'aperçus Juliette et son mari. La jolie petite fille tenait sa mère par la main, et il était facile de s'apercevoir que la comtesse avait hâté le pas en entendant la phrase ambiguë de son enfant. Étonnée à l'aspect d'un inconnu qui la saluait d'un air assez gauche, elle s'arrêta, me fit une mine froidement polie et une adorable moue qui, pour moi, révélait toutes ses espérances trompées. Je cherchai, mais vainement, quelques unes de mes belles phrases si laborieusement préparées. Pendant ce moment d'hésitation mutuelle, le mari put alors arriver en scène. Des myriades de pensées passèrent dans ma cervelle. Par contenance, je prononçai quelques mots assez insignifiants, demandant si les personnes présentes étaient bien réellement monsieur le comte et madame la comtesse de Montpersan. Ces niaiseries me permirent de juger d'un seul coup d'œil, et d'analyser, avec une perspicacité rare à l'âge que j'avais, les deux époux dont la solitude allait être si violemment troublée. Le mari semblait être le type des gentilshommes qui sont actuellement le plus bel ornement des provinces. Il portait de grands souliers à grosses semelles: je les place en première ligne, parce qu'ils me frappèrent plus vivement encore que son habit noir fané, son pantalon usé, sa cravate lâche et son col de chemise recroquevillé. Il y avait dans cet homme un peu du magistrat, beaucoup plus du conseiller de préfecture, toute l'importance d'un maire de canton auquel rien ne résiste, et l'aigreur d'un candidat éligible périodiquement refusé depuis 1816; incroyable mélange de bon sens campagnard et de sottises; point de manières, mais la morgue de la richesse; beaucoup de soumission pour sa femme, mais se croyant le maître, et prêt à se regimber dans les petites choses, sans avoir nul souci des affaires importantes; du reste, une figure flétrie, très ridée, hâlée; quelques cheveux gris, longs et plats, voilà l'homme. Mais la comtesse! ah! quelle vive et brusque opposition ne faisait-elle pas auprès de son mari! C'était une petite femme à taille plate et gracieuse, ayant une tournure ravissante ; mignonne et si délicate, que vous eussiez eu peur de lui briser les os en la touchant. Elle portait une robe de mousseline blanche ; elle avait sur la tête un joli bonnet à rubans roses, une ceinture rose, une guimpe remplie si délicieusement par ses épaules et par les plus beaux contours, qu'en les voyant il naissait au fond du cœur une irrésistible envie de les posséder. Ses yeux étaient vifs, noirs, expressifs, ses mouvements doux, son pied charmant. Un vieil homme à bonnes fortunes ne lui eût pas donné plus de trente années, tant il y avait de jeunesse dans son front et dans les détails les plus fragiles de sa tête. Quant au caractère, elle me parut tenir tout à la fois de la comtesse de Lignolles et de la marquise de B..., deux types de femme toujours frais dans la mémoire d'un jeune homme, quand il a lu le roman de Louvet. Je pénétrai soudain dans tous les secrets de ce ménage, et pris une résolution diplomatique digne d'un vieil ambassadeur. Ce fut peut-être la seule fois de ma vie que j'eus du tact et que je compris en quoi consistait l'adresse des courtisans ou des gens du monde.

Depuis ces jours d'insouciance, j'ai eu trop de batailles à livrer pour distiller les moindres actes de la vie et ne rien faire qu'en accomplissant les cadences de l'étiquette et du bon ton qui sèchent les émotions les plus généreuses.

— Monsieur le comte, je voudrais vous parler en particulier, dis-je d'un air mystérieux et en faisant quelques pas en arrière.

Il me suit. Juliette nous laissa seuls, et s'éloigna négligemment en femme certaine d'apprendre les secrets de son mari au moment où elle voudra les savoir. Je racontai brièvement au comte la mort de mon compagnon de voyage. L'effet que cette nouvelle produisit sur lui me prouva qu'il portait une affection assez vive à son jeune collaborateur, et cette découverte me donna la hardiesse de répondre ainsi dans le dialogue qui s'ensuivit entre nous deux.

— Ma femme va être au désespoir, s'écria-t-il, et je serai obligé de prendre bien des précautions pour l'instruire de ce malheureux événement.

— Monsieur, en m'adressant d'abord à vous, lui dis-je, j'ai rempli un devoir. Je ne voulais pas m'acquitter de cette mission donnée par un inconnu près de madame la comtesse sans vous en prévenir; mais il m'a confié une espèce de fidéicommis honorable, un secret dont je n'ai pas le pouvoir de disposer. D'après la haute idée qu'il m'a donnée de votre caractère, j'ai pensé que vous ne vous opposeriez pas à ce que j'accomplisse ses derniers vœux. Madame la comtesse sera libre de rompre le silence qui m'est imposé.

En entendant son éloge, le gentilhomme balança très agréablement la tête. Il me répondit par un compliment assez entortillé, et finit en me laissant le champ libre. Nous revînmes sur nos pas. En ce moment, la cloche annonça le dîner; je fus invité à le partager. En nous retrouvant graves et silencieux, Juliette nous examina furtivement. Étrangement surprise de voir son mari prenant un prétexte frivole pour nous procurer un tête à tête, elle s'arrêta en me lançant un de ces coups d'œil qu'il n'est donné qu'aux femmes de jeter. Il y avait dans son regard toute la curiosité permise à une maîtresse de maison qui reçoit un étranger tombé chez elle comme des nues; il y avait toutes les interrogations que méritaient ma mise, ma jeunesse et ma physionomie, contrastes singuliers! puis tout le dédain d'une maîtresse idolâtrée aux yeux de qui les hommes ne sont rien, hormis un seul; il y avait des craintes involontaires, de la peur, et l'ennui d'avoir un hôte inattendu, quand elle venait, sans doute, de ménager à son amour tous les bonheurs de la solitude. Je compris cette éloquence muette, et j'y répondis par un triste sourire plein de pitié, de compassion. Alors, je la contemplai pendant un instant dans tout l'éclat de sa beauté, par un jour serein, au milieu d'une étroite allée bordée de fleurs. En voyant cet admirable tableau, je ne pus retenir un soupir.

— Hélas! madame, je viens de faire un bien pénible voyage, entrepris... pour vous seule.

— Monsieur! me dit-elle.

— Oh! repris-je, je viens au nom de celui qui vous nomme Juliette. Elle pâlit. — Vous ne le verrez pas aujourd'hui.

— Il est malade? dit-elle à voix basse.

— Oui, lui répondis-je. Mais, de grâce, modérez-vous. Je suis chargé par lui de vous confier quelques secrets qui vous concernent, et croyez que jamais messager ne sera ni plus discret ni plus dévoué.

— Qu'y a-t-il?

— S'il ne vous aimait plus?

— Oh! cela est impossible! s'écria-t-elle en laissant échapper un léger sourire qui n'était rien moins que franc.

Tout à coup elle eut une sorte de frisson, me jeta un regard fauve et prompt, rougit et dit : — Il est vivant?

Grand Dieu! quel mot terrible! J'étais trop jeune pour en soutenir l'accent, je ne répondis pas, et regardai cette malheureuse femme d'un air hébété.

— Monsieur! monsieur, une réponse! s'écria-t-elle.

— Oui, madame.

— Cela est-il vrai? oh! dites-moi la vérité, je puis l'entendre. Dites! Toute douleur me sera moins poignante que ne l'est mon incertitude.

Je répondis par deux larmes que m'arrachèrent les étranges accents par lesquels ces phrases furent accompagnées.

Elle s'appuya sur un arbre en jetant un faible cri.

— Madame, lui dis-je, voici votre mari!

— Est-ce que j'ai un mari.

A ce mot, elle s'enfuit et disparut.

— Hé! bien, le dîner refroidit, s'écria le comte. Venez, monsieur.

Là-dessus, je suivis le maître de la maison qui me conduisit dans une salle à manger où je vis un repas servi avec tout le luxe auquel les tables parisiennes nous ont accoutumés. Il y avait cinq couverts: ceux des deux époux et celui de la petite fille; le *mien*, qui devait être le *sien;* le dernier était celui d'un chanoine de Saint-Denis qui, les grâces dites, demanda : — Où donc est notre chère comtesse?

— Oh! elle va venir, répondit le comte qui, après nous avoir servi avec empressement le potage, s'en donna une très ample assiettée et l'expédia merveilleusement vite.

— Oh! mon neveu, s'écria le chanoine, si votre femme était là, vous seriez plus raisonnable.

— Papa se fera mal, dit la petite fille d'un air malin.

Un instant après ce singulier épisode gastronomique, et au moment où le comte découpait avec empressement je ne sais quelle pièce de venaison, une femme de chambre entra et dit : — Monsieur, nous ne trouvons point madame!

A ce mot, je me levai par un mouvement brusque en redoutant quelque malheur, et ma physionomie exprima si vivement mes craintes, que le vieux chanoine me suivit au jardin. Le mari vint par décence jusque sur le seuil de la porte.

— Restez ! restez ! n'ayez aucune inquiétude, nous cria-t-il.

Mais il ne nous accompagna point. Le chanoine, la femme de chambre et moi nous parcourûmes les sentiers et les boulingrins du parc, appelant, écoutant, et d'autant plus inquiets, que j'annonçai la mort du jeune vicomte. En courant, je racontai les circonstances de ce fatal événement, et m'aperçus que la femme de chambre était extrêmement attachée à sa maîtresse; car elle entra bien mieux que le chanoine dans les secrets de ma terreur. Nous allâmes aux pièces l'eau, nous visitâmes tout sans trouver la comtesse, ni le moindre vestige de son passage. Enfin, en revenant le long d'un mur, j'entendis des gémissements sourds et profondément étouffés qui semblaient sortir d'une espèce de grange. A tout hasard, j'y entrai. Nous y découvrîmes Juliette, qui, mue par l'instinct du désespoir, s'y était ensevelie au milieu du foin. Elle avait caché là sa tête afin d'assourdir ses horribles cris, obéissant à une invincible pudeur : c'étaient des sanglots, des pleurs d'enfant, mais plus pénétrants, plus plaintifs. Il n'y avait plus rien dans le monde pour elle. La femme de chambre dégagea sa maîtresse, qui se laissa faire avec la flasque insouciance de l'animal mourant. Cette fille ne savait rien dire autre chose que : — Allons, madame, allons.....

Le vieux chanoine demandait : — Mais qu'a-t-elle ? Qu'avez-vous, ma nièce ?

Enfin, aidé par la femme de chambre, je transportai Juliette dans sa chambre; je recommandai soigneusement de veiller sur elle et de dire à tout le monde que la comtesse avait la migraine. Puis, nous redescendîmes, le chanoine et moi, dans la salle à manger. Il y avait déjà quelque temps que nous avions quitté le comte, je ne pensai guère à lui qu'au moment où je me trouvai sous le péristyle, son indifférence me surprit; mais mon étonnement augmenta quand je le trouvai philosophiquement assis à table : il avait mangé presque tout le dîner, au grand plaisir de sa fille qui souriait de voir son père en flagrante désobéissance aux ordres de la comtesse. La singulière insouciance de ce mari me fut expliquée par la légère altercation qui s'éleva soudain entre le chanoine et lui. Le comte était soumis à une diète sévère que les médecins lui avaient imposée pour le guérir d'une maladie grave dont le nom m'échappe; et, poussé par cette gloutonnerie féroce, assez familière aux convalescents, l'appétit de la bête l'avait emporté chez lui sur toutes les sensibilités de l'homme. En un moment j'avais vu la nature dans toute sa vérité, sous deux aspects bien différents qui mettaient le comique au sein même de la plus horrible douleur. La soirée fut triste. J'étais fatigué. Le chanoine employait toute son intelligence à deviner la cause des pleurs de sa nièce. Le mari digérait silencieusement, après s'être contenté d'une assez vague explication que la comtesse lui fit donner de son malaise par sa femme de chambre, et qui fut, je crois, empruntée aux indispositions naturelles à la femme. Nous nous couchâmes tous de bonne heure. En passant devant la chambre de la comtesse pour aller au gîte où me conduisit un valet, je demandai timidement de ses nouvelles. En reconnaissant ma voix, elle me fit entrer, voulut me parler; mais, ne pouvant rien articuler, elle inclina la tête, et je me retirai. Malgré les émotions cruelles que je venais de partager avec la bonne foi d'un jeune homme, je dormis accablé par la fatigue d'une marche forcée. A une heure avancée de la nuit, je fus réveillé par les aigres bruissements que produisirent les anneaux de mes rideaux violemment tirés sur leurs tringles de fer. Je vis la comtesse assise sur le pied de mon lit. Son visage recevait toute la lumière d'une lampe posée sur ma table.

— Est-ce bien vrai, monsieur? me dit-elle. Je ne sais comment je puis vivre après l'horrible coup qui vient de me frapper; mais en ce moment j'éprouve du calme. Je veux tout apprendre.

— Quel calme! me dis-je en apercevant l'effrayante pâleur de son teint qui contrastait avec la couleur brune de sa chevelure, en entendant les sons gutturaux de sa voix, en restant stupéfait des ravages dont témoignaient tous ses traits altérés. Elle était étiolée déjà comme une feuille dépouillée des dernières teintes qu'y imprime l'automne. Ses yeux rouges et gonflés, dénués de toutes leurs beautés, ne réfléchissaient qu'une amère et profonde douleur : vous eussiez dit d'un nuage gris, là où naguère pétillait le soleil.

Je lui redis simplement, sans trop appuyer sur certaines circonstances trop douloureuses pour elle, l'événement rapide qui l'avait privée de son ami. Je lui racontai la première journée de notre voyage, si remplie par les souvenirs de leur amour. Elle ne pleura point, elle écoutait avec avidité, la tête penchée vers moi, comme un médecin zélé qui épie un mal. Saisissant un moment où elle me parut avoir entièrement ouvert son cœur aux souffrances et vouloir se plonger dans son malheur avec toute l'ardeur que donne la première fièvre du désespoir, je lui parlai des craintes qui agitèrent le pauvre mourant, et lui dis comment et pourquoi il m'avait chargé de ce fatal message. Ses yeux se séchèrent alors sous le feu sombre qui s'échappa des plus profondes régions de l'âme. Elle put pâlir encore. Lorsque je lui tendis les lettres que je gardais sous mon oreiller, elle les prit machinalement; puis elle tressaillit violemment, et me dit d'une voix creuse : — Et moi qui brûlais les siennes ! Je n'ai rien de lui ! rien ! rien !

Elle se frappa fortement au front.

— Madame, lui dis-je. Elle me regarda par un mouvement convulsif. — J'ai coupé sur sa tête, dis-je en continuant, une mèche de cheveux que voici.

Et je lui présentai ce dernier, cet incorruptible lambeau de celui qu'elle aimait. Ah ! si vous aviez reçu comme moi les larmes brûlantes qui tombèrent alors sur mes mains, vous sauriez ce qu'est la reconnaissance quand elle est si voisine du bienfait ! Elle me serra les mains ; et d'une voix étouffée, avec un regard brillant de fièvre, un regard où son frêle bonheur rayonnait à travers d'horribles souffrances : — Ah ! vous aimez ! dit-elle. Soyez toujours heureux ! ne perdez pas celle qui vous est chère !

Elle n'acheva pas, et s'enfuit avec son trésor.

Le lendemain, cette scène nocturne, confondue dans mes rêves, me parut être une fiction. Il fallut, pour me convaincre de la douloureuse vérité, que je cherchasse infructueusement les lettres sous mon chevet. Il serait inutile de vous raconter les événements du lendemain. Je restai plusieurs heures encore avec la Juliette que m'avait tant vantée mon pauvre compagnon de voyage. Les moindres paroles, les gestes, les actions de cette femme me prouvèrent la noblesse d'âme, la délicatesse de sentiment qui faisaient d'elle une de ces chères créatures d'amour et de dévouement si rares semées sur cette terre. Le soir, le comte de Montpersan me conduisit lui-même jusqu'à Moulins. En y arrivant, il me dit avec une sorte d'embarras :

— Monsieur, si ce n'est pas abuser de votre complaisance, et agir bien indiscrètement avec un inconnu auquel nous avons déjà des obligations, voudriez-vous avoir la bonté de remettre, à Paris, puisque vous y allez, chez monsieur de... (j'ai oublié le nom), rue du Sentier, une somme que je lui dois, et qu'il m'a prié de lui faire promptement passer ?

— Volontiers, dis-je.

Et dans l'innocence de mon âme, je pris un rouleau de vingt-cinq louis, qui me servit à revenir à Paris, et que je rendis fidèlement au prétendu correspondant de monsieur de Montpersan.

A Paris seulement, et en portant cette somme dans la maison indiquée, je compris l'ingénieuse adresse avec laquelle Juliette m'avait obligé. La manière dont me fut prêté cet or, la discrétion gardée sur une pauvreté facile à deviner, ne révèlent-elles pas tout le génie d'une femme aimante!

Quelles délices d'avoir pu raconter cette aventure à une femme qui, peureuse, vous a serré, vous a dit : — Oh! cher, ne meurs pas, toi?

Paris, janvier 1832.

GOBSECK.

A MONSIEUR LE BARON BARCHOU DE PENHOEN.

Parmi tous les élèves de Vendôme, nous sommes, je crois, les seuls qui se sont retrouvés au milieu de la carrière des lettres, nous qui cultivions déjà la philosophie à l'âge où nous ne devions cultiver que le De viris! Voici l'ouvrage que je faisais quand nous nous sommes revus, et pendant que tu travaillais à tes beaux ouvrages sur la philosophie allemande. Ainsi nous n'avons manqué ni l'un ni l'autre à nos vocations. Tu éprouveras donc sans doute à voir ici ton nom autant de plaisir qu'en a eu à l'y inscrire

Ton vieux camarade de collége,

DE BALZAC.

1840.

A une heure du matin, pendant l'hiver de 1829 à 1830, il se trouvait encore dans le salon de la vicomtesse de Grandlieu deux personnes étrangères à sa famille. Un jeune et joli homme sortit en entendant sonner la pendule. Quand le bruit de la voiture retentit dans la cour, la vicomtesse, ne voyant plus que son frère et un ami de la famille qui achevaient leur piquet, s'avança vers sa fille qui, debout devant la cheminée du salon, semblait examiner un garde-vue en lithophanie, et qui écoutait le bruit du cabriolet de manière à justifier les craintes de sa mère.

— Camille, si vous continuez à tenir avec le jeune comte de Restaud la conduite que vous avez eue ce soir, vous m'obligerez à ne plus le recevoir. Écoutez, mon enfant, si vous avez confiance

Gobseck, immobile, avait saisi sa loupe et contemplait silencieusement l'écrin.

(GOBSECK.)

en ma tendresse, laissez-moi vous guider dans la vie. A dix-sept ans on ne sait juger ni de l'avenir, ni du passé, ni de certaines considérations sociales. Je ne vous ferai qu'une seule observation. Monsieur de Restaud a une mère qui mangerait des millions, une femme mal née, une demoiselle Goriot qui jadis a fait beaucoup parler d'elle. Elle s'est si mal comportée avec son père qu'elle ne mérite certes pas d'avoir un si bon fils. Le jeune comte l'adore et la soutient avec une piété filiale digne des plus grands éloges ; il a surtout de son frère et de sa sœur un soin extrême. — Quelque admirable que soit cette conduite, ajouta la comtesse d'un air fin, tant que sa mère existera, toutes les familles trembleront de confier à ce petit Restaud l'avenir et la fortune d'une jeune fille.

— J'ai entendu quelques mots qui me donnent envie d'intervenir entre vous et mademoiselle de Grandlieu, s'écria l'ami de la famille. — J'ai gagné, monsieur le comte, dit-il en s'adressant à son adversaire. Je vous laisse pour courir au secours de votre nièce.

— Voilà ce qui s'appelle avoir des oreilles d'avoué, s'écria la vicomtesse. Mon cher Derville, comment avez-vous pu entendre ce que je disais tout bas à Camille ?

— J'ai compris vos regards, répondit Derville en s'asseyant dans une bergère au coin de la cheminée.

L'oncle se mit à côté de sa nièce, et madame de Grandlieu prit place sur une chauffeuse, entre sa fille et Derville.

— Il est temps, madame la vicomtesse, que je vous conte une histoire qui vous fera modifier le jugement que vous portez sur la fortune du comte Ernest de Restaud.

— Une histoire ? s'écria Camille. Commencez donc vite, monsieur.

Derville jeta sur madame de Grandlieu un regard qui lui fit comprendre que ce récit devait l'intéresser. La vicomtesse de Grandlieu était, par sa fortune et par l'antiquité de son nom, une des femmes les plus remarquables du faubourg Saint-Germain ; et, s'il ne semble pas naturel qu'un avoué de Paris pût lui parler si familièrement et se comportât chez elle d'une manière si cavalière, il est néanmoins facile d'expliquer ce phénomène. Madame de Grandlieu, rentrée en France avec la famille royale, était venue habiter Paris, où elle n'avait d'abord vécu que de secours accordés par Louis XVIII sur les fonds de la Liste Civile, situation insupportable. L'avoué eut l'occasion de découvrir quelques vices de forme dans la vente que la république avait jadis faite de l'hôtel de Grandlieu, et prétendit qu'il devait être restitué à la vicomtesse. Il entreprit ce procès moyennant un forfait, et le gagna. Encouragé par ce succès, il chicana si bien je ne sais quel hospice, qu'il en obtint la restitution de la forêt de Grandlieu. Puis, il fit encore recouvrer quelques actions sur le canal d'Orléans et certains immeubles assez importants que l'empereur avait donnés en dot à des établissements publics. Ainsi rétablie par l'habileté du jeune avoué, la fortune de madame de Grandlieu s'était élevée à un revenu de soixante mille francs environ, lors de la loi sur l'indemnité qui lui avait rendu des sommes énormes. Homme de haute probité, savant, modeste et de bonne compagnie, cet avoué devint alors l'ami de la famille. Quoique sa conduite envers madame de Grandlieu lui eût mérité l'estime et la clientèle des meilleures maisons du faubourg Saint-Germain, il ne profitait pas de cette faveur comme en aurait pu profiter un homme ambitieux. Il résistait aux offres de la vicomtesse qui voulait lui faire vendre sa charge et le jeter dans la magistrature, carrière où, par ses protections, il aurait obtenu le plus rapide avancement. A l'exception de l'hôtel de Grandlieu, où il passait quelquefois la soirée, il n'allait dans le monde que pour y entretenir ses relations. Il était fort heureux que ses talents eussent été mis en lumière par son dévouement à madame de Grandlieu, car il aurait couru le risque de laisser dépérir son étude. Derville n'avait pas une âme d'avoué.

Depuis que le comte Ernest de Restaud s'était introduit chez la vicomtesse, et que Derville avait découvert la sympathie de Camille pour ce jeune homme, il était devenu aussi assidu chez madame de Grandlieu que l'aurait été un dandy de la Chaussée-d'Antin nouvellement admis dans les cercles du noble faubourg. Quelques jours auparavant, il s'était trouvé dans un bal auprès de Camille, et lui avait dit en montrant le jeune comte : — Il est dommage que ce garçon-là n'ait pas deux ou trois millions, n'est-ce pas ?

— Est-ce un malheur ? Je ne le crois pas, avait-elle répondu. Monsieur de Restaud a beaucoup de talent, il est instruit, et bien vu du ministre auprès duquel il a été placé. Je ne doute pas qu'il ne devienne un homme très-remarquable. *Ce garçon-là* trouvera tout autant de fortune qu'il en voudra, le jour où il sera parvenu au pouvoir.

— Oui, mais s'il était déjà riche?

— S'il était riche, dit Camille en rougissant. Mais toutes les jeunes personnes qui sont ici se le disputeraient, ajouta-t-elle en montrant les quadrilles.

— Et alors, avait répondu l'avoué, mademoiselle Grandlieu ne serait plus la seule vers laquelle il tournerait les yeux. Voilà pourquoi vous rougissez! Vous vous sentez du goût pour lui, n'est-ce pas? Allons, dites.

Camille s'était brusquement levée. — Elle l'aime, avait pensé Derville. Depuis ce jour, Camille avait eu pour l'avoué des attentions inaccoutumées en s'apercevant qu'il approuvait son inclination pour le jeune comte Ernest de Restaud. Jusque-là, quoiqu'elle n'ignorât aucune des obligations de sa famille envers Derville, elle avait eu pour lui plus d'égards que d'amitié vraie, plus de politesse que de sentiment; ses manières aussi bien que le ton de sa voix lui avaient toujours fait sentir la distance que l'étiquette mettait entre eux. La reconnaissance est une dette que les enfants n'acceptent pas toujours à l'inventaire.

— Cette aventure, dit Derville après une pause, me rappelle les seules circonstances romanesques de ma vie. Vous riez déjà, reprit-il, en entendant un avoué vous parler d'un roman dans sa vie! Mais j'ai eu vingt-cinq ans comme tout le monde, et à cet âge j'avais déjà vu d'étranges choses. Je dois commencer par vous parler d'un personnage que vous ne pouvez pas connaître. Il s'agit d'un usurier. Saisirez-vous bien cette figure pâle et blafarde, à laquelle je voudrais que l'Académie me permît de donner le nom de face *lunaire*, elle ressemblait à du vermeil dédoré? Les cheveux de mon usurier étaient plats, soigneusement peignés et d'un gris cendré. Les traits de son visage, impassible autant que celui de Talleyrand, paraissaient avoir été coulés en bronze. Jaunes comme ceux d'une fouine, ses petits yeux n'avaient presque point de cils et craignaient la lumière; mais l'abat-jour d'une vieille casquette les en garantissait. Son nez pointu était si grêlé dans le bout, que vous l'eussiez comparé à une vrille. Il avait les lèvres minces de ces alchimistes et de ces petits vieillards peints par Rembrandt ou par Metzu. Cet homme parlait bas, d'un ton doux, et ne s'emportait jamais. Son âge était un problème : on ne pouvait pas savoir s'il était vieux avant le temps, ou s'il avait ménagé sa jeunesse afin qu'elle lui servît toujours. Tout était propre et râpé dans sa chambre, pareille, depuis le drap vert du bureau jusqu'au tapis du lit, au froid sanctuaire de ces vieilles filles qui passent la journée à frotter leurs meubles. En hiver, les tisons de son foyer, toujours enterrés dans un talus de cendres, y fumaient sans flamber. Ses actions, depuis l'heure de son lever jusqu'à ses accès de toux le soir, étaient soumises à la régularité d'une pendule. C'était en quelque sorte un *homme-modèle* que le sommeil remontait. Si vous touchez un cloporte cheminant sur un papier, il s'arrête et fait le mort; de même, cet homme s'interrompait au milieu de son discours et se taisait au passage d'une voiture, afin de ne pas forcer sa voix. A l'imitation de Fontenelle, il économisait le mouvement vital, et concentrait tous les sentiments humains dans le moi. Aussi sa vie s'écoulait-elle sans faire plus de bruit que le sable d'une horloge antique. Quelquefois ses victimes criaient beaucoup, s'emportaient; puis après il se faisait un grand silence, comme dans une cuisine où l'on égorge un canard. Vers le soir l'homme-billet se changeait en un homme ordinaire, et ses métaux se métamorphosaient en cœur humain. S'il était content de sa journée, il se frottait les mains en laissant échapper par les rides crevassées de son visage une fumée de gaieté, car il est impossible d'exprimer autrement le jeu muet de ses muscles, où se peignait une sensation comparable au rire à vide de *Bas-de-Cuir*. Enfin, dans ses plus grands accès de joie, sa conversation restait monosyllabique, et sa contenance était toujours négative. Tel est le voisin que le hasard m'avait donné dans la maison que j'habitais rue des Grès, quand je n'étais encore que second clerc et que j'achevais ma troisième année de Droit. Cette maison, qui n'a pas de cour, est humide et sombre. Les appartements n'y tirent leur jour que de la rue. La distribution claustrale qui divise le bâtiment en chambres d'égale grandeur, en ne leur laissant d'autre issue qu'un long corridor éclairé par des jours de souffrance, annonce que la maison a jadis fait partie d'un couvent. A ce triste aspect, la gaieté d'un fils de famille expirait avant qu'il entrât chez mon voisin : sa maison et lui se ressemblaient. Vous eussiez dit de l'huître et son rocher. Le seul être avec lequel il communiquait, socialement parlant, était moi; il venait me demander du feu, m'empruntait un livre, un journal, et me permettait le soir d'entrer dans sa cellule, où nous causions quand il était de bonne humeur. Ces marques de confiance étaient le fruit d'un voisinage de quatre années

et de ma sage conduite, qui, faute d'argent, ressemblait beaucoup
à la sienne. Avait-il des parents, des amis? était-il riche ou pauvre?
Personne n'aurait pu répondre à ces questions. Je ne voyais jamais
d'argent chez lui. Sa fortune se trouvait sans doute dans les caves
de la Banque. Il recevait lui-même ses billets en courant dans Paris
d'une jambe sèche comme celle d'un cerf. Il était d'ailleurs martyr
de sa prudence. Un jour, par hasard, il portait de l'or; un double
napoléon se fit jour, on ne sait comment, à travers son gousset; un
locataire qui le suivait dans l'escalier ramassa la pièce et la lui présenta.
— Cela ne m'appartient pas, répondit-il avec un geste de surprise.
A moi de l'or! Vivrais-je comme je vis si j'étais riche? Le matin il
apprêtait lui-même son café sur un réchaud de tôle, qui restait
toujours dans l'angle noir de sa cheminée; un rôtisseur lui apportait à dîner. Notre vieille portière montait à une heure fixe pour
approprier la chambre. Enfin, par une singularité que Sterne appellerait une prédestination, cet homme se nommait Gobseck. Quand
plus tard je fis ses affaires, j'appris qu'au moment où nous nous
connûmes il avait environ soixante-seize ans. Il était né vers 1740,
dans les faubourgs d'Anvers, d'une Juive et d'un Hollandais, et se
nommait Jean-Esther Van Gobseck. Vous savez combien Paris s'occupa de l'assassinat d'une femme nommée *la belle Hollandaise?*
Quand j'en parlai par hasard à mon ancien voisin, il me dit, sans
exprimer ni le moindre intérêt ni la plus légère surprise : — C'est
ma petite nièce. Cette parole fut tout ce que lui arracha la mort de
sa seule et unique héritière, la petite-fille de sa sœur. Les débats
m'apprirent que la belle Hollandaise se nommait en effet Sara Van
Gobseck. Lorsque je lui demandai par quelle bizarrerie sa petite
nièce portait son nom : — Les femmes ne se sont jamais mariées
dans notre famille, me répondit-il en souriant. Cet homme singulier n'avait jamais voulu voir une seule personne des quatre générations femelles où se trouvaient ses parents. Il abhorrait ses
héritiers et ne concevait pas que sa fortune pût jamais être possédée par d'autres que lui, même après sa mort. Sa mère l'avait
embarqué dès l'âge de dix ans en qualité de mousse pour les possessions hollandaises dans les grandes Indes, où il avait roulé pendant vingt années. Aussi les rides de son front jaunâtre gardaient-elles les secrets d'événements horribles, de terreurs soudaines, de
hasards inespérés, de traverses romanesques, de joies infinies : la
faim supportée, l'amour foulé aux pieds, la fortune compromise,

perdue, retrouvée, la vie maintes fois en danger, et sauvée peut-être par ces déterminations dont la rapide urgence excuse la cruauté. Il avait connu M. de Lally, M. de Kergarouët, M. d'Estaing, le bailli de Suffren, M. de Portenduère, lord Cornwallis, lord Hastings, le père de Tippo-Saeb et Tippo-Saeb lui-même. Ce Savoyard, qui servit Madhadjy-Sindiah, le roi de Delhy, et contribua tant à fonder la puissance des Mahrattes, avait fait des affaires avec lui. Il avait eu des relations avec Victor Hughes et plusieurs célèbres corsaires, car il avait longtemps séjourné à Saint-Thomas. Il avait si bien tout tenté pour faire fortune qu'il avait essayé de découvrir l'or de cette tribu de sauvages si célèbres aux environs de Buenos-Ayres. Enfin il n'était étranger à aucun des événements de la guerre de l'indépendance américaine. Mais quand il parlait des Indes ou de l'Amérique, ce qui ne lui arrivait avec personne, et fort rarement avec moi, il semblait que ce fût une indiscrétion, il paraissait s'en repentir. Si l'humanité, si la sociabilité sont une religion, il pouvait être considéré comme un athée. Quoique je me fusse proposé de l'examiner, je dois avouer à ma honte que jusqu'au dernier moment son cœur fut impénétrable. Je me suis quelquefois demandé à quel sexe il appartenait. Si les usuriers ressemblent à celui-là, je crois qu'ils sont tous du genre neutre. Était-il resté fidèle à la religion de sa mère, et regardait-il les chrétiens comme sa proie ? s'était-il fait catholique, mahométan, brahme ou luthérien ? Je n'ai jamais rien su de ses opinions religieuses. Il me paraissait être plus indifférent qu'incrédule. Un soir j'entrai chez cet homme qui s'était fait or, et que, par antiphrase ou par raillerie, ses victimes, qu'il nommait ses clients, appelaient papa Gobseck. Je le trouvai sur son fauteuil, immobile comme une statue, les yeux arrêtés sur le manteau de la cheminée où il semblait relire ses bordereaux d'escompte. Une lampe fumeuse dont le pied avait été vert jetait une lueur qui, loin de colorer ce visage, en faisait mieux ressortir la pâleur. Il me regarda silencieusement et me montra ma chaise qui m'attendait. — A quoi cet être-là pense-t-il ? me dis-je. Sait-il s'il existe un Dieu, un sentiment, des femmes, un bonheur ? Je le plaignis comme j'aurais plaint un malade. Mais je comprenais bien aussi que, s'il avait des millions à la banque, il pouvait posséder par la pensée la terre qu'il avait parcourue, fouillée, soupesée, évaluée, exploitée. — Bonjour, papa Gobseck, lui dis-je. Il tourna la tête vers moi, ses gros sourcils noirs se rapprochèrent légèrement ; chez lui, cette inflexion caractéristique équivalait au plus gai sourire d'un Méridional. — Vous êtes aussi sombre que le jour où l'on est venu vous annoncer la faillite de ce libraire de qui vous avez tant admiré l'adresse, quoique vous en ayez été la victime. — Victime ? dit-il d'un air étonné. — Afin d'obtenir son concordat, ne vous avait-il pas réglé votre créance en billets signés de la raison de commerce en faillite ; et quand il a été rétabli, ne vous les a-t-il pas soumis à la réduction voulue par le concordat ? — Il était fin, répondit-il, mais je l'ai repincé. — Avez-vous donc quelques billets à protester ? nous sommes le trente, je crois. Je lui parlais d'argent pour la première fois. Il leva sur moi ses yeux par un mouvement railleur ; puis, de sa voix douce dont les accents ressemblaient aux sons que tire de sa flûte un élève qui n'en a pas l'embouchure : — Je m'amuse, me dit-il. — Vous vous amusez donc quelquefois ? — Croyez-vous qu'il n'y ait de poètes que ceux qui impriment des vers, me demanda-t-il en haussant les épaules et me jetant un regard de pitié. — De la poésie dans cette tête ! pensai-je, car je ne connaissais encore rien de sa vie. — Quelle existence pourrait être aussi brillante que l'est la mienne ? dit-il en continuant, et son œil s'anima. Vous êtes jeune, vous avez les idées de votre sang, vous voyez des figures de femme dans vos tisons, moi je n'aperçois que des charbons dans les miens. Vous croyez à tout, moi je ne crois à rien. Gardez vos illusions, si vous le pouvez. Je vais vous faire le décompte de la vie. Soit que vous voyagiez, soit que vous restiez au coin de votre cheminée et de votre femme, il arrive toujours un âge auquel la vie n'est plus qu'une habitude exercée dans un certain milieu préféré. Le bonheur consiste alors dans l'exercice de nos facultés appliquées à des réalités. Hors ces deux préceptes, tout est faux. Mes principes ont varié comme ceux des hommes, j'en ai dû changer à chaque latitude. Ce que l'Europe admire, l'Asie le punit. Ce qui est un vice à Paris, est une nécessité quand on a passé les Açores. Rien n'est fixe ici-bas, il n'y existe que des conventions qui se modifient suivant les climats. Pour qui s'est jeté forcément dans tous les moules sociaux, les convictions et les morales ne sont plus que des mots sans valeur. Reste en nous le seul sentiment vrai que la nature y ait mis : l'instinct de notre conservation. Dans vos sociétés européennes, cet instinct se nomme *intérêt personnel*. Si vous aviez vécu autant que moi vous sauriez qu'il n'est qu'une seule chose matérielle dont la valeur soit assez certaine pour qu'un homme s'en occupe. Cette chose... c'est L'OR. L'or représente toutes les forces humaines. J'ai voyagé, j'ai vu qu'il y avait partout des plaines ou des montagnes : les plaines ennuient, les montagnes fatiguent ; les lieux ne signifient onc rien. Quant aux mœurs, l'homme est le même partout : partout le combat entre le pauvre et le riche est établi, partout il est inévitable ; il vaut donc mieux être l'exploitant que d'être l'exploité ; partout il se rencontre des gens musculeux qui travaillent et des gens lymphatiques qui se tourmentent ; partout les plaisirs sont les mêmes, car partout les sens s'épuisent, et il ne leur survit qu'un seul sentiment, la vanité ! La vanité, c'est toujours le *moi*. La vanité ne se satisfait que par des flots d'or. Nos fantaisies veulent du temps, des moyens physiques ou des soins. Eh ! bien, l'or contient tout en germe, et donne tout en réalité. Il n'y a que des fous ou des malades qui puissent trouver du bonheur à battre les cartes tous les soirs pour savoir s'ils gagneront quelques sous. Il n'y a que des sots qui puissent employer leur temps à se demander ce qui se passe, si madame une telle s'est couchée sur son canapé seule ou en compagnie, si elle a plus de sang que de lymphe, plus de tempérament que de vertu. Il n'y a que des dupes qui puissent se croire utiles à leurs semblables en s'occupant à tracer des principes politiques pour gouverner des événements toujours imprévus. Il n'y a que des niais qui puissent aimer à parler des acteurs et à répéter leurs mots ; à faire tous les jours, mais sur un plus grand espace, la promenade que fait un animal dans sa loge ; à s'habiller pour les autres, à manger pour les autres ; à se glorifier d'un cheval ou d'une voiture que le voisin ne peut avoir que trois jours après eux. N'est-ce pas la vie de vos Parisiens traduite en quelques phrases ? Voyons l'existence de plus haut qu'ils ne la voient. Le bonheur consiste ou en émotions fortes qui usent la vie, ou en occupations réglées qui en font une mécanique anglaise fonctionnant par temps réguliers. Au-dessus de ces bonheurs, il existe une curiosité, prétendue noble, de connaître les secrets de la nature ou d'obtenir une certaine imitation de ses effets. N'est-ce pas, en deux mots, l'Art ou la Science, la Passion ou le Calme ? Eh ! bien, toutes les passions humaines agrandies par le jeu de vos intérêts sociaux viennent parader devant moi qui vis dans le calme. Puis, votre curiosité scientifique, espèce de lutte où l'homme a toujours le dessous, je la remplace par la pénétration de tous les ressorts qui font mouvoir l'Humanité. En un mot, je possède le monde sans fatigue, et le monde n'a pas la moindre prise sur moi. Écoutez-moi, reprit-il, par le récit des événements de la matinée, vous devinerez mes plaisirs. Il se leva, alla pousser le verrou de sa porte, tira un rideau de vieille tapisserie dont les anneaux crièrent sur la tringle, et revint s'asseoir.—Ce matin, me dit-il, je n'avais que deux effets à recevoir, les autres avaient été donnés la veille comme comptant à mes pratiques. Autant de gagné ! car, à l'escompte, je déduis la course que me nécessite la recette, en prenant quarante sous pour un cabriolet de fantaisie. Ne serait-il pas plaisant qu'une pratique me fît traverser Paris pour six francs d'escompte, moi qui n'obéis à rien, moi qui ne paye que sept francs de contributions. Le premier billet, valeur de mille francs présentée par un jeune homme, beau fils à gilets pailletés, à lorgnon, à tilbury, cheval anglais, etc., était signé par l'une des plus jolies femmes de Paris, mariée à quelque riche propriétaire, un comte. Pourquoi cette comtesse avait-elle souscrit une lettre de change, nulle en droit, mais excellente en fait ; car ces pauvres femmes craignent le scandale que produirait un protêt dans leur ménage et se donneraient en paiement plutôt que de ne pas payer ?. Je voulais connaître la valeur secrète de cette lettre de change. Était-ce bêtise, imprudence, amour ou charité ? Le second billet, d'égale somme, signé Fanny Malvaut, m'avait été présenté par un marchand de toiles en train de se ruiner. Aucune personne, ayant quelque crédit à la Banque, ne vient dans ma boutique, où le premier pas fait de ma porte à mon bureau dénonce un désespoir, une faillite près d'éclore, et surtout un refus d'argent éprouvé chez tous les banquiers. Aussi ne vois-je que des cerfs aux abois, traqués par la meute de leurs créanciers. La comtesse demeurait rue du Helder, et ma Fanny rue Montmartre. Combien de conjectures n'ai-je pas faites en m'en allant d'ici ce matin ? Si ces deux femmes n'étaient pas en mesure, elles allaient me recevoir avec plus de respect que si j'eusse été leur propre père. Combien de singeries la comtesse ne me jouerait-elle pas pour mille francs ? Elle allait prendre un air affectueux, me parler de cette voix dont les câlineries sont réservées à l'endosseur du billet, me prodiguer des paroles caressantes, me supplier peut-être, et moi... Là, le vieillard me jeta son regard blanc. — Et moi, inébranlable ! reprit-il. Je suis là comme un vengeur, j'apparais comme un remords. Laissons les hypothèses. J'arrive. — Madame la comtesse est couchée, me dit une femme de chambre. — Quand sera-t-elle visible? — A midi.—Madame la comtesse serait-elle malade?—Non, monsieur, mais elle est rentrée du bal à trois heures.—Je m'appelle Gobseck, dites-lui mon nom, je serai ici à midi. Et je m'en vais en signant ma présence sur le tapis qui couvrait les dalles de l'escalier. J'aime à crotter les tapis de l'homme riche, non par petitesse, mais pour leur faire sentir la griffe de la Nécessité. Parvenu rue Montmartre, à une maison de peu d'apparence, je pousse une vieille porte cochère, et vois une de ces cours obscures où le soleil ne pénètre jamais. La loge du portier était noire, le vitrage ressemblait à la manche d'une douillette trop longtemps portée, il était gras, brun, lézardé. — Mademoiselle Fanny Malvaut? — Elle est sortie, mais si vous venez pour un billet, l'argent est là. — Je reviendrai, dis-je. Du moment où le portier avait la somme, je voulais connaître la jeune fille; je me figurais qu'elle était jolie. Je passe la matinée à voir les gravures étalées sur le boulevard; puis à midi sonnant, je traversais le salon qui précède la chambre de la comtesse. — Madame me sonne à l'instant, me dit la femme de chambre, je ne crois pas qu'elle soit visible. — J'attendrai, répondis-je en m'asseyant sur un fauteuil. Les persiennes s'ouvrent, la femme de chambre accourt et me dit : — Entrez, monsieur. A la douceur de sa voix, je devinai que sa maîtresse ne devait pas être en mesure. Combien était belle la femme que je vis alors! Elle avait jeté à la hâte sur ses épaules nues un châle de cachemire dans lequel elle s'enveloppait si bien que ses formes pouvaient se deviner dans leur nudité. Elle était vêtue d'un peignoir garni de ruches blanches comme neige et qui annonçait une dépense annuelle d'environ deux mille francs chez la blanchisseuse en fin. Ses cheveux noirs s'échappaient en grosses boucles d'un joli madras négligemment noué sur sa tête à la manière des créoles. Son lit offrait le tableau d'un désordre produit sans doute par un sommeil agité. Un peintre aurait payé pour rester pendant quelques moments au milieu de cette scène. Sous des draperies voluptueusement attachées, un oreiller enfoncé sur un édredon de soie bleue, et dont les garnitures en dentelle se détachaient vivement sur ce fond d'azur, offrait l'empreinte de formes ndécises qui réveillaient l'imagination. Sur une large peau d'ours, étendue aux pieds des lions ciselés dans l'acajou du lit, brillaient deux souliers de satin blanc, jetés avec l'incurie que cause la lassitude d'un bal. Sur une chaise était une robe froissée dont les manches touchaient à terre. Des bas que le moindre souffle d'air aurait emportés, étaient tortillés dans le pied d'un fauteuil. De blanches jarretières flottaient le long d'une causeuse. Un éventail de prix, à moitié déplié, reluisait sur la cheminée. Les tiroirs de la commode restaient ouverts. Des fleurs, des diamants, des gants, un bouquet, une ceinture gisaient çà et là. Je respirais une vague odeur de parfums. Tout était luxe et désordre, beauté sans harmonie. Mais déjà pour elle ou pour son adorateur, la misère, tapie là-dessous, dressait la tête et leur faisait sentir ses dents aiguës. La figure fatiguée de la comtesse ressemblait à cette chambre parsemée des débris d'une fête. Ces brimborions épars me faisaient pitié ; rassemblés, ils avaient causé la veille quelque délire. Ces vestiges d'un amour foudroyé par le remords, cette image d'une vie de dissipation, de luxe et de bruit, trahissaient des efforts de Tantale pour embrasser de fuyants plaisirs. Quelques rougeurs semées sur le visage de la jeune femme attestaient la finesse de sa peau ; mais ses traits étaient comme grossis, et le cercle brun qui se dessinait sous ses yeux semblait être plus fortement marqué qu'à l'ordinaire. Néanmoins la nature avait assez d'énergie en elle pour que ces indices de folie n'altérassent pas sa beauté. Ses yeux étincelaient. Semblable à l'une de ces Hérodiades dues au pinceau de Léonard de Vinci (j'ai brocanté les tableaux), elle était magnifique de vie et de force ; rien de mesquin dans ses contours ni dans ses traits ; elle inspirait l'amour, et me semblait devoir être plus forte que l'amour. Elle me plut. Il y avait longtemps que mon cœur n'avait battu. J'étais donc déjà payé ! je donnerais mille francs d'une sensation qui me ferait souvenir de ma jeunesse. — Monsieur, me dit-elle en me présentant une chaise, auriez-vous la complaisance d'attendre ? — Jusqu'à demain midi, madame, répondis-je en repliant le billet que je lui avais présenté, je n'ai le droit de protester qu'à cette heure-là. Puis, en moi-même, je me disais : — Paie ton luxe, paie ton nom, paie ton bonheur, paie le monopole dont tu jouis. Pour se garantir leurs biens, les riches ont inventé des tribunaux, des juges, et cette guillotine, espèce de bougie où viennent se brûler les ignorants. Mais, pour vous qui couchez sur la soie et sous la soie, il est des remords, des grincements de dents cachés sous un sourire, et des gueules de lions fantastiques qui vous donnent un coup de dent au cœur. — Un protêt ! y pensez-vous ? s'écria-t-elle en me regardant, vous auriez si peu d'égards pour moi ? — Si le roi me devait, madame, et qu'il ne me payât pas, je l'assignerais encore plus promptement que tout autre débiteur. En ce moment nous entendîmes frapper doucement à la porte de la chambre. — Je n'y suis pas ! dit impérieusement la jeune femme. — Anastasie, je voudrais cependant bien vous voir. — Pas en ce moment, mon cher, répondit-elle d'une voix moins dure, mais néanmoins sans douceur. — Quelle plaisanterie ! vous parlez à quelqu'un, répondit en entrant un homme qui ne pouvait être que le comte. La comtesse me regarda, je la compris, elle devint mon esclave. Il fut un temps, jeune homme, où j'aurais été peut-être assez bête pour ne pas protester. En 1763, à Pondichéry, j'ai fait grâce à une femme qui m'a joliment roué. Je le méritais, pourquoi m'étais-je fié à elle ? — Que veut monsieur ? me demanda le comte. Je vis la femme frissonnant de la tête aux pieds, la peau blanche et satinée de son cou devint rude : elle avait, suivant un terme familier, la chair de poule. Moi, je riais, sans qu'aucun de mes muscles tressaillît. — Monsieur est un de mes fournisseurs, dit-elle. Le comte me tourna le dos, je tirai le billet à moitié hors de ma poche. A ce mouvement inexorable, la jeune femme vint à moi, me présenta un diamant : — Prenez, dit-elle, et allez-vous-en. Nous échangeâmes les deux valeurs, et je sortis en la saluant. Le diamant valait bien une douzaine de cents francs pour moi. Je trouvai dans la cour une nuée de valets qui brossaient leurs livrées, ciraient leurs bottes ou nettoyaient de somptueux équipages. — Voilà, me dis-je, ce qui amène ces gens-là chez moi. Voilà ce qui les pousse à voler décemment des millions, à trahir leur patrie. Pour ne pas se crotter en allant à pied, le grand seigneur, ou celui qui le singe, prend une bonne fois un bain de boue ! En ce moment, la grande porte s'ouvrit, et livra passage au cabriolet du jeune homme qui m'avait présenté le billet. — Monsieur, lui dis-je quand il fut descendu, voici deux cents francs que je vous prie de rendre à madame la comtesse, et vous lui ferez observer que je tiendrai à sa disposition pendant huit jours le gage qu'elle m'a remis ce matin. Il prit les deux cents francs, et laissa échapper un sourire moqueur, comme s'il eût dit : — Ha ! elle a payé. Ma foi, tant mieux ! J'ai lu sur cette physionomie l'avenir de la comtesse. Ce joli monsieur blond, froid, joueur sans âme, se ruinera, la ruinera, ruinera le mari, ruinera les enfants, mangera leurs dots, et causera plus de ravages à travers les salons que n'en causerait une batterie d'obusiers dans un régiment. Je me rendis rue

Montmartre, chez mademoiselle Fanny. Je montai un petit escalier bien roide. Arrivé au cinquième étage, je fus introduit dans un appartement composé de deux chambres où tout était propre comme un ducat neuf. Je n'aperçus pas la moindre trace de poussière sur les meubles de la première pièce où me reçut mademoiselle Fanny, jeune fille parisienne, vêtue simplement : tête élégante et fraîche, air avenant, des cheveux châtains bien peignés, qui, retroussés en deux arcs sur les tempes, donnaient de la finesse à des yeux bleus, purs comme du cristal. Le jour, passant à travers de petits rideaux tendus aux carreaux, jetait une lueur douce sur sa modeste figure. Autour d'elle, de nombreux morceaux de toile taillés me dénoncèrent ses occupations habituelles, elle ouvrait du linge. Elle était là comme le génie de la solitude. Quand je lui présentai le billet, je lui dis que je ne l'avais pas trouvée le matin. — Mais, dit-elle, les fonds étaient chez la portière. Je feignis de ne pas entendre. — Mademoiselle sort de bonne heure, à ce qu'il paraît? — Je suis rarement hors de chez moi ; mais quand on travaille la nuit, il faut bien quelquefois se baigner. Je la regardai. D'un coup d'œil, je devinai tout. C'était une fille condamnée au travail par le malheur, et qui appartenait à quelque famille d'honnêtes fermiers, car elle avait quelques-uns de ces grains de rousseur particuliers aux personnes nées à la campagne. Je ne sais quel air de vertu respirait dans ses traits. Il me sembla que j'habitais une atmosphère de sincérité, de candeur, où mes poumons se rafraîchissaient. Pauvre innocente ! elle croyait à quelque chose : sa simple couchette en bois peint était surmontée d'un crucifix orné de deux branches de buis. Je fus quasi touché. Je me sentais disposé à lui offrir de l'argent à douze pour cent seulement, afin de lui faciliter l'achat de quelque bon établissement. — Mais, me dis-je, elle a peut-être un petit cousin qui se ferait de l'argent avec sa signature, et grugerait la pauvre fille. Je m'en suis donc allé, me mettant en garde contre mes idées généreuses, car j'ai souvent eu l'occasion d'observer que quand la bienfaisance ne nuit pas au bienfaiteur, elle tue l'obligé. Lorsque vous êtes entré, je pensais que Fanny Malvaut serait une bonne petite femme ; j'opposais sa vie pure et solitaire à celle de cette comtesse qui, déjà tombée dans la lettre de change, va rouler jusqu'au fond des abîmes du vice ! Eh ! bien, reprit-il après un moment de silence profond pendant lequel je l'examinais, croyez-vous que ce ne soit rien que de pénétrer ainsi dans les plus secrets replis du cœur humain, d'épouser la vie des autres, et de la voir à nu? Des spectacles toujours variés : des plaies hideuses, des chagrins mortels, des scènes d'amour, des misères que les eaux de la Seine attendent, des joies de jeune homme qui mènent à l'échafaud, des rires de désespoir et des fêtes somptueuses. Hier, une tragédie : quelque bonhomme de père qui s'asphyxie parce qu'il ne peut plus nourrir ses enfants. Demain, une comédie : un jeune homme essaiera de me jouer la scène de monsieur Dimanche, avec les variantes de notre époque. Vous avez entendu vanter l'éloquence des derniers prédicateurs, je suis allé parfois perdre mon temps à les écouter, ils m'ont fait changer d'opinion, mais de conduite, comme disait je ne sais qui, jamais. Eh! bien, ces bons prêtres, votre Mirabeau, Vergniaud et les autres ne sont que des bègues auprès de mes orateurs. Souvent une jeune fille amoureuse, un vieux négociant sur le penchant de sa faillite, une mère qui veut cacher la faute de son fils, un artiste sans pain, un grand sur le déclin de la faveur, et qui, faute d'argent, va perdre le fruit de ses efforts, m'ont fait frissonner par la puissance de leur parole. Ces sublimes acteurs jouaient pour moi seul, et sans pouvoir me tromper. Mon regard est comme celui de Dieu, je vois dans les cœurs. Rien ne m'est caché. On ne refuse rien à qui lie et délie les cordons du sac. Je suis assez riche pour acheter les consciences de ceux qui font mouvoir les ministres, depuis leurs garçons de bureau jusqu'à leurs maîtresses : n'est-ce pas le Pouvoir? Je puis avoir les plus belles femmes et leurs plus tendres caresses, n'est-ce pas le Plaisir? Le Pouvoir et le Plaisir ne résument-ils pas tout votre ordre social? Nous sommes dans Paris une dizaine ainsi, tous rois silencieux et inconnus, les arbitres de vos destinées. La vie n'est-elle pas une machine à laquelle l'argent imprime le mouvement. Sachez-le, les moyens se confondent toujours avec les résultats : vous n'arriverez jamais à séparer l'âme des sens, l'esprit de la matière. L'or est le spiritualisme de vos sociétés actuelles. Liés par le même intérêt, nous nous rassemblons à certains jours de la semaine au café Thémis, près du Pont-Neuf. Là, nous nous révélons les mystères de la finance. Aucune fortune ne peut nous mentir, nous possédons les secrets de toutes les familles. Nous avons une espèce de *livre noir* où s'inscrivent les notes les plus importantes sur le crédit public, sur la Banque, sur le Commerce. Casuistes de la Bourse, nous formons un Saint-Office où se jugent et s'analysent les actions les plus indifférentes de tous les gens qui possèdent une fortune quelconque, et nous devinons toujours vrai. Celui-ci surveille la masse judiciaire, celui-là la masse financière ; l'un la masse administrative, l'autre la masse commerciale. Moi, j'ai l'œil sur les fils de famille, les artistes, les gens du monde, et sur les joueurs, la partie la plus émouvante de Paris. Chacun nous dit les secrets du voisin. Les passions trompées, les vanités froissées sont bavardes. Les vices, les désappointements, les vengeances sont les meilleurs agents de police. Comme moi, tous mes confrères ont joui de tout, se sont rassasiés de tout, et sont arrivés à n'aimer le pouvoir et l'argent que pour le pouvoir et l'argent même. Ici, dit-il, en me montrant sa chambre nue et froide, l'amant le plus fougueux qui s'irrite ailleurs d'une parole et tire l'épée pour un mot, prie à mains jointes! Ici le négociant le plus orgueilleux, ici la femme la plus vaine de sa beauté, ici le militaire le plus fier, prient tous, la larme à l'œil ou de rage ou de douleur. Ici prient l'artiste le plus célèbre et l'écrivain dont les noms sont promis à la postérité. Ici enfin, ajouta-t-il en portant la main à son front, se trouve une balance dans laquelle se pèsent les successions et les intérêts de Paris tout entier. Croyez-vous maintenant qu'il n'y ait pas de jouissances sous ce masque blanc dont l'immobilité vous a si souvent étonné? dit-il en me tendant son visage blême qui sentait l'argent. Je retournai chez moi stupéfait. Ce petit vieillard sec avait grandi. Il s'était changé à mes yeux en une image fantastique où se personnifiait le pouvoir de l'or. La vie, les hommes me faisaient horreur. — Tout doit-il donc se résoudre par l'argent? me demandais-je. Je me souviens de ne m'être endormi que très tard. Je voyais des monceaux d'or autour de moi. La belle comtesse m'occupa. J'avouerai à ma honte qu'elle éclipsait complétement l'image de la simple et chaste créature vouée au travail et à l'obscurité ; mais le lendemain matin, à travers les nuées de mon réveil, la douce Fanny m'apparut dans toute sa beauté, je ne pensai plus qu'à elle.

— Voulez-vous un verre d'eau sucrée? dit la vicomtesse en interrompant Derville.

— Volontiers, répondit-il.

— Mais je ne vois là-dedans rien qui puisse nous concerner, dit madame de Grandlieu en sonnant.

— Sardanapale! s'écria Derville en lâchant son juron, je vais bien réveiller mademoiselle Camille en lui disant que son bonheur dépendait naguère du papa Gobseck; mais comme le bonhomme est mort à l'âge de quatre-vingt-neuf ans, monsieur de Restaud entrera bientôt en possession d'une belle fortune. Ceci veut des explications. Quant à Fanny Malvaut, vous la connaissez, c'est ma femme !

— Le pauvre garçon, répliqua la vicomtesse, avouerait cela devant vingt personnes avec sa franchise ordinaire.

— Je le crierais à tout l'univers, dit l'avoué.

— Buvez, buvez, mon pauvre Derville. Vous ne serez jamais rien, que le plus heureux et le meilleur des hommes.

— Je vous ai laissé rue du Helder, chez une comtesse, s'écria l'oncle en relevant sa tête légèrement assoupie. Qu'en avez-vous fait ?

— Quelques jours après la conversation que j'avais eue avec le vieux Hollandais, je passai ma thèse, reprit Derville. Je fus reçu licencié en Droit, et puis avocat. La confiance que le vieil avare avait en moi s'accrut beaucoup. Il me consultait gratuitement sur les affaires épineuses dans lesquelles il s'embarquait d'après des données sûres, et qui eussent semblé mauvaises à tous les praticiens. Cet homme, sur lequel personne n'aurait pu prendre le moindre empire, écoutait mes conseils avec une sorte de respect. Il est vrai qu'il s'en trouvait toujours très bien. Enfin, le jour où je fus nommé maître clerc de l'étude où je travaillais depuis trois ans, je quittai la maison de la rue des Grès, et j'allai demeurer chez mon patron, qui me donna la table, le logement et cent cinquante francs par mois. Ce fut un beau jour ! Quand je fis mes adieux à l'usurier, il ne me témoigna ni amitié ni déplaisir, il ne m'engagea pas à le venir voir ; il me jeta seulement un de ces regards qui, chez lui, semblaient en quelque sorte trahir le don de seconde vue. Au bout de huit jours, je reçus la visite de mon ancien voisin, il m'apportait une affaire assez difficile, une expropriation ; il continua ses consultations gratuites avec autant de liberté que s'il me payait. A la fin de la seconde année, de 1818 à 1819, mon patron, homme de plaisir et fort dépensier, se trouva dans une gêne considérable, et fut obligé de vendre sa charge. Quoique en ce moment les Études n'eussent pas acquis la valeur exorbitante à laquelle elles sont montées aujourd'hui, mon patron donnait la sienne, en n'en demandant que cent cinquante mille francs. Un homme actif, instruit, intelligent, pouvait vivre honorablement, payer les intérêts de cette somme, et s'en libérer en dix années pour peu qu'il inspirât de confiance. Moi, le septième enfant d'un petit bourgeois de

Noyon, je ne possédais pas une obole, et ne connaissais dans le monde d'autre capitaliste que le papa Gobseck. Une pensée ambitieuse et je ne sais quelle lueur d'espoir me prêtèrent le courage d'aller le trouver. Un soir donc, je cheminai lentement jusqu'à la rue des Grès. Le cœur me battit bien fortement quand je frappai à la sombre maison. Je me souvenais de tout ce que m'avait dit autrefois le vieil avare dans un temps où j'étais bien loin de soupçonner la violence des angoisses qui commençaient au seuil de cette porte. J'allais donc le prier comme tant d'autres. — Eh! bien, non, me dis-je, un honnête homme doit partout garder sa dignité. La fortune ne vaut pas une lâcheté, montrons-nous positif autant que lui. Depuis mon départ, le papa Gobseck avait loué ma chambre pour ne pas avoir de voisin; il avait aussi fait poser une petite chatière grillée au milieu de sa porte, et il ne m'ouvrit qu'après avoir reconnu ma figure. — Eh! bien, me dit-il de sa petite voix flûtée, votre patron vend son Étude. — Comment savez-vous cela? Il n'en a encore parlé qu'à moi. Les lèvres du vieillard se tirèrent vers les coins de sa bouche absolument comme des rideaux, et ce sourire muet fut accompagné d'un regard froid. — Il fallait cela pour que je vous visse chez moi, ajouta-t-il d'un ton sec et après une pause pendant laquelle je demeurai confondu. — Écoutez-moi, monsieur Gobseck, repris-je avec autant de calme que je pus en affecter devant ce vieillard qui fixait sur moi des yeux impassibles dont le feu clair me troublait. Il fit un geste comme pour me dire : — Parlez. — Je sais qu'il est fort difficile de vous émouvoir. Aussi ne perdrai-je pas mon éloquence à essayer de vous peindre la situation d'un clerc sans le sou, qui n'espère qu'en vous, et n'a dans le monde d'autre cœur que le vôtre dans lequel il puisse trouver l'intelligence de son avenir. Laissons le cœur. Les affaires se font comme des affaires, et non comme des romans, avec de la sensiblerie. Voici le fait. L'étude de mon patron rapporte annuellement entre ses mains une vingtaine de mille francs; mais je crois qu'entre les miennes elle en vaudra quarante. Il veut la vendre cinquante mille écus. Je sens là, dis-je en me frappant le front, que si vous pouviez me prêter la somme nécessaire à cette acquisition, je serais libéré dans dix ans. — Voilà parler, répondit le papa Gobseck qui me tendit la main et serra la mienne. Jamais, depuis que je suis dans les affaires, reprit-il, personne ne m'a déduit plus clairement les motifs de sa visite. Des garanties? dit-il en me toisant de la tête aux pieds. Néant, ajouta-t-il après une pause. Quel âge avez-vous ? — Vingt-cinq ans dans dix jours, répondis-je; sans cela, je ne pourrais traiter. — Juste ! — Eh ! bien ? — Possible. — Ma foi, il faut aller vite ; sans cela, j'aurai des enchérisseurs. — Apportez-moi demain matin votre extrait de naissance, et nous parlerons de votre affaire : j'y songerai. Le lendemain, à huit heures, j'étais chez le vieillard. Il prit le papier officiel, mit ses lunettes, toussa, cracha, s'enveloppa dans sa houppelande noire, et lut l'extrait des registres de la mairie tout entier. Puis il le tourna, le retourna, me regarda, retoussa, s'agita sur sa chaise, et il me dit : — C'est une affaire que nous allons tâcher d'arranger. Je tressaillis. — Je tire cinquante pour cent de mes fonds, reprit-il, quelquefois cent, deux cents, cinq cents pour cent. A ces mots, je pâlis. — Mais, en faveur de notre connaissance, je me contenterai de douze et demi pour cent d'intérêt par... Il hésita. — Eh ! bien oui, pour vous je me contenterai de treize pour cent par an. Cela vous va-t-il ? — Oui, répondis-je. — Mais si c'est trop, répliqua-t-il, défendez-vous, Grotius ! Il m'appelait Grotius en plaisantant. En vous demandant treize pour cent, je fais mon métier ; voyez si vous pouvez les payer. Je n'aime pas un homme qui tope à tout. Est-ce trop ? — Non, dis-je, je serai quitte pour prendre un peu plus de mal. — Parbleu ! dit-il en me jetant son malicieux regard oblique, vos clients paieront. — Non, de par tous les diables ! m'écriai-je, ce sera moi. Je me couperais la main plutôt que d'écorcher le monde ! — Bonsoir, me dit le papa Gobseck. — Mais les honoraires sont tarifés, repris-je. — Ils ne le sont pas, reprit-il, pour les transactions, pour les attermoiements, pour les conciliations. Vous pouvez alors compter des mille francs, des six mille francs même, suivant l'importance des intérêts, pour vos conférences, vos courses, vos projets d'actes, vos mémoires et votre verbiage. Il faut savoir rechercher ces sortes d'affaires. Je vous recommanderai comme le plus savant et le plus habile des avoués, je vous enverrai tant de procès de ce genre-là, que vous ferez crever vos confrères de jalousie. Werbrust, Palma, Gigonnet, mes confrères, vous donneront leurs expropriations ; et Dieu sait s'ils en ont ! Vous aurez ainsi deux clientèles, celle que vous achetez et celle que je vous ferai. Vous devriez presque me donner quinze pour cent de mes cent cinquante mille francs. — Soit, mais pas plus, dis-je avec la fermeté d'un homme qui ne voulait plus rien accorder au delà. Le papa Gobseck se radoucit et parut content de moi. — Je paierai moi-même, reprit-il, la charge à votre patron, de manière à m'établir un privilége bien solide sur le prix et le cautionnement. — Oh! tout ce que vous voudrez pour les garanties. — Puis, vous m'en représenterez la valeur en quinze lettres de change acceptées en blanc, chacune pour une somme de dix mille francs. — Pourvu que cette double valeur soit constatée. — Non! s'écria Gobseck en m'interrompant. Pourquoi voulez-vous que j'aie plus de confiance en vous que vous n'en avez en moi? Je gardai le silence. — Et puis vous ferez, dit-il en continuant avec un ton de bonhomie, mes affaires sans exiger d'honoraires tant que je vivrai, n'est-ce pas? — Soit, pourvu qu'il n'y ait pas d'avances de fonds. — Juste! dit-il. Ah çà, reprit le vieillard dont la figure avait peine à prendre un air de bonhomie, vous me permettrez d'aller vous voir? — Vous me ferez toujours plaisir. — Oui, mais le matin, cela sera bien difficile. Vous aurez vos affaires, et j'ai les miennes. — Venez le soir. — Oh! non, répondit-il vivement, vous devez aller dans le monde, voir vos clients. Moi, j'ai mes amis, à mon café. — Ses amis! pensai-je. Eh! bien, dis-je, pourquoi ne pas prendre l'heure du dîner? — C'est cela, dit Gobseck. Après la Bourse, à cinq heures. Eh! bien, vous me verrez tous les mercredis et les samedis. Nous causerons de nos affaires comme un couple d'amis. Ah! ah! je suis gai quelquefois. Donnez-moi une aile de perdrix et un verre de vin de Champagne, nous causerons. Je sais bien des choses qu'aujourd'hui on peut dire, et qui vous apprendront à connaître les hommes et surtout les femmes. — Va pour la perdrix et le verre de vin de Champagne. — Ne faites pas de folies, autrement vous perdriez ma confiance. Ne prenez pas un grand train de maison. Ayez une vieille bonne, une seule. J'irai vous visiter pour m'assurer de votre santé. J'aurai un capital placé sur votre tête, hé! hé! je dois m'informer de vos affaires. Allons, venez ce soir avec votre patron. — Pourriez-vous me dire, s'il n'y a pas d'indiscrétion à le demander, dis-je au petit vieillard quand nous atteignîmes au seuil de la porte, de quelle importance était mon extrait de baptême dans cette affaire? Jean-Esther Van Gobseck haussa les épaules, sourit malicieusement et me répondit : — Combien la jeunesse est sotte! Apprenez donc, monsieur l'avoué, car il faut que vous le sachiez pour ne pas vous laisser prendre, qu'avant trente ans la probité et le talent sont encore des espèces d'hypothèques. Passé cet âge, on ne peut plus compter sur un homme.

Et il ferma sa porte. Trois mois après, j'étais avoué. Bientôt j'eus le bonheur, madame, de pouvoir entreprendre les affaires concernant la restitution de vos propriétés. Le gain de ces procès me fit connaître. Malgré les intérêts énormes que j'avais à payer à Gobseck, en moins de cinq ans je me trouvai libre d'engagements. J'épousai Fanny Malvaut que j'aimais sincèrement. La conformité de nos destinées, de nos travaux, de nos succès augmentait la force de nos sentiments. Un de ses oncles, fermier devenu riche, était mort en lui laissant soixante-dix mille francs qui m'aidèrent à m'acquitter. Depuis ce jour ma vie ne fut que bonheur et prospérité. Ne parlons donc plus de moi, rien n'est insupportable comme un homme heureux. Revenons à nos personnages. Un an après l'acquisition de mon étude, je fus entraîné, presque malgré moi, dans un déjeuner de garçon. Ce repas était la suite d'une gageure perdue par un de mes camarades contre un jeune homme alors fort en vogue dans le monde élégant. Monsieur de Trailles, la fleur du *dandysme* de ce temps-là, jouissait d'une immense réputation...

— Mais il en jouit encore, dit le comte en interrompant l'avoué. Nul ne porte mieux un habit, ne conduit un *tandem* mieux que lui. Maxime a le talent de jouer, de manger et de boire avec plus de grâce que qui que ce soit au monde. Il se connaît en chevaux, en chapeaux, en tableaux. Toutes les femmes raffolent de lui. Il dépense toujours environ cent mille francs par an sans qu'on lui connaisse une seule propriété, ni un seul coupon de rente. Type de la chevalerie errante de nos salons, de nos boudoirs, de nos boulevards, espèce amphibie qui tient autant de l'homme que de la femme, le comte Maxime de Trailles est un être singulier, bon à tout et propre à rien, craint et méprisé, sachant et ignorant tout, aussi capable de commettre un bienfait que de résoudre un crime, tantôt lâche et tantôt noble, plutôt couvert de boue que taché de sang, ayant plus de soucis que de remords, plus occupé de bien digérer que de penser, feignant des passions et ne ressentant rien. Anneau brillant qui pourrait unir le Bagne à la haute société. Maxime de Trailles est un homme qui appartient à cette classe éminemment intelligente d'où s'élancent parfois un Mirabeau, un Pitt, un Richelieu, mais qui le plus souvent fournit des comtes de Horn, des Fouquier-Tinville et des Coignard.

— Eh! bien, reprit Derville après avoir écouté le comte, j'avais beaucoup entendu parler de ce personnage par ce pauvre père Goriot, l'un de mes clients, mais j'avais évité déjà plusieurs fois le dangereux honneur de sa connaissance quand je le rencontrais dans le monde. Cependant mon camarade me fit de telles instances pour obtenir de moi d'aller à son déjeuner, que je ne pouvais m'en dispenser sans être taxé de *bégueulisme*. Il vous serait difficile de concevoir un déjeuner de garçon, madame. C'est une magnificence et une recherche rares, le luxe d'un avare qui par vanité devient fastueux pour un jour. En entrant, on est surpris de l'ordre qui règne sur une table éblouissante d'argent, de cristaux, de linge damassé. La vie est là dans sa fleur : les jeunes gens sont gracieux, ils sourient, parlent bas et ressemblent à de jeunes mariées, autour d'eux tout est vierge. Deux heures après, vous diriez d'un champ de bataille après le combat : partout des verres brisés, des serviettes foulées, chiffonnées ; des mets entamés qui répugnent à voir ; puis, ce sont des cris à fendre la tête, des toasts plaisants, un feu d'épigrammes et de mauvaises plaisanteries, des visages empourprés, des yeux enflammés qui ne disent plus rien, des confidences involontaires qui disent tout. Au milieu d'un tapage infernal, les uns cassent des bouteilles, d'autres entonnent des chansons ; on se porte des défis, on s'embrasse ou l'on se bat ; il s'élève un parfum détestable composé de cent odeurs et des cris composés de cent voix ; personne ne sait plus ce qu'il mange, ce qu'il boit, ni ce qu'il dit ; les uns sont tristes, les autres babillent ; celui-ci est monomane et répète le même mot comme une cloche qu'on a mise en branle ; celui-là veut commander au tumulte ; le plus sage propose une orgie. Si quelque homme de sang-froid entrait, il se croirait à quelque bacchanale. Ce fut au milieu d'un tumulte semblable que monsieur de Trailles essaya de s'insinuer dans mes bonnes grâces. J'avais à peu près conservé ma raison, j'étais sur mes gardes. Quant à lui, quoiqu'il affectât d'être décemment ivre, il était plein de sang-froid et songeait à ses affaires. En effet, je ne sais comment cela se fit, mais en sortant des salons de Grignon, sur les neuf heures du soir, il m'avait entièrement ensorcelé, je lui avais promis de l'amener le lendemain chez notre papa Gobseck. Les mots : honneur, vertu, comtesse, femme honnête, malheur, s'étaient, grâce à sa langue dorée, placés comme par magie dans ses discours. Lorsque je me réveillai le lendemain matin, et que je voulus me souvenir de ce que j'avais fait la veille, j'eus beaucoup de peine à lier quelques idées. Enfin, il me sembla que la fille d'un de mes clients était en danger de perdre sa réputation, l'estime et l'amour de son mari, si elle ne trouvait pas une cinquantaine de mille francs dans la matinée. Il y avait des dettes de jeu, des mémoires de carrossier, de l'argent perdu je ne sais à quoi. Mon prestigieux convive m'avait assuré qu'elle était assez riche pour réparer par quelques années d'économie l'échec qu'elle allait faire à sa fortune. Seulement alors je commençai à deviner la cause des instances de mon camarade. J'avoue, à ma honte, que je ne me doutais nullement de l'importance qu'il y avait pour le papa Gobseck à se raccommoder avec ce dandy. Au moment où je me levais, monsieur de Trailles entra. — Monsieur le comte, lui dis-je après nous être adressé les compliments d'usage, je ne vois pas que vous ayez besoin de moi pour vous présenter chez Van Gobseck, le plus poli, le plus anodin de tous les capitalistes. Il vous donnera de l'argent s'il en a, ou plutôt si vous lui présentez des garanties suffisantes. — Monsieur me répondit-il, il n'entre pas dans ma pensée de vous forcer à me rendre un service, quand même vous me l'auriez promis. — Sardanapale ! me dis-je en moi-même, laisserai-je croire à cet homme-là que je lui manque de parole ? — J'ai eu l'honneur de vous dire hier que je m'étais fort mal à propos brouillé avec le papa Gobseck, dit-il en continuant. Or, comme il n'y a guère que lui à Paris qui puisse cracher en un moment, et le lendemain d'une fin de mois, une centaine de mille francs, je vous avais prié de faire ma paix avec lui. Mais n'en parlons plus... Monsieur de Trailles me regarda d'un air poliment insultant et se disposait à s'en aller. — Je suis prêt à vous conduire, lui dis-je. Lorsque nous arrivâmes rue des Grès, le dandy regardait autour de lui avec une attention et une inquiétude qui m'étonnèrent. Son visage devenait livide, rougissait, jaunissait tour à tour, et quelques gouttes de sueur parurent sur son front quand il aperçut la porte de la maison de Gobseck. Au moment où nous descendîmes de cabriolet, un fiacre entra dans la rue des Grès. L'œil de faucon du jeune homme lui permit de distinguer une femme au fond de cette voiture. Une expression de joie presque sauvage anima sa figure, il appela un petit garçon qui passait et lui donna son cheval à tenir. Nous montâmes chez le vieil escompteur.—Monsieur Gobseck, lui dis-je, je vous amène un de mes plus intimes amis (de qui je me défie autant que du diable, ajoutai-je à l'oreille du vieillard). A ma considération, vous lui rendrez vos bonnes grâces (au taux ordinaire), et vous le tirerez de peine (si cela vous convient). Monsieur de Trailles s'inclina devant l'usurier, s'assit, et prit pour l'écouter une de ces attitudes courtisanesques dont la gracieuse bassesse vous eût séduit; mais mon Gobseck resta sur sa chaise, au coin de son feu, immobile, impassible. Gobseck ressemblait à la statue de Voltaire vue le soir sous le péristyle du Théâtre-Français; il souleva légèrement, comme pour saluer, la casquette usée avec laquelle il se couvrait le chef, et le peu de crâne jaune qu'il montra achevait sa ressemblance avec le marbre. — Je n'ai d'argent que pour mes pratiques, dit-il. — Vous êtes donc bien fâché que je sois allé me ruiner ailleurs que chez vous? répondit le comte en riant. — Ruiner! reprit Gobseck d'un ton d'ironie. — Allez-vous dire que l'on ne peut pas ruiner un homme qui ne possède rien? Mais je vous défie de trouver à Paris un plus beau *capital* que celui-ci, s'écria le fashionable en se levant et tournant sur ses talons. Cette bouffonnerie presque sérieuse n'eut pas le don d'émouvoir Gobseck. — Ne suis-je pas l'ami intime des Ronquerolles, des de Marsay, des Franchessini, des deux Vandenesse, des Ajuda-Pinto, enfin de tous les jeunes gens les plus à la mode dans Paris? Je suis au jeu l'allié d'un prince et d'un ambassadeur que vous connaissez. J'ai mes revenus à Londres, à Carlsbad, à Baden, à Bath. N'est-ce pas la plus brillante des industries? — Vrai. — Vous faites une éponge de moi, mordieu! et vous m'encouragez à me gonfler au milieu du monde, pour me presser dans les moments de crise; mais vous êtes aussi des éponges, et la mort vous pressera. — Possible. — Sans les dissipateurs, que deviendriez-vous? nous sommes à nous deux l'âme et le corps. — Juste. — Allons, une poignée de main, mon vieux papa Gobseck, et de la magnanimité, si cela est vrai, juste et possible. — Vous venez à moi, répondit froidement l'usurier, parce que Girard, Palma, Werbrust et Gigonnet ont le ventre plein de vos lettres de change, qu'ils offrent partout à cinquante pour cent de perte; or, comme ils n'ont probablement fourni que moitié de la valeur, elles ne valent pas vingt-cinq. Serviteur! Puis-je décemment, dit Gobseck en continuant, prêter une seule obole à un homme qui doit trente mille francs et ne possède pas un denier? Vous avez perdu dix mille francs avant-hier au bal chez le baron de Nucingen. — Monsieur, répondit le comte avec une rare impudence en toisant le vieillard, mes affaires ne vous regardent pas. Qui a terme, ne doit rien. — Vrai! — Mes lettres de change seront acquittées. — Possible! — Et dans ce moment, la question entre nous se réduit à savoir si je vous présente des garanties suffisantes pour la somme que je viens vous emprunter. — Juste. Le bruit que faisait le fiacre en s'arrêtant à la porte retentit dans la chambre. — Je vais aller chercher quelque chose qui vous satisfera peut-être, s'écria le jeune homme. — O mon fils! s'écria Gobseck en se levant et me tendant les bras, quand l'emprunteur eut disparu, s'il a de bons gages, tu me sauves la vie! J'en serais mort. Werbrust et Gigonnet ont cru me faire une farce. Grâce à toi, je vais bien rire ce soir à leurs dépens. La joie du vieillard avait quelque chose d'effrayant. Ce fut le seul moment d'expansion qu'il eut avec moi. Malgré la rapidité de cette joie, elle ne sortira jamais de mon souvenir. — Faites-moi le plaisir de rester ici, ajouta-t-il. Quoique je sois armé, sûr de mon coup, comme un homme qui jadis a chassé le tigre, et fait sa partie sur un tillac quand il fallait vaincre ou mourir, je me défie de cet élégant coquin. Il alla se rasseoir sur un fauteuil, devant son bureau. Sa figure redevint blême et calme. — Oh! oh! reprit-il en se tournant vers moi, vous allez sans doute voir la belle créature de qui je vous ai parlé jadis, j'entends dans le corridor un pas aristocratique. En effet le jeune homme revint en donnant la main à une femme en qui je reconnus cette comtesse dont le lever m'avait autrefois été dépeint par Gobseck, l'une des deux filles du bonhomme Goriot. La comtesse ne me vit pas d'abord, je me tenais dans l'embrasure de la fenêtre, le visage à la vitre. En entrant dans la chambre humide et sombre de l'usurier, elle jeta un regard de défiance sur Maxime. Elle était si belle que, malgré ses fautes, je la plaignis. Quelque terrible angoisse agitait son cœur, ses traits nobles et fiers avaient une expression convulsive, mal déguisée. Ce jeune homme était devenu pour elle un mauvais génie. J'admirai Gobseck, qui, quatre ans plus tôt, avait compris la destinée de ces deux êtres sur une première lettre de change. — Probablement, me dis-je, ce monstre à visage d'ange la gouverne par tous les ressorts possibles : la vanité, la jalousie, le plaisir, l'entraînement du monde.

— Mais, s'écria la vicomtesse, les vertus mêmes de cette femme ont été pour lui des armes; il lui a fait verser des larmes de dévouement, il a su exalter en elle la générosité naturelle à notre sexe, et il a abusé de sa tendresse pour lui vendre bien cher de criminels plaisirs.

— Je vous l'avoue, dit Derville, qui ne comprit pas les signes que lui fit madame de Grandlieu, je ne pleurai pas sur le sort de cette malheureuse créature, si brillante aux yeux du monde et si épouvantable pour qui lisait dans son cœur; non, je frémissais d'horreur en contemplant son assassin, ce jeune homme dont le front était si pur, la bouche si fraîche, le sourire si gracieux, les dents si blanches, et qui ressemblait à un ange. Ils étaient en ce moment tous deux devant leur juge, qui les examinait comme un vieux dominicain du seizième siècle devait épier les tortures de deux Maures, au fond des souterrains du Saint-Office. — Monsieur, existe-t-il un moyen d'obtenir le prix des diamants que voici, mais en me réservant le droit de les racheter, dit-elle d'une voix tremblante en lui tendant un écrin. — Oui, madame, répondis-je en intervenant et me montrant. Elle me regarda, me reconnut, laissa échapper un frisson, et me lança ce coup d'œil qui signifie en tout pays : *Taisez-vous!* — Ceci, dis-je en continuant, constitue un acte que nous appelons vente à réméré, convention qui consiste à céder et transporter une propriété mobilière ou immobilière pour un temps déterminé, à l'expiration duquel on peut rentrer dans l'objet en litige, moyennant une somme fixée. Elle respira plus facilement. Le comte Maxime fronça le sourcil, il se doutait bien que l'usurier donnerait alors une plus faible somme des diamants, valeur sujette à des baisses. Gobseck, immobile, avait saisi sa loupe et contemplait silencieusement l'écrin. Vivrais-je cent ans, je n'oublierais pas le tableau que nous offrit sa figure. Ses joues pâles s'étaient colorées; ses yeux, où les scintillements des pierres semblaient se répéter, brillaient d'un feu surnaturel. Il se leva, alla au jour, tint les diamants près de sa bouche démeublée, comme s'il eût voulu les dévorer. Il marmottait de vagues paroles, en soulevant tour à tour les bracelets, les girandoles, les colliers, les diadèmes, qu'il présentait à la lumière pour en juger l'eau, la blancheur, la taille; il les sortait de l'écrin, les y remettait, les y reprenait encore, les faisait jouer en leur demandant tous leurs feux, plus enfant que vieillard, ou plutôt enfant et vieillard tout ensemble. — Beaux diamants! Cela aurait valu trois cent mille francs avant la révolution. Quelle eau! Voilà de vrais diamants d'Asie venus de Golconde ou de Visapour! En connaissez-vous le prix? Non, non, Gobseck est le seul à Paris qui sache les apprécier. Sous l'empire il aurait encore fallu plus de deux cent mille francs pour faire une parure semblable. Il fit un geste de dégoût et ajouta : — Maintenant le diamant perd tous les jours, le Brésil nous en accable depuis la paix, et jette sur les places des diamants moins blancs que ceux de l'Inde. Les femmes n'en portent plus qu'à la cour. Madame y va? Tout en lançant ces terribles paroles, il examinait avec une joie indicible les pierres l'une après l'autre : — Sans tache, disait-il. Voici une tache. Voici une paille. Beau diamant. Son visage blême était si bien illuminé par les feux de ces pierreries, que je le comparais à ces vieux miroirs verdâtres qu'on trouve dans les auberges de province, qui acceptent les reflets lumineux sans les répéter et donnent la figure d'un homme tombant en apoplexie au voyageur assez hardi pour s'y regarder. — Eh! bien? dit le comte en frappant sur l'épaule de Gobseck. Le vieil enfant tressaillit. Il laissa ses hochets, les mit sur son bureau, s'assit et redevint usurier, dur, froid et poli comme une colonne de marbre : — Combien vous faut-il ? — Cent mille francs pour trois ans, dit le comte. — Possible! dit Gobseck en tirant d'une boîte d'acajou des balances inestimables pour leur justesse, son écrin à lui! Il pesa les pierres en évaluant à vue de pays (et Dieu sait comme !) le poids des montures. Pendant cette opération, la figure de l'escompteur luttait entre la joie et la sévérité. La comtesse était plongée dans une stupeur dont je lui tenais compte, il me sembla qu'elle mesurait la profondeur du précipice où elle tombait. Il y avait encore des remords dans cette âme de femme; il ne fallait peut-être qu'un effort, une main charitablement tendue pour la sauver, je l'essayai. — Ces diamants sont à vous, madame? lui demandai-je d'une voix claire. — Oui, monsieur, répondit-elle en me lançant un regard d'orgueil. — Faites le réméré, bavard! me dit Gobseck en se levant et me montrant sa place au bureau. — Madame est sans doute mariée? demandai-je encore. Elle inclina vivement la tête. — Je ne ferai pas l'acte ! m'écriai-je. — Et pourquoi? dit Gobseck. — Pourquoi? repris-je en entraînant le vieillard dans l'embrasure de la fenêtre pour lui parler à voix basse. Cette femme étant en puissance de mari, le réméré sera nul, vous ne pourriez opposer votre ignorance d'un fait constaté par l'acte même. Vous seriez donc tenu de représenter les diamants qui vont vous être déposés, et dont le poids, les valeurs ou la taille seront décrits. Gobseck m'interrompit par un signe de tête, et se tourna vers les deux coupables : — Il a raison, dit-il. Tout est changé. Quatre-vingt mille francs comptant, et vous me laisserez les diamants! ajouta-t-il d'une voix sourde et flûtée. En fait de meubles, la possession vaut titre. — Mais... répliqua le jeune homme.— A prendre ou à laisser, reprit Gobseck en remettant l'écrin à la comtesse, j'ai trop de risques à courir. — Vous feriez mieux de vous jeter aux pieds de votre mari, lui dis-je à l'oreille en me penchant vers elle. L'usurier comprit sans doute mes paroles au mouvement de mes lèvres, et me jeta un regard froid. La figure du jeune homme devint livide. L'hésitation de la comtesse était palpable. Le comte s'approcha d'elle, et quoiqu'il parlât très bas, j'entendis : — Adieu, chère Anastasie, sois heureuse! Quant à moi, demain je n'aurai plus de soucis. — Monsieur, s'écria la jeune femme en s'adressant à Gobseck, j'accepte vos offres. — Allons donc! répondit le vieillard, vous êtes bien difficile à confesser, ma belle dame. Il signa un bon de cinquante mille francs sur la Banque, et le remit à la comtesse. — Maintenant, dit-il avec un sourire qui ressemblait assez à celui de Voltaire, je vais vous compléter votre somme par trente mille francs de lettres de change dont la bonté ne me sera pas contestée. C'est de l'or en barres. Monsieur vient de me dire : *Mes lettres de change seront acquittées*, ajouta-t-il en présentant des traites souscrites par le comte, toutes protestées la veille à la requête de celui de ses confrères qui probablement les lui avait vendues à bas prix. Le jeune homme poussa un rugissement au milieu duquel domina le mot : — Vieux coquin! Le papa Gobseck ne sourcilla pas, il tira d'un carton sa paire de pistolets, et dit froidement : — En ma qualité d'insulté, je tirerai le premier. — Maxime, vous devez des excuses à monsieur, s'écria doucement la tremblante comtesse. — Je n'ai pas eu l'intention de vous offenser, dit le jeune homme en balbutiant. — Je le sais bien, répondit tranquillement Gobseck, votre intention était seulement de ne pas payer vos lettres de change. La comtesse se leva, salua, et disparut en proie sans doute à une profonde horreur. Monsieur de Trailles fut forcé de la suivre; mais avant de sortir : — S'il vous échappe une indiscrétion, messieurs, dit-il, j'aurai votre sang ou vous aurez le mien. — *Amen*, lui répondit Gobseck en serrant ses pistolets. Pour jouer son sang, faut en avoir, mon petit, et tu n'as que de la boue dans les veines. Quand la porte fut fermée et que les deux voitures partirent, Gobseck se leva, se mit à danser en répétant: — J'ai les diamants! j'ai les diamants! Les beaux diamants! quels diamants! et pas cher. Ah! ah! Werbrust et Gigonnet, vous avez cru attraper le vieux papa Gobseck! *Ego sum papa!* je suis votre maître à tous! Intégralement payé! Comme ils seront sots, ce soir, quand je leur conterai l'affaire, entre deux parties de domino! Cette joie sombre, cette férocité de sauvage, excitées par la possession de quelques cailloux blancs, me firent tressaillir. J'étais muet et stupéfait. — Ah! ah! te voilà, mon garçon, dit-il. Nous dînerons ensemble. Nous nous amuserons chez toi, je n'ai pas de ménage. Tous ces restaurateurs, avec leurs coulis, leurs sauces, leurs vins, empoisonneraient le diable. L'expression de mon visage lui rendit subitement sa froide impassibilité. Vous ne concevez pas cela, me dit-il en s'asseyant au coin de son foyer où il mit son poêlon de fer-blanc plein de lait sur le réchaud. — Voulez-vous déjeuner avec moi? reprit-il, il y en aura peut-être assez pour deux. — Merci, répondis-je, je ne déjeune qu'à midi. En ce moment des pas précipités retentirent dans le corridor. L'inconnu qui survenait s'arrêta sur le palier de Gobseck, et frappa plusieurs coups qui eurent un caractère de fureur. L'usurier alla reconnaître par la chatière, et ouvrit à un homme de trente-cinq ans environ, qui sans doute lui parut inoffensif, malgré cette colère. Le survenant, simplement vêtu, ressemblait au feu duc de Richelieu : c'était le comte que vous avez dû rencontrer et qui avait, passez-moi cette expression, la tournure aristocratique des hommes d'État de votre faubourg. — Monsieur, dit-il, en s'adressant à Gobseck redevenu calme, ma femme sort d'ici? — Possible. — Eh! bien, monsieur, ne me comprenez-vous pas? — Je n'ai pas l'honneur de connaître madame votre épouse, répondit l'usurier. J'ai reçu beaucoup de monde ce matin : des femmes, des hommes, des demoiselles qui ressemblaient à des jeunes gens, et des jeunes gens qui ressemblaient à des demoiselles. Il me serait bien difficile de.... — Trêve de plaisanterie, monsieur, je parle de la femme qui sort à l'instant de chez vous. — Comment puis-je savoir si elle est votre femme, demanda l'usurier, je n'ai jamais eu l'avantage de vous voir? — Vous vous trompez, monsieur Gobseck, dit le comte avec un profond accent d'ironie. Nous nous sommes rencontrés dans la chambre de ma femme, un matin. Vous veniez toucher un billet souscrit par elle, un billet qu'elle ne devait pas. — Ce n'était pas mon affaire de rechercher de quelle manière elle en avait reçu la valeur, répliqua Gobseck en lançant un regard

malicieux au comte. J'avais escompté l'effet à l'un de mes confrères.
D'ailleurs, monsieur, dit le capitaliste sans s'émouvoir ni presser
son débit et en versant du café dans sa jatte de lait, vous me permettrez de vous faire observer qu'il ne m'est pas prouvé que vous
ayez le droit de me faire des remontrances chez moi : je suis ma-
jeur depuis l'an soixante et un du siècle dernier. — Monsieur,
vous venez d'acheter à vil prix des diamants de famille qui n'ap-
partenaient pas à ma femme. — Sans me croire obligé de vous mettre dans le secret de mes affaires, je vous dirai, monsieur le comte,
que si vos diamants vous ont été pris par madame la comtesse, vous
auriez dû prévenir, par une circulaire, les joailliers de ne pas les
acheter, elle a pu les vendre en détail. — Monsieur ! s'écria le
comte, vous connaissiez ma femme. — Vrai ? — Elle est en puissance de mari. — Possible. — Elle n'avait pas le droit de disposer
de ces diamants... — Juste. — Eh ! bien, monsieur ? — Eh ! bien,
monsieur, je connais votre femme, elle est en puissance de mari,
je le veux bien, elle est sous bien des puissances ; mais — je — ne
— connais pas — vos diamants. Si madame la comtesse signe des
lettres de change, elle peut sans doute faire le commerce, acheter
des diamants, en recevoir pour les vendre, ça s'est vu ! — Adieu,
monsieur, s'écria le comte pâle de colère, il y a des tribunaux ! —
Juste. — Monsieur que voici, ajouta-t-il en me montrant, a été
témoin de la vente. — Possible. Le comte allait sortir. Tout à coup,
sentant l'importance de cette affaire, je m'interposai entre les parties
belligérantes. — Monsieur le comte, dis-je, vous avez raison, et
monsieur Gobseck est sans aucun tort. Vous ne sauriez poursuivre
l'acquéreur sans faire mettre en cause votre femme, et l'odieux de
cette affaire ne retomberait pas sur elle seulement. Je suis avoué,
je me dois à moi-même encore plus qu'à mon caractère officiel,
de vous déclarer que les diamants dont vous parlez ont été achetés
par monsieur Gobseck en ma présence ; mais je crois que vous auriez tort de contester la légalité de cette vente dont les objets sont
d'ailleurs peu reconnaissables. En équité, vous auriez raison ; en
justice, vous succomberiez. Monsieur Gobseck est trop honnête
homme pour nier que cette vente ait été effectuée à son profit,
surtout quand ma conscience et mon devoir me forcent à l'avouer.
Mais intentassiez-vous un procès, monsieur le comte, l'issue en
serait douteuse. Je vous conseille donc de transiger avec monsieur
Gobseck, qui peut exciper de sa bonne foi, mais auquel vous devrez

toujours rendre le prix de la vente. Consentez à un réméré de sept à huit mois, d'un an même, laps de temps qui vous permettra de rendre la somme empruntée par madame la comtesse, à moins que vous ne préfériez les racheter dès aujourd'hui en donnant des garanties pour le paiement. L'usurier trempait son pain dans la tasse et mangeait avec une parfaite indifférence; mais au mot de transaction, il me regarda comme s'il disait : — Le gaillard ! comme il profite de mes leçons. De mon côté, je lui ripostai par une œillade qu'il comprit à merveille. L'affaire était fort douteuse, ignoble; il devenait urgent de transiger. Gobseck n'aurait pas eu la ressource de la dénégation, j'aurais dit la vérité. Le comte me remercia par un bienveillant sourire. Après un débat dans lequel l'adresse et l'avidité de Gobseck auraient mis en défaut toute la diplomatie d'un congrès, je préparai un acte par lequel le comte reconnut avoir reçu de l'usurier une somme de quatre-vingt-cinq mille francs, intérêts compris, et moyennant la reddition de laquelle Gobseck s'engageait à remettre les diamants au comte. — Quelle dilapidation ! s'écria le mari en signant. Comment jeter un pont sur cet abîme? — Monsieur, dit gravement Gobseck, avez-vous beaucoup d'enfants? Cette demande fit tressaillir le comte comme si, semblable à un savant médecin, l'usurier eût mis tout à coup le doigt sur le siége du mal. Le mari ne répondit pas. — Eh ! bien, reprit Gobseck en comprenant le douloureux silence du comte, je sais votre histoire par cœur. Cette femme est un démon que vous aimez peut-être encore; je le crois bien, elle m'a ému. Peut-être voudriez-vous sauver votre fortune, la réserver à un ou deux de vos enfants. Eh ! bien, jetez-vous dans le tourbillon du monde, jouez, perdez cette fortune, venez trouver souvent Gobseck. Le monde dira que je suis un juif, un arabe, un usurier, un corsaire, que je vous aurai ruiné ! Je m'en moque ! Si l'on m'insulte, je mets mon homme à bas, personne ne tire aussi bien le pistolet et l'épée que votre serviteur. On le sait ! Puis, ayez un ami, si vous pouvez en rencontrer un, auquel vous ferez une vente simulée de vos biens. — N'appelez-vous pas cela un fidéicommis? me demanda-t-il en se tournant vers moi. Le comte parut entièrement absorbé dans ses pensées, et nous quitta en nous disant : — Vous aurez votre argent demain, monsieur, tenez les diamants prêts. — Ça m'a l'air d'être bête comme un honnête homme, me dit froidement Gobseck quand le comte fut parti. — Dites plutôt bête comme un homme passionné. — Le comte vous doit les frais de l'acte, s'écria-t-il en me voyant prendre congé de lui. Quelques jours après cette scène qui m'avait initié aux terribles mystères de la vie d'une femme à la mode, je vis entrer le comte, un matin, dans mon cabinet. — Monsieur, dit-il, je viens vous consulter sur des intérêts graves, en vous déclarant que j'ai en vous la confiance la plus entière, et j'espère vous en donner des preuves. Votre conduite envers madame de Grandlieu, dit le comte, est au-dessus de tout éloge.

— Vous voyez, madame, dit l'avoué à la vicomtesse, que j'ai mille fois reçu de vous le prix d'une action bien simple. Je m'inclinai respectueusement, et répondis que je n'avais fait que remplir un devoir d'honnête homme. — Eh! bien, monsieur, j'ai pris beaucoup d'informations sur le singulier personnage auquel vous devez votre état, me dit le comte. D'après tout ce que j'en sais, je reconnais en Gobseck un philosophe de l'école cynique. Que pensez-vous de sa probité? — Monsieur le comte, répondis-je, Gobseck est mon bienfaiteur..... à quinze pour cent, ajoutai-je en riant. Mais son avarice ne m'autorise pas à le peindre ressemblant au profit d'un inconnu. — Parlez, monsieur! Votre franchise ne peut nuire ni à Gobseck ni à vous. Je ne m'attends pas à trouver un ange dans un prêteur sur gages. — Le papa Gobseck, repris-je, est intimement convaincu d'un principe qui domine sa conduite. Selon lui, l'argent est une marchandise que l'on peut, en toute sûreté de conscience, vendre cher ou bon marché, suivant les cas. Un capitaliste est à ses yeux un homme qui entre, par le fort denier qu'il réclame de son argent, comme associé par anticipation dans les entreprises et les spéculations lucratives. A part ses principes financiers et ses observations philosophiques sur la nature humaine qui lui permettent de se conduire en apparence comme un usurier, je suis intimement persuadé que, sorti de ses affaires, il est l'homme le plus délicat et le plus probe qu'il y ait à Paris. Il existe deux hommes en lui : il est avare et philosophe, petit et grand. Si je mourais en laissant des enfants, il serait leur tuteur. Voilà, monsieur, sous quel aspect l'expérience m'a montré Gobseck. Je ne connais rien de sa vie passée. Il peut avoir été corsaire, il a peut-être traversé le monde entier en trafiquant des diamants ou des hommes, des femmes ou des secrets d'État, mais je jure qu'aucune âme humaine n'a été ni plus fortement trempée ni mieux éprouvée. Le jour où je lui ai porté la somme qui m'acquittait envers lui, je lui demandai, non sans quelques précautions oratoires, quel sentiment l'avait poussé à me faire payer de si énormes intérêts, et par quelle raison, voulant m'obliger, moi son ami, il ne s'était pas permis un bienfait complet. — Mon fils, je t'ai dispensé de la reconnaissance en te donnant le droit de croire que tu ne me devais rien ; aussi sommes-nous les meilleurs amis du monde. Cette réponse, monsieur, vous expliquera l'homme mieux que toutes les paroles possibles. — Mon parti est irrévocablement pris, me dit le comte. Préparez les actes nécessaires pour transporter à Gobseck la propriété de mes biens. Je ne me fie qu'à vous, monsieur, pour la rédaction de la contre-lettre par laquelle il déclarera que cette vente est simulée, et prendra l'engagement de remettre ma fortune administrée par lui comme il sait administrer, entre les mains de mon fils aîné, à l'époque de sa majorité. Maintenant, monsieur, il faut vous le dire : je craindrais de garder cet acte précieux chez moi. L'attachement de mon fils pour sa mère me fait redouter de lui confier cette contre-lettre. Oserais-je vous prier d'en être le dépositaire ? En cas de mort, Gobseck vous instituerait légataire de mes propriétés. Ainsi, tout est prévu. Le comte garda le silence pendant un moment et parut très-agité. — Mille pardons, monsieur, me dit-il après une pause, je souffre beaucoup, et ma santé me donne les plus vives craintes. Des chagrins récents ont troublé ma vie d'une manière cruelle, et nécessitent la grande mesure que je prends. — Monsieur, lui dis-je, permettez-moi de vous remercier d'abord de la confiance que vous avez en moi. Mais je dois la justifier en vous faisant observer que par ces mesures vous exhérédez complétement vos... autres enfants. Ils portent votre nom. Ne fussent-ils que les enfants d'une femme autrefois aimée, maintenant déchue, ils ont droit à une certaine existence. Je vous déclare que je n'accepte point la charge dont vous voulez bien m'honorer, si leur sort n'est pas fixé. Ces paroles firent tressaillir violemment le comte. Quelques larmes lui vinrent aux yeux, il me serra la main en me disant : — Je ne vous connaissais pas encore tout entier. Vous venez de me causer à la fois de la joie et de la peine. Nous fixerons la part de ces enfants par les dispositions de la contre-lettre. Je le reconduisis jusqu'à la porte de mon étude, et il me sembla voir ses traits épanouis par le sentiment de satisfaction que lui causait cet acte de justice.

— Voilà, Camille, comment de jeunes femmes s'embarquent sur

des abîmes. Il suffit quelquefois d'une contredanse, d'un air chanté au piano, d'une partie de campagne, pour décider d'effroyables malheurs. On y court à la voix présomptueuse de la vanité, de l'orgueil, sur la foi d'un sourire, ou par folie, par étourderie! La Honte, le Remords et la Misère sont trois Furies entre les mains desquelles doivent infailliblement tomber les femmes aussitôt qu'elles franchissent les bornes...

— Ma pauvre Camille se meurt de sommeil, dit la vicomtesse en interrompant l'avoué. Va, ma fille, va dormir, ton cœur n'a pas besoin de tableaux effrayants pour rester pur et vertueux.

Camille de Grandlieu comprit sa mère, et sortit.

— Vous êtes allé un peu trop loin, cher monsieur Derville, dit la vicomtesse, les avoués ne sont ni mères de famille ni prédicateurs.

— Mais les gazettes sont mille fois plus...

— Pauvre Derville! dit la vicomtesse en interrompant l'avoué, je ne vous reconnais pas. Croyez-vous donc que ma fille lise les journaux? — Continuez, ajouta-t-elle après une pause.

— Trois mois après la ratification des ventes consenties par le comte au profit de Gobseck...

— Vous pouvez nommer le comte de Restaud, puisque ma fille n'est plus là, dit la vicomtesse.

— Soit! reprit l'avoué. Longtemps après cette scène, je n'avais pas encore reçu la contre-lettre qui devait me rester entre les mains. A Paris, les avoués sont emportés par un courant qui ne leur permet de porter aux affaires de leurs clients que le degré d'intérêt qu'ils y portent eux-mêmes, sauf les exceptions que nous savons faire. Cependant, un jour que l'usurier dînait chez moi, je lui demandai, en sortant de table, s'il savait pourquoi je n'avais plus entendu parler de monsieur de Restaud. — Il y a d'excellentes raisons pour cela, me répondit-il. Le gentilhomme est à la mort. C'est une de ces âmes tendres qui, ne connaissant pas la manière de tuer le chagrin, se laissent toujours tuer par lui. La vie est un travail, un métier, qu'il faut se donner la peine d'apprendre. Quand un homme a su la vie, à force d'en avoir éprouvé les douleurs, sa fibre se corrobore et acquiert une certaine souplesse qui lui permet de gouverner sa sensibilité; il fait de ses nerfs des espèces de ressorts d'acier qui plient sans casser; si l'estomac est bon, un homme ainsi préparé doit vivre aussi longtemps que vivent les cèdres du Liban, qui sont de fameux arbres. — Le comte serait mourant? dis-je. — Possible, dit Gobseck. Vous aurez dans sa succession une affaire juteuse. Je regardai mon homme, et lui dis pour le sonder : — Expliquez-moi donc pourquoi nous sommes, le comte et moi, les seuls auxquels vous vous soyez intéressés ? — Parce que vous êtes les seuls qui vous soyez fiés à moi sans finasserie, me répondit-il. Quoique cette réponse me permît de croire que Gobseck n'abuserait pas de sa position, si les contre-lettres se perdaient, je résolus d'aller voir le comte. Je prétextai des affaires, et nous sortîmes. J'arrivai promptement rue du Helder. Je fus introduit dans un salon où la comtesse jouait avec ses enfants. En m'entendant annoncer, elle se leva par un mouvement brusque, vint à ma rencontre, et s'assit sans mot dire en m'indiquant de la main un fauteuil vacant auprès du feu. Elle mit sur sa figure ce masque impénétrable sous lequel les femmes du monde savent si bien cacher leurs passions. Les chagrins avaient déjà fané ce visage ; les lignes merveilleuses qui en faisaient autrefois le mérite, restaient seules pour témoigner de sa beauté. — Il est très-essentiel, madame, que je puisse parler à monsieur le comte... — Vous seriez donc plus favorisé que je ne le suis, répondit-elle en m'interrompant. Monsieur de Restaud ne veut voir personne, il souffre à peine que son médecin vienne le voir, et repousse tous les soins, même les miens. Les malades ont des fantaisies si bizarres! ils sont comme des enfants, ils ne savent ce qu'ils veulent. — Peut-être, comme les enfants, savent-ils très-bien ce qu'ils veulent. La comtesse rougit. Je me repentis presque d'avoir fait cette réplique digne de Gobseck. — Mais, repris-je pour changer de conversation, il est impossible, madame, que monsieur de Restaud demeure perpétuellement seul. — Il a son fils aîné près de lui, dit-elle. J'eus beau regarder la comtesse, cette fois elle ne rougit plus, et il me parut qu'elle s'était affermie dans la résolution de ne pas me laisser pénétrer ses secrets. — Vous devez comprendre, madame, que ma démarche n'est point indiscrète, repris-je. Elle est fondée sur des intérêts puissants... Je me mordis les lèvres, en sentant que je m'embarquais dans une fausse route. Aussi, la comtesse profita-t-elle sur-le-champ de mon étourderie.—Mes intérêts ne sont point séparés de ceux de mon mari, monsieur, dit-elle. Rien ne s'oppose à ce que vous vous adressiez à moi... — L'affaire qui m'amène ne concerne que monsieur le comte, répondis-je avec fer-

meté. — Je le ferai prévenir du désir que vous avez de le voir.
Le ton poli, l'air qu'elle prit pour prononcer cette phrase ne me
trompèrent pas, je devinai qu'elle ne me laisserait jamais parvenir
jusqu'à son mari. Je causai pendant un moment de choses indifférentes afin de pouvoir observer la comtesse ; mais, comme toutes les
femmes qui se sont fait un plan, elle savait dissimuler avec cette
rare perfection qui, chez les personnes de votre sexe, est le dernier
degré de la perfidie. Oserai-je le dire, j'appréhendais tout d'elle,
même un crime. Ce sentiment provenait d'une vue de l'avenir
qui se révélait dans ses gestes, dans ses regards, dans ses manières,
et jusque dans les intonations de sa voix. Je la quittai. Maintenant
je vais vous raconter les scènes qui terminent cette aventure, en y
joignant les circonstances que le temps m'a révélées, et les détails
que la perspicacité de Gobseck ou la mienne m'ont fait deviner. Du
moment où le comte de Restaud parut se plonger dans un tourbillon de plaisirs, et vouloir dissiper sa fortune, il se passa entre les
deux époux des scènes dont le secret a été impénétrable et qui permirent au comte de juger sa femme encore plus défavorablement
qu'il ne l'avait fait jusqu'alors. Aussitôt qu'il tomba malade, et
qu'il fut obligé de s'aliter, se manifesta son aversion pour la comtesse et pour ses deux derniers enfants ; il leur interdit l'entrée de
sa chambre, et quand ils essayèrent d'éluder cette consigne, leur
désobéissance amena des crises si dangereuses pour monsieur de
Restaud, que le médecin conjura la comtesse de ne pas enfreindre
les ordres de son mari. Madame de Restaud ayant vu successive-
ment les terres, les propriétés de la famille, et même l'hôtel où
elle demeurait, passer entre les mains de Gobseck qui semblait
réaliser, quant à leur fortune, le personnage fantastique d'un ogre,
comprit sans doute les desseins de son mari. Monsieur de Trailles,
un peu trop vivement poursuivi par ses créanciers, voyageait alors
en Angleterre. Lui seul aurait pu apprendre à la comtesse les
précautions secrètes que Gobseck avait suggérées à monsieur de
Restaud contre elle. On dit qu'elle résista long-temps à donner sa
signature, indispensable aux termes de nos lois pour valider la vente
des biens, et néanmoins le comte l'obtint. La comtesse croyait que
son mari capitalisait sa fortune, et que le petit volume de billets qui
la représentait serait dans une cachette, chez un notaire, ou peut-
être à la Banque. Suivant ses calculs, monsieur de Restaud devait
posséder nécessairement un acte quelconque pour donner à son fils

aîné la facilité de recouvrer ceux de ses biens auxquels il tenait. Elle prit donc le parti d'établir autour de la chambre de son mari la plus exacte surveillance. Elle régna despotiquement dans sa maison, qui fut soumise à son espionnage de femme. Elle restait toute la journée assise dans le salon attenant à la chambre de son mari, et d'où elle pouvait entendre ses moindres paroles et ses plus légers mouvements. La nuit, elle faisait tendre un lit dans cette pièce, et la plupart du temps elle ne dormait pas. Le médecin fut entièrement dans ses intérêts. Ce dévouement parut admirable. Elle savait, avec cette finesse naturelle aux personnes perfides, déguiser la répugnance que monsieur de Restaud manifestait pour elle, et jouait si parfaitement la douleur, qu'elle obtint une sorte de célébrité. Quelques prudes trouvèrent même qu'elle rachetait ainsi ses fautes. Mais elle avait toujours devant les yeux la misère qui l'attendait à la mort du comte, si elle manquait de présence d'esprit. Ainsi cette femme, repoussée du lit de douleur où gémissait son mari, avait tracé un cercle magique à l'entour. Loin de lui, et près de lui, disgraciée et toute-puissante, épouse dévouée en apparence, elle guettait la mort et la fortune, comme cet insecte des champs qui, au fond du précipice de sable qu'il a su arrondir en spirale, y attend son inévitable proie en écoutant chaque grain de poussière qui tombe. Le censeur le plus sévère ne pouvait s'empêcher de reconnaître que la comtesse portait loin le sentiment de la maternité. La mort de son père fut, dit-on, une leçon pour elle. Idolâtre de ses enfants, elle leur avait dérobé le tableau de ses désordres, leur âge lui avait permis d'atteindre à son but et de s'en faire aimer, elle leur a donné la meilleure et la plus brillante éducation. J'avoue que je ne puis me défendre pour cette femme d'un sentiment admiratif et d'une compatissance sur laquelle Gobseck me plaisante encore. A cette époque, la comtesse, qui reconnaissait la bassesse de Maxime, expiait par des larmes de sang les fautes de sa vie passée. Je le crois. Quelque odieuses que fussent les mesures qu'elle prenait pour reconquérir la fortune de son mari, ne lui étaient-elles pas dictées par son amour maternel et par le désir de réparer ses torts envers ses enfants? Puis, comme plusieurs femmes qui ont subi les orages d'une passion, peut-être éprouvait-elle le besoin de redevenir vertueuse. Peut-être ne connut-elle le prix de la vertu qu'au moment où elle recueillit la triste moisson semée par ses erreurs. Chaque fois que le jeune Ernest sortait de chez son père, il subissait un interrogatoire inquisitorial sur tout ce que le comte avait fait et dit. L'enfant se prêtait complaisamment aux désirs de sa mère qu'il attribuait à un tendre sentiment, et il allait au-devant de toutes les questions. Ma visite fut un trait de lumière pour la comtesse qui voulut voir en moi le ministre des vengeances du comte, et résolut de ne pas me laisser approcher du moribond. Mû par un pressentiment sinistre, je désirais vivement me procurer un entretien avec monsieur de Restaud, car je n'étais pas sans inquiétude sur la destinée des contre-lettres; si elles tombaient entre les mains de la comtesse, elle pouvait les faire valoir, et il se serait élevé des procès interminables entre elle et Gobseck. Je connaissais assez l'usurier pour savoir qu'il ne restituerait jamais les biens à la comtesse, et il y avait de nombreux éléments de chicane dans la contexture de ces titres dont l'action ne pouvait être exercée que par moi. Je voulus prévenir tant de malheurs, et j'allai chez la comtesse une seconde fois.

— J'ai remarqué, madame, dit Derville à la vicomtesse de Grandlieu en prenant le ton d'une confidence, qu'il existe certains phénomènes moraux auxquels nous ne faisons pas assez attention dans le monde. Naturellement observateur, j'ai porté dans les affaires d'intérêt que je traite, et où les passions sont vivement mises en jeu, un esprit d'analyse involontaire. Or, j'ai toujours admiré avec une surprise nouvelle que les intentions secrètes et les idées que portent en eux deux adversaires sont presque toujours réciproquement devinées. Il se rencontre parfois entre deux ennemis la même lucidité de raison, la même puissance de vue intellectuelle qu'entre deux amants qui lisent dans l'âme l'un de l'autre. Ainsi, quand nous fûmes tous deux en présence, la comtesse et moi, je compris tout à coup la cause de l'antipathie qu'elle avait pour moi, quoiqu'elle déguisât ses sentiments sous les formes les plus gracieuses de la politesse et de l'aménité. J'étais un confident imposé, et il est impossible qu'une femme ne haïsse pas un homme devant qui elle est obligée de rougir. Quant à elle, elle devina que si j'étais l'homme en qui son mari plaçait sa confiance, il ne m'avait pas encore remis sa fortune. Notre conversation, dont je vous fais grâce, est restée dans mon souvenir comme une des luttes les plus dangereuses que j'ai subies. La comtesse, douée par la nature des qualités nécessaires pour exercer d'irrésistibles séductions, se montra tour à tour souple, fière, caressante, confiante; elle alla même jusqu'à tenter d'allumer ma curiosité, d'éveiller l'amour dans mon cœur afin de me dominer : elle échoua. Quand je pris congé d'elle, je surpris dans ses yeux une expression de haine et de fureur qui me fit trembler. Nous nous séparâmes ennemis. Elle aurait voulu pouvoir m'anéantir, et moi je me sentais de la pitié pour elle, sentiment qui, pour certains caractères, équivaut à la plus cruelle injure. Ce sentiment perça dans les dernières considérations que je lui présentai. Je lui laissai, je crois, une profonde terreur dans l'âme en lui déclarant que, de quelque manière qu'elle pût s'y prendre, elle serait nécessairement ruinée. — Si je voyais monsieur le comte, au moins le bien de vos enfants... — Je serais à votre merci, dit-elle en m'interrompant par un geste de dégoût. Une fois les questions posées entre nous d'une manière si franche, je résolus de sauver cette famille de la misère qui l'attendait. Déterminé à commettre des illégalités judiciaires, si elles étaient nécessaires pour parvenir à mon but, voici quels furent mes préparatifs. Je fis poursuivre monsieur le comte de Restaud pour une somme due fictivement à Gobseck, et j'obtins des condamnations. La comtesse cacha nécessairement cette procédure, mais j'acquérais ainsi le droit de faire apposer les scellés à la mort du comte. Je corrompis alors un des gens de la maison, et j'obtins de lui la promesse qu'au moment même où son maître serait sur le point d'expirer, il viendrait me prévenir, fût-ce au milieu de la nuit, afin que je pusse intervenir tout à coup, effrayer la comtesse en la menaçant d'une subite apposition de scellés, et sauver ainsi les contre-lettres. J'appris plus tard que cette femme étudiait le code en entendant les plaintes de son mari mourant. Quels effroyables tableaux ne présenteraient pas les âmes de ceux qui environnent les lits funèbres, si l'on pouvait en peindre les idées? Et toujours la fortune est le mobile des intrigues qui s'élaborent, des plans qui se forment, des trames qui s'ourdissent ! Laissons maintenant de côté ces détails assez fastidieux de leur nature, mais qui ont pu vous permettre de deviner les douleurs de cette femme, celles de son mari, et qui vous dévoilent les secrets de quelques intérieurs semblables à celui-ci. Depuis deux mois le comte de Restaud, résigné à son sort, demeurait couché, seul, dans sa chambre. Une maladie mortelle avait lentement affaibli son corps et son esprit. En proie à ces fantaisies de malade dont la bizarrerie semble inexplicable, il s'opposait à ce qu'on appropriât son appartement, il se refusait à toute espèce de soin, et même à ce qu'on fît son lit. Cette extrême apathie s'était empreinte autour de lui : les meubles de sa chambre restaient en désordre ; la poussière, les toiles d'araignées couvraient les objets les plus délicats. Jadis riche et recherché dans ses goûts, il se complaisait alors dans le triste spectacle que lui offrait cette pièce où la cheminée, le secrétaire et les chaises étaient encombrés des objets que nécessite une maladie : des fioles vides ou pleines, presque toutes sales ; du linge épars, des assiettes brisées, une bassinoire ouverte devant le feu, une baignoire encore pleine d'eau minérale. Le sentiment de la destruction était exprimé dans chaque détail de ce chaos disgracieux. La mort apparaissait dans les choses avant d'envahir la personne. Le comte avait horreur du jour, les persiennes des fenêtres étaient fermées, et l'obscurité ajoutait encore à la sombre physionomie de ce triste lieu. Le malade avait considérablement maigri. Ses yeux, où la vie semblait s'être réfugiée, étaient restés brillants. La blancheur livide de son visage avait quelque chose d'horrible, que rehaussait encore la longueur extraordinaire de ses cheveux qu'il n'avait jamais voulu laisser couper, et qui descendaient en longues mèches plates le long de ses joues. Il ressemblait aux fanatiques habitants du désert. Le chagrin éteignait tous les sentiments humains en cet homme à peine âgé de cinquante ans, que tout Paris avait connu si brillant et si heureux. Au commencement du mois de décembre de l'année 1824, un matin, il regarda son fils Ernest qui était assis au pied de son lit, et qui le contemplait douloureusement.—Souffrez-vous ? lui avait demandé le jeune vicomte. — Non ! dit-il avec un effrayant sourire, tout est *ici et autour du cœur !* Et après avoir montré sa tête, il pressa ses doigts décharnés sur sa poitrine creuse, par un geste qui fit pleurer Ernest. — Pourquoi donc ne vois-je pas venir monsieur Derville ? demanda-t-il à son valet de chambre qu'il croyait lui être très attaché, mais qui était tout à fait dans les intérêts de la comtesse. — Comment, Maurice, s'écria le moribond qui se mit sur son séant et parut avoir recouvré toute sa présence d'esprit, voici sept ou huit fois que je vous envoie chez mon avoué, depuis quinze jours, et il n'est pas venu ? Croyez-vous que l'on puisse se jouer de moi ? Allez le chercher sur-le-champ, à l'instant, et ramenez-le. Si vous n'exécutez pas mes ordres, je me lèverai moi-même et j'irai... — Madame, dit le valet de chambre en sortant, vous avez entendu monsieur le comte, que dois-je faire? — Vous feindrez d'aller chez l'avoué, et vous reviendrez dire à monsieur que son homme d'affaires est allé à quarante lieues d'ici pour un procès important. Vous ajouterez qu'on l'attend à la fin de la semaine. — Les malades s'abusent toujours sur leur sort, pensa la comtesse, et il attendra le retour de cet homme. Le médecin avait déclaré la veille qu'il était difficile que le comte passât la journée. Quand deux heures après, le valet de chambre vint faire à son maître cette réponse désespérante, le moribond parut très agité. — Mon Dieu! mon Dieu! répéta-t-il à plusieurs reprises, je n'ai confiance qu'en vous. Il regarda son fils pendant longtemps, et lui dit enfin d'une voix affaiblie : — Ernest, mon enfant, tu es bien jeune ; mais tu as bon cœur et tu comprends sans doute la sainteté d'une promesse faite à un mourant, à un père. Te sens-tu capable de garder un secret, de l'ensevelir en toi-même de manière que ta mère elle-même ne s'en doute pas? Aujourd'hui, mon fils, il ne reste que toi dans cette maison à qui je puisse me fier. Tu ne trahiras pas ma confiance? — Non, mon père. — Eh! bien, Ernest, je te remettrai, dans quelques moments, un paquet cacheté qui appartient à monsieur Derville, tu le conserveras de manière que personne ne sache que tu le possèdes, tu t'échapperas de l'hôtel et tu le jetteras à la petite poste qui est au bout de la rue. — Oui, mon père. — Je puis compter sur toi? — Oui, mon père. — Viens m'embrasser. Tu me rends ainsi la mort moins amère, mon cher enfant. Dans six ou sept années, tu comprendras l'importance de ce secret, et alors tu seras bien récompensé de ton adresse et de ta fidélité, alors tu sauras combien je t'aime. Laisse-moi seul un moment et empêche qui que ce soit d'entrer ici. Ernest sortit, et vit sa mère debout dans le salon. — Ernest, lui dit-elle, viens ici. Elle s'assit en prenant son fils entre ses deux genoux, et le pressant avec force sur son cœur, elle l'embrassa. — Ernest, ton père vient de te parler. — Oui, maman. — Que t'a-t-il dit? — Je ne puis pas le répéter, maman. — Oh! mon cher enfant, s'écria la comtesse en l'embrassant avec enthousiasme, combien de plaisir me fait ta discrétion! Ne jamais mentir et rester fidèle à sa parole, sont deux principes qu'il ne faut jamais oublier. — Oh! que tu es belle, maman! Tu n'as jamais menti, toi! j'en suis bien sûr. — Quelquefois, mon cher Ernest, j'ai menti. Oui, j'ai manqué à ma parole en des circonstances devant lesquelles cèdent toutes les lois. Écoute, mon Ernest, tu es assez grand, assez raisonnable pour t'apercevoir que ton père me repousse, ne veut pas de mes soins, et cela n'est pas naturel, car tu sais combien je l'aime. — Oui, maman. — Mon pauvre enfant, dit la comtesse en pleurant, ce malheur est le résultat d'insinuations perfides. De méchantes gens ont cherché à me séparer de ton père, dans le but de satisfaire leur avidité. Ils veulent nous priver de notre fortune et se l'approprier. Si ton père était bien portant, la division qui existe entre nous cesserait bientôt, il m'écouterait; et comme il est bon, aimant, il reconnaîtrait son erreur; mais sa raison s'est altérée, et les préventions qu'il avait contre moi sont devenues une idée fixe, une espèce de folie, l'effet de sa maladie. La prédilection que ton père a pour toi est une nouvelle preuve du dérangement de ses facultés. Tu ne t'es jamais aperçu qu'avant sa maladie il aimât moins Pauline et Georges que toi. Tout est caprice chez lui. La tendresse qu'il te porte pourrait lui suggérer l'idée de te donner des ordres à exécuter. Si tu ne veux pas ruiner ta famille, mon cher ange, et ne pas voir ta mère mendiant son pain un jour comme une pauvresse, il faut tout lui dire... — Ah! ah! s'écria le comte, qui, ayant ouvert la porte, se montra tout à coup presque nu, déjà même aussi sec, aussi décharné qu'un squelette. Ce cri sourd produisit un effet terrible sur la comtesse, qui resta immobile et comme frappée de stupeur. Son mari était si frêle et si pâle, qu'il semblait sortir de la tombe. — Vous avez abreuvé ma vie de chagrins, et vous voulez troubler ma mort, pervertir la raison de mon fils, en faire un homme vicieux, cria-t-il d'une voix rauque. La comtesse alla se jeter au pied de ce mourant que les dernières émotions de la vie rendaient presque hideux et y versa un torrent de larmes. — Grâce! grâce! s'écria-t-elle. — Avez-vous eu de la pitié pour moi? demanda-t-il. Je vous ai laissée dévorer votre fortune, voulez-vous maintenant dévorer la mienne, ruiner mon fils! — Eh! bien, oui, pas de pitié pour moi, soyez inflexible, dit-elle, mais les enfants! Condamnez votre veuve à vivre dans un couvent, j'obéirai; je ferai pour expier mes fautes envers vous tout ce qu'il vous plaira de m'ordonner; mais que les enfants soient heureux! Oh! les enfants! les enfants! — Je n'ai qu'un enfant, répondit le comte en tendant, par un geste désespéré, son bras décharné vers son fils. — Pardon! repentie, repentie!... criait la comtesse en embrassant les pieds humides de son mari. Les sanglots l'empêchaient de parler et des mots vagues, incohérents, sortaient de son gosier brûlant. — Après ce que vous disiez à Ernest, vous osez parler de repentir! dit le moribond qui renversa la comtesse en agitant le pied. — Vous me glacez! ajouta-t-il avec une indifférence qui eut quelque chose d'effrayant. Vous avez été mauvaise fille, vous avez été mauvaise femme, vous serez mauvaise mère. La malheureuse femme tomba évanouie. Le mourant regagna son lit, s'y coucha, et perdit connaissance quelques heures après. Les prêtres vinrent lui administrer les sacrements. Il était minuit quand il expira. La scène du matin avait épuisé le reste de ses forces. J'arrivai à minuit avec le papa Gobseck. A la faveur du désordre qui régnait, nous nous introduisîmes jusque dans le petit salon qui précédait la chambre mortuaire, et où nous trouvâmes les trois enfants en pleurs, entre deux prêtres qui devaient passer la nuit près du corps. Ernest vint à moi et me dit que sa mère voulait être seule dans la chambre du comte. — N'y entrez pas, dit-il avec une expression admirable dans l'accent et le geste, elle y prie! Gobseck se mit à rire, de ce rire muet qui lui était particulier. Je me sentais trop ému par le sentiment qui éclatait sur la jeune figure d'Ernest, pour partager l'ironie de l'avare. Quand l'enfant vit que nous marchions vers la porte, il alla s'y coller en criant : — Maman, voilà des messieurs noirs qui te cherchent! Gobseck enleva l'enfant comme si c'eût été une plume, et ouvrit la porte. Quel spectacle s'offrit à nos regards! Un affreux désordre régnait dans cette chambre. Échevelée par le désespoir, les yeux étincelants, la comtesse demeura debout, interdite, au milieu de hardes, de papiers, de chiffons bouleversés. Confusion horrible à voir en présence de ce mort. A peine le comte était-il expiré, que sa femme avait forcé tous les tiroirs et le secrétaire, autour d'elle le tapis était couvert de débris, quelques meubles et plusieurs portefeuilles avaient été brisés, tout portait l'empreinte de ses mains hardies. Si d'abord ses recherches avaient été vaines, son attitude et son agitation me firent supposer qu'elle avait fini par découvrir les mystérieux papiers. Je jetai un coup d'œil sur le lit, et avec l'instinct que nous donne l'habitude des affaires, je devinai ce qui s'était passé. Le cadavre du comte se trouvait dans la ruelle du lit, presque en travers, le nez tourné vers les matelas, dédaigneusement jeté comme une des enveloppes de papier qui étaient à terre; lui aussi n'était plus qu'une enveloppe. Ses membres raidis et inflexibles lui donnaient quelque chose de grotesquement horrible. Le mourant avait sans doute caché la contre-lettre sous son oreiller, comme pour la préserver de toute atteinte jusqu'à sa mort. La comtesse avait deviné la pensée de son mari, qui d'ailleurs semblait être écrite dans le dernier geste, dans la convulsion des doigts crochus. L'oreiller avait été jeté en bas du lit, le pied de la comtesse y était encore imprimé ; à ses pieds, devant elle, je vis un papier cacheté en plusieurs endroits aux armes du comte, je le ramassai vivement et j'y lus une suscription indiquant que le contenu devait m'être remis. Je regardai fixement la comtesse avec la perspicace sévérité d'un juge qui interroge un coupable. La flamme du foyer dévorait les papiers. En nous entendant venir, la comtesse les y avait lancés en croyant, à la lecture des premières dispositions que j'avais provoquées en faveur de ses enfants, anéantir un testament qui les privait de leur fortune. Une conscience bourrelée et l'effroi involontaire inspiré par un crime à ceux qui le commettent lui avaient ôté l'usage de la réflexion. En se voyant surprise, elle voyait peut-être l'échafaud et sentait le fer rouge du bourreau. Cette femme attendait nos premiers mots en haletant, et nous regardait avec des yeux hagards. — Ah ! madame, dis-je en retirant de la cheminée un fragment que le feu n'avait pas atteint, vous avez ruiné vos enfants ! ces papiers étaient leurs titres de propriété. Sa bouche se remua, comme si elle allait avoir une attaque de paralysie. — Hé ! hé ! s'écria Gobseck dont l'exclamation nous fit l'effet du grincement produit par un flambeau de cuivre quand on le pousse sur un marbre. Après une pause, le vieillard me dit d'un ton calme : — Voudriez-vous donc faire croire à madame la comtesse que je ne suis pas le légitime propriétaire des biens que m'a vendus monsieur le comte ? Cette maison m'appartient depuis un moment. Un coup de massue appliqué soudain sur ma tête m'aurait moins causé de douleur et de surprise. La comtesse remarqua le regard indécis que je jetai sur l'usurier. — Monsieur, monsieur ! lui dit-elle sans trouver d'autres paroles. — Vous avez un fidéi-commis ? lui demandai-je. — Possible. — Abuseriez-vous donc du crime commis par madame ? — Juste. Je sortis, laissant la comtesse assise auprès du lit de son mari et pleurant à chaudes larmes. Gobseck me suivit. Quand nous nous trouvâmes dans la rue, je me séparai de lui ; mais il vint à moi, me lança un de ces regards profonds par lesquels il sonde les cœurs, et me dit de sa voix flûtée qui prit des tons aigus : — Tu te mêles de me juger? Depuis ce temps-là, nous nous sommes peu vus. Gobseck a loué l'hôtel du comte, il va passer les étés dans les terres, fait le seigneur, construit les fermes, répare les moulins, les chemins, et plante des arbres. Un jour je le rencontrai dans une allée aux Tuileries. — La comtesse mène une vie héroïque, lui dis-je. Elle s'est consacrée à l'éducation de ses enfants qu'elle a parfaitement élevés. L'aîné est un charmant sujet... — Possible. — Mais, repris-je, ne devriez-vous pas aider Ernest? — Aider Ernest! s'écria Gobseck. Non, non! Le malheur est notre plus grand maître, le malheur lui apprendra la valeur de l'argent, celle des hommes et celle des femmes. Qu'il navigue sur la mer parisienne! quand il sera devenu bon pilote, nous lui donnerons un bâtiment. Je le quittai sans vouloir m'expliquer le sens de ses paroles. Quoique monsieur de Restaud, auquel sa mère a donné de la répugnance pour moi, soit bien éloigné de me prendre pour conseil, je suis allé la semaine dernière chez Gobseck pour l'instruire de l'amour qu'Ernest porte à mademoiselle Camille en le pressant d'accomplir son mandat, puisque le jeune comte arrive à sa majorité. Le vieil escompteur était depuis longtemps au lit et souffrait de la maladie qui devait l'emporter. Il ajourna sa réponse au moment où il pourrait se lever et s'occuper d'affaires, il ne voulait sans doute ne se défaire de rien tant qu'il aurait un souffle de vie; sa réponse dilatoire n'avait pas d'autres motifs. En le trouvant beaucoup plus malade qu'il ne croyait l'être, je restai près de lui pendant assez de temps pour reconnaître les progrès d'une passion que l'âge avait convertie en une sorte de folie. Afin de n'avoir personne dans la maison qu'il habitait, il s'en était fait le principal locataire et il en laissait toutes les chambres inoccupées. Il n'y avait rien de changé dans celle où il demeurait. Les meubles, que je connaissais si bien depuis seize ans, semblaient avoir été conservés sous verre, tant ils étaient exactement les mêmes. Sa vieille et fidèle portière, mariée à un invalide qui gardait la loge quand elle montait auprès du maître, était toujours sa ménagère, sa femme de confiance, l'introducteur de quiconque le venait voir, et remplissait auprès de lui les fonctions de garde-malade. Malgré son état de faiblesse, Gobseck recevait encore lui-même ses pratiques, ses revenus, et avait si bien simplifié ses affaires qu'il lui suffisait de aire faire quelques commissions par son invalide pour les gérer au dehors. Lors du traité par lequel la France reconnut la république d'Haïti, les connaissances que possédait Gobseck sur l'état des anciennes fortunes à Saint-Domingue et sur les colons ou les ayants cause auxquels étaient dévolues les indemnités, le firent nommer membre de la commission instituée pour liquider leurs droits et répartir les versements dus par Haïti. Le génie de Gobseck lui fit inventer une agence pour escompter les créances des colons ou de leurs héritiers, sous les noms de Werbrust et Gigonnet avec lesquels il partageait les bénéfices sans avoir besoin d'avancer son argent, car ses lumières avaient constitué sa mise de fonds. Cette agence était comme une distillerie où s'exprimaient les créances des ignorants, des incrédules, ou de ceux dont les droits pouvaient être contestés. Comme liquidateur, Gobseck savait parlementer avec les gros propriétaires qui, soit pour faire évaluer leurs droits à un taux élevé, soit pour les faire promptement admettre, lui offraient des présents proportionnés à l'importance de leurs fortunes. Ainsi les cadeaux constituaient une espèce d'escompte sur les sommes dont il lui était impossible de se rendre maître; puis, son agence lui livrait à vil prix les petites, les douteuses, et celles des gens qui préféraient un paiement immédiat, quelque minime qu'il fût, aux chances des versements incertains de la république. Gobseck fut donc l'insatiable boa de cette grande affaire. Chaque matin il recevait ses tributs et les lorgnait comme eût fait le ministre d'un nabab avant de se décider à signer une grâce. Gobseck prenait tout, depuis la bourriche du pauvre diable jusqu'aux livres de bougie des gens scrupuleux, depuis la vaisselle des riches jusqu'aux tabatières d'or des spéculateurs. Personne ne savait ce que devenaient ces présents faits au vieil usurier. Tout entrait chez lui, rien n'en sortait. — Foi d'honnête femme, me disait la portière, vieille connaissance à moi, je crois qu'il avale tout sans que cela le rende plus gras, car il est sec et maigre comme l'oiseau de mon horloge. Enfin, lundi dernier, Gobseck m'envoya chercher par l'invalide, qui me dit en entrant dans mon cabinet : — Venez vite, monsieur Derville, le patron va rendre ses derniers comptes; il a jauni comme un citron, il est impatient de vous parler; la mort le travaille, et son dernier hoquet lui grouille dans le gosier. Quand j'entrai dans la chambre du moribond, je le surpris à genoux devant sa cheminée, où, s'il n'y avait pas de feu, il se trouvait un énorme monceau de cendres. Gobseck s'y était traîné de son lit, mais les forces pour revenir se coucher lui manquaient, aussi bien que la voix pour se plaindre. — Mon vieil ami, lui dis-je en le relevant et l'aidant à regagner son lit, vous aviez froid, comment ne faites-vous pas de feu? — Je n'ai point froid, dit-il, pas de feu! pas de feu! Je vais je ne sais où, garçon, reprit-il en me jetant un dernier regard blanc et sans chaleur, mais je m'en vais d'ici! J'ai la *carphologie*, dit-il en se servant d'un terme qui annonçait combien son intelligence était encore nette et précise. J'ai cru voir ma chambre pleine d'or vivant, et je me suis levé pour en prendre. A qui tout le mien ira-t-il? Je ne le donne pas au gouvernement; j'ai fait un testament, trouve-le, Grotius. La belle Hollandaise avait une fille que j'ai vue je ne sais où, dans la rue Vivienne, un soir. Je crois qu'elle est surnommée *la Torpille*; elle est jolie comme un amour, cherche-la, Grotius. Tu es mon exécuteur testamentaire, prends ce que tu voudras, mange : il y a des pâtés de foie gras, des balles de café, des sucres, des cuillers d'or. Donne le service d'Odiot à ta femme. Mais à qui les diamants? Prises-tu, garçon? j'ai des tabacs, vends-les à Hambourg, ils gagnent *un demi*. Enfin j'ai de tout et il faut tout quitter! Allons, papa Gobseck, se dit-il, pas de faiblesse, sois toi-même. Il se dressa sur son séant, sa figure se dessina nettement sur son oreiller comme si elle eût été de bronze; il étendit son bras sec et sa main osseuse sur sa couverture, qu'il serra comme pour se retenir; il regarda son foyer, froid autant que l'était son œil métallique, et il mourut avec toute sa raison, en offrant à la portière, à l'invalide et à moi, l'image de ces vieux Romains attentifs que Lethière a peints derrière les Consuls, dans son tableau de la *Mort des enfants de Brutus*. — A-t-il du toupet, le vieux Lascar! me dit l'invalide dans son langage soldatesque. Moi j'écoutais encore la fantastique énumération que le moribond avait faite de ses richesses, et mon regard qui avait suivi le sien restait sur le monceau de cendres dont la grosseur me frappa. Je pris les pincettes, et, quand je les y plongeai, je frappai sur un amas d'or et d'argent, composé sans doute des recettes faites pendant sa maladie et que sa faiblesse l'avait empêché de cacher, ou que sa défiance ne lui avait pas permis d'envoyer à la Banque. — Courez chez le juge de paix, dis-je au vieil invalide, afin que les scellés soient promptement apposés ici! Frappé des dernières paroles de Gobseck, et de ce que m'avait récemment dit la portière, je pris les clefs des chambres situées au premier et au second étage pour les aller visiter. Dans la première pièce que j'ouvris, j'eus l'explication des discours que je croyais insensés, en voyant les effets d'une avarice à laquelle il n'était plus resté que cet instinct illogique dont tant d'exemples nous sont offerts par les avares de province. Dans la chambre voisine de celle où Gobseck était expiré, se trouvaient des pâtés pourris, une foule de comestibles de tout genre et même des coquillages, des poissons qui avaient de la barbe et dont les diverses puanteurs faillirent m'asphyxier. Partout fourmillaient des vers et des insectes. Ces présents, récemment faits, étaient mêlés à des boîtes de toutes formes, à des caisses de thé, à des balles de café. Sur la cheminée, dans une soupière d'argent, étaient des avis d'arrivage de marchandises consignées en son nom au Havre, balles de coton, boucauts de sucre, tonneaux de rhum, cafés, indigos, tabacs, tout un bazar de denrées coloniales! Cette pièce était encombrée de meubles, d'argenterie, de lampes, de tableaux, de vases, de livres, de belles gravures roulées, sans cadres, et de curiosités. Peut-être cette immense quantité de valeurs ne provenait pas entièrement de cadeaux et constituait des gages qui lui étaient restés faute de paiement. Je vis des écrins armoriés ou chiffrés, des services en beau linge, des armes précieuses, mais sans étiquettes. En ouvrant un livre qui me semblait avoir été déplacé, j'y trouvai des billets de mille francs. Je me promis de bien visiter les moindres choses, de sonder les planchers, les plafonds, les corniches et les murs, afin de trouver tout cet or dont était si passionnément avide ce Hollandais digne du pinceau de Rembrandt. Je n'ai jamais vu, dans le cours de ma vie judiciaire, pareils effets d'avarice et d'originalité. Quand je revins dans sa chambre, je trouvai sur son bureau la raison du pêle-mêle progressif et de l'entassement de ces richesses. Il y avait sous un serre-papiers une correspondance entre Gobseck et les marchands auxquels il vendait sans doute habituellement ses présents. Or, soit que ces gens eussent été victimes de l'habileté de Gobseck, soit que Gobseck voulût un trop grand prix de ses denrées ou de ses valeurs fabriquées, chaque marché se trouvait en suspens. Il n'avait pas vendu les comestibles à Chevet, parce que Chevet ne voulait les reprendre qu'à trente pour cent de perte. Gobseck chicanait pour quelques francs de différence, et pendant la discussion les marchandises s'avariaient. Pour son argenterie, il refusait de payer les frais de la livraison. Pour ses cafés, il ne voulait pas garantir les déchets. Enfin chaque objet donnait lieu à des contestations qui dénotaient en Gobseck les premiers symptômes de cet enfantillage, de cet entétement incompréhensible auxquels arrivent tous les vieillards chez lesquels une passion forte survit à l'intelligence. Je me dis, comme il se l'était dit à lui-même : — A qui toutes ces richesses iront-elles?... En pensant au bizarre renseignement qu'il m'avait fourni sur sa seule héritière, je me vois obligé de fouiller toutes les maisons suspectes de Paris pour y jeter à quelque mauvaise femme une immense fortune. Avant tout, sachez que, par des actes en bonne forme, le comte Ernest de Restaud sera, sous peu de jours, mis en possession d'une fortune qui lui permet d'épouser mademoiselle Camille, tout en constituant à la comtesse de Restaud sa mère, à son frère et à sa sœur, des dots et des parts suffisantes.

— Eh bien, cher monsieur Derville, nous y penserons, répondit madame de Grandlieu. Monsieur Ernest doit être bien riche pour faire accepter sa mère par une famille noble. Il est vrai que Camille pourra ne pas voir sa belle-mère.

— Madame de Beauséant recevait madame de Restaud, dit le vieil oncle.

— Oh! dans ses raouts, répliqua la vicomtesse.

Paris, janvier 1830.

AUTRE ÉTUDE DE FEMME.

DÉDIÉ A LÉON GOZLAN

Comme un témoignage de bonne confraternité littéraire.

A Paris, il se rencontre toujours deux soirées dans les bals ou dans les *raouts*. D'abord une soirée officielle à laquelle assistent les personnes priées, un beau monde qui s'ennuie. Chacun pose pour le voisin. La plupart des jeunes femmes ne viennent que pour une seule personne. Quand chaque femme s'est assurée qu'elle est la plus belle pour cette personne et que cette opinion a pu être partagée par quelques autres, après des phrases insignifiantes échangées, comme celles-ci : — Comptez-vous aller de bonne heure à *** (un nom de terre) ? — Madame une telle a bien chanté ! — Quelle est cette petite femme qui a tant de diamants ? Ou, après avoir lancé des phrases épigrammatiques qui font un plaisir passager et des blessures de longue durée, les groupes s'éclaircissent, les indifférents s'en vont, les bougies brûlent dans les bobèches ; la maîtresse de la maison arrête alors quelques artistes, des gens gais, des amis, en leur disant : — Restez, nous soupons entre nous.

On se rassemble dans un petit salon. La seconde, la véritable soirée a lieu ; soirée où, comme sous l'ancien régime, chacun entend ce qui se dit, où la conversation est générale, où l'on est forcé d'avoir de l'esprit et de contribuer à l'amusement public. Tout est en relief, un rire franc succède à ces airs gourmés qui, dans le monde, attristent les plus jolies figures. Enfin, le plaisir commence à où le raout finit. Le raout, cette froide revue du luxe, ce défilé d'amours-propres en grand costume, est une de ces inventions anglaises qui tendent à *mécaniser* les autres nations. L'Angleterre semble tenir à ce que le monde entier s'ennuie comme elle et autant qu'elle.

Cette seconde soirée est donc, en France, dans quelques maisons, une heureuse protestation de l'ancien esprit de notre joyeux pays; mais, malheureusement, peu de maisons protestent : la raison en est bien simple. Si l'on ne soupe plus beaucoup aujourd'hui, c'est que, sous aucun régime, il n'y a eu moins de gens casés, posés et arrivés. Tout le monde est en marche vers quelque but, ou trotte après la fortune. Le temps est devenu la plus chère denrée, personne ne peut donc se livrer à cette prodigieuse prodigalité de rentrer chez soi le lendemain pour se réveiller tard. On ne retrouve donc plus de seconde soirée que chez les femmes assez riches pour ouvrir leur maison; et depuis la révolution de 1830, ces femmes se comptent dans Paris. Malgré l'opposition muette du faubourg Saint-Germain, deux ou trois femmes, parmi lesquelles se trouve madame la marquise d'Espard, n'ont pas voulu renoncer à la part d'influence qu'elles avaient sur Paris, et n'ont point fermé leurs salons. Entre tous, l'hôtel de madame d'Espard, célèbre d'ailleurs à Paris, est le dernier asile où se soit réfugié l'esprit français d'autrefois, avec sa profondeur cachée, ses mille détours et sa politesse exquise. Là vous observerez encore de la grâce dans les manières malgré les conventions de la politesse ; de l'abandon dans la causerie malgré la réserve naturelle aux gens comme il faut, et surtout de la générosité dans les idées: Là, nul ne pense à garder sa pensée pour un drame; et, dans un récit, personne ne voit un livre à faire. Enfin le hideux squelette d'une littérature aux abois ne se dresse point, à propos d'une saillie heureuse ou d'un sujet intéressant.

Le souvenir d'une de ces soirées m'est plus particulièrement resté, moins à cause d'une confidence où l'illustre de Marsay mit à découvert un des replis les plus profonds du cœur de la femme, qu'à cause des observations auxquelles son récit donna lieu sur les changements qui se sont opérés dans la femme française depuis la triste révolution de juillet.

Pendant cette soirée, le hasard avait réuni plusieurs personnes auxquelles d'incontestables mérites ont valu des réputations européennes. Ceci n'est point une flatterie adressée à la France, car plusieurs étrangers se trouvaient parmi nous. Les hommes qui brillèrent le plus n'étaient d'ailleurs pas les plus célèbres. Ingénieuses réparties, observations fines, railleries excellentes, peintures dessinées avec une netteté brillante, petillèrent et se pressèrent sans apprêt, se prodiguèrent sans dédain comme sans recherche, mais furent délicieusement senties et délicatement savourées. Les gens du monde se firent surtout remarquer par une grâce, par une verve tout artistiques.

Vous rencontrerez ailleurs, en Europe, d'élégantes manières, de la cordialité, de la bonhomie, de la science; mais à Paris seulement, dans ce salon et dans ceux dont je viens de parler, abonde l'esprit particulier qui donne à toutes ces qualités sociales un agréable et capricieux ensemble, je ne sais quelle allure fluviale qui fait facilement serpenter cette profusion de pensées, de formules, de contes, de documents historiques. Paris, capitale du goût, connaît seul cette science qui change une conversation en une joute où chaque nature d'esprit se condense par un trait, où chacun dit sa phrase et jette son expérience dans un mot, où tout le monde s'amuse, se délasse et s'exerce. Aussi, là seulement, vous échangerez vos idées; là vous ne porterez pas, comme le dauphin de la fable, quelque singe sur vos épaules; là vous serez compris, et ne risquerez pas de mettre au jeu des pièces d'or contre du billon. Enfin, là, des secrets bien trahis, des causeries légères et profondes ondoient, tournent, changent d'aspect et de couleurs à chaque phrase. Les critiques vives et les récits pressés s'entraînent les uns les autres. Tous les yeux écoutent, les gestes interrogent et la physionomie répond. Enfin, là tout est, en un mot, esprit et pensée.

Jamais le phénomène oral qui, bien étudié, bien manié, fait la puissance de l'acteur et du conteur, ne m'avait si complétement ensorcelé. Je ne fus pas seul soumis à ces prestiges, et nous passâmes tous une soirée délicieuse. La conversation, devenue conteuse, entraîna dans son cours précipité de curieuses confidences, plusieurs portraits, mille folies, qui rendent cette ravissante improvisation tout à fait intraduisible; mais, en laissant à ces choses leur verdeur, leur abrupt naturel, leurs fallacieuses sinuosités, peut-être comprendrez-vous bien le charme d'une véritable soirée française, prise au moment où la familiarité la plus douce fait oublier à chacun ses intérêts, son amour-propre spécial, ou, si vous voulez, ses prétentions.

Vers deux heures du matin, au moment où le souper finissait, il ne se trouva plus autour de la table que des intimes, tous éprouvés par un commerce de quinze années, ou des gens de beaucoup de goût ; bien élevés et qui savaient le monde. Par une convention tacite et bien observée, au souper chacun renonce à son importance. L'égalité la plus absolue y donne le ton. Il n'y avait d'ailleurs alors personne qui ne fût très-fier d'être lui-même. Madame d'Espard oblige ses convives à rester à table jusqu'au départ, après avoir maintes fois remarqué le changement total qui s'opère dans les esprits par le déplacement. De la salle à manger au salon, le charme se rompt. Selon Sterne, les idées d'un auteur qui s'est fait la barbe diffèrent de celles qu'il avait auparavant ; si Sterne a raison, ne peut-on pas affirmer hardiment que les dispositions des gens à table ne sont plus celles des mêmes gens revenus au salon ? L'atmosphère n'est plus capiteuse, l'œil ne contemple plus le brillant désordre du dessert, on a perdu les bénéfices de cette mollesse d'esprit, de cette bénévolence qui nous envahit quand nous restons dans l'assiette particulière à l'homme rassasié, bien établi sur une de ces chaises moelleuses comme on les fait aujourd'hui. Peut-être cause-t-on plus volontiers devant un dessert, en compagnie de vins fins, pendant le délicieux moment où chacun peut mettre son coude sur la table et sa tête dans sa main. Non-seulement alors tout le monde aime à parler, mais encore à écouter. La digestion, presque toujours attentive, est, selon les caractères, ou babillarde, ou silencieuse ; et chacun y trouve alors son compte.

Ne fallait-il pas ce préambule pour vous initier aux charmes du récit confidentiel par lequel un homme célèbre, mort depuis, a peint l'innocent jésuitisme de la femme avec cette finesse particulière aux gens qui ont vu beaucoup de choses et qui fait des hommes d'État de délicieux conteurs, lorsque, comme les princes de Talleyrand et de Metternich, ils daignent conter.

De Marsay, nommé premier ministre depuis six mois, avait déjà donné les preuves d'une capacité supérieure. Quoique ceux qui le connaissaient de longue main ne fussent pas étonnés de lui voir déployer tous les talents et les diverses aptitudes de l'homme d'État, on pouvait se demander s'il se savait être un grand politique, ou s'il s'était développé dans le feu des circonstances. Cette question venait de lui être adressée dans une intention évidemment philosophique par un homme d'esprit et d'observation qu'il avait nommé préfet, qui fut longtemps journaliste, et qui l'admirait sans mêler à son admiration ce filet de critique vinaigrée avec lequel, à Paris, un homme supérieur s'excuse d'en admirer un autre.

— Y a-t-il eu, dans votre vie antérieure, un fait, une pensée, un désir qui vous ait appris votre vocation? lui dit Émile Blondet, car nous avons tous, comme Newton, notre pomme qui tombe et qui nous amène sur le terrain où nos facultés se déploient...

— Oui, répondit de Marsay, je vais vous conter cela.

Jolies femmes, dandies politiques, artistes, vieillards, les intimes de de Marsay, tous se mirent alors commodément, chacun dans sa pose, et regardèrent le premier ministre. Est-il besoin de dire qu'il n'y avait plus de domestiques, que les portes étaient closes et les portières tirées? Le silence fut si profond qu'on entendit dans la cour le murmure des cochers, les coups de pied et les bruits que font les chevaux en demandant à revenir à l'écurie.

— L'homme d'État, mes amis, n'existe que par une seule qualité, dit le ministre en jouant avec son couteau de nacre et d'or : savoir être toujours maître de soi, faire à tout propos le décompte de chaque événement, quelque fortuit qu'il puisse être ; enfin, avoir, dans son moi intérieur, un être froid et désintéressé qui assiste en spectateur à tous les mouvements de notre vie, à nos passions, à nos sentiments, et qui nous souffle à propos de toute chose l'arrêt d'une espèce de barême moral.

— Vous nous expliquez ainsi pourquoi l'homme d'État est si rare en France, dit le vieux lord Dudley.

— Au point de vue sentimental, ceci est horrible, reprit le ministre. Aussi, quand ce phénomène a lieu chez un jeune homme... (Richelieu, qui, averti du danger de Concini par une lettre, la veille, dormit jusqu'à midi, quand on devait tuer son bienfaiteur à dix heures), un jeune homme, Pitt ou Napoléon, si vous voulez, est-il une monstruosité? Je suis devenu ce monstre de très-bonne heure, et grâce à une femme.

— Je croyais, dit madame d'Espard en souriant, que nous défaisions beaucoup plus de politiques que nous n'en faisions.

— Le monstre de qui je vous parle n'est un monstre que parce qu'il vous résiste, répondit le conteur en faisant une ironique inclination de tête.

— S'il s'agit d'une aventure d'amour, dit la baronne de Nucingen, je demande qu'on ne la coupe par aucune réflexion.

— La réflexion y est si contraire! s'écria Blondet.

— J'avais dix-sept ans, reprit de Marsay, la Restauration allait se raffermir; mes vieux amis savent combien alors j'étais impétueux et bouillant; j'aimais pour la première fois, et, je puis aujourd'hui le dire, j'étais un des plus jolis jeunes gens de Paris : j'avais la beauté, la jeunesse, deux avantages dus au hasard et dont nous sommes fiers comme d'une conquête. Je suis forcé de me taire sur le reste. Comme tous les jeunes gens, j'aimais une femme de six ans plus âgée que moi. Personne de vous, dit-il en faisant par un regard le tour de la table, ne peut se douter de son nom ni la reconnaître. Ronquerolles, dans ce temps, a seul pénétré mon secret, il l'a bien gardé, j'aurais craint son sourire; mais il est parti, dit le ministre en regardant autour de lui.

— Il n'a pas voulu souper, dit madame d'Espard.

— Depuis six mois, possédé par mon amour, incapable de soupçonner que ma passion me maîtrisait, reprit le premier ministre, je me livrais à ces adorables divinations qui sont et le triomphe et le fragile bonheur de la jeunesse. Je gardais *ses* vieux gants, je buvais en infusion les fleurs qu'*elle* avait portées, je me relevais la nuit pour aller voir *ses* fenêtres. Tout mon sang se portait au cœur en respirant le parfum qu'*elle* avait adopté. J'étais à mille lieues de reconnaître que les femmes sont des poêles à dessus de marbre.

— Oh! faites-nous grâce de vos horribles sentences? dit madame de l'Estorade en souriant.

— J'aurais foudroyé, je crois, de mon mépris le philosophe qui a publié cette terrible pensée d'une profonde justesse, reprit de Marsay. Vous êtes tous trop spirituels pour que je vous en dise davantage. Ce peu de mots vous rappellera vos propres folies. Grande dame s'il en fût jamais, et veuve sans enfants (oh! tout y était!), mon idole s'était enfermée pour marquer elle-même mon linge avec ses cheveux; enfin, elle répondait à mes folies par d'autres folies. Ainsi, comment ne pas croire à la passion quand elle est garantie par la folie? Nous avions mis l'un et l'autre tout notre esprit à cacher un si complet et si bel amour aux yeux du monde;

et nous y réussissions. Aussi, quel charme nos escapades n'avaient-elles pas ? D'elle, je ne vous dirai rien : alors parfaite, elle passe encore aujourd'hui pour une des belles femmes de Paris ; mais alors on se serait fait tuer pour obtenir un de ses regards. Elle était restée dans une situation de fortune satisfaisante pour une femme adorée et qui aimait, mais que la Restauration, à laquelle elle devait un lustre nouveau, rendait peu convenable relativement à son nom. Dans ma situation, j'avais la fatuité de ne pas concevoir un soupçon. Quoique ma jalousie fût alors d'une puissance de cent vingt Othello, ce sentiment terrible sommeillait en moi comme l'or dans sa pépite. Je me serais fait donner des coups de bâton par mon domestique si j'avais eu la lâcheté de mettre en question la pureté de cet ange si frêle et si fort, si blond et si naïf, pur, candide, et dont l'œil bleu se laissait pénétrer à fond de cœur, avec une adorable soumission par mon regard. Jamais la moindre hésitation dans la pose, dans le regard ou la parole ; toujours blanche, fraîche, et prête au bien-aimé comme le lis oriental du *Cantique des cantiques!*... Ah ! mes amis ! s'écria douloureusement le ministre redevenu jeune homme, il faut se heurter bien durement la tête au dessus de marbre pour dissiper cette poésie !

Ce cri naturel, qui eut de l'écho chez les convives, piqua leur curiosité déjà si savamment excitée.

— Tous les matins, monté sur ce beau Sultan que vous m'aviez envoyé d'Angleterre, dit-il à lord Dudley, je passais le long de sa calèche dont les chevaux allaient exprès au pas, et je voyais le mot d'ordre écrit en fleurs dans son bouquet pour le cas où nous ne pourrions rapidement échanger une phrase. Quoique nous nous vissions à peu près tous les soirs dans le monde et qu'elle m'écrivît tous les jours, nous avions adopté, pour tromper les regards et déjouer les observations, une manière d'être. Ne pas se regarder, s'éviter, dire du mal l'un de l'autre ; s'admirer et se vanter ou se poser en amoureux dédaigné, tous ces vieux manéges ne valent pas, de part et d'autre, une fausse passion avouée pour une personne indifférente, et un air d'indifférence pour la véritable idole. Si deux amants veulent jouer ce jeu, le monde en sera toujours la dupe ; mais ils doivent être alors bien sûrs l'un de l'autre. Son plastron, à elle, était un homme en faveur, un homme de cour, froid et dévot qu'elle ne recevait point chez elle. Cette comédie se donnait au profit des sots et des salons qui en riaient. Il n'était point question de mariage entre nous : six ans de différence pouvaient la préoccuper ; elle ne savait rien de ma fortune que, par principe, j'ai toujours cachée. Quant à moi, charmé de son esprit, de ses manières, de l'étendue de ses connaissances, de sa science du monde, je l'eusse épousée sans réflexion. Néanmoins cette réserve me plaisait. Si, la première, elle m'eût parlé mariage d'une certaine façon, peut-être eussé-je trouvé de la vulgarité dans cette âme accomplie. Six mois pleins et entiers, un diamant de la plus belle eau ! voilà ma part d'amour en ce bas monde. Un matin, pris par cette fièvre de courbature que donne un rhume à son début, j'écris un mot pour remettre une de ces fêtes secrètes enfouies sous les toits de Paris comme des perles dans la mer. Une fois la lettre envoyée, un remords me prend : elle ne me croira pas malade ! pensé-je. Elle faisait la jalouse et la soupçonneuse. Quand la jalousie est vraie, dit de Marsay en s'interrompant, elle est le signe évident d'un amour unique...

— Pourquoi ? demanda vivement la princesse de Cadignan.

— L'amour unique et vrai, dit de Marsay, produit une sorte d'apathie corporelle en harmonie avec la contemplation dans laquelle on tombe. L'esprit complique tout alors, il se travaille lui-même, se dessine des fantaisies, en fait des réalités, des tourments ; et cette jalousie est aussi charmante que gênante.

Un ministre étranger sourit en se rappelant, à la clarté d'un souvenir, la vérité de cette observation.

— D'ailleurs, me disais-je, comment perdre un bonheur ? fit de Marsay, en reprenant son récit. Ne valait-il pas mieux venir enfiévré ? Puis, me sachant malade, je la crois capable d'accourir et de se compromettre. Je fais un effort, j'écris une seconde lettre, je la porte moi-même, car mon homme de confiance n'était plus là. Nous étions séparés par la rivière, j'avais Paris à traverser ; mais enfin, à une distance convenable de son hôtel, j'avise un commissionnaire, je lui recommande de faire monter la lettre aussitôt, et j'ai la belle idée de passer en fiacre devant sa porte pour voir si, par hasard, elle ne recevra pas les deux billets à la fois. Au moment où j'arrive, à deux heures, la grande porte s'ouvrait pour laisser entrer la voiture de qui ?... du plastron ! Il y a quinze ans de cela... eh ! bien, en vous en parlant, l'orateur épuisé, le ministre desséché au contact des affaires publiques sent encore un bouillonnement dans son cœur et une chaleur à son diaphragme. Au bout d'une heure, je repasse : la voiture était encore dans la cour! Mon mot restait sans doute chez le concierge. Enfin, à trois heures et demie, la voiture partit, je pus étudier la physionomie de mon rival : il était grave, il ne souriait point ; mais il aimait, et sans doute il s'agissait de quelque affaire. Je vais au rendez-vous, la reine de mon cœur y vient, je la trouve calme, pure et sereine. Ici, je dois vous avouer que j'ai toujours trouvé Othello non-seulement stupide, mais de mauvais goût. Un homme à moitié nègre est seul capable de se conduire ainsi. Shakspeare l'a bien senti d'ailleurs en intitulant sa pièce *le More de Venise*. L'aspect de la femme aimée a quelque chose de si balsamique pour le cœur, qu'il doit dissiper la douleur, les doutes, les chagrins : toute ma colère tomba, je retrouvai mon sourire. Ainsi cette contenance qui, à mon âge, eût été la plus horrible dissimulation, fut un effet de ma jeunesse et de mon amour. Une fois ma jalousie enterrée, j'eus la puissance d'observer. Mon état maladif était visible, les doutes horribles qui m'avaient travaillé l'augmentaient encore. Enfin, je trouvai un joint pour glisser ces mots : — Vous n'aviez personne ce matin chez vous? en me fondant sur l'inquiétude où m'avait jeté la crainte qu'elle ne disposât de sa matinée d'après mon premier billet. — Ah! dit-elle, il faut être homme pour avoir de pareilles idées ! Moi, penser à autre chose qu'à tes souffrances? Jusqu'au moment où le second billet est venu, je n'ai fait que chercher les moyens de t'aller voir. — Et tu es restée seule ? — Seule, dit-elle en me regardant avec une si parfaite attitude d'innocence, que ce fut défié par un air de ce genre-là que le More a dû tuer Desdémona. Comme elle occupait à elle seule son hôtel, ce mot était un affreux mensonge. Un seul mensonge détruit cette confiance absolue qui, pour certaines âmes, est le fond même de l'amour. Pour vous exprimer ce qui se fit en moi dans ce moment, il faudrait admettre que nous avons un être intérieur dont le *nous* visible est le fourreau, que cet être, brillant comme une lumière, est délicat comme une ombre... eh! bien, ce beau *moi* fut alors vêtu pour toujours d'un crêpe. Oui, je sentis une main froide et décharnée me passer le suaire de l'expérience, m'imposer le deuil éternel que met en notre âme une première trahison. En baissant les yeux pour ne pas lui laisser remarquer mon éblouissement, cette pensée orgueilleuse me rendit un peu de force : — Si elle te trompe, elle est indigne de toi ! Je mis ma rougeur subite et quelques larmes qui me vinrent aux yeux sur un redoublement de douleur, et la douce créature voulut me reconduire jusque chez moi, les stores du fiacre baissés. Pendant le chemin, elle fut d'une sollicitude et d'une tendresse qui eussent trompé ce même More de Venise que je prends pour point de comparaison. En effet, si ce grand enfant hésite deux secondes encore, tout spectateur intelligent devine qu'il va demander pardon à Desdémona. Aussi, tuer une femme, est-ce un acte d'enfant! Elle pleura en me quittant, tant elle était malheureuse de ne pouvoir me soigner elle-même. Elle souhaitait être mon valet de chambre, dont le bonheur était pour elle un sujet de jalousie, et tout cela rédigé, oh! mais comme l'eût écrit Clarisse heureuse. Il y a toujours un fameux singe dans la plus jolie et la plus angélique des femmes!

A ce mot, toutes les femmes baissèrent les yeux comme blessées par cette cruelle vérité, si cruellement formulée.

— Je ne vous dis rien ni de la nuit, ni de la semaine que j'ai passée, reprit de Marsay, je me suis reconnu homme d'État.

Ce mot fut si bien dit que nous laissâmes tous échapper un geste d'admiration.

— En repassant avec un esprit infernal les véritables cruelles vengeances qu'on peut tirer d'une femme, dit de Marsay en continuant (et, comme nous nous aimions, il y en avait de terribles, d'irréparables), je me méprisais, je me sentais vulgaire, je formulais insensiblement un code horrible, celui de l'Indulgence. Se venger d'une femme, n'est-ce pas reconnaître qu'il n'y en a qu'une pour nous, que nous ne saurions nous passer d'elle? et alors la vengeance est-elle le moyen de la reconquérir? Si elle ne nous est pas indispensable, s'il y en a d'autres, pourquoi ne pas lui laisser le droit de changer que nous nous arrogeons? Ceci, bien entendu, ne s'applique qu'à la passion; autrement, ce serait anti-social, et rien ne prouve mieux la nécessité d'un mariage indissoluble que l'instabilité de la passion. Les deux sexes doivent être enchaînés, comme des bêtes féroces qu'ils sont, dans des lois fatales, sourdes et muettes. Supprimez la vengeance, la trahison n'est plus rien en amour. Ceux qui croient qu'il n'existe qu'une seule femme dans le monde pour eux, ceux-là doivent être pour la vengeance, et alors il n'y en a qu'une, celle d'Othello. Voici la mienne.

Ce mot détermina parmi nous tous ce mouvement imperceptible que les journalistes peignent ainsi dans les discours parlementaires : (Profonde sensation).

— Guéri de mon rhume et de l'amour pur, absolu, divin, je me laissai aller à une aventure dont l'héroïne était charmante, et d'un genre de beauté tout opposé à celui de mon ange trompeur. Je me gardai bien de rompre avec cette femme si forte et si bonne comédienne; car je ne sais pas si le véritable amour donne d'aussi gracieuses jouissances qu'en prodigue une si savante tromperie. Une pareille hypocrisie vaut la vertu (je ne dis pas cela pour vous autres Anglaises, milady, s'écria doucement le ministre, en s'adressant à lady Barimore, fille de lord Dudley). Enfin, je tâchai d'être le même amoureux. J'eus à faire travailler, pour mon nouvel ange, quelques mèches de mes cheveux, et j'allai chez un habile artiste qui, dans ce temps, demeurait rue Boucher. Cet homme avait le monopole des présents capillaires, et je donne son adresse pour ceux qui n'ont pas beaucoup de cheveux : il en a de tous les genres et de toutes les couleurs. Après s'être fait expliquer ma commande, il me montra ses ouvrages. Je vis alors des œuvres de patience qui surpassent ce que les contes attribuent aux fées et ce que font les forçats. Il me mit au courant des caprices et des modes qui régissaient la partie des cheveux. — Depuis un an, me dit-il, on a eu la fureur de marquer le linge en cheveux ; et, heureusement, j'avais de belles collections de cheveux et d'excellentes ouvrières. En entendant ces mots, je suis atteint par un soupçon, je tire mon mouchoir, et lui dis : — En sorte que ceci s'est fait chez vous, avec de faux cheveux ? Il regarda mon mouchoir, et dit : — Oh ! cette dame était bien difficile, elle a voulu vérifier la nuance de ses cheveux. Ma femme a marqué ces mouchoirs-là elle-même. Vous avez là, monsieur, une des plus belles choses qui se soient exécutées. Avant ce dernier trait de lumière, j'aurais cru à quelque chose, j'aurais fait attention à la parole d'une femme. Je sortis ayant foi dans le plaisir, mais, en fait d'amour, je devins athée comme un mathématicien. Deux mois après, j'étais assis auprès de la femme éthérée, dans son boudoir, sur son divan. Je tenais l'une de ses mains, elle les avait fort belles, et nous gravissions les Alpes du sentiment, cueillant les plus jolies fleurs, effeuillant des marguerites (il y a toujours un moment où l'on effeuille des marguerites, même quand on est dans un salon et qu'on n'a pas de marguerites)..... Au plus fort de la tendresse, et quand on s'aime le mieux, l'amour a si bien la conscience de son peu de durée, qu'on éprouve un invincible besoin

de se demander : « M'aimes-tu ? m'aimeras-tu toujours ? » Je saisis
ce moment élégiaque, si tiède, si fleuri, si épanoui, pour lui faire
dire ses plus beaux mensonges dans le ravissant langage de ces
exagérations spirituelles, et de cette poésie gasconne particulières à
l'amour. Elle étala la fine fleur de ses tromperies : elle ne pouvait
pas vivre sans moi, j'étais le seul homme qu'il y eût pour elle au
monde, elle avait peur de m'ennuyer parce que ma présence lui
ôtait tout son esprit ; près de moi, ses facultés devenaient tout
amour ; elle était d'ailleurs trop tendre pour ne pas avoir des
craintes ; elle cherchait depuis six mois le moyen de m'attacher éternellement, et il n'y avait que Dieu qui connaissait ce secret-là :
enfin elle faisait de moi son dieu !...

Les femmes qui entendaient alors de Marsay parurent offensées
en se voyant si bien jouées, car il accompagna ces mots par des
mines, par des poses de tête et des minauderies qui faisaient illusion.

— Au moment où j'allais croire à ces adorables faussetés, lui
tenant toujours sa main moite dans la mienne, je lui dis : — Quand
épouses-tu le duc ?.... Ce coup de pointe était si direct, mon regard
si bien affronté avec le sien, et sa main si doucement posée dans
la mienne, que son tressaillement, si léger qu'il fût, ne put être
entièrement dissimulé ; son regard fléchit sous le mien, une faible
rougeur nuança ses joues. — Le duc ! Que voulez-vous dire ?
répondit-elle en feignant un profond étonnement. — Je sais tout,
repris-je ; et, dans mon opinion, vous ne devez plus tarder : il est
riche, il est duc ; mais il est plus que dévot, il est religieux ! Aussi
suis-je certain que vous m'avez été fidèle, grâce à ses scrupules.
Vous ne sauriez croire combien il est urgent pour vous de le compromettre vis-à-vis de lui-même et de Dieu ; sans cela, vous n'en
finiriez jamais. Est-ce un rêve ? dit-elle en faisant sur ses cheveux
au-dessus du front, quinze ans avant la Malibran, le si célèbre geste
de la Malibran. — Allons, ne fais pas l'enfant, mon ange, lui dis-je
en voulant lui prendre les mains. Mais elle se croisa les mains sur la
taille avec un petit air prude et courroucé. — Épousez-le, je vous le
permets, repris-je en répondant à son geste par le *vous* de salon.
Il y a mieux, je vous y engage. — Mais, dit-elle en tombant à mes
genoux, il y a quelque horrible méprise : je n'aime que toi dans le
monde ; tu peux m'en demander les preuves que tu voudras. —
Relevez-vous, ma chère, et faites-moi l'honneur d'être franche.
— Comme avec Dieu. — Doutez-vous de mon amour ? — Non. —

De ma fidélité? — Non. — Eh! bien, j'ai commis le plus grand des crimes, repris-je, j'ai douté de votre amour et de votre fidélité. Entre deux ivresses, je me suis mis à regarder tranquillement autour de moi. — Tranquillement! s'écria-t-elle en soupirant. En voilà bien assez. Henri, vous ne m'aimez plus. Elle avait déjà trouvé, comme vous le voyez, une porte pour s'évader. Dans ces sortes de scènes un adverbe est bien dangereux. Mais heureusement la curiosité lui fit ajouter : — Et qu'avez-vous vu? Ai-je jamais parlé au duc autrement que dans le monde? avez-vous surpris dans mes yeux...? — Non, dis-je; mais dans les siens. Et vous m'avez fait aller huit fois à Saint-Thomas-d'Aquin vous voir entendant la même messe que lui. — Ah! s'écria-t-elle enfin, je vous ai donc rendu jaloux. — Oh! je voudrais bien l'être, lui dis-je en admirant la souplesse de cette vive intelligence et ces tours d'acrobates qui ne réussissent que devant des aveugles. Mais, à force d'aller à l'église, je suis devenu très incrédule. Le jour de mon premier rhume et de votre première tromperie, quand vous m'avez cru au lit, vous avez reçu le duc, et vous m'avez dit n'avoir vu personne. — Savez-vous que votre conduite est infâme? — En quoi? Je trouve que votre mariage avec le duc est une excellente affaire : il vous donne un beau nom, la seule position qui vous convienne, une situation brillante, honorable. Vous serez l'une des reines de Paris. J'aurais des torts envers vous si je mettais un obstacle à cet arrangement, à cette vie honorable, à cette superbe alliance. Ah! quelque jour, Charlotte, vous me rendrez justice en découvrant combien mon caractère est différent de celui des autres jeunes gens... Vous alliez être forcée de me tromper... Oui, vous eussiez été très embarrassée de rompre avec moi, car il vous épie. Il est temps de nous séparer, le duc est d'une vertu sévère. Il faut que vous deveniez prude, je vous le conseille. Le duc est vain, il sera fier de sa femme. — Ah! me dit-elle en fondant en larmes, Henri, si tu avais parlé! oui, si tu l'avais voulu (j'avais tort, comprenez-vous?), nous fussions allés vivre toute notre vie dans un coin, mariés, heureux, à la face du monde. — Enfin, il est trop tard, repris-je en lui baisant les mains et prenant un petit air de victime. — Mon Dieu! mais je puis tout défaire, reprit-elle. — Non, vous êtes trop avancée avec le duc. Je dois même faire un voyage pour nous mieux séparer. Nous aurions à craindre l'un et l'autre notre propre amour... — Croyez-vous, Henri, que le duc ait des soupçons? J'étais encore Henri, mais j'avais toujours perdu le *tu*. — Je ne le pense pas, répondis-je, en prenant les manières et le ton d'un *ami ;* mais soyez tout à fait dévote, réconciliez-vous avec Dieu, car le duc attend des preuves, il hésite, et il faut le décider. Elle se leva, fit deux fois le tour de son boudoir dans une agitation véritable ou feinte ; puis elle trouva sans doute une pose et un regard en harmonie avec cette situation nouvelle, car elle s'arrêta devant moi, me tendit la main et me dit d'un son de voix ému : — Eh ! bien, Henri, vous êtes un loyal, un noble et charmant homme : je ne vous oublierai jamais. Ce fut d'une admirable stratégie. Elle fut ravissante dans cette transition, nécessaire à la situation dans laquelle elle voulait se mettre vis-à-vis de moi. Je pris l'attitude, les manières et le regard d'un homme si profondément affligé que je vis sa dignité trop récente mollir ; elle me regarda, me prit par la main, m'attira, me jeta presque, mais doucement, sur le divan, et me dit après un moment de silence : — Je suis profondément triste, mon enfant. Vous m'aimez ? — Oh ! oui. — Eh ! bien, qu'allez-vous devenir ?

Ici, toutes les femmes échangèrent un regard.

— Si j'ai souffert encore en me rappelant sa trahison, je ris encore de l'air d'intime conviction et de douce satisfaction intérieure qu'elle avait, sinon de ma mort, du moins d'une mélancolie éternelle, reprit de Marsay. Oh ! ne riez pas encore, dit-il aux convives, il y a mieux. Je la regardai très amoureusement après une pause, et lui dis : — Oui, voilà ce que je me suis demandé. — Eh ! bien, que ferez-vous ? — Je me le suis demandé le lendemain de mon rhume. — Et....? dit-elle avec une visible inquiétude. — Et je me suis mis en mesure auprès de cette petite dame à qui j'étais censé faire la cour. Charlotte se dressa de dessus le divan comme une biche surprise, trembla comme une feuille, me jeta l'un de ces regards dans lesquels les femmes oublient toute leur dignité, toute leur pudeur, leur finesse, leur grâce même, l'étincelant regard de la vipère poursuivie, forcée dans son coin, et me dit : — Et moi qui l'aimais ! moi qui combattais ! moi qui.... Elle fit sur la troisième idée, que je vous laisse à deviner, le plus beau point d'orgue que j'aie entendu. — Mon Dieu ! s'écria-t-elle, sommes-nous malheureuses ? nous ne pouvons jamais être aimées. Il n'y a jamais rien de sérieux pour vous dans les sentiments les plus purs. Mais, allez, quand vous friponnez, vous êtes encore nos dupes. — Je le vois bien, dis-je d'un air contrit. Vous avez beaucoup trop d'esprit dans votre colère pour que votre cœur en souffre. Cette modeste épigramme redoubla sa fureur, elle trouva des larmes de dépit. — Vous me déshonorez le monde et la vie, dit-elle, vous m'enlevez toutes mes illusions, vous me dépravez le cœur. Elle me dit tout ce que j'avais le droit de lui dire avec une simplicité d'effronterie, avec une témérité naïve qui certes eussent cloué sur la place un autre homme que moi. — Qu'allons-nous être, pauvres femmes, dans la société que nous fait la Charte de Louis XVIII!... (Jugez jusqu'où l'avait entraînée sa phraséologie). — Oui, nous sommes nées pour souffrir. En fait de passion, nous sommes toujours au-dessus et vous au-dessous de la loyauté. Vous n'avez rien d'honnête au cœur. Pour vous l'amour est un jeu où vous trichez toujours. — Chère, lui dis-je, prendre quelque chose au sérieux dans la société actuelle, ce serait filer le parfait amour avec une actrice. — Quelle infâme trahison! elle a été raisonnée... — Non, raisonnable. — Adieu, monsieur de Marsay, dit-elle, vous m'avez horriblement trompée... — Madame la duchesse, répondis-je en prenant une attitude soumise, se souviendra-t-elle donc des injures de Charlotte? — Certes, dit-elle d'un ton amer. — Ainsi, vous me détestez? Elle inclina la tête, et je me dis en moi-même : il y a de la ressource! Je partis sur un sentiment qui lui laissait croire qu'elle avait quelque chose à venger. Eh! bien, mes amis, j'ai beaucoup étudié la vie des hommes qui ont eu des succès auprès des femmes, mais je ne crois pas que ni le maréchal de Richelieu, ni Lauzun, ni Louis de Valois aient jamais fait, pour la première fois, une si savante retraite. Quant à mon esprit et à mon cœur, ils se sont formés là pour toujours, et l'empire qu'alors j'ai su conquérir sur les mouvements irréfléchis qui nous font faire tant de sottises, m'a donné ce beau sang-froid que vous connaissez.

— Combien je plains la seconde! dit la baronne de Nucingen.

Un sourire imperceptible, qui vint effleurer les lèvres pâles de de Marsay, fit rougir Delphine de Nucingen.

— *Gomme on ouplie!* s'écria le baron de Nucingen.

La naïveté du célèbre banquier eut un tel succès que sa femme, qui fut cette *seconde* de de Marsay, ne put s'empêcher de rire comme tout le monde.

— Vous êtes tous disposés à condamner cette femme, dit lady Dudley, eh! bien, je comprends comment elle ne considérait pas son mariage comme une inconstance! Les hommes ne veulent jamais distinguer entre la constance et la fidélité. Je connais la femme de qui monsieur de Marsay nous a conté l'histoire, et c'est une de vos dernières grandes dames!...

— Hélas! milady, vous avez raison, reprit de Marsay. Depuis cinquante ans bientôt nous assistons à la ruine continue de toutes les distinctions sociales, nous aurions dû sauver les femmes de ce grand naufrage, mais le Code civil a passé sur leurs têtes le niveau de ses articles. Quelque terribles que soient ces paroles, disons-les : les duchesses s'en vont, et les marquises aussi! Quant aux baronnes, j'en demande pardon à madame de Nucingen, qui se fera comtesse quand son mari deviendra pair de France, les baronnes n'ont jamais pu se faire prendre au sérieux.

— L'aristocratie commence à la vicomtesse, dit Blondet en souriant.

— Les comtesses resteront, reprit de Marsay. Une femme élégante sera plus ou moins comtesse, comtesse de l'empire ou d'hier, comtesse de vieille roche, ou, comme on dit en italien, comtesse de politesse. Mais quant à la grande dame, elle est morte avec l'entourage grandiose du dernier siècle, avec la poudre, les mouches, les mules à talons, les corsets busqués ornés d'un delta de nœuds en rubans. Les duchesses aujourd'hui passent par les portes sans qu'il soit besoin de les faire élargir par leurs paniers. Enfin, l'Empire a vu les dernières robes à queue! Je suis encore à comprendre comment le souverain qui voulait faire balayer sa cour par le satin ou le velours des robes ducales n'a pas établi pour certaines familles le droit d'aînesse par d'indestructibles lois. Napoléon n'a pas deviné les effets de ce Code qui le rendait si fier. Cet homme, en créant ses duchesses, engendrait nos *femmes comme il faut* d'aujourd'hui, le produit médiat de sa législation.

— La pensée, prise comme un marteau et par l'enfant qui sort du collége et par le journaliste obscur, a démoli les magnificences de l'état social, dit le marquis de Vandenesse. Aujourd'hui, tout drôle qui peut convenablement soutenir sa tête sur un col, couvrir sa puissante poitrine d'homme d'une demi-aune de satin en forme de cuirasse, montrer un front où reluise un génie apocryphe sous des cheveux bouclés, se dandiner sur deux escarpins vernis ornés de chaussettes en soie qui coûtent six francs, tient son lorgnon dans une de ses arcades sourcilières en plissant le haut de sa joue, et, fût-il clerc d'avoué, fils d'entrepreneur ou bâtard de banquier, il toise impertinemment la plus jolie duchesse, l'évalue quand elle descend l'escalier d'un théâtre, et dit à son ami habillé par Buis‑ n, chez qui nous nous habillons tous, et monté sur vernis comme premier duc venu : — Voilà, mon cher, une femme comme il ut

— Vous n'avez pas su, dit lord Dudley, devenir un parti, vous n'aurez pas de politique d'ici longtemps. En France, vous parlez beaucoup d'organiser le Travail et vous n'avez pas encore organisé la Propriété. Voici donc ce qui vous arrive : Un duc quelconque (il s'en rencontrait encore sous Louis XVIII ou sous Charles X qui possédaient deux cent mille livres de rente, un magnifique hôtel, un domestique somptueux) ce duc pouvait se conduire en grand seigneur. Le dernier de ces grands seigneurs français est le prince de Talleyrand. Ce duc laisse quatre enfants, dont deux filles. En supposant beaucoup de bonheur dans la manière dont il les a mariés tous, chacun de ses hoirs n'a plus que soixante ou quatre-vingt mille livres de rente aujourd'hui; chacun d'eux est père ou mère de plusieurs enfants, conséquemment obligé de vivre dans un appartement, au rez-de-chaussée ou au premier étage d'une maison, avec la plus grande économie; qui sait même s'ils ne quêtent pas une fortune? Dès lors la femme du fils aîné, qui n'est duchesse que de nom, n'a ni sa voiture, ni ses gens, ni sa loge, ni son temps à elle ; elle n'a ni son appartement dans son hôtel, ni sa fortune, ni ses babioles ; elle est enterrée dans le mariage comme une femme de la rue Saint-Denis l'est dans son commerce; elle achète les bas de ses chers petits enfants, les nourrit et surveille ses filles qu'elle ne met plus au couvent. Vos femmes les plus nobles sont ainsi devenues d'estimables couveuses.

— Hélas! oui, dit Blondet. Notre époque n'a plus ces belles fleurs féminines qui ont orné les grands siècles de la Monarchie française. L'éventail de la grande dame est brisé. La femme n'a plus à rougir, à médire, à chuchoter, à se cacher, à se montrer. L'éventail ne sert plus qu'à s'éventer. Quand une chose n'est plus que ce qu'elle est, elle est trop utile pour appartenir au luxe.

— Tout en France a été complice de la femme comme il faut, dit madame d'Espard. L'aristocratie y a consenti par sa retraite au fond de ses terres où elle est allée se cacher pour mourir, émigrant à l'intérieur devant les idées, comme jadis à l'étranger devant les masses populaires. Les femmes qui pouvaient fonder des salons européens, commander l'opinion, la retourner comme un gant, dominer le monde en dominant les hommes d'art ou de pensée qui devaient le dominer, ont commis la faute d'abandonner le terrain, honteuses d'avoir à lutter avec une bourgeoisie enivrée de pouvoir et débouchant sur la scène du monde pour s'y faire peut-être hacher en morceaux par les barbares qui la talonnent. Aussi, là où les bourgeois veulent voir des princesses, n'aperçoit-on que des jeunes personnes comme il faut. Aujourd'hui les princes ne trouvent plus de grandes dames à compromettre, ils ne peuvent même plus illustrer une femme prise au hasard. Le duc de Bourbon est le dernier prince qui ait usé de ce privilége.

— Et Dieu sait seul ce qu'il lui en coûte ! dit lord Dudley.

— Aujourd'hui, les princes ont des femmes comme il faut, obligées de payer en commun leur loge avec des amies, et que la faveur royale ne grandirait pas d'une ligne, qui filent sans éclat entre les eaux de la bourgeoisie et celles de la noblesse, ni tout à fait nobles, ni tout à fait bourgeoises, dit amèrement la comtesse de Montcornet.

— La Presse a hérité de la Femme, s'écria le marquis de Vandenesse. La femme n'a plus le mérite du feuilleton parlé, des délicieuses médisances ornées de beau langage. Nous lisons des feuilletons écrits dans un patois qui change tous les trois ans, de petits journaux plaisants comme des croque-morts, et légers comme le plomb de leurs caractères. Les conversations françaises se font en iroquois révolutionnaire d'un bout à l'autre de la France par de longues colonnes imprimées dans des hôtels où grince une presse à la place des cercles élégants qui y brillaient jadis.

— Le glas de la haute société sonne, entendez-vous ! dit un prince russe, et le premier coup est votre mot moderne de *femme comme il faut !*

— Vous avez raison, mon prince, dit de Marsay. Cette femme, sortie des rangs de la noblesse, ou poussée de la bourgeoisie, venue de tout terrain, même de la province, est l'expression du temps actuel, une dernière image du bon goût, de l'esprit, de la grâce, de la distinction réunis, mais amoindris. Nous ne verrons plus de grandes dames en France, mais il y aura pendant longtemps des femmes comme il faut, envoyées par l'opinion publique dans une haute chambre féminine, et qui seront pour le beau sexe ce qu'est le *gentleman* en Angleterre.

— Et ils appellent cela être en progrès! dit mademoiselle des Touches ; je voudrais savoir où est le progrès.

— Ah! le voici, dit madame de Nucingen. Autrefois une femme pouvait avoir une voix de harengère, une démarche de grenadier, un front de courtisane audacieuse, les cheveux plantés en arrière, le pied gros, la main épaisse, elle était néanmoins une grande dame ; mais aujourd'hui, fût-elle une Montmorency, si les demoiselles de Montmorency pouvaient jamais être ainsi, elle ne serait pas une femme comme il faut.

— Mais, qu'entendez-vous par une femme comme il faut? demanda naïvement le comte Adam Laginski.

— C'est une création moderne, un déplorable triomphe du système électif appliqué au beau sexe, dit le ministre. Chaque révolution a son mot, un mot où elle se résume et qui la peint.

— Vous avez raison, dit le prince russe qui était venu se faire une réputation littéraire à Paris. Expliquer certains mots ajoutés de siècle en siècle à votre belle langue, ce serait faire une magnifique histoire. Organiser, par exemple, est un mot de l'empire, et qui contient Napoléon tout entier.

— Tout cela ne me dit pas ce qu'est une femme comme il faut?

— Eh! bien, je vais vous l'expliquer, répondit Émile Blondet au jeune comte polonais. Par une jolie matinée vous flânez dans Paris. Il est plus de deux heures, mais cinq heures ne sont pas sonnées. Vous voyez venir à vous une femme ; le premier coup d'œil jeté sur elle est comme la préface d'un beau livre, il vous fait pressentir un monde de choses élégantes et fines. Comme le botaniste à travers monts et vaux de son herborisation, parmi les vulgarités parisiennes vous rencontrez enfin une fleur rare. Ou cette femme est accompagnée de deux hommes très-distingués, dont un au moins est décoré, ou quelque domestique en petite tenue la suit à dix pas de distance. Elle ne porte ni couleurs éclatantes, ni bas à jours, ni boucle de ceinture trop travaillée, ni pantalons à manchettes brodées bouillonnant autour de sa cheville. Vous remarquez à ses pieds soit des souliers de prunelle à cothurnes croisés sur un bas de coton d'une finesse excessive ou sur un bas de soie uni de couleur grise, soit des brodequins de la plus exquise simplicité. Une étoffe assez jolie et d'un prix médiocre vous fait distinguer sa robe, dont la façon surprend plus d'une bourgeoise : c'est presque toujours une redingote attachée par des nœuds, et mignonnement bordée d'une ganse ou d'un filet imperceptible. L'inconnue a une manière à elle de s'envelopper dans un châle ou dans une mante ; elle sait se prendre de la chute des reins au cou, en dessinant une sorte de carapace qui changerait une bourgeoise en tortue, mais sous laquelle elle vous indique les plus belles formes, tout en les voilant. Par quel moyen? Ce secret, elle le garde sans être protégée par aucun brevet d'invention. Elle se donne par la marche un certain mouvement concentrique et harmonieux qui fait frissonner sous l'étoffe sa forme suave ou dangereuse, comme à midi la couleuvre sous la gaze verte de son herbe frémissante. Doit-elle à un ange ou à un diable cette ondulation gracieuse qui joue sous la longue chape de soie noire, en agite la dentelle au bord, répand un baume aérien, et que je nommerais volontiers la brise de la Parisienne! Vous reconnaîtrez sur les bras, à la taille, autour du cou, une science de plis qui drape la plus rétive étoffe, de manière à vous rappeler la Mnémosyne antique. Ah! comme elle entend, passez-moi cette expression, *la coupe de la démarche!* Examinez bien cette façon d'avancer le pied en moulant la robe avec une si décente précision qu'elle excite chez le passant une admiration mêlée de désir, mais comprimée par un profond respect. Quand une Anglaise essaie de ce pas, elle a l'air d'un grenadier qui se porte en avant pour attaquer une redoute. A la femme de Paris le génie de la démarche! Aussi la municipalité lui devait-elle l'asphalte des trottoirs. Cette inconnue ne heurte personne. Pour passer, elle attend avec une orgueilleuse modestie qu'on lui fasse place. La distinction particulière aux femmes bien élevées se trahit surtout par la manière dont elle tient le châle ou la mante croisés sur sa poitrine. Elle vous a, tout en marchant, un petit air digne et serein, comme les madones de Raphaël dans leur cadre. Sa pose, à la fois tranquille et dédaigneuse, oblige le plus insolent dandy à se déranger pour elle. Le chapeau, d'une simplicité remarquable, a des rubans frais. Peut-être y aura-t-il des fleurs, mais les plus habiles de ces femmes n'ont que des nœuds. La plume veut la voiture, les fleurs attirent trop le regard. Là-dessous vous voyez la figure fraîche et reposée d'une femme sûre d'elle-même sans fatuité, qui ne regarde rien et voit tout, dont la vanité, blasée par une continuelle satisfaction, répand sur sa physionomie une indifférence qui pique la curiosité. Elle sait qu'on l'étudie, elle sait que presque tous, même les femmes, se retournent pour la revoir. Aussi tra-

verse-t-elle Paris comme un fil de la vierge, blanche et pure.
Cette belle espèce affectionne les latitudes les plus chaudes, les longitudes les plus propres de Paris ; vous la trouverez entre la 10e et la 110e arcade de la rue de Rivoli ; sous la Ligne des boulevards, depuis l'Équateur des Panoramas, où fleurissent les productions des Indes, où s'épanouissent les plus chaudes créations de l'industrie, jusqu'au cap de la Madeleine ; dans les contrées les moins crottées de bourgeoisie, entre le 30e et le 150e numéro de la rue du Faubourg-Saint-Honoré. Durant l'hiver, elle se plaît sur la terrasse des Feuillants, et point sur le trottoir en bitume qui la longe. Selon le temps, elle vole dans l'allée des Champs-Élysées, bordée à l'est par la place Louis XV, à l'ouest par l'avenue de Marigny, au midi par la chaussée, au nord par les jardins du Faubourg-Saint-Honoré. Jamais vous ne rencontrerez cette jolie variété de femme dans les régions hyperboréales de la rue Saint-Denis, jamais dans les Kamtschatka des rues boueuses, petites ou commerciales ; jamais nulle part par le mauvais temps. Ces fleurs de Paris éclosent par un temps oriental, parfument les promenades, et, passé cinq heures, se replient comme les belles de jour. Les femmes que vous verrez plus tard ayant un peu de leur air, essayant de les singer, sont des femmes *comme il en faut ;* tandis que la belle inconnue, votre Béatrix de la journée, est la *femme comme il faut.* Il n'est pas facile pour les étrangers, cher comte, de reconnaître les différences auxquelles les observateurs émérites les distinguent, tant la femme est comédienne, mais elles crèvent les yeux aux Parisiens : ce sont des agrafes mal cachées, des cordons qui montrent leur lacis d'un blanc roux au dos de la robe par une fente entrebâillée, des souliers éraillés, des rubans de chapeau repassés, une robe trop bouffante, une tournure trop gommée. Vous remarquerez une sorte d'effort dans l'abaissement prémédité de la paupière. Il y a de la convention dans la pose. Quant à la bourgeoise, il est impossible de la confondre avec la femme comme il faut ; elle la fait admirablement ressortir, elle explique le charme que vous a jeté votre inconnue. La bourgeoise est affairée, sort par tous les temps, trotte, va, vient, regarde, ne sait pas si elle entrera, si elle n'entrera pas dans un magasin. Là où la femme comme il faut sait bien ce qu'elle veut et ce qu'elle fait, la bourgeoise est indécise, retrousse sa robe pour passer un ruisseau, traîne avec elle un enfant qui l'oblige à guetter les voitures ; elle est mère en public, et cause avec sa fille ;

elle a de l'argent dans son cabas et des bas à jour aux pieds; en hiver, elle a un boa par-dessus une pèlerine en fourrure, un châle et une écharpe en été : la bourgeoise entend admirablement les pléonasmes de toilette. Votre belle promeneuse, vous la retrouverez aux Italiens, à l'Opéra, dans un bal. Elle se montre alors sous un aspect si différent, que vous diriez deux créations sans analogie. La femme est sortie de ses vêtements mystérieux comme un papillon de sa larve soyeuse. Elle sert, comme une friandise, à vos yeux ravis les formes que le matin son corsage modelait à peine. Au théâtre elle ne dépasse pas les secondes loges, excepté aux Italiens. Vous pourrez alors étudier à votre aise la savante lenteur de ses mouvements. L'adorable trompeuse use des petits artifices politiques de la femme avec un naturel qui exclut toute idée d'art et de préméditation. A-t-elle une main royalement belle, le plus fin croira qu'il était absolument nécessaire de rouler, de remonter ou d'écarter celle de ses *ringleets* ou de ses boucles qu'elle caresse. Si elle a quelque splendeur dans le profil, il vous paraîtra qu'elle donne de l'ironie ou de la grâce à ce qu'elle dit au voisin, en se posant de manière à produire ce magique effet de profil perdu tant affectionné par les grands peintres, qui attire la lumière sur la joue, dessine le nez par une ligne nette, illumine le rose des narines, coupe le front à vive arête, laisse au regard sa paillette de feu, mais dirigée dans l'espace, et pique d'un trait de lumière la blanche rondeur du menton. Si elle a un joli pied, elle se jettera sur un divan avec la coquetterie d'une chatte au soleil, les pieds en avant, sans que vous trouviez à son attitude autre chose que le plus délicieux modèle donné par la lassitude à la statuaire. Il n'y a que la femme comme il faut pour être à l'aise dans sa toilette ; rien ne la gêne. Vous ne la surprendrez jamais, comme une bourgeoise, à remonter une épaulette récalcitrante, à faire descendre un busc insubordonné, à regarder si la gorgerette accomplit son office de gardien infidèle autour de deux trésors étincelant de blancheur, à se regarder dans les glaces pour savoir si la coiffure se maintient dans ses quartiers. Sa toilette est toujours en harmonie avec son caractère; elle a eu le temps de s'étudier, de décider ce qui lui va bien, car elle connaît depuis longtemps ce qui ne lui va pas. Vous ne la verrez pas à la sortie, elle disparaît avant la fin du spectacle. Si par hasard elle se montre calme et noble sur les marches rouges de l'escalier, elle éprouve alors des sentiments violents. Elle est là par ordre, elle a quelque regard furtif à donner, quelque promesse à recevoir. Peut-être descend-elle ainsi lentement pour satisfaire la vanité d'un esclave auquel elle obéit parfois. Si votre rencontre a lieu dans un bal ou dans une soirée, vous recueillerez le miel affecté ou naturel de sa voix rusée; vous serez ravi de sa parole vide, mais à laquelle elle saura communiquer la valeur de la pensée par un manége inimitable.

— Pour être femme comme il faut, n'est-il pas nécessaire d'avoir de l'esprit? demanda le comte polonais.

— Il est impossible de l'être sans avoir beaucoup de goût, répondit madame d'Espard.

— Et en France avoir du goût, c'est avoir plus que de l'esprit, dit le Russe.

— L'esprit de cette femme est le triomphe d'un art tout plastique, reprit Blondet. Vous ne saurez pas ce qu'elle a dit, mais vous serez charmé. Elle aura hoché la tête, ou gentiment haussé ses blanches épaules, elle aura doré une phrase insignifiante par le sourire d'une petite moue charmante, ou aura mis l'épigramme de Voltaire dans un *hein!* dans un *ah!* dans un *et donc!* Un air de tête sera la plus active interrogation; elle donnera de la signification au mouvement par lequel elle fait danser une cassolette attachée à son doigt par un anneau. Ce sont des grandeurs artificielles obtenues par des petitesses superlatives : elle a fait retomber noblement sa main en la suspendant au bras du fauteuil comme des gouttes de rosée à la marge d'une fleur, et tout a été dit, elle a rendu un jugement sans appel à émouvoir le plus insensible. Elle a su vous écouter, elle vous a procuré l'occasion d'être spirituel, et j'en appelle à votre modestie, ces moments-là sont rares.

L'air candide du jeune polonais à qui Blondet s'adressait fit éclater de rire tous les convives.

— Vous ne causez pas une demi-heure avec une bourgeoise sans qu'elle fasse apparaître son mari sous une forme quelconque, reprit Blondet qui ne perdit rien de sa gravité : mais si vous savez que votre femme comme il faut est mariée, elle a eu la délicatesse de si bien dissimuler son mari, qu'il vous faut un travail de Christophe Colomb pour le découvrir. Souvent vous n'y réussissez pas tout seul. Si vous n'avez pu questionner personne, à la fin de la soirée vous la surprenez à regarder fixement un homme entre deux âges et décoré, qui baisse la tête et sort. Elle a demandé sa voiture et part. Vous n'êtes pas la rose, mais vous avez été près d'elle, et vous vous couchez sous les lambris dorés d'un délicieux rêve qui se continuera peut-être lorsque le Sommeil aura, de son doigt pesant, ouvert les portes d'ivoire du temple des fantaisies. Chez elle, aucune femme comme il faut n'est visible avant quatre heures quand elle reçoit. Elle est assez savante pour vous faire toujours attendre. Vous trouverez tout de bon goût dans sa maison, son luxe est de tous les moments et se rafraîchit à propos; vous ne verrez rien sous des cages de verre, ni les chiffons d'aucune enveloppe appendue comme un garde-manger. Vous aurez chaud dans l'escalier. Partout des fleurs égaieront vos regards; les fleurs, seul présent qu'elle accepte, et de quelques personnes seulement : les bouquets ne vivent qu'un jour, donnent du plaisir et veulent être renouvelés; pour elle, ils sont, comme en Orient, un symbole, une promesse. Les coûteuses bagatelles à la mode sont étalées, mais sans viser au musée ni à la boutique de curiosités. Vous la surprendrez au coin de son feu, sur sa causeuse, d'où elle vous saluera sans se lever. Sa conversation ne sera plus celle du bal. Ailleurs elle était notre créancière, chez elle son esprit vous doit du plaisir. Ces nuances, les femmes comme il faut les possèdent à merveille. Elle aime en vous un homme qui va grossir sa société, l'objet des soins et des inquiétudes que se donnent aujourd'hui les femmes comme il faut. Aussi, pour vous fixer dans son salon, sera-t-elle d'une ravissante coquetterie. Vous sentez là surtout combien les femmes sont isolées aujourd'hui, pourquoi elles veulent avoir un petit monde à qui elles servent de constellation. La causerie est impossible sans généralités.

— Oui, dit de Marsay, tu saisis bien le défaut de notre époque. L'épigramme, ce livre en un mot, ne tombe plus, comme pendant le dix-huitième siècle, ni sur les personnes, ni sur les choses, mais sur des événements mesquins, et meurt avec la journée.

— Aussi l'esprit de la femme comme il faut, quand elle en a, reprit Blondet, consiste-t-il à mettre tout en doute, comme celui de la bourgeoise lui sert à tout affirmer. Là est la grande différence entre ces deux femmes : la bourgeoise a certainement de la vertu, la femme comme il faut ne sait pas si elle en a encore, ou si elle en aura toujours; elle hésite et résiste là où l'autre refuse net pour tomber à plat. Cette hésitation en toute chose est une des dernières grâces que lui laisse notre horrible époque. Elle va rarement à l'église, mais elle parlera religion et

voudra vous convertir si vous avez le bon goût de faire l'esprit
fort, car vous aurez ouvert une issue aux phrases stéréotypées,
aux airs de tête et aux gestes convenus entre toutes ces femmes : — Ah! fi donc! je vous croyais trop d'esprit pour attaquer
la religion! La société croule et vous lui ôtez son soutien. Mais la
religion, en ce moment, c'est vous et moi, c'est la propriété, c'est
l'avenir de nos enfants. Ah! ne soyons pas égoïstes. L'individualisme est la maladie de l'époque, et la religion en est le seul remède,
elle unit les familles que vos lois désunissent, etc. Elle entame alors
un discours néo-chrétien saupoudré d'idées politiques, qui n'est ni
catholique ni protestant, mais moral, oh! moral en diable, où vous
reconnaissez une pièce de chaque étoffe qu'ont tissue les doctrines
modernes aux prises.

Les femmes ne purent s'empêcher de rire des minauderies par
lesquelles Émile illustrait ses railleries.

— Ce discours, cher comte Adam, dit Blondet en regardant le
Polonais, vous démontrera que la femme comme il faut ne représente
pas moins le gâchis intellectuel que le gâchis politique, de même
qu'elle est entourée des brillants et peu solides produits d'une industrie qui pense sans cesse à détruire ses œuvres pour les remplacer. Vous sortirez de chez elle en vous disant : Elle a décidément
de la supériorité dans les idées! Vous le croirez d'autant plus
qu'elle aura sondé votre cœur et votre esprit d'une main délicate,
elle vous aura demandé vos secrets; car la femme comme il faut paraît tout ignorer pour tout apprendre; il y a des choses qu'elle ne
sait jamais, même quand elle les sait. Seulement vous serez inquiet,
vous ignorerez l'état de son cœur. Autrefois les grandes dames aimaient avec affiches, journal à la main et annonces; aujourd'hui la
femme comme il faut a sa petite passion réglée comme un papier
de musique, avec ses croches, ses noires, ses blanches, ses soupirs,
ses points d'orgue, ses dièzes à la clef. Faible femme, elle ne veut
compromettre ni son amour, ni son mari, ni l'avenir de ses enfants. Aujourd'hui le nom, la position, la fortune ne sont plus des
pavillons assez respectés pour couvrir toutes les marchandises à
bord. L'aristocratie entière ne s'avance plus pour servir de paravent
à une femme en faute. La femme comme il faut n'a donc point,
comme la grande dame d'autrefois, une allure de haute lutte, elle
ne peut rien briser sous son pied, c'est elle qui serait brisée. Aussi
est-elle la femme des jésuitiques *mezzo termine*, des plus louches

tempéraments des convenances gardées, des passions anonymes menées entre deux rives à brisants. Elle redoute ses domestiques comme une Anglaise qui a toujours en perspective le procès en criminelle conversation. Cette femme si libre au bal, si jolie à la promenade, est esclave au logis; elle n'a d'indépendance qu'à huis los, ou dans les idées. Elle veut rester femme comme il faut. Voilà son thème. Or, aujourd'hui, la femme quittée par son mari, réduite à une maigre pension, sans voiture, ni luxe, ni loge, sans les divins accessoires de la toilette, n'est plus ni femme, ni fille, ni bourgeoise; elle est dissoute et devient une chose. Les carmélites ne veulent pas une femme mariée, il y aurait bigamie; son amant en voudra-t-il toujours? là est la question. La femme comme il faut peut donner lieu peut-être à la calomnie, jamais à la médisance.

— Tout cela est horriblement vrai, dit la princesse de Cadignan.

— Aussi, reprit Blondet, la femme comme il faut vit-elle entre l'hypocrisie anglaise et la gracieuse franchise du dix-huitième siècle; système bâtard qui révèle un temps où rien de ce qui succède ne ressemble à ce qui s'en va, où les transitions ne mènent à rien, où il n'y a que des nuances, où les grandes figures s'effacent, où les distinctions sont purement personnelles. Dans ma conviction, il est impossible qu'une femme, fût-elle née aux environs du trône, acquière avant vingt-cinq ans la science encyclopédique des riens, la connaissance des manéges, les grandes petites choses, les musiques de voix et les harmonies de couleurs, les diableries angéliques et les innocentes rouéries, le langage et le mutisme, le sérieux et les railleries, l'esprit et la bêtise, la diplomatie et l'ignorance, qui constituent la femme comme il faut.

— D'après le programme que vous venez de nous tracer, dit mademoiselle Des Touches à Émile Blondet, où classeriez-vous la femme auteur? Est-ce une femme comme il faut?

— Quand elle n'a pas de génie, c'est une femme comme il n'en faut pas, répondit Émile Blondet en accompagnant sa réponse d'un regard fin qui pouvait passer pour un éloge adressé franchement à Camille Maupin. Cette opinion n'est pas de moi, mais de Napoléon, ajouta-t-il.

— Oh! n'en voulez pas à Napoléon, dit Daniel d'Arthez en laissant échapper un geste naïf, ce fut une de ses petitesses d'être jaloux du génie littéraire, car il a eu des petitesses. Qui pourra jamais expliquer, peindre ou comprendre Napoléon? Un homme qu'on représente les bras croisés, et qui a tout fait! qui a été le plus beau pouvoir connu, le pouvoir le plus concentré, le plus mordant, le plus acide de tous les pouvoirs; singulier génie qui a promené partout la civilisation armée sans la fixer nulle part; un homme qui pouvait tout faire parce qu'il voulait tout; prodigieux phénomène de volonté, domptant une maladie par une bataille, et qui cependant devait mourir de maladie dans son lit après avoir vécu au milieu des balles et des boulets; un homme qui avait dans la tête un code et une épée, la parole et l'action; esprit perspicace qui a tout deviné, excepté sa chute; politique bizarre qui jouait les hommes à poignées par économie, et qui respecta trois têtes, celles de Talleyrand, de Pozzo di Borgo et de Metternich, diplomates dont la mort eût sauvé l'Empire français, et qui lui paraissaient peser plus que des milliers de soldats; homme auquel, par un rare privilége, la nature avait laissé un cœur dans son corps de bronze; homme rieur et bon à minuit entre des femmes, et, le matin, maniant l'Europe comme une jeune fille qui s'amuserait à fouetter l'eau de son bain! Hypocrite et généreux, aimant le clinquant et simple, sans goût et protégeant les arts; malgré ces antithèses, grand en tout par instinct ou par organisation; César à vingt-cinq ans, Cromwell à trente; puis, comme un épicier du Père La Chaise, bon père et bon époux. Enfin, il a improvisé des monuments, des empires, des rois, des codes, des vers, un roman, et le tout avec plus de portée que de justesse. N'a-t-il pas voulu faire de l'Europe la France? Et, après nous avoir fait peser sur la terre de manière à changer les lois de la gravitation, il nous a laissés plus pauvres que le jour où il avait mis la main sur nous. Et lui, qui avait pris un empire avec son nom, perdit son nom au bord de son empire, dans une mer de sang et de soldats. Homme qui, tout pensée et tout action, comprenait Desaix et Fouché!

— Tout arbitraire et tout justice à propos, le vrai roi! dit de Marsay.

— Ah! quel *blézir te tichérer en fus égoudant*, dit le baron de Nucingen.

— Mais croyez-vous que ce que nous vous servons soit commun? dit Blondet. S'il fallait payer les plaisirs de la conversation comme vous payez ceux de la danse ou de la musique, votre fortune n'y suffirait pas! Il n'y a pas deux représentations pour le même trait d'esprit.

— Sommes-nous donc si réellement diminuées que ces messieurs le pensent? dit la princesse de Cadignan en adressant aux femmes un sourire à la fois douteur et moqueur. Parce qu'aujourd'hui, sous un régime qui rapetisse toutes choses vous aimez les petits plats, les petits appartements, les petits tableaux, les petits articles, les petits journaux, les petits livres, est-ce à dire que les femmes seront aussi moins grandes? Pourquoi le cœur humain changerait-il parce que vous changez d'habit? A toutes les époques les passions seront les mêmes. Je sais d'admirables dévouements, de sublimes souffrances auxquelles manque la publicité, la gloire si vous voulez, qui jadis illustrait les fautes de quelques femmes. Mais pour n'avoir pas sauvé un roi de France, on n'en est pas moins Agnès Sorel. Croyez-vous que notre chère marquise d'Espard ne vaille pas madame Doublet ou madame du Deffant, chez qui l'on disait tant de mal? Taglioni ne vaut-elle pas Camargo? Malibran n'est-elle pas égale à la Saint-Huberti! Nos poètes ne sont-ils pas supérieurs à ceux du dix-huitième siècle? Si, dans ce moment, par la faute des épiciers qui gouvernent, nous n'avons pas de genre à nous, l'Empire n'a-t-il pas eu son cachet de même que le siècle de Louis XV, et sa splendeur ne fut-elle pas fabuleuse? Les sciences ont-elles perdu? Pour moi, je trouve la fuite de la duchesse de Langeais, dit la princesse en regardant le général de Montriveau, tout aussi grande que la retraite de mademoiselle de La Vallière.

— Moins le roi, répondit le général; mais je suis de votre avis, madame, les femmes de cette époque sont vraiment grandes. Quand la postérité sera venue pour nous, est-ce que madame Récamier n'aura pas des proportions plus belles que celles des femmes les plus célèbres des temps passés? Nous avons fait tant d'histoire que les historiens manqueront! Le siècle de Louis XIV n'a eu qu'une madame de Sévigné, nous en avons mille aujourd'hui dans Paris qui certes écrivent mieux qu'elle et qui ne publient pas leurs lettres. Que la femme française s'appelle *femme comme il faut* ou *grande dame*, elle sera toujours la femme par excellence. Émile Blondet nous a fait une peinture des agréments d'une femme d'aujourd'hui; mais au besoin cette femme qui minaude, qui parade, qui gazouille les idées de messieurs tels et tels, serait héroïque! Et, disons-le, vos fautes, mesdames, sont d'autant plus poétiques qu'elles seront toujours et en tout temps environnées des plus grands périls. J'ai beaucoup vu le monde, je l'ai peut-être observé trop tard; mais, dans les circonstances où l'illégalité de vos sentiments pouvait être excusée, j'ai toujours remarqué les effets de je ne sais quel hasard, que vous pouvez appeler la Providence, accablant fatalement celles que nous nommons des femmes légères.

— J'espère, dit madame de Vandenesse, que nous pouvons être grandes autrement...

— Oh! laissez le marquis de Montriveau nous prêcher, s'écria madame d'Espard.

— D'autant plus qu'il a beaucoup prêché d'exemple, dit la baronne de Nucingen.

— Ma foi, reprit le général, entre tous les drames, car vous vous servez beaucoup de ce mot-là, dit-il en regardant Blondet, où s'est montré le doigt de Dieu, le plus effrayant de ceux que j'ai vus a été presque mon ouvrage...

— Eh! bien, dites-nous-le? s'écria lady Barimore. J'aime tant à frémir!

— C'est un goût de femme vertueuse, répliqua de Marsay en regardant la charmante fille de lord Dudley.

— Pendant la campagne de 1812, dit alors le général Montriveau, je fus la cause involontaire d'un malheur affreux qui pourra vous servir, docteur Bianchon, dit-il en me regardant, vous qui vous occupez beaucoup de l'esprit humain en vous occupant du corps, à résoudre quelques-uns de vos problèmes sur la Volonté. Je faisais ma seconde campagne, j'aimais le péril et je riais de tout, en jeune et simple lieutenant d'artillerie que j'étais! Lorsque nous arrivâmes à la Bérésina, l'armée n'avait plus, comme vous le savez, de discipline, et né connaissait plus l'obéissance militaire. C'était un ramas d'hommes de toutes nations, qui allait instinctivement du nord au midi. Les soldats chassaient de leurs foyers un général en haillons et pieds nus quand il ne leur apportait ni bois ni vivres. Après le passage de cette célèbre rivière, le désordre ne fut pas moindre. Je sortais tranquillement, tout seul, sans vivres, des marais de Zembin, et j'allais cherchant une maison où l'on voulût bien me recevoir. N'en trouvant pas, ou chassé de celles que je rencontrais, j'aperçus heureusement, vers le soir, une mauvaise petite ferme de Pologne, de laquelle rien ne pourrait vous donner une idée, à moins que vous n'ayez vu les maisons de bois de la Basse-Normandie ou les plus pauvres métairies de la Beauce. Ces habitations consistent en une seule chambre partagée dans un bout par une cloison en planches, et la plus petite pièce sert de magasin à fourrages. L'obscurité du crépuscule me permit de voir de loin une légère fumée qui s'échappait de cette maison. Espérant y trouver des camarades plus compatissants que ceux auxquels je m'étais adressé jusqu'alors, je marchai courageusement jusqu'à la ferme. En y entrant, je trouvai la table mise. Plusieurs officiers, parmi lesquels était une femme, spectacle assez ordinaire, mangeaient des pommes de terre, de la chair de cheval grillée sur des charbons et des betteraves gelées. Je reconnus parmi les convives deux ou trois capitaines d'artillerie du premier régiment dans lequel j'avais servi. Je fus accueilli par un hourra d'acclamations qui m'aurait fort étonné de l'autre côté de la Bérésina ; mais en ce moment le froid était moins intense, mes camarades se reposaient, ils avaient chaud, ils mangeaient, et la salle jonchée de bottes de paille leur offrait la perspective d'une nuit de délices. Nous n'en demandions pas tant alors. Les camarades pouvaient être philanthropes gratis, une des manières les plus ordinaires d'être philanthrope. Je me mis à manger en m'asseyant sur des bottes de fourrage. Au bout de la table, du côté de la porte par laquelle on communiquait avec la petite pièce pleine de paille et de foin, se trouvait mon ancien colonel, un des hommes les plus extraordinaires que j'aie jamais rencontrés dans tout le ramassis d'hommes qu'il m'a été permis de voir. Il était Italien. Or, toutes les fois que la nature humaine est belle dans les contrées méridionales, elle est alors sublime. Je ne sais si vous avez remarqué la singulière blancheur des Italiens quand ils sont blancs... C'est magnifique, aux lumières surtout. Lorsque je lus le fantastique portrait que Charles Nodier nous a tracé du colonel Oudet, j'ai retrouvé mes propres sensations dans chacune de ses phrases élégantes. Italien comme la plupart des officiers qui composaient son régiment, emprunté, du reste, par l'empereur à l'armée d'Eugène, mon colonel était un homme de haute taille ; il avait bien huit à neuf pouces, admirablement proportionné, peut-être un peu gros, mais d'une vigueur prodigieuse, et leste, découplé comme un lévrier. Ses cheveux noirs, bouclés à profusion, faisaient valoir son teint blanc comme celui d'une femme ; il avait de petites mains, un joli pied, une bouche gracieuse, un nez aquilin dont les lignes étaient minces et dont le bout se pinçait naturellement et blanchissait quand il était en colère, ce qui

arrivait souvent. Son irascibilité passait si bien toute croyance, que
je ne vous en dirai rien ; vous allez en juger d'ailleurs. Personne ne
restait calme près de lui. Moi seul peut-être je ne le craignais pas;
il m'avait pris, il est vrai, dans une si singulière amitié que tout ce
que je faisais, il le trouvait bon. Quand la colère le travaillait, so
front se crispait, et ses muscles dessinaient au milieu de son front
un delta, ou, pour mieux dire, le fer à cheval de Redgauntlet. Ce
signe vous terrifiait encore plus peut-être que les éclairs magnétiques de ses yeux bleus. Tout son corps tressaillait alors, et sa force,
déjà si grande à l'état normal, devenait presque sans bornes. Il gras-
seyait beaucoup. Sa voix, au moins aussi puissante que celle de l'Oudet
de Charles Nodier, jetait une incroyable richesse de son dans la syllabe
ou dans la consonne sur laquelle tombait ce grasseyement. Si ce vice
de prononciation était une grâce chez lui dans certains moments, lorsqu'il commandait la manœuvre ou qu'il était ému, vous ne sauriez imaginer combien de puissance exprimait cette accentuation si vulgaire à
Paris. Il faudrait l'avoir entendu. Lorsque le colonel était tranquille,
ses yeux bleus peignaient une douceur angélique, et son front pur
avait une expression pleine de charme. A une parade, à l'armée
d'Italie, aucun homme ne pouvait lutter avec lui. Enfin d'Orsay lui-
même, le beau d'Orsay, fut vaincu par notre colonel lors de la dernière
revue passée par Napoléon avant d'entrer en Russie. Tout était opposition chez cet homme privilégié. La passion vit par les contrastes.
Aussi ne me demandez pas s'il exerçait sur les femmes ces irrésistibles influences auxquelles notre nature (le général regardait la princesse de Cadignan) se plie comme la matière vitrifiable sous la canne
du souffleur ; mais, par une singulière fatalité, un observateur se
rendrait peut-être compte de ce phénomène, le colonel avait peu de
bonnes fortunes, ou négligeait d'en avoir. Pour vous donner une
idée de sa violence, je vais vous dire en deux mots ce que je lui ai
vu faire dans un paroxysme de colère. Nous montions avec nos canons un chemin très-étroit, bordé d'un côté par un talus assez haut,
et de l'autre par des bois. Au milieu du chemin, nous nous rencon-
trâmes avec un autre régiment d'artillerie, à la tête duquel marchait le colonel. Ce colonel veut faire reculer le capitaine de notre
régiment qui se trouvait en tête de la première batterie. Naturellement notre capitaine s'y refuse ; mais le colonel fait signe à sa première batterie d'avancer, et malgré le soin que le conducteur mit à
se jeter sur le bois, la roue du premier canon prit la jambe droite

de notre capitaine, et la lui brisa net en le renversant de l'autre côté
de son cheval. Tout cela fut l'affaire d'un moment. Notre colonel,
qui se trouvait à une faible distance, devine la querelle, accourt au
grand galop en passant à travers les pièces et le bois au risque de se
jeter les quatre fers en l'air, et arrive sur le terrain en face de l'autre colonel au moment où notre capitaine criait : — A moi !.... en
tombant. Non, notre colonel italien n'était plus un homme !... Une
écume semblable à la mousse du vin de Champagne lui bouillonnait
à la bouche, il grondait comme un lion. Hors d'état de prononcer
une parole, ni même un cri, il fit un signe effroyable à son antagoniste, en lui montrant le bois et tirant son sabre. Les deux colonels
y entrèrent. En deux secondes nous vîmes l'adversaire de notre
colonel à terre, la tête fendue en deux. Les soldats de ce régiment
reculèrent, ah ! diantre, et bon train ! Ce capitaine, que l'on avait
manqué de tuer, et qui jappait dans le bourbier où la roue du canon
l'avait jeté, avait pour femme une ravissante Italienne de Messine
qui n'était pas indifférente à notre colonel. Cette circonstance avait
augmenté sa fureur. Sa protection appartenait à ce mari, il devait
le défendre comme la femme elle-même. Or, dans la cabane où je
reçus un si bon accueil au delà de Zembin, ce capitaine était en
face de moi, et sa femme se trouvait à l'autre bout de la table vis-
à-vis le colonel. Cette Messinaise était une petite femme appelée
Rosina, fort brune, mais portant dans ses yeux noirs et fendus en
amande toutes les ardeurs du soleil de la Sicile. En ce moment elle
était dans un déplorable état de maigreur ; elle avait les joues couvertes de poussière comme un fruit exposé aux intempéries d'un
grand chemin. A peine vêtue de haillons, fatiguée par les marches,
les cheveux en désordre et collés ensemble sous un morceau de châle
en marmotte, il y avait encore de la femme chez elle : ses mouvements étaient jolis ; sa bouche rose et chiffonnée, ses dents blanches,
les formes de sa figure, son corsage, attraits que la misère, le froid,
l'incurie n'avaient pas tout à fait dénaturés, parlaient encore d'amour
à qui pouvait penser à une femme. Rosina offrait d'ailleurs en elle
une de ces natures frêles en apparence, mais nerveuses et pleines
de force. La figure du mari, gentilhomme piémontais, annonçait une
bonhomie goguenarde, s'il est permis d'allier ces deux mots. Courageux, instruit, il paraissait ignorer les liaisons qui existaient entre
sa femme et le colonel depuis environ trois ans. J'attribuais ce
laisser-aller aux mœurs italiennes ou à quelque secret de ménage :

mais il y avait dans la physionomie de cet homme un trait qui m'inspirait toujours une involontaire défiance. Sa lèvre inférieure, mince et très-mobile, s'abaissait aux deux extrémités, au lieu de se relever, ce qui me semblait trahir un fonds de cruauté dans ce caractère en apparence flegmatique et paresseux. Vous devez bien imaginer que la conversation n'était pas très-brillante lorsque j'arrivai. Mes camarades fatigués mangeaient en silence, naturellement ils me firent quelques questions; et nous nous racontâmes nos malheurs, tout en les entremêlant de réflexions sur la campagne, sur les généraux, sur leurs fautes, sur les Russes et le froid. Un moment après mon arrivée, le colonel, ayant fini son maigre repas, s'essuie les moustaches, nous souhaite le bonsoir, jette son regard noir à l'Italienne, et lui dit : — Rosina ? Puis, sans attendre de réponse, il va se coucher dans la petite grange aux fourrages. Le sens de l'interpellation du colonel était facile à saisir. Aussi la jeune femme laissa-t-elle échapper un geste indescriptible qui peignait tout à la fois et la contrariété qu'elle devait éprouver à voir sa dépendance affichée sans aucun respect humain, et l'offense faite à sa dignité de femme, ou à son mari ; mais il y eut encore dans la crispation des traits de son visage, dans le rapprochement violent de ses sourcils, une sorte de pressentiment : elle eut peut-être une prévision de sa destinée. Rosina resta tranquillement à table. Un instant après, et vraisemblablement lorsque le colonel fut couché dans son lit de foin ou de paille, il répéta : — Rosina ?... L'accent de ce second appel fut encore plus brutalement interrogatif que l'autre. Le grasseyement du colonel et le nombre que la langue italienne permet de donner aux voyelles et aux finales, peignirent tout le despotisme, l'impatience, la volonté de cet homme. Rosina pâlit, mais elle se leva, passa derrière nous, et rejoignit le colonel. Tous mes camarades gardèrent un profond silence ; mais moi, malheureusement, je me mis à rire après les avoir tous regardés, et mon rire se répéta de bouche en bouche. — *Tu ridi?* dit le mari. — Ma foi, mon camarade, lui répondis-je en redevenant sérieux, j'avoue que j'ai eu tort, je te demande mille fois pardon ; et si tu n'es pas content des excuses que je te fais, je suis prêt à te rendre raison... — Ce n'est pas toi qui as tort, c'est moi ! reprit-il froidement. Là-dessus, nous nous couchâmes dans la salle, et bientôt nous nous endormîmes tous d'un profond sommeil. Le lendemain, chacun, sans éveiller son voisin, sans chercher un compagnon de voyage, se mit en route à sa fantaisie avec cette espèce d'égoïsme qui a fait de notre déroute un des plus horribles drames de personnalité, de tristesse et d'horreur, qui jamais se soient passés sous le ciel. Cependant à sept u huit cents pas de notre gîte, nous nous retrouvâmes presque tous, et nous marchâmes ensemble, comme des oies conduites en troupes par le despotisme aveugle d'un enfant. Une même nécessité nous poussait. Arrivés à un monticule d'où l'on pouvait encore apercevoir la ferme où nous avions passé la nuit, nous entendîmes des cris qui ressemblaient au rugissement des lions du désert, au mugissement des taureaux ; mais non, cette clameur ne pouvait se comparer à rien de connu. Néanmoins nous distinguâmes un faible cri de femme mêlé à cet horrible et sinistre râle. Nous nous retournâmes tous, en proie à je ne sais quel sentiment de frayeur ; nous ne vîmes plus la maison, mais un vaste bûcher. L'habitation, qu'on avait barricadée, était toute en flammes. Des tourbillons de fumée, enlevés par le vent, nous apportaient et les sons rauques et je ne sais quelle odeur forte. A quelques pas de nous, marchait le capitaine qui venait tranquillement se joindre à notre caravane ; nous le contemplâmes tous en silence, car nul n'osa l'interroger ; mais lui, devinant notre curiosité, tourna sur sa poitrine l'index de la main droite, et de la gauche montrant l'incendie : —*Son'io !* dit-il. Nous continuâmes à marcher sans lui faire une seule observation.

— Il n'y a rien de plus terrible que la révolte d'un mouton, dit de Marsay.

— Il serait affreux de nous laisser aller avec cette horrible image dans la mémoire, dit madame de Vandenesse. Je vais en rêver...

— Et quelle sera la punition de la première de monsieur de Marsay ? dit en souriant lord Dudley.

— Quand les Anglais plaisantent, ils ressemblent aux tigres apprivoisés qui veulent caresser, ils emportent la pièce, dit Blondet.

— Monsieur Bianchon peut nous le dire, répondit de Marsay en s'adressant à moi, car il l'a vue mourir.

— Oui, dis-je, et sa mort est une des plus belles que je connaisse. Nous avions passé le duc et moi la nuit au chevet de la mourante, dont la pulmonie, arrivée au dernier degré, ne laissait aucun espoir, elle avait été administrée la veille. Le duc s'était endormi. Madame la duchesse, s'étant réveillée vers quatre heures du matin, me fit, de la manière la plus touchante et en souriant, un signe amical pour me dire de le laisser reposer, et cependant elle allait mourir ! Elle était arrivée à une maigreur extraordinaire, mais son visage avait conservé ses traits et ses formes vraiment sublimes. Sa pâleur faisait ressembler sa peau à de la porcelaine derrière laquelle on aurait mis une lumière. Ses yeux vifs et ses couleurs tranchaient sur ce teint plein d'une molle élégance, et il respirait dans sa physionomie une imposante tranquillité. Elle paraissait plaindre le duc, et ce sentiment prenait sa source dans une tendresse élevée qui semblait ne plus connaître de bornes aux approches de la mort. Le silence était profond. La chambre, doucement éclairée par une lampe, avait l'aspect de toutes les chambres de malades au moment de la mort. A ce moment la pendule sonna. Le duc se réveilla, et fut au désespoir d'avoir dormi. Je ne vis pas le geste d'impatience par lequel il peignit le regret qu'il éprouvait d'avoir perdu de vue sa femme pendant un des derniers moments qui lui étaient accordés ; mais il est sûr qu'une personne autre que la mourante aurait pu s'y tromper. Homme d'État, préoccupé des intérêts de la France, le duc avait mille de ces bizarreries apparentes qui font prendre les gens de génie pour des fous, mais dont l'explication se trouve dans la nature exquise et dans les exigences de leur esprit. Il vint se mettre dans un fauteuil près du lit de sa femme, et la regarda fixement. La mourante avança un peu la main, prit celle de son mari, la serra faiblement ; et d'une voix douce, mais émue, elle lui dit : — Mon pauvre ami, qui donc maintenant te comprendra? Puis elle mourut en le regardant.

— Les histoires que conte le docteur, reprit le comte de Vandenesse, font des impressions bien profondes.

— Mais douces, reprit madame d'Espard en se levant.

FIN DU DEUXIÈME VOLUME.

TABLE DES MATIÈRES

DU DEUXIÈME VOLUME

DES

SCÈNES DE LA VIE PRIVÉE.

Mémoires de Deux jeunes Mariées.	1
Une Fille d'Ève	195
La Femme abandonnée	300
La Grenadière	339
Le Message	361
Gobseck	374
Autre Étude de femme	428

FIN DE LA TABLE DU DEUXIÈME VOLUME.

PARIS. — IMPRIMERIE DE E. MARTINET, RUE MIGNON, 2

www.ingramcontent.com/pod-product-compliance
Lightning Source LLC
Chambersburg PA
CBHW050235230426
43664CB00012B/1711